Ditie Chezhan Xingren Jiaotong Fangzhen Lilun yu Fangfa

地铁车站行人交通仿真理论与方法

魏　运　孙立山　李明华　杨利强　著

人民交通出版社股份有限公司

北　京

内 容 提 要

本书主要讨论地铁车站行人交通仿真理论与方法。全书系统介绍了地铁车站行人交通行为特征和规律;讨论了地铁车站行人交通数据采集的对象和方法;讲述了车站行人交通仿真模型框架和宏微观模型;提出了地铁车站行人交通仿真评价指标及方法;最后介绍了地铁车站不同需求下的行人交通仿真工程实施技术和实例。

本书可供地铁车站的设计、运营、改造相关研究人员阅读参考,也可作为相关专业研究生的参考教材。

图书在版编目(CIP)数据

地铁车站行人交通仿真理论与方法/魏运等著.—北京:人民交通出版社股份有限公司,2020.11
ISBN 978-7-114-16529-0

Ⅰ.①地… Ⅱ.①魏… Ⅲ.①地下铁道车站—交通系统—系统仿真 Ⅳ.U231.4-39

中国版本图书馆CIP数据核字(2020)第080859号

书　　名:地铁车站行人交通仿真理论与方法
著 作 者:魏　运　孙立山　李明华　杨利强
责任编辑:黎小东　周佳楠
责任校对:赵媛媛
责任印制:刘高彤
出版发行:人民交通出版社股份有限公司
地　　址:(100011)北京市朝阳区安定门外外馆斜街3号
网　　址:http://www.ccpcl.com.cn
销售电话:(010)59757973
总 经 销:人民交通出版社股份有限公司发行部
经　　销:各地新华书店
印　　刷:北京市密东印刷有限公司
开　　本:787×1092　1/16
印　　张:15
字　　数:316千
版　　次:2020年11月　第1版
印　　次:2020年11月　第1次印刷
书　　号:ISBN 978-7-114-16529-0
定　　价:60.00元
(有印刷、装订质量问题的图书,由本公司负责调换)

前 言

Preface

近年来,我国城市轨道交通发展迅猛。截至2018年底,我国已有35个城市开通了城市轨道交通,投运车站3394座。另据不完全统计,还有5129座车站处于规划建设中,建设的速度和规模世界领先。车站是客流集散、换乘和各种交通衔接转换的场所,是城市轨道交通系统的关键组成部分。车站的设施布局和能力设计,直接关系到城市轨道交通系统的运营效能和服务水平。由于城市轨道交通系统是百年工程,且建设的不可逆性,对车站设计方案进行仿真评估显得尤为重要。目前,采用基于设计规范的车站设施能力计算和评估往往只考虑静态极限值情形或只针对某一特定情境,对行人交通行为、设施规划和运营计划的考虑不足。为此,基于计算机数值模拟的行人交通仿真凭借有效、经济、简单易行的优势,成为对车站设计方案进行评估的首选。

在城市轨道交通运营阶段,由于车站客流量大、多向客流交织严重,加上地下空间密闭、结构复杂,极易形成客流拥挤风险,高流量、高密度的"双高新常态"所导致的城市轨道交通枢纽换乘低效和安全隐患问题突出。针对城市轨道交通大客流对车站运营安全管理的挑战,国家出台多项政策和规定,引导车站开展运营安全评估、客流风险防范工作。基于行人交通仿真方法,可推演客流运行状态,预判车站客流风险,调整运营方案,提升枢纽风险评估和客流管控的定量化、精细化管理水平,因此,行人交通仿真工作在城市轨道交通运营阶段也至关重要。并且,随着工程信息化技术的发展,行人交通仿真决策与评估已成为城市轨道交通车站设计-运营-改造全生命周期的基础性工作和必不可少的环节。

地铁是城市轨道交通系统中最为常见的制式。本书旨在研究地铁车站行人交通仿真理论和工程实施方法,提供行人交通仿真建模理论,阐述基于软件的仿真评估技术,为车站设计和运营方案的评估、优化提供理论依据和工程化解决手段。本书内容安排如下:第一章为绪论,主要介绍地铁车站行人交通特点,行人交通仿真的作用、功能及发展现状;第二章系统介绍了地铁车站内行人交通设施的分类、组成和功能,阐述了行人流特征和参数、各设施内常态下和疏散状态下的微观交通行为特征和规律;第三章讨论了地铁车站行人交通数据采集方法;第四章研究了车站内行人交通仿真场景建模、宏观行人路径规划模型、微观行人交通仿真模型;第五章提出了行人交通仿真评价指标体系;第六章详细介绍了面向地铁车站不同需求的行人交通仿真工程实施技术和实例。

本书的研究工作得到了北京市百千万人才工程培养经费(2018A26)、北京市人才基金经费（2016000021223ZK33）、北京市博士后工作经费（201822005）、中国博士后基金（2019M650413）、国家重点研发计划课题“城市轨道交通安全保障技术”（2016YFB1200402）及“大规模交通网络混合交通流微观仿真技术”（2019YFB1600204）、国家自然科学基金青年基金（71901008）等的资助，特此感谢。同时，北京交通大学贾斌教授，北方工业大学田青副教授，北京城建设计发展集团股份有限公司高国飞、郑宣传、白文飞、陈明钿等专家学者，对本书的相关研究给予了诸多帮助。北京工业大学的许琰、邵娟、张亚军参与了部分章节的编写工作。对此一并表示衷心的感谢。

在本书撰写过程中参考了很多国内外有关行人仿真理论和技术的书籍和学术论文，主要参考文献列于章后，作者在此对所参考文献相应作者表示敬意和感谢。由于篇幅和其他条件限制，书中所列参考资料可能会有遗漏，特此说明。

限于作者水平，书中难免存在不当或疏漏之处，敬请读者批评指正。

作　者

2020 年 8 月

目 录

Contents

第1章 绪 论

地铁以其高效、低耗、安全、准点等优点，在缓解日益严重的城市交通拥堵，保证居民的高效出行等方面发挥了重要作用，已经成为大城市交通出行的首选。而伴随着地铁客流规模的不断攀升，车站的设计效能以及运营组织能力面临诸多考验。行人作为地铁的参与主体，在地铁系统中完成集聚、换乘、疏散等活动，形成了与地铁出行相结合的交通行为特征。对这种特征进行系统研究是进行地铁车站规划设计、运营组织的基础，对建立城市轨道交通良性发展体系，促进城市交通可持续发展具有重要的意义。本章重点论述了地铁车站行人交通仿真的背景、理论与技术发展趋势及作用和意义。

1.1 研究背景

1.1.1 城市轨道交通发展现状❶

城市轨道交通系统作为重大民生工程，其发展水平是城市社会发展阶段的重要体现。自工业革命以来，城镇化和机动化带来的城市交通问题日益突出，交通拥堵严重，事故频发，并且造成了巨大能源消耗、土地资源占用与环境污染。地铁因其运量大、快速准时、绿色低碳、节省土地资源等优点，成为了解决各大城市交通问题的首选。

近些年，我国城市轨道交通发展迅猛，建设规模及运营里程世界罕见。自 1965 年修建北京地铁 1 号线一期工程以来，我国城市轨道交通历经 50 多年的发展，取得了举世瞩目的成就。截至 2018 年末，我国共有 35 个城市开通运营线路 185 条，总长度达 5761.4km[1]，见图 1-1-1。拥有 3 条及以上运营线路，且换乘站 3 座及以上，实现网络化运营的城市 16 个，占已开通运营城市总数的 45.7%。城市轨道交通 2018 年累计完成客运量 210.7 亿人次，比 2017 年增长 25.9 亿人次，增长 14%，见图 1-1-2。其中，北京 2018 年累计完成客运量 38.5 亿人次，上海累计完成客运量 37.1 亿人次，广州累计完成客运量 30.3 亿人次，深圳累计完成客运量 16.5 亿人次，北、上、广、深客运量占全国总客运量的 58%。城市轨道交通已成为一线城市公共交通的主要方式，在满足人民群众出行需求、优化城市结构布局、缓解城市交通拥堵、促进经济社会发展等方面发挥了重要作用。

❶ 本小节中的统计数据不包括香港、澳门特别行政区和台湾省资料。

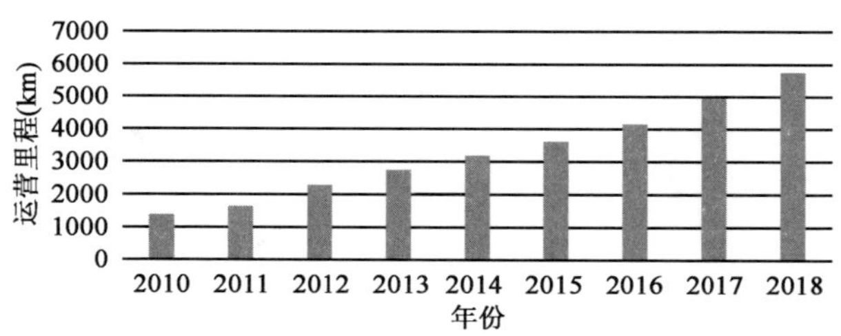

图 1-1-1　我国近年来轨道交通运营里程增长情况

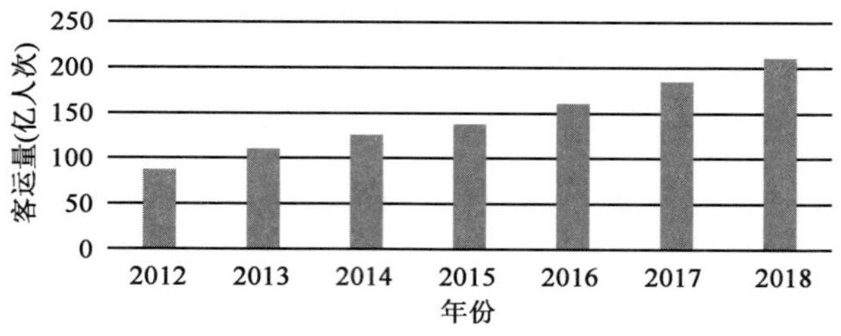

图 1-1-2　我国近年来轨道交通客运量增长情况

2018 年,我国城市轨道交通完成投资 5470.2 亿元(图 1-1-3),同比 2017 年增长 14.9%,在建线路总长 6374km,可研批复投资额累计 42688.5 亿元。同时,有 63 个城市的城市轨道交通线网规划获批(含地方政府批复的 19 个城市),其中,线网建设规划在实施的城市共计 61 个,在实施的建设规划线路总长 7611km(不含已开通运营线路)[1]。在建、规划线路规模稳步增长,年度完成建设投资额创历史新高,城市轨道交通继续保持快速增长。

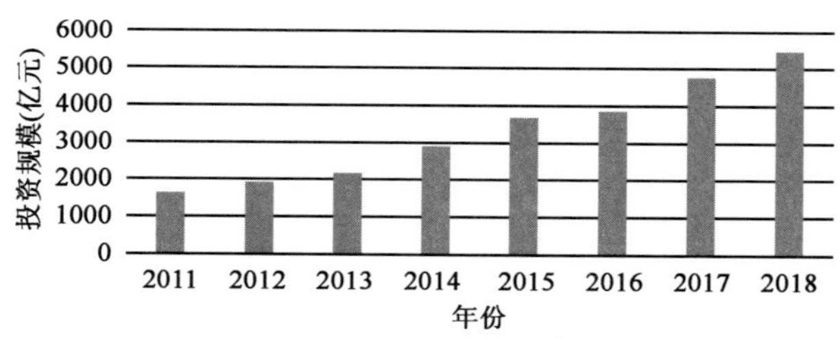

图 1-1-3　我国近年来轨道交通投资增长情况

1.1.2　地铁车站设计概述

地铁是在城市中修建的快速、大运量、线路全封闭的轨道交通系统,是城市轨道交通系统中最主要的制式,其位于城市中心城区的线路主要在敷设在地下,中心城区以外的线路敷设在高架桥或地面上。车站作为地铁系统的重要组成部分,与乘客密切相关,起到客流进出地铁系统,实现地上和地下相互转化的作用。因此,地铁车站的合理设计和科学运营管理,对保证地铁服务质量、保障地铁运营安全起着至关重要的作用。而地铁车站设计的关键就是要确定车站的建筑规模和建筑类型。其中,建筑规模取决于车站在线网中的功能定位以及远期预测客流；建筑类型则需要通过计算确定内部的结构、设备的数量和几何等参数问题，而参数的选取与客流有密切关系，这也是需要进行车站客流仿真的原因所在。下面对地铁车站的相关功能分类与建筑类型予以介绍，为进行地铁车站客流仿真研究奠定基础。

根据车站的主导客流对车站基本功能使用要求的差异性，可将车站分为对外交通类车站（A类）、休闲集会类车站（B类）和通勤类车站（C类）等三类[2]。其中，对外交通类车站和城际客运枢纽接驳，其主要客流为转乘城际交通的客流；休闲集合类车站布设在旅游景点、大型特色商业中心、大型游乐场所以及其他大型社会活动中心等短时间会产生突发性客流场所（包括体育场馆、会展中心等）的周边，承担休闲集会客流输运功能；非上述两类的其他车站为通勤类车站，满足大型居住区、高密度就业区、市郊铁路首末站、市域/市内公交枢纽、线路起终点等的客流出行。在分类基础上，根据服务区域规模，又可将三类车站分为四级，具体见表1-1-1。

车站建筑分类分级表 表1-1-1

主导客流及类别	A类：对外交通类	B类：休闲集会类	C类：通勤类
	转乘城际交通客流	旅游观光、商业购物、集会瞬时大客流等	上下班及日常商务客流
特级	大型城际客运枢纽接驳	世界级旅游观光区、举办国际性聚会活动的场所	—
甲级	发车距离大于300km的城际客运站	国家级旅游景点、著名商业区、举办国家级聚会活动的场所	近郊客运中心、市域公交枢纽、大型居住区、市级商务中心、办公中心
乙级	发车距离小于300km的城际客运站	市级休闲、商业购物中心，举办市级活动场所	市内公交枢纽、区级商务中心、办公中心、居住区
丙级	—	区级休闲、商业购物中心，举办市级以下活动场所	线路起终点、居住小区、普通车站

不同分类分级车站的设计标准要求各异。例如特级车站的岛式站台最小宽度为16m，且不宜采用单支撑柱形式；乙级车站的岛式站台最小宽度可为12m，可采用单支撑柱形式。不同类别和级别车站的通道、扶梯、楼梯、检票机等站内通行类设施和服务类设施的能力折减系数也各不相同，具体见表1-1-2。

不同分类分级车站的主要行人交通设施通过能力折减系数[2] 表1-1-2

<table>
<tr><th rowspan="2">车站类型</th><th rowspan="2">车站等级</th><th colspan="4">行人交通设施通过能力折减系数</th></tr>
<tr><th>通道</th><th>扶梯</th><th>楼梯</th><th>检票机</th></tr>
<tr><td>A类车站</td><td>特级、甲级、乙级</td><td rowspan="2">0.7</td><td rowspan="2">0.85</td><td rowspan="2">0.85</td><td rowspan="2">0.75</td></tr>
<tr><td>C类：近郊客运中心</td><td>甲级</td></tr>
<tr><td>B类车站</td><td>特级、甲级、乙级</td><td rowspan="2">0.8</td><td rowspan="2">0.9</td><td rowspan="2">0.9</td><td rowspan="2">0.85</td></tr>
<tr><td>C类：市域公交枢纽、市郊铁路首末站</td><td>甲级</td></tr>
<tr><td colspan="2">B类丙级和C类乙级、丙级车站</td><td>0.9</td><td>1.0</td><td>1.0</td><td>1.0</td></tr>
</table>

注：数据来源于《城市轨道交通工程设计规范》（DB11/995—2013）。

车站的建筑类型主要取决于车站的换乘形式、站厅形式以及站台形式，具体如下。

(1)车站换乘形式

车站的换乘形式应根据线网规划、客流特征、换乘线路的建设时序、线路敷设方式和工程实施条件等因素确定，与既有线换乘时，宜选择换乘客流冲击小的换乘形式。地铁车站的常见换乘形式包括“一”字形、“工”字形、“十”字形、“T”形、“L”形等。

①“一”字形和“工”字形换乘形式适用于线路平行交织的方式，如图1-1-4和图1-1-5所示。

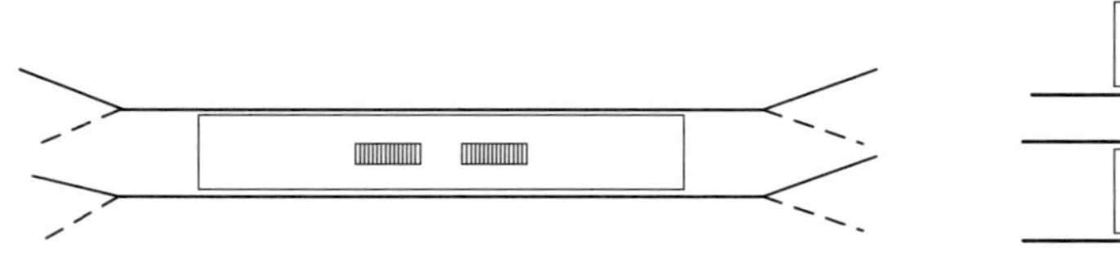

图1-1-4 “一”字形换乘形式

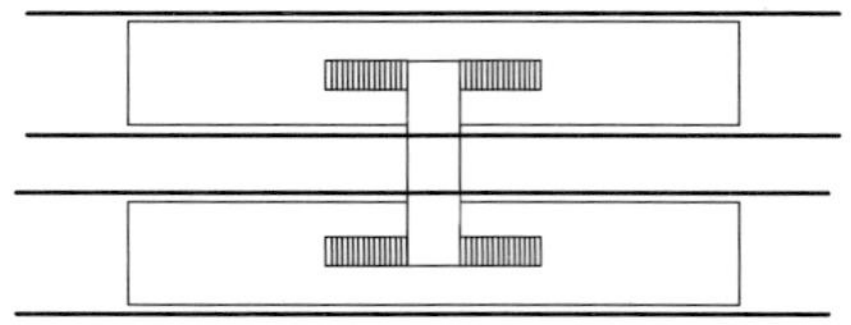

图1-1-5 “工”字形换乘形式

“一”字形换乘形式适用于车站地下空间宽度受限制的地段，平行线路和相应的站台位于地下不同埋深进行叠加，地下一层为站厅层，地下二、三层为站台层，形成三层四线车站。站台形式一般可选用岛式站台。该形式的车站宽度较小，有利于减少占地宽度和拆迁工程量，可进行同站台同方向换乘，也可同站台反方向换乘，但也存在车站埋深大、基坑支护结构深、降水费用高、扶梯和电梯运营成本大、三层站乘客走行时间长、不利于紧急疏散等缺点。

“工”字形换乘形式适用于车站地下空间较大的地段，平行线路和站台在同一埋深。将两条线路的上行线布置在一个站台上，两条下行线布置在同一个站台上。乘客在同一站台可以换乘另一条线的同方向列车，反方向换乘则要通过站厅层或站台间通道实现。该形式具有同方向换乘方便、车站埋深浅、便于施工等优点，但也存在反方向换乘不便利、车站规模较大、主体较宽、土方开挖量大、工程造价高等缺点。

②“十”字形、“T”形、“L”形换乘形式适用于线路相交的方式，如图1-1-6～图1-1-8所示。

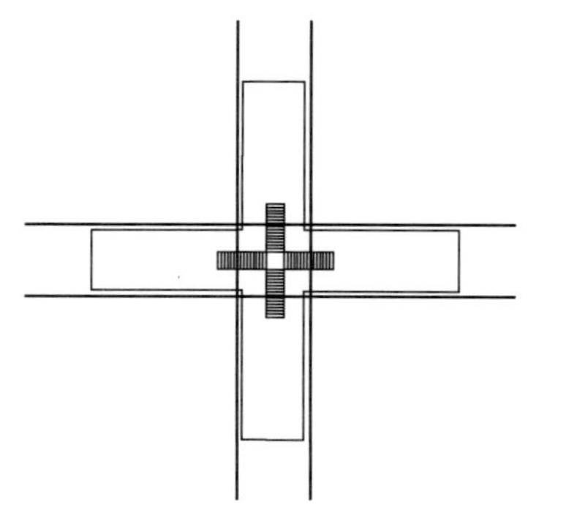

图1-1-6 “十”字形换乘形式

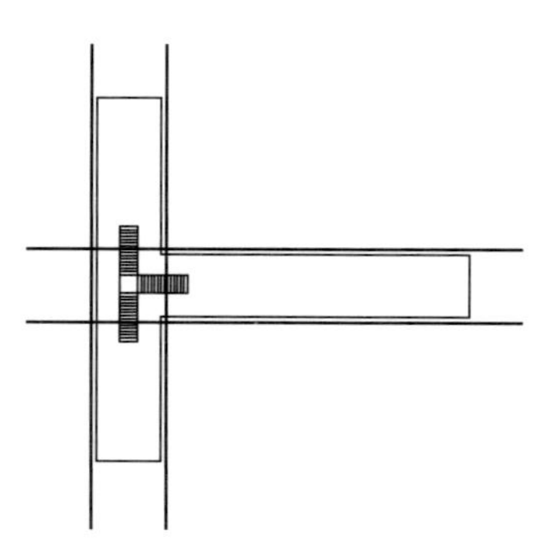

图1-1-7 “T”形换乘形式

“十”字形换乘形式一般适用于两条线路十字交叉,一个站台布置在另一个站台的上面,通过配置在交叉处的楼梯或扶梯实现换乘。车站可以设计为两层或三层,站台可选用侧式或岛式站台。由于岛式与侧式换乘及侧式与侧式换乘能够满足较大客流换乘量的要求,因此这两种方案使用较多。“十”字形换乘形式可以很好地实现站台到站台的换乘,可以为乘客提供方便和快捷的换乘条件。换乘线路之间可以共用站厅、站房及管理人员,经济效益比较好。另外,“十”字形换乘车站适用于两条线路同期实施或修建时间较近。若不能同期实施需要预留好换乘节点,这样会使前期投资较大,对后期线路车站的设置也形成一定制约。

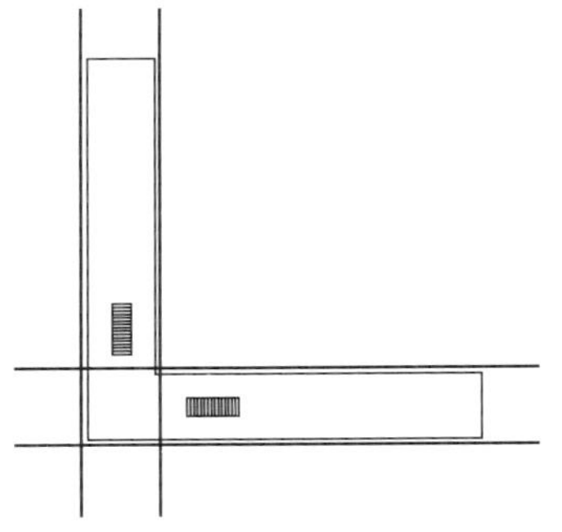
图 1-1-8 “L”形换乘形式

“T”形、“L”形换乘形式适用于两条线路为非十字交叉,且地下空间受限情况下的情况,换乘方式可设计为站台端部换乘或通道换乘。该换乘形式换乘布置较为灵活、预留工程少、对后期修建的车站制约因素也少,但也存在换乘路线较长,方便性降低,且极易形成客流瓶颈等问题。此外,换乘节点还应该根据远期线网的情况分别采用同步实施或者是预留接口的形式。

(2)车站站厅形式

车站站厅形式可采用地面厅、端头厅、贯通厅等。其中,地面厅位于地面,主要用于高架车站以及站厅建在地面的地下车站,如图 1-1-9 所示。例如北京地铁 13 号线的所有车站,武汉地铁 2 号线的常青花园站、金银潭站均采用地面厅形式。

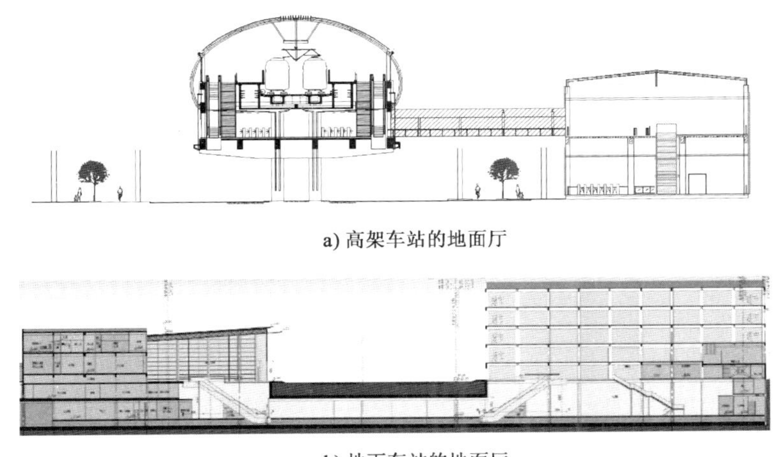
a) 高架车站的地面厅

b) 地下车站的地面厅

图 1-1-9 车站地面厅剖面示意图

端头厅指站厅层沿着线路方向(纵向)或者垂直线路方向(横向)设计为多个互不相通的站厅,如图 1-1-10 所示。例如北京地铁 1 号线、2 号线大部分车站,广州地铁 2 号线越秀公园站、江南西站等均为纵向端头厅。北京地铁 10 号线团结湖站、呼家楼站，西安地铁 2 号线钟楼站均为横向端头厅站。

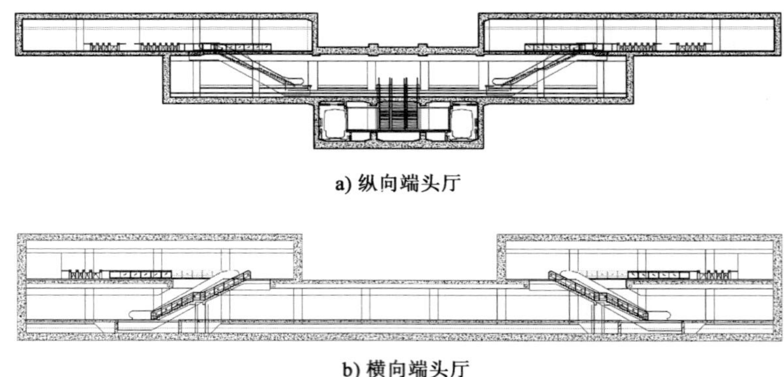

a) 纵向端头厅

b) 横向端头厅

图 1-1-10　车站端头厅剖面示意图

贯通厅指车站站厅层为一个整体站厅，如图 1-1-11 所示。该类型站厅在我国地铁车站中普遍采用。

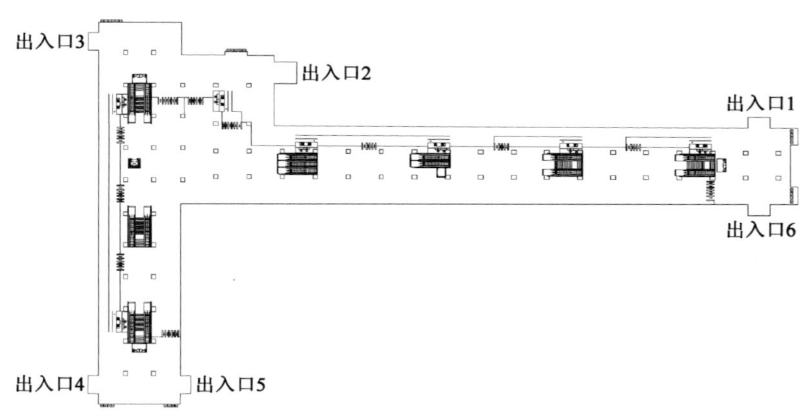

图 1-1-11　某换乘车站贯通厅平面示意图

(3) 车站站台形式

车站站台形式可采用岛式、侧式、岛侧混合式等。其中，岛式站台位于两线中间，是最常见的一种形式，具有站台面积利用率高、可灵活组织客流、便于乘客使用等特点，通常用于客流量较大的车站，如图 1-1-12 所示。

侧式站台即轨道线路在中间，站台设计在两侧，根据环境条件可以布置成平行相对式侧式站台、平行错开式侧式站台、上下重叠式侧式站台及上下错开式侧式站台。侧式站台在面积利用率、客流组织灵活性、站台间联系便利性等方面不如岛式站台，多用于客流量不大的车站及高架车站。最常见的平行相对式侧式站台如图 1-1-13 所示。

表 1-1-3 对岛式站台和侧式站台的特点进行了对比分析。

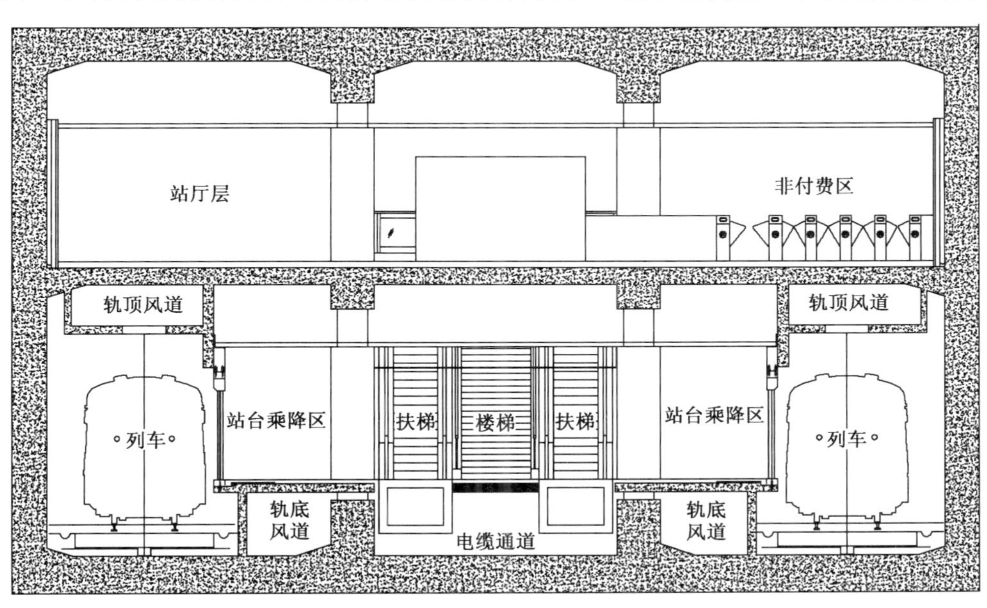

图 1-1-12 车站岛式站台剖面示意图

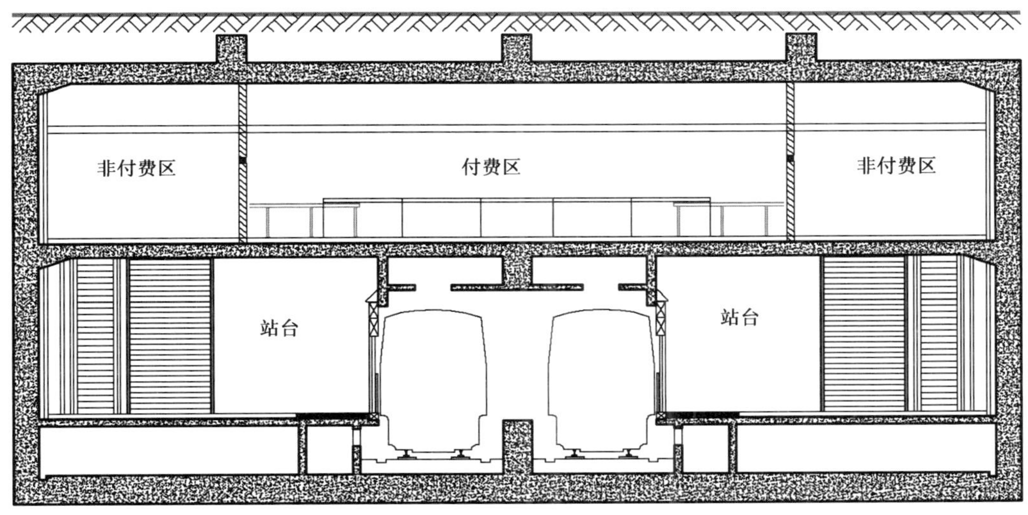

图 1-1-13 车站侧式站台剖面示意图

岛式站台和侧式站台对比 表 1-1-3

对比项目	岛式站台	侧式站台
站台使用	站台面积利用率高,可调节客流	站台面积利用率低,不能调节客流
站厅设置	站厅与站台需设在两个不同高度上,站厅跨过轨道	站厅与站厅可设在同一高度上,站厅可不跨过轨道
站内管理	管理集中,联系方便	站厅分设时,管理分散,联系不方便

续上表

对比项目	岛式站台	侧式站台
改造难易性	改造时，延长车站较为困难，技术复杂	改造时，延长车站比较容易
站内空间	站厅、站台空间宽阔完整	站厅分设时，空间分散不开阔
喇叭口设置	需设喇叭口	不设喇叭口
造价	较高	较低

岛侧混合式站台即岛式站台加半幅侧式站台，运用相对较少。例如上海地铁 9 号线桂林路站为混合式站台。混合式站台可同时在两侧的站台上、下车，也可适应列车路途折返的要求，如图 1-1-14 所示。

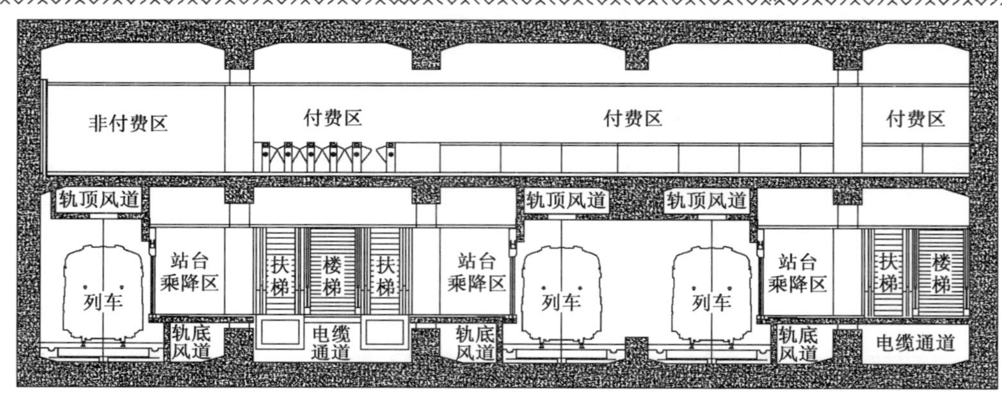

图 1-1-14　车站混合式站台剖面示意图

车站站厅平面设计时，站厅公共区平面应根据车站形式、客流流线、安检设施、售检票方式以及楼扶梯、电梯和其他乘客服务设施的布局综合确定，确保乘客进站、出站、换乘流线不宜交叉。公共区划分为非付费区和付费区，采用检票机和栅栏隔开。其中非付费区的客流流线设计以出入口（及其通道和楼扶梯）、安检设施、售票机、闸机为关键节点，根据进站、出站流线方案布置安检设施、售票机、闸机等的位置。付费区的客流流线设计以闸机、衔接站台的楼扶梯、换乘通道和换乘楼扶梯为关键节点，根据进站、出站、换乘流线方案设计楼扶梯、通道位置以及上下行方向。站台平面设计时，站台公共区的楼扶梯和电梯宜均衡布设，布局应确保楼扶梯和电梯前有足够的缓冲区域。

在站厅站台内设施平面布局基础上，需要确定通行类设施和服务类设施的规模参数，具体包括通道、楼梯、扶梯的宽度，售票机、安检设施和闸机的数量，以及站台的宽度等。参数的计算应按该站超高峰设计客流量确定，具体为该站预测远期高峰小时客流量或客流控制期的高峰小时客流量乘以 1.1 ~ 1.4 的超高峰系数，换乘车站的超高峰系数宜取上限值。以超高峰设计客流量除以通行类设施或服务类设施的单位最大通过能力，可得到上述通行类设施或服务类设施的规模参数，并需要满足各类设施规模参数的最小值。其中车站通行类设施或服务类设施的最大通过能力按表 1-1-4 确定。

车站行人交通设施的最大通过能力[2] 表 1-1-4

<table>
<tr><td colspan="2" rowspan="2">名 称</td><td>通过能力</td><td colspan="2" rowspan="2">名 称</td><td>通过能力</td></tr>
<tr><td>(人次/h)</td><td>(人次/h)</td></tr>
<tr><td rowspan="2">1m 宽通道</td><td>单向通行</td><td>5000</td><td rowspan="2">闸机</td><td>门扉式</td><td>1500</td></tr>
<tr><td>双向通行</td><td>4000</td><td>双向门扉式</td><td>1500</td></tr>
<tr><td rowspan="2">1m 宽扶梯</td><td>0.5m/s</td><td>6000</td><td rowspan="2">0.6m 宽扶梯</td><td>0.5m/s</td><td>3600</td></tr>
<tr><td>0.65m/s</td><td>7300</td><td>0.65m/s</td><td>4400</td></tr>
<tr><td rowspan="3">1m 宽楼梯</td><td>单向下行</td><td>4200</td><td colspan="2">人工售票口</td><td>1200</td></tr>
<tr><td>单向上行</td><td>3700</td><td colspan="2">自动售票机</td><td>300</td></tr>
<tr><td>双向混行</td><td>3200</td><td colspan="2">人工检票口</td><td>2600</td></tr>
</table>

注:数据来源于《城市轨道交通工程设计规范》(DB11/995—2013)。

车站站台宽度则按照公式(1-1-1)计算[2]:

$$
\begin{cases}
B_{\mathrm{d}} = 2b_{\mathrm{c}} + d + b_{\mathrm{t}} \\
B_{\mathrm{c}} = b_{\mathrm{c}} + d + b_{\mathrm{t}} \\
b_{\mathrm{c}} = \dfrac{Q_{\mathrm{cs}} \times \alpha}{[L - (c \times e)] \times n \times \rho} + M
\end{cases}
\tag{1-1-1}
$$

式中:B_{d}——岛式站台宽度;

B_{c}——侧式站台宽度;

b_{c}——站台单侧宽度;

d——纵梁或柱宽之和;

b_{t}——每组楼梯和扶梯宽度之和;

Q_{cs}——远期或客流控制期高峰小时单侧站台上车客流量和换乘客流量之和;

α——超高峰系数;

L——站台门端门之间的计算长度;

c——列车车厢门的总数;

e——列车车厢门的宽度;

n——高峰小时发车对数;

ρ——侧式站台上的人流密度;

M——站台边缘至站台门立柱内侧的距离。

1.1.3 地铁车站设计存在的问题

通过对目前地铁车站运营过程中暴露出的运营效率低、服务质量差、安全隐患多等问题分析,作者发现其中很多问题需要追溯到地铁车站设计阶段。其主要问题体现在以下几方面。

1）地铁设计年限与预测客流量年限不一致

地铁系统是一个百年工程。《地铁设计规范》（GB 50157—2013）[3]规定，地铁的主体结构工程，设计使用年限不低于100年。国外地铁的使用期有的已经超过了100年。按照规范要求，地铁车站的设计规模要以远期预测客流量（通常为建成后第25年）进行设计。即地铁车站的站台宽度、出入口、通道及楼扶梯宽度，都是按地铁建成后25年的客流量进行设计，出现了使用年限（100年）与车站客流规模设计年限（25年）的不一致。

2）地铁预测客流量不准确

地铁客流量的增长是一个复杂非线性问题，影响因素众多，难以对其进行准确预测。加上我国地铁发展规模之大、发展速度之快是目前世界上绝无仅有的，没有可以借鉴和学习的经验。因此，在各城市地铁网络化快速发展的趋势下，地铁设计阶段的客流预测结果与实际客流量相差较大，换乘客流量的预测差距尤为明显。如北京地铁10号线、4号线－大兴线、13号线和5号线现状客流均已提前实现或超出远期客流预测值。其中5号线开通初期的最大断面客流量就比预测值高出了0.13万人次/h，而换乘客流量则远超过预测值，预测值偏离最大的东单站误差达800%[4]，如图1-1-15所示。上海、沈阳等城市也均出现类似问题。

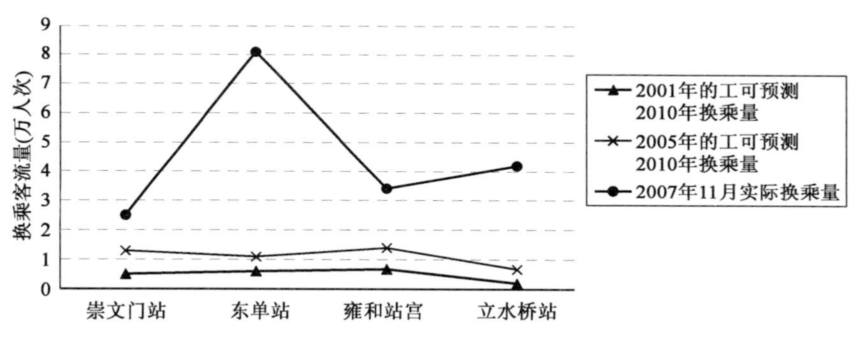

图1-1-15 北京5号线换乘站换乘客流量实际值和预测值对比

3）地铁车站设计对客流动态性考虑不足

地铁车站通道、楼梯、扶梯的宽度，售票机、安检设施和闸机的数量，以及站台的宽度等的设计，主要依据预测客流量和各种设施的最大通过能力比值，或者站台单位容纳能力的比值进行计算。但各类设施的最大通过能力值均为理想状态下的通过能力，站台单位容纳能力也采用乘客静止状态下的容纳能力，均没有考虑乘客移动状态下的相互作用和影响带来的能力折减效应。由此，在设施能力和规模设计过程中对乘客的动态性考虑不足，与设施实际通过能力相比偏大。例如，《地铁设计规范》（GB 50157—2013）规定，1m宽楼梯的最大通过能力上行为3700人次/h，下行为4200人次/h，而实测值分别为2462人次/h和2884人次/h，由此导致车站设施规模设计偏小，设备的实际客流通过能力偏小，车站运营效能降低，后期改造费用庞大。北京地铁宣武门车站由于2号线换乘4号线的换乘楼梯宽度设计较窄，难以满足换乘需要，新增换乘通道的改造费用高达4.55亿元。因此，仅凭规范和相关经验的设计方案已不能满足实际客流需求，需要对客流动态性进行充分考虑，评估和优化设计方案。

为此，北京市地方标准《城市轨道交通工程设计规范》(DB11/995—2013)中，明确要求下列重要、复杂的换乘车站应进行客流动态仿真模拟评价：

(1)转乘特级、甲级城际交通客运站的换乘站；

(2)线网中原非换乘车站改造成的换乘车站；

(3)三线换乘及三线以上的换乘车站；

(4)静态换乘功能评价有突出问题的换乘车站。

同时，对换乘车站应进行车站通行设施能力适应性、站台短时冲击性、换乘便捷性以及运能匹配性功能验算。广州、深圳、南京、郑州、沈阳等大多数城市也在参照执行。

1.2　行人交通仿真

1.2.1　行人交通仿真概述

交通仿真采用计算机仿真技术研究交通行为，是一门对交通运动随时空变化进行跟踪描述的技术。行人交通仿真是计算机仿真在交通工程领域的应用，它是以相似原理、信息技术、系统工程和交通工程领域的基本理论和专业知识为基础，以计算机为工具，利用系统仿真模型模拟交通环境下行人个体的行为及其活动，并采用数字图形的方式对其进行描述，以便更好地把握和控制行人交通系统的实用技术。

行人交通仿真作为一项交通系统实验分析技术，成为交通工程研究人员描述复杂环境下行人交通行为、测试和优化各种行人设施设计方案的一种直观、方便、灵活、有效的分析手段。它能够动态地、逼真地反映行人个体、行人流以及行人流与其他交通流共存的各种交通现象，重现行人流的时空变化，深刻反映人、车、环境之间的交通特性，能有效地进行交通设施布局规划、组织与运营管理等方面的研究。

根据行人交通活动场所、交通行为特点以及对行人交通设施工程设计和运营的需求，行人交通仿真应用可分为道路行人交通仿真、大型活动行人交通仿真、交通场站行人交通仿真三类，如图1-2-1所示。

(1)道路行人交通仿真主要模拟发生在人行道、交叉口、步行街区、机非混行路段等道路交通环境中的行人交通行为(图1-2-2)。道路交通环境中的行人一般密度较低，时空分布较为均匀，其运动范围、方向和行为较为简单。但在道路交通系统全开放环境中，行人和机动车、公交车等其他交通主体之间存在相互作用和影响。因此，道路行人交通仿真建模的重点是人、车交互和冲突模拟。通过对人、车相互影响的仿真分析，合理规划道路交通设施、设计行人交通组织方案，降低人车相互干扰。

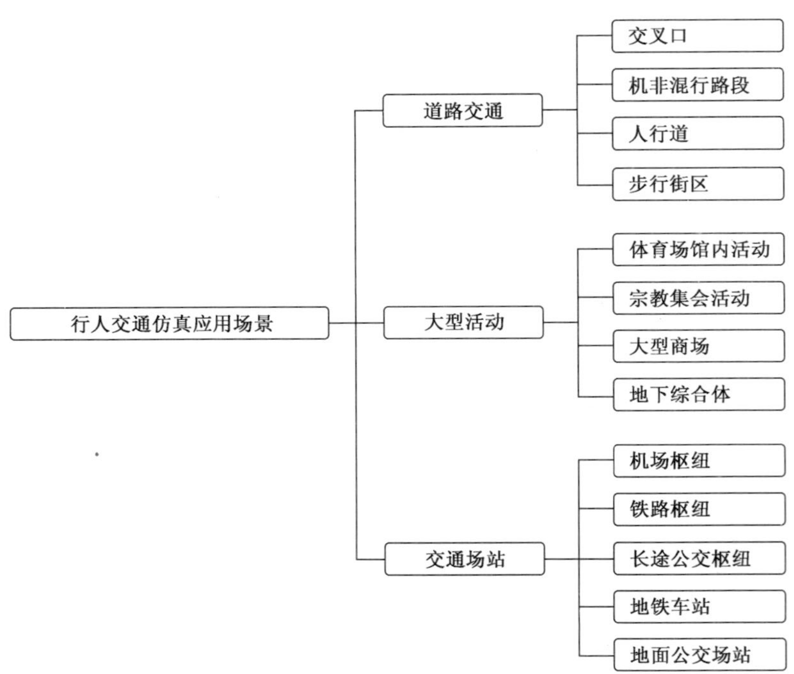

图 1-2-1　行人交通仿真主要应用场景

图 1-2-2　交叉口行人过街仿真(图片源于 vissim 仿真软件)

(2)大型活动行人交通仿真主要模拟发生大型体育场馆、大型文体集会、宗教活动区、大型商场、地下综合体等大型活动环境中的行人交通行为(图 1-2-3)。大型活动往往是在特定时间、限定空间内的短时大客流聚集或疏散,具有人员聚集量大、活动空间相对封闭、行人出行目的和活动环节相对简单、与其他交通方式关联不强等特点。因此,大型活动行人交通仿真建模的重点在于短时间内大客流的疏散过程模拟。通过对大客流状态下行人疏散过程的仿真分析,合理设计大型活动场所交通设施和客流疏散组织预案,提高大客流疏散效率。

(3)交通场站行人交通仿真主要模拟发生在地铁车站、机场和城市客运交通枢纽等交通场站环境中的行人交通行为。交通场站行人交通系统与道路行人交通系统、大型活动行人交通系统相比有较大区别,表现在:①就宏观层面而言,交通场站中客流量较道路交通系统的行人流量大,且在短时间聚集或消散;客流时空波动性较大型活动行人交通持续时间长,波动强度大,不均衡性突出。②就微观层面而言,交通场站中行人出行目的、方向、运行速度、交通行为、活动环节较道路行人交通系统和大型活动行人交通系统中行人交通行为复杂,形成个体、群体行为复杂特性(图1-2-4)。例如,交通场站中存在大量购票、候车、乘降的行为,这与后二者系统中行人交通行为有较大区别。③交通场站中行人交通宏微观特征往往与交通方式之间存在紧密联系,并受到场站内各种交通设施、作业环节、客流组织流线的影响,群体行为和个体行为呈现一定的规律性,如宏观客流随着地铁列车的到达规律性地产生和消散,微观个体会在闸机、楼扶梯等处根据偏好做出选择行为等。

图1-2-3 大型体育馆行人集散仿真(图片源于Legion仿真软件)

根据交通场站的行人交通特点,针对交通场站内行人交通的仿真建模包括对行人、车辆、车站交通设施之间相互影响的模拟,以及大客流状态下疏散组织模拟。通过交通场站内行人交通仿真,实现对场站设施设计、运营管理、运输组织、疏散方案的综合优化。

图1-2-4 地铁车站行人交通仿真(图片源于Legion仿真软件)

行人交通仿真凭借其经济性、安全性、可重复性、易用性、可控制性和可拓展性等优点,已广泛应用于道路交通、交通场站、大型公共建筑的规划、设计和运营,涵盖从宏观的区域客流调控措施优化到微观的设施布局调整等多层面需求。图 1-2-5 中列举了行人交通仿真在理论研究、方案设计、方案评估优化和预案调整等方面的部分应用。地铁作为城市公共交通的骨干,是行人高度聚集的场所,也是行人交通仿真研究和应用的重要领域。

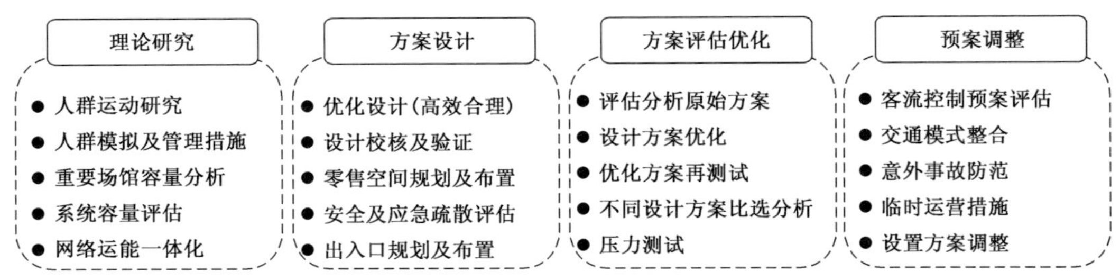

图 1-2-5 行人交通仿真的部分应用领域

1.2.2 行人交通仿真理论模型

行人交通仿真理论研究始于 20 世纪 80 年代,研究者开始用数学模型描述行人集聚形成的宏观统计特性。90 年代计算机技术迅速发展,从不同层面上为描述行人交通提供了强有力的支持,逐渐出现了一系列的交通仿真模型,如流体力学模型、元胞自动机模型、社会力模型、基于智能体的模型等。行人交通行为模型是进行不同空间尺度交通仿真的核心算法,经过多年的发展,可根据其抽象程度主要分为宏观模型和微观模型两大类。表 1-2-1 为当前研究分类和概况,本书主要介绍微观模型,具体内容见第 4 章。

行人交通仿真理论模型分类及其典型代表[5-21] 表 1-2-1

研究分类	具体模型	主要研究者
现象分析	数学统计模型	Fruin,1971[5] Pauls,1987[6] Helbing,1998[7] Kardi Teknomo,2002[8]
宏观模型	气体动力学模型	Henderson,1971[9] Helbing,1998[10] Hoogendoorn,2000[11]
	流体力学模型	Hughes,2002[12]
	网络排队模型	Lovas,1994[13]
微观模型	力学模型	Helbing,1995[14] Helbing,2000[15] Moussaid,2011[16]
	元胞自动机模型	Blue,1998[17] Muramatsu,2000[18] Kirchner,2003[19]
	其他模型	Kardi Teknomo,2005[20] Nitish,2012[21]

1.2.3 行人交通仿真软件介绍

行人交通仿真建模是研究行人交通行为、优化设施布局、评价设计方案的重要手段。基于行人交通仿真模型开发的仿真软件或平台,可对各种工程设计方案进行仿真分析。相应的活动空间设计方案、管理措施的合理性能够通过相应功能模块的分析结果来反映。为便于将仿真建模理论应用在工程设计评估中,许多商业化的行人交通仿真软件,包括Legion、Viswalk、Anylogic、Massmotion 等被研发并得到广泛应用,下面对其简要介绍。

1)Legion

Legion 是英国 Legion Limited 公司开发的具有代表性的行人交通仿真软件,也是世界范围内应用最广泛、功能最强大、模拟过程最精确的仿真软件之一。Legion 采用了多智能体模型,由 Model Builder、Simulator 和 Analyser 三个模块组成。

Model Builder 模块根据仿真对象的空间布局创建行人活动空间,并对各类设施、垂直交通和流线组织进行定义;Simulator 模块用于模拟行人移动以及仿真运行循环控制的过程,并对所有个体在仿真过程中的信息进行记录;Analyser 模块用于分析整个区域或某一模型空间内的交通评价指标,如空间利用率、空间平均密度和行人行程时间等。

Legion 输出人流密度、步行时间、疏散时间、步行速度、排队长度等数据,支持图形、数据、图表的输出。其应用范围广泛,目前主要应用于大型的活动、赛事和规划,如悉尼奥运会、雅典奥运会、北京奥运会、伦敦奥运会、2010 年上海世博会、广州亚运会、深圳大运会等。

2)Viswalk

Viswalk 是德国 PTV 公司开发的行人微观交通仿真软件,用于各种行人系统的模拟和分析。该软件基于社会力模型开发,由行人模块、面域模块、行为模块、路径模块、行人与车辆交互模块等众多模块组成,这些模块各自承担着不同的功能。

行人模块主要有类型模块、类别模块、组成模块等,实现对仿真的行人分类属性定义。面域模块分为三种:正常面域模块、匝道模块和障碍物模块,用于刻画复杂仿真场景空间。行为模块包括移动行为和面域行为两种,用于模拟行人不同目的地活动,有着不同的期望速度。路径模块定义两个面域模块之间的连接路径,实现行人的走行路径规划,以及后期数据统计分析。行人与车辆交互模块用于定义行人与车辆之间的交互作用。

基于以上功能模块,Viswalk 能够模拟行人在不同面域内(路段、交叉口、匝道)的移动、过街等待和正在过街的非机动车及行人交通流。

3)Anylogic

AnyLogic 是俄罗斯 XJ Technologies 公司开发的一款能支持基于智能体仿真、离散事件系统仿真和系统动力学仿真等模式的仿真软件,并且可以任意组合上述模式进行混合仿真,实现对离散系统、连续系统和混合系统的建模和仿真。

AnyLogic 的行人库是在流程建模库的基础上开发的,其模块包括空间标记元素和行人交通行为模块两大部分,可实现环境建模、行人交通行为建模、运行仿真和结果分析等。

环境建模主要绘制仿真环境的墙体、区域、服务、队列等元素,用于搭建行人交通仿真场景。

行人交通行为建模使用流程图的方式定义和描述行人交通行为,需要按行为的逻辑先后顺序设定流程模块的属性,并进行行人特征参数标定工作。

相比专门的行人交通仿真软件,AnyLogic 具有开放式的体系结构,支持基于主体的建模和二次开发,能为行人交通仿真建模提供较大的灵活性,但这取决于用户对行人模型的掌握程度,不利于大规模推广应用。

4) Massmotion

Massmotion 是英国奥雅纳(Oasys)公司开发的一款面向三维的多智能体行人交通仿真软件。Massmotion 仿真模型主要由场景几何组件模块、行人智能体模块、分析模块三部分组成。

场景几何组件模块将设施环境用一系列几何组件表示。几何组件分为具体场景组件和抽象逻辑组件。其中,具体场景组件包括地面、障碍物、坡道、楼梯、扶梯、电梯、门、服务台等,抽象逻辑组件包括连接器、集合器、路径、调度器等。

行人智能体模块是移动模块,实现行人事件生成和执行、行人路径选择、行人运动、行人属性数据记录等功能。行人事件用于启动、控制或影响仿真过程的行人流程。行人事件中包含行人起点、启动时间、预疏散时间、行人目的地、仿真模拟时间等属性信息。行人路径选择基于 Massmotion 根据几何组件自动创建的网络来实现路径选择。行人首先根据当前位置和周围环境分析距离、堵塞和地形类型,同时计算当前所有可用路线的感知成本,并用于路径选择。

分析模块包含空间环境分析和速度确定,通过环境分析获知所有可走行的区域和完整线路,通过对行人附近可走行区域数据的读取,获知行人附近其他人员的密度函数,并对其速度进行修正。

1.2.4 行人交通仿真技术发展趋势

随着 3D 技术、虚拟现实、大数据等新技术对行人交通仿真领域的促进作用,行人交通仿真软件对仿真要素描述更为精确、细致,对行人间的交互作用刻画更为合理和真实,模拟精度要求更高,仿真模型得到持续动态优化,与实际应用结合更加紧密,并呈现以下发展趋势:

1) 模块化、标准化的建模过程

随着公共建筑场所的体量逐渐变大、空间日趋复杂、设施逐渐繁多,行人交通仿真软件的场景建模工作量也越来越大,需要借助模块化、标准化建模方法,提高仿真建模效率,加强软件应用场景的鲁棒性。

2)精细化、精准化的行为仿真模型

面对复杂的客流环境、多样化的行为空间场景,行人的交通行为和心理反应表现出明显的多样性和不确定性,需要建立更加精细化的行为仿真模型展现多样环境中各类行人的不同交通行为。而计算机性能的提升,云计算、并行分布式仿真技术的出现,使更加精细化的行为仿真模型计算成为可能。

3)专业化、个性化的评价分析功能

随着研究问题的扩展、评价分析对象的丰富,不同的研究需求要借助仿真软件进行有侧重点的评价分析,需要仿真软件具备丰富的可拓展功能,适应专业化、个性化评价分析需求。

4)可视化的三维图景,实现沉浸式仿真

得益于计算机图形处理能力、三维图形算法的发展,3D 技术、虚拟现实技术促使行人交通仿真软件向真三维和虚拟仿真、多视角沉浸式仿真方向发展,使得仿真软件的展示效果更加直观,图形表现更真实,与人更具有交互功能。

5)多元化、即时化的数据输入

物联网工程、大数据技术的发展,丰富了仿真分析的输入数据源,使得行人交通仿真软件的输入数据不再仅仅包括人工客流断面调查数据,还可涵盖行人视频检测数据、AFC(Auto Fare Collection,自动售检票)数据、互联网数据等。这需要仿真软件在数据输入模块上做更为细致的开发,以适应多源数据格式和即时输入的需求。

6)实时在线仿真与反馈

仿真软件性能的提升、功能的丰富、计算效率的加强、实时数据接口的扩展,使得仿真软件可以突破离线仿真评估应用的局限,实现在线仿真评价、预测和实时反馈,形成实时的"仿真-评估-反馈-修正-仿真"闭环系统,提高系统优化控制能力和水平。

1.3 地铁车站仿真

1.3.1 地铁车站仿真的作用

地铁车站行人交通仿真属于交通场站行人交通仿真范畴,主要模拟地铁车站中的乘客在通道、楼梯、扶梯等通行类设施,站厅和站台等集散类设施,以及安检设施、闸机、售检票机等服务类设施的动态行为,以及上述各种动态行为组合完成的乘客进出站、换乘等活动链。以此为基础,进行乘客、地铁车辆、车站交通设施之间相互作用的模拟,以及大客流状态下疏散组织模拟,实现对地铁车站设施设计、运营管理、疏散预案的评估和优化。

地铁车站行人交通仿真可支持行人交通行为理论研究,以及车站工程设计和运营管理的优化应用,如图 1-3-1 所示。

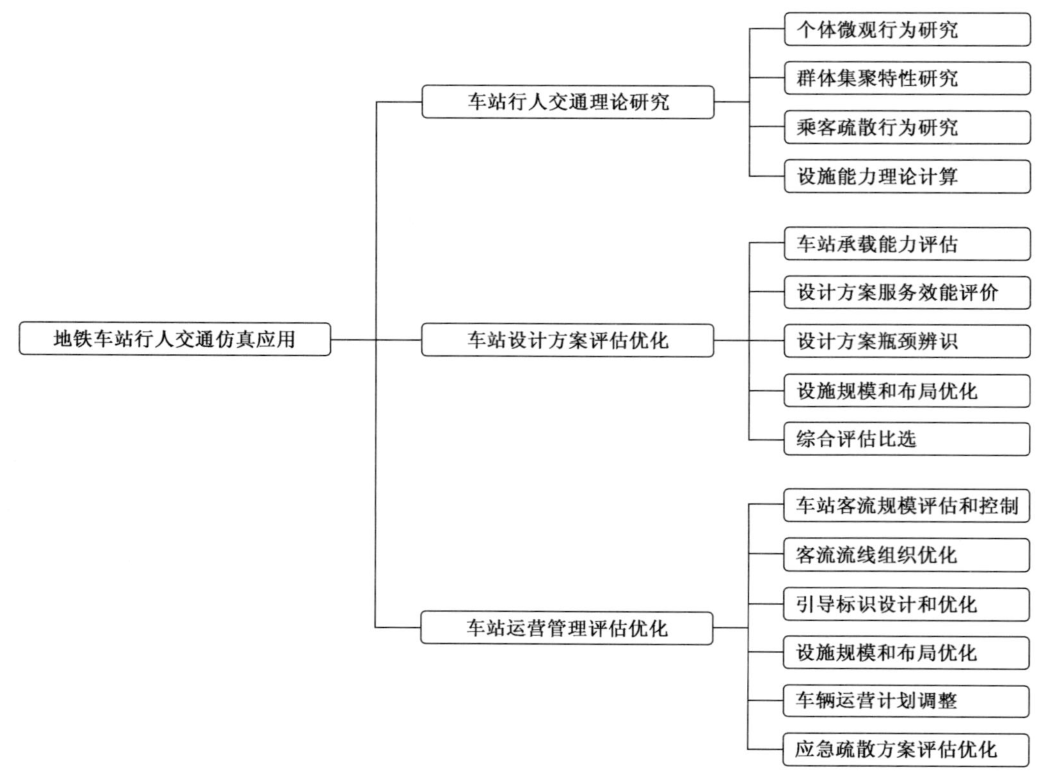

图 1-3-1　地铁车站行人交通仿真分类应用

(1)在理论研究方面,可用于常态和疏散状态下行人交通行为理论研究。行人交通仿真建模以行人交通行为规律理论研究为基础,只有深入掌握了行人与各种设施的交互作用机理,以及行人动态活动规律,才能够更加精准地模拟行人在常态和突发状况下的行为和反应。反过来,通过行人微观交通行为模拟,可再现及研究行人群体集聚行为和动态特征,丰富行人群体交通行为规律。特别是车站大客流拥挤状态下的密集人群动态行为及临界突变规律,由于安全因素而难以通过实验手段获取,对其进行理论研究的手段相对匮乏。地铁车站行人交通仿真丰富了对大客流交通行为规律研究的途径和工具。

(2)在工程应用方面,可用于地铁车站全生命周期的各个阶段,包括规划、可行性研究、设计、施工、改造、运营及维护等。其中,规划阶段和可行性研究阶段可辅助进行车站容量评价、运能估算等工作。车站设计和施工阶段可辅助进行地铁车站动态模拟,通过对模拟结果进行数据分析,寻找车站方案中存在的短板和瓶颈,对车站的多设计方案进行比选分析,以求对车站设计方案提出切实可行的改进意见。在运营维护和改造阶段可辅助进行客流流线组织评估、大客流仿真评估、运营组织评估,以及进行商业规划分析。客流流线的仿真评估可优化布局客流流线组织、减少客流冲突点,提高整体运营效率;大客流仿真评估可支持密集客流规划与组织管理,保障大客流冲击下大量乘客安全、快捷、舒适地汇集、疏散和换乘;运营组织方案仿真评估可支持发车间隔优化、调整换乘交通方式运营组织、合理布置疏导工作人员执勤岗位等;商业规划分析可用于评价商业设施和轨道交通设施的一体化运营方案,评估商业开发规模对轨道交通的冲击影响,确保地下空间安全、有序的运行,达到交通畅通、商业发达的双赢局面。

在行人交通仿真理论研究、工程设计评估、运营管理评估工作中,根据仿真规模和目的,可对地铁车站内通行类设施、集散类设施、服务类设施进行单个仿真,用于计算上述单体设施的通过能力、容纳能力以及服务能力,研究乘客在单体设施中的运动规律和交通行为特征。单体设施的仿真研究,可用于车站设施的能力规划、设计和评估。在此基础上,可对车站的整体设计方案进行仿真,根据分析需要,还可以纳入地铁列车、接驳公交等外部交通方式,满足车站的工程设计优化及运营方案评价,提升城市轨道交通车站规划设计、运营管理水平,保障乘客出行安全。

在具体场景方面,车站行人交通仿真可应用于常态仿真评估和疏散仿真评估。其中,常态仿真评估用于模拟车站正常运营过程,包括不同客流量下(平峰客流量、高峰客流量、突发大客流等)的乘客进站、出站和换乘过程的模拟;疏散仿真评估用于模拟车站突发状况下的客流紧急疏散过程,评估考虑疏散需求的车站空间设计方案和疏散预案,提出应急疏散预案的优化建议、给出合理的疏散预案,并对其进行优化测试。

1.3.2 地铁车站仿真的意义

1)支撑地铁车站精细化设计和评估,促进行业可持续健康发展

正如1.1.3小节所述,在地铁车站设计过程中,如果仅依据《地铁设计规范》(GB 50157—2013)中的设施能力推荐值来设计车站的设施数量,容易导致车站客流通过能力不满足设计目标的问题。另外,《地铁设计规范》(GB 50157—2013)在车站的设施设备布局、换乘形式选择方面仅给出了一些原则性的建议,缺乏定量化的设计方法。相应地,对评估车站的某个具体设计方案的不足也没能提供定量化方法。而车站客流的波动变化、乘客在站内运动的不确定性以及突发事件的不可预见性等影响因素,使得车站方案设计过程中,必须考虑乘客动态行为、空间利用情况,并考虑各设备能力、设施布局间的相互影响关系等,实现考虑乘客动态特性的车站精细化定量设计评估。

地铁车站行人交通仿真通过对车站设备、乘客及运营组织方案进行系统建模,能够较为方便地为规范中无法深入考虑的设施规模、位置、能力匹配等问题提供解决手段,从而为车站内部空间优化布局、设施设备能力配置提供分析和决策支持,是车站设计的一种重要辅助技术手段。北京市地方标准《城市轨道交通工程设计规范》(DB11/995—2013)明确规定,北京市的重要、复杂换乘车站需要进行客流动态仿真模拟评价。上海、广州、深圳、南京等城市也均有类似要求。

2)满足城市轨道交通行业安全运营需要,是开展客流评估的重要手段和途径

针对城市轨道交通大客流对车站安全运营管理的挑战,交通运输部在《关于加强城市轨道交通运营安全管理的意见》(交运发〔2014〕201 号)中提出定期组织开展客流运营安全评估工作,建立完备的客流应急预案,在设施设备研发、管理技术创新等方面为城市轨道交通运营风险防范、运营安全评估等工作提供技术支撑。国务院在《关于印发国家城市轨道交通运营突发事件应急预案的通知》(国办函〔2015〕32 号)中提出应加大对客流情况等的监测力度,开展客流风险评估,研判可能发生突发大客流时及时调整运营组织方案,并提出建立城市轨道交通客流管理技术平台,实现信息综合集成、分析处理、风险评估的智能化和数字化。交通运输部在《城市轨道交通运营管理规定》(交通运输部令 2018 年第 8 号)中提出城市轨道交通在规划和建设阶段应综合考虑客流需求、运营安全保障等因素,对换乘枢纽规划设计等开展评估工作;在运营阶段需要开展针对大客流疏导的客流组织方案和安全评估工作。而行人交通仿真是支撑国家和行业部门在设计、运营等各个阶段安全评估和风险防控政策落地的重要手段和途径。

3)满足实时在线动态仿真的需求,支撑大规模网络化安全运营

随着传感器、视频监测等技术发展,交通枢纽客流管理技术在客流监测方面获得较大发展。但在客流组织、风险评估、客流管控方面,还以离线仿真为技术手段,主要集中在车站客流组织(离线组织、隔离设置、引导员配置、乘降组织)、行车组织(过站、加车、发车间隔控制)、车站售检票设备的动态开放等评估和优化,以及车站限流、封站等管理措施。

这种基于离线仿真的运营安全评估方法,以离线历史数据为输入,对管理方案进行评估和优化,同时结合实际管理经验制订管理方案和决策,存在诸多缺陷。一方面,局限于历史数据输入得到优化的客流运营组织方案,直接应用于当前客流状态时可能存在一定的差异和不适应;另一方面,基于离线仿真所得的客流组织预案往往是等待预判出现客流风险时,开始调整和优化客流组织方案,提出客流管控措施。离线仿真评估属于被动式客流管控思路,缺乏与实时客流检测数据的关联,难以做到基于实时数据进行实时客流风险预判。

目前,实时在线仿真系统集中在道路交通仿真,主要在线仿真平台包括美国的 DynaMIT、新加坡的 DynaSmart、德国的 PTV Visum online,以及我国的 DynaTIM 等。在行人交通仿真领域,面向行人的实时在线仿真研究不足。以客流监测的实时数据为输入,集客流预测、行人交通仿真为一体的实时在线仿真决策支持是地铁车站行人交通仿真技术的发展趋势。

4)助力开展地铁车站行人交通行为研究,丰富行人交通理论和相关标准

地铁车站行人交通仿真通过模拟乘客在车站复杂环境下的路径搜索过程、移动行为、多设施选择行为、服务设施排队行为、站台乘降行为等,再现客流在车站环境的动态流动过程。为实现上述目的,首先需要开展行人交通行为研究,获取精准的交通行为参数,对车站复杂环境下路径导航、个体运动过程、节点选择行为、排队过程、上下车行为等进行建

模。在此基础上,研究离散仿真建模框架和连续仿真建模框架,最终形成地铁车站行人交通仿真系统,相应的研究成果可形成行人交通仿真理论框架,丰富行人交通行为理论体系。

目前,我国地铁车站设计主要依据《地铁设计规范》(GB 50157—2013)和相关经验给定的设施能力值确定车站的空间规模、站内设施数量和平面布局,其计算方法和考虑因素相对简单,而且多是采用静态理念计算极限值的思路。经过多年运营实践发现,规范中一些设备的最大通过能力偏大,由此设计的车站设施能力,在实际运营过程中常常难以满足需求,人为造成系统瓶颈,降低地铁车站运行效率,形成运营风险隐患。为此,需要重新对车站设施能力参数进行标定。通过对行人交通行为规律的研究,可掌握地铁车站乘客在相关设施处的时空行为特征,获取相应行为参数。在此基础上,借助数理解析方法或计算机仿真手段,可重新计算考虑乘客动态性的设施通过能力,修正相关设计规范中能力参数值。

5)研究自主国产软件工具,提升城市轨道交通产业核心竞争力

我国高度重视城市轨道交通核心装备国产化工作,并在车辆、信号控制系统等核心硬件及关键技术上取得一定突破。而相应的软性基础分析工具开发不足,形成"骨骼健壮、肌肉乏力"的软实力薄弱局面,如商业化的行人交通仿真软件尚未见到国产化产品,行人交通仿真行业几乎被国外仿真分析工具垄断,以 Legion、Viswalk 以及 AnyLogic 为代表的国外行人交通仿真分析工具的市场占用率超过 90%,特别是在重大活动及体育赛事上(如北京奥运会、上海世博会、广州亚运会、深圳大运会等)均采用 Legion 仿真软件。然而,这些国外行人交通仿真软件存在核心模型适用性不好、对轨道交通设计产业配套支持不足、不支持实时在线仿真、建模效率和评价分析有待提升和完善等问题。因此,十分有必要研发具有自主知识产权、能够反映我国城市轨道交通行人交通行为特征,面向轨道交通车站规划设计、运营管理决策支持的行人交通仿真工具,并进一步自主研发商业化仿真平台,解决国外仿真软件与我国实际工程需求不适应的问题,形成具有我国自主知识产权的商业化行人交通仿真平台。

1.4 本书主要内容

本书主要介绍了面向地铁车站的行人交通仿真理论、技术和工程应用方法,主要包括以下内容。

第 1 章:绪论。介绍了地铁车站研究背景,引出行人交通仿真的概念,并对其发展现状和趋势进行简要介绍。

第 2 章:地铁车站行人交通行为特征。详细讲述了地铁车站中存在的行人交通行为,分别针对群体宏观行为和个体微观行为进行分析说明。

第 3 章:行人交通数据采集。介绍了各种行人交通数据采集手段,包括人工调查方

法、半自动调查方法和自动化采集方法。

第 4 章:行人交通仿真模型。总结了目前的主流微观仿真模型,并给出了在此技术上结合车站应用场景的行人疏散仿真模型。

第 5 章:行人交通仿真评价。介绍了行人交通仿真评价内容、指标和综合评价计算方法。

第 6 章:地铁车站仿真工程实例。详细介绍了地铁车站设计、运营阶段所需的不同类型仿真工程实例。

本章参考文献

[1] 中国城市轨道交通协会. 城市轨道交通 2018 年度统计和分析报告[R]. 北京:中国城市轨道交通协会,2018.

[2] 北京市地方标准. 城市轨道交通工程设计规范:DB11/995—2013[S]. 北京:北京市规划委员会,北京市质量技术监督局,2013.

[3] 中华人民共和国国家标准. 地铁设计规范:GB 50157—2013[S]. 北京:中国建筑工业出版社,2014.

[4] 安栓庄,王波,李晓霞. 北京地铁 5 号线运营对轨道交通客流预测的启示[J]. 都市快轨交通,2008,21(06):14-18.

[5] Fruin J J. Pedestrian Planning and Design, Metropolitan Association of Urban Designers and Environmental Planners[M]. New York:New York Inc,1971.

[6] Pauls J. Calculating evacuation times for tall buildings[J]. Fire Safety Journal,1987,12(3):213-236.

[7] Helbing D. A Fluid Dynamic Model for the Movement of Pedestrians[J]. Complex Systems,1998,6(5):391-415.

[8] Kardi T. Microscopic pedestrian flow characteristics:Development of an image processing data collection and simulation model[D]. Sendal:Tohoku University,2002.

[9] Henderson L F. The Statistics of Crowd Fluids[J]. Nature,1971,229(5284):381-383.

[10] Helbing D,Tilch B. Generalized Force Model of Traffic Dynamics[J]. Physical review. E,1998,58(1):133-138.

[11] Hoogendoorn S P, Bovy P H L. Continuum modeling of multiclass traffic flow[J]. Transportation Research Part B,2000,34(2):0-146.

[12] Hughes R L. A continuum theory for the flow of pedestrians[J]. Transportation Research,Part B (Methodological),2002,36(6):0-535.

[13] Lovas G G. Modeling and simulation of pedestrian traffic flow[J]. Transportation Research,Part B (Methodological),1994,28(6):0-443.

[14] Helbing,Molnár. Social force model for pedestrian dynamics[J]. Physical review. E,

1995,51(5):4282-4286.

[15] Helbing D, Farkas I, Vicsek T. Simulating dynamical features of escape panic[J]. Nature,2000,407(6803):487-490.

[16] Moussaid M, Helbing D, Theraulaz G. How simple rules determine pedestrian behavior and crowd disasters[J]. Proceedings of the National Academy of Sciences, 2011, 108(17):6884-6888.

[17] Blue V J, Adler J L. Cellular automata microsimulation for modeling bi-directional pedestrian walkways[J]. Transportation Research Part B,2001,35(3):0-312.

[18] Muramatsu M, Nagatani T. Jamming transition of pedestrian traffic at a crossing with open boundaries[J]. Physica A,2000,286(1-2):377-390.

[19] Kirchner A, Nishinari K, Schadschneider A. Friction effects and clogging in a cellular automaton model for pedestrian dynamics[J]. Physical Review. E,2003,67(5):056122.

[20] Teknomo K. Application of microscopic pedestrian simulation model[J]. Transportation Research Part F:Psychology and Behaviour,2005,9(1):0-27.

[21] Chooramun N, Lawrence P J, Galea E R. An agent based evacuation model utilising hybrid space discretisation[J]. Safety Science,2012,50(8):1685-1694.

第2章 地铁车站行人交通行为特征

地铁车站行人交通行为特征作为行人交通仿真理论的基础,是车站内各种交通行为的理论归纳。地铁车站行人交通设施是行人交通行为的承载空间。不同交通设施所呈现的交通行为特征存在一定的差异,是进行交通行为特征研究的重要因素。为此,本章首先分类介绍地铁车站行人交通设施,然后分析总结车站行人交通行为类型。在此基础上,从中观和微观等层面阐述行人交通特征及参数,以及车站典型行人交通设施内的行人交通行为规律,并简要介绍疏散状态下的行人行为特征。

2.1 地铁车站行人交通设施

2.1.1 行人交通设施分类

行人交通设施指为满足行人行走和活动需求、保障行人交通系统安全运营的设施。按照行人所处的环境,行人交通设施分为道路行人交通设施、大型活动场所行人交通设施、场站行人交通设施三类,不同场景内设施各有不同,其中场站类行人交通设施最为丰富。道路行人交通设施包括步行道、过街天桥、地道、人行横道、人行信号灯、安全岛、隔离栏等;大型活动场所行人交通设施包括进出口、安检设施、检票闸机、集散廊道、楼梯、电梯、隔离设施等;场站行人交通设施包括出入口、通道、坡道、廊桥、大厅、安检设施、售检票设备、楼梯、扶梯、电梯、站台、咨询服务设施、寄存服务设施、休息等候设施、标识等。

地铁车站是典型的交通场站设施,包括上述列举的大部分行人交通设施,但较长途客运站、高铁站、机场等交通场站仍有不同之处。就设施规模和种类而言,地铁车站相比其他交通场站其设施规模要小、设施种类要少,如寄存服务设施、休息等候设施等在地铁车站内基本不设置;就车站设施内乘客活动复杂性而言,地铁车站的客流密集程度、复杂程度和运营管理难度不亚于其他交通场站。例如,受运营方式影响,地铁站台上会同时存在上车、下车、楼扶梯选择等行为,其乘客活动、客流密集程度和客流组织比高铁站台等其他设施要更加复杂。

根据行人交通活动特点和功能类型,地铁车站行人交通设施可分为通行类设施、集散类设施、服务类设施和信息诱导类设施四部分,如图 2-1-1 所示。其中,通行类设施主要用于连接不同空间区域,为乘客提供空间转移服务,包括出入口、通道、楼梯、扶梯、电梯、坡道等;集散类设施为乘客提供集散、等待空间功能,包括站厅和站台;服务类设施为乘客提供售票、安检、验票和咨询等服务，包括售票设施、检票闸机、安检设施和咨询服务设施；信息诱导类设施指通过图形符号、颜色和文字向乘客传递特定信息的设施，主要包括车站线路识别标识、方向引导标识、说明性标识、警告性标识和车站信息图等。

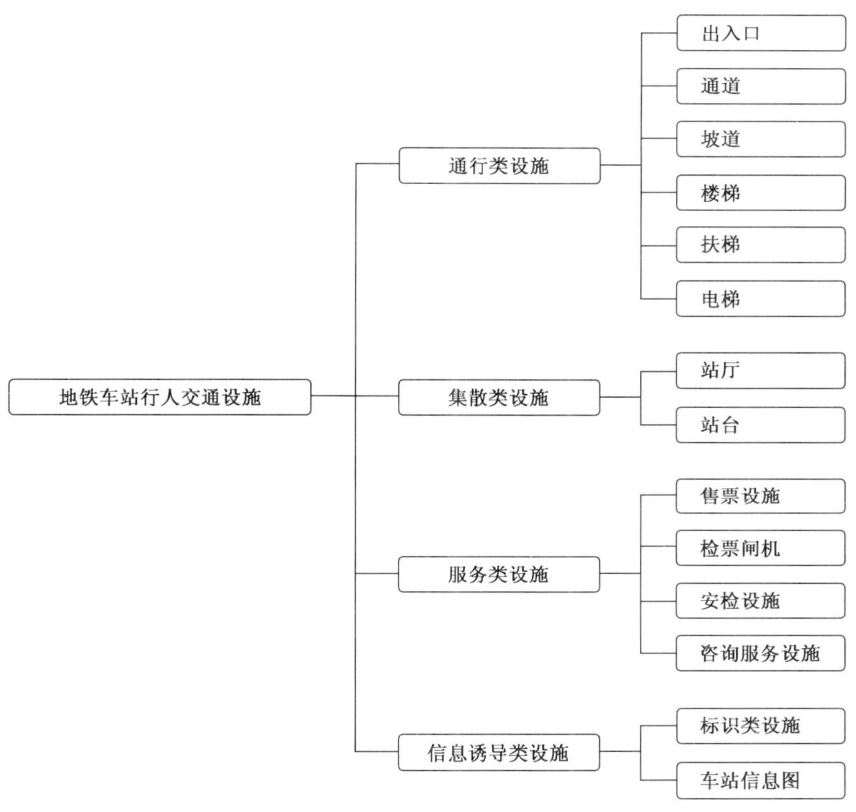

图2-1-1　地铁车站行人交通设施分类

根据行人交通设施功能特点可知，通行类、集散类和服务类设施可为乘客出行提供活动空间场所，属于车站内部空间资源；信息诱导类设施属于为乘客提供信息和辅助服务的设施。以下主要对通行类、集散类和服务类设施进行介绍。

2.1.2　通行类设施

车站通行类设施根据空间特征及功能特性，可分为平面通行设施和垂直通行设施。平面通行设施包括出入口和通道，其连接的不同空间位置基本处于同一平面；垂直通行设施包括楼梯、扶梯、电梯和坡道，其两端连接的空间位置有高差之分。

2.1.2.1　平面通行设施

1）出入口

出入口是车站与外部环境衔接、用于乘客进出车站的设施。出入口按照设置形式可分为独立式出入口、合建式出入口和敞口式出入口[1],如图 2-1-2 所示。独立式出入口一般由独立的地面亭、风亭和站前广场组成。合建式出入口通常与周边建筑(如交通枢纽、商业综合体、公共场馆、过街通道或天桥等)进行整体设计,其中地面岗亭融入建筑物内,站前集散广场也与建筑体共用,这样便于土地和建筑资源集约利用,同时也为商业、旅游客流快速集散提供便利条件。敞口式出入口通常设置在条件受限,或对环境、景观、风貌等有特殊要求的区域。该类出入口由于没有地面亭,楼扶梯等设施直接暴露在外界,受气候环境影响较大,一般较少应用。

a) 独立式出入口

b) 合建式出入口

c) 敞口式出入口

d) 出入口站前广场排队

图 2-1-2　地铁出入口及其站前广场

出入口数量通常以车站规模、埋深、平面布置、环境条件等为考虑因素,并按照车站远期预测高峰小时分向设计客流量为依据综合确定。《地铁设计规范》(GB 50157—2013)[2]规定,车站出入口的数量,应根据吸引与疏散客流的要求设置;每个公共区直通地面的出入口数量不得少于 2 个。为方便集散客流,出入口通常分散均匀布设在以车站为中心、道路为轴的 4 个象限中,出入口数量宜不少于 4 个。

2)通道

通道是车站内狭长的平面空间,可以实现车站内不同功能子空间的连接,承载客流在连通片区之间的流动,通常布设在车站出入口和站厅之间,或者不同线路的换乘通道间,如图 2-1-3 所示。通道的线形特征使其具有较强的客流导向性,能直接影响车站各功能区域的客流通过能力，间接影响车站的客流承载能力。因此，通道的设计和管理显得尤为重要。

通道宽度是通道设计时需要考虑的重要参数。通道宽度能直接影响通道的通过能力。通道较窄时，通过能力过低，容易形成客流瓶颈；通道过宽时，通过能力虽大，但建设成本也相应增加，且客流缓冲效果降低。因此，通道宽度的合理取值显得尤为重要，现有研究提出了多种计算方法[3-6]。在实际应用中通常按照《地铁设计规范》（GB 50157—2013）的要求，采用车站远期预测超高峰小时客流量除以设计通过能力计算，且需要满足2.4m 的最小宽度设计要求。

对通道的管理，主要集中在对通道内客流的组织和管理。根据通道内客流流向，通道可分为单向通道和双向通道，如图 2-1-3 所示。为保障乘客安全和方便客流管理，双向通道也一般采用隔离设施将不同流向的客流分隔开来。

a) 单向通道

b) 双向通道

图 2-1-3 地铁通道

2.1.2.2 垂直通行设施

地铁车站多为地下多层建筑体。为满足乘客在地面层、站厅层和站台层之间的移动，需要在适当位置设置楼梯、扶梯、电梯和坡道等垂直通行设施，提供不同层高区域乘客通行服务。

1）楼梯

楼梯具有简单、经济的特点，是车站内最主要的垂直通行设施，在各出入口至站厅、站厅至站台间均会布设[图 2-1-4a）]。楼梯由楼梯段、楼梯平台、栏杆和扶手四部分构成。楼梯段是楼梯的主要使用和承重部分，由若干个连续的踏步组成。楼梯平台是楼梯段两端的水平段，主要用来解决楼梯段的转向问题，或作为乘客上下楼梯时的缓冲休息区域。栏杆和扶手设置在楼梯段和平台临空侧处，防止乘客摔落，并起到乘客爬梯扶持作用。

乘客在楼梯处的步行速度较在其他设施处更慢，爬梯消耗能量更多。该特点导致楼梯的通过能力较通道、扶梯要更小，容易成为车站的能力瓶颈，也使得乘客的舒适体验感较差。为此，对楼梯的结构、宽度、倾角等设计时有如下特殊要求：

(1)楼梯应分段设置,每个梯段踏步不得小于3级,并不得大于18级,中间楼梯平台深度不宜小于1.5m;

(2)楼梯的宽度应能保证远期超高峰时段客流疏散要求,单向楼梯宽度不应小于1.8m,双向楼梯宽度不应小于2.4m;

(3)楼梯倾角宜为26°左右,以便乘客爬梯较轻松。当楼梯宽度大于3.6m时,应设置中间扶手,便于楼梯客流组织。

2)扶梯

扶梯是可自动运行的特殊楼梯,通常和楼梯一起组合布设,形成楼扶梯设施[图2-1-4a)]。与楼梯相比,扶梯通过能力要远大于楼梯,并可以减少乘客能量消耗,使乘客爬梯更为轻松。虽然扶梯造价相比楼梯要昂贵,但借助其高效、舒适的特点,扶梯在车站内仍大量应用于出入口和站厅、站厅和站台之间。例如,北京市明确要求当出入口提升高度不小于6m时应设置上下行扶梯及1部净宽不小于1.8m的楼梯。当条件受限时,至少要设置上行扶梯和净宽不小于2.4m的楼梯[7]。

3)电梯

电梯相比扶梯,具有上升速度快、占用空间小、对老弱病残孕等特殊人群友好的优点,但也存在容量较小的缺点。电梯对行动不便乘客的出行更为友好,因此,《地铁设计规范》(GB 50157—2013)要求新建车站的地面至站厅、站厅至站台均应至少在一个主客流方向设置无障碍电梯[图2-1-4b)]。

a)楼扶梯

b)电梯

图2-1-4 车站内楼扶梯和电梯

4)坡道

坡道是具有一定坡度的通道,适用于轮椅通行,是一种特殊的通行设施。由于坡道简单、经济,在条件允许情况下(如高差较小、施工条件良好、坡度满足安全条件等)可用坡道替代楼梯连接不同地面高差区域,提高乘客步行的舒适度和安全性。

坡道可分为轮椅坡道和步行坡道两种。轮椅坡道作为无障碍设施,通常设置在车站出入口处和无障碍电梯地面入口处,以满足无障碍出行需求,如图2-1-5a)所示。步行坡道可设置在高差较小的换乘通道处,能使乘客的步行体验更加舒适。例如,北京地铁复兴门站 1 号线和 2 号线间换乘通道设计为坡道形式，如图 2-1-5b）所示。

a）轮椅坡道

b）复兴门站换乘步行坡道

图 2-1-5　车站内坡道

2.1.3　集散类设施

集散类设施相比通行类设施，除了能为乘客提供通行服务外，还能供乘客驻足、短时停留和等候。车站内集散类设施主要为站厅和站台。

2.1.3.1　站厅

站厅指地铁车站内部提供乘客转换的大厅，是乘客最主要的活动区域，主要为乘客提供安检、售检票等服务。换乘车站的站厅还同时承担换乘功能，由于乘客必须经过此空间区域到达站台、离开车站或换乘其他线路，因此，站厅是站内客流量最多、流线最为复杂的场所。

站厅分为付费区和非付费区，两者以隔离栏和闸机等设施分隔，如图 2-1-6 所示。乘客需通过闸机进出付费区。非付费区配置有安检设施、售票设施、问询服务设施等；付费区布设有通道、楼梯、扶梯、电梯等，使得乘客能快速通往站台。

2.1.3.2　站台

站台是用于乘客候车和乘降的平台，主要为乘客上下车和候车提供空间。站台内空间可分为候车区和乘降区。乘降区是以站台门为中心的扇形区域，主要用于乘客上下车。候车区为除去乘降区和设备用房外的其他区域，用于乘客候车及通行。

站台是大量乘客短时聚集的场所，有上下车、排队候车和通行的需求，使得站台瞬时客流冲击和交织现象突出。这对站台的设计提出了较高要求，特别是对站台形式、尺寸和楼扶梯布局需要着重考虑。

站台形式分为岛式站台和侧式站台，其优缺点和适用条件可参见 1.1.2 小节。站台的尺寸参数包括站台长度和宽度。站台长度应采用列车最大编组数的有效长度和停车误差之和计算，其中有效长度在无站台门时为列车两端司机室门外侧之间的长度；有站台门时则为列车首末车厢尽端客室门外侧之间的长度。站台宽度的计算可参见公式(1-1-1)。站台内通常布设有楼扶梯、电梯、站台门、卫生设备和少量座椅,如图 2-1-7 所示。其中楼扶梯数量和布局决定了站台客流集散能力和流线组织方案,一般应符合以下要求:

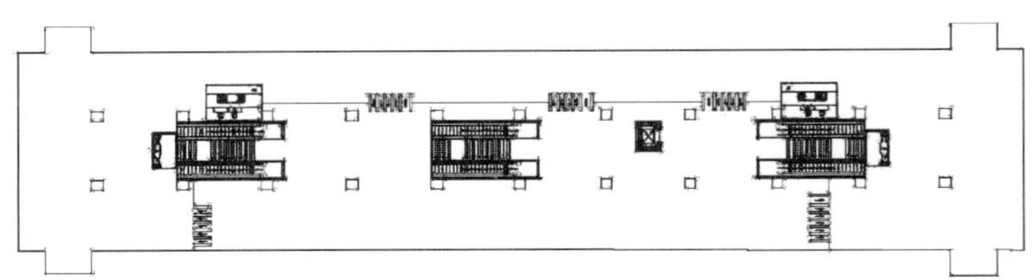

a) 普通车站平面布局图

b) 站厅实物图

图 2-1-6　地铁站厅平面布局图及实物图

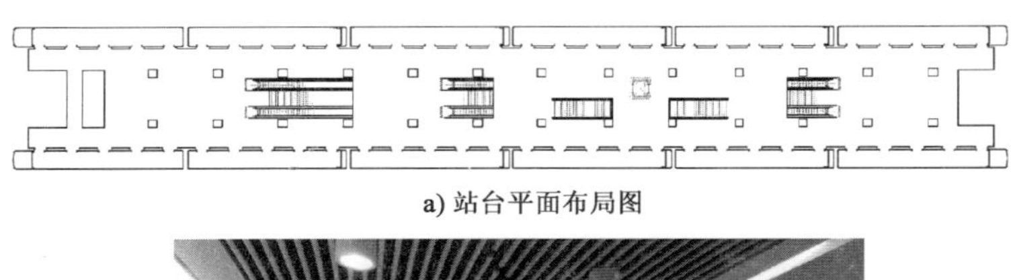

a) 站台平面布局图

b) 站台实物图

图 2-1-7　站台平面布局图及实物图

(1)站台上的楼扶梯应按照两节车厢对应一组楼扶梯均衡布设,其中楼梯数量不能少于 2 部;

(2)若站厅和站台间层高大于 5.1m,楼扶梯组应同时含上、下行扶梯,楼梯净宽不少

于 1.8m;

(3)若楼扶梯组中只有一部扶梯,楼梯净宽不少于 2.4m。

2.1.4 服务类设施

2.1.4.1 售票设施

售票设施主要为乘客提供售票服务,确保乘客能够提前支付乘车和享受地铁服务的费用。售票设施主要包括人工售票岗亭和自动购票设施,如图 2-1-8 所示。前者为地铁工作人员参与服务的设施;后者是具备自动处理支付和找零功能的自助式购票设施,由乘客通过人机操作界面自主完成。受客流和售票服务时间的影响,售票设施处经常出现排队现象,因此,需要根据客流量对售票设施数量进行合理规划。

a) 人工售票岗亭

b) 自动购票设施

图 2-1-8 地铁车站售票设施

随着信息化和自动化技术的发展,自动购票设施的技术也在不断更新。支付方式从最初的硬币、纸币支付升级为银行卡支付,以及最新的互联网支付;购票方式从传统的屏幕交互式自助购票演变为语音(图 2-1-9)、视频交互式购票,可大大提高购票速度和服务水平,改善乘客的乘车体验。

a) 语音售票机

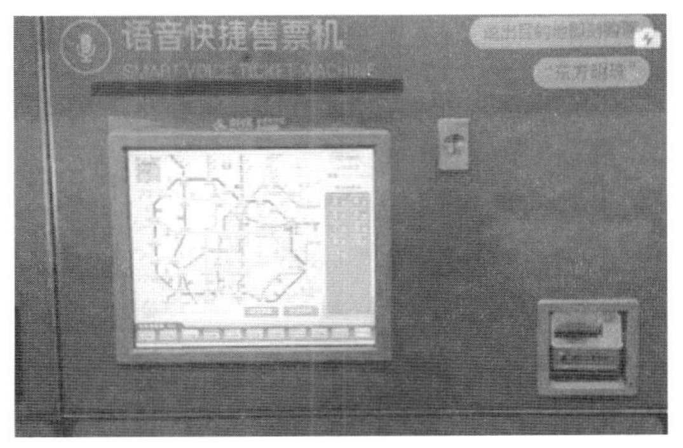

b) 语音售票机麦克风阵列

图 2-1-9 语音售票机

2.1.4.2 检票闸机

检票闸机是对乘客购票凭证进行查验或付费的设施，是乘客进出付费区的必由之路。检票闸机有多种类型，根据客流进出站方向可分为进站闸机和出站闸机。进站闸机主要查验乘客购票的凭证，并记录进站时间、线路名、站名等相关信息；出站闸机在查验乘客购票凭证的基础上进行清算乘车费用并扣费，同时记录出站时间、线路名、站名、乘车费用等信息。

检票闸机阻挡装置的类型划分可为三杆式闸机、扇门式闸机和拍打门式闸机，如图2-1-10所示。其中三杆式闸机能够实现单次单人通行，安全可靠性较高、成本较低；扇门式和拍打门式闸机的通过能力较大，检票效率较高，但成本也相应较高。

a) 三杆式闸机

b) 扇门式闸机

c) 拍打门式闸机

图2-1-10 车站检票闸机类型

闸机的检票方式可分为人工检票和自动检票两种。前者为乘客把车票交给工作人员查验，多用于铁路车站；后者为乘客直接将购票凭证直接交由闸机自动查验或付费，多用于地铁车站。随着地铁快速发展及手机和互联网的普遍应用，自动检票闸机的自动查验不仅仅包括地铁单程票、一卡通，还增加了对手机二维码、"人脸和指静脉"生物识别的功能，如图2-1-11所示。通过这些识别的信息与乘客支付系统关联，在出站检验时通过后台云端库的查询和验证，实现乘坐地铁的无感支付方式，如图2-1-12所示。

a) 手机二维码查验

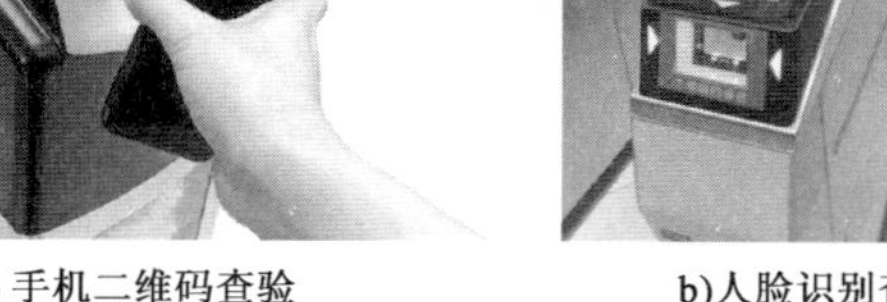

b)人脸识别查验

图2-1-11 地铁闸机的多种自动查验功能

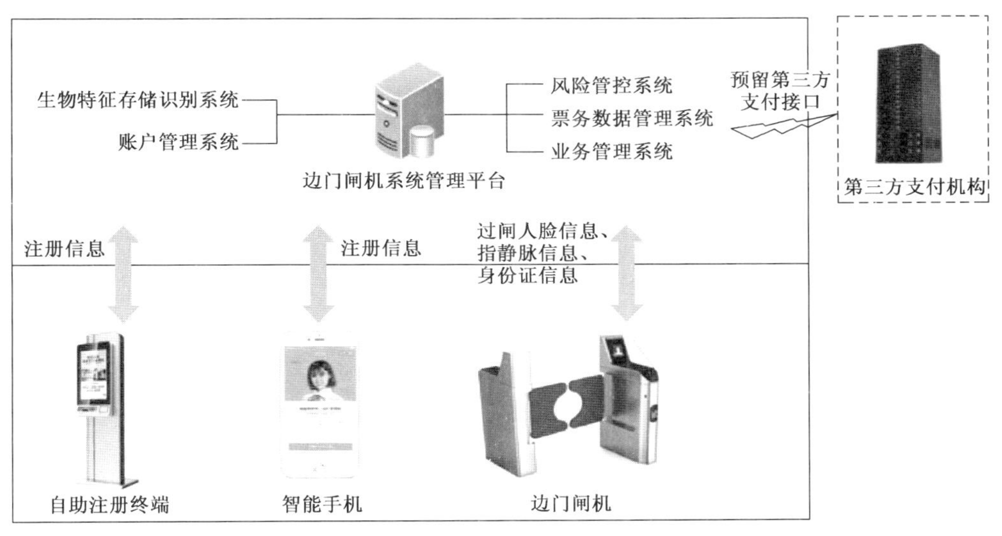

图 2-1-12 地铁出行无感支付系统示意图

2.1.4.3 安检设施

安检设施是为实现安全防范目的，对进入地铁车站的乘客和物品进行专业性检查而设置的设施。其中，对行李物品的安检一般使用单源单视角的通道式 X 光机检查仪，由安检员通过屏幕成像甄别可疑物品，并辅以检查仪、探测仪等精检设备；对乘客的安检主要采取穿行式金属探测门，辅以便携式手持金属探测仪贴身扫描和安检员手工“拍、摸、按、压”的形式排查违禁物品。乘客通过安检设施时，需要经过放置物品、穿越探测门、站立手检、取行李等四道环节，如图 2-1-13 所示。

a) 乘客过安检设施示意

b) 地铁安检设施实物图

图 2-1-13 地铁安检示意图

安检设施是地铁运营“安全”和“效率”的矛盾集中点。安检是保障地铁运营安全的重要举措，北京地铁自 2008 年实施安检以来，查堵各类危险品 102 万余件，为首都地铁的安全运营消除了大量安全隐患[8]。但这种“人物同检”的安检模式对地铁运行效率带来很大影响。一方面，对于物检主要依赖安检员肉眼甄别，判断速度限制了物检通过速度的提升;另一方面,采用金属探测门+手检员组合的检查速度至少需要15s/人,一名手检员仅能检查240人/h,这与高峰时段上千万的进站量显然不成比例,严重影响了车站运行效率。

针对上述矛盾,最新研究提出了"精准检物+分类分级检人"理念,形成集"人物同检、分级安检"于一体的安检新模式,设计了智慧高效一体化安检系统,实现进站安检效率与质量的大幅度提升,以满足地铁密集客流条件下乘客快速安检进站的迫切需求。该系统主要包括智能化精准检物系统和智能化分类分级检人系统,如图2-1-14所示。

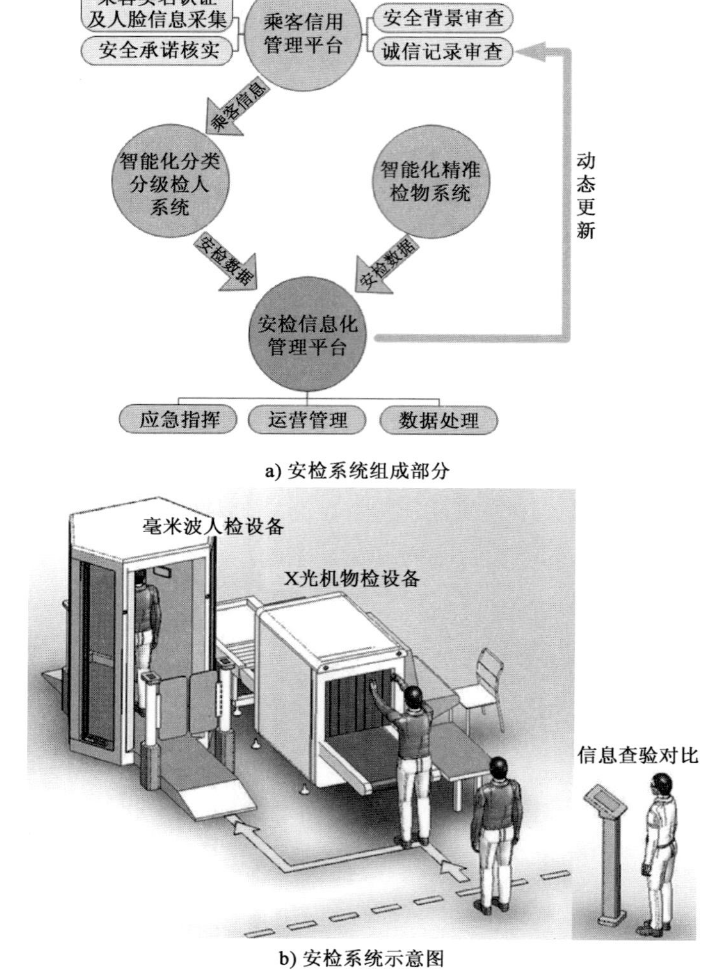

a) 安检系统组成部分

b) 安检系统示意图

图2-1-14 智慧高效一体化安检系统

在精准检物方面,针对安检员人工甄别负担重的问题,安检系统中增加采用深度学习理论对X光机的成像结果进行智能识别的环节,并将可疑图像提交至安检员再次甄别,如图2-1-15所示。系统智能识别环节在不降低可疑物品检出率的前提下,可大大降低安检员人工识图的工作量,提高物检效率。

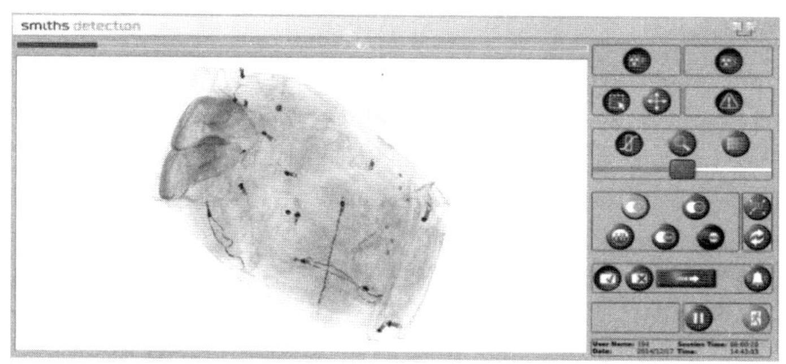

图 2-1-15　对物检图像智能判图

在分类分级检人方面，安检系统首先采集人像信息和实名信息，经过人证对比及信用审核后依据规则进行分类，并构建乘客白名单数据库。乘客经过安检点时首先对其人像信息进行采集，系统将采集到的人像信息与白名单数据库进行比对。若通过验证，则乘客进入实名快速通道快速进站；若未通过验证或被抽检，则乘客进入普通通道完成人检与物检后进站。其中，乘客信用管理系统是分类分级安检系统的后台核心，实现乘客实名认证和人脸信息采集、安全背景审查、诚信记录审查、安全承诺核实等数据和流程的管理。上述安检系统流程如图 2-1-16 所示。

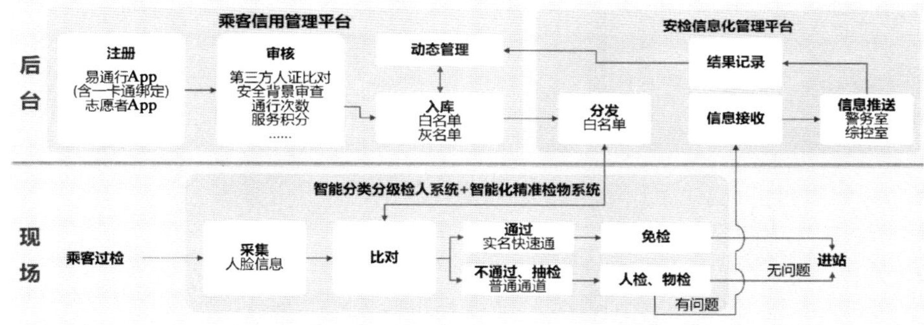

图 2-1-16　分类分级检人流程

同时，在乘客检查方式上，针对手检员效率较低的问题，安检系统采用人体三维快速成像安检仪对乘客进行检查。人体三维快速成像安检仪采用高分辨率毫米波雷达(或太赫兹)成像技术，能够以非接触方式快速有效探测出藏匿于衣物中和人体表皮面的可疑物品并自动识别报警，如图 2-1-17 所示。通过在扫描制式与成像算法上的突破，在保证高精度的前提下，该设备可达到 2s/人的扫描速度，大大提高检查速度。

2.1.4.4　咨询服务设施

为提高车站服务水平，除了售检票设施和安检设施外，通常还设置咨询服务设施，为乘客提供咨询服务和帮助等。传统的咨询服务设施多为人工值守的客服中心，如

图 2-1-18a)所示。随着信息技术的推动,无人化智能客服设施逐步得到应用,包括智能客服中心 ISM、分布式固定智能咨询终端 ICM、移动智能机器人等,如图 2-1-18b)所示。

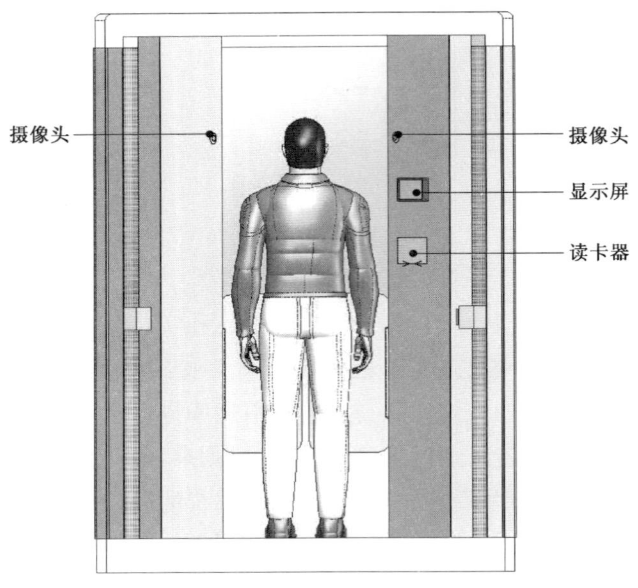

图 2-1-17　人体三维快速成像安检仪

a) 人工值守客服中心

b) 无人化智能客服中心

图 2-1-18　车站传统客服中心和智能客服中心

上述智能化客服设施利用人工智能、知识图谱技术,为智能客服系统搭建“虚拟前台客服 + 人工后台服务”相结合的咨询服务平台,可提供票务服务、信息注册、信息发布、站内导航、信息查询等服务。乘客可通过移动互联设备、车站自主客服设备等多元化的线上、线下咨询手段与智能客服系统交互,实现快速、精准的服务响应。同时,辅助以后台快速人工客服响应服务机制,车站现场将逐步转向“无人化”值守模式。此外,智能客服系统除了为乘客提供服务外,还能不断收集交互过程的各种信息,并结合运营信息进行数据分析,获取线网服务质量、乘客服务需求等数据来进一步改进服务质量和管理水平。

2.2　地铁车站行人交通行为及流线

乘客为实现进出站、上下车、换乘等出行目的，需要途经多个行人交通设施，完成包括步行、排队、上下车等多种交通活动。单个乘客的这一系列活动按先后顺序串联形成乘客出行活动链，所途经的各种交通设施按照先后顺序串联则在车站内部空间形成客流流线。多个乘客的同类交通活动汇聚可形成群体行为，根据研究尺度的不同，可分为行人流行为和网络流行为。以下分别对其展开说明。

2.2.1　行人交通行为

行人交通行为是指行人为实现出行目的而采用一种或多种交通方式，在一定时间和特定承载空间内进行的交通活动。在地铁领域，根据不同研究范围和尺度，行人交通行为可分为微观个体交通行为、中观行人流行为和宏观网络流行为，典型示例如图 2-2-1 所示。

a) 微观个体交通行为

b) 中观行人流行为

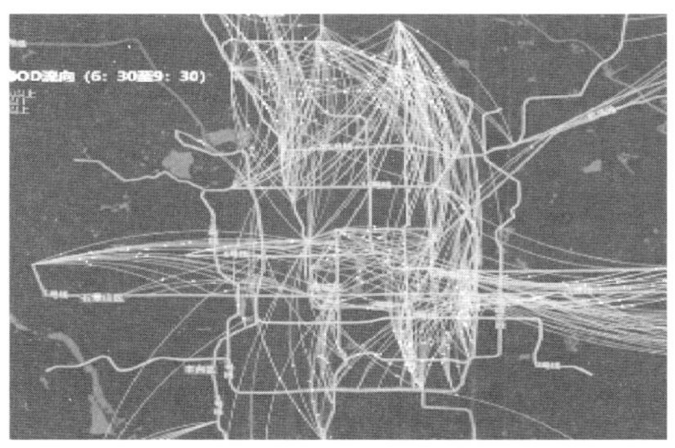

c) 宏观网络流行为

图 2-2-1　不同层面的地铁客流交通行为典型示例

1) 微观个体交通行为

微观个体交通行为以乘客个体为研究对象，通常包括步行、排队、选择等行为。例如，地铁车站内乘客的交通行为包括步行、购票、通过闸机、路径选择等，图 2-2-1a）展示了乘客步行通过闸机的行为。经统计，地铁车站各行人交通设施内的交通行为如表 2-2-1 所示。

地铁车站各行人交通设施内乘客交通活动 表 2-2-1

行人交通设施	活动行为
出入口	平地移动
站厅	平地移动、路径选择
售票设施	排队等候、售票机选择
安检设施	平地移动、排队等候、缓慢通过
闸机	平地移动、闸机选择、排队等候、缓慢通过
站台	平地移动、排队等候、乘降、站台门选择
通道	平地移动
楼扶梯	楼扶梯移动、扶梯排队、楼扶梯选择
电梯	排队等候

上述活动行为可归纳为三种类型：

（1）运动型行为。包括平地移动、楼梯移动、扶梯移动、缓慢通过等活动。该活动特征表现在乘客个体处于运动状态。其中，平地移动指在平面空间场所内的步行；楼梯移动和扶梯移动指在楼梯和扶梯的步行；缓慢通过指接受安检服务或检票进出站时的缓慢步行。

（2）静止型行为。包括排队等候活动。该活动特征表现在乘客处于静止排队等候状态，主要包括在售票设施、闸机、安检设施、站台、电梯等处的排队行为。

（3）选择型行为。包括路径选择、楼扶梯选择、闸机选择、售票机选择、站台门选择等。该活动特征表现在：乘客个体在需要选择的情况下，会依据心理感知和个体偏好做出一个选择。其中，路径选择指乘客在站厅内有多条路径时选择合适路径的行为；楼扶梯选择指乘客在有楼梯和扶梯时选择步行楼梯还是乘坐扶梯的行为；闸机选择和售票机选择指有多个机器时，乘客选择其中一个机器通过或购票；站台门选择指乘客在站台候车时选择某个站台门排队候车。

2）中观行人流行为

中观行人流行为以行人交通设施为研究范围，以设施内行人群体为研究对象。例如，在地铁车站中，大量乘客聚集在站厅、安检设施、闸机、站台、通道、楼扶梯等处进行同一类交通活动时，可将这些乘客群体看作一个整体，表现出群体流动、排队、选择等中观行人流运动行为和统计特性。如图 2-2-1b）为地铁车站换乘通道内单向行人流运动。

其中，乘客在通道、楼梯、扶梯等通行类设施中的群体行为主要表现为行人流体运动行为；在售票设施、检票闸机、安检设施等服务类设施中的群体行为主要表现为群体排队特征统计行为；在站台、楼扶梯组、售票机、闸机等有多个设施选择情况下，群体的选择结果可集计为选择统计特征行为。

3)宏观网络流行为

宏观网络流行为以城市地铁网络为研究范围,以网络中客流为研究对象。将地铁网络内所有进出站乘客作为宏观集计对象,网络客流表现出明显的时空分布特征,包括网络、线路和车站的客流时间波动特征和网络 OD(Origin Destination,起讫点)客流、断面客流的空间分布特征。如图 2-2-1c)为地铁网络早高峰客流 OD 动态分布情况。

行人交通行为特征是各种交通行为活动的规律性总结。不同层面的交通行为对应相应层面的交通行为特征规律,其中个体行为活动对应的微观个体行为特征将在 2.3 节中讲述,群体行为活动对应的中观行人流特征将在 2.4 节中讲述。除了车站范围内的客流 OD 分布数据外,车站行人交通仿真尚不涉及宏观网络客流的其他内容,故不展开说明。车站客流 OD 分布数据将在第 6 章简要介绍。

2.2.2　车站客流流线

车站客流流线是指乘客为完成站内出行目的,按照时空先后顺序途经一系列行人交通设施,在车站空间内形成的固定、连续的客流流动路线。客流流线是车站设计和运营管理的重要内容,也是行人交通仿真输入的基础要素和评估对象。

由客流流线的定义可知,行人交通行为是客流流线的基础。二者的关系如下:个体交通行为按照一定时间先后顺序串联形成乘客出行活动链,活动链所途经的各种交通设施按照空间先后顺序串联则形成客流流线。其中,活动链反映了行人交通行为在时间上的先后关系,而客流流线则刻画了行人交通行为在时间和空间两个维度的先后关系。也即是说,客流流线是活动链在车站空间上的具体规划实施,不同的车站有相同的活动链,但由于各自交通设施布局方案的不同,其客流流线各有差异。为说明车站客流流线,先介绍下地铁出行活动链和车站出行活动链。

地铁出行活动链是由以地铁为主导的多交通方式和多环节出行活动衔接而成的链条。为便于分析地铁出行活动规律,可将该出行活动链分为地铁方式出行前、出行中和出行后等环节,如图 2-2-2 所示。其中,出行前指乘客从出发地至地铁站点的交通出行过程,出行后指乘客从地铁站点至目的地的交通出行过程,这两个出行环节均不在本书研究范围内,这里不再赘述。

出行中环节即车站出行活动链,指在地铁车站内乘客连续出行过程中经过的一系列相邻设施形成的链式结构。它是发生在地铁车站内的出行活动链,可根据车站内乘客活动的主要空间场所细分为多个环节,包括出入口、站厅、售票设施、安检设施、闸机、站台等。不同空间场所由通道、楼梯、扶梯或者电梯等平面或垂直通行设施连接。每个乘客采取步行交通方式串联上述空间场所和设施,完成空间场所和设施内的活动行为,最终实现进站、出站以及换乘等交通活动链。

车站出行活动链可分为进站活动链、出站活动链和换乘活动链(仅换乘车站具备)。

不同的车站有同样的出行活动链，但根据车站内交通设施布局方案的不同，每个车站的客流流线组织方案各不相同。根据客流流线的定义，出行活动链也可相应分为进站流线、出站流线和换乘流线。

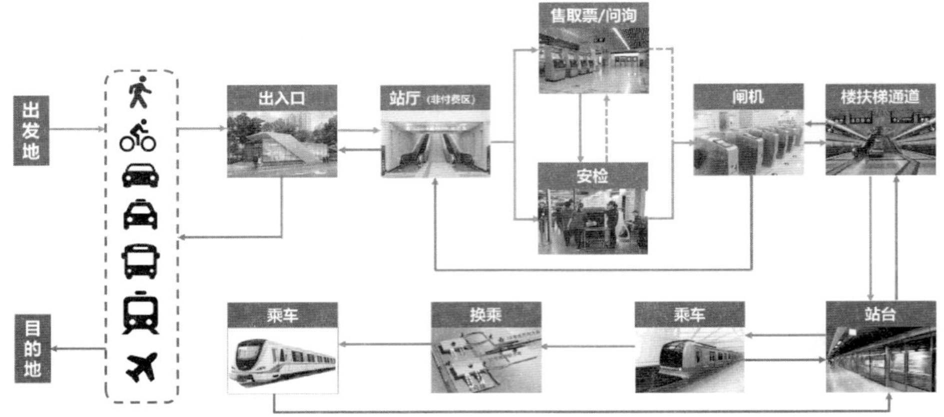

图 2-2-2　乘客地铁出行活动链

1）进站流线

进站过程如下：首先乘客进入进站口，途经进站口通道、楼扶梯等进入站厅，然后根据自身需求选择购票或直接通过安检设施。其中购票时也可根据自身需求选择通过人工或自动售票设施进行购票；在此之后途经安检设施，由闸机进入付费区，并选择合适的楼梯或扶梯到达站台乘车。

根据上述描述，进站流线可分为三条，图 2-2-3 为第 1 条流线的示意图。

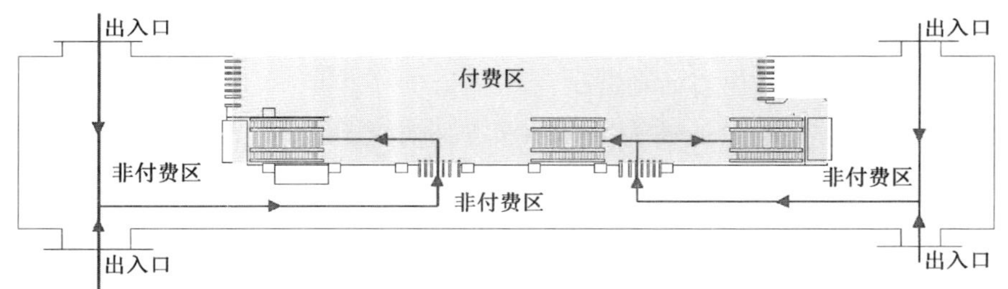

图 2-2-3　进站流线示意图

（1）进站口进站—楼扶梯/通道—站厅—安检—闸机检票—楼扶梯—候车—上车；

（2）进站口进站—楼扶梯/通道—站厅—人工购票—安检—闸机检票—楼扶梯—候车—上车；

（3）进站口进站—楼扶梯/通道—站厅—自动购票—安检—闸机检票—楼扶梯—候车—上车。

2）出站流线

出站过程如下：列车到站后，乘客下车进入站台，选择合适的楼梯或扶梯到达站厅，确定目的地出入口位置后,选定合理的出站闸机检票出站。相比于进站流线,出站流线上的乘客因列车到站时间一定,具有瞬时性和突发性,高峰时期容易产生排队拥堵现象。

根据上述描述,出站流线为:下车—站台—楼扶梯—站厅—闸机—通道/楼扶梯—出站口,如图2-2-4所示。

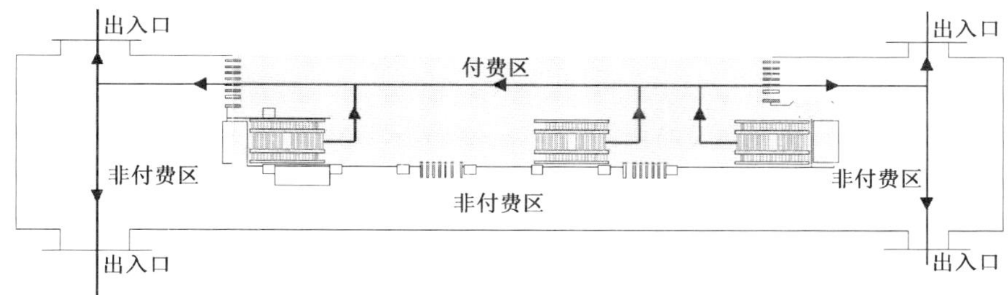

图2-2-4 出站流线示意图

3)换乘流线

根据换乘所经过的设施不同,换乘方式可分为同台换乘、通道换乘和站厅换乘等方式。不同换乘方式的换乘流线各异。

同台换乘过程如下:列车到达车站后,乘客下车进入站台,然后走向站台另一侧候车等待搭乘换乘线路列车;通道换乘过程如下:列车到达车站后,乘客下车进入站台,选择换乘通道或楼扶梯进入换乘线路的站台,并选择合适的站台门候车,等待搭乘换乘线路列车;站厅换乘过程如下:列车到达车站后,乘客下车进入站台,选择楼扶梯进入站厅付费区,如站厅内有楼扶梯直达换乘线路站台,则从站厅选择该楼扶梯抵达换乘线路的站台,否则,仍需要经过换乘通道或楼扶梯抵达换乘线路的站厅,再经过楼扶梯抵达站台,并选择合适的站台门候车,等待搭乘换乘线路列车。

根据上述描述,换乘流线可分为以下4条,图2-2-5为第3条的示意图。

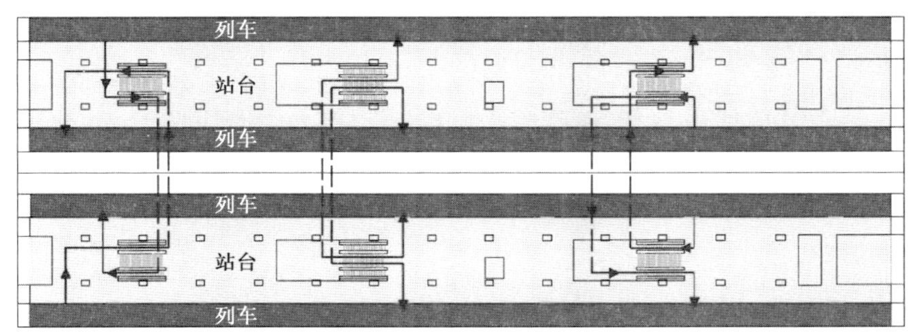

图2-2-5 换乘流线示意图

(1)同台换乘流线:下车—站台—候车—上车;

(2)通道换乘流线:下车—站台—换乘通道/楼扶梯—站台—候车—上车;

(3)站厅换乘流线:下车—站台—楼扶梯—站厅—楼扶梯—站台—候车—上车;

(4)站厅换乘流线:下车—站台—楼扶梯—站厅—通道/楼扶梯—站厅—楼扶梯—站

台—候车—上车。

2.3 微观个体交通行为特征

微观个体交通行为特征是指行人个体在交通行为中所体现的不同行为特征,是以个体为单元的交通行为理论性归纳,包括定量特征和定性特征。地铁车站中乘客的交通行为与道路、大型场馆以及其他交通场站中的行人交通行为相比有共同点,也有差异性,相应的行为特征也存在普遍规律和各自独有规律。例如,在所有环境中的行人行走过程中,均存在跟随、超越、结伴、冲突避让等移动行为,但不同场景中行人的速度分布各有差异。另外,站台作为地铁车站的典型交通设施,其行人的微观行为较道路、大型场馆以及高铁站、机场等均有差异。本节主要介绍地铁车站乘客步行特有的交通行为特征,包括个体步行特征、各设施处乘客步行速度分布、站台候车排队过程、上下车行为等定量特征和定性特征。

2.3.1 个体步行特征

步行是个体的最基本交通活动。个体步行重要特征参数主要包括步频、步幅和步速。在地铁车站中,通道是步行活动最为常见的设施场景。为此,本小节主要介绍通道内个体步行参数及特征。

2.3.1.1 个体步行特征参数

1)步频

步频是行人行走时的步数频率,一般以单位时间内两只脚着地的次数计量,单位为步/秒(步/s)。行人的步频主要受出行目的、天气情况、携带行李量、步行设施、周围行人速度等因素影响。

2)步幅

步幅是行人两只脚先后着地,脚跟至脚跟或脚尖至脚尖之间的距离,通常用厘米(cm)表示。步幅是一个相对稳定的参数,一般情况下由行人的身高、体型、年龄、性别、行动能力、走行习惯等因素决定。但当行人处在较拥挤环境下时,行人的步幅会受行人所能使用的空间影响。

3)步速

步速为行人单位时间内行进的距离,一般用米/秒(m/s)表示。行人的步速由行人的步幅和步频决定,在数值上等于步幅和步频的乘积。

2.3.1.2 通道内个体步行特征实例分析

本书选取早高峰期间某地铁车站内具有一定坡度的单向换乘通道内乘客作为研究对象,共观测样本 927 份,其中男性 460 份,女性 467 份。分别对男性和女性乘客的步频、步幅和步速进行统计,并计算相关统计值,如表 2-3-1 所示。

某换乘通道内乘客步行参数统计值 表 2-3-1

统计项	均值			标准差		样本最高值		样本最低值	
	男	女	总体	男	女	男	女	男	女
步频(步/s)	2.14	2.13	2.14	0.18	0.15	3.00	2.73	1.76	1.67
步幅(cm)	79	71	75	7.31	6.20	93	89	59	57
步速(m/s)	1.70	1.52	1.61	0.22	0.17	2.58	2.05	1.26	1.07

根据表 2-3-1 数据对比可知,该通道内男性和女性乘客在步行特征方面有如下异同点:

(1)在步频方面,男性和女性差异不明显,表现在男性和女性的平均步频基本相等,标准差较为接近,说明统计样本中的男性步频和女性步频较为接近。

(2)在步幅方面,男性和女性的差异较大。其中男性的平均步幅明显大于女性,步幅差值达 8cm。现有研究结论表明[9],在有坡度的坡道上,男性的步幅相比女性步幅差值更为明显,且坡度对女性步幅的影响比男性更加大。再经过一段爬坡过程后,女性步幅会明显降低,而男性的步幅变化不如女性明显。这推断是由于男性身高和腿长普遍大于女性,步伐迈动距离大于女性,使得男性步幅均值大于女性。而男性体力和耐力优于女性,使得爬坡过程中,男性步幅变化不大,而女性受体力消耗影响,其步幅有一定程度减小。

(3)在步速方面,根据步速、步频和步幅的关系,在步频差异性较小的情况下,男性和女性的步速变化和步频变化基本一致,表 2-3-1 中步速的对比也呈现上述规律。其中,男性的平均步速要明显大于女性,该观测样本中的男性平均步速要比女性快约 0.18m/s。

另外,对步频、步幅和步速的标准差对比可发现男性均大于女性。根据视频中男性的步态和面貌特征可发现,本观测视频中男性的年龄分布较女性更为广泛,而女性绝大部分为中青年。因此,上述标准差值只能表明本观测样本中男性的步行特征离散程度大于女性,不能得出全体男性的步行特征参数离散程度大于女性。

针对行人交通仿真需求,三个步行特征参数中,步速最为重要,是行人交通仿真模型中确定行人个体速度的重要依据。有许多研究对不同场景中行人的平均步速进行了观测统计,如表 2-3-2 所示。

不同场景中行人平均步速对比 表 2-3-2

研究者(姓名或单位)	平均步速(m/s)	场景备注
北京	1.61	北京地铁早高峰换乘通道数据
林兴强[10]	1.37	香港地铁出入口处的通道数据
上海[11]	1.19	高校观测数据
Henderson[12]	1.32	纽约广场行人速度平均值
Buckman[13]	1.29	18~23 岁学生
Daly[14]	1.45	联邦德国(隧道内)
HCM2000[15]	1.2	行人过街,老年人少于 20%
	1.1	行人过街,老年人多于 20%

由表 2-3-2 对比可知,北京地铁早高峰换乘通道内乘客的平均步速为 1.61m/s,要明显高于其他场景内的行人平均步速。即便同样选取地铁通道场景采样,该观测结果也比香港地铁出入口处的通道内的乘客平均步速 1.37m/s 要大。推断是因为该观测结果主要为早高峰换乘通道的观测结果,观测样本主要由中青年乘客构成,他们急于换乘其他线路,故步行速度较快。而在进出口通道中,乘客进出站行为的着急程度较换乘行为小,因此,其平均步速要小于换乘通道。

2.3.2 各设施处乘客步行速度分布

行人交通仿真模型中每个行人的步行速度是通过速度分布函数随机产生的。为了能够得到与真实场景贴切的行人步行速度分布函数,作者通过客流视频数据统计了车站出入口、通道、安检设施、闸机等处乘客的步行速度样本,并进行概率分布函数检验,得到相应分布函数及其特征参数。通过比选,Kolmogorov-Smirnov 检验方法(简称 K-S 检验)比较适合速度采样数据的检验,主要用来检验一组样本数据的实际分布是否与某一指定的理论分布相符合。本书均采用 K-S 检验进行分布函数拟合优度检验。

通过对地铁出入口、通道、安检设施、闸机等处的客流数据进行统计,得到上述设施中乘客步速频率直方图,并采用正态分布函数进行拟合和 K-S 检验,如表 2-3-3 和图 2-3-1 所示。

典型设施处乘客步速正态分布的 K-S 检验指标 表 2-3-3

统计项	正态分布参数指标		K-S 统计指标	
	均值(m/s)	标准差(m/s)	个案数	显著性 P
出入口乘客步速	1.39	0.207	580	0.095
通道内乘客步速	1.41	0.193	591	0.053
安检设施处乘客步速	1.14	0.198	101	0.084
闸机处乘客步速	0.82	0.176	101	0.075

根据表 2-3-3 和图 2-3-1 分析可知:

(1)出入口乘客步速分布呈明显的正态分布,数据样本均值为 1.39m/s,标准差为 0.207m/s,方差为 0.043$(m/s)^2$。根据 K-S 正态检验结果可知,显著性 P 值在置信水平为 95% 时为 0.095,可以认为地铁站出入口乘客步速比较符合正态分布。根据数据统计结果,乘客步速在 1.20 ~ 1.60m/s 的区间范围内呈现集中性,最小值为 0.60m/s,最大值为 1.80m/s。由于在地铁出入口处受年龄、性别、性格等因素的影响,与其他设施相比,乘客步速异质性较为显著。

(2)通道内乘客步速分布呈现明显的正态分布,数据样本均值为 1.41m/s,标准差为 0.193m/s,方差为 0.037$(m/s)^2$。根据 K-S 正态检验结果可知,显著性 P 值在置信水平为 95% 时为 0.053,可以认为通道内乘客步速符合正态分布。根据数据统计结果,乘客在 1.20 ~ 1.60m/s 的区间范围内呈现集中性,最小值为 0.80m/s,最大值为 2.00m/s。

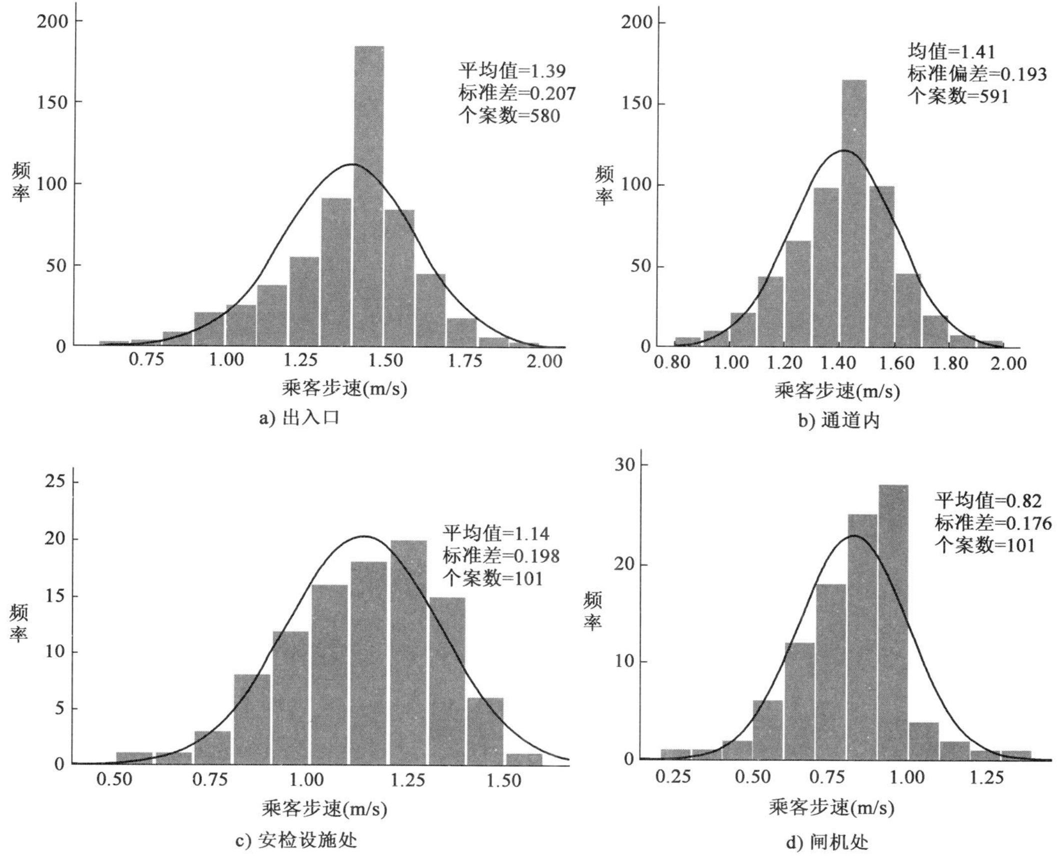

图 2-3-1 典型设施处乘客步速正态分布拟合

与地铁车站出入口相比,通道内乘客步速均值更大,标准差更小。推断是由于通道环境密闭狭长,且环境单一,乘客内心迫切想要离开,故在通道内乘客行走较为匆忙,使得其步速均值要大于出入口乘客步速均值。而出入口处客流包括进站客流和出站客流,客流出行目的差异性较通道内乘客群体更大,在一定程度上影响了乘客个体步速,导致出入口乘客步速分布标准差更大,异质性较通道更为明显。

(3)安检设施处乘客步速分布呈正态分布,数据样本均值为 1.41m/s,标准差为 0.198m/s,方差为 0.038(m/s)^2。根据 K-S 正态检验结果可知,显著性 P 值在置信水平为 95% 时为 0.084,可以认为安检设施处乘客步速基本符合正态分布。

(4)闸机处乘客步速也可按正态分布进行拟合,拟合的样本数据均值为 0.82m/s,标准差为 0.176m/s,方差为 0.031(m/s)^2。根据 K-S 正态检验结果可知,显著性 P 值在置信水平为 95% 时为 0.075,可以认为闸机处乘客步速基本符合正态分布。与安检设施处相比,闸机处乘客平均步速要偏低,但分布更为集中。推断是因为乘客通过闸机时会有减速过程,直至闸机刷卡处停止,在刷卡完毕后再加速通过,这一系列行为存在减速及静止过程,因此导致乘客平均步速较安检设施处低。而在安检设施处乘客个体步速会受携带行李尺寸、性别、检查流程等因素影响，导致个体步速差异性较大，而在闸机处个体步速异质性较小。由此使得闸机处乘客步速分布标准差小于安检处。

2.3.3 站台处交通行为特征

站台是轨道交通车站独有的行人交通设施，站台上乘客的交通行为仅能在地铁车站和国铁车站内观察到。而受运营管理方式影响，地铁站台的乘客候车和乘降过程比国铁站台的更为复杂。以下根据对北京地铁西直门站、建国门站和国贸站等换乘车站站台的乘客排队和上下车过程的实地观测，介绍地铁站台上乘客候车排队过程和上下车过程。

2.3.3.1 候车排队过程分析

乘客在站台上的排队候车行为与站台布局、客流密度以及组织人员引导等因素有关。一般将乘客在站台上的排队过程分为候车排队、跟车排队和准备上车三个阶段。

(1)候车排队：是指当列车尚未进站或者车门关闭并即将要驶离站台时，乘客进入站台。此时乘客无法上车，只能选择排队等候。由于乘客有相对充足的考虑时间，因此，将会根据站台乘客的分布数量选择一个满意位置进行排队。影响乘客选择排队位置的因素主要包括排队长度、排队人员、有无携带大件行李、楼扶梯的远近等。在同样的排队长度下，乘客往往优先选择不携带行李、青年人较多的队列。在候车排队阶段，站台门两侧的乘客会形成两条明显的线形队列，排队人员之间有一定的空间间距，站位相对稀疏。

(2)跟车排队：当列车进入车站但尚未完全停止时，站台上的大多数乘客根据车门的位置和车内乘客数量分布提前走到理想位置，直到列车停稳并打开车门[16]。当车辆进站时，由于乘客预先选择其期望的车门位置而会改变队列的位置和形态，此时乘客会超越安全线，拥挤在车门口处，并且呈现半圆形。

(3)准备上车：当车门开启时，候车乘客会自主地给下车乘客让出空间。调查发现，当候车乘客较少时，队列形状一般变化不大，由原来的直线队列稍微往外倾斜，接近于“八”字形；当在高峰时期候车乘客较多时，排队较为靠后的乘客担心自己没有足够时间乘车，往往着急上车，而此刻下车乘客还没有结束，因此，候车乘客会呈两个扇形分布于车门两侧(图 2-3-2)。当看到没有乘客下车时，两个扇形将重新形成队列，以两队的形式上车。而当乘客由于车门关闭或者时间限制没有及时上车时，他们往往会退至安全线以内改变候车位置等待下一辆列车的到达。

2.3.3.2 上下车过程特征分析

对在站台门处俯视拍摄的视频进行乘客上下车过程特征分析发现，当地铁站台上乘客呈线形排队，并按照“先下后上”原则上下车时，乘客乘降过程较为简单，可划分为乘客下车和乘客上车两个阶段。两个阶段先后有序进行，基本无相互冲突和影响。但若乘客不遵循“先下后上”原则时，上车乘客会在下车乘客未全部下车时强行上车，导致上下车客流会相互影响，此时上下车阶段可划分为三个阶段：乘客下车阶段、上下车混行阶段和乘客上车阶段。

a) 排队乘客较少

b) 排队乘客较多

图 2-3-2　不同乘客数量下的站台排队形状

对上述各阶段站台门处上下车客流的轨迹进行绘制可发现，由于站台门和车厢门宽度限制，在上车阶段和下车阶段站台门处客流轨迹会汇聚形成两股客流流线，如图 2-3-3 所示。图 2-3-3a）为上车客流轨迹聚集的客流流线。由图可见，客流轨迹在站台区域较为分散，并逐步朝站台门处收拢聚集，并形成清晰可辨的两条客流轨迹线。相应地，乘客上车或下车通过站台门时一般会有两人并排上车，均能够正面通过站台门处，如图 2-3-3b）所示。

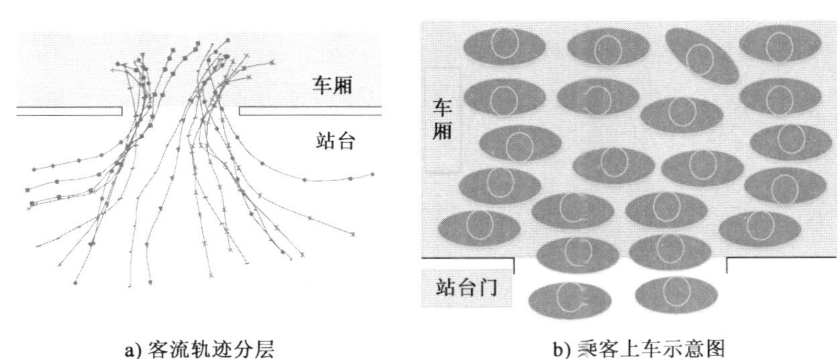

a) 客流轨迹分层　　b) 乘客上车示意图

图 2-3-3　乘客上车时的客流轨迹及上车示意图

而对上下车混行阶段的客流轨迹进行绘制可发现，客流轨迹会形成三股客流流线，如图 2-3-4 所示。图 2-3-4a）为上下车客流轨迹聚集的客流流线。由图可见，上车客流主要集中在站台门两侧，并在仅靠站台门处收拢聚集为两条客流轨迹线。而在两股上车客流的中间，还存在一股需要下车的客流。由于车厢门和站台门宽度限制（车厢门 1.3m 宽），上车乘客往往需要侧身通过车门才能够进站，如图 2-3-4b）所示。

根据视频统计各阶段的上下车时间和人数，并计算上下车平均时间，如表 2-3-4 所示。

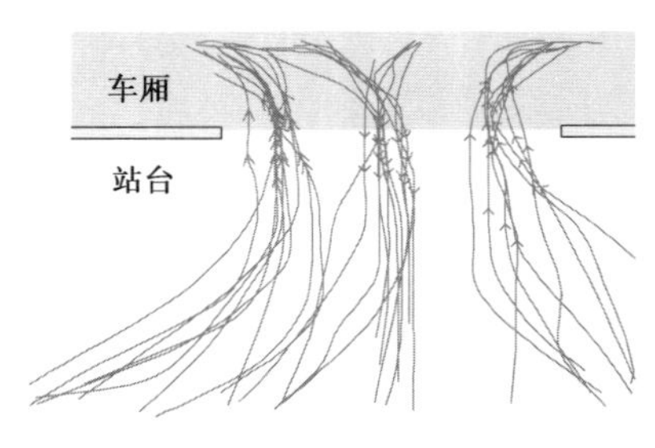

a) 客流轨迹分层

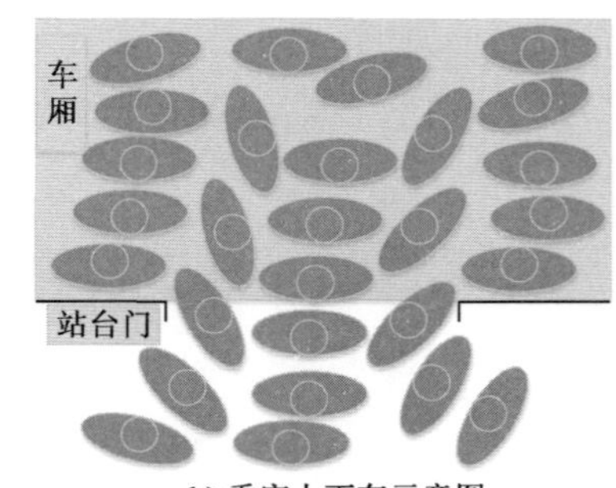

b) 乘客上下车示意图

图 2-3-4　乘客上下车混行时的客流轨迹及上下车示意图

上下车各阶段平均时间(单位:s)　　表 2-3-4

统计项		是否遵循“先下后上”原则	
		遵循	不遵循
下车阶段平均时间		0.59	0.66
混行阶段平均时间	整体①	—	0.55
	下车②	—	1.14
	上车③	—	1.07
上车阶段平均时间		0.76	0.75
上下车全过程平均时间	整体	0.68	0.82
	下车	0.59	0.80
	上车	0.76	0.84

注:①指混行阶段时间除以混行阶段上下车总人数;
②指混行阶段时间除以混行阶段下车人数;
③指混行阶段时间除以混行阶段上车人数。

由表 2-3-4 可知,在遵循“先下后上”时上车阶段和下车阶段的平均时间分别为 0.76s 和 0.59s,而不遵循“先下后上”情况下,上述二者数据分别为 0.75s 和 0.66s。由此可知,不论是否遵循“先下后上”原则,上车阶段的乘客上车平均时间均大于下车阶段的乘客下车平均时间。推断是因为一方面相比上车,乘客更着急下车,其下车步速较上车更快;另一方面,车厢内空间狭小,不利于上车乘客快速移至车厢其他区域,会阻碍后续上车乘客速度,使得上车时间要大于下车时间。

在不遵循“先下后上”情况下,混行阶段的整体平均时间为 0.55s,小于下车平均时间的 1.14s 和上车平均时间的 1.07s。结合平均时间计算方法和图 2-3-4 可知,混行阶段站台门上下车乘客分为三股客流,站台门宽度空间利用紧凑,通过效率更高。因此,整体平均时间均大于上下车单独计算的平均时间。基于同样原因,上车乘客形成的两股客流比下车乘客的单股客流的通过能力要大,使得上车平均时间要小于下车平均时间。

根据上表数据的横向对比可知,不论是否遵循“先下后上”原则,其上车平均时间几乎相等,但下车平均时间前者要小于后者。这是因为在不遵循“先下后上”原则下,在下车阶段的后半段,等待上车的乘客已经聚集在站台门处,对乘客顺畅下车造成了一定阻滞影响。现有研究称其影响为“哨岗效应[17]”,并对上述过程进行了分析,具体可参见相关文献[18-20],这里不再赘述。

不遵循“先下后上”原则不仅导致上车阶段的平均时间要增加,而且上下车整体效率也会降低。如表 2-3-4 所示,将上下车全过程不分阶段的平均时间进行统计可知,遵循“先下后上”情况的整体平均时间、下车平均时间和上车平均时间均小于不遵循“先下后上”的情况,表明无序上下车会降低上下车效率。这与群体动力学中提出的“快即是慢”理论[21]较为吻合。因此,为了提高站台上下车效率,应对乘客进行管理,保证有序先下后上。

2.4 中观行人流特征及参数

中观行人流行为特征是指行人个体聚集在一起所表现的整体行为特征,是以群体为单元的交通行为理论性总结,包括一系列定量参量和定性特性研究。和 2.3 节类似,本节主要介绍地铁车站各设施处独有的行人流行为特征,包括通道、楼梯处的行人流基本图,楼扶梯选择行为统计特征,站台候车位置选择统计特征,以及各服务设施的排队系统参数。

2.4.1 行人流参数及基本图

通常描述行人流基本特征的指标包括行人流速度、行人密度和行人流量三个参数,三者之间的定量关系称为行人交通流基本图模型,其变化规律反映了交通流的整体运行特征。三个参数关系的研究可为行人交通仿真提供基础理论支撑。本小节主要介绍上述三个参数的定义、公式和基本图,并通过实测数据得到车站通道和楼梯处的行人流基本图。

2.4.1.1 行人流参数及基本图

1)行人流速度

大量行人聚集在一起行走时在整体上呈现流体的特征,称其为行人流。行人流整体流动的速度称为行人流速度,通常以米/秒(m/s)为单位。与液态流体不同的是,行人流内个体之间存在较为明显的空间间隙,这种空间间隙会随着个体速度的变化而变化:当个体步行速度较快时,需要和前后方行人保持较大的距离,空间间隙较大;当个体步速较小时,可以和周围行人保持较小的距离,空间间隙较小。上述特性决定了行人流的密度会随着流体速度的变化而变化,这意味着行人流应属于可压缩流体,而非类似液体的不可压缩流体[22]。因此,行人流速度的定义和测度不宜参照液体流速,而通常是基于统计学的方法,采用平均值或者具有代表性的数据(集中趋势的描述值)近似表示行人流的整体步速[23]。行人流速度表示方式主要有两种:时间平均速度和空间平均速度。

(1)时间平均速度

在一定观测时间内所有行人通过观测断面的瞬时速度的算术平均值,称为时间平均速度,计算公式如下。

$$\bar{v}_{t}=\frac{1}{N}\sum_{i=1}^{N}v_{i}=\frac{\sum_{i=1}^{N}w_{i}}{NT} \tag{2-4-1}$$

式中：$\bar{v}_t$——时间平均速度(m/s)；

N——观测时段内穿过观测线的行人总数(人)；

v_i——第 i 个行人穿过观测断面的瞬时速度(m/s)；

T——观测时间长度(s)；

w_i——T 时段内第 i 个行人的走行距离(m)。

(2)空间平均速度

指在某一特定瞬间，行走于某一特定长度内全部行人的速度平均值，等于该段距离与全部行人走完花费的平均时间两者之间的比值，计算公式如下[24]。

$$\bar{v}_{s}=\frac{L}{\sum_{i=1}^{N}\frac{t_{i}}{N}} \tag{2-4-2}$$

式中：$\bar{v}_s$——空间平均速度(m/s)；

L——观测的特定长度(m)；

N——观测特定长度空间内的行人总数(人)；

t_i——第 i 个行人走完 L 长度花费的时间(s)。

根据定义，时间平均速度适用于测定断面行人流速度，空间平均速度适用于测定步行设施空间内的行人流速度。需要说明的是，本书后续讲述的行人流速度、密度和流量，均是对车站内各种步行设施空间内行人流参数的观测和分析，其行人流速度均采用空间平均速度。

2)行人密度

行人密度是指在步行设施及其相关空间区域内单位面积的行人数，一般用区域人数与区域面积之比表示，单位采用人/平方米(人/m^2)表示，计算公式如下。

$$\rho=\frac{N}{S} \tag{2-4-3}$$

式中：ρ——区域内行人密度(人/m^2)；

N——区域内行人个数(人)；

S——区域内有效面积(m^2)。

上式中的区域面积应为步行设施内有效面积，指行人步行时能使用的所有面积，要扣除物理设施占用的空间，也要将行人步行时会避开的障碍物边沿、墙角等未被使用的空间扣除。

在实际应用中，由于男女老幼行人的体型和空间需求不一样，携带行李和不携带行李对空间需求也不一样，在行人密度相同时，设施内行人流的密集程度却不相同，这时采用上述定义无法反映这一区别。对此，可采用行人空间占有率指标来表示行人密度，定义为在步行设施区域内所有行人占用面积与区域内有效面积之比，计算公式如下。

$$\delta = \frac{S_p}{S} \tag{2-4-4}$$

式中：δ——行人空间占有率(%)；

S_p——区域内所有行人占用的面积(m^2)；

S——区域内有效面积。

行人密度与行人空间占有率都可以描述一定区域内行人密集的程度，其中行人空间占有率更加能够反映异质人群的密集程度。当群体为同质群体时，选用密度指标较为合适；当研究场景为铁路枢纽车站时，由于乘客年龄、携带行李的差异性较大，乘客的异质性较为明显，采用空间占有率较为合适。

3)行人流量

行人流量指单位时间内通过某一设施或某一断面的行人总数，一般以每分钟或者每15min为单位进行统计，单位为人/分钟(人/min)。行人流量是一个随时变化的参量，同一设施在不同时段所观测的流量值会不断变化。因此，为了客观量化设施或断面能够通过行人的属性，同时还给出行人流率的定义，即单位时间内通过单位有效宽度的行人数量，一般以人/(秒 米)[人/(s·m)]或人/(分 米)[人/(min·m)]为单位。

行人流量和行人流率都是反映行人交通需求的变量，但两者无论从概念上还是从本质上都有重要差别。行人流量是指通过实际观测或者通过预测得到的值，行人流率则是等效转换得到的小时流量。这种等效转换在许多行人交通流量的研究中只是一种假设。实际中许多研究者发现，在同一种设施中，当设施宽度较小时(小于或等于0.7m)，行人流率有所增加，这主要是由于行人自组织现象造成的[21,25]。

4)行人流基本图

行人流基本图是指行人流的速度、密度和流量三者之间的关系图。通过大量数据分析，并进行数据拟合发现，速度v、密度ρ和流量q三者之间存在一定的动态变化关系，可用公式(2-4-5)表示，三者曲线变化如图2-4-1所示。

$$q = v \times \rho \tag{2-4-5}$$

通过对图2-4-1在二维坐标系上的投影可得到流量、速度和密度两两的关系图，以下分别展开说明。

(1)速度-密度关系图

速度和密度之间呈负相关关系。当密度为0时，行人流处于自由流状态，每个人都能以期望速度行走，此时行人流速度最大，为自由流速度v_f；随着密度增加，行人与行人之间的距离减小，个体步行逐渐受限，速度随密度增加呈减小的趋势。当密度达到阻塞密度ρ_j时，行人流速度为0[24]。

速度-密度关系模型是行人流基本图模型中的重要模型，许多行人交通理论研究中均需要以此为基础。例如，根据行人流速度可推测群体密度的时空变化态势；根据对行人群体密度或空间占有率的监测,可预测行人流速度,并用于人群管控。因此,对速度-密度关系模型有大量的研究结论。现有研究多将速度-密度关系模型采用线性函数进行描述[25-26],如图 2-4-2 所示。

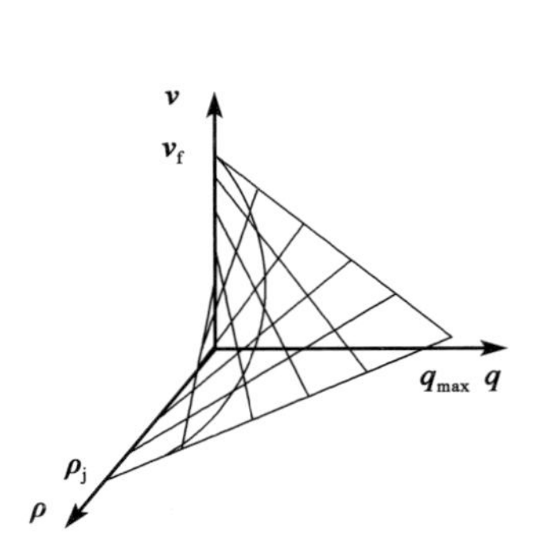

图 2-4-1 流量-速度-密度三者关系曲线图

v_f-自由流速度;ρ_j-阻塞密度;q_{max}-最大流量

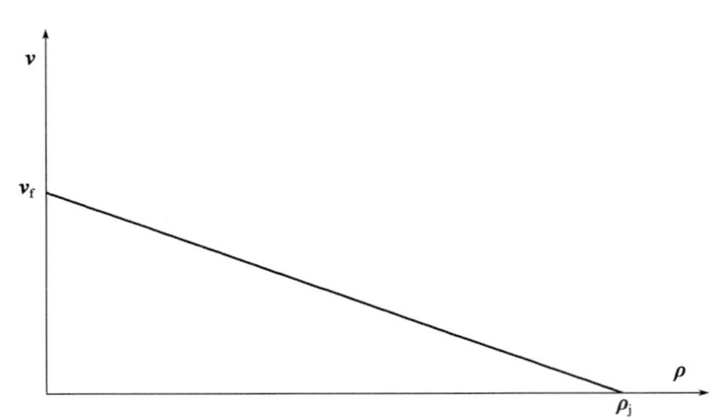

图 2-4-2 速度-密度关系图

(2)流量-密度关系图

根据图 2-4-1 的投影可知,流量-密度关系大致呈先升后降的抛物线变化趋势,如图 2-4-3所示。具体变化如下:当密度为 0 时,流量为 0;随着密度的增加,流量随之增加,并在某个密度值下流量达到最大值q_{max};此后,随着密度的继续增加,流量逐渐下降,直到密度达到阻塞密度ρ_j时,流量趋近于 0。

(3)速度-流量关系图

速度和流量之间也大致呈现抛物线关系。根据前面的两两关系,结合公式(2-4-5)可知,当密度与流量均较小时,此时由于可用空间较大,行人步行速度可达最大值,即自由流速度v_f;随着密度增大,流量也随之增加,行人走行空间逐渐变小,步行速度也相应减小,直到流量达到最大值q_{max};当密度继续增大时,流量反而减小,步行速度也减小,直到形成堵塞流,此时速度和流量均减小至 0。对车站通道内行人流的观测实证数据也验证了二者之间的这种关系,如图 2-4-4 所示。

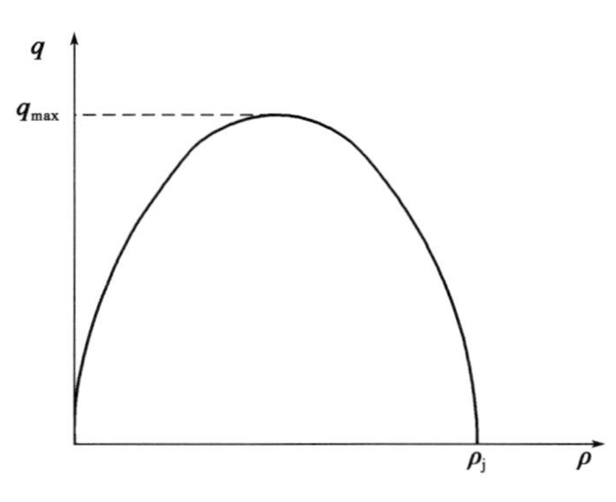

图 2-4-3 流量-密度关系图

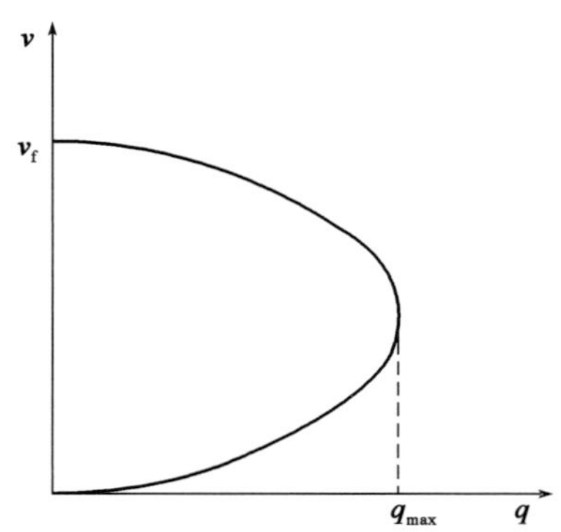

图 2-4-4 速度-流量关系图

(4)基本图特征值和相变状态空间

行人流基本图描述了速度、密度、流量三个参数之间的关系,同时也反映了行人流从自由流到拥挤、从稳态到非稳态的流体相变过程。根据对行人流体动力学的分析,完整的行人交通流基本图包括如下特征值:通过能力、自由流速度、能力速度、临界密度和堵塞密度,如图2-4-5所示[25]。图中,通过能力q_{max}指行人流能达到的最大流量,也称之为临界流量。由于密度和速度的关系,行人流量最大时,速度不一定是最大的。自由流速度v_f指在不受周围其他人及障碍物影响时的步行速度,即流量与密度同时为0时的行人平均速度。能力速度v_c指行人流量等于设施通过能力时的平均速度。能力密度ρ_c指行人流量等于设施通过能力时行人流的密度,也称为临界密度。堵塞密度ρ_j指行人流量和速度均为0时的密度。

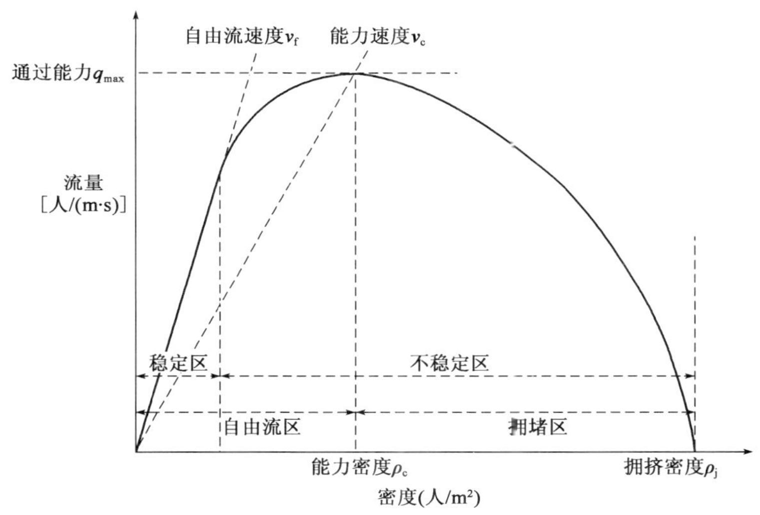

图2-4-5 行人流相变过程及状态空间[25]

根据相变曲线和特征值,可将行人流相变状态空间划分为拥挤区、自由流区、稳定区和不稳定区,如图2-4-5所示。曲线中大于临界密度时的密度区域称为"拥挤区",小于临界密度时的区域称为"自由流区";速度恒定的区域为"稳定区",随着密度增加、速度逐渐减少的区域为"不稳定区"。依据相变状态空间,可有效掌握行人流的状态和相变过程,为行人群体管理提供理论依据。

2.4.1.2 通道类设施行人流基本图

基于对前述行人流三个参数关系的分析,下面通过对北京地铁多个换乘车站换乘通道内客流数据的大量实测和分析,借助统计学方法建立参数间的回归模型,绘制通道行人流三个参数在实际场景中的函数关系及变化规律,从而为通道类设施的设计、运营和人群管理提供理论依据。

1)速度-密度关系图

行人在行走过程中能够直接感受到周边行人的速度和密度,并会根据临近状况调整自身步行行为。从某种意义上说,速度-密度关系是行人流的三个参数中最重要、最能体现行人流特征本质的模型,刻画了不同密度条件下个体间相互作用的强度。通过对车站通道内采集的大量客流的速度数据进行分析,绘制速度-密度关系散点图,如图2-4-6所示。

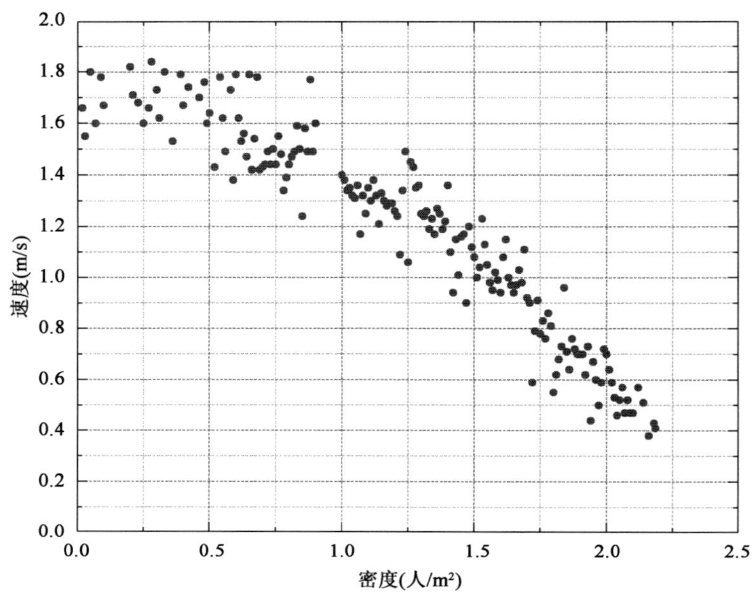

图2-4-6　通道速度-密度散点图

由图2-4-6可知,密度与速度符合线性函数变化,速度随着密度的增加而减小。当行人密度较小时,行人流处于自由流状态,行人的速度分布较为分散。随着行人密度增加,行人流不再是自由流状态,由于行人走行空间受到限制,绕越、穿插机会减少,部分行人不能以期望速度行走,步速较快行人的速度与慢速行人趋同,行人流以相对一致的速度前进。在高密度情况下,行人速度继续受密度变化影响而下降,但密度-速度散点图分布较为集中,行人流处于接近于堵塞的临界状态,行人行走可用空间严重受限,速度趋近于0。通过线性拟合,可得到行人速度-密度关系,见公式(2-4-6)。

$$v = -0.6819\rho + 1.9795 \quad (R^2 = 0.938) \tag{2-4-6}$$

式中:v——行人速度(m/s);

ρ——行人密度(人/m^2)。

2)流量-密度关系图

流量-密度关系模型反映的是不同行人流密度下单位宽度设施在单位时间内的行人通过量,可以较为直观地反映密度对行人流量的影响。通过对车站通道内采集的客流数据进行分析,绘制流量-密度关系散点图,如图2-4-7所示。

由图2-4-7可知,流量随密度的变化大致呈现先上升后下降的趋势。当密度较小时,流量随密度的增加而增加；当密度为1.43人/m^{2}时，流量达到最大值，通道设施被行人充分利用；在此之后，流量随着密度的增加呈现降低的趋势，表明此时通道内行人流拥挤状态逐步形成，流量逐渐趋于饱和。随着密度的继续增加，最终通道内行人堵塞，流量趋于0。根据图像可以看出流量-密度关系符合二次抛物线方程函数形式，通过拟合最终得到速度-密度关系，见公式(2-4-7)。

$$q = -47.267\rho^2 + 135.2\rho - 4.9567 \quad (R^2 = 0.908) \tag{2-4-7}$$

式中：q——行人速度[人/(min·m)]；

ρ——行人密度(人/m^2)。

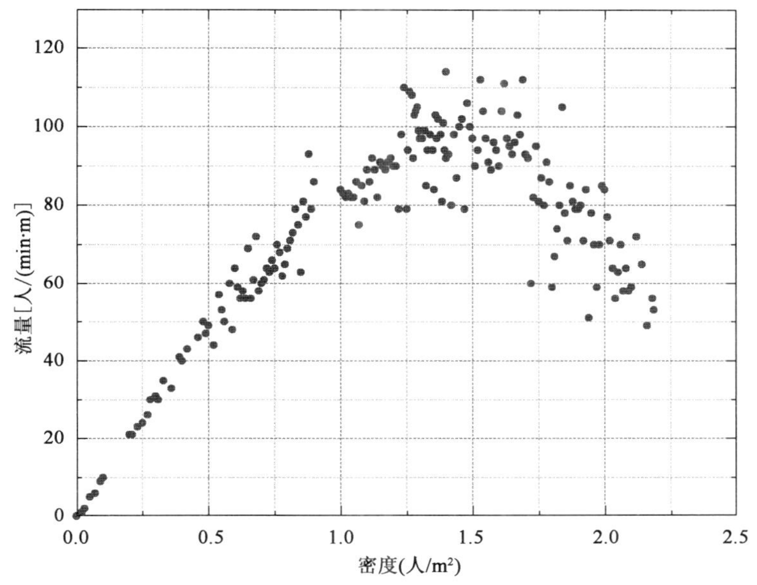

图2-4-7 通道流量-密度关系图

2.4.2 群体选择行为特征

2.4.2.1 楼扶梯选择行为

针对出站乘客上楼扶梯时对扶梯与楼梯的选择特征，本书选取晚高峰时间对北京地铁东单站5号线站台出口，东单站5号线换乘1号线通道，西直门站A、B出口，建国门站B、C出口，北京火车站地铁站(简称北京站)C出口，西单站出口的楼扶梯处进行了视频采集，如图2-4-8所示。上述场景处楼扶梯的几何属性如表2-4-1所示。

图2-4-8 出站楼扶梯选择行为调查视频

楼扶梯几何属性汇总表　　表 2-4-1

车站名称	高度(m)	楼梯宽度(m)	扶梯宽度(m)	扶梯运行时间(s)
西直门站 A 口	9.0	2.5	1.0	40
西直门站 B 口	14.3	2.9	1.0	50
东单站站台出口	4.8	3.6	1.0	18
东单站换乘通道	7.7	2.4	1.0	28
西单站出口	4.5	2.6	1.0	23
北京站 C 口	7.6	1.8	1.0	28
建国门站 B 口	13	2.6	1.0	65
建国门站 C 口	10.4	2.7	1.0	46

对拍摄视频中每个乘客的选择结果进行人工整理和统计。统计的数据包括个体属性信息、选择结果和排队人数,具体为:乘客性别、乘客年龄段(根据目测判断划分为老、中、青、幼四类)、是否携带大件行李、乘客选择扶梯还是楼梯、乘客做出选择时在扶梯处排队人数。共统计样本数据 23521 条,部分示例如表 2-4-2 所示。

楼扶梯选择乘客调查数据统计(部分示例)　　表 2-4-2

编号	性别	年龄段	携带行李	选择方案	排队人数(人)
1	男	青	否	楼梯	8
2	男	老	否	扶梯	4
3	女	青	否	扶梯	0

首先对乘客属性和选择结果之间的关系进行统计,如图 2-4-9 所示。

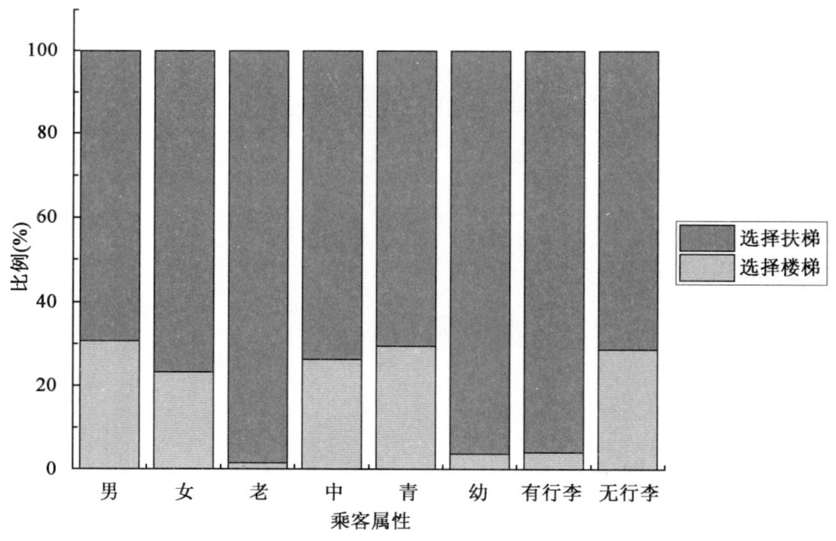

图 2-4-9　乘客属性和选择结果的统计

由图 2-4-9 可知,就乘客性别而言,女性乘客更倾向于选择扶梯。数据表明,男性中有 30.7% 的乘客会选择楼梯,69.3% 的会选择扶梯;而 76.8% 的女性乘客会选择扶梯。

在不同车站中该数据各不相同。其中北京站的女性乘客选择扶梯的比例最大，为93.2%，男性的该比例则为88.4%；西直门站的男性和女性乘客选择扶梯的比例差值则最大，其中女性为71.5%，男性为57.8%，二者相差达13.7%。推断上述差异性的原因在于北京站地铁站的长途出行乘客比例较多，携带行李比例较大，使得选择扶梯的比例相比其他非枢纽车站要大。而长途出行乘客中的结伴出行概率也较其他车站大，女性选择扶梯时也会促使男性选择扶梯，使得二者选择扶梯的比例相差较小。西直门车站多为上下班通勤客流，上述结伴特征的影响不明显，使得男性和女性乘客选择扶梯的比例差值较大。

就不同年龄段的选择比例而言，老人和小孩选择扶梯的比例明显高于中年和青年。老人和小孩的生理特征决定了这种选择差异。就是否携带行李而言，显然携带大件行李的乘客更愿意选择扶梯，其选择扶梯的比例高达95.9%，比不携带行李而选择扶梯的比例高24.6%。其主要原因是携带行李选择楼梯较耗费体力，故大部分携带行李的乘客更愿选择扶梯。

为了解其他外在因素对乘客选择扶梯的影响，统计不同车站选择扶梯的比例和楼梯高度的关系，如图2-4-10所示。由图可知，楼梯的高度对乘客选择扶梯的比例有一定影响，楼梯越高，乘客选择扶梯的可能性越大。当楼梯高度超过14m时（西直门站B出口），几乎所有的乘客都倾向于选择扶梯，因此，在楼扶梯组数量设置时应考虑这一选择特征。

经过分析，扶梯前的排队人数也是影响扶梯选择的另一主要因素。图2-4-11为统计的北京站和西直门站出口处扶梯前排队长度和楼梯的选择比例。由图可知，在扶梯前排队人数较少时，几乎所有的乘客都会选择扶梯。当排队人数增加至7人时，有一部分乘客会由于排队过长而选择楼梯，主要为中青年男性。随着排队人数的持续增加，选择楼梯的乘客比例也越来越大。

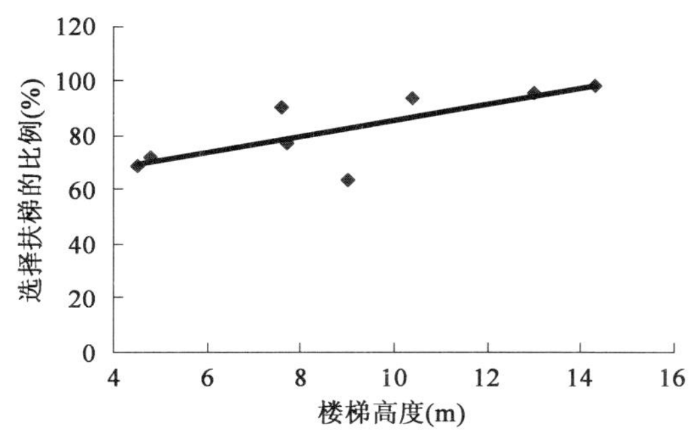

图2-4-10　楼梯高度对乘客选择扶梯的影响关系

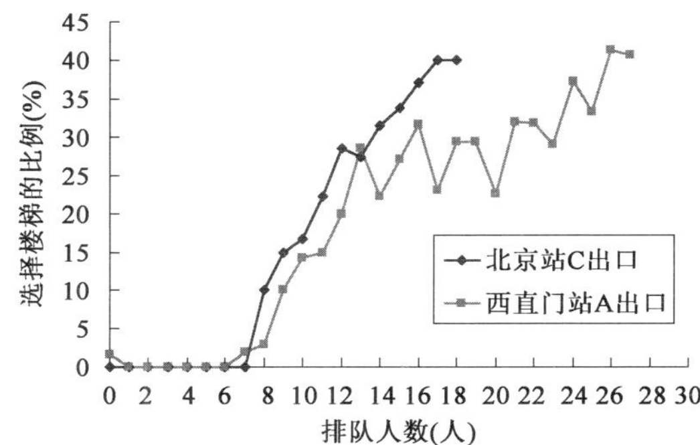

图2-4-11　扶梯前排队长度对乘客选择楼梯的影响关系

2.4.2.2　站台处候车位置选择行为

正如2.3.3小节所述，当乘客在站台上候车时间较为充足时，会根据站台门排队长度、楼扶梯远近、有无携带大件行李等情况而选择一个合适的站台门候车。这种对候车位置存在选择偏好的行为使得不同站台门处的排队人数分布不均，降低了站台门均衡利用的效率。为了更好地引导乘客均衡候车，首先需要掌握站台上乘客候车分布规律。现有研究[25]对不同楼梯布设方案下的站台上乘客候车位置进行了简单统计，如图 2-4-12 所示。

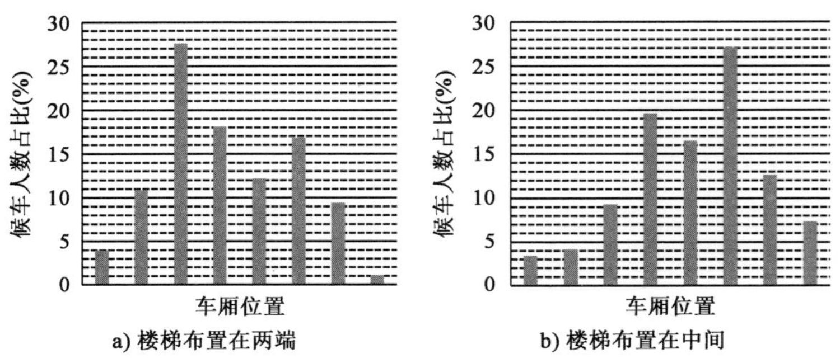

图 2-4-12　关于站台候车位置选择统计分布

上述统计结论以列车车厢为基本单元，若用于以站台门为基本单元的乘客候车位置选择和引导时显得不够精确。为此，选取 2018 年 7 月 16 日晚高峰期间(17:30—19:30)北京地铁 2 号线建国门站站台上的客流视频进行分析，根据视频统计列车到达周期内每个站台门处新增的排队人数和累计排队人数，共测得有效数据 65 组。建国门站站台的平面图和站台门的编号如图 2-4-13 所示。

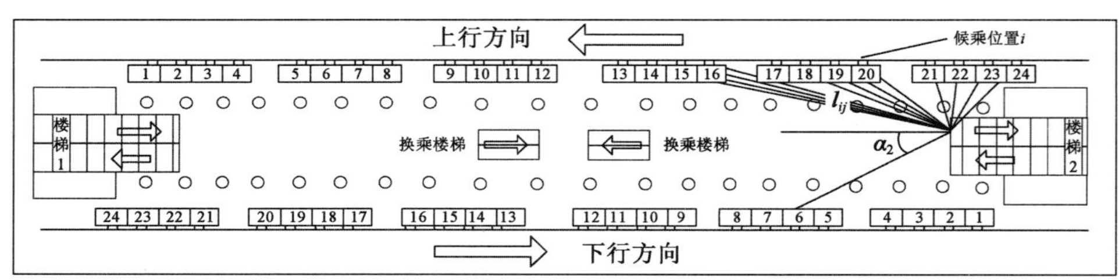

图 2-4-13　建国门站站台平面图和站台门编号

为便于分析，将站台两端的楼扶梯编号为楼梯入口 1 和楼梯入口 2，每个站台门按照行车方向进行编号，并设定站台纵向方向和楼梯与站台门中心位置连线之间的夹角用 α 表示。根据夹角 α 是否大于 90°可把站台门分为两组，其中夹角小于 90°的站台门编号小于或等于 21，乘客会顺着行车方向抵达站台门；大于 90°的站台门编号大于 21，乘客需要逆着行车方向抵达站台门。

为分析走行距离和走行偏角 α 对候车位置选择的影响，分别测量每个站台门中心位置到楼梯入口的距离 l 和夹角 α，并对不同距离和夹角下的平均候车人数进行统计，如图 2-4-14和图 2-4-15 所示。由图 2-4-14 可知，顺着行车方向的站台门处排队乘客要多于逆着行车方向的站台门。不论哪个方向的站台门，其排队人数都会随着与楼梯入口的距离增加而减少，且逆行车方向的站台门处排队人数下降趋势更为明显。这表明从楼扶梯下至站台后，大部分乘客更倾向于继续前行选择车头方向的站台门排队候车，少部分乘客则会转向选择车尾方向的站台门候车，而具体选择某个站台门则主要受走行距离影响，即需要走行的距离越长，则乘客选择该站台门的可能性会越小。该选择行为在对车尾方向的站台门位置选择时表现得更为明显。

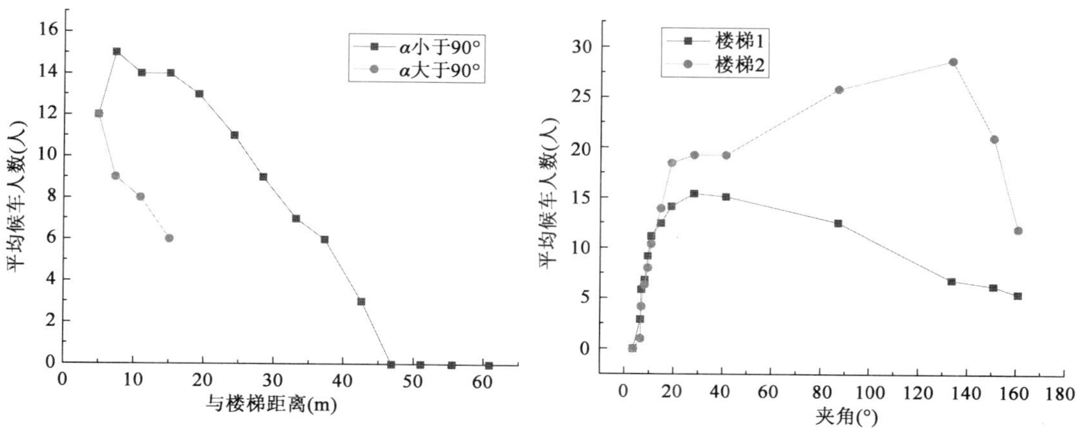

图 2-4-14 平均候车人数与距楼梯距离关系

图 2-4-15 平均候车人数与夹角关系

由图 2-4-15 可知，站台门处排队人数随夹角的增加大致呈现先增加后减少的过程。对楼梯 1 而言，乘客选择夹角为 51°的站台门处候车的人数最多，站台门编号为 3 和 21，当夹角继续增大或减小时，排队人数均会降低；对楼梯 2 而言，候车人数最多的站台门夹角则约为 46°，站台门编号为 3 和 20，夹角增大或减小时排队人数也会有上述类似变化。结合图 2-4-14 和图 2-4-15 可推断，乘客选择站台门排队候车行为存在一个偏好距离和偏好角度。乘客更趋向于选择在该距离范围和角度范围内的位置候车，其具体数值受站台的物理尺寸影响。对该站台而言，偏好距离范围为 7.6 ~ 10.3m，偏好角度为 46° ~ 51°。

为分析站台上不同客流密度下站台门处候车人数的变化规律，统计了站台上候车人数小于 250 人时和候车人数大于 450 人时每个站台门处的排队人数，如图 2-4-16 所示。

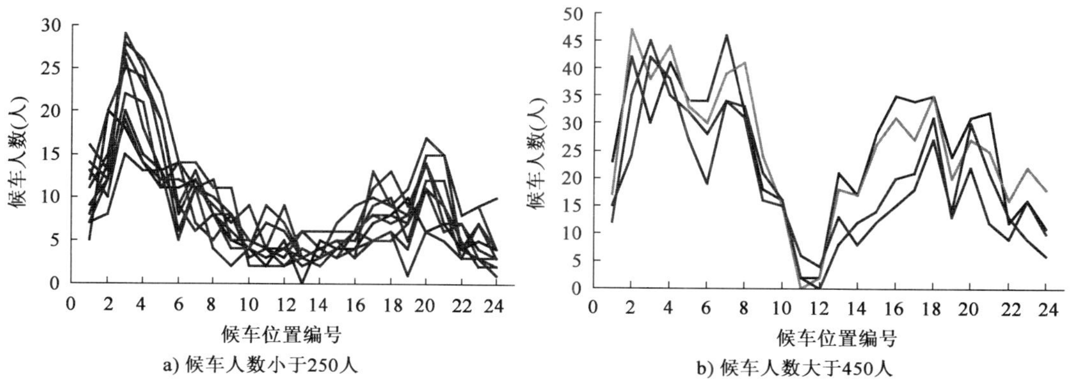

图 2-4-16 不同候车人数下各站台门处排队人数分布

由图 2-4-16 可知，当站台候车人数较少时(少于 250 人)，站台门处的排队人数分布不均匀，排队人数曲线形成明显的马鞍形，如图 2-4-16a) 所示。其中靠近楼梯位置的站台门处排队人数较多,形成明显的尖峰;距离两端楼梯较远的站台中间区域的站台门处候车人数较少,呈现明显的低洼区。本次观测得到的尖峰站台门编号为4和19,低洼区站台门编号为8~16。当候车人数较多时(大于450人),由于临近楼梯处站台门挤满了候车的乘客,使得后续进入站台的乘客不得不往站台中间位置移动,使得接近两端楼梯的多个站台门处排队人数均接近站台门区域排队上限值,乘客在上述区域的分布较为均匀,沿站台方向的分布由尖峰形态变为高原形态,如图2-4-16b)所示。此时,站台中间位置的候车人数仍小于两端站台门,排队人数曲线仍存在明显的低谷区,但低谷区的范围明显缩小了。本次观测的低谷区站台门编号为12~14,相比候车人数小于250情况下,低谷区的站台门数减少了6个。

2.4.3 售检票设施排队系统特征

排队论是研究服务系统因需求拥挤而产生等待行为的现象以及合理协调需求与服务关系的一种理论方法。车站内售票设施、检票设施和安检设施处的乘客到达、服务过程等均是随机的,而且由于设施能力限制,乘客的服务需求往往会超过设施服务能力,由此会形成排队现象。上述服务设施和接受服务的乘客共同构成了随机服务系统,可以采用排队系统理论来刻画服务设施的宏观特征,为服务设施的规划设计提供理论支持。

2.4.3.1 排队系统基本概念

排队系统(或称为服务系统)可用于描述排队情况。即乘客为了获得售检票或安检服务而到达服务设施;若服务设施处于占用状态,乘客无法立即使用该设施而加入等待队列;在经过等待并完成购票、检票或安检后立即离开,服务设施则准备为下一个乘客服务。整个过程如图2-4-17所示。

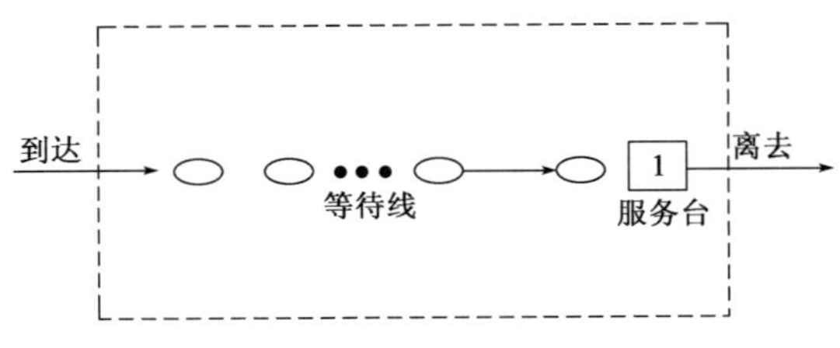

图2-4-17 排队系统简化示意图

实际上每个具体的排队系统可能有所不同,但都具有三个要素,即输入过程、服务过程和排队规则。由这三个要素便可以构造出一般排队系统的结构模型,并由此得到描述系统运行情况的数学模型。下面简要介绍这三个要素。

1)输入过程

输入过程指乘客的到达,主要掌握乘客到达服务系统的规律,具体体现在乘客相继到达间隔时间的概率分布上。几种主要的概率分布如下:

(1)定长分布。乘客有规律地到达,每隔固定时间段到达一个乘客。乘客相继到达的间隔时间$\{T_n\}$的分布函数为：

$$P(T_n \leqslant t)=\begin{cases}0, & t<\alpha \\ 1, & t\geqslant\alpha\end{cases} \tag{2-4-8}$$

（2）负指数分布。当每个乘客的到达相互独立且都服从同一负指数分布，即$\{T_n\}$中各个T_n相互独立且都服从同一负指数分布，其分布函数为：

$$P(T_n \leqslant t)=\begin{cases}1-\mathrm{e}^{-\lambda t}, & t\geqslant 0 \\ 0, & t<0\end{cases} \tag{2-4-9}$$

当乘客的到达时间间隔服从同一负指数分布时，在$[0,t)$时间间隔内到达的乘客数$N(t)$相应符合泊松分布，即$N(t)$的概率分布为：

$$P[N(t)=k]=\frac{(\lambda t)^k}{k!}\mathrm{e}^{-\lambda t} \quad k=0,1,2,\cdots \tag{2-4-10}$$

（3）k阶爱尔朗分布。即$\{T_n\}$中各个T_n相互独立且都服从相同的爱尔朗分布，其分布函数为：

$$P(T_n \leqslant t)=\begin{cases}\dfrac{\lambda\ (\lambda t)^{k-1}}{(k-1)!}\mathrm{e}^{-\lambda t}, & t\geqslant 0 \\ 0, & t<0\end{cases} \tag{2-4-11}$$

2）服务过程

服务过程中的重点包括服务台个数、服务台之间的串并联结构，以及服务台为每个乘客服务时间τ_n的分布情况。

根据服务台数量，排队系统可分为单服务台系统和多服务台系统，服务台数量决定了同一时刻能有多少乘客接受服务。对于多服务台系统，其服务台之间可分为串联结构和并联结构两种形式，不同的结构决定了排队系统的运行模式，如图2-4-18所示。

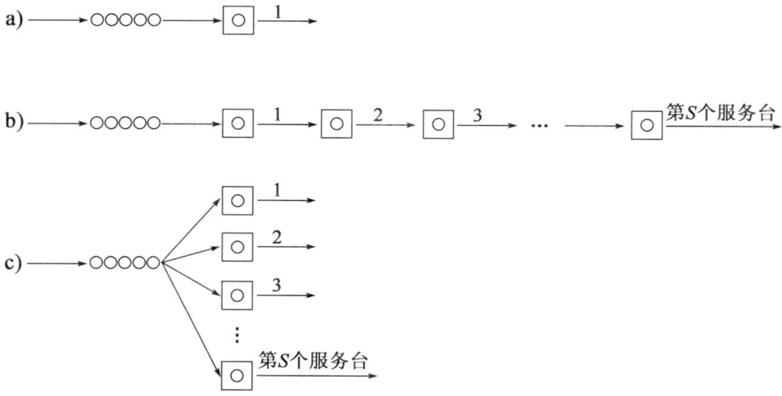

图2-4-18　排队服务设施的系统结构示意图

服务台为每个乘客服务的时间τ_n也是一个随机变量，服务时间的分布函数也是排队系统能力的重要指标，决定了系统的服务能力。τ_n的几种主要分布函数和乘客到达时间间隔T_n类似，主要包括定长分布、负指数分布和k阶爱尔朗分布。

3)排队规则

排队规则可描述乘客按照怎样的顺序接受服务。在不同的实际问题中,排队规则是多样的。一般可分为损失制、等待制、混合制三类。

损失制指当乘客到达时,若所有的服务台均被占用,该乘客不会排队而离开系统。

等待制指乘客到达时,若所有的服务台均被占用,乘客将排队等待服务。接受服务的次序一般采用先到先服务规则。车站的售票设施、安检设施和检票设施等的排队规则均为等待制。

混合制是损失制和等待制兼而有之的情况。假定服务系统的容量有限,最多只能容纳 k 个乘客(包括等待和正在接受服务的乘客),当乘客到达时服务系统已客满,则该乘客将自动消失,否则就进入服务系统。

2.4.3.2 售检票设施的排队系统参数

研究排队系统的目的是要在乘客的需求和服务设施的规模之间进行决策,使其达到合理的平衡。在此之前,必须掌握各类服务设施的排队系统参数,以便建立排队系统模型。重要的排队系统参数包括乘客输入分布函数、服务时间分布函数以及排队等待时间分布函数等。这些分布函数均需要通过实测数据的采集、拟合和检验得到。下面将以车站售检票机为例介绍上述分布函数。

1)乘客到达分布函数标定

为获取乘客使用自动售票机购票的到达分布规律,选取2016年5月6日北京地铁4号线西直门站站厅的售票机、售票岗亭和闸机的监控视频进行分析,记录每1min内到售票机购票的乘客数量,共记录500条数据,整理后得到如表2-4-3的统计结果。

单位时间内乘客到达售票机的频率统计 表2-4-3

乘客数量(人)	0	1	2	3	4	5
频率	190	182	92	30	4	2

对单位时间内到达售票机的乘客数据进行统计,并采用K-S检验进行拟合优度检验,结果如图2-4-19和表2-4-4所示。由此可知,乘客到达过程符合泊松分布,其分布函数如下:

$$P[N(t)=k]=\frac{(0.96t)^k}{k!}e^{-0.96t}\quad k=0,1,2\cdots \tag{2-4-12}$$

乘客达到的泊松分布 K-S 检验结果 表2-4-4

个案数		500
泊松参数	平均值	0.96
最极端差值	绝对	0.005
	正	0.005
	负	-0.005
K-S 检验值		0.112
渐近显著性(双尾)		0.963

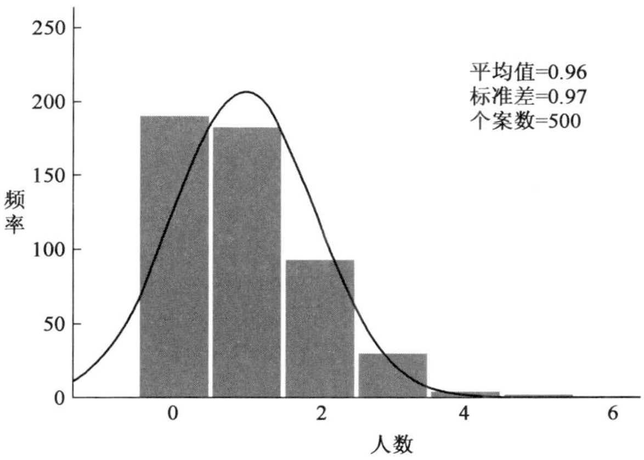

图 2-4-19 乘客达到频率分布函数的拟合

拟合检验得到的到达分布函数可以作为排队系统的输入模型,也可以作为行人交通仿真系统的输入参数,用于乘客个体的产生。

2)售票设施服务时间分布函数

通过对自动售票机和人工售票岗亭处的监控视频进行分析,采集近300个乘客购票所需时间样本数据,得到服务时间频率直方图,并采用正态分布函数进行拟合和K-S检验,如图2-4-20和表2-4-5所示。

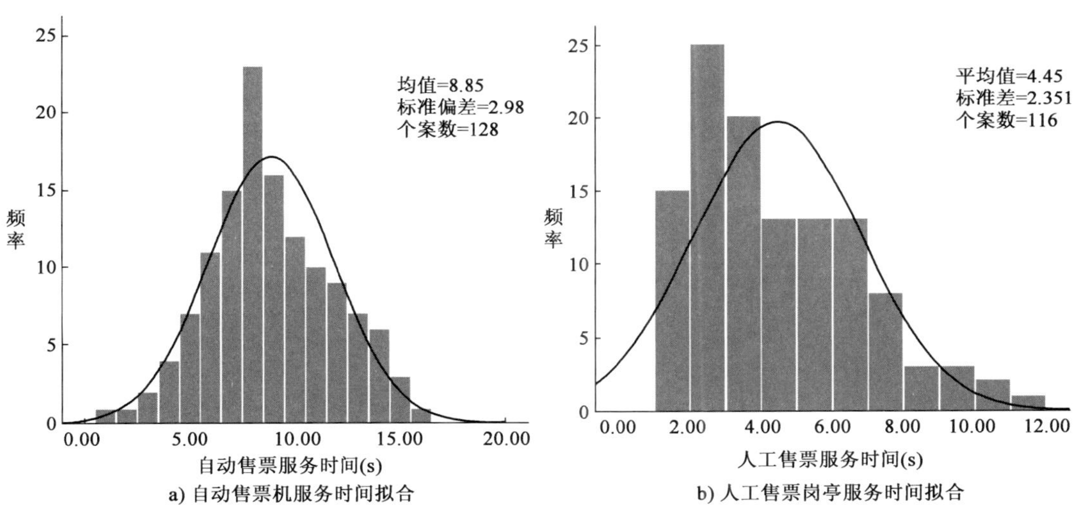

图 2-4-20 售票设施处服务时间分布函数的拟合

售票设施处服务时间分布函数的 K-S 检验指标 表 2-4-5

统 计 项	正态分布参数指标		K-S 统计指标	
	均值(s)	标准差(s)	个案数	显著性 P
自动售票机服务时间	8.85	2.98	128	0.063
人工售票机服务时间	4.45	2.351	116	0.061

通过绘制人工售票服务时间频率直方图和正态函数分布曲线，结果显示样本数据均值为4.45s，标准差为2.351s，方差为5.53s^2。根据K-S正态检验结果可知，样本显著性P值在置信水平为95%时为0.061，认为人工售票服务时间基本符合正态分布，数据在2～6s范围内呈现集中性。自动售票机处的服务时间也呈现类似结论，具体可见表2-4-5，这里不再赘述。

3)售票设施处乘客等待时间分布函数

通过对自动售票机和人工售票岗亭处采集的近300个乘客购票排队时间样本数据进行分析，得到服务时间频率直方图，并采用正态分布函数进行拟合和K-S检验，如图2-4-21和表2-4-6所示。

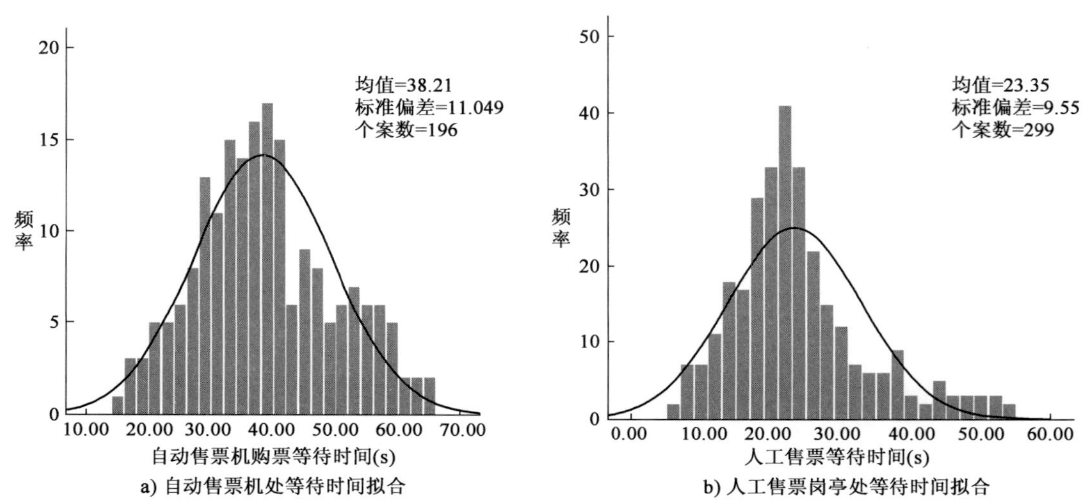

图2-4-21　售票设施处乘客等待时间分布函数的拟合

售票设施处乘客等待时间分布函数的K-S检验指标　　表2-4-6

统计项	正态分布参数指标		K-S统计指标	
	均值(s)	标准差(s)	个案数	显著性P
自动售票机等待时间	38.21	11.049	196	0.092
人工售票机等待时间	23.35	9.55	299	0.067

通过绘制自动售票等待时间频率直方图和正态函数曲线，结果显示样本数据均值为38.21s，标准差为11.049s，方差为62.074s^2，根据K-S正态检验结果可知，显著性P值在置信水平为95%时为0.092，认为数据基本上符合正态分布。数据在31～41s范围内呈现集中性，平均等待时间为38s，最大等待时间为65s，说明大多数乘客在1min以内都能完成自动购票。

通过绘制人工售票等待时间频率直方图和正态函数曲线，结果显示样本数据均值为

23.35s，标准差为9.55s，方差为81.209s^2，根据K-S正态检验结果可知，显著性P值在置信水平为95%时为0.067，认为数据基本上符合正态分布。数据在16~35s范围内呈现集中性，平均服务时间为23s，最大服务时间为54s，在人工售票区域50s以内乘客基本上都能完成购票。与自动售票相比，人工售票窗口的人均等待服务时间比自助售票机短，造成这种现象的原因在于乘客在自助售票机需要花费时间考虑路线和选择出行方案，以及售票机验钞识别时间比人工售票窗口长。

上述拟合检验得到的服务时间分布函数和等待时间分布函数，可以作为排队系统的重要输入参数和衡量指标，也可以用于行人交通仿真模型的输入参数，用于生成模拟乘客在售票设施处的逗留时间值。

2.5 疏散状态的交通行为特征

根据对现有研究总结[27-29]，行人的疏散过程可分为三个阶段：由接收到突发事件信息开始，经过确认后，决定是否疏离现场。若选择不疏散，则待在原地等待救援。若选择疏散，则疏散过程由一系列决策过程构成，可进一步细分为绕行障碍物，对疏散指示灯或指挥人员的反应等，直至顺利疏离现场。其过程如图2-5-1所示。

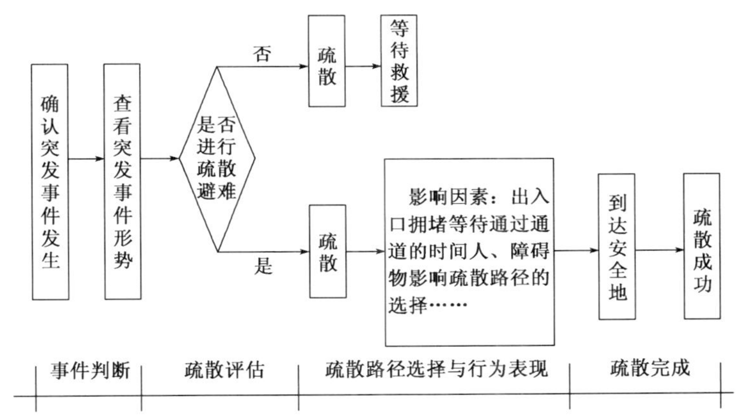

图2-5-1 行人疏散行为表现示意图

根据日本火灾学会资料统计[30]，疏散过程中的疏散反应、步行速度和路径选择是影响疏散结果的三个重要决策变量。而诸多外在因素会影响到上述决策变量的结果，如表2-5-1所示。

行人疏散过程中，对于疏散方式的选择、疏散路径选择都会受到疏散行为特征的影响而做出不同决策。这些决策进而会影响疏散时间的长短，决定行人能否顺利疏散。根据表2-5-1中的疏散行为特征，日本火灾学会根据人对环境的熟悉程度，将其归为熟悉环境和不熟悉环境两类。熟悉环境的人疏散时，会寻找最短路径或习惯行走的路径；而不熟悉环境的人，则会依循原本进入此环境的路径离开。

疏散行动影响因子 表2-5-1

<table>
<tr><th colspan="3" rowspan="2">外在影响因素</th><th colspan="3">疏散行为行动因子</th></tr>
<tr><th>步行速度</th><th>路径选择</th><th>疏散反应</th></tr>
<tr><td rowspan="10">疏散者</td><td rowspan="4">生理因素</td><td>行人密度、人数</td><td>●</td><td>●</td><td>●</td></tr>
<tr><td>生理条件</td><td>●</td><td></td><td>●</td></tr>
<tr><td>性别、年龄</td><td>●</td><td>●</td><td>●</td></tr>
<tr><td>对建筑物的熟悉程度</td><td></td><td>●</td><td>●</td></tr>
<tr><td rowspan="4">心理因素</td><td>危机感</td><td>●</td><td>●</td><td>●</td></tr>
<tr><td>向光性</td><td></td><td>●</td><td></td></tr>
<tr><td>从众性</td><td></td><td>●</td><td></td></tr>
<tr><td>对火灾环境的感知程度</td><td></td><td>●</td><td>●</td></tr>
<tr><td rowspan="2">其他</td><td>人员当前状态(就寝、工作)</td><td></td><td></td><td>●</td></tr>
<tr><td>火灾经验</td><td></td><td>●</td><td>●</td></tr>
<tr><td colspan="2" rowspan="6">疏散路径</td><td>容量</td><td>●</td><td>●</td><td></td></tr>
<tr><td>长度、距离</td><td></td><td>●</td><td></td></tr>
<tr><td>形状(水平、阶梯等)</td><td>●</td><td>●</td><td></td></tr>
<tr><td>出口状态(关闭、开放)</td><td>●</td><td>●</td><td>●</td></tr>
<tr><td>合流、分歧</td><td>●</td><td>●</td><td></td></tr>
<tr><td>疏散空间明亮</td><td>●</td><td>●</td><td></td></tr>
<tr><td colspan="2" rowspan="2">环境</td><td>人员骚动</td><td></td><td></td><td>●</td></tr>
<tr><td>烟、热、火、气味</td><td>●</td><td>●</td><td>●</td></tr>
<tr><td colspan="3">疏散诱导系统</td><td></td><td>●</td><td>●</td></tr>
</table>

注:●表示该因素影响行动因子。

这两种分类对应到地铁车站中的疏散过程中时,熟悉地铁车站环境的乘客在疏散路径和疏散出口的选择上,会选择平日经常出入的出入口离开,也可能会选择熟知的最近可疏散通道;而不熟悉车站环境的乘客,则会以较大概率选择他原先进入车站时的路径和出入口疏离。

通过对行人疏散行为过程的探讨,对突发事件中行人的各种行为特征进行整理,如表2-5-2所示。

疏散场景中行人交通行为特征 表2-5-2

疏散行为	特征说明
原路返回行为	行人在疏散过程时,为寻求自保,会本能地折返原来的路径
从众行为	在行人疏散过程中,若有熟悉环境者一同行动,会获得较大的安全感。部分行人因恐慌而易失去主见判断,易接受他人行动指示及暗示,因而产生跟从多数人或倾向带头者
日常行为习惯	人们对经常使用的空间或路径,有较深切的了解和行人感。遇到突发事件时,会主动选择自己熟悉的路径疏离,即使该路径较其他路径更远或更危险

续上表

疏散行为	特征说明
往开阔性	开阔地方的障碍物较少,安全性可能较高,生存机会也较大
规避行为	在灾害发生时,人们会趋于自保,会本能地选择远离灾害发生源,去往较安全的地方避难
向光性	火灾烟雾弥漫造成人员视线不清,疏散者更趋向于向明亮方向移动
易视路径选择	疏散时,疏散者通常会选择最明显的路径作为第一疏散路径
直达性	疏散者会选择简单明了的路径
左转行为	人们习惯用右手,使得在疏散过程中,会自然选择左转。据有关文献研究,行人在下楼梯时,左向回转方式具有安全感及快速的特性
便利性	在疏散过程中,疏散者会选择简便省力的方式避难
从近性	当疏散者不了解各个出口及疏散路径状况时,则会选择最近的出口疏散
鸵鸟心理	当危险突然接近时,疏散者无法有效应对,易产生强烈迷惑混乱的心态,进而会往狭窄角落方向避难

2.6 本章小结

本章介绍了地铁车站内部的行人交通设施分类,重点讲述了各类行人交通设施的特点和功能,总结了各类行人交通设施处的微观行为、中观活动以及宏观特征,讲述了行为活动衍生的车站活动链和流线。在此基础上,详细介绍了地铁车站特有的行人微观个体交通行为特征和中观行人流特征及参数,简要介绍了车站疏散状态下的行人交通行为特征,为后续章节的研究提供了理论基础。

本章参考文献

[1] 潘佩君. 地铁车站出入口设计探讨[J]. 现代城市轨道交通, 2019(05):91-95.

[2] 中华人民共和国国家标准. 地铁设计规范:GB 50157—2013[S]. 北京:中国建筑工业出版社,2014.

[3] 南海超,胡路,王文谨. 地铁车站客流服务水平与通道宽度关系的探索[J]. 铁道勘察, 2009,35(02):109-113.

[4] 蒋阳升,胡路,卢果. 基于排队论的地铁人行通道宽度取值方法[J]. 交通运输工程学报, 2010,10(03):67-71.

[5] 杜鹏,刘超,刘智丽. 地铁通道换乘乘客走行时间规律研究[J]. 交通运输系统工程与信息,2009,9(04):103-109.

[6] Network Rail. Station Capacity Assessment Guidance[R]. London:Network Rail,2011.

[7] 北京市地方标准. 城市轨道交通工程设计规范:DB11/995—2013[S]. 北京:北京市规划委员会,北京市质量技术监督局,2013.

[8] 朱益军,谭权,裴悦刚,等.轨道交通大客流快速安检系统构建研究——以北京地铁安检工作实践为例[J].北京警察学院学报,2016(03):34-38.

[9] 曹守华.城市轨道交通乘客交通特性分析及建模[D].北京:北京交通大学,2009.

[10] Lam W. Pedestrian Speed/Flow Relationships for Walking Facilities in Hong Kong[J]. Journal of Transportation Engineering,2000,126(3):343-349.

[11] 陈然,董力耘.中国大都市行人交通特征的实测和初步分析[J].上海大学学报:自然科学版,2005,2:93-97.

[12] Henderson L F, Lyons D J. Sexual differences in human crowds motion [J]. Nature, 1972,240:353-355.

[13] Buckman L T, Leather J A. Modeling station congestion-the PEDROUTE way[J]. Traffic Engineering and Control,1994,35(6):373-377.

[14] Daly P N, McGrath F, Annesley T J. Pedestrian speed/flow relationships for undergroundstations[J]. Traffic Engineering and Control,1991,32(2),75-78.

[15] Transportation Research Board. Highway Capacity Manual 2000[M]. Washington, D. C: Transportation Research Board of the National Academies,2000.

[16] 黄小纯,杨耀.城市轨道交通车站行人冲突类型及致因分析[J].城市轨道交通研究,2014,17(3):88-90.

[17] Pead M. The Impact of Boarding and Alighting Passengers on the Dwell Time at Railway Stations [D]. Birmingham: Aston University,2007.

[18] Thoreau R, Holloway C, Bansal G, et al. Train design features affecting boarding and alighting of passengers[J]. Journal of Advanced Transportation,2017.

[19] Dell'Asin, Giulia, Hool, Johannes. Pedestrian Patterns at Railway Platforms during Boarding: Evidence from a Case Study in Switzerland [J]. Journal of Advanced Transportation,2018:1-11.

[20] Seriani S, Fujiyama T, Holloway C. Exploring the pedestrian level of interaction on platform conflict areas at metro stations by real - scale laboratory experiments[C]// 48th Annual UTSG Conference. Taylor & Francis Journals,2017.

[21] Helbing D, Farkas I, Vicsek T. Simulating dynamical features of escapepanic[J]. Nature, 2000,407(6803) :487-490.

[22] 王惠民.流体力学基础:第2版[M].北京:清华大学出版社,2011.

[23] 张朝峰.地铁换乘站行人流特性和疏散时间模型研究[D].北京:北京交通大学,2010.

[24] 任福田,刘小明,孙立山.交通工程学:第3版 [M].北京:人民交通出版社股份有限公司,2017.

[25] 李得伟,韩宝明.行人交通[M].北京:人民交通出版社,2011.

[26] Weidmann U. Transporttechnik der Fußgänger[R]. Zürich:Institut für Verkehrsplanung, Transporttechnik, Strassen – und Eisenbahnbau (IVT) ETH Zürich, 1993:68-73.

[27] 李玉臻,刘家豪,李海航,等. 大型体育馆消防性能化设计中安全疏散时间的分析和研究[J]. 火灾科学,2013,22(3):153-160.

[28] 王海蓉,陈清光,余愿,等. 高层建筑的火灾模拟与逃生行为研究[J]. 中山大学学报:自然科学版,2014,53(3):150-154.

[29] 孙婧,李黎丽. 高层建筑人员竖向疏散途径选择特性调查研究[J]. 火灾科学,2014,23(2):116-121.

[30] 日本火災学会. 火災と建築[M]. 东京:共立出版株式会社,2002.

第3章　地铁车站行人交通数据采集

行人交通数据是对车站内乘客交通活动进行观测、调查或统计而获取的数据，可用于量化行人交通参数，是行人交通行为理论建模、地铁车站设计与运营优化的基础。对行人交通数据的采集是一项基础性工作。行人交通数据根据粒度可分为宏观客流量数据、中观行人流数据和微观行人个体交通数据；根据数据应用场景可分为常态下行人交通数据和疏散状态下行人交通数据。不同数据的采集方式各不相同，分析方法也各有差异。本章介绍了行人交通数据采集目的和作用，讲述了行人交通数据采集对象和方法，详细阐述了行人交通数据采集的人工调查方法、半自动调查方法和自动化采集方法。

3.1　数据采集目的和意义

3.1.1　采集目的

车站行人交通仿真的研究和应用起始于乘客在车站内客观存在的交通出行活动。其流程为：通过对行人交通活动的观测和量化，获取行人交通活动量化数据，由此抽象构建行人活动规则、标定行人交通行为特征参数，并进一步形成交通行为规律和客流特征理论模型。在此基础上，发展行人微观仿真模型、形成行人交通仿真软件，最终用于仿真理论分析和工程应用。具体流程如图3-1-1所示。

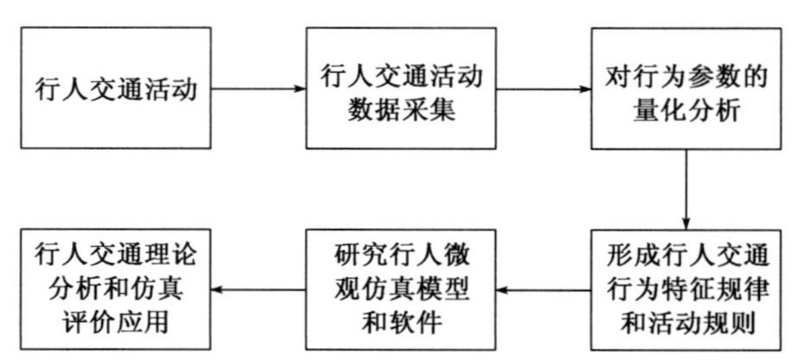

图3-1-1　行人交通仿真研究流程和步骤

由上述流程可知，行人交通数据采集的直接目的是获取行人交通活动参数值，例如行人步行速度、加减速度等。最终目的是掌握行人交通活动规律和行为特征，支持行人微观仿真理论分析和实际工程应用，具体包括：

(1)获取行人交通仿真分析输入数据；

(2)支持行人交通行为特征参数标定;

(3)用于行人交通活动规律和行为特征建模;

(4)支持行人交通仿真模型参数标定;

(5)用于地铁车站步行设施通过能力计算;

(6)可支持地铁车站设施能力设计和配置优化;

(7)可支持地铁车站内设施能力瓶颈识别;

(8)可支持车站客流运营组织优化和应急管理。

3.1.2 采集意义

行人交通数据的采集,对于掌握行人交通特征和行为规律,为地铁车站设计及运营管理优化提供定量支持具有重要意义。

1)支持行人交通理论定量化研究

行人交通活动是行人为实现交通出行而做出的交通行为,受行人个体属性、所处环境、心理特征等因素影响较大,具有多样性、多层次、随机性等复杂特点。受观测手段所限,行人交通数据采集较机动车交通数据采集更为困难,尤其是涉及行人心理决策的交通行为数据采集难度更大。为此,在以行人检测技术为代表的行人数据自动化采集方法成熟前,行人交通行为分析以定性分析为主,缺乏足够的定量数据支撑,相应的行人流理论研究以构建逻辑自洽的模型为主,缺少实证性研究。随着行人视频检测、行人移动定位及跟踪等技术的应用,行人个体运动过程及群体相互作用的表征数据获取越来越精确和便利,使得行人交通行为规律和行人交通流理论由定性分析转向定量研究和实证研究,行人交通行为参数的标定成为可能,行人流宏观特征规律也可以得到实测数据的验证和量化,包括行人宏观流体模型、微观仿真模型等大量理论模型得到发展、校验以及应用。

2)满足地铁车站设施科学设计需求

地铁车站设计科学合理的关键在于车站供需匹配,即地铁车站客流规模与车站设施通过能力、服务能力以及车站承载能力相匹配。以地铁网络客流量数据和车站客流量数据为基础,通过数据的定量分析和预测,可以科学合理地得到未来车站客流规模。而对车站设施实际通过能力和服务能力数据的观测,结合行人流解析模型和仿真模型的验算,可得到较地铁车站设计规范更为科学合理的设施通过能力值,合理评估设施之间的能力协调匹配度,量化评价车站承载能力,为科学合理设计并优化地铁车站方案提供有力支持。

3)助力地铁车站精细化运营管理

当前地铁车站的运营管理,特别是在客流流线组织、高峰期车站客流总量控制、大客流疏散组织、车站内导向标识组织等运营组织工作多以客流总量为依据,以经验和定性判断为主,缺乏精细化定量数据支撑。为加强地铁车站的运营管理,保障乘客交通安全,地铁运营部门需要全面掌握车站客流流线的全环节状态。而基于行人视频检测的客流实时监测数据,能够帮助管理者全面掌握车站客流拥挤状态,有助于实时预判动态客流风险、及时评估和调整客流运营组织方案和客流管控策略,实现车站客流精细化管理。

3.2 数据采集对象和方法

根据行人交通数据采集目的和所处环节,车站内行人交通活动是行人交通数据采集的本源,行人交通参数是行人交通数据采集的对象,行人交通行为规律分析和工程应用是行人交通数据采集的目的。在 2.2.1 小节分层梳理行人交通行为的基础上,本节介绍对应层次的行人交通数据采集对象和方法。

3.2.1 采集对象

如 2.2.1 小节所述,车站内行人交通活动类型繁多、过程复杂,可划分为微观、中观和宏观三个层次,不同层次的活动各有差异。为研究不同层面的行人交通活动所蕴含的行为规律,需要定义相应的参数和行为规则对其进行量化和刻画。而行人交通数据采集正是获取上述参数值和行为规则的过程,采集对象是行人交通参数在所观测交通活动中的量化数据。

行人交通活动可分为微观、中观和宏观三个层面。相应地,行人交通活动表现的规律和行为特征也可分为微观、中观和宏观三个层面。其中,微观层面主要是指个体进行交通活动时所表达出的不同行为特征,研究对象为行人个体,以及个体之间的作用影响;中观层面主要是指个体聚集在一起表现出的整体性行人流现象,是众多微观个体群集为整体的外部表征,研究对象为群体运动特征和规律;宏观层面主要是以地铁车站客流量为整体,研究地铁网络上不同车站间客流分布和流动规律。不同层面的客流规律和特征不一样,其对应的参数和数据采集对象也各不相同。

1)微观行人交通行为参数

微观行人交通行为参数可分为行人个体运动参数、行人空间特征参数、行人排队特征参数、行人移动特征参数、行人选择行为参数、行人心理感知参数等。

(1)行人个体运动参数:包括个体的步频和步幅、个体速度、加减速、个体运动轨迹等。

(2)行人空间特征参数:包括车站各场景内的个体静态空间、动态空间参数,例如在通道、楼扶梯、闸机、安检设施等场景中乘客静止排队或移动过程中的乘客与前后左右个体或墙壁的空间距离、移动轨迹之间的距离、路线横向偏移距离,以及结伴团体内个体相对距离参数等。

(3)行人排队特征参数:包括乘客通过安检设施、闸机处的服务时间,通过安检设施、闸机时的缓速行走空间范围,安检设施和闸机处乘客排队时间,站台上每个乘降区排队人数,乘降区乘客上下车时间等。

(4)行人移动特征参数:包括车站各场景内乘客跟随移动时的跟随间距、反应延迟时间;各场景内乘客同向、侧向和对象冲突过程中的绕行或避让间距、绕行或避让的相对速度,以及左右绕行或避让次数等。

(5)行人选择行为参数:包括乘客在楼扶梯、售票机、闸机、安检设施、站台车门等位置的选择概率等。

(6)行人心理感知参数:包括乘客对舒适度、拥挤阈值和服务水平的感知数据。

由于不同类型的乘客在不同场景中的微观行为特征参量不一样,因此,微观行为特征参数采集时,要对乘客按照年龄段、性别、是否负重等属性分类,对不同类别的乘客分别进行统计分析。

2)中观行人流特征参数

中观行人流特征参数可分为通道类设施行人流参数和服务类设施行人流参数。

(1)通道类设施行人流参数:包括行人流量、速度、密度以及行人空间占有率等。

(2)服务类设施行人流参数:包括安检设施、闸机的平均通过时间,售票机的平均服务时间,设施的平均排队长度、平均等候时间等。

3)宏观网络客流参数

宏观网络客流参数包括研究时段内车站各进出口的客流量、换乘客流量等。

4)疏散状态下行为特征数据采集

由于常态下行人交通行为和疏散状态下行人交通行为差异较大,研究侧重点各不相同,因此,疏散状态下行为特征参数和常态下行为特征参数也有不同,具体包括:

(1)疏散状态下个体行为参数:包括个体步频和步幅、个体速度、加减速、个体动态空间参数等。

(2)疏散状态下行人流参数:包括行人流速度、密度、流量等。

(3)疏散状态下心理特征统计参数:包括疏散反应时间、疏散从众概率、疏散诱导服从概率、路径选择概率、疏散互助概率等。

3.2.2　采集特点

根据对行人交通行为数据对象特性的分析,同时比较交通调查中常见的机动车交通调查技术[1],行人交通仿真理论建模与分析需要采集的数据具有以下特点:

(1)采集数据的多样性。机动车交通调查主要采集机动车速度、流量、排队长度等参数。而行人交通调查中,根据分析目的,需要采集研究场景内个体和群体在不同区域的速度、密度、流量、疏散人数、行为参量、心理特征参量等,调查数据对象更多样。

(2)采集对象的不确定性。行人流不同于机动车流有一定的移动规则,行人的移动更具有随机性和灵活性，这导致行人交通数据的采集难度大为增加，同时也需要借助更多的技术手段提高数据采集质量。

(3)采集要求的差异性。行人交通数据一方面用于行人交通特征的研究，为相关研究提供精确数据，另一方面可用于车站密集区域的客流监控。用于行人交通特征研究的数据对精度要求较高，对实时性要求较低；而用于监控的数据对实时性要求则相对较高，且容许存在少许误差。

3.2.3 采集方法

按照数据采集的自动化程度分类，行人交通数据采集方法可分为人工调查方法、半自动调查方法和自动设备调查方法等。

1)人工调查方法

人工调查方法是指完全借助人力进行观测和数据收集的调查方法。它是一种最基础的调查方法，具有技术门槛低、易于掌握、使用灵活等优点，被广泛应用于行人交通调查中。人工调查方法可细分为资料收集法、人工观测法、问卷调查法等。

(1)资料收集法

资料收集法指通过查阅现有文献、工程可行性研究报告等资料，有针对性地收集整理所需的客流数据。目前地铁车站设计阶段的行人交通仿真数据多通过查阅初步设计报告的预测数据获取。

优缺点：资料收集法的优缺点如表3-2-1所示。

资料收集法优缺点 表3-2-1

优缺点		详细阐述
优点	数据采集成本低	采集成本主要为查阅资料文献的人工成本，数据收集成本较低
	采集方法技术门槛低	查阅资料并收集数据简单易行，容易掌握
缺点	应用范围较窄	应用范围多集中于客流预测数据的收集
	非第一手数据	由于从其他文献资料中收集数据，非第一手采集的实际数据，数据的真实性和正确性有待验证
	时效性较差	从文献资料中收集的数据并非当下数据，在时效性方面较差

适用范围：主要用于地铁车站设计阶段的中长期预测客流数据收集，以便评估车站设计方案是否满足规划年客流规模的需求。

(2)人工观测法

人工观测法是指组织调查人员在指定地点按调查工作计划采用人工观测并记录相应数据的调查方法。

优缺点：人工观测法的优缺点如表3-2-2所示。

人工观测法优缺点 表 3-2-2

优缺点		详细阐述
优点	技术门槛低	人工观测方法的重点在于设计合理调查方案和培训调查人员,较易实施和组织
	采集成本相对较低	采集成本主要为行人交通调查所需的人工成本,以及人工调查记录设备等,成本较低
	适用范围大	人工观测方法由于组织灵活、便于实施,加上人工观测的自主性和智能辨识效果,可用于几乎所有微观行人交通参数的采集,可记录自动调查方法无法记录的乘客个体外在属性数据
缺点	不适合长期观测采集	受限于调查人员的体力、精力和时间成本限制,人工观测法无法满足长时间连续数据采集需求
	准确率不稳定	人工观测数据的质量受调查人员的调查能力影响较大,但由于无法保证每个调查人员都能够准确无误地完成数据采集工作,因此该方法所得数据准确率不稳定
	后期处理工作量较大	人工观测法获取的数据需要通过电子化整理和数据清洗,才能够用于行人交通参数计算和分析。其中,数据整理和清洗过程工作量较大

适用范围:主要适合实际场景和人工可控实验场景中的短时间、低交通量调查,采集数据包括个体外在属性调查、微观行人排队特征参数、行人移动特征参数、行人选择行为参数,中观行人流特征参数中的通道类设施行人流量,以及服务类设施行人通过时间、服务时间、排队长度等。

(3)问卷调查法

问卷调查法是指借助合理的问卷设计方案,通过人工问卷形式进行调查的方法。

优缺点:问卷调查法的优缺点如表 3-2-3 所示。

问卷调查法优缺点 表 3-2-3

优缺点		详细阐述
优点	适用范围针对性强	问卷调查法借助问卷直接和受访对象交流,可用于采集难以进行人工观测和识别的属性、感知等数据,例如乘客收入、出行舒适度等,调查适用范围具有很强的针对性
	调查成本低	采集成本主要为问卷调查的人工成本,成本较低
缺点	技术门槛较高	问卷调查的重点在于设计合理问卷内容。而问卷内容的设置需要考虑合理性、一般性、逻辑性、明确性和相关性等原则,明确问卷度量标准,问卷设计难度较大,技术门槛较高
	调查结果不稳定	问卷调查数据资料受调查访问技巧和受访对象影响较大,调查资料波动较大,结果不稳定
	后期处理工作量大	问卷调查,特别是纸质问卷调查工作完成后,需要对问卷结果进行电子化整理,后期处理工作量较大

适用范围:适用于难以进行直观统计的数据采集,比如乘客收入、出行目的等隐形属性调查,行人选择行为特征调查,行人服务水平感知调查,行人心理行为特征调查等,以及

用于难以实施调查活动情形下的调查，例如疏散状态下行人疏散行为调查等。该方法一般作为人工调查法或自动调查法的补充调查方法，用于调查统计前述二者无法调查的特征数据。

2）半自动调查方法

半自动调查方法是指基于视频录像，借助特殊视频播放软件，通过人工点选、人工识别等方式实现对客流的分类统计和数据收集的调查方法。

优缺点：半自动调查法的优缺点如表3-2-4所示。

半自动调查法优缺点 表3-2-4

优　缺　点		详 细 阐 述
优点	适用范围针对性强	半自动调查方法可借助人工对乘客外在属性智能辨识的特点，能够实现客流属性分类统计、个体特征统计等功能，具有适用范围特殊的特点
	对车站运营干扰小	半自动调查方法几乎无需进行现场调查活动，仅需要拷贝现场监测视频并对其进行处理和整理即可，对车站运营干扰小
	较人工调查方法效率高	半自动调查方法可借助现场长时间监测的视频，通过室内作业获取交通数据，可克服人工调查方法只能现场短暂作业的缺陷，数据采集效率较高
缺点	数据误差较大	半自动调查数据的质量受人工统计人员影响较大，但由于无法保证统计人员都能够准确无误地完成数据采集工作，因此，该方法所得数据误差较大，准确率不稳定
	应用具有局限性	由于数据误差较大，主要用于需要记录乘客属性数据的调查统计

适用范围：适用于车站内特定服务区域的分类客流统计，以及需要记录乘客性别、负重、年龄段等数据的调查需求。半自动调查方法克服了人工采集技术需要现场调查较长时间的缺点，但由于数据误差较大，一般作为人工调查方法过渡到自动采集技术的技术手段。

3）自动调查方法

自动调查方法是指基于AFC系统、视频、红外传感器、激光传感器、压力传感器、射频技术、移动定位设备等手段，通过票卡数据、图像及视频的处理，行人识别与跟踪等技术，实现对行人运动过程的自动记录、流量自动统计的调查方法。目前针对地铁行人调查技术成熟、应用广泛的自动数据采集方法包括基于AFC系统的客流统计方法、基于视频图像分析的行人流数据采集方法和基于室内定位技术的行人数据采集方法等。

（1）基于AFC系统的客流统计方法

AFC系统记录的是乘客进出站刷卡数据，包括乘客票卡编号、刷卡时间、费用、乘车区间等关键信息。根据上述信息，可以统计一定时段内地铁网络中各车站的进出站客流量，以及每个乘客的起点车站和终点车站，进而得到全网客流量OD分布矩阵，用于相关分析和理论研究。目前地铁客流统计和分析主要基于此类方法得到。

优缺点：基于AFC系统的客流统计方法优缺点如表3-2-5所示。

基于 AFC 系统的客流统计方法优缺点 表 3-2-5

优 缺 点		详 细 阐 述
优点	技术门槛低	借助简单易行的数据库操作技术,对 AFC 数据进行清洗处理后即可获取客流数据,技术门槛较其他自动调查方法门槛低
	数据采集成本低	AFC 数据是已经存储在数据库中的规则结构化数据,通过数据库操作技术可自动完成读取、分析、清洗和计算工作,节省大量人力物力,数据采集成本低
	数据采集准确	由于 AFC 数据为结构化数据,每一条数据明确对应一个进出站记录,清洗后的数据结果较为准确
缺点	数据采集实时性较差	AFC 数据一般需要在当日运营结束后,通过客流清分系统计算后获取区间客流量,存在时间滞后性,实时性相对较差
	应用具有局限性	该方法主要收集宏观网络层面客流数据,应用有一定局限性

适用范围:适用于车站各出入口客流量统计、总进出站客流量统计、网络客流成长规律分析、客流时空特征规律分析、网络客流分布预测、地铁网络客流 OD 分布矩阵计算,并可间接推算列车满载率、网络出行路径等数据。

(2)基于视频图像分析的行人流数据采集方法

基于视频图像分析的行人检测及数据采集方法利用计算机视频图像处理技术,在无需人工辅助的情况下,通过对视频图像序列进行自动分析,实现对动态场景中行人的定位、识别与跟踪,并在此基础上自动统计和计算相关交通行为参数的方法。

优缺点:基于视频图像分析的数据采集方法优缺点如表 3-2-6 所示。

基于视频图像分析的数据采集方法优缺点 表 3-2-6

优 缺 点		详 细 阐 述
优点	数据采集面广	可同时采集到监测区域内行人的速度、个体占有空间、跟随距离、行人结伴距离等多个微观特征参数
	数据分析处理快,实时性较好	能够根据需要同时采集多种数据并进行自动化分析,例如基于视频监测与统计分析,可快速获取行人交通参数数据,实时性好
	适合长期数据采集	数据采集、分析和存储过程可完全自动化实现,无需人工辅助,适合长时间调查和数据采集
缺点	技术门槛较高	该调查方法基于视频图像行人检测技术,技术难度较大
	应用具有局限性	该调查方法精度取决于视频图像质量,对视频图像拍摄高度和角度要求较高,否则视频图像质量较差或遮挡较严重时,数据采集精度较差

适用范围:适用于地铁车站内通道、楼扶梯、闸机、安检设施等处行人流的速度、密度、流量等参数采集,以及个体移动轨迹的小范围采集。

(3)基于室内定位技术的行人数据采集方法

基于室内定位技术的行人数据采集方法利用 GPS、WiFi、蓝牙等能够实时记录行人位置信息的传感器,采集行人运动过程中的实时位置和对应时间,得到行人运动的时空轨迹,由此推算个体速度、停顿次数以及行人运动行为特征,例如跟随、超越等。

优缺点：基于室内定位技术的行人数据采集方法优缺点如表 3-2-7 所示。

基于室内定位技术的行人数据采集方法优缺点 表 3-2-7

优缺点		详细阐述
优点	能够采集连续轨迹数据	该方法可采集到大范围内行人连续时空轨迹数据，这是其他采集手段难以实现的
	适用于特殊参数的计算	借助行人轨迹数据能够计算大范围内行人个体和群体行为参数，能直接得到车厢满载率
	适合长期数据采集	数据采集、分析和存储过程可完全自动化实现，无需人工辅助，适合长时间调查和数据采集
缺点	技术门槛较高	该调查方法需要合理设计 WiFi、移动基站等的安装位置，且数据采集和提取、分析难度较大，技术门槛较高
	应用具有局限性	采集的数据样本量受行人手持移动终端设置限制。例如，如个人手机不主动连接 WiFi 信号或蓝牙信号，虽然可以检测该行人的移动轨迹数据，但无法进行准确辨识具体个体信息。同样基于该原因，无法采集检测范围内行人全样本数据，只能采集部分行人样本数据

适用范围：适用于行人轨迹的大范围采集，以及根据轨迹推算行人跟随行为、超越行为、避障行为、绕行行为等行为特征的调查活动。

3.3 人工调查方法

由前文可知，人工调查方法可分为资料收集法、人工观测法和问卷调查法等，本节主要讲述人工观测方法和问卷调查法。

3.3.1 人工观测方法

人工观测方法是目前在客流调查中应用最为广泛的方法。需要采用的调查工具十分简单，一般只需要调查表、秒表、计数器、摄像机、皮尺、笔、纸等就可以开展调查工作。根据调查工具和是否现场记录数据，可分为人工记录调查和人工摄像调查两种。人工记录调查主要借助调查表格、计数器、秒表、皮尺等记录调查区域参数和客流参数。人工摄像调查主要借助摄像机记录一段时间内调查区域内现场客流状况，并事后对视频进行人工辨识，记录相应参数数据。

人工观测法具有灵活性高、易于掌握、对调查配套工具设施要求低等优点。但是，若需要进行长期、连续的客流调查，则需要投入大量的人力资源，使得调查成本高。因此，人工观测法主要适用于短期的小样本需求的客流调查。如记录断面客流量，行人的性别、年龄段，携带行李大小；用皮尺测量通道距离、楼梯宽度；用秒表记录行人的走行时间等基本参数。

3.3.1.1 人工观测法调查内容

采用人工观测法对地铁车站进行客流调查时，调查范围主要为车站建筑设施内部（含设施出入口）和运营管理区域。根据客流调查分析和仿真建模目的，车站客流调查重点集中在容易产生拥堵的瓶颈区域。

车站内客流产生拥堵的主要区域为步行设施尺寸或类型发生突变的位置，包括安检设施、进出站闸机、楼梯与扶梯入口，以及客流交织冲突区域等。依据调查研究目的，车站客流调查内容包括：

①车站的设施布局及尺寸：调查设施设备尺寸和布局方案；

②车站客流组织方案：调查不同时段车站各向客流组织方案，以及面向突发事件的客流组织方案和应急预案；

③服务设施位置的行人流量、密度与等待人数；

④步行设施的行人流量、密度、速度、拥挤程度；

⑤站台区域的上下车乘客人数、等待乘客人数；

⑥设施类型及尺寸变化处的乘客排队人数与密度。

调查具体内容包括以下部分：

（1）地铁车站步行设施布局调查

针对既有车站，以车站设计平面图为基础，对比现有步行设施位置的变化，对原平面设计图纸进行修正，标注新增或修改设施的几何尺寸、位置。同时进行现场踏勘，采用皮尺、测距仪等设备对通道及楼梯和扶梯进行长宽高测量。为确保测量准确，应多次测量求均值。

针对设计的车站，应收集车站施工设计图纸，并对设计图纸进行清理，保留车站墙壁、支撑柱、付费区和非付费区隔离栏、安检设施、闸机、售票机、楼扶梯等主要设施，确保车站可走行空间和步行设施完整、容易识别。

（2）车站内部客流组织流线以及各流线的客流量调查

针对既有车站，根据平面图判断出车站内部的客流组织流线，同时通过实地踏勘核实并绘制客流流线图，确定客流交织点、汇合点及分散点。在每条流线的多个关键断面处（通道、楼扶梯等）安排多名调查人员进行现场记录流量；在调查时段，对每条流线安排多名调查人员进行全流线正常走行时间记录调查。在客流交织点进行俯视角客流视频拍摄和数据采集分析。收集面向突发事件的客流组织方案和应急预案数据信息。

针对设计车站，应根据车站施工设计图纸和楼梯、扶梯的设计运行方向，规划进出站客流流线和换乘客流流线。

（3）通道、楼梯等关键点乘客的流量、速度、密度参数调查

针对既有车站，换乘通道等关键点换乘特性调查是车站仿真建模的核心工作，各参数调查方法如下：

①流量：乘客流量数据可在流线流量调查时获得。

②速度:选取通道、楼梯等一段路程,安排调查人员跟随乘客同步移动,并手持秒表记录路段起点和终点时刻,记录走过该路程的时长,用于换算客流速度。通常可选取5~10min的路程进行调查。

③密度:可以通过记录调查区域内客流总量推算得出,也可以借助现场拍摄录像,分析特定区域行人密度变化情况。

(4)站台客流量调查

针对既有车站的站台客流调查,包括上下车人数、站台等待人数、站台剩余人数等。其中,上下车人数可安排调查人员在车门处记录一个开关门时间段内上车和下车人数;站台等待人数调查列车开门时等待的人数;站台剩余人数调查列车关门时站台上仍等待的人数。

(5)车站乘客选择行为特征调查

车站内乘客交通在楼扶梯、服务设施、站台车厢候车位置等方面存在选择行为,对其特性调查研究有助于提升车站的精细化、人性化设计水平。具体调查内容包括:

①上下楼扶梯处的选择特征调查:通过人工计数结合问卷调查方式,调研不同属性人群上下行方向的楼梯和扶梯选择行为特征。

②服务台选择特征调查:通过人工计数或视频记录方式,调查乘客对自动售票机、人工售票窗口、闸机、安检设施等服务设施的选择行为特征。

③站台车门处上车候乘位置选择分布特征调查:通过人工计数调查或视频记录方式,调研在不同客流密度下乘客对站台候乘位置的选择行为特征。

(6)车站设施设备服务能力调查

车站的服务和通过设施设备能力是车站设计的最主要参数。通过人工计数调查方式,对安检设施、闸机、楼扶梯、通道等处的乘客通过时间和通过能力进行调查,以及对自动售票机、人工售票窗口的服务时间进行调查。

3.3.1.2 人工记录调查方法

1)人工记录调查实施方法

人工记录调查方法根据调查方式的不同,可分为固定点调查和移动跟随调查。

固定点调查指调查人员在固定位置记录某一区域或断面处的行人交通数据,可记录行人步频步幅、瓶颈区域断面客流量、设施服务时间、通过时间以及通过能力、站台上下车人数、楼扶梯选择结果等数据。固定点人工记录调查时,一般每个位置安排两个调查人员,根据调查需要配置计时用电子秒表一块,计数器一只,以及其他如皮尺、记录表等用具。其中一人观测,同时负责计时,另一人负责填写调查表格。当需要分多个方向记录时,可视情况安排多人负责观测不同方向行人流量,同时安排专人负责报时和记录。

移动跟随调查指调查人员跟随行人行走,记录行人通过观测区域的时间和步数、行人的速度、走行特征等数据,观测区域一般选择一段通道或楼梯。移动跟随调查由一个调查员单独进行,调查过程中调查员跟随某一行人行走,根据调查要求记录行人通过观测区域的时间、步数、变向次数、超越次数以及其他需要记录的数据，并填写至相应表格中。

开展人工调查时，首先需要确定调查时段和调查时长，一般选择早高峰调查时段，根据研究需求确定调查时长。每条数据记录的时间间隔可由调查目的确定，一般建议取值如下：当专门调查行人流率时，通常设定为1min记录1次，由此换算单位走行宽度的行人流率；当调查行人流量时，时段通常可分划可小至5min记录一次流量，并以15min为单位来表征；当调查设施通过时间时，每条记录对应一个行人通过设施的时间。

在明确时段、时长后，一般还需将行人按调查目的预先分类，并给出各分类的统一定义。可根据性别和年龄段将行人分类，例如男性中、青年，男性老年，女性中、青年，女性老年，儿童等；或者根据行人是否负重分类，例如无行李、挎包、小件行李、大件行李等。

2）调查表格设计

人工记录调查方法的重点在于调查表格的设计，表3-3-1～表3-3-5列举了人工采集数据时常用的调查表格，包括瓶颈区域流量调查、行人密度调查、通道/楼梯/扶梯等区段个体速度调查、安检设施/闸机/售票机等处的个体服务时间调查等。

地铁车站关键区域客流量调查表（示例）　　表3-3-1

调查车站：		调查位置：		调查时段：	
调查人员：		观测区域尺寸（m×m）：			
序号	设备编号	设备类型	统计时刻	进站量（人次）	出站量（人次）
1	1	出入口	7:30:00		
2	1	出入口	7:31:00		

地铁车站关键区域客流密度调查表（示例）　　表3-3-2

调查车站：		调查位置：		调查时段：
调查人员：		观测区域尺寸（m×m）：		
序号	设备编号	设备类型	统计时刻	密度（人/m^2）
1	1	出入口	7:30:00	
2	1	出入口	7:31:00	

地铁车站通道区段个体速度调查表（示例）　　表3-3-3

调查位置：		调查时间：		
编号	乘客分类	时间（s）	平均速度（m/s）	携带行李
1	男中年	24.8	1.21	小件行李
2	儿童	36.2	0.83	无

地铁车站安检设施个体服务调查表（示例）　　表3-3-4

调查位置：		调查时间：	
编号	乘客分类	服务时间（s）	携带行李
1	女	15	挎包
2	男	8	无

地铁车站楼梯通过能力调查表(示例)　　表 3-3-5

抽样统计:双向楼梯	调查时间:	调查地点:
统计时段	上楼梯方向流量(人)	下楼梯方向流量(人)
7:30:00	20	13
7:30:30	16	10

3.3.1.3　人工摄像调查方法

人工摄像调查法一般采用手持便携式摄像机,选择固定位置对调查区域进行拍摄,并对拍摄的视频进行人工识别,统计相应参数数据。该方法主要用于通道、楼梯、扶梯处的客流量、客流密度调查,以及闸机、安检设施、售票机等的服务时间调查。

人工摄像调查实施过程中,首先要对车站进行实地踏勘,选取摄像机的架设位置,选定摄像机拍摄区域,并测量好拍摄区域的物理尺寸信息(拍摄区域长度和宽度),以便统计微观特征参数;再按照确定的位置架设摄像机进行视频采集。

根据观察,车站客流密集区域主要集中在安检设施、楼梯、换乘通道入口、站台等处。因此,人工摄像调查的关键点可选取站内的出入口、换乘通道、站台等关键区域的重点位置进行现场录像,提取拍摄区域流量、密度、速度开展分析,同时可以验证仿真模拟的真实性。下面针对通道、站台、闸机、楼扶梯给出拍摄建议。

1)通道

选取通道内的一段作为拍摄目标区域时,应选择高位俯拍视角,测量拍摄区域长度和宽度,并计算出测量区域的面积,以便计算拍摄区域内的乘客密度。为便于在提取视频数据时准确判断乘客是否已经进入测量区域,尽可能选取以地板砖为标志的区域或在测量区域周边标上黄线。如图 3-3-1 为通道处视频拍摄示意图。

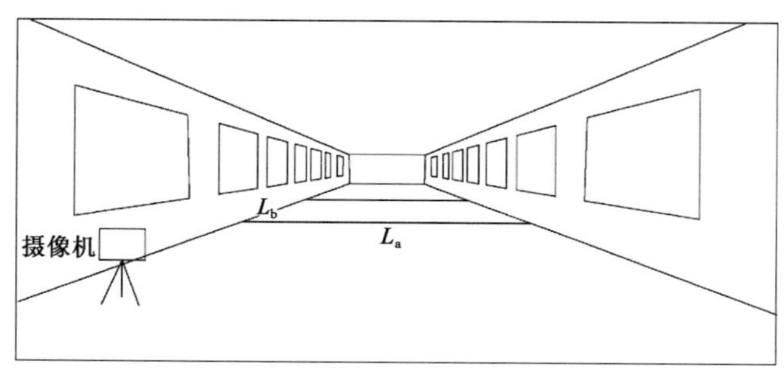

a) 通道处拍摄示意

b) 实际拍摄效果

图 3-3-1　通道处视频拍摄示意图

2)楼梯

选取调查车站的楼梯的 N 阶台阶作为拍摄目标区域,拍摄前需要测量楼梯的梯级高度L_h以及梯级深度L_d，如图3-3-2所示。根据拍摄视频，记录乘客通过该区域的时间，计算乘客在沿楼梯斜面的位移$L_n = N \times (L_h + L_d)^{\frac{1}{2}}$，由此得到乘客通过该楼梯的速度。乘客密度和流量等参数也可通过视频统计得出。

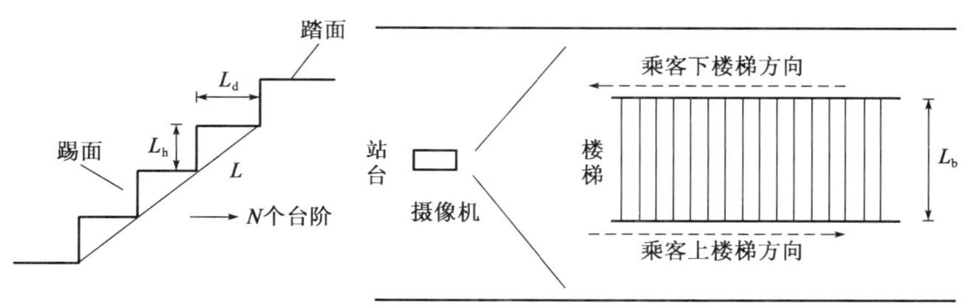

图3-3-2　楼梯处视频拍摄示意图

3）扶梯

扶梯拍摄方式和楼梯类似，也是选取扶梯的若干台阶作为拍摄目标区域，如图3-3-3所示。拍摄前需要测量扶梯运行速度v_e、梯级高度和梯级深度。v_e可通过单位时间内扶梯上/下端水平梯级的传递个数计算得到。扶梯处乘客密度和流量可通过视频统计得出。乘客速度则需要视乘客是否走动而定：对于站立的乘客，其速度等于扶梯运行速度v_e；对于走行的乘客，其速度则在乘客步行速度v_w基础上加上v_e，v_w计算方法与楼梯上乘客步行速度计算类似，这里不再赘述。

4）闸机

选择闸机通过处作为拍摄目标区域，并测量闸机起点到闸机终点的长度L_a和宽度L_b，统计通过闸机的乘客数，以及每个乘客通过闸机的时间。为便于准确判断视频中的乘客是否已经进入测量区域，应尽可能选取闸机设备两个端点为拍摄区域边界。如图3-3-4所示为闸机拍摄示意图。

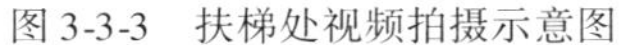

图3-3-3　扶梯处视频拍摄示意图

图3-3-4　闸机拍摄示意图

5）站台

站台处主要统计上下车客流量，可选取站台门前的乘降区进行俯拍，如图3-3-5所

图 3-3-5　站台的乘降区视频拍摄示意图

示。统计数据时，需要根据上下车所需时间确定统计周期。通常以 1min 为周期统计上车人数和下车人数，并计算客流总量。

3.3.2　问卷调查方法

问卷调查法指调查者运用统一设计的问卷向被调查对象了解情况或征询意见的调查方法。该调查一般是定量抽样调查，即被调查者是通过抽样方法选取的，再通过样本统计量推断总体特征。问卷调查一般作为人工调查法或自动调查法的补充调查方法，用于调查统计前述二者无法调查的特征数据，包括行人服务水平感知调查、行人心理行为特征调查、疏散状态下行人疏散行为调查等。

3.3.2.1　问卷设计步骤

问卷调查法的实施效果关键取决于问卷设计。一份好的问卷可以保证应答率，提高问卷答案质量，便于调查数据的关联统计分析。为提高问卷设计质量，在问卷设计中宜遵循以下几个步骤：

(1)明确调查的目的和内容。问卷设计的第一步就是要把握调查的目的和内容，明确问卷所需要的各种信息。为此，要掌握调研的目的、主题和理论假设，将调研的问题进行具体化分析，使问题条理明晰。

(2)收集相关资料。在收集资料过程中，可以对调查问题和对象进行简单分析和试调查，初步掌握问题的深度和边界，做到有的放矢。

(3)确定调查方法。调查问卷的设计受调查方法影响，不同类型的调查方法所设计的问卷内容、形式和体量各有差异，例如面访调查、入户调查、信函调查和网络调查等的设计体量各不相同。

(4)确定每个问题内容和形式。在调查方法决定后，需要明确问卷问题，要求做到能全面反映调查需求，问题表达合理，前后统一，确保每一项问题都有必要。

(5)拟定问卷并进行预调查。根据预调查效果完善问卷，并制成正式问卷。

以下就地铁车站内行人服务水平感知问卷调查和行人疏散行为问卷调查的问卷设计展开介绍。其中，行人服务水平感知调查主要调查乘客对服务水平的感知程度，调查目的较为明确，问卷设计内容简单明确。问卷设计的关键在于如何提高问卷调查数据质量，能够准确掌握乘客对服务水平的感知程度。行人疏散行为问卷调查主要调查乘客在疏散过程中的一系列行为特征，调查内容较为丰富，问卷设计较为复杂，需要针对研究问题确定问卷的组成部分和每个问题，确保有的放矢，便于后续研究分析。

3.3.2.2 基于 SP 的车站服务水平问卷调查

对比已有的国内外交通设施服务水平标准可以发现,不同国家所制定的行人流服务水平划分标准与阈值不尽相同,即使美国、日本、德国等经济发达的国家之间和它们各自在不同时期制定的服务水平标准也有很大的差别。如美国 A 级标准的行人空间占用面积同日本的同级别标准相差达 3.7 倍之多,美国 1971 年同 1985 年制定的标准也相差很大[2-3]。

为掌握我国地铁车站乘客对不同服务水平的感知体验,可以基于 SP(Stated Preference)"表明偏好"调查的理念,设计一套考察乘客对地铁车站交通设施服务水平感知(偏好)的问卷调查,通过对调查结果的统计分析,建立地铁车站通道、楼梯和站台等设施处的服务水平等级划分方法。

SP 调查方法[4]是为获得人对假定条件下的多个选择方案所表现出来的主观偏好而进行的意愿性调查。由于是在"假定条件下",SP 调查可以虚拟更加广泛的选择方案供被调查者选择,从而弥补传统的 RP(Revealed Preference)调查方法的诸多缺陷,包括调查变量选择范围有限、选择行为现实不一定存在等。实践证明,SP 调查方法已越来越成为交通行为研究的一种重要工具。

下面以车站通道内服务水平的 SP 调查为例,设计基于 SP 的通道服务水平问卷。借鉴 Fruin 对人行道服务水平的研究方法[2],为掌握乘客对不同服务水平的感知体验,在设计通道服务水平问卷之前,首先需要确定通道服务水平评价指标。这里采用乘客空间需求作为服务水平体验指标。

为开展调查,首先在被调查的通道处拍摄不同拥挤程度下的照片。根据服务水平等级的划分方式,将照片分成了 A、B、C、D 和 E 共计 5 组,每组各有 6 张照片,5 组合计 30 张,图 3-3-6 和表 3-3-6 列出了每张照片中的乘客数量和对应的乘客空间需求。对每张照片标注编号,例如 A-1 表示 A 组第一张照片。为了确定每级服务水平间的上界和下界值,要求受调查者从每组 6 张照片中挑选出一张认为符合表 3-3-7 中对相应服务水平描述的照片。该表中对各服务水平等级的描述参考了 Fruin 对人行道服务水平的描述法。被调查者为每级服务水平选择的相对应照片将用于确定每项服务水平的下界,其上界可以用高一级服务水平的下界确定。

第 i 个服务水平的乘客空间需求下界由下列公式确定:

$$D_i = \frac{\sum_{j=1}^{6} D_{ij} \times f_{ij}}{\sum_{j=1}^{6} f_{ij}} \tag{3-3-1}$$

式中:D_{ij}——第 i 个服务水平的第 j 张照片所对应的乘客空间需求;

f_{ij}——第 i 个服务水平的第 j 张照片被选中的频率;

$\sum_{j=1}^{6} f_{ij}$——被调查乘客的总数。

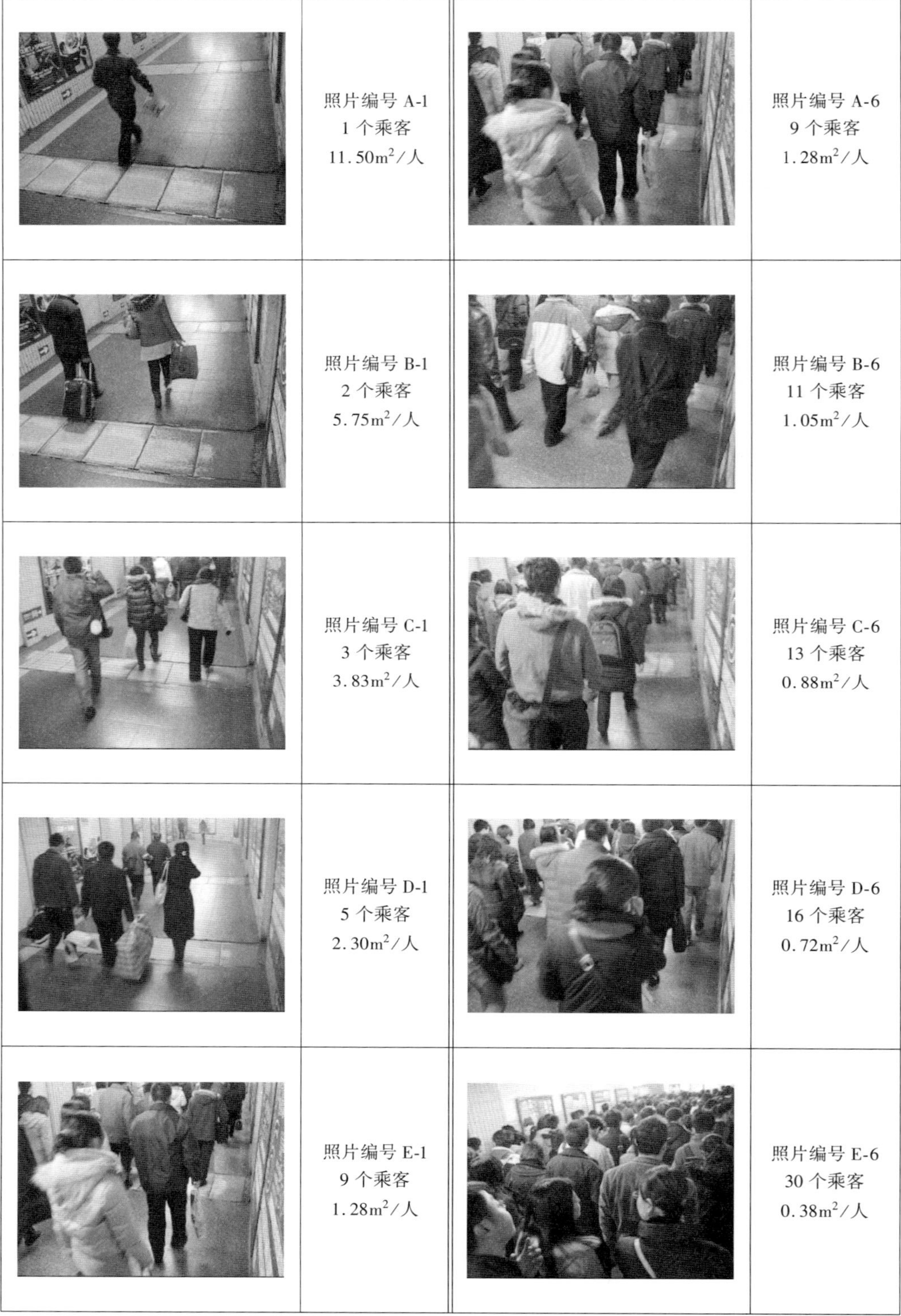

图 3-3-6　通道内服务水平照片

通道内各服务水平等级照片的乘客空间需求　　表 3-3-6

服务水平等级		照片编号					
		1	2	3	4	5	6
A	n_A	1	2	3	5	7	9
	f_A	11.50	5.75	3.83	2.30	1.64	1.28
B	n_B	2	3	5	7	9	11
	f_B	5.75	3.83	2.30	1.64	1.28	1.05
C	n_C	3	5	7	9	11	13
	f_C	3.83	2.30	1.64	1.28	1.05	0.88
D	n_D	5	7	9	11	13	16
	f_D	2.30	1.64	1.28	1.05	0.88	0.72
E	n_E	9	12	15	19	25	30
	f_E	1.28	0.96	0.77	0.61	0.46	0.38

注：n_A、n_B、n_C、n_D、n_E 表示照片中的乘客个数；f_A、f_B、f_C、f_D、f_E 表示照片中的乘客空间需求。

通道各等级服务水平的问卷描述　　表 3-3-7

服务水平等级	问卷描述
A	请从以下照片中选出一张照片，您认为可以在照片中的环境内自由地选择步行速度，自由地超越其他行走较慢的乘客
B	请从以下照片中选出一张照片，您认为可以在照片中的环境内自由地选择步行速度，但无法轻易地超越其他行走较慢的乘客
C	请从以下照片中选出一张照片，您认为在照片中的环境内您的步行速度受到明显的限制，无法超越其他行走较慢的乘客
D	请从以下照片中选出一张照片，您认为可以在照片中的环境内您的步行速度主要受到周围乘客的限制，走行空间非常有限，无法超越其他行走较慢的乘客
E	请从以下照片中选出一张照片，您认为在照片中的环境内您的正常步行速度被降低，走行空间达到最小，无法超越其他乘客，有可能会停滞不前

根据图 3-3-6、表 3-3-6 和表 3-3-7，再补充乘客年龄、性别、是否携带行李等问题，即可开展基于 SP 的通道服务水平问卷调查工作。

3.3.2.3　行为问卷调查

疏散状态下的行人交通行为，是人在突发情况下的表现行为，与人员自身的心理因素较为密切。疏散行为的主观性较强，采用人工调查或视频检测方式难以提取相关参量。因此，目前疏散行为特征参数值主要采用问卷调查方式获取。

依据 2.5 节对行人疏散为特征的分析，以研究地铁车站内乘客疏散选择行为为目标，设计乘客疏散行为调查问卷。问卷设计思路如图 3-3-7 所示，包括乘客的体能经验（年龄、性别、身份、职业等），乘客对车站环境空间感知能力（出行频率、对场景的熟悉程度），乘客的疏散态度（采取疏散的条件、疏散行动开始时间等），疏散信息获取（对疏散指引信息的认可等)以及疏散决策(是否疏散、是否跟随等)。同时,问卷中设计的问题也会考察乘客因体力限制而选择最短路径,以及乘客的熟悉程度而倾向熟悉路径等偏好行为。

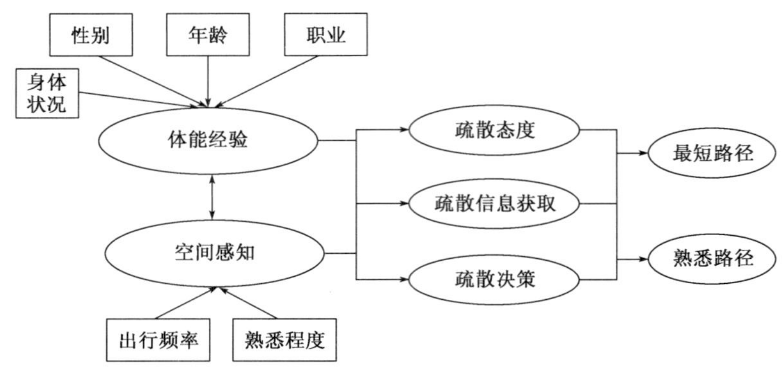

图 3-3-7 调查问卷设计思路图

根据问卷调查的研究内容和设计思路,可将问卷分成两部分,第一部分为受访者的背景资料,第二部分为受访者的疏散行为,各个部分问题选项配置如表 3-3-8 所示。

调查问卷问题选项配置表 表 3-3-8

问题选项分配	选 项 内 容
第一部分: 背景资料调查	第 1 题 ~ 第 6 题:基本资料调查(如:性别、年龄、学历、职业、身体状况、有无疏散经验等); 第 6 题 ~ 第 10 题:受访者与车站关系调查(如:出行频率、对车站出入口是否了解等)
第二部分: 疏散行为调查	第 1 题 ~ 第 3 题:受访者疏散反应调查(如:采取疏散的条件、疏散行动开始时间等); 第 4 题 ~ 第 6 题:受访者疏散路径的选择(如:是否跟随人群、是否遵循现场疏导者指引、是否选择最短路等); 第 7 题 ~ 第 10 题:受访者对疏散速度的态度(如:在拥挤出口的行为、同伴走丢后的行为、主观认为影响疏散速度最大危害等)

表 3-3-9 为某地铁车站针对上述研究需求设计的问卷调查表。

某地铁车站火灾疏散安全调查问卷(示例) 表 3-3-9

第一部分:背景资料调查 (填写说明:根据您实际情况,选择最符合您的选项□内打“√”,谢谢。)			
问题	选项		
1. 请问您的性别:	□男	□女	
2. 请问您的年龄:	□ <18 岁 □46 ~ 60 岁	□18 ~ 30 岁 □ >60 岁	□31 ~ 45 岁
3. 请问您的最高学历:	□高中及以下	□大学(本科及专科)	□研究生及以上
4. 请问您的职业:	□公务员 □学生 □军人	□企事业单位人员 □服务人员 □个体自由职业者	□工程技术人员 □退休人员

续上表

第一部分:背景资料调查 (填写说明:根据您实际情况,选择最符合您的选项□内打“√”,谢谢。)		
问题	选项	
5. 请问您的身体状况:	□正常　□孕妇　□行动不便	
6. 请问您是否有火灾、地震等疏散经验,或者参加过疏散演习实验:	□有　□无	
7. 请问您去车站乘车的频率:	□每天　□每周 2~3 次 □每月 3~4 次　□每年 5~6 次	
8. 请问您的同行人数:	□1 人　□2 人 □3 人　□4 人及以上	
9. 请问您对本车站所有出入口的熟悉程度:	□非常熟悉　□较为熟悉 □一般熟悉　□不熟悉	
10. 请问您对本车站内部情况熟悉程度:	□非常熟悉　□较为熟悉 □一般熟悉　□不熟悉	
第二部分:疏散行为调查 (填写说明:本部分想了解您在火灾等突发事件发生时的疏散行为,请根据您的个人想法,在最合适的选项□内打“√”,谢谢。)		
问题	选项	
1. 在以下哪种条件下,您会选择疏散?(可多选)	□有人大声尖叫,惊慌逃离 □有烟雾等不正常情况	□火警拉响 □很多人慌乱跑向出口
2. 当听到火警警铃拉响时,请问您第一反应是什么?	□真的有火灾吗? □火灾大不大?	□哪处发生火灾? □如何疏散或救火?
3. 当听到火警警铃拉响后,您会在多长时间内选择疏散?	□5 秒以内 □3 分钟以内 □超过 5 分钟	□1 分钟以内 □5 分钟以内
4. 当火灾发生时,请问您会怎么做?	□跟随人群一起疏散 □遵循现场疏导者指引	□自行选择疏散路径
5. 当无疏散指引需自行选择疏散路径时,请问您会怎么选择?	□往最近出口疏散 □有明确照明灯指引的路径	□往最熟悉的路径疏散
6. 当有两条可选路径时,请问您会怎么选择?	□标志指出的出口方向 □任意选择	□自己熟悉的出口方向 □跟随人多的路线
7. 面对人群拥挤的出口,您会怎么选择?	□服从管理人员疏导,依次通过 □组织大家顺序通过	□争取自己先行撤离
8. 在疏散过程中,若您与同伴走散,您会怎么选择?	□返回寻找 □原地张望等待	□自己迅速撤离
9. 请问您觉得最危害您疏散的因素是哪一项?	□烟 □黑暗	□火 □人群拥挤践踏
10. 请问您觉得会阻碍您疏散行动的设施有哪些?(可多选)	□固定货架 □楼梯或电梯处	□活动摆台 □管制出入口

3.4 半自动调查方法

人工调查方法能够直接获取所需要的基础数据，提取工作主要在于将其转化为电子数据并存储至数据库中。交通调查视频拍摄后，从现场获取的视频若无法自动提取得到所需的交通行为数据，则需要通过一定手段对其进行分析和处理。半自动调查方法即是一种借助人工提取视频中客流数据的方法。它基于地铁客流视频，通过人工点选、人工识别等方式实现对客流的分类统计、数据收集、特征分析等功能，主要应用于车站内特定服务区域的分类客流统计，对于分析站内的客流构成、客流性质以及提供适合客流特点的组织管理方案有较大帮助。

为了将大量采集到的现场视频数据进行分析处理，作者利用 Visual studio 2010 平台，开发了一种用于计数的半自动客流数据提取软件。使用者在开始时点击画面上某一行人所处位置，随着视频的播放，当其达到拍摄区域边界时再次点击该行人，软件即可将该行人的时空位置数据自动记录至数据库，同时，便于计算客流速度、密度和流量等参数。下面简单介绍该软件的原理和操作。

3.4.1 视频坐标与现实世界坐标转换

为获取客流的位置信息，需要将视频坐标与现实世界坐标进行转换。地铁客流视频涉及的相关坐标系包括图像坐标系、摄像机坐标系、现实世界坐标系。

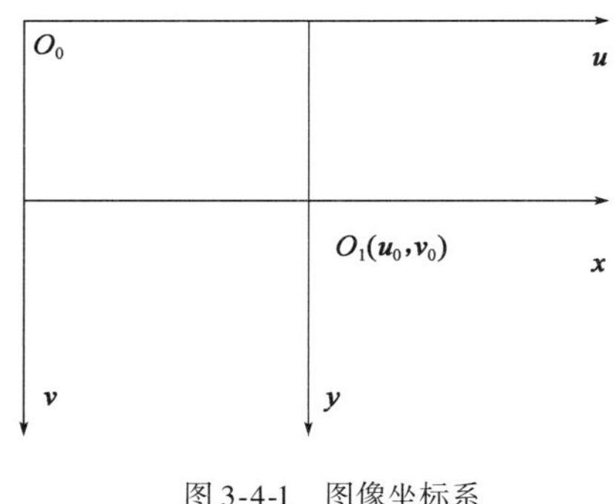

图 3-4-1 图像坐标系

图像坐标系为计算机内部数字图像所用的坐标系统，可采用图 3-4-1 表示。

其中，O_1 为摄像机光轴与图像平面的交点，位于图像中心。(u,v) 是以像素为单位的图像坐标；(x,y) 是以毫米（mm）为单位的图像坐标。若 O_1 在 u、v 坐标系中的坐标为 (u_0,v_0)，每一个像素在 x、y 轴方向上的物理尺寸分别为 $\mathrm{d}x$、$\mathrm{d}y$，则任一像素在两个坐标系下的坐标关系为：

$$u = \frac{x}{\mathrm{d}x} + u_0 \tag{3-4-1}$$

$$v = \frac{y}{\mathrm{d}y} + v_0 \tag{3-4-2}$$

对上式进行矩阵变换，可得：

$$\begin{bmatrix} x \\ y \\ 1 \end{bmatrix} = \begin{bmatrix} \mathrm{d}x & 0 & -u_0\mathrm{d}x \\ 0 & \mathrm{d}y & -v_0\mathrm{d}y \\ 0 & 0 & 1 \end{bmatrix} \begin{bmatrix} u \\ v \\ 1 \end{bmatrix} \tag{3-4-3}$$

摄像机坐标系与现实世界坐标系的成像关系可采用图 3-4-2 表示。

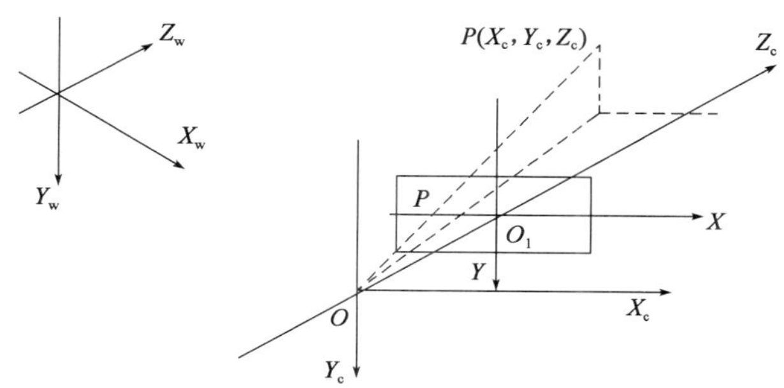

图 3-4-2 摄像机坐标系与现实世界坐标系

其中，O 点为摄像机光心，X_c、Y_c 轴分别与图中的 X、Y 轴平行，Z_c 轴为摄像机光轴，与图像平面垂直。O_1 为图像坐标系原点，是光轴与图像平面的交点，OO_1 为摄像机焦距。由点 O 与 X_c、Y_c、Z_c 轴组成的直角坐标系称为摄像机坐标系。

现实世界坐标系由 X_w、Y_w、Z_w 轴组成，是现实世界的绝对坐标，可以描述空间任何物体的位置。摄像机坐标系与现实世界坐标系的关系可以用旋转矩阵 $\boldsymbol{R}$ 与平移向量 $\boldsymbol{t}$ 来描述[5]。假设空间中一点 P 在世界坐标系与摄像机坐标系下的坐标分别是 $(X_w、Y_w、Z_w,1)^{\mathrm{T}}$ 与 $(X_C、Y_C、Z_c,1)^{\mathrm{T}}$，则其关系为：

$$\begin{bmatrix} X_c \\ Y_c \\ Z_c \\ 1 \end{bmatrix} = \begin{bmatrix} \boldsymbol{R} & \boldsymbol{t} \\ \boldsymbol{O}^{\mathrm{T}} & 1 \end{bmatrix} \begin{bmatrix} X_w \\ Y_w \\ Z_w \\ 1 \end{bmatrix} = \boldsymbol{M}_1 \begin{bmatrix} X_w \\ Y_w \\ Z_w \\ 1 \end{bmatrix} \tag{3-4-4}$$

其中，$\boldsymbol{R}$ 为 3×3 正交单位矩阵；$\boldsymbol{t}$ 为三维平移向量；$\boldsymbol{O}=(0,0,0)^{\mathrm{T}}$；$\boldsymbol{M}_1$ 为 4×4 矩阵。

目前最为常用的成像模型为线性摄像机模型，即针孔模型。空间点 P 在图像上的投影位置为光心 O 与 P 点的连线 OP 与图像平面的交点，其关系为：

$$x=\frac{fX_c}{Z_c};\quad y=\frac{fY_c}{Z_c} \tag{3-4-5}$$

其中，(x,y) 为点 P 的图像坐标；(X_C,Y_C,Z_c) 为空间点 P 在摄像机坐标系下的坐标，用齐次坐标与矩阵表示上述投影关系为：

$$Z_c\begin{bmatrix} x \\ y \\ 1 \end{bmatrix} = \begin{bmatrix} f & 0 & 0 & 0 \\ 0 & f & 0 & 0 \\ 0 & 0 & 1 & 0 \end{bmatrix} \begin{bmatrix} X_c \\ Y_c \\ Z_c \\ 1 \end{bmatrix} \tag{3-4-6}$$

将公式(3-4-3)代入公式(3-4-6),可得 P 点的现实世界坐标与图像坐标的关系为:

$$Z_c\begin{bmatrix}u\\v\\1\end{bmatrix}=\begin{bmatrix}\frac{1}{\mathrm{d}x} & 0 & u_0\\0 & \frac{1}{\mathrm{d}y} & v_0\\0 & 0 & 1\end{bmatrix}\begin{bmatrix}f & 0 & 0 & 0\\0 & f & 0 & 0\\0 & 0 & 1 & 0\end{bmatrix}\begin{bmatrix}\boldsymbol{R} & \boldsymbol{t}\\\boldsymbol{O}^{\mathrm{T}} & 1\end{bmatrix}\begin{bmatrix}X_w\\Y_w\\Z_w\\1\end{bmatrix}=$$

$$\begin{bmatrix}a_x & 0 & u_0 & 0\\0 & a_y & v_0 & 0\\0 & 0 & 1 & 0\end{bmatrix}\begin{bmatrix}\boldsymbol{R} & \boldsymbol{t}\\\boldsymbol{O}^{\mathrm{T}} & 1\end{bmatrix}\begin{bmatrix}X_w\\Y_w\\Z_w\\1\end{bmatrix}=\boldsymbol{M}_1\boldsymbol{M}_2X_w=\boldsymbol{M}X_w \tag{3-4-7}$$

其中,$a_x=f/\mathrm{d}x$,$a_y=f/\mathrm{d}y$;$\boldsymbol{M}$ 为 3×4 投影矩阵;$\boldsymbol{M}_1$ 由 a_x、a_y、u_0、v_0 决定,它只与摄像机内部结构有关,为摄像机内部参数;$\boldsymbol{M}_2$ 完全由摄像机相对于现实世界坐标系的方位决定,为摄像机外部参数。为确定某一摄像机的内外参数,需要对摄像机标定参照物。可以在图像坐标与现实世界坐标之间进行更为准确的转换。

图 3-4-3 用于标定的平面棋盘图像

可以用于摄像机标定的物体有很多,一般选取具有明确特征角点的刚性物体。由于车站内拍摄空间的有限性以及行人拍摄角度的特殊性,本书选用平面棋盘图像对坐标进行标定。棋盘由大小、形状完全相同的黑白格子交替构成,如图 3-4-3 所示。手持棋盘放在摄像机前并变换方位,则棋盘上每个角点的三维坐标都可以准确获取,利用公式(3-4-8)即可求得坐标系位置与摄像机内外参数。

$$Z_c\begin{bmatrix}u\\v\\1\end{bmatrix}=\begin{bmatrix}m_{11} & m_{12} & m_{13} & m_{14}\\m_{21} & m_{22} & m_{23} & m_{24}\\m_{31} & m_{32} & m_{33} & m_{34}\end{bmatrix}\begin{bmatrix}X_w\\Y_w\\Z_w\\1\end{bmatrix} \tag{3-4-8}$$

公式(3-4-8)中含有 12 个未知系数(m_{11},m_{12},$\cdots$,m_{34}),由空间中 6 个以上已知点以及它们的图像点坐标,即可求出 $\boldsymbol{M}$ 矩阵,进而即可确定各坐标系之间的位置及数量关系。用于计算的空间已知点越多,坐标转换的精确度越高。

3.4.2 行人时空坐标数据库构建

得到视频坐标和现实世界坐标转换关系,构建时空坐标数据库,获取行人的准确坐标后,就可以对行人的相关信息进行统计与采集。时空坐标数据库中的主要信息包括：

(1)行人 ID。将行人 ID 作为行人身份的唯一识别，在进行半自动行人点选与统计分析时，行人 ID 会起到重要的作用。

(2)行人图像坐标与实际坐标。由于行人视频的拍摄角度为垂直拍摄，为便于点选和识别，本书中的行人图像与现实世界坐标均以行人头部位置为准。

(3)行人时间，即指进行个体信息统计时的时间。对于不同时段拍摄的客流视频，在后期分析时可以加入视频实际时间共同分析。

根据以上客流数据采集信息，建立如表 3-4-1 所示的行人时空坐标数据库。

行人视频数据采集数据库　　表 3-4-1

行人 ID	图像坐标 x (mm)	图像坐标 y (mm)	现实世界坐标 X_w (mm)	现实世界坐标 Y_w (mm)	现实世界坐标 Z_w (mm)	时间 T (s)

3.4.3 软件开发与操作

本书中的半自动客流数据采集系统是在 Window 7 专业版上使用 Visual Studio 2010 C#语言进行开发的，并采用了 opencv 1.0 与 Directshow 视觉库中的部分函数。

按照系统设计思路，作者开发了半自动客流数据采集系统，操作界面如图 3-4-4 所示。系统的界面主要包含四部分。第一部分为系统工具栏；第二部分(图 3-4-4 左上)为客流视频播放及基础参数设置与显示区域；第三部分(图 3-4-4 右上)为客流相关数据获取、统计与安全状态显示区域；第四部分(图 3-4-4 下部)为客流相关数据图表实时显示区域。

半自动客流数据采集系统的操作过程如下：

(1)输入视频信息参数，如图 3-4-5 所示，其中区域面积是指行人视频所覆盖的站内平面区域面积，单位为平方米(m^2)。

(2)打开视频，在视频播放窗口移动鼠标，即可获取视频与坐标信息，如图 3-4-6 所示，其中行人 ID 会在后面的行人点选中实现实时自动累加、显示并记录。

(3)按照研究需要对行人进行整体或分类信息采集与统计(男性、女性、是否携带行李等)，利用鼠标对行人进行点选，视频图像内每个行人点选两次，但行人 ID 相同，如图 3-4-7 所示，即系统可以自行确定两次点击的人为同一个人，每次点击时相应的时间、位置等信息即实时录入行人数据库(图 3-4-4)，并在界面上的“数据分析显示”中实时显示。

(4)通过程序运算，可确定行人的一系列移动信息，包括行人速度、密度、流量、步速、步频、步幅等，相关的行人信息可用于后期统计分析。

(5)可以根据不同的研究需求，对数据库中客流数据进行后续统计、分析与研究。

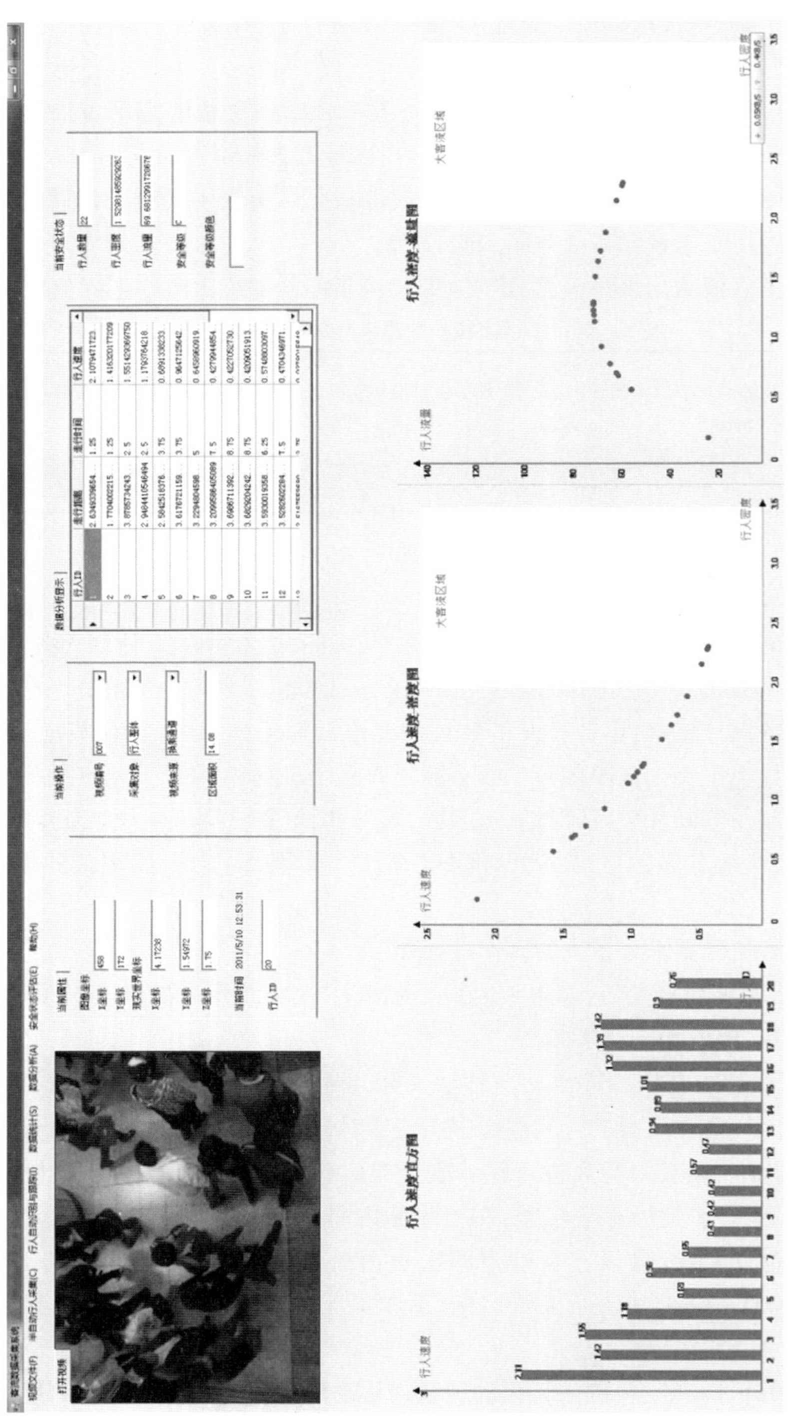

图 3-4-4　客流数据采集系统界面

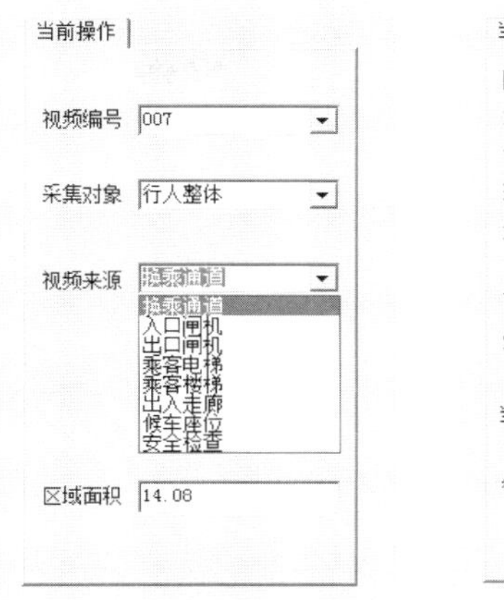

图 3-4-5　视频参数设置　　　　图 3-4-6　视频信息显示

图 3-4-7　同一行人点选示意图

3.5　自动调查方法

3.5.1　客流自动检测技术现状

基于视频、激光、红外设备对地铁车站客流数据进行自动化采集在国内外都已经有了一些研究基础，并且取得了一定的成果，根据采集方式可归纳总结如下：

(1)压力传感器检测方法。通过在进出站的通道上安装布设适当数量的压力传感器来实现客流人员计数。一般情况下，这种方案需要与被检测物体或者场景本身的空间物理结构相结合，选择合理的安装位置。这样就对实际应用形成限制，需要被检测人员在特定的路径通行。因此，只能应用于诸如走廊和入口处，且如果人员密集，则计数的准确性会大大降低。

(2)红外对射装置检测方法。此方法通过在乘客进出的通道安装红外发射和接收装置，一旦有人员进出造成遮挡，切断红外连通通路，则触发计数器进行计数。目前这种计数方法和装置在生产流水线上的产品计数运用较为广泛，但若运用在短时进出大量客流的地铁车站，则无法识别是人还是物，是一个人还是多个人，运动的方向也无法判别，因此，其检测性能不能满足地铁站客流量统计的要求。

(3)无线电波检测的方法。该方法认为地下通道是一个有损耗、各向均质的绝缘厚木板，有人群通过的时候，监测频率在250MHz～12.4GHz电波传播的衰减量，通道内人群分布与衰减持续相联系。该方法只能通过衰减量大致估计通道内人群多少，并不能真正估测出有多少人，而且需要专业的设备才能得以实现。

(4)基于视频图像分析的方法。这类方法是近几年开始应用到客流检测与统计中的，可采集信息量大，包含了客流量、密度、人员分布位置、客流群体流向、客流所处的区域环境等重要信息。这些信息便于我们获取客流特征数据，进行客流仿真校验、为客流诱导和突发事件下的紧急疏散提供依据。但是对于地铁大客流状态的情形，由于人员遮挡等问题使得系统无法很好地满足实际工程需要。

(5)基于激光扫描的方法。激光扫描方法提供了一种激光客流检测全新的技术，专门应用于人群密集场所的精确检测客流信息。它利用多台激光扫描仪及摄像头构成分布式多模态传感器网络，实现大范围环境的无缝覆盖及多层次数据采集，实时统计客流数量，检测客流速度、方向等当前客流状态，实时了解和掌握客流运行情况。该方法通过扫描扇面获取客流量的精度较高，但在获取客流密度方面，由于统计人流在通道的实际分布和占用面积不确定，因此，其密度检测数据基于估计值，精度较低。同时，其速度的获取通常采用单位时间内切割人体的位移量表示。由于人属于柔性体，一旦有微小变化就会产生较大的误差，因此，这种技术应用于地铁车站内乘客速度的测量有较大缺陷。

总体而言，上述技术的优缺点均较为突出，各有不同的适用场景和应用范围。为全面采集地铁车站不同层级的行人交通数据，作者主要采用基于AFC系统的客流量统计方法、基于视频的行人检测方法以及基于室内定位技术的行人轨迹数据采集方法，分别采集宏观层面客流量、中观层面行人流参数、微观层面行人个体交通参数等。接下来分别进行介绍。

3.5.2 基于AFC数据的宏观客流数据提取方法

AFC数据记载了乘客从刷卡进站开始到完成出站刷卡过程中所需的费用、时间和乘车起终点等信息，记录了乘客在地铁系统中的出行始末状态，是统计进出站量、乘客出行OD分布量的主要来源，为刻画乘客在网络的出行行为和出行特征、挖掘乘客的网络出行规律提供重要数据支撑。

3.5.2.1 AFC数据格式

乘客通过闸机刷卡进出地铁站，乘客出行情况通过刷卡过程记录到AFC系统中。以北京地铁 AFC 数据为例，AFC 系统产生的刷卡数据共有 42 个字段，其中对客流提取和分析有直接意义的字段有 8 个，包括卡发行号、进站线路号、出站线路号、进站站码、出站站码、进站时间和交易时间（出站时间），如表 3-5-1 所示。

地铁 AFC 数据重要字段　　表 3-5-1

序号	刷卡数据字段名	描　述
1	交易编号（AFC_ID）	主键，唯一标识码
2	卡发行号（GRANT_CARD_CODE）	一卡通发行顺序号
3	进站线路号（ENTRY_LINE_NUM）	进站时线路编号
4	进站站码（ENTRY_STATION_NUM）	进站时车站编码
5	出站线路号（EXIT_LINE_NUM）	出站时线路编号
6	出站站码（EXIT_STATION_NUM）	出站时车站编码
7	进站时间（ENTRY_TIME）	乘客进站刷卡时间
8	交易时间（DEAL_TIME）	乘客出站刷卡时间

乘客乘坐地铁线路，进站刷卡时会产生一条刷卡记录数据，其中出站线路号、出站站码、交易时间等字段为 null。当该乘客出站刷卡时，也会产生一条包括上述 8 个字段的刷卡记录数据，由进站到出站，两次正确的刷卡过程会形成一个完整的交易记录。

3.5.2.2　AFC 数据缺陷及原因

地铁 AFC 大数据的兴起，使得我们能够通过大样本来多方位、多层次、连续地研究地铁交通发展，为地铁规划设计人员和管理者提供了一种新的认知途径。然而，AFC 大数据并不像交通调查那样是专门为分析交通问题定制的数据，而是一种大量不完美非定制的数据，如直接用于客流分析会存在许多缺陷。

现有的 AFC 系统每天要处理数以百万计的客票数据，往往会因为各种原因导致客票数据丢失。例如，作为客票数据中最重要的 4 个数据——进站地点、进站时间、出站地点、出站时间，经常会出现部分信息甚至全部信息丢失的情况。以作者调查的某城市地铁为例，AFC 系统统计到的异常数据每天最高能达到数十万条，单程票卡的丢失量也能达到数万张。导致这些数据缺陷的原因，可以归结为系统方面的问题和运营管理方面的问题两大类。

因为 AFC 系统问题而导致 AFC 数据缺陷的主要原因有：

（1）AFC 系统故障导致客票信息遗漏或者缺失。故障可能导致乘客刷卡失败、吞吐卡等问题，不得不采用工作人员干预的方式放行，导致数据异常；也有可能是放行了乘客，但数据却没有正常上传，导致数据丢失。

（2）AFC 系统层级太多导致可靠性差。AFC 系统采用多级数据结构，任何一个环节出现问题，都将导致数据上传失败，或者上传不及时。

（3）AFC 系统规格不一致。以北京为例，整个城市轨道交通网至少有 5 套不同厂商的 AFC 系统，导致系统之间的互联互通存在困难。

(4) AFC 系统存在其他设计缺陷。例如,不能正确处理黑名单、重复刷卡等特殊情况。

在运管管理方面造成 AFC 数据缺陷主要表现在:

(1)人工收取单程票导致进出站数据缺失。根据作者调研,目前仍有若干大客流集散车站会在客流超高峰期间采取人工收单程票的方式放行乘客。该方式能提高车站的出站效率,缓解站内的拥挤情况,但由于仅对单程车票进行回收,没有及时补刷卡,导致客流信息记录不完整。

(2)非正常进出站情况。包括地铁逃跑、借助员工通道或无障碍电梯进出车站等非正常进出站的情况都会导致数据缺失或不准确。

(3)因能力不足而采取的限流等措施导致客流数据失真。高峰时段车站的限流措施会使得乘客到达车站后必须经过长时间排队才能进站上车,刷卡进站时刻不能反映乘客的实际出行时刻,使得客票数据不能反映乘客的实际出行需求。

(4)对各种特殊票卡的管理不规范。地铁系统存在大量特殊票卡,如员工福利票、工作人员工作票、残疾人免票等。这些特殊票卡产生的刷卡数据如果不能正确处理,也会干扰统计分析。

3.5.2.3 AFC 数据清洗整理

针对上述原因引起的数据质量问题,通常情况下将这些数据进行识别、清洗并剔除。

1)剔除进站刷卡数据

乘客每次乘坐地铁出行时,在地铁系统会形成两条数据记录。进站刷卡时产生一条记录,出站刷卡时产生一条记录,进站刷卡数据只记录交易编号、卡发行号、进站时间、进站线路号、进站站点等进站信息,不包含出站信息。出站刷卡数据完整地记录了地铁出行的整个过程,不仅记录进站信息,也记录了出站信息,即出站刷卡记录包含了进站刷卡记录中的信息,因此可以将进站刷卡产生的数据记录删除。

2)对有质量问题的出站刷卡数据进行判断剔除

对于出站刷卡数据,需要进一步清洗以剔除有质量问题的数据。清洗过程主要是判断数据是否为一条完整、正常的出行记录数据。通常采用以下准则判断地铁刷卡数据是否存在质量问题:

(1)出站时间早于进站时间;

(2)进站时间和出站时间位于地铁线路运营时间之外;

(3)进出站日期不是同一年同一天(部分线路运营至次日凌晨);

(4)在地铁系统内停留时间超过 4h,这里的停留时间为该乘客地铁出站时间与该乘客地铁进站时间之差;

(5)出行时间与出行距离不匹配,即乘客出行速度不在正常范围内;

(6)进站站点和出站站点相同,地铁内部活动不能视为出行;

(7)由于系统编码错误,车站编码不能正常匹配站点信息;

(8)表3-5-1中部分字段丢失,存在字段为null的记录。

对于存在以上问题的地铁刷卡数据,通常情况下将这些数据识别并删除。然后结合从地铁运营公司获得的进出站站点编码和站点名称,进行地铁刷卡数据和车站编码数据匹配,如图3-5-1所示。最终经过数据清洗整理后,用于客流统计分析的AFC数据如表3-5-2所示。

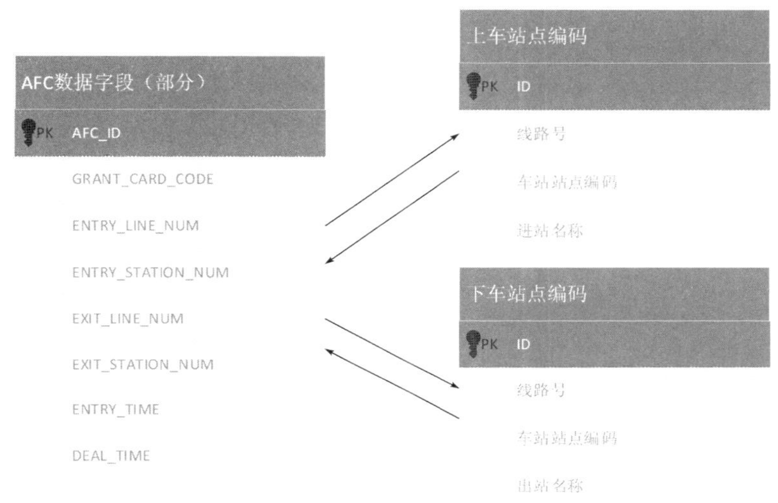

图3-5-1 进出站刷卡数据和车站编码匹配

清洗整理好后的AFC数据(示例) 表3-5-2

卡编号	进站时间	交易时间	进站名	出站名
060041E601113108	2016-08-12 09:57:00	2016-08-12 10:28:42	星塘街站	平湖路站
0600417501098B07	2016-08-12 10:28:46	2016-08-12 10:51:22	石湖东路站	乐桥

3.5.3 基于视频图像分析的行人流数据提取方法

视频图像处理是一种结合视频图像分析和模式识别计数而应用于交通领域的计数方法。它利用计算机视觉识别方法,在不需要人为辅助的情况下,通过对图像序列的自动分析,实现对动态场景中目标的定位、识别和跟踪,并在此基础上对拍摄区域内行人流数据进行提取与分析。视频图像采集方法具有准确真实性、实时有效性、方便灵活性等诸多优点,同时布设范围广泛,节省现场调研时间,数据更准确。

3.5.3.1 基于深度信息和深度学习的行人检测方法

地铁车站场景复杂多变,客流密度高,相互遮挡,这为行人检测工作提出了较高的挑战,传统方法在这种复杂情况下遇到了较大的困难。为了实现地铁车站场景下乘客的准确检测与跟踪研究,作者研发了一种基于深度信息与深度学习的行人检测和参数提取方法,并成功应用于地铁车站乘客检测和客流参数获取,下面简要介绍其实现方法。

本算法采用非学习式候选区域生成和行人目标识别验证的整体思路,可实现复杂场景下的精准行人检测与跟踪。具体而言,首先采用非学习式候选区域生成和目标识别验证相结合对图像进行预处理,实现前景空间区域中的密集多目标分割。在此基础上,采用深度学习算法实现密集人群环境下的行人目标检测和识别。在行人检测结果基础上,结合高密度行人流所处环境分析行人目标真实运动轨迹,研究目标预测和多假设关联算法,并利用检测结果进行跟踪结果校验,建立适用高密度行人流环境下密集多目标的连续高效跟踪算法,最终获取行人流交通参数。

1)候选区域生成方法

候选区域生成是通过对图像预处理,分离背景色和前景色,提取前景目标特征,便于行人检测判断及参数提取。本方法采用基于空间尺度信息和人体三维模型的非学习式候选区域生成方法[6],选取基于信息融合的深度图像无效区域处理及滤波去噪预处理技术[7],提高深度图像分辨率,降低边缘噪声和无效区域干扰。根据行人目标的空间位置不可重合特性,探索了基于空间尺度信息和人体三维占用模型的前景运动目标的提取框架,解决密集场景下的前景目标提取难题。然后采用均值漂移(Meanshift)聚类算法[8],实现前景空间区域中的密集多目标分割。具体流程如图 3-5-2 所示。

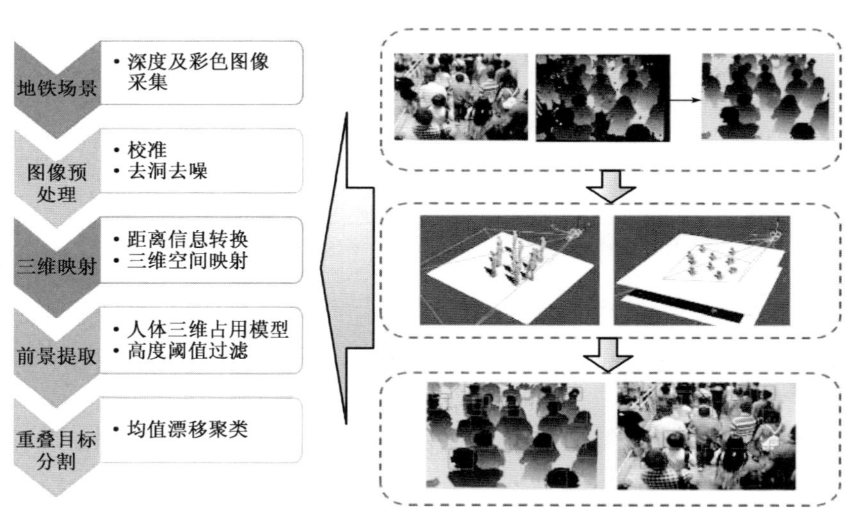

图 3-5-2 非学习式候选区域生成框架

2)行人快速检测和识别

在候选区域前景特征基础上,重点研究彩色信息、深度信息和特征的互补性和最佳融合策略,构建基于训练的混合特征框架。样本训练方面,采用弱分类器级联构建了强分类器,在保证检测精度的同时可有效提高检测速度。在前期特征提取和分类器训练的基础上,结合候选区域生成方法,构建多场景、多视角下的样本库自适应更新体系。算法流程如图 3-5-3 所示。

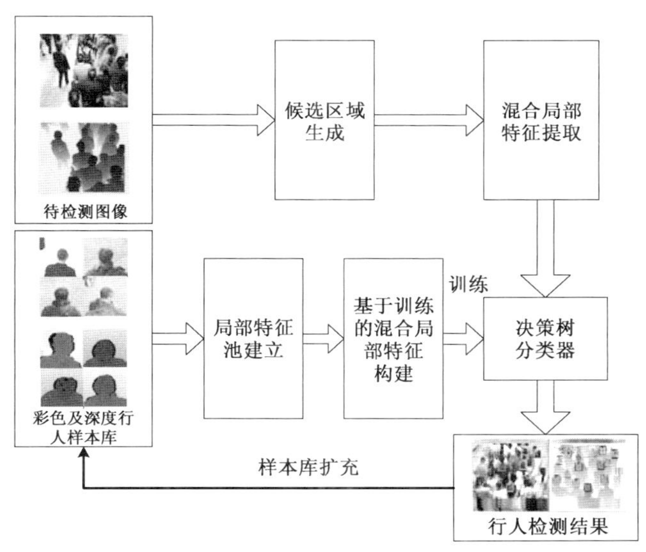

图 3-5-3 基于彩色和深度图像混合局部特征的行人快速检测框架

3)行人多目标跟踪方法

采用基于部分确定轨迹的多假设跟踪算法[9]进行目标跟踪,即通过利用连续多帧图像间的关联信息,生成多种假设轨迹,并计算每一种假设的先验概率,结合表观和运动信息进行预测,同时引入颜色信息、深度信息进行匹配,提高关联精度,实现动态多目标的跟踪,输出目标跟踪轨迹。后续可通过每个行人的运动轨迹分析提取行人流交通参数,包括流量、速度、密度等统计参数。

3.5.3.2 行人流交通参数提取

行人流交通参数提取是基于图像提取到的行人运动轨迹,与二维平面进行投影映射,并计算相应流量、速度和密度等参数。整体流程如图 3-5-4 所示。

1)流量计算

算法通过采集二维距离图像,提取头肩高度特征进行行人目标检测,并通过设置检测线,判断当前帧和前一帧目标位置是否在检测线两侧来判断行人是否穿过了检测线,如穿过检测线则认定为该断面的有效客流量。如此对当前帧内所有目标进行判断,累计得到断面客流量。

2)速度计算

通过计算行人目标当前帧的位置和首次出现位置之间的距离,以及目标首次出现时刻到当前时刻所用时间,得到目标当前时刻的瞬时速度。对检测帧内所有行人目标求得平均速度,在采样时间内平均所有检测帧的平均速度,得出客流速度。具体计算步骤如下:

(1)输入视频图像,逐帧进行多目标行人检测跟踪,根据检测帧内是否有行人目标,计算有效检测帧数 k。

(2)对帧内行人目标进行逐个判别计算。若行人目标首次出现,记录行人目标首次出现的像素位置和深度图像素值。若不是首次出现,对进行行人目标出现次数判断,若该行人目标出现次数大于 w 帧,根据行人目标当前像素位置和深度图像素值,结合首次出现像素位置和深度图像素值,计算行人目标实际移动角度 θ 和行人目标实际移动距离 Δd,计算该行人目标的平均速度v_0。

(3)计算帧内所有目标平均速度累加值$v_1 = \sum_{i}^{M} v_0^i$,其中 M 为目标行人总数。由此计算该帧所有行人目标平均客流速度$v_2 = v_1/M$。

(4)判断此时是否满足采样时间,若满足采样时间,则计算采样时间内所有有效检测帧的行人平均流速度,获得实时行人流速度数据。

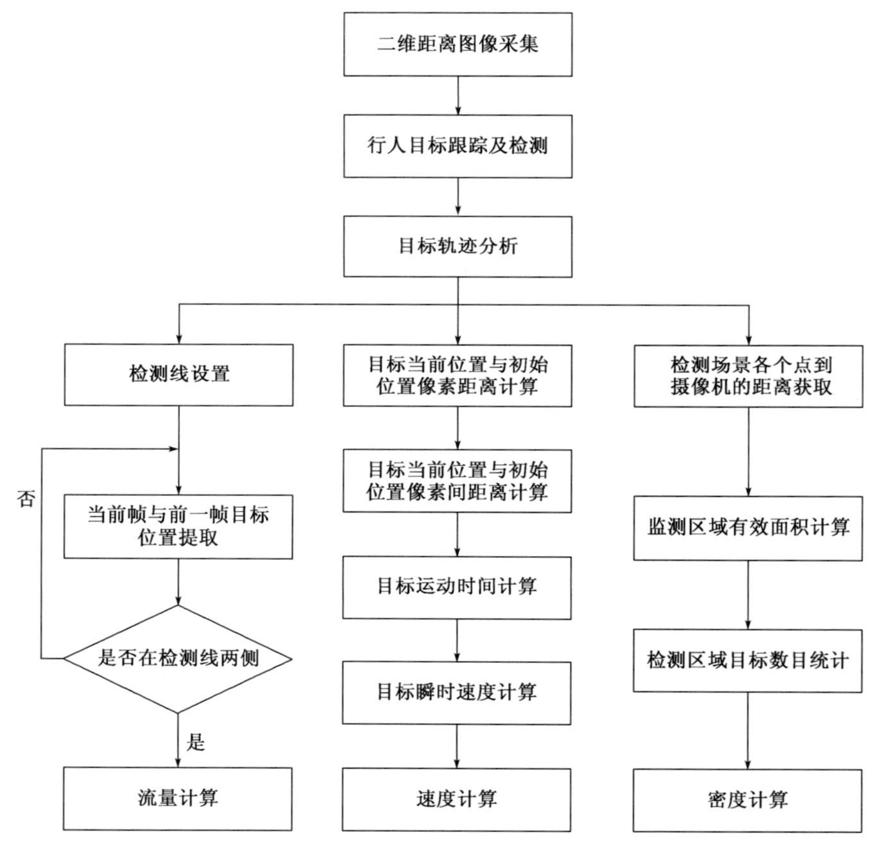

图 3-5-4　行人流参数提取流程图

3)密度计算

在密度计算中,首先需要滤除检测区内是否存在行人不可站立的区域,得到该检测条件下的有效检测面积,通过帧内行人目标总数与有效检测面积的比值求得行人流密度。

具体计算步骤如下：

(1)进行深度图像输入,获取摄像机架设高度和倾斜角度,设定视频帧率 P,设定采样时间间隔 T,设定行人流密度检测帧为第 R 帧。

(2)判断是否为首次计算行人流密度。当视频帧输入满足时间间隔内的第 F 帧时,判断在该检测场景下是否为首次计算行人流密度。若是首次计算则进入步骤(3),若不是首次则进入步骤(4)。

(3)进行可站用面积确定。获取无行人目标时该检测环境的背景图,判断检测区内是否有不可站人区域,有则滤除不可站用面积,最终确定可站用面积。返回进入步骤(2)。

(4)进行检测帧内行人目标统计,对帧内行人目标进行检测识别,统计帧内所有行人目标,累加求得行人目标总数。然后进入步骤(5)。

(5)进行有效检测面积计算。根据可站用面积、摄像机架设高度倾斜角度建立数学模型,根据摄像机相关规格参数,可求得在该检测条件下的有效检测面积。然后进入步骤(6)。

(6)进行行人流密度计算。该帧的行人目标总数与有效检测面积的比值即为该帧的行人流密度,由此可获得采样时间内的实时行人流密度数据。

3.5.3.3　地铁车站客流参数提取验证

地铁车站场景复杂多变,客流密度高,相互遮挡,检测准确率主要受到场景、乘客密集程度和相互遮挡程度影响,同时也面临乘客姿态衣着各异、尺度多变等问题。为了验证前述方法在地铁客流检测和参数获取方面的准确性、实时性和适应性,作者挑选 2016 年 7 月多个工作日北京地铁建国门站、西直门站、宋家庄站等换乘车站高峰时段(早 7:30—8:30/晚 17:30—18:30),选取楼扶梯口、换乘通道、出入口处的通道、安检口等典型场景,测试客流检测范围和客流检测准确率。

针对测试和运行管理需求,开发了客流实时采集系统,包括智能视频分析单元、视频发送单元、设备管理单元,如图 3-5-5 所示。客流实时采集系统实现了视频的采集、分析、客流数据传输保存以及设备维护等功能,大大提高了测试维护及设备管理效率。

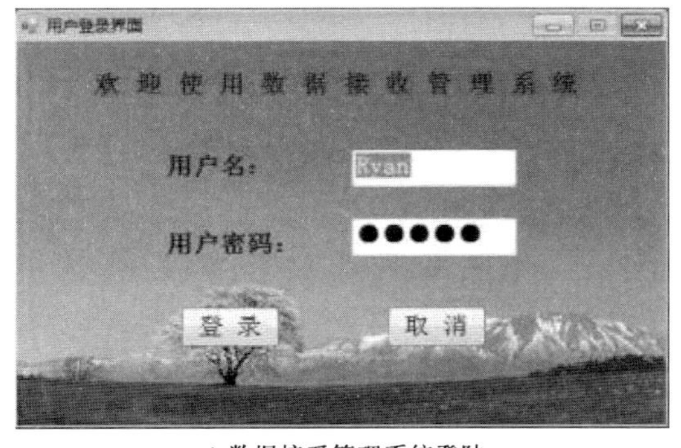

a) 数据接受管理系统登陆

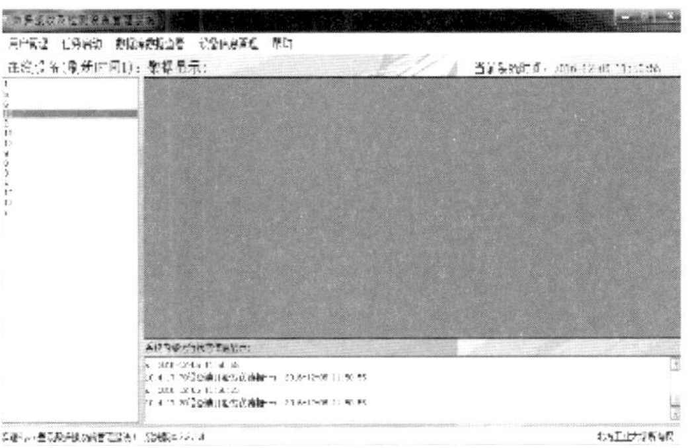

b) 设备软件管理主页面

图 3-5-5　客流实时采集系统软件界面

为了对客流检测结果进行验证,通过采用与人工计数相结合的方式与设备计数结果进行对比。其中人工计数方式选取早高峰时段上述位置的视频录像,以 10min 单位间隔调取视频录像,进行人工统计。基于视频图像分析的客流数据采集实测效果如图 3-5-6 所示。由图可见,系统能够准确检测乘客目标,并在监控范围内有效的跟踪乘客,并绘制乘客轨迹,最终实现流量、速度、密度计算功能。

a) 1号线换2号线换乘通道

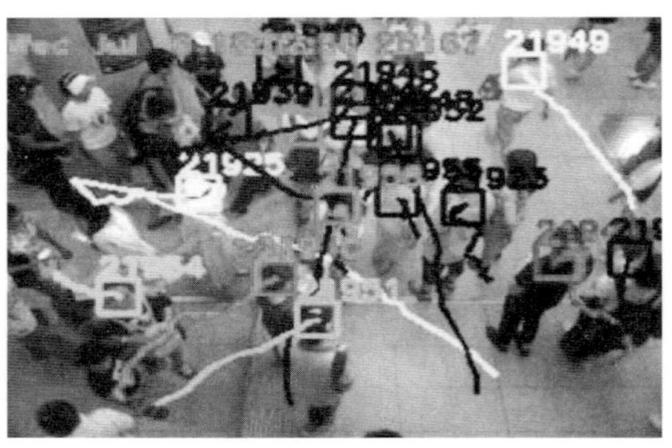

b) 2号线南侧楼梯口

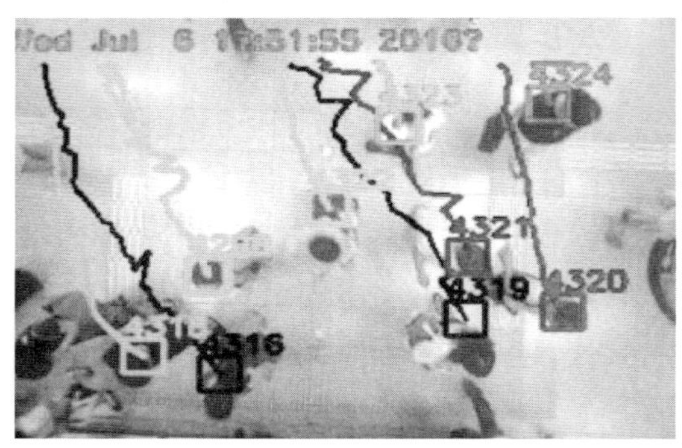

c) 1号线站台中楼梯口(东)

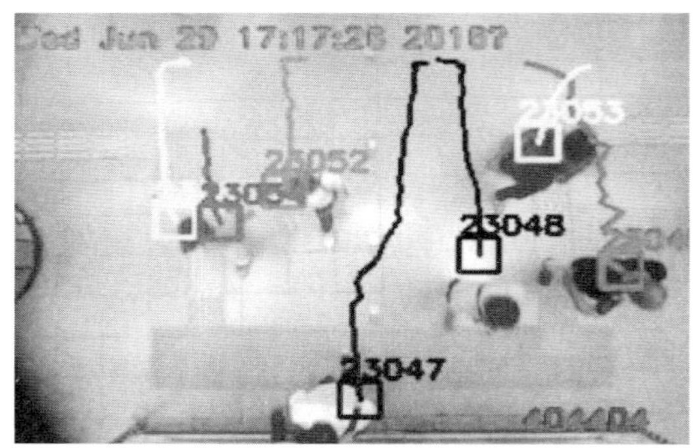

d) 1号线站台中楼梯口(西)

图 3-5-6　地铁建国门站客流数据采集示意图

将基于视频图像分析的客流实时采集系统获取的结果与人工统计结果进行对比,如表 3-5-3 所示。由表可知,基于视频图像分析的客流自动采集系统检测精度可达 96% 以上,最高达到 98.86%,满足地铁客流检测精度指标要求。

客流实时采集数据和人工统计对比　　表 3-5-3

设备安装位置	实际人数(人)	设备检测人数(人)	准确率(%)
地铁楼扶梯口	3603	3461	96.06
换乘通道内	2646	2523	95.35
出入口处的通道内	901	937	96.00
安检口	1050	1038	98.86
平均值			96.57

3.5.4 基于室内定位技术的行人个体交通参数提取方法

室内定位是指在室内环节中实现位置定位，主要采用无线通信、基站定位、惯导定位等多种技术集成一套室内位置定位体系，从而实现人员、物体等在室内空间中的位置监控。室内定位技术按其所采用信号载体大致可分为基于红外线(Infrared)、基于超声波(Ultrasound)、基于射频(Radio Frequency)以及基于地球磁场、计算机视觉等的定位技术。随着无线传感网络的发展，基于射频RF的定位技术是室内定位技术的发展重点。这其中，WiFi技术凭借低成本、易实施、应用广等优点，使得基于WiFi的室内定位技术在众多射频定位技术中脱颖而出，成为普遍的、适用性强的室内定位技术。

3.5.4.1 WiFi定位技术

WiFi定位是利用无线接入点(Access Point,AP)的位置作为参考，通过分析接收到的无线信号特征参数，根据相应的定位算法得到待测目标的位置。WiFi定位的实施过程包括以下两个阶段：

第一阶段为"测距"，即测定接收节点相对于发射节点的距离，有基于到达角度信息(AOA)、信号到达时间(TOA)、到达时间差(TDOA)和信号强度值(RSSI)等技术。其中，基于RSSI的测距方法根据信号的路径损耗与传播距离的关系模型进行距离的计算，易于实施，成本较低，是目前运用较多的方法。

第二阶段为"定位"，可分为三类：近邻法(ID识别法)、基于测距的几何定位法和位置指纹定位法。其中，近邻法是定位精度最粗糙的一种方法，目标节点通过获取离自己最接近的参考节点的位置信息直接判断自己所属的位置范围。该方法的精度依赖于参考节点的分布密度，但该方法操作简单，复杂度低，通常用于定位精度要求不高的场合。

基于测距的几何方法定位法是通过测距得到待测节点与三个发射节点之间距离，按照几何关系采用三边测量法求得待测节点的坐标，原理如图3-5-7所示。

如图3-5-7所示，测得目标节点M到三个发射节点A、B、C的距离分别d_1、d_2、d_3，假设目标节点M的坐标为(x,y)，三个参考节点A、B、C的坐标分别为(x_1,y_1)、(x_2,y_2)、(x_3,y_3)，则有以下三个方程成立：

$$\begin{cases}(x-x_1)^2+(y-y_1)^2=d_1^2\\(x-x_2)^2+(y-y_2)^2=d_2^2\\(x-x_3)^2+(y-y_3)^2=d_3^2\end{cases}\qquad(3\text{-}5\text{-}1)$$

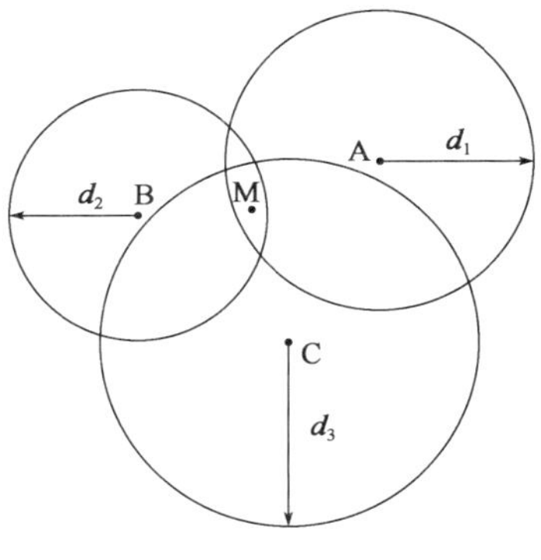

图3-5-7 三边定位法示意图

求解上述方程，即可得出目标节点的坐标。由于实际测量误差原因，通常为了提高精度，可测得目标节点到多个发射节点的距离，并通过最小二乘法求解目标节点坐标。

位置指纹定位法也是基于 RSSI 的一种定位方法,但是该方法不需要计算节点距离。其原理是在定位区域设置好参考节点(也称为锚节点)之后,目标节点(即待定位的节点)在该区域的某个位置接收到参考节点的信号的 RSSI 在某种程度上是一个定值。如果这个区域设置了 N 个参考节点,那么每个位置都对应着一个由 N 个 RSSI 值构成的序列,每个 RSSI 值对应着一个参考节点,对于不同的位置,这个 RSSI 值序列是不同的,所以该 RSSI 值序列可以作为位置指纹,可唯一确定某个具体位置。

在应用位置指纹定位法时,定位区域按照一定的距离间隔划分为若干网格作为指纹采集点,在定位前需要在各采集点采集好指纹录入指纹库,所需采样样本数量大,数据库的建立难度大。而实时定位时则要根据目标节点接收到的各参考节点信号对应的 RSSI 值序列(即待匹配的指纹),应用指纹匹配算法,去匹配指纹库中的指纹,从而识别出带目标节点的位置。

3.5.4.2 基于 WiFi 定位的轨迹获取

基于 WiFi 定位技术的车站乘客走行轨迹获取步骤如下:

1)数据采集

利用 WiFi 数据识别乘客出行轨迹,需要收集车站内布设的 AP 基础信息和移动终端的 WiFi 信号强度数据。AP 的基础信息包括每个 AP 的 MAC 地址,横、纵坐标,所在线路、车站以及位置标识,如表 3-5-4 所示。

AP 基础信息数据字段 表 3-5-4

字　段	类　型	描　述
AP_MAC	VARCHAR	AP 的 MAC 地址,唯一标识
APX	NUMBER	AP 的横坐标
APY	NUMBER	AP 的纵坐标
AP_LineID	NUMBER	AP 所处的线路编码
AP_StationID	NUMBER	AP 所处的车站编码
AP_PositionID	NUMBER	AP 所处的位置标识,1 为站厅,2 为站台

信号强度数据需要从数据库服务器中提取,包括 AP 的 MAC 地址、终端的 MAC 地址、终端发送数据包的时间戳和 AP 接收到的信号强度,如表 3-5-5 所示,其中,终端的 MAC 地址作为区分不同终端设备的标识,代表唯一乘客。

WiFi 信号强度数据字段 表 3-5-5

字　段	类　型	描　述
AP_MAC	VARCHAR	AP 的 MAC 地址,唯一标识
TERMINAL_MAC	VARCHAR	终端的 MAC 地址
TIMESTAMP	DATETIME	终端发送数据包的时间戳
RSSI	NUMBER	AP 接收到的信号强度指示

2)数据预处理

为了提高运算效率,对乘客位置数据进行预处理。联立查询表3-5-4和表3-5-5可得到终端M在T时刻对应的一组定位基础数据$D_{\mathrm{M}}^{T}\{(AP_1,RSSI_1,APX_1,APY_1),(AP_2,RSSI_2,APX_2,APY_2),\cdots,(AP_n,RSSI_n,APX_n,APY_n)\}$,若$n\leqslant 2$,则视为无效数据剔除。数据清洗后,将终端M对应的所有定位基础数据按照时间T先后顺序排序。

3)乘客定位算法

这里采用对硬件要求较低的基于RSSI的测距算法与三边测量定位算法。首先根据信号强度与距离的映射关系,计算终端与AP间的距离。对数距离路径损耗模型[10]公式如下:

$$P_{\mathrm{r}}(d)=P_{\mathrm{r}}(d_0)-10\gamma\lg\left(\frac{d}{d_0}\right) \tag{3-5-2}$$

式中: d_0——参考距离,一般取1m;

d——待测点到AP节点的距离;

$P_{\mathrm{r}}(d)$、$P_{\mathrm{r}}(d_0)$——分别表示距离d和d_0处的信号强度;

γ——路径传播损耗指数,根据不同环节取值范围为2~5。

根据公式(3-5-2)可计算移动终端到相应AP的距离:

$$d=d_0 10^{\frac{P_{\mathrm{r}}(d_0)-P_{\mathrm{r}}(d)}{10\gamma}} \tag{3-5-3}$$

然后,选择同一终端同一时间对应的信号强度最强的三个RSSI值,分别计算出终端与三个AP之间的距离,通过三边定位算法计算待测点位置。

通过以上定位算法将得到乘客在T时刻的位置坐标点$P_T(X,Y,\mathrm{LineID},\mathrm{StationID},\mathrm{PostionID})$,按表3-5-6所示的格式存储,作为轨迹推定的数据源。

乘客位置坐标点字段 表3-5-6

字　段	类　型	描　述
MAC	VARCHAR	终端的MAC地址
T	DATETIME	终端位置更新时间
X	NUMBER	终端的横坐标,初始值为0
Y	NUMBER	终端的纵坐标,初始值为0
LineID	NUMBER	终端所处的线路编码
StationID	NUMBER	终端所处的车站编码
PositionID	NUMBER	终端所处的位置标识,1为站厅,2为站台

4)站内走行轨迹可视化

根据乘客位置坐标点$P_T(X,Y,\mathrm{LineID},\mathrm{StationID},\mathrm{PostionID})$调用相应的车站平面图,将乘客$T_i$时刻的坐标$P_{T_i}(X_i,Y_i)$画在车站平面图相应位置,并与前一个位置点连接。如此循环,得到乘客在车站内按时间顺序的走行轨迹。

3.5.4.3 行人交通参数计算方法

借助行人时空轨迹数据,可以获取个体瞬时速度、行人流速度、密度、流量以及流线的行程时间。需要说明的是,这里讨论的行人时空轨迹局限在2D平面,行人j时空轨迹PT(Pedstrian Trajectory)采用公式(3-5-4)表示。

$$PT^j = \{(x_1^j, y_1^j, t_1^j), (x_2^j, y_2^j, t_2^j), \cdots, (x_i^j, y_i^j, t_i^j), \cdots, (x_n^j, y_n^j, t_n^j)\} \tag{3-5-4}$$

1)个体瞬时速度

个体瞬时速度定义为当前时刻位置和紧邻前一时刻位置的距离和时间差之比。具体地,t_i时刻行人j的瞬时速度$v_{t_i}^j$计算如下:

$$v_{t_i}^j = \frac{\sqrt{(x_{t_i}^j - x_{t_{i-1}}^j)^2 + (y_{t_i}^j - y_{t_{i-1}}^j)^2}}{t_i^j - t_{i-1}^j} \tag{3-5-5}$$

2)行人流速度

根据2.4.1小节介绍,行人流速度分为时间平均速度和空间平均速度。分别根据定义计算如下:

(1)时间平均速度为一定观测时段内所有人通过同一断面的瞬时速度的平均值。具体地,行人流通过断面(x_i, y_i)的时间平均速度可根据公式(2-4-1)计算如下:

$$\overline{v(x_i, y_i)} = \frac{1}{N}\sum_j^N \frac{\sqrt{(x_i - x_{i-1})^2 + (y_i - y_{i-1})^2}}{t_i^j - t_{i-1}^j} \tag{3-5-6}$$

(2)空间平均速度为某一瞬间在一定长度内全部行人速度的平均值。具体地,行人流通过以断面(x_i, y_i)为起点的一段行程l_k的空间平均速度可根据公式(2-4-2)计算如下:

$$\overline{v(l_k)} = \frac{\sqrt{(x_i - x_{i-k})^2 + (y_i - y_{i-k})^2}}{\sum_j^N \frac{(t_i^j - t_{i-k}^j)}{N}} \tag{3-5-7}$$

3)行人密度

行人密度的计算方法由很多,包括网格法、X-T法、指数加权距离法、加权总距离法、最小距离法、泰森多边形法等,Duives等对行人密度的计算方法进行了较为系统的综述和定量对比分析[11]。其中网格法是最常用的密度测量方法,也是针对轨迹数据最为方便的算法。下面介绍基于轨迹数据的网格法密度计算过程。

网格法首先需要采用网格划定分析区域,设定分析区域为Ω。为计算区域Ω内行人密度,首先要统计区域Ω内行人数量,具体为:在t时刻,需要遍历所有行人N,判断行人i是否在网格区域Ω内,若在则记P_i为1,若不在则记P_i为0。由此可计算t时刻区域Ω内行人密度如下:

$$\rho_\Omega = \frac{\sum_i^N P_i(x, y, t)}{S_\Omega} \tag{3-5-8}$$

上式中,$P_i(x,y,t)=\begin{cases}1, & (x,y)\in \Omega \\ 0, & (x,y)\notin \Omega\end{cases}$,$S_\Omega$为区域$\Omega$的网格有效面积。

4)行人流量

行人流量可以根据定义计算,也可以根据流量与速度和密度关系计算。根据定义,首先判断行人j在Δt时间段内是否通过断面(x,y),若通过则q_j为1,否则为0。q_j计算如下:

$$q_j=\begin{cases}1, & x_t\leqslant x<x_{t+\Delta t}, y_t\leqslant y<y_{t+\Delta t} \\ 0, & \text{others}\end{cases} \tag{3-5-9}$$

由此可计算Δt时间段内断面(x,y)处流量$q(x,y)$:

$$q(x,y)=\sum_j^N q_j \tag{3-5-10}$$

若根据流量和速度、密度关系计算,可采用公式(2-4-5)计算得到,这里不再赘述。

3.6 本章小结

本章介绍了行人交通数据采集的目的和意义,梳理了微观、中观和宏观交通活动对应的交通行为参数,讲述了各层级参数的数据采集方法。根据数据采集的自动化程度不同,介绍了行人交通数据的人工调查方法、半自动化调查方法以及自动调查方法,阐述了其优劣点和适用范围。在此基础上,对每类方法下的不同调查实施手段详细展开说明,可供读者学习参考。

本章参考文献

[1] 王建军,严宝杰. 交通调查与分析:第2版[M]. 北京:人民交通出版社,2004.

[2] Fruin J J. Pedestrian Planning and Design, Metropolitan Association of Urban Designers and Environmental Planners[M]. New York:New York Inc. ,1971.

[3] Transportation Research Board. Highway Capacity Manual 2000[M]. Washington, D. C: Transportation Research Board of the National Academies,2000.

[4] Mohammad R. Tayyaran. Impacts of Telecommuting and Related Aspects of Intelligent Transportation Systems on Residential Location Choice:A Combined Revealed and Stated Preference Approach[D]. Ottawa:National Library of Canada,2000.

[5] Yu Huimin, You Yusai. Detecting and segmenting multiple moving objects using level-setmethod[J]. Journal of Zhejiang University,2007,41(3):412.

[6] 刘涛,吴泽民,姜青竹,等. 基于候选区域的视觉目标识别算法[J]. 军事通信技术,2015(4):16-20.

[7] 焦莉娟,王文剑,赵青杉,等. 基于均值计算的MSK-SVD图像去噪方法[J]. 计算机工程与设计,2017(12):198-202.

[8] 陈志飞,时宏伟,吕学斌,等. 基于均值漂移和模糊 C 均值聚类的图像分割算法[J]. 计算机应用与软件,2013(11):13-17.

[9] 蒋富勤,朱鲲,祝献. 一种改进的多假设跟踪算法[J]. 声学与电子工程,2014(1):9-12.

[10] Erceg V, Greenstein L J, Tjandra S Y, et al. An empirically based path loss model for wireless channels in suburban environments[J]. IEEE Journal on Selected Areas in Communications, 1999, 17(7):1205-1211.

[11] Duives D C, Daamen W, Hoogendoorn S P. Quantification of the level of crowdedness for pedestrian movements[J]. Physica A: Statistical Mechanics and its Applications, 2015, 427:162-180.

第4章　行人交通仿真模型

行人交通仿真模型是行人交通仿真理论的核心内容。本章通过分层剖析行人交通行为产生过程,将车站内行人出行过程分解为宏观路径规划和微观移动过程,由此给出了行人交通仿真模型框架,并详细介绍了该框架下的宏观路径规划模型和微观运动模型。其中,宏观路径规划模型中介绍了基于网络的路径规划模型和基于精细网格的路径规划模型;微观运动模型中系统性地介绍了行为决策模型、元胞自动机模型和社会力模型。在此基础上,整合了宏观路径规划模型和社会力模型,展示了其在行人疏散仿真分析中的应用。

4.1　仿真模型原理

模型是对系统、实体、现象或过程的一种描述形式,可以是对以上要素的数学、物理或逻辑的表达。仿真指使用一组可生成相关量的参数,通过模型再现系统、实体、现象或过程的特殊运行。它利用模型复现实际系统中发生的本质过程,并通过对系统模型的实验来研究存在的或设计中的系统。仿真模型是为研究仿真对象而制成的各种模型,是被仿真对象的相似物或其结构形式,包括物理仿真模型和数学仿真模型。其中,数学仿真模型以数学模型为基础,主要用于计算机仿真。在计算机仿真中,系统的数学模型必须改写成数学仿真模型后,才能编写相应的计算机程序运行。

行人交通仿真模型是一种对行人交通行为及其运动过程进行表达的数学仿真模型,是行人行为科学、数学建模、计算机建模三者的有机结合。结合对数学仿真模型的定义和演进,行人交通仿真建模过程从认知层面而言,也可以理解为是一个从形象认识到抽象认识再到具象认识、最后深刻理解形象认识的闭环过程,如图4-1-1所示。其中,形象认识是对模型描述和表达对象的认知过程,是一种感性层面的浅层认知过程,在行人交通仿真模型范畴,对应行人交通行为的认知,梳理和总结行人交通活动类型和数量。抽象认识是对形象认识结果的数学表达,是借助数学思维和工具对形象认识的抽象、近似刻画,在行人交通仿真模型范畴,对应采用简单数学模型对行人交通行为建模,得到能够采用数学工具定量化描述的行人交通行为客观规律;具象认识是对抽象认识成果的计算机模型表达,是将数学模型转化为计算模型的过程,是抽象模型用计算机语言和算法的二次抽象和近似刻画,在行人交通仿真模型范畴,对应行人交通仿真建模过程。在此基础上,进一步采用计算机编程语言实现行人交通仿真模型即可实现行人交通仿真,输出相应仿真结果。

仿真结果是行人交通行为在计算机上的虚拟实现,能够再现行人交通行为客观规律,还可支持行人交通行为规律的进一步研究,实现闭环反馈。

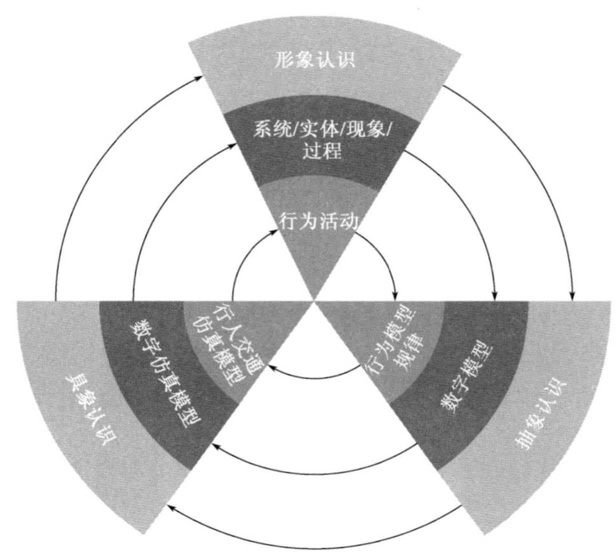

图 4-1-1　行人交通仿真建模认知过程分析

4.2　仿真模型框架

4.2.1　行人交通行为过程

根据对仿真建模过程的理论分解和分析可知,行人交通仿真是在对行人交通行为规律研究的基础上,通过数值计算再现行人交通行为并进行分析的过程。行人交通行为是行人交通仿真建模的理论基础,首先需要对行人交通行为的产生和演变过程进行剖析。

行人交通行为是在环境(Environment)、心理(Psychology)、行为(Behavior)三要素联动模式的影响下产生的[1]。环境是交通行为的外部承载体,既包括传统意义上的连续空间环境,也包括行人发生的不间断时间环境,还包括环境中的客观存在因素,如其他行人、障碍物、设施等要素。心理是行人交通行为的实施内因,包括行人多种行为的动机,以及依据外部环境而做出相应反应和决策的驱动机制;行为是行人在内外要素的综合作用和驱策下,产生的一种决策以及能动反应。

行人的交通行为包括最终目的地确定、局部目标点确定、路径规划、行人移动,以及包括排队、等候等在内的其他动作行为。其中,行人移动过程中又包括跟随、超越、避让等行为。行人的这些交通行为由走行环境、个体目标、个人自身等因素共同决定的,其中个体自身因素可分为主观因素和客观因素。主观因素包括个体心理、性格等,客观因素包括年龄、性别、携带行李、健康程度等。行人的交通行为决策过程可以简化为一个包括输入、决策处理、输出等环节的过程模型,如图4-2-1所示。

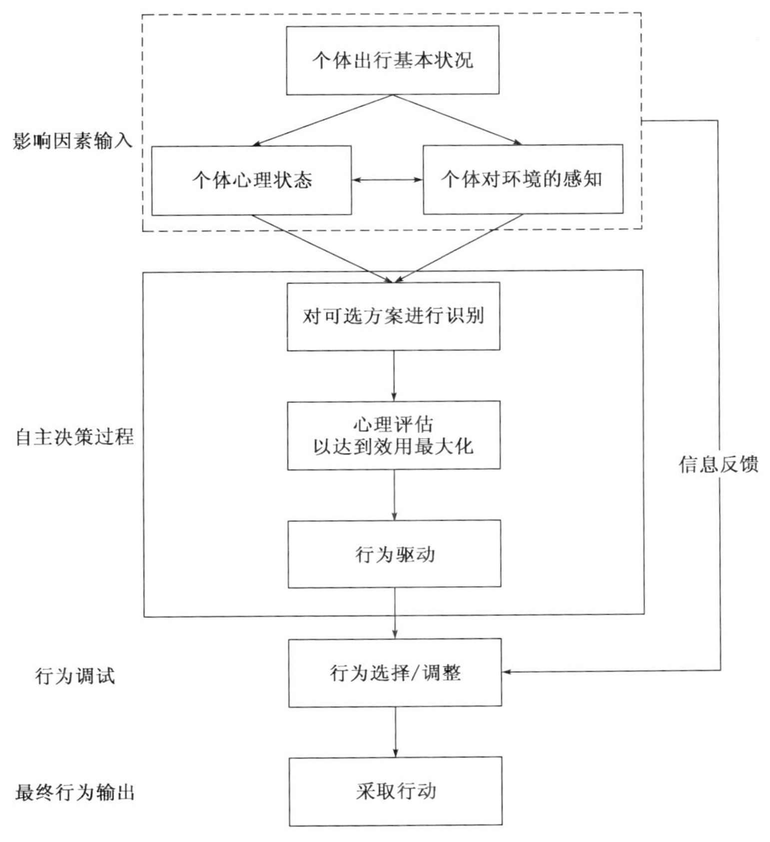

图4-2-1 行人交通行为影响、决策及执行过程分解

在图4-2-1中,输入因素包括个体对环境的感知信息、个体自身的主客观因素等。在输入信息的影响下,行人根据对环境的认知程度,结合自身的出行需求,以满足出行效用最大化为目标,驱动行为的产生,并输出行为决策结果。其中出行效用最大化结果因人而异。例如,对于追求时间最短的人群,效用最大的结果是选择最短路线,采用最快速度,尽可能地绕行和超越前方人群;而对于想追求舒适体验的人群,则会选择尽可能舒适的出行决策结果。

4.2.2 行人交通行为层次划分

根据上述对行人交通行为产生过程的剖析,可以根据行为采取的时机、频率以及行为执行所产生的具体效果等,分为宏观层面和微观层面,其中宏观层面包括战略层和战术层,微观层面包括决策层和操作层。通过对行人交通行为层次的划分,方便对行人交通行为抽象建模。

1)战略层行为

战略层行为是指行人为了实现此次出行而制订的出行规划,包括确定出行最终目的地、中途换乘点、交通方式、出行时间、中间活动环节规划以及其他与出行有关的宏观约束条件等。战略层行为通常是在出行开始时就基本确定好的,但也会随着出行过程中的新情况而调整。这一调整会对后面的战术层行为产生不同程度的影响。

2)战术层行为

战术层行为是指行人根据战略层的行为决策明确了出行最终目的地点,以及出行时间约束要求后,为完成该出行而做出的一系列行为,包括根据路途环境规划全局路径、关键环节确定、局部路径规划等行为过程。

(1)全局路径规划

路径规划是指行人获知目标位置后,确定从当前位置到目标位置之间途经空间的决策过程,包括行人的全局路径规划和局部路径规划。全局路径规划是指在战略层的起终点确定后,依据行人对出行线路的认知程度(熟悉程度),以及出行过程中的关键环节和节点规划的一条大致路径。

(2)关键环节确定

关键环节和节点是行人出行活动链中不可缺少的活动环节和对应的承载空间区域,不仅包括承载运动行为的关键节点,也包括为完成出行活动而必须完成的购票、查看导乘信息、咨询、等候等活动行为。行人根据出行需求和对出行环节掌握的信息,基于关键环节确定路径规划方案,且在无外界信息更改时,保持该路径方案基本不变。例如,以地铁车站内乘客为例,乘客进入车站搭乘地铁的全局路径,大致由出入口、安检处、闸机、楼扶梯、站台、站台门等关键环节或节点组成。

(3)局部路径规划

局部路径规划是指以全局路径规划结果为基础,根据当前所处位置和前方可视范围内的局部目标点,或者关键环节之间空间位置关系规划的一条局部路径。局部路径随着行人的走行位置不同,会经常调整。不同行人对局部路径的规划范围也不尽相同。全局路径和局部路径的一个简单示例如图 4-2-2 所示。

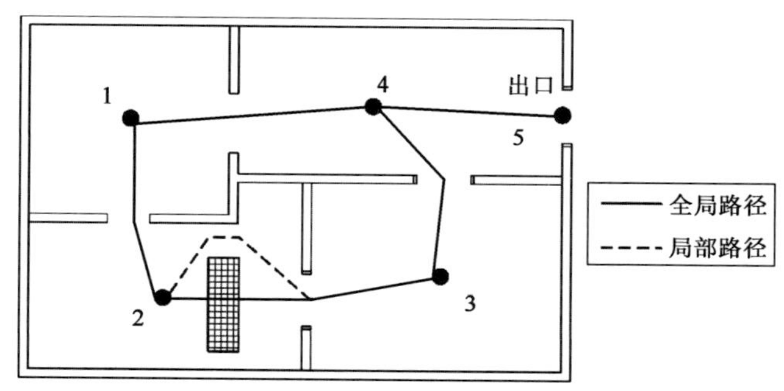

图 4-2-2　行人路径规划示意图

3)决策层行为

决策层行为属于微观层面的交通行为活动范畴。这一层面的行为以战术层的结果为基础,进一步确定行人的相对微观活动,包括行人在交通设施处的选择和排队等行为决策、朝目标的移动行为,以及在复杂环节中躲避障碍物的行为等。

(1)选择和排队等行为决策

在出行活动链中,会出现某个活动环节需要在多个活动区域、地点或设备中做出选择以接受服务,以及在接受服务过程中需要有所等待的情况,具体包括排队、购票、穿过闸机、接受安检等决策行为。例如,在车站中乘客购票时,会有多个窗口可提供售票服务,乘客需要选择其中一个窗口等待购票。一般情况下,选择行为可以构建以乘客自身效用最大化的节点选择模型,对应的效用值根据实际情况而定。排队等待行为可进一步细分为移动、节点选择、加入队列、队列移动、队列等待、接受服务、离开服务台等过程。根据服务台数量、队列数量可将排队划分为单服务台单队列、多服务台单队列、多服务台多队列等形式,具体内容可参见2.4.3小节,这里不再赘述。

(2)绕行决策

在局部路径的指引下,行人在决策层设计出有明确方向和线路的局部路径,并朝局部目标方向移动。移动线路上若有障碍物,行人会对移动路线进行局部调整,由此产生一条绕行路径。绕行路径可能会偏移行人的局部目标点方向,当绕过障碍物,行人的走行方向仍然会指向局部目标点方向。

4)操作层行为

操作层行为是在决策层行为基础上的微观层面的交通行为活动范畴,是行人在决策层确定微观行为之后的具体操作过程和能动反应,其实质是行人在行进或其他状态下每时每刻的具体动作。操作的范畴在行人周边2~3m左右,主要包括行人的步行移动、加速、减速、停顿、侧向偏移等动作。

4.2.3 行人交通仿真框架

根据上述对行人交通行为产生过程的分析,行人交通出行过程可以分为宏观层面和微观层面的行为决策过程。根据上述层次剖析,结合现有研究结论[2],我们将行人交通仿真模型也相应地细分为战略层、战术层、决策层和操作层等不同层面的模型,每类模型完成各自层次的行人交通行为规律建模,如图4-2-3所示。为便于梳理和简化建模过程,这些模型又可以归纳为宏观层面的路径规划模型和微观层面的移动模型。

(1)宏观层面路径规划模型

宏观层面的路径规划需要构建战略层和战术层的模型。具体而言,首先需要对场景空间进行建模,刻画行人交通仿真移动空间场所,完成仿真场景初始化工作。然后确定每个行人个体的最终目的地,完成战略层的行为建模。在此基础上,根据行人起终点,采用路径规划模型确定行人的全局路径,得到由一系列关键节点和中间节点组成的行人移动路径,完成战术层的行为建模。

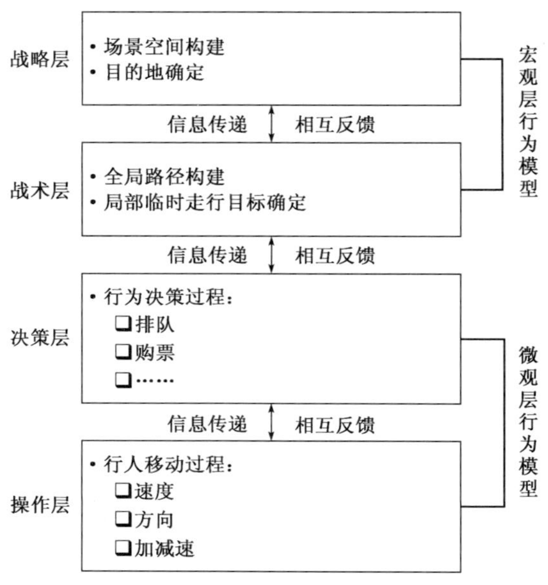

图 4-2-3　行人交通仿真模型框架及细分

(2)微观层面运动行为模型

微观层面运动行为模型主要包括决策层和操作层的模型。具体而言,在决策层需要根据关键节点处行人预设的行为活动完成活动建模。例如,假设地铁车站乘客全局路径上有售票区域关键节点,说明该乘客的流线活动中有购票环节,需要建立响应乘客购票行为的模型。为此,可以设置乘客到达购票处后停驻若干时间,结合乘客排队机制实现购票行为建模。在操作层需要根据中间节点或临时节点确定行人的期望速度方向,根据行人移动特征规律构建行人微观移动规则和模型,完成操作层的行为建模。微观层面的操作会更新行人当前位置,进而带动宏观层面不断更新行人移动路径中的关键节点和中间节点,乃至在特殊情况下更新其目的地。

根据上述对行人交通仿真模型框架的分析,不同层面模型的功能定位和作用各不相同,相互之间通过数据和信息交互,实现整个行人交通仿真模型的运行。行人交通仿真数据交互过程可描述如下:行人宏观层的行为模型确定行人最终目的地和临时移动目的地(局部目的地),行人移动模型实现仿真移动过程,二者之间形成通信和数据交流。其中,宏观层面的路径规划模型结合对战略层确定的最终目标和微观操作层面确定的当前目的地进行战术层面的模型计算,可得到战术层面的局部移动目的地,并将局部移动目的地信息传递给行人微观运动行为模型;行人微观运动行为模型基于当前位置和局部目的地信息完成行为决策过程,以及计算下一仿真时间段的实际运动方向和运动距离,然后完成行人运动,更新行人位置,同时将更新的位置传递给宏观层行为模型。当宏观层行为模型检测到行人移动到临时局部目的地后,将此信息传递给行人路径规划模型,行人路径规划模型开始计算生成新的局部移动目的地,并将此局部期望目的地传递给行人个体移动模型;依次循环,直至行人移动至最终目的地。

根据上述行人交通仿真模型内数据和信息交互过程,我们可给出宏观路径规划模型和微观行人移动模型耦合的行人交通仿真模型算法流程图,如图 4-2-4 所示。具体算法流程图为:仿真初始阶段,我们首先需要构造仿真场景,然后获取行人当前位置及其在路径中的节点,再根据路径规划算法得出抵达目的地的合理路径,以及下一邻接节点。由此可得到行人的移动方向,然后通过微观移动模型更新行人位置。

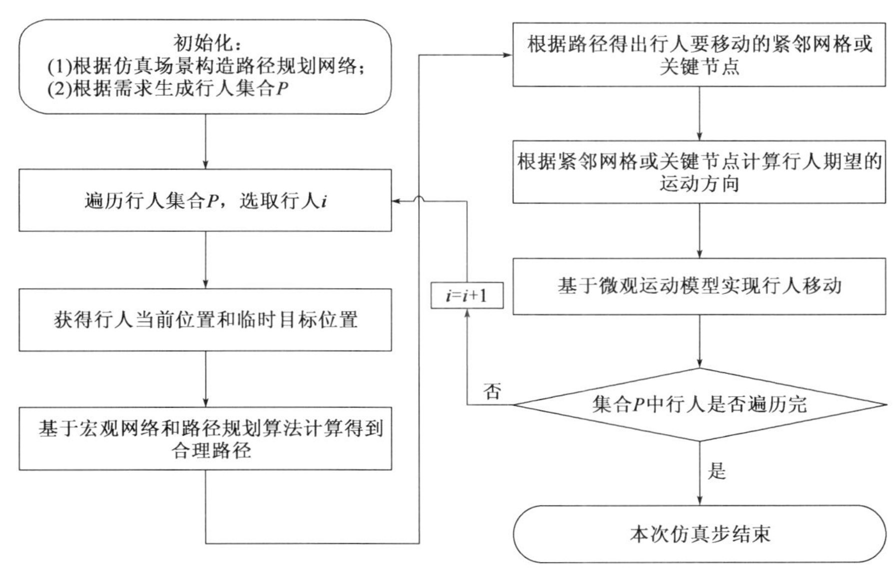

图 4-2-4 宏观路径规划和微观行人运动模型耦合仿真算法框架

宏观路径规划模型本质上属于网络路径优化模型,其路径规划建模工作可细分为仿真场景建模和路径规划建模两部分,不同的场景建模方式决定着仿真模型需要采用不同的路径规划模型。随后将在 4.3 节和 4.4 节中介绍不同的路径规划模型和方法。

微观运动行为模型建模工作也可以分为决策层的行为决策模型和微观移动模型。其中,决策层的行为决策建模主要集中在节点选择行为建模和行人碰撞避让建模,随后将在 4.5 节中开展说明。行人决策中的排队、购票等活动行为,可直接通过设置离散仿真运行机制而实现,在此不再赘述。

微观移动模型是行人微观仿真模型的核心内容之一。目前发展的行人移动模型成果极为丰富,包括成本效益模型、元胞自动机模型、社会力模型、磁场力模型、多智能体模型等。其中以元胞自动机模型、社会力模型的成果最为典型,且应用较为广泛,随后将在 4.6 节和 4.7 节中展开说明,其他模型不再赘述。

4.3 基于网络的路径规划模型

4.3.1 仿真场景建模

在行人路径规划模型中，仿真场景信息是模型的输入数据，是仿真建模的基础条件。为便于建模，仿真场景信息平面图被抽象为节点和弧段组成的网络。通常有两种网络构建方式：基于粗糙网格的网络构建方法和基于关键节点的网络构建方法。

4.3.1.1 基于粗糙网格的仿真场景建模

基于粗糙网格的网络构建方法是将仿真场景划分为规则或不规则的网格，每一个区域都是二维连续空间中的凸边形，可容纳多个行人，对应网络模型中的节点，各区域的邻接关系对应网络模型中的弧段，由此形成宏观路径规划网络。

以图4-3-1a)为例，该图为某车站工作用房区的简化图，包括一个厅和一个走廊，厅内有1个入口(图中起点)、2台设备(图中灰色障碍物)，走廊有两个出口(图中终点1和终点2)。内厅和走廊之间连接区域被支撑柱(图中灰色障碍物)分为两个通道。车站工作人员位于厅内起点处，抵达两个目标终点需要途经大厅和走廊，并绕行场景内的3个障碍物。

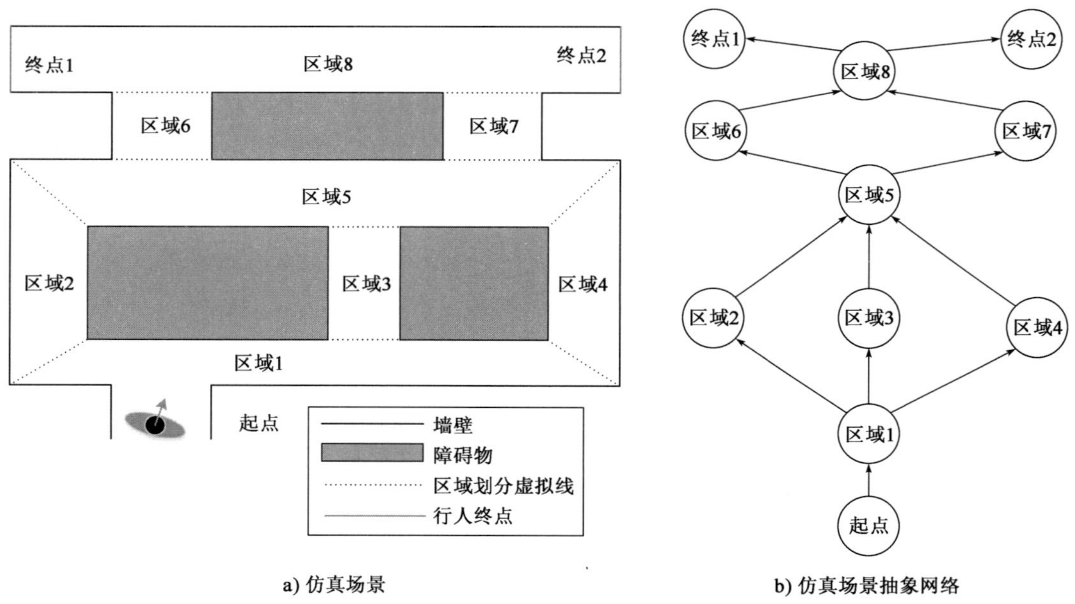

图4-3-1 平面图基于粗糙网格构建的网络

为建立路径规划网络，根据走廊、墙壁、出入口等关键位置将仿真场景划分为8个区域，并引入起点节点和终点节点，组成含有11个节点的网络。节点间的弧段通过判断各区域间是否相邻可得,如图4-3-1b)所示。需要说明的是,弧段不是行人移动的轨迹和空间,仅代表各个区域之间是否直接连通的逻辑关系。

基于粗糙网格的网络构造方法有多种,对于简单的仿真场景,可以人为划分粗糙网格区域,并构造相应网络,如图4-3-1b)所示。对复杂仿真场景,可以采用Voronoi图算法[3-6]、Navigation Mesh算法[7-8]得到粗糙网格,并构造相应网络。具体算法可见参考文献[3-8],此处不再赘述。

4.3.1.2 基于关键节点的仿真场景建模

基于关键节点的网络构建方法是将仿真场景中的关键点提取作为网络中的节点,节点间由弧段连接,由此形成宏观路径规划网络。

仍以图4-3-1中的仿真场景为例。不同于基于粗糙网格的网络建模方法将场景划分为8个区域,在基于关键节点的仿真场景建模方法中会标记场景中的关键节点,选择关键节点作为网络中的节点。关键点选择行人当前位置、目标终点位置以及墙壁和障碍物的顶点等。以关键点作为网络节点,并通过判断节点之间能否直接连接(无障碍物阻隔)来构建节点间的弧段,如图4-3-2所示。与基于粗糙网格的网络弧段不同的是,该网络的弧段一方面表示节点间直接能够连通的逻辑关系,另一方面也可作为行人移动的最短路线。

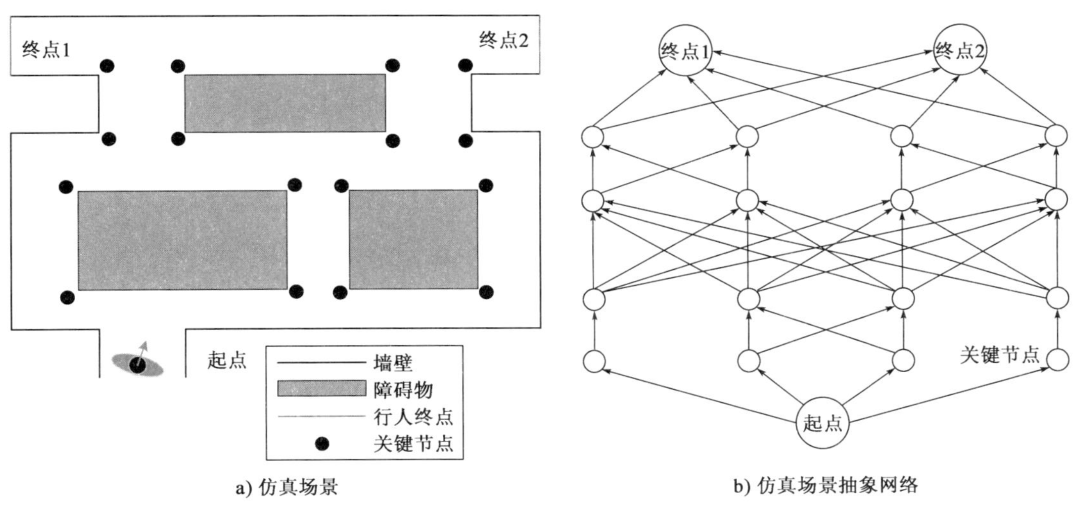

图4-3-2 平面图基于关键节点构建的网络

基于关键节点的网络构造算法有多种,对简单的仿真场景,可以根据节点位置关键构造相应网络,如图4-3-2b)所示。对复杂仿真场景,可采用可视图(Visibility Graph)算法构造网络弧段,具体算法可参见文献[9],这里不再赘述。

4.3.2 路径规划建模

路径规划是所有微观交通仿真模型中均需要涉及的问题。行人由于起讫点不一样、移动偏好不尽相同，在移动过程中必然会选择不同的路径到达目的地。理想情况下，一般认为在熟悉环境，且思维处于理性的条件下，行人都尽可能以出行效用最大化的原则，即路径最短、时间最少、费用最少、体力最省等来选择自己的路径。实际上，行人的路径规划更多是一种模糊决策，并且由于在路径规划过程中，可能会遇到障碍物或者其他行人阻挡自己的路径。因此，路径规划实际上是一个非常复杂的动态决策过程，不一定局限于最短路径，往往需要求解多条有效路径。针对使用网络构造法描述的行人活动空间，主要采用基于图论的路径规划算法确定行人路径。具体分为两步：首先求得最短路径，其次寻找有效路径。求解最短路可采用 Dijkstra 算法或 Floyd 算法，求解有效路径可采用 K 短路算法或 Dial 算法。

4.3.2.1 最短路径计算方法

1) Dijkstra 算法

针对要搜寻最短路径的网络，假设网络中两个相连顶点v_i和v_j之间的弧段长为$w(v_i,v_j)$，Dijkstra 算法采用标号法搜寻最短路。具体而言，给每个顶点两个标号，其中一个标号用于标记路长，用 $d(v_i)$表示；另一个标号用于标记从起点到终点路径最后一条弧的起始点号，即紧前节点v_1。该紧前节点是沿着最短路径到达节点v_i且最靠近v_i的节点。记录紧前节点是为了在搜索结束时，最短路径的轨迹可以通过紧前节点序列回溯得到。网络顶点的标号分为两类，一类是永久标记，另一类是临时标记。获得永久标号的节点代表已经找到起点到该点最短路的路长和路径。获得永久标号的点的路长标号 d 值和路径标号 λ 值不再修改。获得临时标号的点代表还没找到从起点v_s到该点的最短路。如果v_1是临时标号的点，那么路长标记值 $d(v_1)=\min[d(v_s,v_i)+w(v_i,v_1)]$是从$v_s$到$v_1$的最短路路长的上界值，此值作为中间结果存储。在第 k 步，新求的永久标号点是v_k，对临时标号v_1来说，求得$d^{(k)}(v_1)$和$\lambda^{(k)}(v_1)$；在第 $k+1$ 步中，$d^{(k+1)}(v_1)$和$\lambda^{(k+1)}(v_1)$可采用公式(4-3-1)和公式(4-3-2)计算：

$$d^{(k+1)}(v_1)=\min\{d^{(k)}(v_1),\quad d(v_s,v_k)+w(v_k,v_1)\} \tag{4-3-1}$$

$$\lambda^{(k+1)}(v_1)=\begin{cases}\lambda^{(k)}(v_1), & d^{(k+1)}(v_1)\geqslant d^{(k)}(v_1)\\ v_k, & d^{(k+1)}(v_1)<d^{(k)}(v_1)\end{cases} \tag{4-3-2}$$

此算法从起点v_s出发逐步向外寻求最短路，依次找d_1、d_2、…、d_n和它们所对应的路径，得到最短路生成树。

2) Floyd 算法

Floyd 算法的基本思想是利用权矩阵的迭代运算寻找任意两点之间的最短路长和最短路径。Floyd 算法适用于有负权的网络，而且在最终的结果矩阵中可以得出网络中任意两点之间的最短路。该算法首先赋予网络中点与点之间不经过中间点的最短路路长为$d_{ij}^{(0)}$，则$d_{ij}^{(0)}=\begin{cases}w_{ij}, & (v_i,v_j)\in A\\ \infty, & (v_i,v_j)\notin A\end{cases}$。$d_{ij}^{(1)}$为只考虑$v_i$、$v_j$、$v_1$三个节点时$v_i$到$v_j$的最短路长，显然路径$P_{ij}^{(1)}$有两种情况，一种是路径不经过$v_1$点，则$d_{ij}^{(1)}=d_{ij}^{(0)}$；另外一种是经过$v_1$点，那么$d_{ij}^{(1)}=d_{i1}^{(0)}+d_{1j}^{(0)}$，结合两种情况来看，有$d_{ij}^{(1)}=\min(d_{ij}^{(0)},d_{i1}^{(0)}+d_{1j}^{(0)})$。依此类推，每次迭代都新加一个点，判断$v_i$和$v_j$之间的最短路径是否经过新加点。

4.3.2.2　有效路径计算方法

求得最短路后，需要再计算OD对之间的有效路径。下面介绍两种常用的有效路径搜索算法。

1) K短路算法

搜索K短路径最直接的方法是基于最短路算法的“删边法”。该算法的主要思想如下：

步骤1：在网络中使用最短路算法寻找到最短路径。

步骤2：若最短路径存在，则从原网络中先删除最短路径中的其中一条边，然后再用最短路算法得出一条临时最短路径。

步骤3：重复步骤2，直到最短路径中的边都被删除过，将得出的所有临时最短路径进行比较，最短的一条就是次最短路径。

步骤4：如果要求第K短路径，首先将前K-1短路径中的所有的边进行集合配对，每次删除其中一个边对，其余的过程类似于步骤2和步骤3，最后将所有的临时最短路径进行比较，最短的一条路径就是第K短路径。

2) Dial算法

Dial算法中有效路径是指它所包含的所有路段都使行人距离起点的最小费用越来越大，同时距离终点的最小费用越来越小。该算法在网络中所有路段的两个端点(i,j)设定两个指标：

(1) $r(i)$表示节点i到起点r的最小费用；

(2) $s(j)$表示节点j到终点s的最小费用。

只有当$r(i)<r(j)$，$s(i)>s(j)$时，路段(i,j)才算在OD对(r,s)之间的有效路径上。

Dial算法求有效路径的步骤如下：

步骤1：计算从起点r到其他所有节点的最小费用，确定$r(i)$。

步骤2：判断路段(i,j)是否属于有效路径，即是否满足$r(i)<r(j)$，$s(i)>s(j)$；如果满足，则该路段属于有效路径，否则不属于有效路径。

步骤3：记录OD(i,j)之间的有效路径。

4.4　基于精细网格的路径规划模型

在使用网络构造仿真场景的路径规划模型中，行人随着仿真过程的推进，其位置节点会不断变动，需要不断更新其路径规划方案，当仿真行人数量较多时，其计算效率较低。同时，用于生成网络的算法相对复杂，加上基于网络图的路径规划模型运算量大，导致其在应用于大规模行人交通仿真中需要克服较多技术难点。为此,现有研究发展出了基于精细网格的仿真场景建模及其路径规划模型。

同基于粗糙网格的仿真场景建模类似,基于精细网格的仿真场景建模也将仿真空间划分为若干个区域。但与之不同的是,后者网格尺寸大小均一致,且每个网格内只能容纳1个行人,前者网格只要求保证为凸多边形即可,不要求尺寸一致,且网格内可容纳多个行人。以精细网格为基础,常见基于网格的路径规划模型通常用A*算法,它是一种启发式搜索方法,将最佳优先搜索算法(BFS,靠近目标点的结点)和Dijsktra算法(靠近初始点的结点)所得到的信息结合起来,能够较快地找到一条最短路径。但A*算法仍具有在未知环境的障碍物陷阱中容易陷入搜索失败、不能同时进行多个节点的最优搜索等缺陷。

本书针对基于网络的路径规划方法存在的计算效率缺陷,借鉴人工势场的思路,提出了基于精细网格构建人工势场,进而根据人工势场计算网格内行人期望速度方向的思路,由此实现行人的路径规划。该方法主要分为两个部分:①精细网格的人工势场值计算,用于获取每个网格到目的地的全局最短路径;②根据行人所处网格周围的人工势场值计算该行人的期望速度方向,其实质是根据全局最短路径上的最近网格(类似网络路径规划模型中的最近节点)计算行人的期望速度方向。

4.4.1 人工势场生成算法

在人工势场生成算法中,首先需将仿真场景划分为均等的网格,以网格为最小单位计算每个网格的人工势场值,具体计算方法如下。

首先采用二维正方形网格将连续空间场景划分为离散网格平面,设定正方形网格边长为μ。每个网格可能有4种类型:空白、被墙壁占据、被障碍物占据、出入口,其中空白网格和出入口网格能够用于行人移动。根据连续空间场景内墙壁、障碍物、出口等的坐标参数,可确定网格系统规模和每个网格的类型。

网格的邻域定义为网格周边一定范围内紧邻格子的集合,网格(x,y)的邻域集合$F^{w}_{(x,y)}$可表示为$F^{w}_{(x,y)}=\{(i,j)\,|\,|i-x|\leqslant w,|j-y|\leqslant w\}$,其中$(i,j)$为邻域网格,$w$为邻域范围参数,当$w=1$时,邻域为Moore邻域[10]。

每个网格的人工势场值根据基于邻域范围的势场值迭代计算得出,具体如下。

步骤1:初始化。令墙壁、障碍物、空白类型的网格初始势场值$st(x,y)=+\infty$,出口网格的初始势场值$st(x,y)=0$,出口网格加入集合A中。

步骤2:更新网格(i,j)的初始势场值$st(i,j)$,具体步骤如下。

步骤2.1:选取集合A中初始势场$st(x,y)$最小的网格(x,y),遍历空白类型网格$(i,j)\in F^{1}_{(x,y)}$,如$|i-x|+|j-y|=1$,且$st(i,j)>st(x,y)+1$,则$st(i,j)\leftarrow st(x,y)+1$;如$|i-x|+|j-y|=2$,且$st(i,j)>st(x,y)+\sqrt{2}$,则$st(i,j)\leftarrow st(x,y)+\sqrt{2}$,并将网格$(i,j)$加入集合$A$中。遍历结束,将网格$(x,y)$从集合$A$中移除。

步骤 2.2：如果 $A \neq \varnothing$，转至步骤 2.1，否则转至步骤 3.1。

步骤 3：更新非障碍物网格(i,j)的最终势场值 $s(i,j)$，具体步骤如下：

步骤 3.1：遍历所有空白网格，对空白网格(i,j)，如果 $st(i,j)$不为数列 $SE1$ 中元素，将 $st(i,j)$按照从小到大顺序加入数列 $SE1$ 中。

步骤 3.2：构造等差数列 $SE2$，$SE2$ 项数 N 与 $SE1$ 项数相等，首项$a_1 = 0.1$，末项$a_N = 1.0$，第 n 项$a_n = a_1 + (a_N - a_1)(n-1)/(N-1)$。

步骤 3.3：遍历所有空白网格，对空白网格(i,j)，根据 $st(i,j)$确定在 $SE1$ 中的位置 n，令 $s(i,j) \leftarrow a_n$。

步骤 4：遍历所有障碍物网格，对障碍物网格(x,y)，计算 $s(x,y)$，即 $s(x,y) = \max\{s(i,j) \mid s(i,j) \in F^1_{(x,y)}\}$。

为直观说明初始势场值和最终势场值的计算过程，图 4-4-1 给出一个室内场景的人工势场计算示例。该室内有一个障碍物和一个出口，如图 4-4-1a）所示。根据室内大小、出入口宽度和障碍物大小的相对尺寸，选择合适的网格划分该场景，确保各尺寸相对比例保持不变，图 4-4-1b）为该场景的网格划分示意图，其中空白网格表示可走行区域。根据上述人工势场算法得到网格(x,y)的初始势场值 $st(x,y)$值。网格(x,y)的最终势场值 $s(x,y)$如图 4-4-1c）所示，其中邻域范围参数 w 取 1。

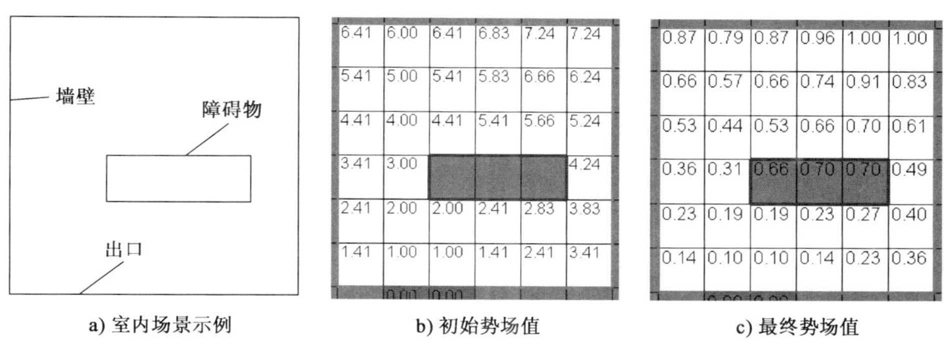

a) 室内场景示例　　b) 初始势场值　　c) 最终势场值

图 4-4-1 场景离散化及人工势场计算示意图

4.4.2 期望速度方向计算

4.4.2.1 期望速度方向计算公式

本模型中，行人的期望速度方向由行人所在网格的势场负梯度值计算。首先根据行人所处位置找到对应的网格，然后根据该网格及其周边网格的人工势场值计算该网格的势场负梯度，进一步求得势场负梯度的单位向量。该单位向量可作为行人在当前位置时的期望速度方向。期望速度方向具体计算如下：

步骤 1：获得行人圆心的位置坐标$\vec{l} = (x_l, y_l)$。

步骤 2：计算行人所处位置对应的网格(x,y)。其中 $x = (x_l/\mu) + 1$，$y = (y_l/\mu) + 1$。

步骤3：计算网格的势场负梯度方向。令(x_0,y_0)为网格(x,y)的中心点坐标，(x_i,y_i)为网格(i,j)的中心点坐标，$(i,j)\in F^w_{(x,y)}$，网格(x,y)的势场负梯度方向$\boldsymbol{P}$有：

$$\boldsymbol{P}=\begin{pmatrix}\sum_{(i,j)\in F^w_{(x,y)}}[s(i,j)-s(x,y)](x_i-x_0)\\ \sum_{(i,j)\in F^w_{(x,y)}}[s(i,j)-s(x,y)](y_i-y_0)\end{pmatrix}^{\mathrm{T}} \tag{4-4-1}$$

步骤4：计算行人的期望速度方向$\vec{e}_{(x,y)}$。令行人的期望速度方向为网格(x,y)的势场负梯度方向的单位向量，则位于网格(x,y)内行人的期望速度方向为：

$$\vec{e}^{\,1}_{(x,y)}=\frac{\boldsymbol{P}}{\|\boldsymbol{P}\|} \tag{4-4-2}$$

为了对比分析在4.4.1小节人工势场（下文称1类势场）下公式(4-4-2)计算的期望速度方向的特性，在此选取了文献[11]中提出的人工静态势场计算方法，并根据此静态势场（下文称2类势场），文献[11]提出行人期望方向计算公式，具体如下：

$$\vec{e}^{\,2}_{(x,y)}=\frac{(\boldsymbol{AB})^{\mathrm{T}}}{\|(\boldsymbol{AB})^{\mathrm{T}}\|} \tag{4-4-3}$$

上式中，$\boldsymbol{A}=\begin{pmatrix}\sum\limits_{(i,j)\in F^w_{(x,y)}}\psi_{(i,j)}(y_i-y_0)^2 & -\sum\limits_{(i,j)\in F^w_{(x,y)}}\psi_{(i,j)}(x_i-x_0)(y_i-y_0)\\ -\sum\limits_{(i,j)\in F^w_{(x,y)}}\psi_{(i,j)}(x_i-x_0)(y_i-y_0) & \sum\limits_{(i,j)\in F^w_{(x,y)}}\psi_{(i,j)}(x_i-x_0)^2\end{pmatrix}$，

$\boldsymbol{B}=\begin{pmatrix}\sum\limits_{(i,j)\in F^w_{(x,y)}}\psi_{(i,j)}[s(i,j)-s(x,y)](x_i-x_0)\\ \sum\limits_{(i,j)\in F^w_{(x,y)}}\psi_{(i,j)}[s(i,j)-s(x,y)](y_i-y_0)\end{pmatrix}$，其中如果网格$(i,j)$为障碍物，则$\psi_{(i,j)}=0$，否则$\psi_{(i,j)}=1$。

在文献[12-15]中提出行人沿$F^w_{(x,y)}$内势场值最小方向移动，该文献中行人通过离散选择概率模型，会选择地场值最小方向，根据这一假设，位于网格(x,y)内行人的期望速度方向向量$\vec{e}^{\,3}_{(x,y)}$有：

$$\vec{e}^{\,3}_{(x,y)}=\frac{\boldsymbol{C}}{\|\boldsymbol{C}\|} \tag{4-4-4}$$

其中$\boldsymbol{C}=\begin{pmatrix}p-x\\ q-y\end{pmatrix}^{\mathrm{T}}$，$(p,q)=\arg\{\min_{(i,j)\in F^w_{(x,y)}}\{s(i,j)\}\}$。

实际上，根据公式(4-4-2)的计算步骤可发现，为了能够合理利用人工势场值求解全局路径的高效性优点，公式(4-4-2)将行人的位置坐标$\vec{l}=(x_l,y_l)$近似处理为网格的中心坐标，并利用网格的中心坐标值计算势场负梯度方向，作为行人的期望速度方向。也即是，公式(4-4-2)的期望速度方向实际上是行人在连续空间中的期望速度方向的近似值。

为分析行人以$\vec{e}^{\,1}_{(x,y)}$作为期望方向时与连续空间中的期望速度方向的偏差，我们假设

行人在连续空间中的位置坐标为(x_0,y_0)，对应网格(x,y)的中心点。如图4-4-2所示，根据行人运动的特点，行人总是沿着最短路径走到目标区域的最近点，例如走廊、出口等。因此，我们将位于(x_0,y_0)处的行人的期望速度方向(下文称原始方向)定义为$\vec{e}^{\,0}_{(x,y)}$，计算如下：

$$\vec{e}^{\,0}_{(x,y)}=\frac{\vec{l}_{(x,y)}-\vec{c}_s}{\|\vec{l}_{(x,y)}-\vec{c}_s\|} \tag{4-4-5}$$

其中$\vec{l}_{(x,y)}=(x_0,y_0)$，$\vec{c}_s$是目标区域距离行人最近的点的二维坐标。

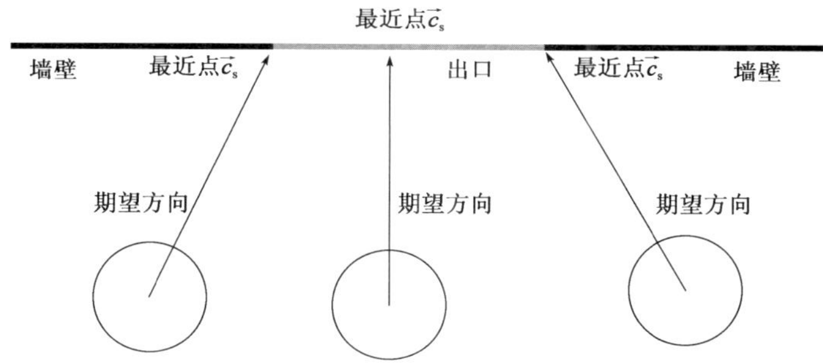

图4-4-2 连续空间中行人指向出口最近点的期望速度方向

将$\vec{e}^{\,0}_{(x,y)}$作为参照向量，令$\langle\vec{e}^{\,0}_{(x,y)},\vec{e}^{\,i}_{(x,y)}\rangle$表示向量$\vec{e}^{\,0}_{(x,y)}$和向量$\vec{e}^{\,i}_{(x,y)}(i=1,2,3)$之间的夹角，统计网格$(x,y)$的$\cos\langle\vec{e}^{\,0}_{(x,y)},\vec{e}^{\,i}_{(x,y)}\rangle$(简称网格余弦值)。显然，如果$\cos\langle\vec{e}^{\,0}_{(x,y)},\vec{e}^{\,i}_{(x,y)}\rangle$越大，则$\vec{e}^{\,i}_{(x,y)}$越贴近连续空间中行人交通的期望速度方向，对仿真结果造成的误差越小。

为对比分析1类势场和$\vec{e}^{\,1}_{(x,y)}$对仿真误差的影响，探讨基于精细网格的路径规划模型面向行人交通仿真的适用性。以下选取通道场景、室内无障碍物场景、室内有障碍物场景进行定性定量分析。

4.4.2.2 通道场景中的期望速度方向

首先在直行通道场景中采用1类势场和公式(4-4-2)计算行人的期望速度方向，并比较验证模型的正确性。现实中，行人在直行通道中的期望速度方向应该平行于通道朝右(或朝左)。以朝右行走的行人为例，通道右侧边界设置为出口，将通道场景离散化，计算网格的势场值，并根据公式(4-4-2)得出每个网格中行人的期望速度方向，如图4-4-3所示。图4-4-3中网格内数值为最终势场$s(x,y)$，箭头方向为公式(4-4-2)计算得到的期望速度方向$\vec{e}^{\,1}_{(x,y)}$。由图4-4-3可知，在通道场景中，采用1类势场和公式(4-4-2)计算得到的行人期望速度方向和在连续直行通道内行人期望速度方向一致，均平行于通道指向右侧。这表明基于1类势场和公式(4-4-2)的路径规划模型可适用于通道场景的行人交通仿真分析。

4.4.2.3 室内无障碍物场景的期望速度方向

选择在室内无障碍物场景中验证模型的有效性。选取 12m×12m 的室内单出口无障碍物疏散场景，出口宽度为2m，场景几何参数如图 4-4-4a）所示。选取网格边长 $\mu=0.4\text{m}$，邻域范围参数 $w=1$，计算网格 (x,y) 的势场值 $s(x,y)$ 和期望方向 $\vec{e}^{\,1}_{(x,y)}$，如图 4-4-4b）所示。图 4-4-4b）中网格的颜色越深，表示 $s(x,y)$ 值越大，箭头为网格内行人的期望速度方向 $\vec{e}^{\,1}_{(x,y)}$。由箭头方向可知，行人的期望速度方向均直接指向出口处，能够保证行人朝出口方向移动。这和连续空间中行人的期望速度方向一致，这表明基于 1 类势场和公式(4-4-2)的路径规划模型可适用于室内无障碍物场景的行人交通仿真研究。

0.93	0.85	0.78	0.70	0.63	0.55	0.48	0.40	0.33	0.25	0.18
0.93	0.85	0.78	0.70	0.63	0.55	0.48	0.40	0.33	0.25	0.18
0.93	0.85	0.78	0.70	0.63	0.55	0.48	0.40	0.33	0.25	0.18
0.93	0.85	0.78	0.70	0.63	0.55	0.48	0.40	0.33	0.25	0.18

图 4-4-3 通道内离散网格的势场值以及期望方向示意图

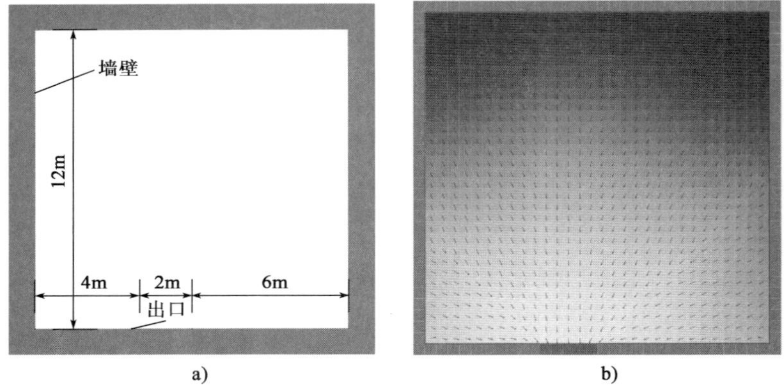

图 4-4-4 室内单出口疏散场景及其离散化网格期望方向示意图

4.4.2.4 室内有障碍物场景的期望速度方向

在有障碍物的室内仿真场景，贴近障碍物区域内的行人的走行方向需要考虑障碍物影响，并对其期望速度方向进行修正。本书模型在 4.4.1 小节的人工势场生成算法中，步骤 4 引入了对障碍物网格势场值的计算，由此修正了紧贴障碍物区域内行人的期望速度方向，如图 4-4-5 所示。

图 4-4-5a）和 b）分别为人工势场算法中计算步骤 4 和不计算步骤 4 时，紧贴障碍物区域的行人期望速度方向。由图 4-4-5a）可知，当不考虑障碍物场值时，行人的期望方向存在指向墙壁的趋势，在文献[11]中也出现同样问题，如图 4-4-5c）所示。对此文献[11]

将紧贴障碍物的网格内行人走行方向直接设置为指向垂直并远离于障碍物的方向，如图4-4-5d）所示，在文献[11]中也是直接人为设定垂直于障碍物的对外排斥向量场来计算行人的走行方向，这和实际情况有所差异。本书模型在4.4.1小节的人工势场算法中通过引入步骤4，可将紧贴障碍物区域的行人期望速度方向修正为沿着墙壁指向期望前行方向，这相比简单设置为垂直于墙壁方向更加贴近实际行人走行习惯。

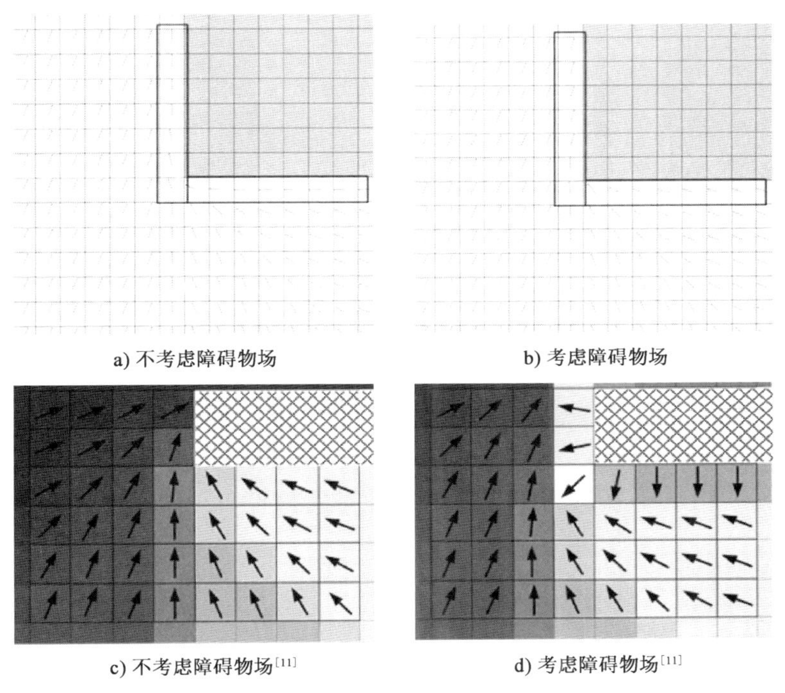

图4-4-5 有障碍物场和无障碍物场对比图

4.4.3 模型特性分析

1）多个模型对比分析

为对比分析本书提出的基于1类势场和公式（4-4-2）的路径规划模型特性，以图4-4-4的场景为算例，根据公式（4-4-2）、公式（4-4-3）和公式（4-4-4）分别计算在1类势场和2类势场下$\vec{e}^{\,i}_{(x,y)}$（$i=1,2,3$）值，并计算网格余弦值$\cos\langle\vec{e}^{\,0}_{(x,y)},\vec{e}^{\,i}_{(x,y)}\rangle$（$i=1,2,3$）。

图4-4-6a）~c）分别对应基于1类势场的公式（4-4-2）、公式（4-4-3）和公式（4-4-4）所计算的网格余弦值分布图。由图可知，三个公式所得的网格余弦值均大于0.5，即$\langle\vec{e}^{\,0}_{(x,y)},\vec{e}^{\,i}_{(x,y)}\rangle$均大于π/4，说明三个公式均能保证行人大致朝出口方向移动。整体对比可知，图4-4-6a）和图4-4-6b）中网格余弦值分布形态基本相同，且普遍大于图4-4-6c）中网格余弦值，说明基于公式（4-4-4）的期望速度方向相比连续空间中行人期望速度方向的偏离程度较公式（4-4-2）和公式（4-4-3）的偏离程度更大，表明基于公式（4-4-2）和公

式(4-4-3)的路径规划模型较公式(4-4-4)表现更好。

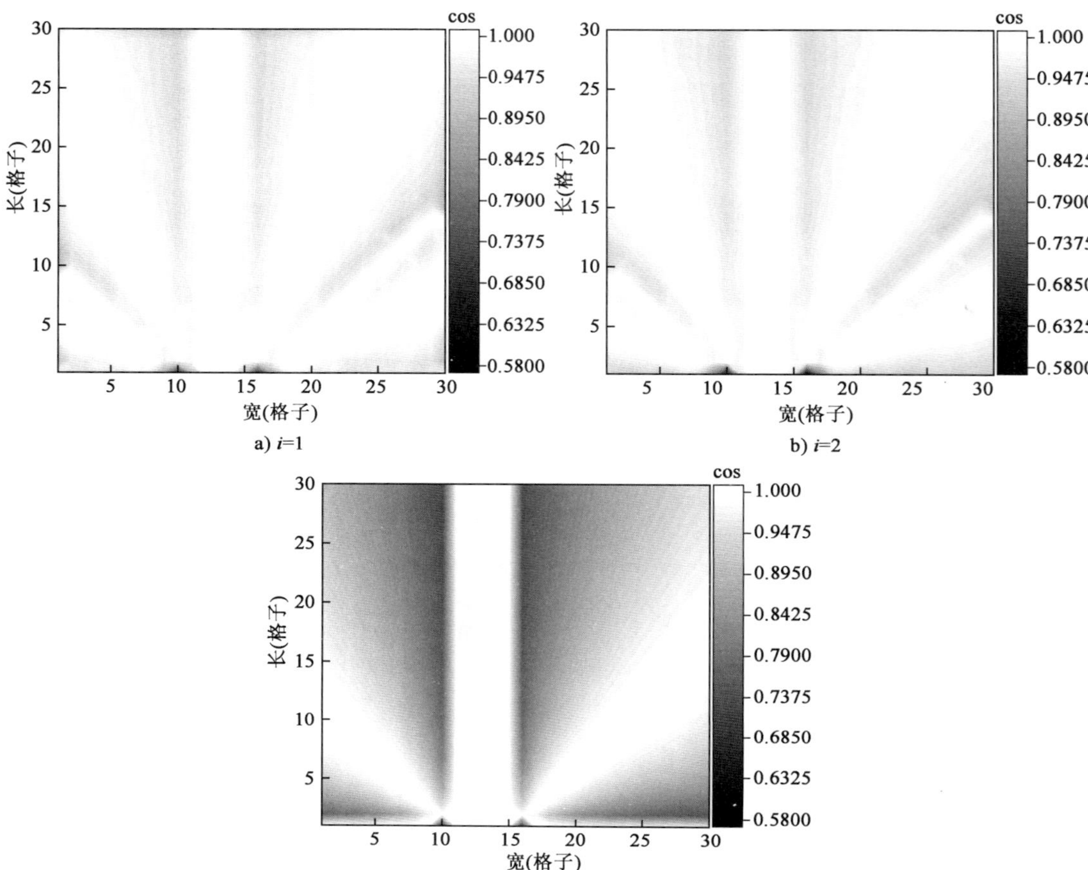

a) i=1

b) i=2

c) i=3

图 4-4-6　离散网格系统的网格余弦值分布示意图

为进一步讨论公式(4-4-2)和公式(4-4-3)在 1 类势场和 2 类势场下的差异性,统计这两个公式分别在 1 类势场和 2 类势场下所有网格余弦值的平均值,如图 4-4-7 所示。由图可知,在相同势场中,公式(4-4-2)的网格余弦值的均值要略小于公式(4-4-3),其标准差也较公式(4-4-3)要小,说明基于公式(4-4-2)的各网格余弦值的离散程度更好;比较不同势场下相同公式的网格余弦值均值和标准差可知,公式(4-4-2)和公式(4-4-3)在 1 类势场下的网格余弦值均值均略大于 2 类势场,标准差均小于 2 类势场,说明 1 类势场要略优于 2 类势场,更适用于基于精细网格的路径规划模型。

对比公式(4-4-2)和公式(4-4-3)可知,对于网格(x,y),如果$F^m_{(x,y)}$内没有障碍物网格时,$A=\begin{pmatrix} a & 0 \\ 0 & a \end{pmatrix}$,$B=P^{\mathrm{T}}$,其中 a 取值与 w 有关,当 $w=1$ 时,$a=6$。也即是,当$F^m_{(x,y)}$范围内无障碍物时,显然有$\vec{e}^{\,1}_{(x,y)}=\vec{e}^{\,2}_{(x,y)}$成立,使得 $\cos\langle \vec{e}^{\,0}_{(x,y)},\vec{e}^{\,1}_{(x,y)}\rangle=\cos\langle \vec{e}^{\,0}_{(x,y)},\vec{e}^{\,2}_{(x,y)}\rangle$。这说明公式(4-4-2)和公式(4-4-3)计算的行人期望速度方向差异性和网格周边形态紧密相

关,网格周边无障碍物时,二者无差异;当网格周边有障碍物时,二者会有较大差异。为分析周边有障碍物的网格处行人期望速度方向的差异性,我们将图 4-4-4 中案例的仿真空间划分为两大类三小类区域,如图 4-4-8 所示。其中区域Ⅰ为与周边墙壁距离大于 w 个网格的所有网格,显然该区域内所有网格的$F^{m}_{(x,y)}$范围内无障碍物;区域Ⅱ为其他网格,该区域内网格的$F^{m}_{(x,y)}$范围内有障碍物。为便于后续分析,区域Ⅱ又细分为区域Ⅲ和区域Ⅳ。其中,区域Ⅲ为与出口所在的墙壁距离小于 w 个网格的所有网格,区域Ⅳ为与其他墙壁距离小于 w 个网格的所有网格。

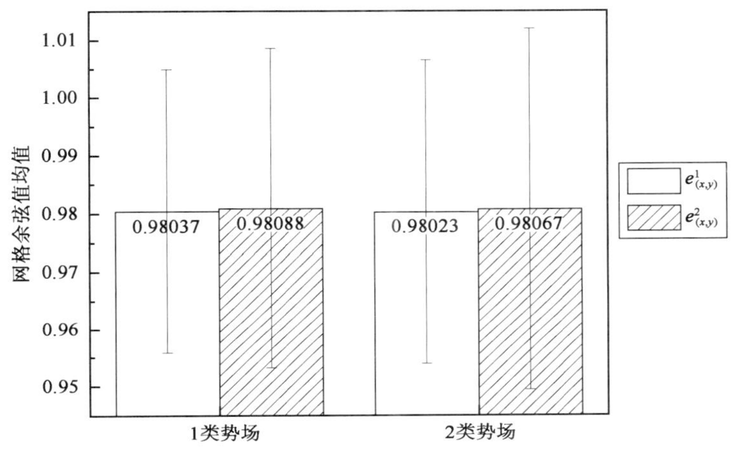

图 4-4-7 不同模型的所有网格余弦值的均值和标准差

公式(4-4-2)和公式(4-4-3)在上述不同区域的网格余弦值有如下特点:在区域Ⅰ内,公式(4-4-2)和公式(4-4-3)的行人期望速度方向相同。相应地,在图 4-4-6a)和图 4-4-6b)中的区域Ⅰ内的网格余弦值分布形态相同;在区域Ⅱ内网格余弦值各有差异。显然,图 4-4-7 中同一势场下公式(4-4-2)和公式(4-4-3)的网格余弦值均值和标准差的差值正是区域Ⅱ内网格余弦值差异的整体体现。特别地,在区域Ⅲ内靠近出口两端的网格区域内,图 4-4-6a)的余弦值明显大于图 4-4-6b),说明在出口附近网格内,公式(4-4-2)较公式(4-4-3)更加贴近连续空间内行人的期望速度方向。

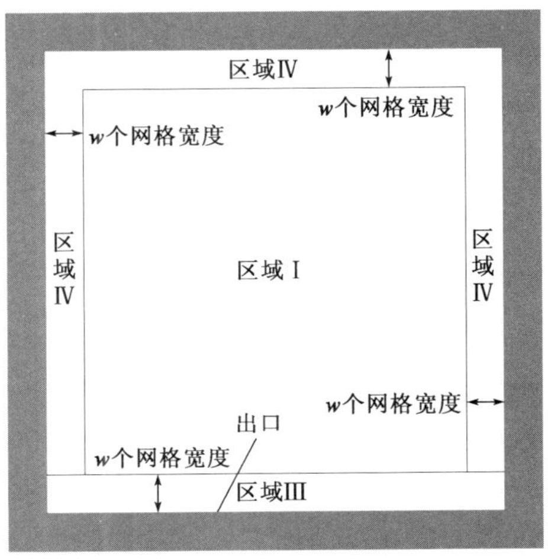

图 4-4-8 仿真案例场景区域划分示意图

在仿真过程中,行人会长时间聚集在出口附近,在区域Ⅲ内逗留时间要远大于区域Ⅳ内逗留时间。由此可知,分析区域Ⅲ内的网格余弦值的偏差对判断模型的适用性而言更有意义。据此,统计公式(4-4-2)和公式(4-4-3)在区域Ⅲ内网格余弦值的均值和标准差,如图4-4-9所示。由图可知,在区域Ⅲ中,相同势场下公式(4-4-2)的网格余弦值的均值明显大于公式(4-4-3),标准差明显小于公式(4-4-3),说明相同势场下公式(4-4-2)要优于公式(4-4-3);采用同一公式,基于1类势场的网格余弦值均值要略大于基于2类势场的网格余弦值均值,且标准差要明显小于后者,说明如采用相同公式,1类势场要优于2类势场。

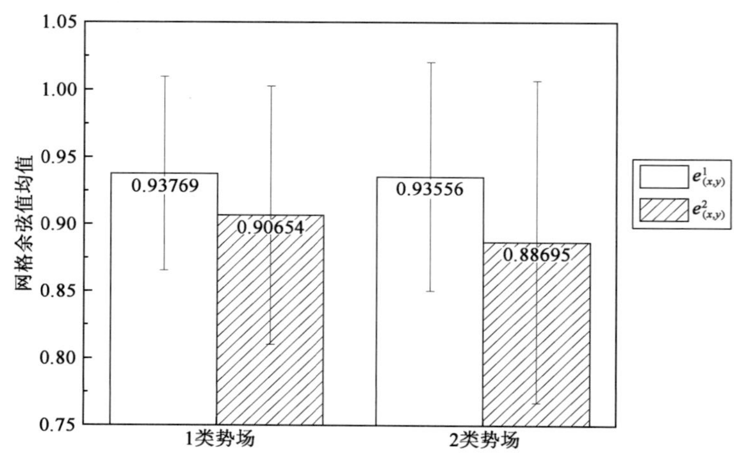

图4-4-9　不同模型的区域Ⅲ内网格余弦值均值和标准差

2)邻域范围参数 w 分析

为分析邻域范围参数 w 对模型的影响,统计不同 w 取值时根据1类势场和公式(4-4-2)计算的不同区域内网格余弦值均值,如图4-4-10所示。由图4-4-10可知,随着 w 增加,区域Ⅰ内网格的余弦值均值逐渐增加并趋近于1.0,标准差逐渐减小;区域Ⅲ内网格余弦值均值逐渐下降,标准差逐渐增加;所有网格的余弦值均值呈现先略微增加再下

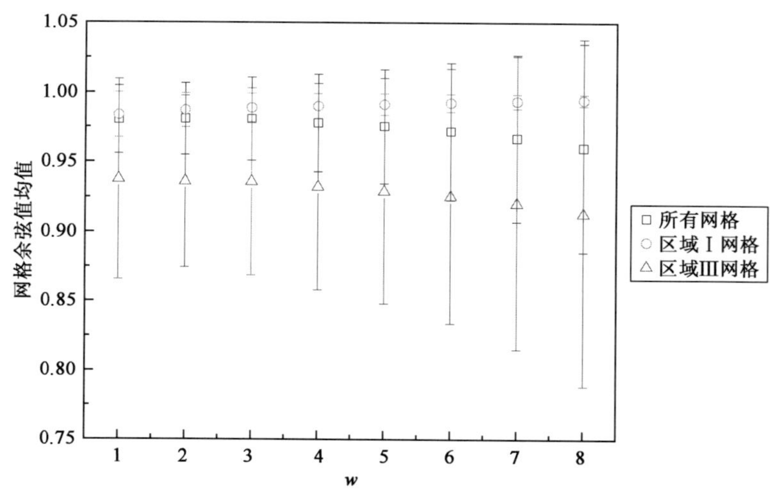

图4-4-10　不同 w 值下的统计区域内网格余弦值均值变化图

降的趋势，均值在 $w=3$ 时最大，标准差逐渐增加。这是因为区域Ⅰ内网格(x,y)根据$F^{w}_{(x,y)}$内所有方向的网格计算$\vec{e}^{\,1}_{(x,y)}$，当 w 增加时，网格(x,y)周围方向离散化程度更精细，使得$\vec{e}^{\,1}_{(x,y)}$更贴近连续空间下行人的期望速度方向；区域Ⅲ内网格(x,y)的$F^{w}_{(x,y)}$内某一侧的墙壁类型网格不予计算，这种不对称造成$\vec{e}^{\,1}_{(x,y)}$相对$\vec{e}^{\,0}_{(x,y)}$的偏离夹角，且 w 增加时，不对称性增强，进而网格余弦值变小。$w \leq 3$ 时，区域Ⅰ内网格余弦值增加幅度大于区域Ⅲ和区域Ⅳ，所有网格余弦值均值呈上升趋势；$w>3$ 时，一方面区域Ⅲ和区域Ⅳ范围继续扩大，同时区域Ⅰ内网格余弦值增幅小于区域Ⅲ和区域Ⅳ，所有网格余弦值均值呈下降趋势。

3）网格边长参数 μ 分析

为分析网格边长参数 μ 对模型的影响，分别统计 μ 取值为0.05、0.1、0.2、0.4、0.5、1.0时根据1类势场和公式(4-4-2)计算的所有网格余弦值均值，如图4-4-11所示。由图可知，随着 μ 增加，所有网格区域的余弦值均值减小，标准差逐渐减小，说明期望方向随着 μ 值增加逐渐偏离连续空间下行人的期望速度方向。这是因为网格边长越小，场景空间离散化精度越高，$\vec{e}^{\,1}_{(x,y)}$越贴近$\vec{e}^{\,0}_{(x,y)}$，使余弦值均值更大。当 μ 较小时，μ 对余弦值均值的变化率不显著，但是网格势场计算量会大大增加。因此，在兼顾精度与效率时，建议 μ 取值为0.2m。

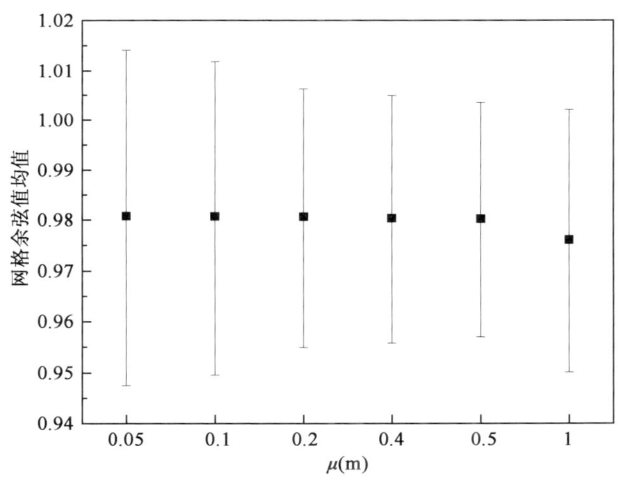

图4-4-11 不同 μ 值的网格余弦值均值变化图

4.4.4 模型适用性分析

根据上述分析可知，基于1类势场和公式(4-4-2)的路径规划模型在行人期望速度方向和轨迹计算方面存在细微偏离，本小节将讨论该偏离对仿真时间的影响。选取图4-4-4a)场景，仿真相关参数取 $\mu=0.2\text{m}$，$w=1$；微观仿真模型选为社会力模型，相关参数为松弛时间 $\tau=0.5\text{s}$、$A=2000$、$B=0.08$、$k_1=1.2\times10^5$、$k_2=2.4\times10^5$、仿真时间步长 $\Delta t=0.01\text{s}$；行人相关参数为行人质量$m_i=70\text{kg}$、行人圆半径$r_i=0.2\text{m}$、期望速率$v_i^0=1.3\text{m/s}$，行人随机分布在场景中，行人密度用占有率 ϕ 表示，$\phi=(\sum_{i}^{N}\pi r_i^2)/12\times12$，$\phi\in[0,1]$，$N$ 为行人总数。针对相同的行人初始位置分布状态，分别采用原社会力模型和结合本书路径规划的社会力模型进行仿真，统计两个模型疏散完所有人所需仿真时间，分别对应 T_1 和 T_2，并计算二者差值 $\Delta T=T_2-T_1$。取 $\phi=\{0,0.002,0.004,\cdots,0.08\}$，相同 ϕ 值重复仿真 50 次，并统计 ΔT 的均值和标准差，如图 4-4-12 所示。

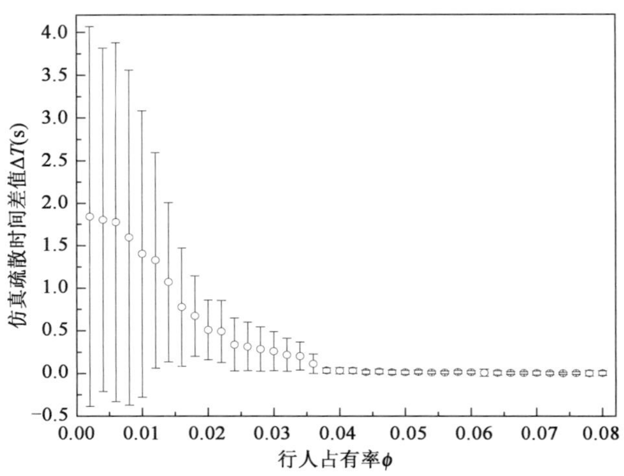

图 4-4-12　仿真疏散时间差值随占有率变化图

由图 4-4-12 可知，当 $\phi<0.038$ 时，ΔT 均值随 ϕ 增加逐渐减小并趋近于 0，$\phi\geqslant0.038$ 时，ΔT 近似于 0，且随 ϕ 的增加基本保持不变。ΔT 均值的标准差也呈现类似的变化趋势。这表明当 $\phi>0.038$ 时，本模型和原社会力模型之间的仿真疏散时间存在差异，此时 ΔT 均值的标准差较大，说明行人初始分布状态对 ΔT 有较大影响。这意味着 $\phi<0.038$ 时，根据本模型得到的仿真疏散时间值是不可靠的。

随着行人数量增加，ΔT 均值和标准差逐渐减小。特别地，当 $\phi\geqslant0.038$ 时，ΔT 均值和标准差均近似为 0，说明本模型仿真时间接近原社会力模型，且行人初始分布状态对仿真时间的准确性不产生影响。这意味着 $\phi\geqslant0.038$ 时，采用本模型评估仿真疏散时间值是可适用的。推断变化趋势的原因在于：在低占有率下，$\Delta T\neq0$ 是由同一行人在两个模型中期望速度方向有偏差，导致走行轨迹长度不相等，进而影响仿真疏散时间，且行人初始位置不同，走行轨迹长度差异程度不同，导致标准差较大；当 ϕ 增加时，行人在出口处形成拱形拥挤排队。当排队时间较大时，会抵消轨迹路径上走行时间的差异，使得疏散时间基本相等。

由图 4-4-12 可知，当 $\phi<0.01$ 时，ΔT 均值的误差棒最小值小于 0，这说明存在 $T_2<T_1$ 情况，这有悖于原社会力模型中行人选择全局最短可行路径的判断。经仿真试验观察，行人初始时刻位于某些位置处时（例如图 4-4-4 中的左上角或右上角位置），对原社会力模型而言，在出口附近行人因受到墙壁排斥力作用导致速率降低，增加疏散时间；而本模型

中,由于期望方向的偏差导致行人的走行轨迹偏离原社会力模型的轨迹,最终行人的速度方向会保持垂直出口走向,走行过程中速率总能保持期望速率v_i^0,由此使得$T_2 < T_1$。

图4-4-12表明,存在一个ϕ_c,满足当$\phi \geqslant \phi_c$时,ΔT接近于0,且随ϕ的变化基本保持不变,称ϕ_c为临界占有率。显然,当$\phi \geqslant \phi_c$时,结合本书路径规划模型的社会力模型的期望速度方向是可适用的。为分析出口宽度对ϕ_c的影响,取出口宽度从0.8m开始依次递增0.4m,直至12m,统计不同出口宽度下的临界占有率ϕ_c。为确保精度,在仿真试验出ϕ_c的大致范围后,ϕ值取值变化0.001(仿真人数变化1人左右),统计结果如图4-4-13所示。

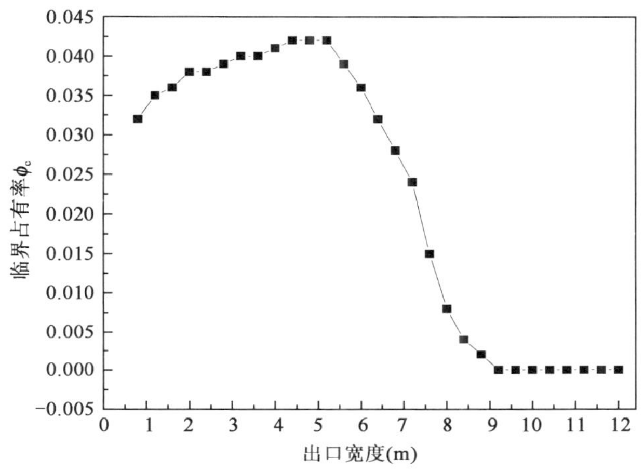

图4-4-13　出口宽度和临界占有率变化图

由图4-4-13可知,随着出口宽度增加,ϕ_c初始时缓慢增加,在出口宽度为5.2m时达到最大值0.042,然后快速下降,直至在出口宽度为9.2m时接近于0。在出口宽度小于5.2m时ϕ_c增加,推断是因为同样的仿真人数,出口宽度越小越易于形成出口拥挤排队,进而消除了期望速度方向偏差导致的ΔT;当出口宽度大于5.2m时,大部分行人的走行轨迹会趋近于垂直出口方向,此时走行轨迹和原社会力模型轨迹几乎重合,使得ΔT趋近于0。当出口宽度越大,此类行人越多,导致ϕ_c越小。特别地,当出口宽度大于9.2m时,几乎所有行人为此类行人。而出口宽度为12m时,显然所有行人的走行轨迹均垂直于出口,并和原社会力模型的轨迹重合,此时有$\phi_c = 0$。

4.5　行为决策模型

车站内乘客在决策层的行为包括节点的选择、躲避障碍物、排队、购票、通过安检设施和闸机等。行为仿真模型中的行为决策模型要相应刻画上述行为,其中,排队、购票、通过安检设施和闸机等活动行为可直接通过设置离散仿真运行机制而实现建模,不需要单独给出数学仿真模型。为此,主要对节点选择行为和避障行为进行建模,对应于节点选择模型和碰撞规避模型。

4.5.1 节点选择模型

在乘客进入或者离开某关键节点时,其中很重要的一个行为就是节点选择。例如:当有多个售票窗口时乘客对窗口的选择、乘客对列车上车车门的选择、乘客对出站闸机的选择等。这些选择均可以归结为以乘客自身效用最大化的节点选择。即乘客选择某个节点的概率可以表示为:

$$P\left(\frac{i}{A_n}\right)=P_{\mathrm{r}}\quad(U_{in}\geqslant U_{jn},\forall j\neq i\in A_n)\tag{4-5-1}$$

式中:i、j——第 i 和 j 个节点;

U_{in}、U_{jn}——乘客选择第 i 和 j 个节点的效用;

A_n——可供选择的节点集合。

效用 U 可以根据影响乘客选择的因素计算,这些因素称为特性变量 X。在此主要分为可观测变量 V 和不可观测变量 ε。通过调查发现,影响乘客节点选择的可观测变量主要为乘客到达节点所花费的时间 t 以及节点拥挤程度两类。因此 U 可以用下式计算:

$$U_{in}=V_{in}+\varepsilon_{in}=-(a\,t_{in}+\beta\,c_{in})+\varepsilon_{in}\tag{4-5-2}$$

其中,t_{in}可以用乘客相对于节点 i 的场强表示,c 在不同排队类型下可以有不同的描述方式,例如排队长度、人群规模等。

假设ε_{in}为服从某一概率分布的随机变量,且ε_{in}与V_{in}之间相互独立,则乘客选择节点的概率可以用多项 Logit 模型计算,如下式:

$$P_{in}=\frac{\exp(\lambda V_{in})}{\sum_{j=1}^{n}\exp(\lambda V_{jn})}\tag{4-5-3}$$

其中,参数 λ 可以通过调查手段获得,它与 ε 的方差σ^2之间存在$\lambda^2=\pi^2/(6\sigma^2)$关系。

4.5.2 碰撞规避模型

碰撞规避模型是描述行人在运动过程中发生的行人与行人或者行人与环境之间碰撞避让过程的行人交通行为决策模型。按照行人交通行为决策的处理流程,碰撞规避包括碰撞检测和碰撞响应。

4.5.2.1 碰撞检测

碰撞检测主要分为 3 种类型:静态碰撞检测、伪动态碰撞检测和动态碰撞检测。其中,静态碰撞检测是判断在某一特定的位置或者时刻,对象与环境是否相交;伪动态碰撞检测是在得知对象的运动路径和规律后,检测对象在某一离散时刻是否与环境相交;动态碰撞检测是指检测活动对象在运动的整个过程的任意时刻,是否与任意其他对象空间相交。

层次包围盒是目前应用较为广泛的碰撞检测方法,在解决碰撞检测核心的实时交互性方面提供了一个较好的方法。它通过用几何特性简单的包围盒来近似地描述复杂的几何对象,以简单的构造层次结构来逼近复杂的对象实体,从而只需对包围盒重叠的部分做相交测试,进而判断相交情况。层次包围盒检测类型主要有沿坐标轴包围盒 AABB(Axis-aligned Bounding Boxes)的碰撞检测、包围球的碰撞检测、基于方向包围盒 OBB(Oriented Bounding Boxes)的碰撞检测。而采用何种检测方法可以根据检测对象的几何特性做出相关选择。一般来说,采用包围球的碰撞检测方法,其算法具体如下:

(1)确定所包围对象的最小球体。计算对象的包围球,首先可根据对象顶点的 X、Y、Z 坐标值,以此确定球心的位置,再通过计算球心与顶点的距离,选取最大距离作为该包围球半径,同时储存球心和半径,记为(O,R)。

(2)测试碰撞过程。对于任意两个包围球,判断碰撞的测试为:如果$|O_i - O_j| \geq R_i + R_j$成立,则两包围球相交,进而近似认为两个对象碰撞或重叠了。

4.5.2.2 碰撞响应

检测出碰撞后,需要对运动行人给予一个运动指示以免碰撞,该指示则是实际仿真中对于碰撞的响应,其表现为行人运动过程中的简单避让行为,一般根据行人速度和走行方向两方面来调节自身行为。

假设行人 A 与 B 存在可能碰撞,为避免碰撞,行人 A 产生加速度 a,假设单位偏移时间为 Δt。则该过程表示为:

$$a = \frac{v_{\mathrm{A}} \cos\alpha \tan\beta}{\Delta t} \tag{4-5-4}$$

式中:α——行人 A 与 B 的相对速度v_{AB}与行人 A 的速度v_{A}之间夹角;

β——行人 A 与 B 位置连线与相对速度v_{AB}的方向间夹角。

根据该响应过程,使得行人避免了碰撞,同时随着相对速度的变化,使得行人能够回到原来的运动轨迹中。

根据碰撞规避的基本流程,设计的碰撞规避模型按照一个规避事件发生的时间先后顺序可以分为碰撞预测、方向调整和速度调整三个阶段。

第一阶段:碰撞预测阶段是指行人观察周围其他的行人的速度、方向等属性,按照自己的经验和能力预测其他行人在未来很短一段时间内所处的位置,以便判断自己是否会与其他行人产生位置占用冲突。在这一阶段,正确预测其他行人位置的主要因素是预测提前时间量t_e,在t_e很小时,可以假定行人在t_e时间内做匀速直线运动。因此,可以用线性方程$P_{L(i+e)}(x,y) = P_{L(i)}(x,y) + V_{L(i)} t_e$来预测行人在时间$t_e$后的位置。

第二阶段:方向调整阶段是行人预测到碰撞发生的位置后,为避免与其他行人发生冲突,采取方向改变策略。改变后的方向是行人当前移动方向和预测碰撞方向的合力方向,如:行人 α 与行人 β 冲突后的方向可以用 $\bar{e}_\alpha - \bar{e}_\beta$表示。

第三阶段:速度调整是行人采取方向改变策略后根据新的方向调整自身速度的过程。这时速度的调整与移动模型中的速度调整方法相同。

4.6 元胞自动机模型

4.6.1 元胞自动机的基本组成

元胞自动机是把时间和空间按各自最小单元离散化,每个空间单元取有限个状态,按照一定的局部规则,以最小时间单元在离散的时间维度上演化的物理系统简化动力学模型[10]。元胞自动机系统的时间、空间、状态均离散,每个元胞空间状态有限,且元胞状态的改变在时间和空间上都是局部有限作用的。这些特点使得元胞自动机模型在模拟具有时空属性的复杂动态系统方面具有突出优势,在物理、化学、生物学、地理学、计算机科学等领域得到深度应用。

元胞自动机在道路交通流仿真方面得到广泛应用。自 1997 年 Blue 将元胞自动机模型用于行人对向流研究以来[16-19],行人流的元胞自动机模型也逐步发展。一个基本的行人元胞自动机模型可由元胞空间、元胞邻域、移动规则、更新规则组成。

1)元胞空间

元胞空间是行人元胞自动机仿真模型的仿真场景,一般为二维平面离散网格系统,其中最小离散网格单元称为元胞。元胞为统一规格的网格,且要求能够全覆盖仿真场景。为满足该条件,可采用三角形网格、四边形网格、六边形网格划分平面。

(1)元胞网格形状选取

三角形网格在计算机中不易于存储和计算,且行人在三角形网格中只能朝 3 个邻接边移动,不能较好地模拟各向同性的移动,与实际中行人移动行为差异较大,一般较少采用。四边形网格具有易于存储和计算的优点,且邻接边和行人移动行为较为贴近,采用四边形、特别是正方形网格离散仿真平面的仿真模型较多。六边形网格划分能够较好地模拟 6 个邻接边各向同性的移动,因此,基于六边形离散网格的元胞自动机模型更加真实且自然。但相比四边形网格,在图形表达和模型计算上相对复杂。

(2)元胞尺寸的选择

在不同仿真模型中元胞的尺寸不尽相同。最常用的尺寸设计为一个成年人占满元胞为宜。据此,正方形网格元胞的尺寸可定为 0.4m × 0.4m,正六边形网格元胞的尺寸可定为边长为 0.2m 的正六边形。另外,根据研究需要,元胞尺寸也可以设置得更小(一个行人占据多个元胞),或者设置得更大(多个行人在同一个元胞内)。

(3)元胞边界类型

在空间离散的基础上,根据研究需要,元胞自动机模型空间的边界可分为限定边界、开放边界和周期性边界。其中,限定边界指仿真场景的边界被障碍物等限定,行人到达边界后会被障碍物阻挡,无法离开仿真场景,主要用于室内疏散场景分析。开放边界指仿真场景的边界是开放的,行人到达边界后会从场景中消失,主要用于公共区域、街区行人交通仿真分析。周期性边界指仿真场景的某一边界和场景的另一边界相连,行人从该边界离开仿真场景的同时,能够从另一与之相连的边界重新进入仿真场景,主要用于仿真过程中行人数量或密度恒定的仿真需求。

(4)推进时间步长

元胞自动机模型不仅仅是空间离散的模型,也是时间离散的动力学模型。模型设计为在系统演化时间段内,将时间离散为均等时间步长,系统状态随着时间步长的推进而动态演化。模型中一个时间步长对应的真实时间值,由模型规则、元胞大小、行人运动速度决定。通常,模型假定行人能够以期望速度在每个时间步长内移动一个元胞。因此,时间步长 t 满足:$t = l_{\text{cell}}/v_{\text{ex}}$,其中$l_{\text{cell}}$为元胞尺寸,$v_{\text{ex}}$为行人期望速度。$v_{\text{ex}}$的差异性较大,这主要与个体属性、身体状态、文化背景等因素相关,通常取$v_{\text{ex}} = 1.3\text{m/s}$。由此,对边长为0.4m的正方形网格元胞而言,一个时间步长可代表约0.3s;对边长为0.2m的正六边形元胞而言,一个时间步长可代表0.27s。

行人交通仿真元胞自动机模型中,可用于行人移动的元胞的状态离散且有限。每个元胞在某一时刻只有被行人占据或者不被行人占据两个状态。元胞在这两个状态之间的变化是非连续的。仿真模型通过描述不同元胞之间状态的联动变化实现行人的移动过程。

2)元胞邻域

邻域是元胞计算下一仿真时刻状态时所需要考虑的元胞的集合。在仿真模型中,可以解释为行人确定下一仿真时刻的移动位置时所考虑的元胞的集合。仿真模型中,常见邻域包括正方形网格元胞的 Von Neumann 邻域、Moore 邻域、正六边形网格的六边形邻域等,如图 4-6-1 所示。

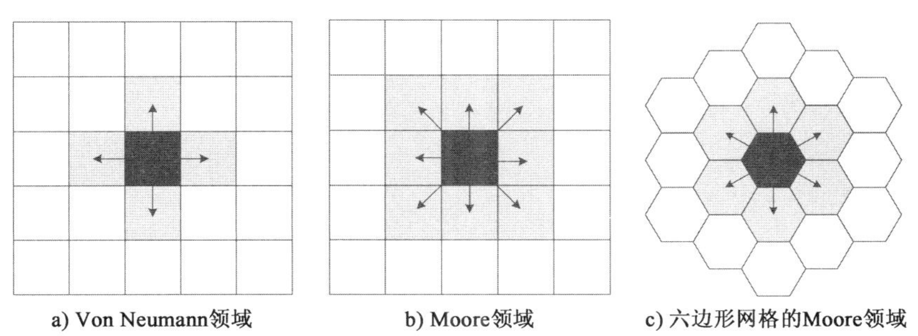

图 4-6-1　常见的元胞邻域

当模型中行人移动状态的计算需要考虑更多元胞时,可根据需要扩展普通的邻域范围,如图 4-6-2 扩展的元胞邻域浅灰色标记的元胞所示。图 4-6-2a)为扩展的 Moore 领域,

图4-6-2b)为考虑行人考虑前行方向视野范围的邻域,图4-6-2c)为六边形网格中考虑视野范围的邻域。其中,邻域范围值可根据仿真模型需求自行定义。

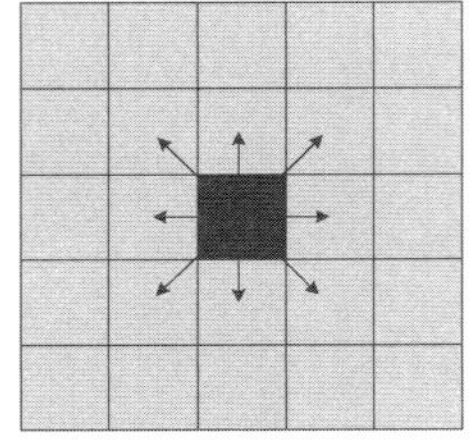
a) 扩展的Moore领域

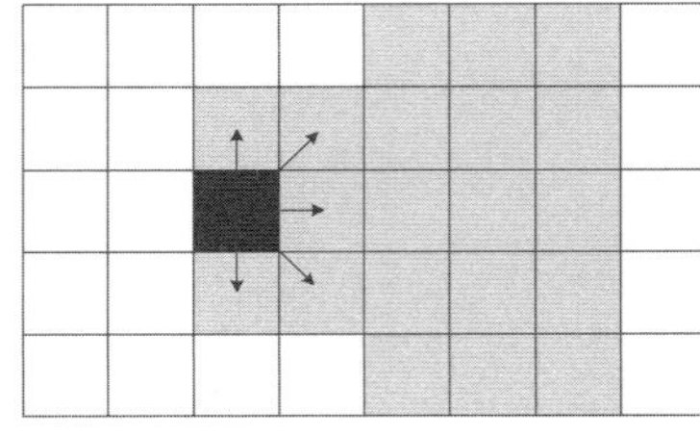
b) 考虑视野范围的正方形领域

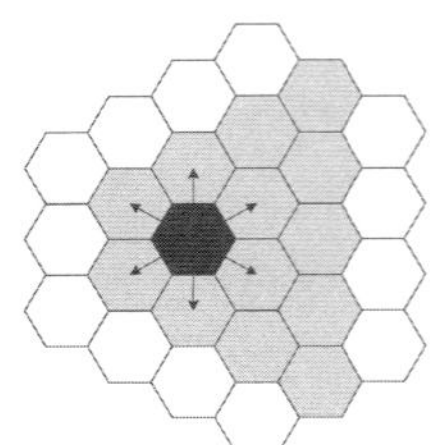
c) 考虑视野范围的正六边形领域

图4-6-2 扩展的元胞邻域

在行人交通仿真模型算法中,为提高模型程序的计算效率,可在程序初始化时,将所有元胞的邻域计算并存储,可便于仿真更新过程中直接读取邻域。对于尺寸为 $M\times N$ 的二维平面空间,采用边长为 p 的正方形网格划分仿真平面,元胞的 Moore 邻域计算算法如下。

步骤1:初始化。构建二维元胞数组 $A[m][n]$,满足:$m=M/p$,$n=N/p$。

步骤2:遍历二维元胞数组。对元胞(x,y):

若 $x<m$ 且 $y<n$,Moore 邻域中的元胞为:$(x-1,y-1)$、$(x-1,y)$、$(x-1,y+1)$、$(x,y-1)$、$(x,y+1)$、$(x+1,y-1)$、$(x+1,y)$、$(x+1,y+1)$。

若 $x<m$ 且 $y=n$,Moore 邻域中的元胞为:$(x-1,y-1)$、$(x-1,y)$、$(x,y-1)$、$(x+1,y-1)$、$(x+1,y)$。

若 $x=m$ 且 $y<n$,Moore 邻域中的元胞为:$(x-1,y-1)$、$(x-1,y)$、$(x-1,y+1)$、$(x,y-1)$、$(x,y+1)$。

若 $x=m$ 且 $y=n$,Moore 邻域中的元胞为:$(x-1,y-1)$、$(x-1,y)$、$(x,y-1)$。

当采用边长为 p 的正六边形网格将二维仿真平面划分为 $m\times n$ 个六边形网格,元胞的 Moore 邻域计算算法如下。

步骤1:初始化。构建二维元胞数组 $A[m][n]$。

步骤2:遍历二维元胞数组。对元胞(x,y):

①假如 $x\bmod 2=1$

若 $x<m$ 且 $y<n$,Moore 邻域中的元胞为:$(x,y-1)$、$(x-1,y)$、$(x+1,y)$、$(x,y+1)$、$(x-1,y+1)$、$(x+1,y+1)$。

若 $x<m$ 且 $y=n$,Moore 邻域中的元胞为:$(x,y-1)$、$(x-1,y)$、$(x+1,y)$。

若 $x=m$ 且 $y<n$,Moore 邻域中的元胞为:$(x,y-1)$、$(x-1,y)$、$(x,y+1)$、$(x-1,y+1)$。

若 $x=m$ 且 $y=n$,Moore 邻域中的元胞为:$(x,y-1)$、$(x-1,y)$。

②假如 $x\bmod 2=0$

若 $x<m$ 且 $y<n$,Moore 邻域中的元胞为:$(x,y-1)$、$(x-1,y-1)$、$(x+1,y-1)$、$(x,y+1)$、$(x-1,y)$、$(x+1,y)$。

若 $x<m$ 且 $y=n$,Moore 邻域中的元胞为:$(x,y-1)$、$(x-1,y-1)$、$(x+1,y-1)$、$(x-1,y)$、$(x+1,y)$。

若 $x=m$ 且 $y<n$,Moore 邻域中的元胞为:$(x,y-1)$、$(x-1,y-1)$、$(x,y+1)$、$(x-1,y)$。

若 $x=m$ 且 $y=n$,Moore 邻域中的元胞为:$(x,y-1)$、$(x-1,y-1)$、$(x-1,y)$。

得到每个元胞的邻域后,即可根据当前行人所在元胞状态以及邻域元胞状态,结合模型的移动规则计算下一仿真时刻行人要移动的位置。

3)移动规则

移动规则又称为演化规则,指行人根据所在元胞及其邻域元胞的状态,计算下一仿真时刻行人的移动位置的过程。行人的移动是在有限范围内进行的,该有限范围内所有元胞的集合称之移动元胞集合。

根据模型中行人移动规则的设计,移动元胞集合各有差别。当模型中定义每个仿真步长内行人只能移动一个元胞,则移动元胞集合为行人当前所处元胞周边 1 个元胞距离范围内的所有元胞,和图 4-6-1 中的邻域一致;当模型中假设行人不考虑后退移动时,移动元胞集合不包括行人身后的元胞。当模型中定义一个仿真步长可以移动多个元胞时,移动元胞集合根据模型具体规则设定。

在移动元胞集合内,行人选定某个元胞作为下一步的移动位置,该元胞称为移动目标元胞。行人交通仿真模型中,通过计算移动元胞集合内每个元胞的移动概率,确定行人的移动目标元胞。转移概率计算是行人交通仿真模型的核心,不同仿真模型中的移动概率计算各不相同。根据邻域范围、转移概率计算方法的不同,元胞自动机模型可分为以下几类:转移概率预先给定型模型、基于参数的转移概率模型和场域模型等,将在 4.6.2 ~ 4.6.4小节中详细介绍。

4)更新规则

更新规则指行人由当前元胞移动至目标元胞位置的过程,分为顺序串行更新、随机串行更新、并行更新等。其中,顺序串行更新指行人按照固定顺序计算其移动目标元胞,并更新其所在位置。其后行人根据当前行人的最新位置计算移动目标元胞,并更新其所在位置。随机串行更新指行人按照随机顺序串行计算移动目标元胞,并更新其所在位置。并行更新指所有行人根据当前元胞系统状态计算其移动目标元胞后,再更新其所在位置。并行更新机制中,存在同时有多个元胞内行人的目标移动元胞为同一个元胞的情况,称之为位置冲突。对此,可采用概率法或收益最大法决策哪个行人占据目标元胞,其他行人则保持原元胞位置不变。同时,也存在两个行人以对方所处元胞为移动目标元胞的情况,该情况满足位置交换,可让该对行人相互交换元胞位置,完成移动更新。

4.6.2 转移概率预先给定型模型

转移概率预先给定型模型的特点是，移动元胞集合内各元胞的转移概率由模型预先设计给定，并不随仿真演化而变化。这类模型主要包括基本概率模型、基本概率改进模型和格子气模型等。为方便起见，以下均以正方形元胞自动机模型为例（正六边形元胞网格模型类似）讲述各类元胞自动机模型。

4.6.2.1 基本概率模型

最基本的行人元胞自动机模型是移动概率预先确定的模型。这类模型的特点是，行人在移动元胞集合内选择下一步移动目标元胞的概率值是预先给定的。模型细节包括：

(1)模型以正方形网格将仿真空间离散化，每个行人占据一个元胞，根据模型分析需求设置边界类型。假设行人每个仿真步长内只移动一个元胞，一个仿真步长一般为0.4s。

(2)行人移动时，只考虑周边前后左右四个方向元胞被行人占据的状态，即模型的元胞邻域为 Von Neumann 邻域。当假设模型中不考虑行人后退行为时，则邻域集合只包括前左右三个方向的元胞。

(3)模型假设每个仿真步长内，行人只移动一个元胞，行人的移动元胞集合包括前后左右四个方向元胞，以及自身所在元胞。在不考虑后退行为时，则移动元胞集合包括前、左、右元胞，以及自身所在元胞。明确移动元胞集合后，模型根据移动规则给出集合内每个元胞的转移概率。

(4)状态更新中，采用并行更新规则更新行人的位置。

在基本概率模型中，行人的移动元胞集合的元胞包括前方、左右侧、后方以及行人所在的元胞。模型的移动规则有如下假设：

当行人前方无行人时，行人往前方空白元胞移动的概率为1；

当行人前方被行人（障碍物）占据时，行人考虑左、右侧元胞平移，或者原地等待；

当且仅当行人前方、左右侧元胞都被行人或障碍物占据，且行人后方元胞空白时，行人才考虑后退或者原地等待。

根据模型假设，给出在邻域元胞被占据的不同情况下，移动元胞集合内各元胞的移动概率如图4-6-3所示。图中，黑色实心圆表示当前行人，空心圆表示当前行人周边元胞内占据的行人。

针对上述9种情况，每种情况内的转移概率计算如下：

情况 a)：$P_U = 1; P_L = P_R = 0$。

情况 b)：$P_U = 1; P_L = 0$。

情况 c)：$P_U = 1; P_R = 0$。

情况 d)：$P_U = 1$。

情况 e)：$P_L = P_R = 0.4$；$P_W = 0.2$。

情况 f)：$P_R = 0.8$；$P_W = 0.2$。

情况 g)：$P_L = 0.8$；$P_W = 0.2$。

情况 h)：$P_W = 0.7$；$P_B = 0.3$。

情况 k)：$P_W = 1$。

其中，P_U为行人往前方空白元胞移动概率，P_L为往左侧元胞移动概率，P_R为往右侧移动概率，P_W为原地等待概率，P_B为往后方空白元胞移动概率。

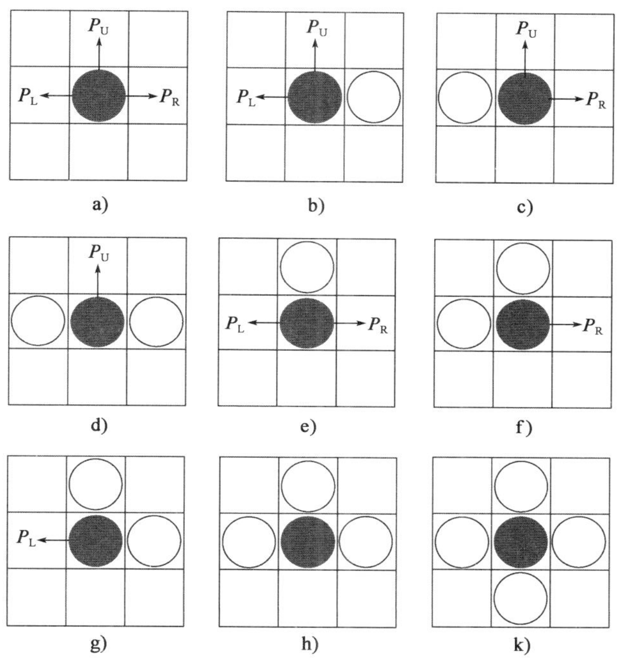

图 4-6-3 元胞移动概率计算示意图

各个元胞的移动概率确定后，可最终确定行人下一步的移动目标元胞，并通过并行更新机制完成行人位置更新。

4.6.2.2 基本概率改进模型

以基本概率模型为基础，可引入其他行为规则改进该模型。例如，Fang 等[20]考虑两个相向而行的行人相遇时，会有侧身前行的行为，两个行人试图利用狭窄空间实现相互交换位置。为此，在模型中将行人正前方内元胞的行人分为同向行人和对向行人两种情况。当为对向行人时，模型假设行人首先会以一个概率P_{EX}与正前方的对向行人交换位置。若位置交换成功，则行人下一步移动目标元胞为正前方元胞，否则参照图 4-6-3 中情况确定移动元胞集合内的元胞转移概率。同向行人情况下也参照图 4-6-3 中情况。具体实现步骤如下：

步骤1:初始化:

步骤1.1:场景离散化,设置边界条件(周期性边界、开放边界、固定边界)。

步骤1.2:预存储元胞的邻域集合和移动元胞集合。

步骤1.3:根据需求生成行人,存储在集合P_1和P_2内。

步骤2:相向行人交换位置:

步骤2.1:遍历P_1内的行人,选取第$i=1$个行人。

步骤2.2:对行人i,如果前方紧邻元胞内有行人j和行人i相向而行,转到步骤2.3,否则$i=i+1$,转到步骤2.2。

步骤2.3:以概率P_{EX}交换位置,如果成功,则行人i和j的移动目标元胞为对方当前所处元胞,并从集合P_1内移除行人i和j,转到步骤3,否则$i=i+1$,转到步骤2.2。

步骤3:计算移动元胞概率。遍历P_1内的所有行人,根据图4-6-3中情况a)~k),计算行人所处元胞的移动元胞集合内所有元胞的移动概率。

步骤4:计算移动目标元胞。遍历P_1内的所有行人,根据移动元胞概率计算行人i的移动目标元胞。

步骤5:行人位置并行更新,调用冲突处理机制。

具体算法流程图如图4-6-4所示。

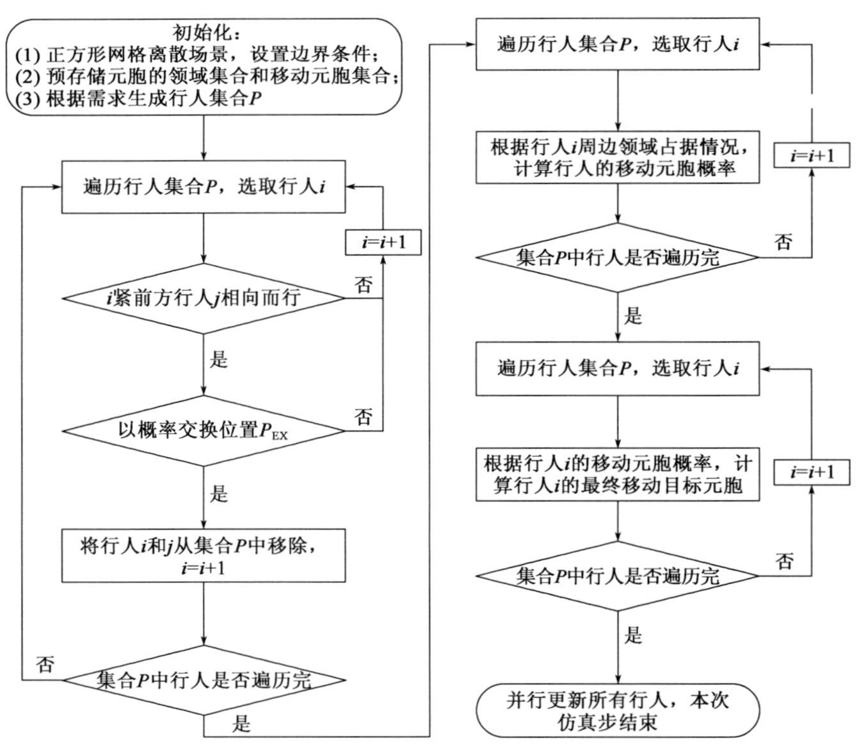

图4-6-4 基本概率改进模型的算法流程图

另外，行人在移动过程中，更倾向于靠右行走。为此，模型中假设行人在左右侧元胞均为空白元胞时，行人选择右侧元胞的概率更大。即图4-6-3中情况e)有：$P_R > P_L$，例如设置为$P_R = 0.55$，$P_L = 0.25$。由此可建立行人右行偏好规则模型，该模型在对向行人流的模拟中，能够较好地再现行人分层现象(Lane Formation)[21-24]。

4.6.2.3　格子气模型

上述模型假设前方元胞为空白时，行人会以概率1朝前方移动。考虑到行人行走中的随机慢化特征，格子气模型中引入前行参数D，通过前行参数调节行人往前、左、右移动的概率。具体模型如下：

(1)格子气模型的行人邻域范围和移动元胞集合为前、后、左、右元胞。

(2)模型中可引入行人后退概率，但行人后退仅在前、左、右侧均被行人占据时，才会选择后退。

根据上述假设，针对图4-6-3中各情况下的元胞移动概率如下：

情况a)：$P_U = D + (1 - D)/3$；$P_L = P_R = (1 - D)/3$；$P_B = 0$。

情况b)：$P_U = D + (1 - D)/2$；$P_L = (1 - D)/2$；$P_R = 0$；$P_B = 0$。

情况c)：$P_U = D + (1 - D)/2$；$P_U = (1 - D)/2$；$P_L = 0$；$P_B = 0$。

情况d)：$P_U = 1$；$P_L = P_R = 0$；$P_B = 0$。

情况e)：$P_U = 0$；$P_L = P_R = 1/2$；$P_B = 0$。

情况f)：$P_U = P_L = 0$；$P_R = 1$；$P_B = 0$。

情况g)：$P_U = P_R = 0$；$P_L = 1$；$P_B = 0$。

情况h)：当模型中考虑后退行为时，$P_B = 1$；$P_W = 0$；当不考虑后退行为时，$P_B = 0$；$P_W = 1$。

情况k)：$P_W = 1$。

上述模型中，D为行人前行移动参数，满足$0 \leqslant D \leqslant 1$。当$D = 0$时，行人移动的确定性最弱；随着$D$增加，行人移动的确定性逐渐增加；当$D = 1$时，行人移动的确定性最强，模型变为前述基本概率模型。

格子气模型已经被应用于交叉口行人流仿真[25-26]、对向行人流仿真[27-28]、瓶颈处行人流仿真[29]、进出口行人流[30]、混合交通流仿真[31-33]。

4.6.3　基于参数的转移概率模型

在基本概率模型中，行人的移动元胞集合内元胞的转移概率是根据模型假设条件或考虑行人的行为特征人为设定的，模型相对简单，考虑因素较少，且转移概率以及其值的确定缺乏解释依据。同时，基本概率模型中，行人的邻域集合和移动元胞集合相同，也即行人在选择移动元胞时，只考虑紧前、后、左、右元胞的情况，这与行人移动过程中，视线往往看得更远，并根据前方更远的可行空间确定走行方向的特征不相符合。

针对这些不足,现有研究发展了一些新的元胞自动机模型[34-35]。这类模型主要有以下两个特点:

(1)邻域集合扩大。模型中行人的邻域被赋予实际物理意义,并根据研究需要扩展了邻域集合范围。

(2)根据模型计算转移量化参数值。行人的移动元胞集合内每个元胞的转移量化参数值,根据邻域范围、行人密度等参数计算得出。

以下介绍能够反映这类模型特点的两个典型代表:动态参数仿真模型和考虑视野范围的格子气模型。

4.6.3.1 动态参数仿真模型

动态参数仿真模型中将行人的每一步移动看作一个权衡利弊的过程,即在每一仿真步中,行人会评价移动到周围移动元胞集合内某个元胞时的利弊。评价过程中,会综合考虑最短路径、行人密度、跟随偏好等特性,并提出了移动收益的概念来量化评价结果。

在动态参数仿真模型中,仿真模型建立在 $W \times W$ 的二维离散元胞系统内,由正方形网格离散化,网格最小单元为 0.4m×0.4m,可确保每个元胞只容纳一个行人,每个行人也只占据一个元胞。在每个仿真时间步长内,行人最多只移动一个元胞。

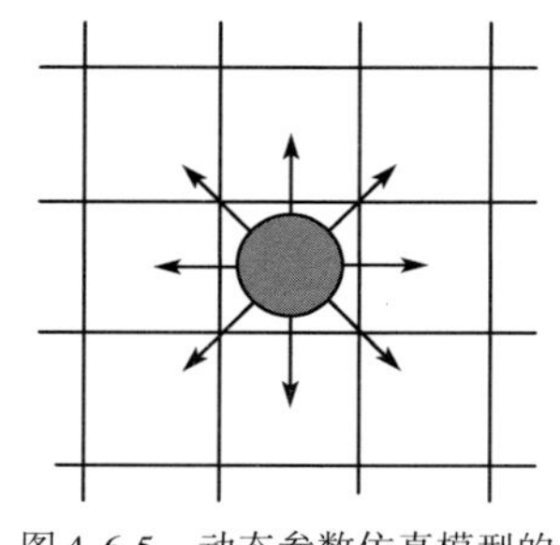

图 4-6-5 动态参数仿真模型的移动元胞集合

模型中设定行人在每个仿真步长内,可以选择等待或者向周围 8 个方向的紧邻元胞移动。也即行人的移动元胞集合为以行人所在元胞为中心的 3×3 元胞区域,如图 4-6-5 所示。在每个仿真步长内,行人需计算移动元胞集合内每个元胞的移动收益,并选择收益值最大的元胞作为移动目标元胞。

移动收益值由 4 个参数组合计算得出,分别是方向参数D_{ij}(Direction parameter)、空格参数E_{ij}(Empty parameter)、前进参数F_{ij}(Forward parameter)和类别参数C_{ij}(Category parameter),其中(i,j)为元胞编号。不同参数计算时考虑的邻域元胞集合不尽相同。其中D_{ij}、E_{ij}为两个基本参数,反映行人在移动元胞集合内的交通条件下,移动一个仿真步长时能够获取的直接收益。根据这个假设,计算D_{ij}、E_{ij}时所考虑的元胞邻域和行人的移动元胞集合范围也限定在了一个仿真步长行人能够移动的网格范围,即是以行人所在元胞为中心的 3×3 元胞区域,如图 4-6-5 所示。F_{ij}、C_{ij}为两个修正参数,描述行人在移动元胞外的前方视野(感知)范围内的交通条件下,在未来一定时间范围内能够获得的间接收益。为此,计算F_{ij}、C_{ij}时邻域为前方或后方需要考虑的元胞集合。各参数的解释和计算公式如下:

(1)方向参数D_{ij}:用于描述行人在可移动空间内尽可能朝目的地移动的行为特征。在模型中量化为行人在下一仿真步长内选择移动目标元胞时,所获得的接近目的地的收益值。移动元胞集合内的元胞(i,j)的D_{ij}具体计算如下：

$$D_{ij}=\begin{cases}1 & \text{行人正前方元胞位置}\\0.7 & \text{行人左前方和右前方元胞位置}\\0 & \text{行人并行两侧元胞位置}\\-0.7 & \text{行人左后方和右后方元胞位置}\\-1 & \text{行人正后方元胞位置}\end{cases} \tag{4-6-1}$$

(2)空格参数E_{ij}:描述行人在可移动空间内尽可能朝空白区域移动的行为特征。在模型中量化为行人在下一仿真步长内选择移动目标元胞时,空白元胞对行人的吸引值(当$E_{ij}\geqslant 0$),或非空白元胞对行人的排斥值(当$E_{ij}\leqslant 0$)。移动元胞集合内的元胞(i,j)的E_{ij}具体计算如下：

$$E_{ij}=\begin{cases}1 & \text{空白元胞}\\0 & \text{当前所在元胞}\\-1 & \text{被占据的元胞}\end{cases} \tag{4-6-2}$$

(3)前进参数F_{ij}:描述行人向着视野范围内低密度区域移动的行为偏好。在模型中量化为行人在下一仿真步长内选择移动目标元胞时,该移动目标元胞前方的开阔区域对行人的吸引值(当$F_{ij}\geqslant 0$),或行人对前方拥挤区域的排斥值(当$F_{ij}\leqslant 0$)。移动元胞集合内的元胞(i,j)的F_{ij}具体计算如下：

$$F_{ij}=\frac{N_1^F-N_2^F}{N_{\text{view}}^F} \tag{4-6-3}$$

其中,N_{view}^F为计算F_{ij}时的邻域内元胞个数,可解释为行人选择开阔区域时的视野范围,如图4-6-6a)所示,图中黑色网格表示元胞(i,j)。N_1^F为邻域内空白元胞个数,N_2^F为邻域内被行人占据的元胞个数。

(4)列表参数C_{ij}:描述行人跟随同向行人、避让对向行人的行为偏好。在模型中量化为行人在下一仿真步长内选择移动目标元胞时,该移动目标元胞周围的同向行人对行人的吸引值(当$C_{ij}\geqslant 0$),或异向行人对行人的排斥值(当$C_{ij}\leqslant 0$)。移动元胞集合内的元胞(i,j)的C_{ij}具体计算如下：

$$C_{ij}=\frac{N_1^C-N_2^C}{N_{\text{view}}^C} \tag{4-6-4}$$

其中,N_{view}^C为计算C_{ij}时的邻域内元胞个数,可解释为行人对同向和异向行人对其作用影响的感知范围,如图4-6-6b)所示,图中黑色网格表示元胞(i,j)。N_1^C为邻域内同向行人个数(空白元胞也计算在内),N_2^C为邻域内异向行人个数。

元胞(i,j)的最终移动收益值P_{ij}有：

$$P_{ij}=\alpha(D_{ij}+E_{ij})+\beta(F_{ij}+C_{ij}) \tag{4-6-5}$$

其中,α、β为权重系数,满足$\alpha+\beta=1$。可通过α、β值调节行人视野对移动决策的作用。

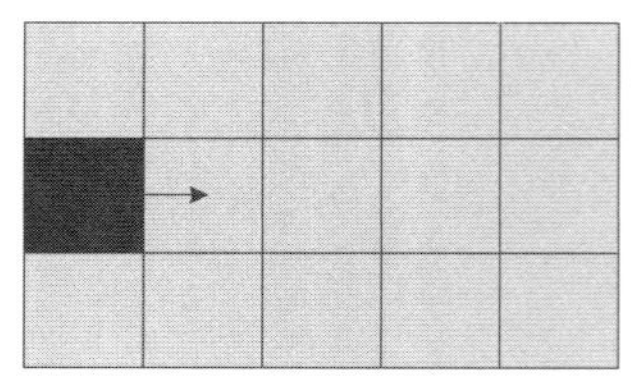
a) 计算F_{ij}时的领域

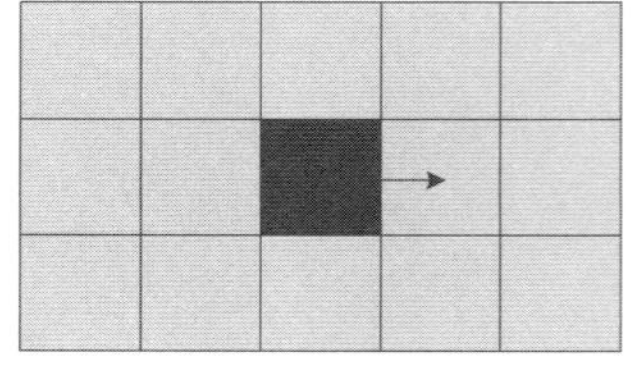
b) 计算C_{ij}时的领域

图 4-6-6 扩展的元胞邻域

每个仿真步,行人选择移动收益值最大的元胞作为移动目标元胞。当最大移动收益值的元胞有多个时,以同等概率选择其中一个元胞作为移动目标元胞。

在所有行人都选定移动目标元胞后,可能存在多个行人的移动目标元胞相同的情况,这称为位置冲突。当行人存在位置冲突时,以相同概率随机选择其中一个行人占据该元胞(其移动目标元胞不变);其他行人将留在原位置,其移动目标元胞变为当前时刻行人所在元胞。

由于行人确定移动目标元胞时,只选取移动收益值最大的元胞,而不考虑该元胞是否被行人占据,导致行人可能选取当前被其他行人占据的元胞作为移动目标元胞。为此,模型设定当行人的移动目标元胞被行人占据时,行人将保持原有位置不变,当且仅当两个行人同时选择对方当前占据的元胞作为移动目标元胞时,行人之间会交换彼此的位置,这称为位置交换。

通过位置冲突和位置交换的处理,模型能实现仿真并行更新机制。模型的算法如下。

步骤 1:初始化:

步骤 1.1:正方形网格离散场景,设置边界条件(周期性边界、开放边界、固定边界)。

步骤 1.2:初始化系统参数、统计参数。

步骤 1.3:随机均匀生成行人,存储在集合P_1和P_2内。

步骤 2:计算移动目标元胞:

步骤 2.1:遍历P_1内的行人,选取第 $m=1$ 个行人。

步骤 2.2:对行人 m,计算移动元胞集合内元胞(i,j)的动态参数D_{ij}、E_{ij}、F_{ij}、C_{ij},计算移动收益值P_{ij},选取P_{ij}最大的元胞作为行人 m 的移动目标元胞,并将行人 m 存放在元胞的行人集合 F 内。

步骤 3:处理位置冲突:

步骤 3.1:遍历P_1内的行人,选取第 $m=1$ 个行人。

步骤 3.2:对行人 m,若行人 m 的移动目标元胞(i,j)内的行人集合 F 内有多个行人,则随机选择其中一个行人 n,设定行人 n 的移动目标元胞为(i,j),将其从集合P_1内移除。其余行人的移动目标元胞为当前所处元胞,并将其从集合 F 和集合P_1中移除。转至步骤 3.4。

步骤 3.3:对行人 m,若行人 m 的移动目标元胞(i,j)内的行人集合 F 内只有一个行人,转至步骤 3.4。

步骤3.4：$m=m+1$，遍历P_1内下一个行人，转至步骤3.2。

步骤4：处理位置交换：

步骤4.1：遍历P_2内的行人，选取第$m=1$个行人。

步骤4.2：对行人m，若行人m的移动目标元胞(i,j)被行人n占据，且行人n的移动目标元胞不为行人m当前所处元胞(p,q)，设定行人m的移动目标元胞为(p,q)，将行人m从集合P_2中移除。转至步骤4.3。

步骤4.3：$m=m+1$，遍历P_2内下一个行人，转至步骤4.2。

步骤5：并行更新：

步骤5.1：对P_2内的行人，选取第$m=1$个行人。

步骤5.2：对行人m，将行人所处元胞更新为移动目标元胞(i,j)，对元胞(i,j)中的行人集合F清空，行人m的移动目标元胞清空。

步骤5.3：$m=m+1$，转至步骤5.2。

模型算法的流程图如图4-6-7所示。

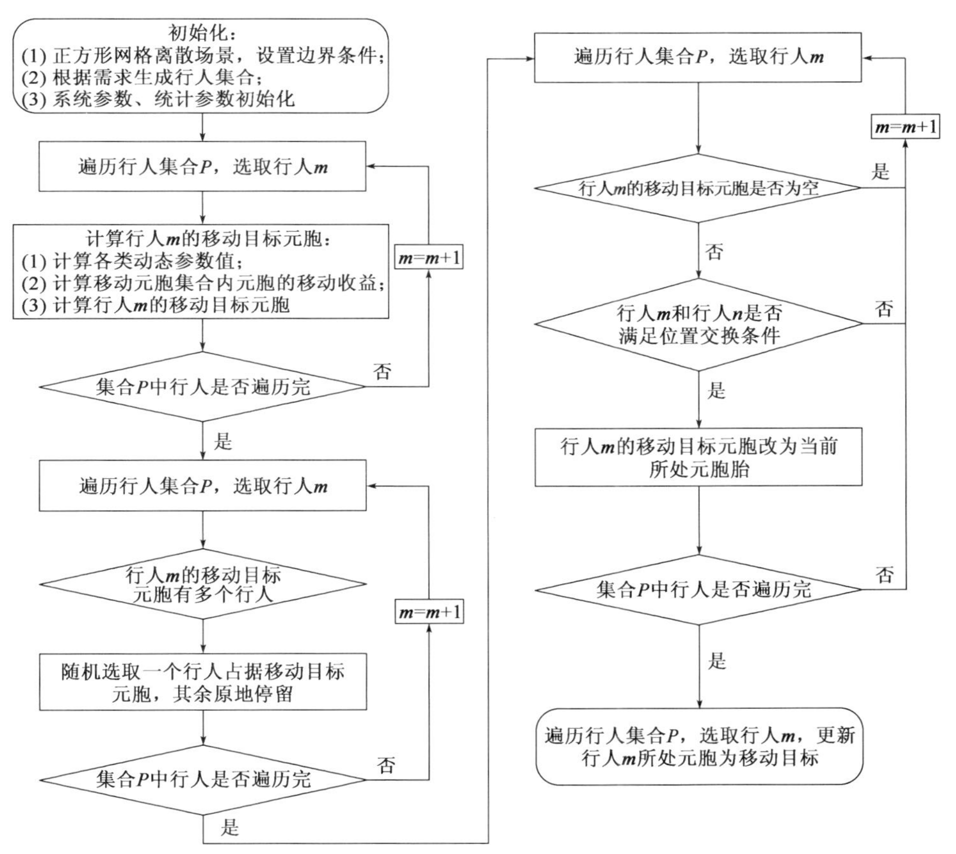

图4-6-7 动态参数元胞自动机模型的仿真算法流程图

在前述基本概率模型中，模型的邻域为行人紧邻元胞集合，行人仅根据邻域内交通状态，通过固定的概率做出移动决策，模型限制了行人进一步考虑前方或周围更大范围内的交通情况。相比而言，在动态参数模型中，通过前行参数、类别参数的设定，行人被赋予了感知视野范围内交通条件的能力，并通过移动收益值的加权计算，修正了行人只考虑前行方向的不足。与动态参数模型相比，格子气模型的行人移动概率依赖移动强度参数 D。当 $D=1$ 时，格子气模型与动态参数模型基本相同，仅当行人前方、左右侧紧邻元胞被占据时，格子气模型中行人为原地等待；而动态参数模型中，行人可在与前方行人交换位置、原地等待、后退中做出移动选择。当 $0 \leqslant D \leqslant 1$ 时，由于移动规则的设定，格子气模型中依据移动概率随机选择移动目标元胞，在行人密度较低时，格子气模型中行人的移动轨迹会发生弯弯曲曲的偏移，而不是一条直线，这与一个有目前移动目的地和方向的正常行人的移动轨迹不相符合；而动态参数模型中，行人选择移动收益值最大的元胞，该过程为确定性过程，使得模型能够克服格子气模型的缺陷。

根据动态参数模型的结构，可根据研究需要，引入其他动态参数。例如可引入右行偏好收益参数R_{ij}，通过设定行人左侧、右侧、前方元胞的R_{ij}值，确保行人右行收益R_{ij}^{right}、前行收益R_{ij}^{front}、左行收益R_{ij}^{left}满足$R_{ij}^{\text{right}} \geqslant R_{ij}^{\text{front}}$，$R_{ij}^{\text{right}} \geqslant R_{ij}^{\text{left}}$，用于刻画行人朝前行方向的右侧行走的行为特征，并进行相应交通行为规律研究。

4.6.3.2 考虑视野范围的格子气模型

在格子气模型中，行人每一仿真更新步的决策结果只与紧邻的元胞有关。而实际中，行人在移动时，会综合考虑走行前方可见范围内不同走向行人的分布和数量，进而决策下一步的走行方向和位置。例如，行人会倾向于选择同向行人更多、对向行人更少的方向移动，表现出明显的跟从行为和避让行为。同时，行人会更倾向于朝前方开阔的位置移动，从而尽可能地避免行人之间的相互干扰和交通拥堵。因此，在基本格子气模型基础上，引入行人视野范围概念，并考虑视野范围内行人交通状态，形成了考虑视野范围的格子气模型。

考虑视野范围的格子气模型以正方形网格离散系统为建模场景，为满足每个元胞只容纳一个行人、每个行人也只占据一个元胞的要求，网格最小单元设置为 0.4m × 0.4m。模型规则中设定每个仿真时间步长内，行人最多只移动一个元胞。为研究考虑视野范围的格子气模型，分析场景选取通道内的周期性边界内的对向行人流，如图 4-6-8 所示。

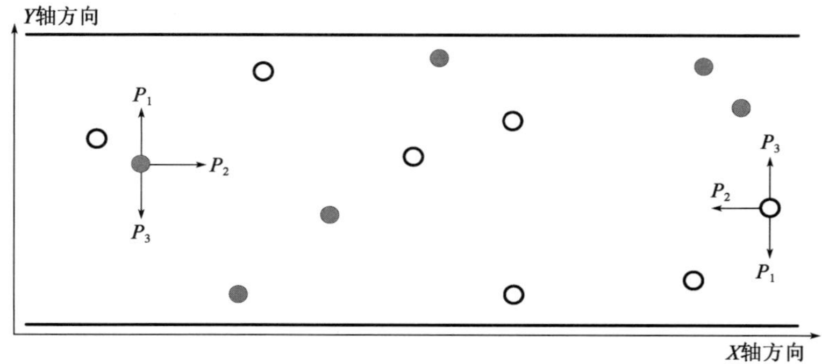

图 4-6-8 周期性边界条件下通道内对向行人流仿真示意图

研究场景被划分为 $W \times L$ 个大小相同的正方形网格，其中 W 为通道的宽度，L 为通道的长度。如图 4-6-8 所示，通道场景内包括两类行人：分别为朝左行走的行人（图中空心圆）、朝右行走的行人（图中实心圆）。行人可根据一定的概率选择向紧邻的左侧、前方、右侧的元胞移动，但不允许后退。图中，P_1 表示行人选择左侧元胞的基本转移概率，P_2 表示选择前行方向元胞的基本转移概率，P_3 表示选择右侧元胞的基本转移概率。每个网格只能容纳一个行人。场景的上下边界类似于实体墙壁，行人不能走出上下边界，左右两端设置为周期性边界，使得行人到达左（右）边界后，在右（左）边界重新进入场景。为分析方便，设定通道长度方向为 X 轴方向，通道宽度方向为 Y 轴方向。

模型中将行人的视野范围分为左前方范围、前方范围、右前方范围三个方形视野区域，其中左前方视野为计算P_1的邻域集合，前方视野为计算P_2的邻域集合，右前方视野为计算P_3的邻域集合。左前方范围、右前方范围视野区域均定义为 $m \times n$ 的范围，前方范围视野区域定义为 $m \times 1$ 范围。其中 m 为视野区域长度、n 为视野区域宽度，如图 4-6-9 所示。

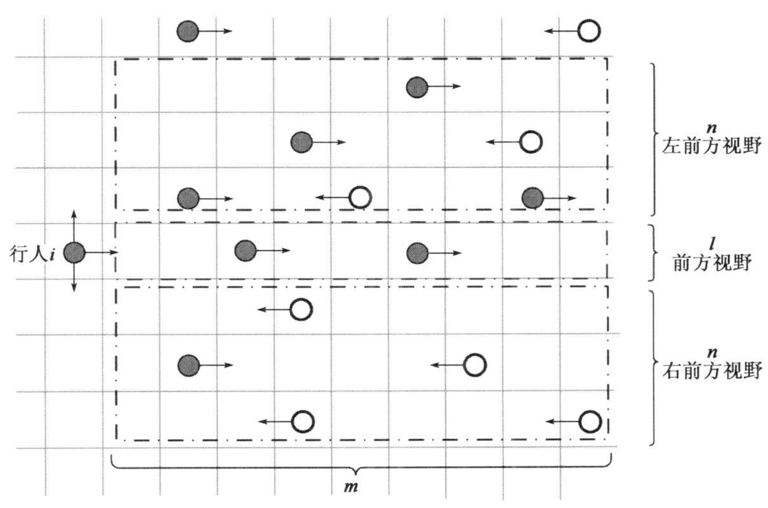

图 4-6-9　行人在通道内的视野范围设定示意图

在基本格子气模型中，仿真更新时，每个行人下一步的移动位置由行人当前所在元胞紧邻的左侧、前方、右侧元胞的占据情况确定，如果某元胞没有被占据，则行人会以一定的概率移动到此元胞处。分别用S_1、S_2、S_3表示行人的左侧、前方、右侧紧邻元胞的占据状态，$S_i = 0$ 或 $1(i = 1,2,3)$。其中，$S_i = 0$ 表示元胞没有被行人占据，$S_i = 1$ 表示元胞被行人占据（或者为上下边界）。根据元胞是否被占据判断，每个行人的可移动状态(S_1, S_2, S_3)共有 8 种，各状态下行人选择各个紧邻元胞作为下一目标位置的基本转移概率如表 4-6-1 所示。

如表 4-6-1 所示，如果某个行人的状态为$(0,0,1)$，说明此行人的左侧、前方紧邻元胞均没有行人，而右侧紧邻元胞被行人占据（或者右侧为上下边界）。行人选择左侧紧邻元胞的概率为$P_1 = (1 - D)/2$，选择前方紧邻元胞的概率为$P_2 = D + (1 - D)/2$，选择右侧紧邻元胞的概率为$P_3 = 0$。其中 D 为移动强度参数，$D \in [0.0, 1.0]$，表示行人往前行方向移动的意愿。D 值越大，行人越倾向于往前行走，对应于行人的走行速度也越大。

行人在 8 种状态下选择各邻域元胞的基本转移概率 表 4-6-1

状态编号	(S_1, S_2, S_3)	P_1（左侧）	P_2（前方）	P_3（右侧）
1	(0,0,0)	$(1-D)/3$	$D+(1-D)/3$	$(1-D)/3$
2	(0,0,1)	$(1-D)/2$	$D+(1-D)/2$	0
3	(0,1,0)	1/2	0	1/2
4	(0,1,1)	1	0	0
5	(1,0,0)	0	$D+(1-D)/2$	$(1-D)/2$
6	(1,0,1)	0	1	0
7	(1,1,0)	0	0	1
8	(1,1,1)	0	0	0

考虑视野范围的格子气模型以基本转移概率为基础，以左侧、前方、右侧紧邻元胞组成移动目标元胞集合，根据各视野范围内的行人数量、空格元胞数量计算下一步目标位置的最终转移概率。

（1）根据行人当前所在元胞紧邻的左侧、前方、右侧元胞是否被占据的情况，判断行人的移动状态，并根据表 4-6-1 计算移动到各邻域元胞的基本转移概率P_i（$i=1,2,3$）。

（2）计算行人在左前方视野内的同向行人数T_1、对向行人数O_1、空格数E_1；前方视野内的同向行人数T_2、对向行人数O_2、空格数E_2；右前方视野内的同向行人数T_3、对向行人数O_3、空格数E_3。

（3）根据各视野范围内的行人数量，计算邻域的左侧、前方、右侧元胞的最终转移概率$\overline{P_i}$（$i=1,2,3$）：

$$\overline{P_i} = \frac{P_i\left(\dfrac{E_i + T_i + 1}{O_i + 1}\right)}{\sum_{j=1}^{3} P_j\left(\dfrac{E_j + T_j + 1}{O_j + 1}\right)} \tag{4-6-6}$$

式中：$\overline{P}_i$——选择左侧、前方、右侧紧邻元胞的最终转移概率；

P_i——选择左侧、前方、右侧紧邻元胞的基本转移概率，见表 4-6-1；

T_i——视野范围内的同向行人数量；

O_i——视野范围内的对向行人数量；

E_i——视野范围内的空格数。

上式中，$i=1$ 为左侧元胞或者左前方视野，$i=2$ 为前方元胞或者前方视野，$i=3$ 为右侧元胞或者右前方视野。

仿真模型采用随机串行更新规则，每个更新步内，随机选择行人顺序更新，根据模型的行人移动规则确定行人选择各邻域元胞的最终转移概率，进而确定最终移动位置。结合公式(4-6-6)和表 4-6-1 可知，只需计算状态 1、2、3、5 的最终转移概率值即可，则在计算效率上会有较大提高，仿真时间会大大缩短。模型的仿真算法如下。

步骤 1：初始化：

步骤 1.1：正方形网格离散场景，设置边界条件（周期性边界、开放边界、固定边界）。

步骤 1.2：初始化系统参数、统计参数。

步骤 1.3：随机均匀生成行人，存储在集合 P 内。

步骤 2：计算移动目标元胞：

步骤 2.1：在行人集合 P 内随机选取第 m 个行人。

步骤 2.2：对行人 m，根据表 4-6-1 计算基础概率 P_m。

步骤 2.3：根据公式(4-6-6)，计算行人 m 的最终移动概率 $\overline{P}_m$。

步骤 2.4：根据最终转移概率，随机选取最终移动目标元胞，并让行人 m 移动到该元胞。

步骤 2.5：从行人集合 P 中移除行人 m，判断集合 P 是否为空，如果不为空，转至步骤 2.1；否则转至步骤 3。

步骤 3：本次仿真过程中的行人移动结束，计算仿真统计指标。

模型的仿真算法流程图如图 4-6-10 所示。

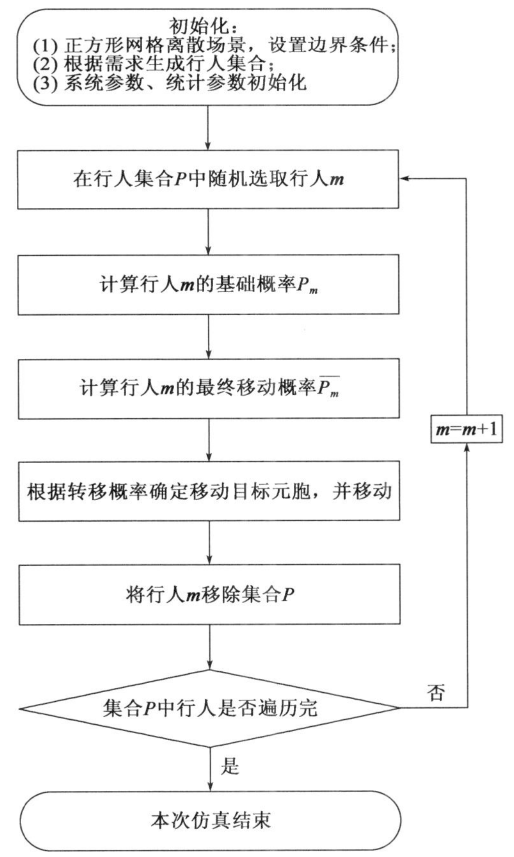

图 4-6-10　考虑视野范围格子气模型的单步仿真算法流程图

为比较考虑视野范围的格子气模型和基本格子气模型的特性，设计数量为 $N = W \times L \times \rho$ 的行人随机分布在通道内，其中朝右行走的行人数量为 $N_{right} = N \times f$，朝左行走的行人数量为 $N_{left} = N \times (1 - f)$。定义对向行人流的平均速度 $v_{average} = N_{forward}/N$，流量 $F_{average} = v_{average} \times \rho$。其中，$\rho$ 为行人密度（人/格子），$\rho \in [0.0, 1.0]$；f 为朝右行走的行人所占比例（以下简称右行人流比例），$f \in [0.0, 0.5]$；$N_{forward}$ 为当前仿真步中所有往前进方向移动的行人数量。

构建微观仿真模型的目的是为了研究基于微观个体行为导致的中观行人流集聚特征和自组织现象。为了验证和分析改进格子气模型在反映中观行人流集聚特性的性能，以下从几个方面对模型数值结果进行分析。

(1)行人流分层演化现象和基本图

应用考虑视野范围的格子气模型（下文简称模型1）分析分层现象演化过程。仿真参数选取 $W = 20$ 格子，$L = 50$ 格子，$D = 0.6$，$f = 0.5$，$m = 20$ 格子，$n = 3$ 格子，$\rho = 0.3$ 人/格子。每次仿真运行 20000 时间步长，取后 5000 个步长用于统计数据，相同参数重复仿真 50 次，用于统计数据取平均值。

图 4-6-11 显示了模型 1 在不同仿真步下的通道内对向行人流演化过程。由图可知，模型 1 能够很好地再现分层现象。初始时刻仿真时间步 $t = 0$ 仿真步长，行人随机分布在通道内，如图 4-6-11a）所示；当 $t = 228$ 仿真步长时，通道内基本形成 6 个分层，如图 4-6-11b）所示；随着仿真步长的推进，最下侧朝左行走的分层通道逐步消散，此层内的行人逐步移动到最近的同向层通道内，如图 4-6-11c）所示；最终，在 $t = 998$ 仿真步长以后，通道内形成稳定的 5 个分层，如图 4-6-11d）所示。分层个数的变化符合 Helbing 等[36]指出的对向行人流分层数量是动态变化的结论。

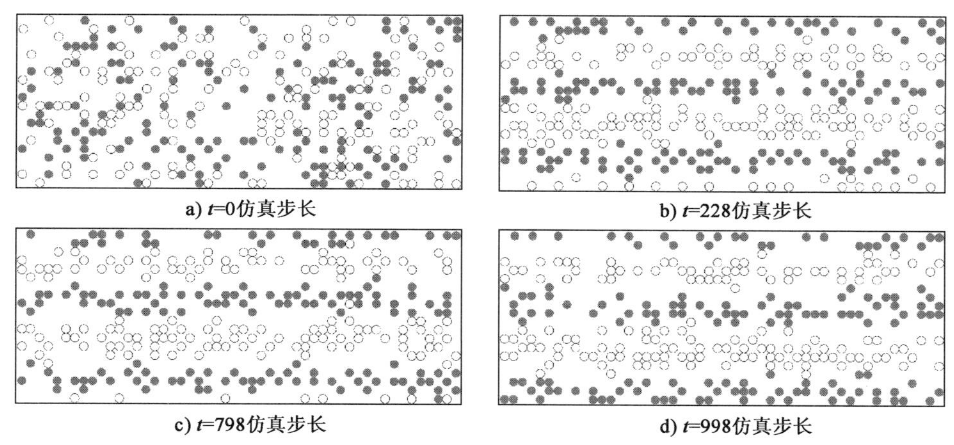

图 4-6-11　不同仿真时间步的对向行人流状态

进一步分析行人流在不同密度下的平均速度 $v_{average}$、流量 $F_{average}$ 以及基本图特征。为对比分析，在统计模型 1 输出数据的同时，也统计模型 2 和模型 3 的输出数据。其中模型

2 在视野范围内只考虑同向行人和对向行人参数，而不考虑视野范围内的空格元胞个数，其最终转移概率 $\overline{P}_i'$ 计算如下公式所示。模型 3 为基本格子气模型。

$$\overline{P}_i' = \frac{P_i\left(\dfrac{T_i+1}{O_i+1}\right)}{\sum\limits_{j=1}^{3} P_j\left(\dfrac{T_j+1}{O_j+1}\right)} \tag{4-6-7}$$

利用模型 1 仿真输出的数据，得到平均速度-密度曲线图、流量-密度曲线图，如图 4-6-12 所示。由图可知，初期阶段平均速度随着密度的增加有一个快速增加的过程，然后随着密度的增加缓慢下降。当密度达到一个临界值，即 $\rho=0.4$ 人/格子左右时，速度会快速下降。这意味着当行人密度超过此密度临界值，对向行人流会从正常走行状态变为拥堵时的走走停停的状态。密度 $\rho>0.48$ 人/格子时，平均速度随着密度的增加而逐渐降为 0，这时对向行人流基本处于拥堵死锁状态，如图 4-6-12a）所示。同时，流量也随着密度的变化经历了先增加、后突然下降、最后逐渐趋于 0 的过程，如图 4-6-12b）所示，这与行人流基本图的变化趋势是一致的[21-22,37-38]。由模型 1 的基本图与模型 2 的基本图对比可知，在低密度时，二者得到的基本图差别不大。当密度 $\rho\in[0.2,0.46]$ 时，模型 1 的平均速度要略大于模型 2，相应地，前者的流量也略大于后者。这是因为在此密度区间，模型 1 中行人较模型 2 有更加强烈的意愿选择开阔空地行走，行人具有更大的走行速度，使得平均速度值偏大。

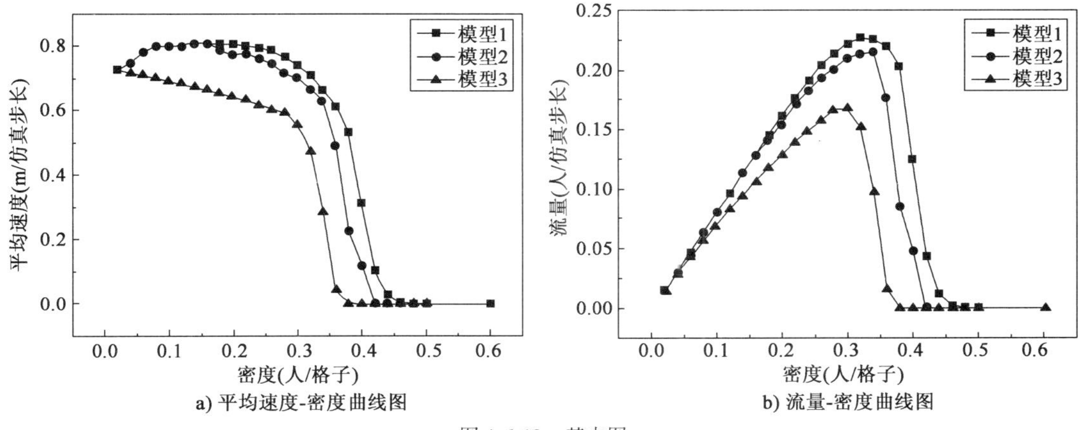

a) 平均速度-密度曲线图　　b) 流量-密度曲线图

图 4-6-12　基本图

相比模型 1、模型 2 和模型 3 的基本图，由图 4-6-12a）可知，相同密度下，模型 3 的平均速度均小于模型 1 和模型 2，这是因为模型 1 和模型 2 中通过设定视野范围和计算最终转移概率公式，增加了行人前行移动概率，相应减少了行人往左右侧移动的概率，进而增加了行人的平均速度。对应地，在相同密度下，平均速度越大，通道断面流量也会增加，这也解释了图 4-6-12b）中，模型 1、模型 2 的流量均大于模型 3。

（2）不同密度下的对向行人流演化过程分析

仿真发现，模型 1 在不同密度下，对向行人流存在三种不同的演化过程：自由流的演化、分层形态演化、堵塞现象的演化。我们将通过分析通道长度方向(图 4-6-8 中的 X 轴方向)的行人线密度ρ_{line}研究不同密度下对向行人流的演化过程。定义线密度ρ_{line}计算如下:

$$\rho_{\text{line}} = \frac{N_{t,y}}{L} \tag{4-6-8}$$

式中:$N_{t,y}$——第 t 仿真时间步时,通道宽度方向(图 4-6-8 中的 Y 轴方向)值为 y 且平行于 X 轴的直线上朝左(右)行人数,$y=1,2,3,\cdots,W$,W 为通道的宽度。

选取系统基本仿真参数:$W=40$ 格子,$L=100$ 格子,$D=0.6$,$f=0.5$,$m=20$ 格子,$n=3$ 格子。图 4-6-13 为当 $\rho=0.06$ 人/格子时,模型 2 和模型 1 在通道宽度方向不同位置的行人线密度ρ_{line}随仿真时间推进的演化图。图 4-6-13a)、b)分别表示模型 2 中朝右和朝左行人线密度变化,图 4-6-13c)、d)分别对应模型 1 中朝右和朝左行人线密度变化。由图 4-6-13c)、d)可知,在低密度下,模型 1 不会形成分层现象。这是因为模型 1 中计算最终转移概率$\overline{P}_i$的公式(4-6-6)引入了空格参数E_i后,在低密度下视野范围内的空格数E_i要远大于同向行人数T_i和对向行人数O_i,这使得每个行人选择左前方和选择右前方的概率值差异不明显,导致不会形成分层现象。通过对地铁通道内对向行人行走的观察,在低密

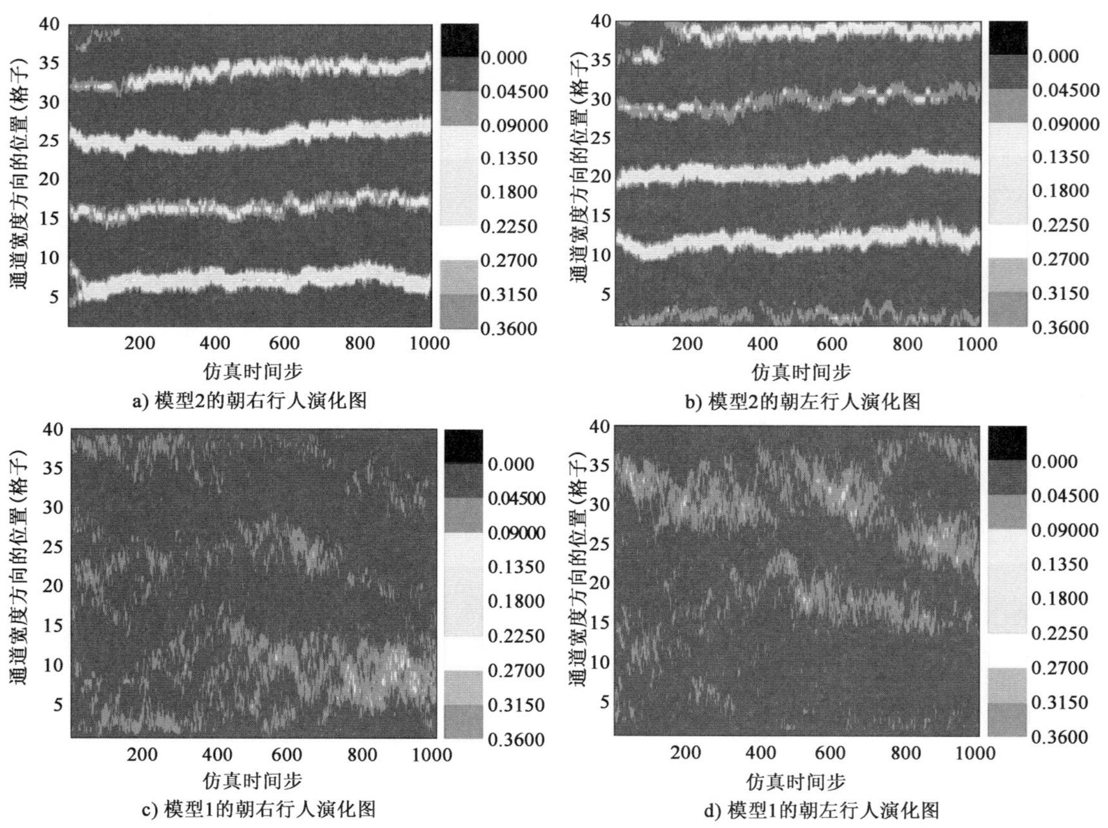

a) 模型2的朝右行人演化图

b) 模型2的朝左行人演化图

c) 模型1的朝右行人演化图

d) 模型1的朝左行人演化图

图 4-6-13　当 $\rho=0.06$ 人/格子时,不同模型中行人线密度演化图

度下,通道内有足够的空间供行人移动,行人会表现出较强烈的自由行走的意愿,行人趋向于朝着更为空旷的区域移动的偏好较为明显。对向行人的避让、同向行人的跟从等心理感知不明显,则不会表现出明显的跟从与避让的行为,使得分层现象较难观察到。

由图4-6-13a)、b)可以看出,由于不考虑行人偏好空格方向的移动,在低密度下,模型2会演化形成明显的分层现象,这与实际情况略有差异。另外,在同一仿真时间步下,模型1的行人线密度在Y轴方向分布较模型2更为均匀,这表明在低密度条件下模型1中的行人在通道中分布更为均匀,而模型2中的同向行人被约束在每个层的宽度区域内移动,层与层之间存在较多空白区域,这与实际情况相差较为明显。

图4-6-14为当$\rho=0.3$人/格子时,模型1不同走向行人线密度演化图。图4-6-14a)、b)分别是朝右和朝左行人线密度演化图。从图4-6-14a)可看出,在仿真初期,朝右行走的行人随机分布在通道内,初始时刻线密度分布也较为均匀。随着仿真时间推进,受到同方向行人吸引、对向行人的排斥,朝右行走的行人逐步汇聚形成5股人流。此后,在5股同向人流之间的相互吸引和异向人流的相互排斥的共同作用下,第4股右行人流最终汇入第5股人流中,流的宽度也相应变大,并最终形成4股朝右行人流的稳定形态。相应的,朝左行走的行人,在形成5股分层通道后,由于同向人流与对向人流的共同作用,朝右行走的第4股流与朝左行走的第4股流相互交叉,朝左行走的第4股行人流最终汇入第3股流中,使得第3股流宽度变大,也形成4股朝左行人流的稳定形态。对比图4-6-14a)和图4-6-14b)可发现,不同走行的行人流在Y轴方向是相互错位的。

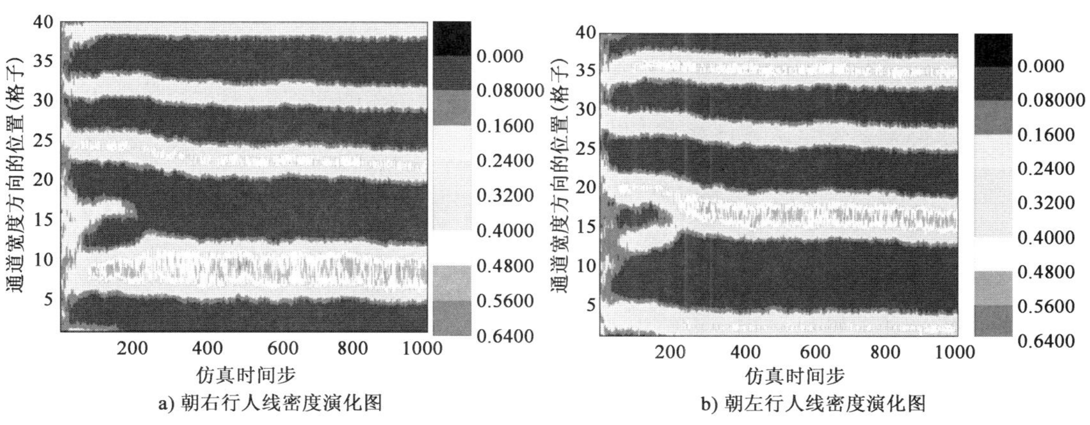

图4-6-14　当$\rho=0.3$人/格子时,不同走向行人线密度演化图

图4-6-15为当$\rho=0.48$人/格子时,模型1不同走向行人线密度演化图。图4-6-15a)、b)分别是朝右和朝左行人线密度演化图。从图4-6-15a)可看出,在仿真开始后,由于行人密度较大,视野范围内的行人数量较多,在同向与对向行人的共同作用下,朝右行人很快汇聚为5股流,流的形成所需仿真时间步要比密度$\rho=0.3$人/格子时短。随着仿真时间推进,由于高密度下空格数减少,同向行人为汇聚在一起而进行的位置互换活动越来越困难。最终在$t=100$仿真步左右,在通道的上侧部分首先出现由于无法互换位置而导致

的局部死锁现象,局部死锁导致局部拥堵。同时,通道下侧部分行人为避免局部拥堵,行人流会往下偏移,绕行拥堵区域。在演化图中表现为,在 $t \in [105,180]$ 时,朝右的行人流和朝左的行人流都同时有往下偏移的趋势。当局部拥堵扩散至整个通道横截面时,通道完全被堵塞,各向行人线密度值随着仿真时间步的推进基本保持不变。

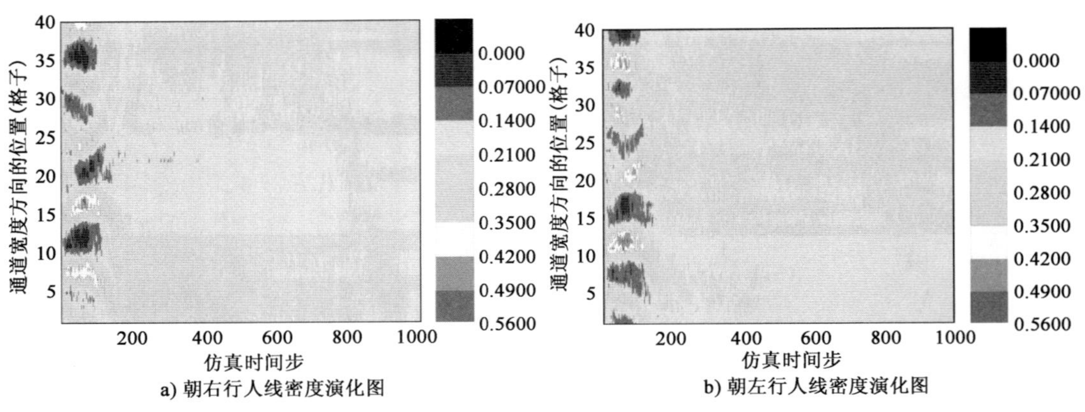

图 4-6-15　当 $\rho = 0.48$ 人/格子时,不同走向行人线密度演化图

4.6.4　场域模型

2001 年,Burstedde 等[39]在离散网格系统中引入场域(Floor Field)概念,构建了一个模拟行人移动的二维元胞自动机场域模型(FF 模型)。随后,Kirchner 等[40-41]对其进行修正,将场域细分为静态场(Static Floor Field)和动态场(Dynamic Floor Field),建立了元胞自动机场域模型,并研究了疏散过程中行人表现出来的正常和恐慌行为。

基本场域模型和动态参数模型类似,仿真场景采用正方形网格离散,网格最小尺寸选定 0.4m × 0.4m,在每个仿真时间步长内,行人最多移动一个元胞。模型中设定行人的邻域集合和移动元胞集合均为以行人所在元胞为中心的 3 × 3 元胞区域,如图 4-6-5 所示。在每个仿真步长内,行人需计算邻域内每个元胞的转移概率,并根据转移概率随机选择邻域内元胞作为移动目标元胞。模型中的行人位置更新,可采用并行更新规则,并行更新中的冲突处理,可参照动态参数仿真模型。

在 Kirchner 的模型中,行人向邻域集合内元胞 (i,j) 移动的概率 P_{ij} 为:

$$P_{ij} = \frac{\exp(k_D D_{ij})\exp(k_S S_{ij})(1 - n_{ij})\xi_{ij}}{\sum_{(i,j)\in M}\exp(k_D D_{ij})\exp(k_S S_{ij})(1 - n_{ij})\xi_{ij}} \tag{4-6-9}$$

式中:n_{ij}——表示元胞 (i,j) 是否被行人占据的参数,若 $n_{ij} = 1$,表明元胞被占据,反之 $n_{ij} = 0$;

S_{ij}——静态场域值,模拟运行时初始设置,不随仿真时间迭代而改变;

D_{ij}——动态场域值,即元胞 (i,j) 内的玻色子(Bosons)数量,随着行人移动而不断变化;

k_S、k_D——分别为静态场域和动态场域的非负敏感参数；

ξ_{ij}——障碍物参数，若元胞(i,j)处为障碍物，$\xi_{ij}=1$，否则$\xi_{ij}=0$；

M——邻域元胞集合。

其中，静态场S_{ij}表示元胞(i,j)到行人目的地的距离。在室内行人疏散场景研究中，可表示为行人至疏散出口的距离。静态场在仿真初始化时设置，且不随仿真推进而变化，对每个行人都有相同作用。静态场值的分布，可以体现仿真场景的空间信息，如建筑平面结构、障碍物的平面布局位置等信息。根据模型的特点，静态场赋予空间距离信息时，可以设定为绝对位置信息，或相对位置信息，具体如下。

在无障碍场景中，静态场S_{ij}可采用欧氏距离公式计算，体现为绝对位置信息，公式具体如下：

$$S_{ij}=\max_{(i,j)}\left\{\min_{e_k}\left\{\sqrt{(x_{e_k}-x_{(i,j)})^2+(y_{e_k}-y_{(i,j)})^2}\right\}\right\}-\min_{e_k}\left\{\sqrt{(x_{e_k}-x_{(i,j)})^2+(y_{e_k}-y_{(i,j)})^2}\right\} \tag{4-6-10}$$

式中：e_k——行人目的地中的第k个元胞，对室内疏散仿真模型中，可以为多个出口中的元胞；

x_{e_k}、y_{e_k}——目的地中的第k个元胞的坐标值；

$x_{(i,j)}$，$y_{(i,j)}$——元胞(i,j)的坐标值。

在有障碍物的场景中，由于障碍物的存在，静态场值不宜采用欧式距离公式，否则无法体现行人因为绕行障碍物而移动路径增加的现象。为此可采用坐标差值法计算，体现场景内空间相对位置信息，公式具体如下：

$$S_{ij}=\max_{(i,j)}\left\{\min_{e_k}\{|x_{e_k}-x_{(i,j)}|+|y_{e_k}-y_{(i,j)}|\}\right\}-\min_{e_k}\{|x_{e_k}-x_{(i,j)}|+|y_{e_k}-y_{(i,j)}|\} \tag{4-6-11}$$

在仿真程序中一般采用迭代算法计算静态值，大致过程包括：①初始化时，设置目的地元胞e_k处的$S_{ij}=0$，其余元胞的$S_{ij}=+\infty$；②选择元胞e_k开始迭代计算紧邻元胞的S_{ij}[根据公式(4-6-10)或公式(4-6-11)]；③在所有元胞都计算完毕后，由所有元胞的最大S_{ij}减去当前每个元胞的S_{ij}值，可得元胞的最终S_{ij}值。

动态场D_{ij}表示行人在元胞(i,j)处留下的玻色子数量，可模拟动态信息随时间不断变化的过程，可根据需要将D_{ij}量化为行人跟从意愿、报警声、亮度、人群密度等考虑因素。模型设定行人在离开当前所在元胞时会留下一个玻色子。在后续的每个仿真时间步，该玻色子会以概率δ消失，没有消失的玻色子会以概率α随机扩散到相邻的元胞上，由此描述行人留下的虚拟轨迹，用于刻画行人跟从特性。动态场的特性，类似于蚂蚁在走行路径上释放信息素，进而向同伴传递路径信息的过程，后续蚂蚁选择同路径通行时，会加强信息素的浓度。

同时,信息素会随着时间变化而挥发和扩散,动态场也会随仿真时间推进而消失或扩散至周围元胞上。模型中采用并行更新方式计算玻色子的扩散:在第 k 仿真时间步内,若元胞(i,j)处的玻色子 m 扩散至紧邻元胞$(i+1,j)$元胞上,在对元胞$(i+1,j)$处的玻色子计算动态消失或扩散时,不考虑对玻色子 m 计算。但在第 $k+1$ 仿真时间步内需要对元胞$(i+1,j)$处的玻色子 m 计算消失或扩散过程。

场域模型的仿真算法如下。

步骤1:初始化:

步骤1.1:正方形网格离散场景,设置边界条件(周期性边界、开放边界、固定边界)。

步骤1.2:初始化系统参数、统计参数。

步骤1.3:随机均匀生成行人,存储在集合 P 内。

步骤1.4:设置每个元胞的$S_{ij}=+\infty, D_{ij}=0$;设置目的地元胞中的$S_{ij}=0$。

步骤2:计算静态场值:

步骤2.1:选取所有元胞中S_{ij}最小的元胞作为当前元胞(i,j)。

步骤2.2:根据公式(4-6-10)或公式(4-6-11)计算当前元胞(i,j)的紧邻元胞(x,y)的临时静态值S'_{xy},比较元胞(x,y)的当前静态值S_{xy},选择S'_{xy}和S_{xy}中的小值作为元胞(x,y)的静态值S_{xy}。

步骤2.3:是否所有元胞都遍历完毕,若完毕,转至步骤3,否则转至步骤2.1。

步骤3:计算动态场值:

步骤3.1:随机选取元胞(i,j),对元胞(i,j)中的每个玻色子,根据消散概率 δ 计算玻色子是否消失,若消失,$D_{ij} \leftarrow D_{ij}-1$;根据扩散概率 α 计算玻色子是否需要扩散到相邻元胞,若扩散,若消失,$D_{ij} \leftarrow D_{ij}-1$,在邻域内随机选择要扩散的目标元胞。

步骤3.2:判断当前元胞(i,j)内是否有行人,若有行人,$D_{ij} \leftarrow D_{ij}+1$;判断在上一仿真步长紧邻元胞内是否有玻色子扩散过来,若有,$D_{ij} \leftarrow D_{ij}+1$。

步骤3.3:是否所有元胞都遍历完毕,若完毕,转至步骤4,否则转至步骤3.1。

步骤4:计算转移概率:

步骤4.1:随机选择行人 k,根据公式(4-6-9)计算行人转移至邻域元胞的转移概率P_{ij}。

步骤4.2:是否所有行人都遍历完毕,若完毕,转至步骤5,否则转至步骤4.1。

步骤5:并行更新。

一个仿真步长内的程序流程图如图4-6-16所示。

场域模型根据邻域元胞的静态场和动态场,将行人的全局路径和周围局部元胞动态信息结合,通过转移概率公式调整行人移动的动态性,实现行人有目的的移动过程。相比基于参数的转移概率模型,场域模型的特点是通过引入静态场值,能够实现行人对全局最短路径的空间感知,可用于行人的路径选择和绕行。而基于参数的转移概率模型,其转移概率公式仅考虑了邻域范围的相关因素,只能实现对周围局部元胞信息的动态感知。

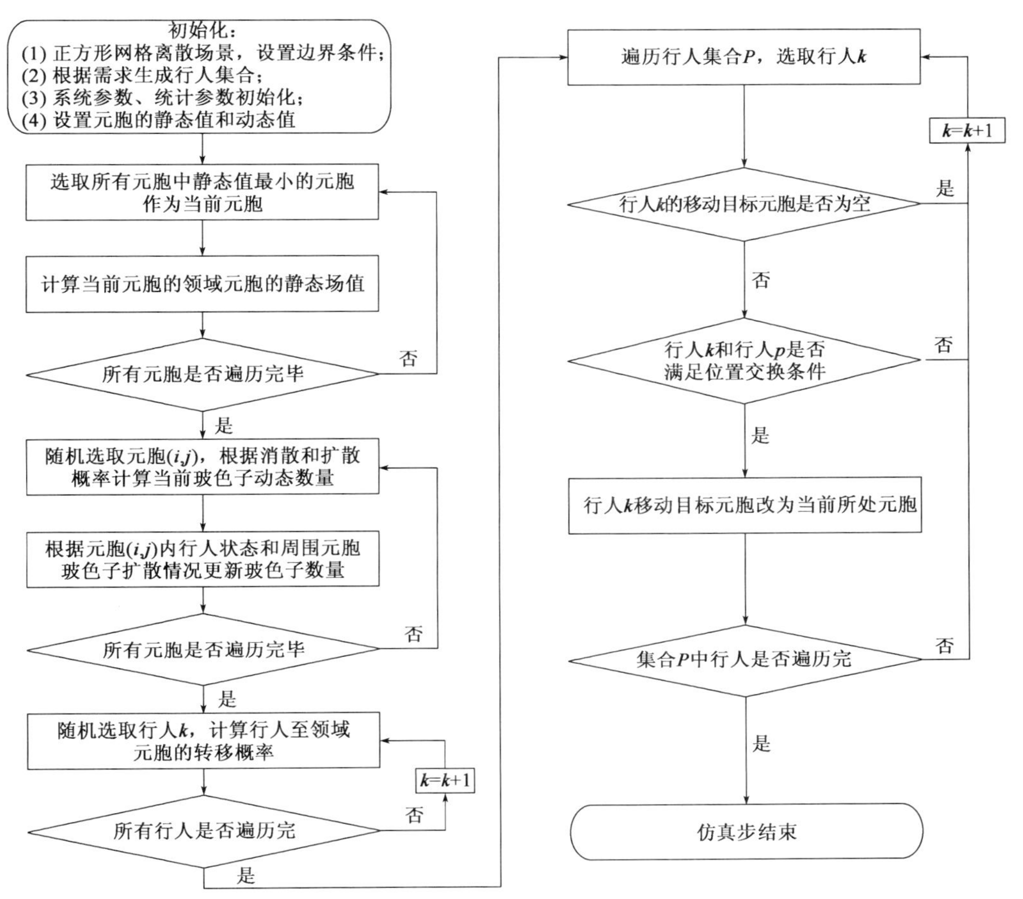

图 4-6-16　场域模型的单步仿真流程图

场域模型的转移概率公式(4-6-9)是一个可以转化为多项式形式的指数函数。该公式可扩展性强，能够根据特定环境和特定目的引入更多的影响转移概率的因素，对模型进行扩展。例如，杨立中[42]给出了一个考虑疏散出口密度、考虑信息传递等因素的场域模型，其转移概率公式如下：

$$P_{ij} = N\exp(k_D D_{ij} + k_S S_{ij} + k_F F_{ij} + k_R R_{ij} + k_A A_{ij} + \cdots)(1 - n_{ij})\xi_{ij} \tag{4-6-12}$$

式中：D_{ij}、S_{ij}、F_{ij}、R_{ij}、A_{ij}——影响转移概率的相关因素；

k_D、k_S、k_F、k_R、k_A——各因素的相关系数；

N——对应的标准化因子。

Henein 等人[43]考虑行人之间相互挤压产生的拥挤力引入了受力场域(Force Field)的概念，使改进的模型能够分析在紧急情况下行人受到挤压发生受害的情况；Zheng 等[44]在场域模型中引入火灾的影响，给出了火灾场域计算方法，研究了发生火灾情况下的行人疏散过程；Guo 等[45]修改了场域模型中的动态场，提出的异质玻色子计算方法，能够反映疏散中时变信息的不确定性，比如疏散路径上的行人分布状态，出口拥堵情况等；

Takahiro 等[46]在场域模型中引入表现行人之间排斥作用的人际距离场域,用于研究行人进入特定空间区域的过程(例如进入电梯、地铁车厢等)和对应出入口设计。

4.7 社会力模型

4.7.1 基本社会力模型

社会力模型由 Helbing 首次提出[47],模型中把行人看作有自驱动行为的微粒,每个微粒有一个移动目标并以一定的速度向目标靠近,同时会受到其他行人和障碍物的影响,动态调整其移动速度大小和方向。模型将自驱动行为、行人受其他行人、障碍物的心理影响作用和接触影响作用转化为行人受力行为,并分别解释为自驱动力、行人之间的作用力、行人和障碍物之间的作用力,统称为社会力。

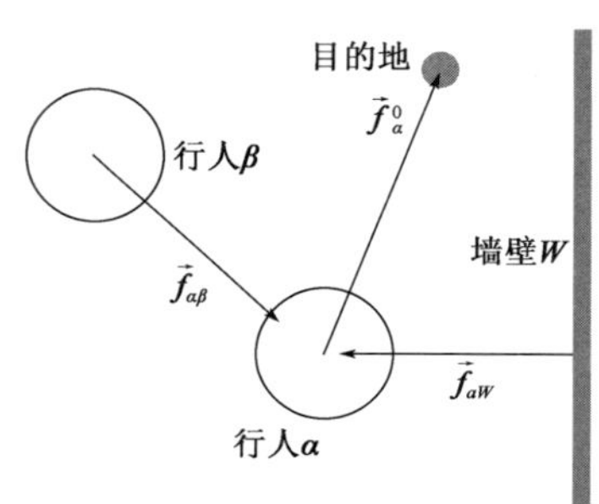

图 4-7-1　社会力模型中受力示意图

为简化起见,模型将行人微粒抽象为二维平面中的圆。设定行人 α 的质量为m_α,半径为r_α,受到自驱动力$\vec{f}_\alpha^0$影响,以期望速度v_α^0沿着期望方向$\vec{e}_\alpha^{\,0}$移动,且在移动过程中以时间段τ_α来调整其实际速度$\vec{v}_\alpha$。同时,行人在移动过程中,会试图与其他行人 β、障碍物保持一个与速度相关的距离,该距离由行人 α 与行人 β 之间的作用力$\vec{f}_{\alpha\beta}$,以及行人 α 和障碍物 W 之间的作用力$\vec{f}_{\alpha W}$来体现。模型中各种作用力示意图如图 4-7-1 所示。

1)自驱动力$\vec{f}_\alpha^0$

当行人不受外界干扰时,他会一直以期望速度(理想速度)$\vec{v}_\alpha^{\,0}$沿着当前期望方向$\vec{e}_\alpha(t)$移动,即$\vec{v}_\alpha^{\,0}=v_\alpha^0\vec{e}_\alpha(t)$,其中$v_\alpha^0$为行人的期望速度值(标量)。但在实际运动中,行人受到干扰会加减速或者躲避他人、障碍物等,因此期望速度$\vec{v}_\alpha^{\,0}$与实际速度$\vec{v}_\alpha(t)$有偏离,模型中通过引入自驱动力$\vec{f}_\alpha^0$,在松弛时间τ_α内调整实际速度,修正$\vec{v}_\alpha^{\,0}$和$\vec{v}_\alpha(t)$的差异,使其尽可能接近期望速度,再现行人以期望速度选择合适的走行路径向目的地运动的机制。

具体而言,对于质量为m_α的行人 α,其期望速度大小为v_α^0,期望速度方向为$\vec{e}_\alpha^{\,0}(t)$,并且通过时间τ_α将其实际速度$\vec{v}_\alpha(t)$调整到期望速度,则行人 α 的自驱动力$\vec{f}_\alpha^0$可按下式计算:

$$\vec{f}_\alpha^0=m_\alpha\frac{v_\alpha^0\vec{e}_\alpha^{\,0}(t)-\vec{v}_\alpha(t)}{\tau_\alpha}\tag{4-7-1}$$

期望速度大小v_α^0可根据实际调查数据得出,一般取值为 1.3m/s。期望速度方向

$\vec{e}_{\alpha}^{0}(t)$由行人的预期走行路径确定。行人在移动过程中，通常会选择最短路径到达目的地。在简单仿真场景中(例如直行通道、室内无障碍物场景)，行人的最短可行路径通常为直线，行人的期望速度方向可直接由当前位置指向最终目的地。在有障碍物的复杂场景中，行人需要绕行障碍物，期望速度方向不能由当前位置直接指向最终目的地，而需要途经一系列中间节点的绕行，最终抵达目的地。这种情况下，行人的最短可行路径由一组路段组成，如图4-7-2所示，记为$\vec{r}_{\alpha}^{1},\cdots,\vec{r}_{\alpha}^{n}=\vec{R}_{\alpha}$，其中$\vec{r}_{\alpha}^{k}$是当前路段边的顶点坐标向量。则该行人的期望方向$\vec{e}_{\alpha}(t)$可表示如下：

$$\vec{e}_{\alpha}(t)=\frac{\vec{r}_{\alpha}^{k}-\vec{r}_{\alpha}(t)}{\|\vec{r}_{\alpha}^{k}-\vec{r}_{\alpha}(t)\|} \tag{4-7-2}$$

式中$\vec{r}_{\alpha}(t)$表示行人α在t时刻的实际位置点，如图4-7-2所示。实际中，行人的目的地通常是一个区域(门、出口或者某个墙壁拐角范围)，而不是某个具体的点$\vec{r}_{\alpha}^{k}$。为此，在模型计算时，通常选取最接近目的地区域的点$\vec{r}_{\alpha}^{k}(t)$作为途经目标点，并在到达该目标点后，重新计算新的目的地区域及其对应目标点。由此可知，在不同时刻，$\vec{r}_{\alpha}^{k}(t)$会调整变化。相应地，期望方向$\vec{e}_{\alpha}(t)$计算如下：

$$\vec{e}_{\alpha}(t)=\frac{\vec{r}_{\alpha}^{k}(t)-\vec{r}_{\alpha}(t)}{\|\vec{r}_{\alpha}^{k}(t)-\vec{r}_{\alpha}(t)\|} \tag{4-7-3}$$

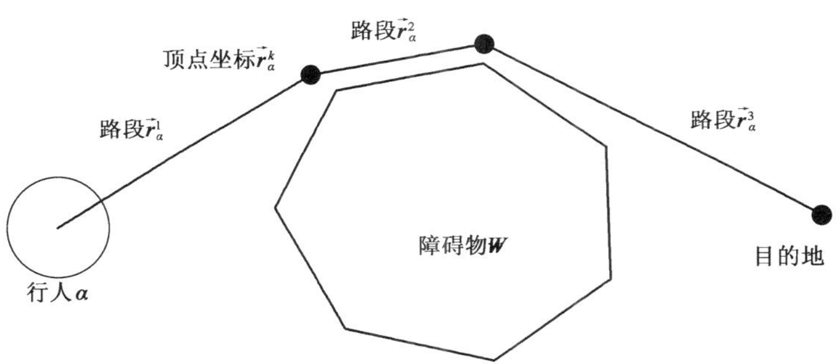

图4-7-2　行人可行路径示意图

2)行人之间作用力$\vec{f}_{\alpha\beta}$

行人之间的作用力$\vec{f}_{\alpha\beta}$用于刻画行人之间的相互影响，由物理作用力$\vec{f}_{\alpha\beta}^{\mathrm{ph}}$和心理作用力$\vec{f}_{\alpha\beta}^{\mathrm{soc}}$组成，公式如下：

$$\begin{aligned}\vec{f}_{\alpha\beta}^{\mathrm{ph}}&=k\Theta(r_{\alpha\beta}-d_{\alpha\beta})\vec{n}_{\alpha\beta}+\kappa\Theta(r_{\alpha\beta}-d_{\alpha\beta})\Delta v_{\alpha\beta}^{t}\vec{t}_{\alpha\beta}\\ \vec{f}_{\alpha\beta}^{\mathrm{soc}}&=A_{\alpha}\exp\left(\frac{r_{\alpha\beta}-d_{\alpha\beta}}{B_{\alpha}}\right)\vec{n}_{\alpha\beta}\end{aligned} \tag{4-7-4}$$

最终行人间相互作用力$\vec{f}_{\alpha\beta}$计算如下：

$$\vec{f}_{\alpha\beta}=A_{\alpha}\exp\left(\frac{r_{\alpha\beta}-d_{\alpha\beta}}{B_{\alpha}}\right)\vec{n}_{\alpha\beta}+k\Theta(r_{\alpha\beta}-d_{\alpha\beta})\vec{n}_{\alpha\beta}+\kappa\Theta(r_{\alpha\beta}-d_{\alpha\beta})\Delta v_{\alpha\beta}^{t}\vec{t}_{\alpha\beta} \tag{4-7-5}$$

式中：k、κ、A_α、B_α——待标定的参数；

$r_{\alpha\beta}$——两个行人 α 和 β 的半径之和，$r_{\alpha\beta}=(r_\alpha+r_\beta)$；

$d_{\alpha\beta}$——行人 α 和 β 圆心之间的距离；

$\Theta(x)$——一个分段函数，满足 $\Theta(x)=\max\{x,0\}$；

$\vec{n}_{\alpha\beta}$——行人 β 指向行人 α 的单位向量（即法向方向），$\vec{n}_{\alpha\beta}=(n_{\alpha\beta}^1,n_{\alpha\beta}^2)=(r_\alpha-r_\beta)/d_{\alpha\beta}$；

$\vec{t}_{\alpha\beta}$——与法向方向垂直的切向方向单位向量，$\vec{t}_{\alpha\beta}=(-n_{\alpha\beta}^2,n_{\alpha\beta}^1)$；

$\Delta v_{\alpha\beta}^t$——切向方向的相对速度，是一个标量，$\Delta v_{\alpha\beta}^t=(\vec{v}_\beta-\vec{v}_\alpha)\cdot\vec{t}_{\alpha\beta}$。

由上式可知，物理作用力$\vec{f}_{\alpha\beta}^{\mathrm{ph}}$的第一部分为法向方向$\vec{n}_{\alpha\beta}$的作用力，表示行人 α 和行人 β 之间的相互推挤作用力；第二部分为切向方向$\vec{t}_{\alpha\beta}$的作用力，表示行人 α 和行人 β 之间的摩擦作用力。$\Theta(x)=\max\{x,0\}$ 能够保证当行人之间有相互接触时才产生推挤作用力和摩擦作用力：当 $\Theta(x)=0$ 时，满足$r_{\alpha\beta}\geqslant d_{\alpha\beta}$，说明行人 α 和行人 β 之间没有接触，$\vec{f}_{\alpha\beta}^{\mathrm{ph}}=0$；当 $\Theta(x)>0$，满足$r_{\alpha\beta}<d_{\alpha\beta}$，说明行人 α 和行人 β 之间存在挤压，这时有$\vec{f}_{\alpha\beta}^{\mathrm{ph}}>0$。

心理作用力$\vec{f}_{\alpha\beta}^{\mathrm{soc}}$用于刻画行人在移动过程中对其他行人的排斥心理和对走行空间的心理需求。正常情况下，行人 α 会与行人 β 保持一定的距离，当周围的移动空间变小时，行人会有尽可能快地往开阔空间移动的动力和需求，类似于行人 β 存在一个作用力推动行人 α 往开阔空间移动。在社会力模型中，该作用力定义为心理作用力。由$\vec{f}_{\alpha\beta}^{\mathrm{soc}}$的计算公式可知，当行人 α 和行人 β 较远时，心理作用力基本为 0；当两行人距离越近，心理作用力则越大，且呈指数增长。这与实际观察到的情况基本类似：行人周围空间越小，来自周围行人的排斥影响越明显，行人往开阔空间移动的需求越迫切；而当行人周围可用空间大到一定程度时，行人只会选择最短路径往期望目的地移动，而不会为了追求更大的可用空间而改变期望速度方向，行人也基本不会因为其他行人而有心理排斥影响。根据上述分析，心理排斥作用效果主要体现在两个行人法向方向，在切向方向无作用效果。因此，$\vec{f}_{\alpha\beta}^{\mathrm{soc}}$计算时只考虑法向方向，不考虑切向方向。

3）行人和障碍物之间作用力$\vec{f}_{\alpha W}$

障碍物、墙壁等对行人 α 的心理影响效果类似于其他行人对行人 α 的影响，行人和墙壁的作用力$\vec{f}_{\alpha W}$计算公式如下：

$$\vec{f}_{\alpha W}=A_\alpha\exp\left(\frac{r_\alpha-d_{\alpha W}}{B_\alpha}\right)\vec{n}_{\alpha W}+k\Theta(r_\alpha-d_{\alpha W})\vec{n}_{\alpha W}+\kappa\Theta(r_\alpha-d_{\alpha W})(\vec{v}_\alpha\cdot\vec{t}_{\alpha W})\vec{t}_{\alpha W}\tag{4-7-6}$$

上式中，行人到障碍物的距离$d_{\alpha W}$为多边形障碍物中距离行人 α 最近的边$\vec{r}_0$到行人 α 圆心的距离；法向方向$\vec{n}_{\alpha W}$为垂足指向行人 α 圆心的单向向量，如图 4-7-3 所示；切向方向

$\vec{t}_{\alpha W}$为最近的边$\vec{r}_0$的单位向量。在模型计算过程中，可以通过遍历行人α到障碍物W所有边的垂直距离d，并选择最小d值及其对应的边，作为$d_{\alpha W}$和相应最近的边$\vec{r}_0$。

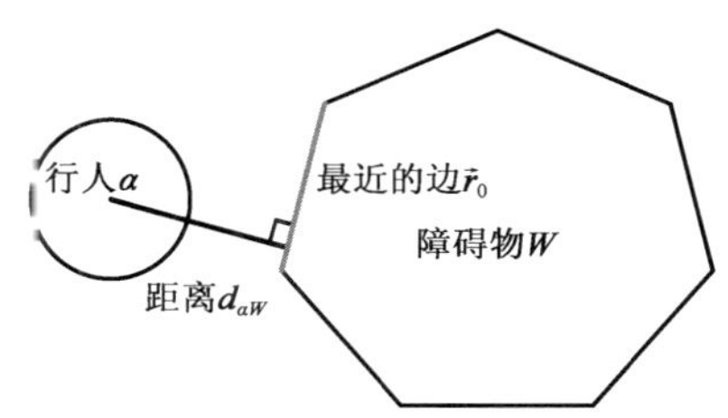

图4-7-3 行人到障碍物最近距离计算示意图

在t时刻，行人受上述三种力的叠加作用，如图4-7-4所示。图中，$\vec{f}_{\alpha\beta}^{\text{norm}}$、$\vec{f}_{\alpha\beta}^{\tan}$分别为$\vec{f}_{\alpha\beta}$在法向方向和切向方向的受力分解；$\vec{f}_{\alpha W}^{\text{norm}}$、$\vec{f}_{\alpha W}^{\tan}$分别为$\vec{f}_{\alpha W}$在法向方向和切向方向的受力分解。基于受力分析，根据牛顿第二定律，行人的实际速度可由如下公式计算得出：

$$m_\alpha \frac{\mathrm{d}\vec{v}_\alpha}{\mathrm{d}t} = \vec{f}_\alpha^0 + \sum_{\beta(\neq\alpha)} \vec{f}_{\alpha\beta} + \sum_W \vec{f}_{\alpha W}$$
$$= \vec{f}_\alpha^0 + \sum_{\beta(\neq\alpha)} \left(\vec{f}_{\alpha\beta}^{\text{norm}} + \vec{f}_{\alpha\beta}^{\tan}\right) + \sum_W \left(\vec{f}_{\alpha W}^{\text{norm}} + \vec{f}_{\alpha W}^{\tan}\right) \tag{4-7-7}$$

根据上述公式计算得出行人α的速度$\vec{v}_\alpha(t)$后，行人的位置$l_\alpha(t)$可由如下公式计算得出：

$$\vec{v}_\alpha(t) = \frac{\mathrm{d}l_\alpha(t)}{\mathrm{d}t} \tag{4-7-8}$$

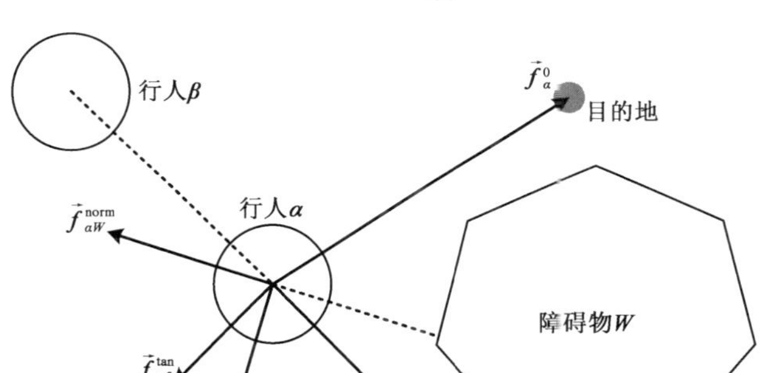

图4-7-4 社会力模型中行人受力分解分析

由此可见，社会力模型是由一组动力学微分方程所构成，按照上述微分方程可以把相应物理量的变化联系起来。一旦初始条件给定，模型就可以自动迭代模拟出行人的运动过程。

4.7.2 社会力模型的改进

社会力模型用数学解析式表达了行人在复杂环境下的运动过程，明确了行人交通行为的产生源于自身的主观行动力，通过力学模型能够精确描述各种层次的作用力，并能解释行人交通行为的本质。同时，模型中的行人在人流密度大及惊恐逃生时能够相互接触，这是元胞自动机模型等离散空间模型等所不具备的。但社会力模型仍然存在不足之处，突出表现为以下几点：

(1)模型将行人刻画为机械的粒子,其行为受作用力影响,会产生与实际不相符合的运动行为。例如,当行人之间距离很近时,会出现与实际不符的往复振动和排斥现象。需要引入平滑机制来保证行人受力具有弹性空间。

(2)模型中行人完全受“力”的支配,很少考虑人的智能行为,一些假设简化了行人的路径发现过程。因而,模型还无法有效模拟行人更复杂的行为。

(3)随着行人数量的增加,模型的运算速度会呈几何级数下降,需引入更有效的行人作用范围和数值计算方法,快速找到行人周围与之作用的其他行人,减少不需要的计算量。

针对社会力模型的不足之处,现有研究对社会力做出了很多改进,主要改进如下:

1)考虑行人作用范围影响

在社会力模型中对$\vec{f}_{\alpha\beta}$计算时,不考虑其他行人的差异性。但实际中,前方和后方的行人对当前行人的影响有差别。行人由于视野受限缘故,对走行前方的行人更为敏感,来自前方行人的心理排斥作用力更大。为此,Helbing 等[48-49]对行人之间的心理作用力$\vec{f}^{\text{soc}}_{\alpha\beta}$进行修改,提出了考虑领域效应(Territory Effect)的$\vec{f}_{\alpha\beta}$计算公式。$\vec{f}^{\text{soc}}_{\alpha\beta}$修改如下所示:

$$\vec{f}^{\text{soc}}_{\alpha\beta}=A_{\alpha}\exp\left(\frac{r_{\alpha\beta}-d_{\alpha\beta}}{B_{\alpha}}\right)\vec{n}_{\alpha\beta}\left[\lambda_{\alpha}+(1-\lambda_{\alpha})\frac{1+\cos\varphi_{\alpha\beta}}{2}\right] \tag{4-7-9}$$

上式中,$\varphi_{\alpha\beta}$为行人期望速度方向$\vec{e}^{\,0}_{\alpha}(t)$和法向向量$\vec{n}_{\alpha\beta}$之间的夹角,$\lambda_{\alpha}$是权重参数,取$\lambda_{\alpha}\in[0,1]$。相比原社会力模型,改进模型增加了领域因子$\omega_{\alpha\beta}=\lambda_{\alpha}+(1-\lambda_{\alpha})[1+\cos(\varphi_{\alpha\beta})]/2$,使得行人$\alpha$周围不同方向的行人$\beta$对$\alpha$的影响各异,且其影响差异程度随着权重参数$\lambda_{\alpha}$的变化而变化。

图 4-7-5 为λ_{α}取值为 1.0、0.5、0.1 时,$\omega_{\alpha\beta}$与$\varphi_{\alpha\beta}$在极坐标下的变化情况。由图可知,当$\lambda_{\alpha}<1.0$时,行人α前方行人对α的心理作用力影响要大于后方行人的影响,且正前方行人(位于行人α的期望方向上)的影响最为强烈。λ_{α}越小,行人身后行人对其影响越小。而当$\lambda_{\alpha}=1.0$时,模型退化为原社会力模型。

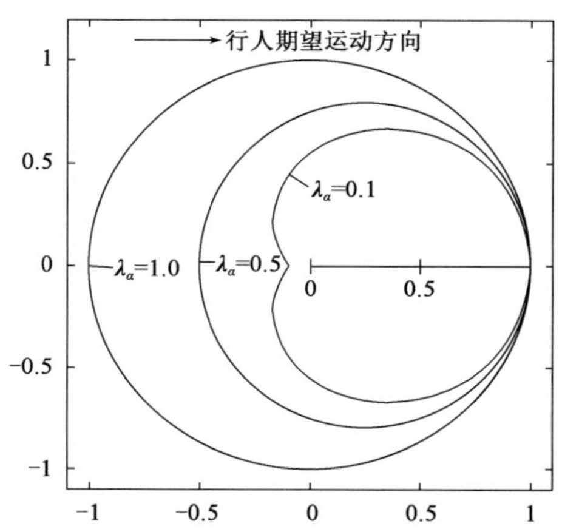

图 4-7-5 领域因子$\omega_{\alpha\beta}$随行$\varphi_{\alpha\beta}$夹角变化示意图(极坐标系)

由公式(4-7-7)可知,模型中计算$\vec{f}_{\alpha\beta}$和$\vec{f}_{\alpha W}$时,需要计算行人α和其他所有行人之间的相互作用力,以及行人和所有障碍物之间的相互作用力。实际上,行人移动时基本不受距离较远行人或障碍物的影响,特别是不会考虑视野范围外行人的作用。据此,模型计算过程中,可以仅只对周围局部行人进行计算,例如可以限定为只选择以行人α为中心,一定圆形或者矩形范围内的行人β继续计算,可大幅提高计算效率,如图4-7-6所示。若在直角坐标系中构建社会力模型,建议采用矩形范围选择行人;若在极坐标系中构建社会力模型,建议采用圆形范围选择行人。

2)考虑行人间相对速度

根据公式(4-7-5)可知,基本社会力模型中行人法向作用力由行人之间距离决定。如图4-7-7所示,行人β与行人α、行人γ之间距离相等,行人α、β和γ的速度大小相同,但行人β速度方向与γ相同,与α相反。根据公式(4-7-4),行人α、行人γ对行人β的心理排斥力大小相同。但实际上,行人感受到的心理排斥力还与相对速度有关系。在不同速度方向下,对向行人α对行人β的排斥作用力要大于同向行人γ。

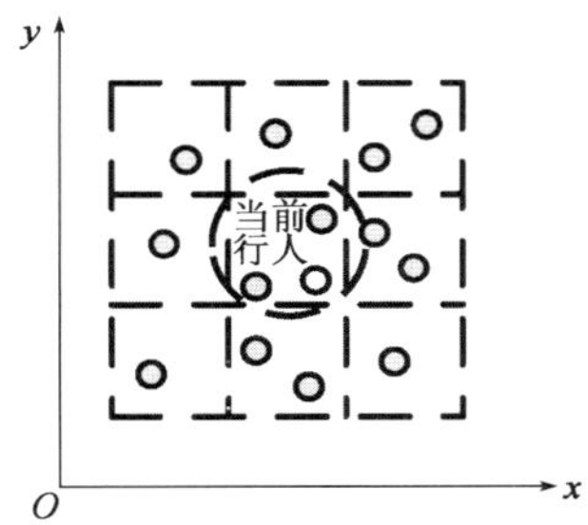

图4-7-6 周围局部行人作用范围示意图

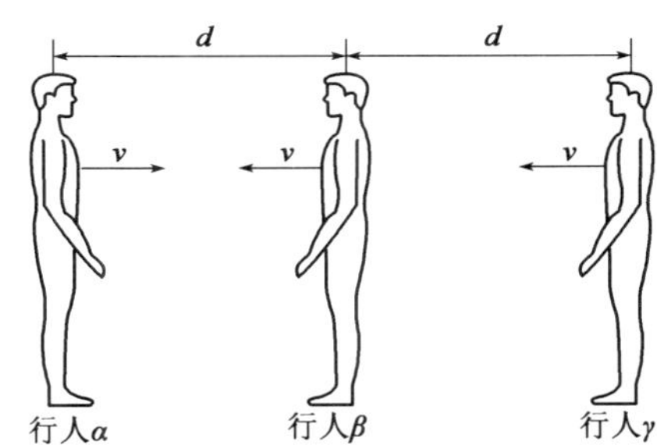

图4-7-7 相对速度对法向心理作用力影响示意图

对此,可引入相对速度$\Delta v_{\alpha\beta}^{n}$和相对速度影响系数$c$,得出新的行人间法向作用力$\vec{f}_{\alpha\beta nv}^{\text{soc}}$计算公式,具体如下:

$$\vec{f}_{\alpha\beta nv}^{\text{soc}} = c\Theta(\Delta v_{\alpha\beta}^{n})\left[A_{\alpha}\exp\left(\frac{r_{\alpha\beta}-d_{\alpha\beta}}{B_{\alpha}}\right)+k\Theta(r_{\alpha\beta}-d_{\alpha\beta})\right] \tag{4-7-10}$$

上式中,$\Delta v_{\alpha\beta}^{n}=(\vec{v}_{\beta}-\vec{v}_{\alpha})\cdot\vec{n}_{\alpha\beta}$,表示行人$\alpha$和$\beta$的法向速率差。

3)考虑从众行为的速度修正

在火灾、恐袭等非常态下行人疏散行为的研究中发现,行人在非常态下未知、恐慌、焦虑等心理作用下,会体现出恐慌心理和从众行为,行人会盲目地跟随周围行人的移动并改变自身走行方向,速度也会受到周围行人速度和恐慌情绪的影响而停滞或者加速。要在社会力模型中刻画该行为,可将行人期望速度方向$\vec{e}_{\alpha}(t)$和期望速度$\vec{v}_{\alpha}^{0}(t)$修改为如下公式:

$$\vec{e}_{\alpha}(t)=\mathrm{norm}[(1-n_{\alpha})\vec{e}_{\alpha}^{\,*}(t)+n_{\alpha}\langle\vec{e}_{\beta}(t)\rangle_{\alpha}] \tag{4-7-11}$$

$$\vec{v}_{\alpha}^{\,0}(t)=(1-p)v_{\alpha}^{*}(t)\vec{e}_{\alpha}(t)+p\bar{v}_{\alpha} \tag{4-7-12}$$

式中：n_{α}——从众系数，$n_{\alpha}\in[0,1]$，其值越大，表示行人从众行为越明显；

$\mathrm{norm}[Z]$——向量单位化，$\mathrm{norm}[Z]=Z/\|Z\|$；

$\vec{e}_{\alpha}^{\,*}(t)$——不考虑从众行为的行人期望方向；

$\langle\vec{e}_{\beta}(t)\rangle_{\alpha}$——周围一定范围内行人的平均期望方向；

p——恐慌参数，$p\in[0,1]$，当 $p=0$ 时表示行人不会感到恐慌，完全按照自身期望速度行进；当 $p=1$ 时，行人完全处于恐慌状态下，此时行人期望速度由周围行人速度决定；

$v_{\alpha}^{*}(t)$——正常情况下行人的期望速度方向值，一般取 1.3m/s；

$\bar{v}_{\alpha}$——以行人 α 为中心，半径 2m 以内的除行人 α 以外的其他所有行人的平均速度。

考虑从众行为的疏散特性研究发现[50-51]，行人若表现出适当的从众行为，对提高疏散效率有所帮助。这是因为从众行为在某种程度上类似蚂蚁通过释放信息素寻找到最短路径的过程，从众过程也是一个最短疏散路径信息传递的过程，行人可以更快获知最近疏散出口；完全不考虑从众或过度从众的疏散群体，其疏散效率反而有所下降。这是因为前者意味着每个疏散个体都是随机偶然地找到出口，相互之间没有信息的沟通交流；而后者意味着大量行人会短时间聚集在个别出口，导致出口拥挤排队，增加疏散时间。

4.8 仿真模型的应用：疏散仿真分析

在行人交通仿真模型的应用分析中，本书整合基于精细网格的路径规划模型和社会力模型，用于对一个地铁车站站厅层的乘客疏散进行仿真分析。

4.8.1 疏散仿真场景基本参数

以某地铁车站（非换乘站）站厅的平面布局方案为示例，整合本章提出的基于精细网格的路径规划模型和社会力模型，对站厅内乘客疏散过程仿真，对疏散时间进行分析，并评估不同疏散方案的效果，为车站方案设计、规划和乘客疏散的紧急预案制定提供科学的理论依据。

根据仿真建模和分析的需要，对该地铁车站站厅层的平面布局方案进行简化，清除与疏散建模和分析过程无关的相关设施，只保留出入口、付费区与非付费区之间的隔离栏、闸机、安检设施及其隔离栏、站台至站厅楼扶梯等设施，并将其抽象为线条或方形障碍物。

其中简化处理后的站厅平面布局图如图 4-8-1 所示。

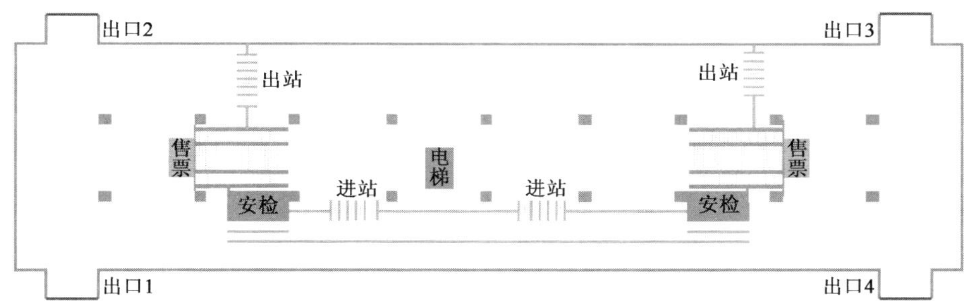

图 4-8-1　某地铁车站站厅平面布局简化图

根据对站厅进出站闸机和出入口分布的熟悉程度，可将车站内疏散人员分为两类。第一类乘客熟悉所有出口，并会理智选择距离当前位置最近的闸机和出口当作最终疏散出口；第二类乘客只知其常用的进出站闸机和出入口位置，并选择该出口当作疏散出口。

根据 4.4.1 小节中的人工势场生成算法，不同类乘客依据各自的有效出口集合生成各自的势场值。以该势场值为基础，针对站厅多出口场景疏散仿真模型，乘客的期望速度方向$\vec{e}_{(x,y)}$有：

$$\vec{e}_{(x,y)} = \mathrm{norm}(P^k) \tag{4-8-1}$$

梯度方向P^k为：

$$P^k = \begin{pmatrix} \sum\limits_{(i,j)\in F^w_{(x,y)}} [s^k(i,j) - s^k(x,y)](x_i - x_0) \\ \sum\limits_{(i,j)\in F^w_{(x,y)}} [s^k(i,j) - s^k(x,y)](y_i - x_0) \end{pmatrix}^{\mathrm{T}} \tag{4-8-2}$$

上式中，$k = \arg\{\min_{r\in E}\{s^r(x,y)\}\}$，$s^r(x,y)$为网格$(x,y)$处对应出口 r 的势场值，E为有效出口集合，即乘客熟悉此集合中的任一出口 r 的具体位置，并从集合中选择最近出口作为疏散出口。第一类乘客的有效出口集合为所有出口，第二类乘客的有效出口集合为常用的几个出入口。

仿真开始时，乘客随机均匀分布在站厅内，期望速度设定为 2.6m/s，仿真步长设定为 0.01s。随着仿真进行，在站台和站厅之间楼梯处会随机产生乘客，以模拟站台的乘客疏散至站厅。为更好地展示动态疏散过程，图 4-8-2 分别显示了乘客随机分布在地铁车站站厅层，在仿真时间为 10s、120s 时的疏散仿真情况。

4.8.2　疏散时间分析

为对比分析第一类乘客和第二类乘客对疏散时间的影响，下面统计不同数量的第一类乘客或第二类乘客在完全疏散时所需时间。为便于对比分析，对相同的乘客初始位置分布状态,分别统计当乘客全部为第一类乘客和全部为第二类乘客时的疏散时间,同一乘客数量重复仿真 20 次,计算 20 次仿真疏散时间的平均值。

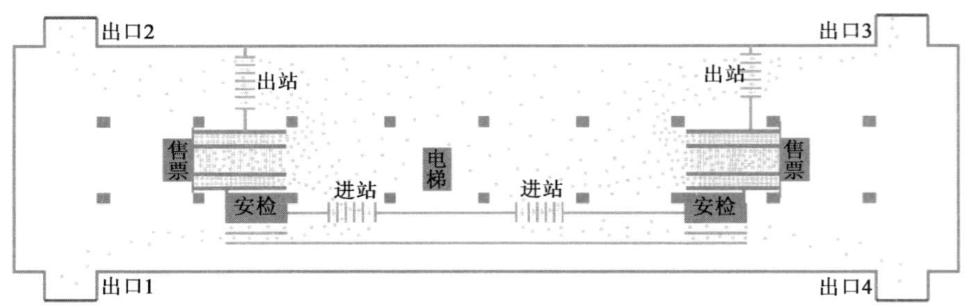

a) t=10s时，已疏散人数为20人

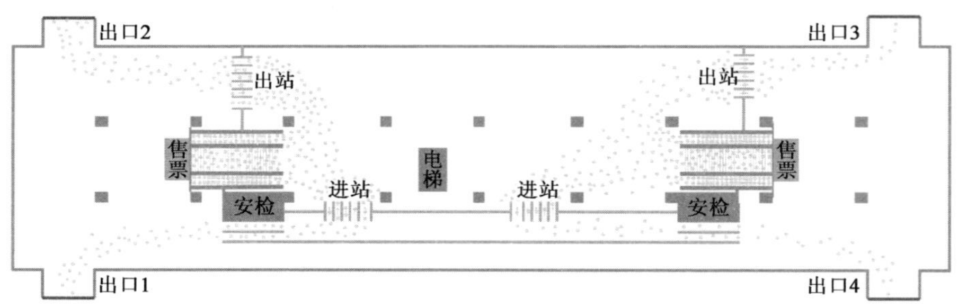

b) t=120s时，已疏散人数为172人

图 4-8-2　乘客疏散仿真过程演化图

图 4-8-3 为不同疏散人数下两类人的疏散时间变化图。由图可知,随着乘客数量增大,疏散时间呈线性增加。该线性增长过程可分为两个阶段:第一阶段,疏散时间随着乘客人数变化呈现缓慢增加;第二阶段,疏散时间随着乘客人数的变化,其增长速率明显变大。也即是,当乘客数量大于 N 时,疏散时间随乘客数量增加的变化率明显变大。推断这是因为乘客数量为 N 是疏散环境拥堵与否的分界点,当疏散人数超过 N 时,疏散过程会产生拥堵,且拥堵瓶颈主要为闸机出口处。对第一类乘客而言,$N = 900$ 人;对第二类乘客而言,$N = 700$ 人。为确保疏散安全,可以认为 N 值为站厅的最佳容纳人数,而对该车站站厅而言,最佳容量不宜超过 900 人。

针对完全为第一类乘客时,统计每 1s 时(即每 100 个仿真步长间隔)系统所疏散人数以及各个出口程度的疏散人数值。图 4-8-4 为疏散总人数为 2000 人时,第一类乘客模式下的已经疏散出去人数随时间变化图。

由图 4-8-4 可知,已疏散人数随仿真时间推进呈现 S 形曲线,并且根据曲线的斜率变化情况,可以大致分为三个阶段。第一阶段为仿真初始时,疏散人数随仿真时间推进会缓慢增加。各个出口承担的已疏散人数也呈现同样变化。这是因为初始阶段,各个出口处到达的乘客数相对较少,在出口闸机处还暂未形成拥堵。在第二阶段,疏散人数随仿真时间推进呈大致线性增加趋势，各个出口承担已疏散人数值也呈现同样变化。这表明各个出口已经达到出口的通过能力，这时曲线的线性斜率为疏散出口有效宽度的通过能力。第三阶段为仿真后期，疏散人数随仿真时间推进会缓慢增加，此时观察各个出口疏散人数值，可发现出口1疏散人数增加量为0，说明这一阶段出口1没有承担乘客疏散的作用。随着仿真时间继续推进，出口3、出口4也逐渐没有乘客通过，这时只在出口2处聚集剩余待疏散人群。在这一阶段，只有部分出口承担疏散工作是曲线变化较小的主因。

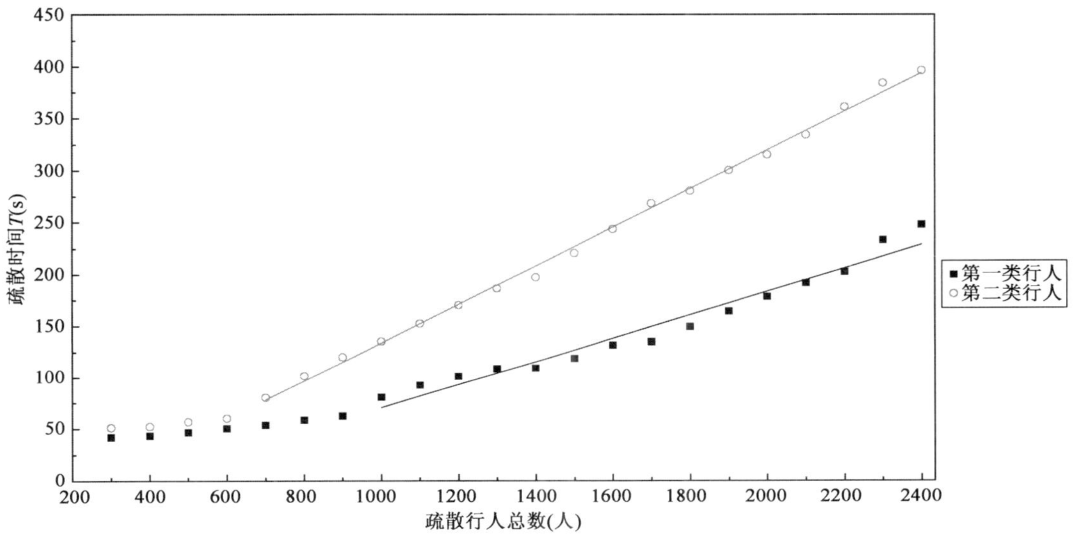

图4-8-3　不同乘客数量的两类乘客疏散时间变化图

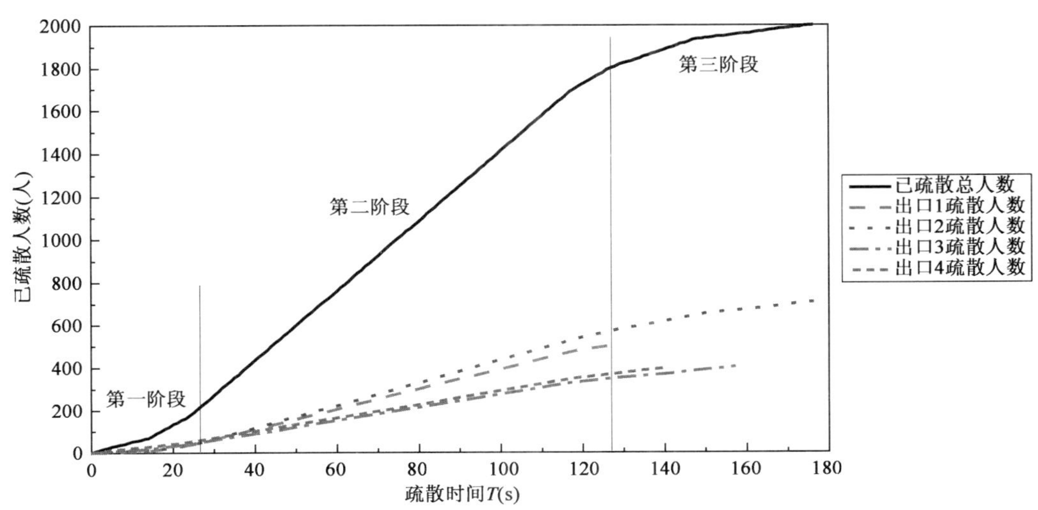

图4-8-4　疏散人数随时间变化图(线性图)

由图4-8-4可看出，各个出口被用于疏散的时长不一致，且承担的疏散人数也各不相同。其中出入口1有疏散能力浪费的现象，这表现在阶段三中曲线的变化率较阶段二缓和。而分析每个出口的疏散人数与疏散时间变化图可知，在饱和阶段，出口疏散人数随时间呈线性趋势增加。

设定第二类乘客所占比例为 p。图 4-8-5 为仿真人数为 1000 人，不同 p 值下的疏散时间。为消除乘客位置分布的随机性，同一 p 值，重复仿真 20 次，并统计疏散时间的平均值。

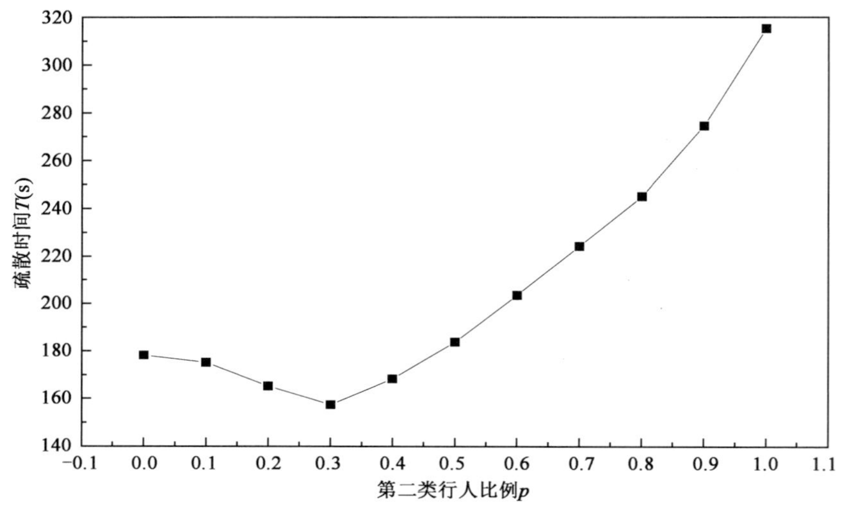

图 4-8-5　不同比例乘客的疏散时间分布图

由图 4-8-5 可知，随着 p 值增加，同样数量乘客的疏散时间呈现先减少后增加的变化趋势，在 $p=0.3$ 时，疏散所需时间最少。这意味着，对此车站而言，70% 的乘客完全熟知各个出口位置，并按照最短路选择路径进行疏散时，能够使得疏散接近最佳效果。这一结果说明，在实际疏散过程中，如安排工作人员告知指示疏散人群安全出口位置时，只需训练 70% 的乘客知道各安全出口位置即可达到较好状态，这样可以安排更少的疏散指挥工作人员，减少疏散成本。

为分析图 4-8-5 变化趋势的原因，统计 $p=0.0$、0.3、0.8 时各个出口承担人数及其占总人数比例值，如图 4-8-6 所示。其中，图 4-8-6b) 中的理想状态指根据出口能力和距离计算各自出口承担疏散人数比例值。

由图 4-8-6a) 可知，$p=0.0$ 时和 $p=0.3$ 时相比，出口 3 和出口 4 处承担疏散人数差别不大，出口 2 承担人数和出口 1 承担人数差值相比，$p=0.0$ 时要较 $p=0.3$ 时大。当 $p=0.8$ 时，出口 3、出口 4 处承担人数均大幅下降，人群疏散压力较大部分集中在出口 2 处。根据图 4-8-6b) 可知，对比 $p=0.0$、0.3、0.8 时和理想状态时各出口承担人数比例发现，$p=0.3$时各出口比例最接近理想状态时的比例值。这说明为达到最佳疏散效果，最好是让各个出口承担人数与其宽度匹配。而 $p=0.3$ 时使得保证各出口承担疏散人数能够匹配理想状态下的各出口通过能力，是由于存在一定比例的第二类乘客会忽略出口 3 和出口 4，直接选择出口 1 或者出口 2 作为疏散出口，使得选择各出口的人接近出口的通过能力。当 $p=0.3$ 时，各出口承担人数相对均衡，而 $p<0.3$ 时，会使得出口 1 承担人数偏低、出口 2 承担人数偏高；当 $p>0.3$ 时，会使得出口 1、出口 2 承担人数偏高、出口 3、出口 4 承担人数偏低。

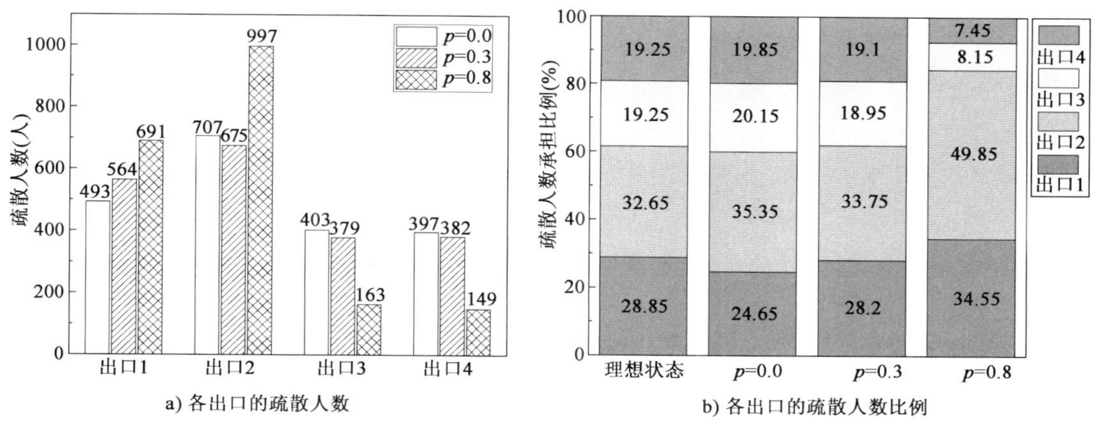

图 4-8-6 $p=0$、0.3、0.8 时各个出口承担疏散人数和所占比例

4.8.3 优化方案仿真评价

在现有站厅客流疏散组织方案基础上，提出客流疏散改善方案，具体为：在进行客流疏散时，将图 4-8-1 中下侧进站闸机前的安检隔离设施拆除，减少安检隔离设施对疏散客流的阻碍。统计仿真相同乘客总量（1000 人）下，$p=0.0$ 时上述方案的改善效果，并统计每次仿真所得的疏散时间、瓶颈处最大平均密度、瓶颈处拥堵持续时间、整体上所有位置的最大平均密度以及拥堵持续时间等指标值。需要指出的是，整体统计指标中，最大平均密度值所对应的位置不一定是最长拥堵持续时间所在区域。重复仿真 20 次，记录统计结果，并对重复仿真结果统计值取平均，所得数据如表 4-8-1 所示。

不同方案下的疏散时间表 表 4-8-1

方案	疏散时间(s)	标准差(s)	瓶颈处		整体	
			最大平均密度(人/m²)	拥堵持续时间(s)	最大平均密度(人/m²)	拥堵持续时间(s)
原方案	178.24	11.63	2.843	108.63	3.122	136.58
改善方案	135.25	7.01	1.036	37.25	2.167	91.36

由表 4-8-1 可知，对比改善方案和原方案的疏散时间和标准差值可看出，拆除安检隔离设施能够有效缓解瓶颈处的拥堵，也可以减少疏散时间。特别地，对比标准差值可发现，改善方案的标准差值大大降低，说明改善方案能够有效地克服乘客初始随机分布导致的疏散时间波动性。

4.9 本章小结

行人交通仿真理论模型是行人交通仿真评估的基础和核心内容,本章系统介绍了行人交通仿真理论模型。首先基于行人交通行为过程的解析,将行人交通行为抽象描述为路径选取和微观移动两个层次,由此构建了行人交通仿真两层框架体系,包括宏观层的路径规划模型和微观层的行人运动模型。针对宏观层面的模型,介绍了基于网络的路径规划模型,并给出了一个基于精细网格的路径规划模型,讨论了该模型的特点和适用性。针对微观层面的模型,系统介绍了元胞自动机模型、社会力模型等。在此基础上,整合了宏观和微观模型,给出了仿真应用分析案例。在案例分析中整合了基于精细网格的路径规划模型和社会力模型,并应用于地铁车站站厅内疏散人群特性分析。仿真应用分析表明,行人交通仿真模型能够较好地反映现实生活中行人的移动特性,并适用于包括设施布局评价、紧急疏散方案评估和优化等的工程应用。

本章参考文献

[1] 李得伟,韩宝明. 行人交通[M]. 北京:人民交通出版社,2011.

[2] Hoogendoorn S P, Bovy P H L. Pedestrian route-choice and activity scheduling theory and models[J]. Transportation Research Part B-methodological, 2004, 38(2): 169-190.

[3] Kambara T, Kibe H, Nishide R, et al. Context-dependent Route Generation Scheme Using Network Voronoi Diagrams[C]. Databases for Next Generation Researchers, 2007. SWOD 2007. IEEE International Workshop on. IEEE, 2007.

[4] Nakamura A, Ishii M, Hiyoshi H. Uni-Directional Pedestrian Movement Model Based on Voronoi Diagrams[C]. Eighth International Symposium on Voronoi Diagrams in Science & Engineering. IEEE Computer Society, 2011.

[5] Miloš Šeda, Václav Pich. Robot motion planning using generalized voronoi diagrams[C]. Proceedings of the 8th conference on Signal processing, computational geometry and artificial vision. 2008.

[6] Hiyoshi H, Tanioka Y, Hamamoto T, et al. Pedestrian Movement Model based on Voronoi Cellular Automata[J]. Transportation Research Procedia, 2014, 2: 336-343.

[7] Moh. Zikky. Review of A * (A Star) Navigation Mesh Pathfinding as the Alternative of Artificial Intelligent for Ghosts Agent on the Pacman Game[J]. International Journal of Engineering Technology, 2016, 4(1): 141-149.

[8] 曹雷,饶真珍,贺毅辉. 基于导航网格的三维空间表示[J]. 系统仿真学报,2008(S1): 232-234.

[9] André Borrmann, KneidlA , K. Ster G , et al. Bidirectional coupling of macroscopic and

microscopic pedestrian evacuation models[J]. Safety Science,2012,50(8):1695-1703.

[10] 贾斌,高自友,李克平,等. 基于元胞自动机的交通系统建模与模拟[M]. 北京:科学出版社,2007.

[11] Guo R Y, Huang H J. Formulation of pedestrian movement in microscopic models with continuous space representation [J]. Transportation research part C: emerging technologies,2012,24:50-61.

[12] 李得伟,韩宝明,张琦. 基于动态博弈的行人交通微观仿真模型[J]. 系统仿真学报,2007,19(11):2590-2593.

[13] 孙立光,史其信. 基于离散势能场的行人路径规划算法研究[J]. 交通标准化,2009(23):25-27.

[14] 沙云飞,史其信. 基于离散势能场的行人仿真模型研究 [J]. 公路工程,2009,34(2):153-156.

[15] 刘一,沙云飞,范卫东. 基于势能场的机场行人行为建模仿真研究 [J]. 计算机仿真,2011,28(3):119-121.

[16] Blue V J, Embrechts M J, Adler J L. Cellular automata modeling of pedestrian movements [C]. IEEE International Conference on Systems, Man, and Cybernetics. Computational Cybernetics and Simulation,1997.

[17] Blue V, Adler J. Cellular automata microsimulation of bidirectional pedestrian flows[J]. Transportation Research Record: Journal of the Transportation Research Board, 1999(1678):135-141.

[18] Blue V J, Adler J L. Cellular automata microsimulation for modeling bi-directional pedestrian walkways[J]. Transportation Research Part B: methodological,2001,35(3):293-312.

[19] Blue V, Adler J. Modeling four-directional pedestrian flows[J]. Transportation Research Record: Journal of the Transportation Research Board,2000(1710):20-27.

[20] Fang W F, Yang L Z, Fan W C. Simulation of bi-direction pedestrian movement using a cellular automata model [J]. Physica A: Statistical Mechanics and its Applications,2003,321(3):633-640.

[21] Ma J, Song W G, Liao G X. Multigrid simulation of pedestrian counter flow with topological interaction[J]. Chinese Physics B,2010,19(12):128901.

[22] 岳昊,邵春福,陈晓明,等. 基于元胞自动机的对向行人交通流仿真研究 [J]. 物理学报,2008,57(11):6901-6908.

[23] Muramatsu M, Irie T, Nagatani T. Jamming transition in pedestrian counterflow [J]. Physica A: Statistical Mechanics and its Applications,1999,267(3):487-498.

[24] Hoogendoorn S P, Daamen W. Pedestrian behavior at bottlenecks [J]. Transportation

science,2005,39(2):147-159.

[25] Muramatsu M,Nagatani T. Jamming transition in two-dimensional pedestrian traffic[J]. Physica A:Statistical Mechanics and its Applications,2000,275(1):281-291.

[26] Muramatsu M,Nagatani T. Jamming transition of pedestrian traffic at a crossing with open boundaries[J]. Physica A:Statistical Mechanics and its Applications,2000,286(1):377-390.

[27] Tajima Y,Takimoto K,Nagatani T. Pattern formation and jamming transition in pedestrian counterflow[J]. Physica A:Statistical Mechanics and its Applications,2002,313(3):709-723.

[28] Isobe M,Adachi T,Nagatani T. Experiment and simulation of pedestrian counterflow[J]. Physica A:Statistical Mechanics and its Applications,2004,336(3):638-650.

[29] TajimaY, TakimotoK, Nagatani T. Scaling of pedestrian channel flow with a bottleneck [J]. Physica A:Statistical Mechanics and its Applications,2001,294(1):257-268.

[30] Itoh T, Nagatani T. Optimal admission time for shifting the audience[J]. Physica A: Statistical Mechanics and its Applications,2002,313(3):695-708.

[31] Tajima Y, Nagatani T. Scaling behavior of crowd flow outside a hall[J]. Physica A: Statistical Mechanics and its Applications,2001,292(1):545-554.

[32] Jiang R, Wu Q S. The moving behavior of a large object in the crowds in a narrow channel[J]. Physica A:Statistical Mechanics and its Applications,2006,364:457-463.

[33] Jiang R,Wu Q S. Interaction between vehicle and pedestrians in a narrow channel[J]. Physica A:Statistical Mechanics and its Applications,2006,368(1):239-246.

[34] Yue H ,Hao H ,Chen X ,et al. Simulation of pedestrian flow on square lattice based on cellular automata model[J]. Physica A,2007,384(2):567-588.

[35] 李明华,袁振洲,许琰,等.基于改进格子气模型的对向行人流分层现象的随机性研究[J].物理学报,2015(1):427-438.

[36] Helbing D, Buzna L, Johansson A, et al. Self-Organized Pedestrian Crowd Dynamics: Experiments, Simulations, and Design Solutions[J]. Transportation Science, 2005, 39(1):1-24.

[37] Li X, Duan X Y, Dong L Y. Self-organized phenomena of pedestrian counter flow in a channel under periodic boundary conditions[J]. Chinese Physics B, 2012, 21(10):108901.

[38] 任刚,陆丽丽,王炜.基于元胞自动机和复杂网络理论的双向行人流建模[J].物理学报,2012,61(14):144501.

[39] Burstedde C,Klauck K,Schadschneider A,et al. Simulation of pedestrian dynamics using a two-dimensional cellular automaton[J]. Physica A: Statistical Mechanics and its

Applications,2001,295(3):507-525.

[40] Kirchner A, Schadschneider A. Simulation of evacuation processes using a bionics-inspired cellular automaton model for pedestrian dynamics[J]. Physica A: Statistical Mechanics and its Applications,2002,312(1):260-276.

[41] Kirchner A, Klüpfel H, Nishinari K, et al. Simulation of competitive egress behavior: comparison with aircraft evacuation data[J]. Physica A: Statistical Mechanics and its Applications,2003,324(3):689-697.

[42] 杨立中,方伟峰,黄锐,等. 基于元胞自动机的火灾中人员逃生的模型[J]. 科学通报,2002,47(12):896.

[43] Henein C M, White T. Macroscopic effects of microscopic forces between agents in crowdmodels[J]. Physica A: statistical mechanics and its applications, 2007, 373: 694-712.

[44] Zheng Y, Jia B, Li X G, et al. Evacuation dynamics with fire spreading based on cellular automaton[J]. Physica A: Statistical Mechanics and its Applications, 2011, 390(18): 3147-3156.

[45] Huang H J, Guo R Y. Static floor field and exit choice for pedestrian evacuation in rooms with internal obstacles and multiple exits[J]. Physical Review E,2008,78(2):021131.

[46] Ezaki T, Yanagisawa D, Ohtsuka K, et al. Simulation of space acquisition process of pedestrians using proxemics floor field model[J]. Physica A: Statistical Mechanics and its Applications,2012,391(1):291-299.

[47] Helbing D, Molnar P. Social force model for pedestrian dynamics[J]. Physical review E, 1995,51(5):4282-4286.

[48] Helbing D, Farkas I, Vicsek T. Simulating dynamical features of escape panic[J]. Nature,2000,407(6803):487-490.

[49] Helbing D, Farkas I, Vicsek T. Freezing by heating in a driven mesoscopic system[J]. Physical review letters,2000,84(6):1240.

[50] 邓宇菁,冯页新,胡列格. 社会力模型中行人的心理因素和随机行为对人群疏散过程的影响[J]. 系统工程,2014,32(11):144-148.

[51] 汪蕾,蔡云,徐青. 社会力模型的改进研究[J]. 南京理工大学学报:自然科学版,2011,35(1):144-149.

第5章　地铁车站行人交通仿真评价

对地铁车站的设计和运营组织方案进行评价是行人交通仿真的重要工作之一。科学的评判标准是确保评价结果科学合理的关键。因此,选取一套科学的评价标准和阈值是仿真评估工作中至关重要的环节。本章旨在面向设计、运营等阶段的评估需求,建立科学、合理、可操作的仿真计算指标和评价指标体系,通过仿真手段计算相应的评价指标值,查找设计、运营方案的瓶颈和不足,为相关决策提供依据。

5.1　仿真评价概述

5.1.1　仿真评价的内容和作用

地铁车站行人交通仿真评价借助计算机仿真手段,可为车站内行人交通设施及设备的规划、设计、运营等阶段的方案进行系统评价,用于优化设施设备的规划设计,也可为车站客流组织和管理提供辅助决策支持[1]。

地铁车站行人交通仿真评价主要用于换乘车站以及客流规模大、客流复杂的普通车站[2]。地铁换乘车站是不同流向大客流在短时间内汇聚的场所,在地铁网络乃至整个客运交通体系中具有重要的地位和作用。换乘车站内客流规模、流向和乘客行为较普通车站更加复杂,更容易发生客流拥堵的情况。换乘车站重要性、复杂性的特点决定了换乘站的设施设计和布局、客流组织方案在实施前应进行验证评估,力求方案科学合理。行人交通仿真评估具有科学有效、低成本可重复的特点,使其成为换乘站设计阶段和运营阶段的一种重要辅助评估手段。

根据仿真评价应用阶段的不同,客流仿真评估可分为车站初步设计、详细设计以及运营管理等阶段的仿真评估,不同阶段的评估内容和评估方法各有侧重。在初步设计阶段,评估对象为不同形式的车站设计方案,主要对车站的选型方案、容纳能力、通过能力进行评估,测试在目标客流量下是否能够达到安全性和舒适性要求;在详细设计方案阶段,评估对象为换乘车站的详细设计方案,主要对设计方案内步行设施尺寸、空间布局、客流流线组织方案进行评估,并对车站的客流承载能力进行压力测评;在运营管理阶段,评估对象为客流控制和组织方案、应急管理方案,主要对不同客流规模下的流线组织和控制、服务设施的规模和布局、车辆运行计划调整、应急规划与组织方案、临时运营措施等的评估和优化。

根据仿真评估目的的不同,客流仿真评估可以分为车站客流服务效能评价和客流安全评价两类。客流服务效能评价的目的是评估车站进出站客流、换乘客流的整体运行效能,具体包括面向设施能力的评价和面向客流服务的评价。前者主要分析设施的通过能力,评价设施规划布局的适应性、合理性和匹配度;后者主要衡量乘客感受到的服务状态,评价车站能够提供的服务水平和通过效率。客流安全评价是对客流的安全隐患以及突发情况下的疏散能力和疏散管理等进行评价,其目的是查找客流安全隐患,评价车站在疏散状态下的运行效能。其中对客流安全隐患的分析主要侧重于辨识高密度客流聚集区域;对车站的疏散运行效能评价主要集中在乘客安全疏散时间和规定时间内可疏散人数等方面。针对车站客流服务效能评价和客流安全评价的各个侧重点的不同需求,需要设计相应的评价指标进行分析评价,具体指标内容见5.2节。

5.1.2　仿真评价的层次

基于仿真技术的评价方法主要借助行人交通仿真模型,构建仿真计算指标和综合评价指标体系,采用仿真手段进行重复性仿真试验,并计算相应评价指标值,最终根据评价指标值分析方案的不足之处,或给出综合评价结论,为相关决策提供定量化依据。

根据评价需求的不同,仿真评价可分为仿真计算分析和综合评价两个层次。仿真计算分析指借助仿真模型计算仿真指标,通过仿真指标有侧重地对仿真方案进行评估。该分析方法是仿真工程评估中最常用的分析评估方法,常应用于换乘站详细设计阶段和运营阶段的仿真评价,评价对象多为车站的单个设计方案或客流组织方案。其特点是评价对象或需求单一,分析评价多依赖可通过仿真计算直接得到的指标值,分析侧重点根据评估目的不同,通常为客流运行状态和服务水平,或为疏散能力和效率分析,评价目的是分析方案的不足,以便给出相应的改善建议。

仿真综合评价则以仿真计算分析为基础,借助仿真计算指标进一步计算综合评价指标,对方案从多个角度进行全面评估,可用于车站初步设计以及运营的多方案评价和比选。该评价方法对每个方案不仅需要获取仿真计算指标值,还需要另行计算综合评价指标体系中的指标值,并借助综合评价模型计算综合评估值,对各方案进行全面和综合评价,最终选定一个合理方案,并在此方案基础上进行有针对性的详细评估和优化。

5.2　仿真评价指标

5.2.1　仿真评价指标体系

根据不同层级的仿真评价需求,仿真评价指标包括两类:仿真计算指标和综合评价指标。仿真计算指标指可通过仿真输出数据直接统计或计算得到的一系列指标,主要包括流量、速度、密度、服务水平、走行时间等,可用于直观分析客流运行状态、车站服务水平,以及直接识别设施能力薄弱环节和瓶颈区域。

综合评价指标指结合仿真评估目的构建评价指标集,在该指标集内选取最能反映评价侧重点的评价指标,在仿真计算指标基础上进一步通过统计或计算得到的一系列指标。综合评价指标可用于综合反映地铁车站的功能、协调等方面的性能,结合综合评价方法,实现多个方案的全面评估和对比,以支持方案取舍和改进。

5.2.2 仿真计算指标

仿真模型运转后将输出一系列记录仿真过程和结果的数据,包括行人个体移动过程的时空数据、排队等候时间、旅程时间等,以及区域的流量、设施的服务时间和排队长度、高密度持续时间等。对数据以断面和区域为单元进行统计和计算,可得到一系列仿真计算指标,方便行人交通流特性分析、方案评价与能力评估。通常仿真的主要指标如表 5-2-1 所示。

主要仿真计算指标 表 5-2-1

指标类型	指标名称	描 述
个体相关指标	时空位置	个体在不同仿真时间所处的二维坐标位置
	速度	个体的瞬时速度
	排队时间	个体处于排队状态时的等候时间
	服务时间	个体在服务设施处接受的服务时间
	旅程时间	两个给定断面间的行人穿行时间
	不舒适感	个体在走行过程中体验的不舒适程度
断面相关指标	流量	通过给定断面的行人数量
	流率	单位时间通过给定断面的行人数量
	速度	一定时间内越过给定断面线的所有行人平均速度
区域相关指标	进入流量	进入一个区域的行人量
	离开流量	离开一个区域的行人量
	内部行人量	在一个区域内的行人总量
	空间密度	区域内的行人总量除以区域面积
	空间占有率	区域内的行人空间利用率
	旅程时间	一定时间内通过该区域所有行人的旅程时间平均值
	标准流率	单位时间通过单个服务设施或给定区域的行人数量
设施相关指标	密度	设施内行人密度瞬时值,等同区域空间密度
	最大密度	一定时间内设施行人密度最大值
	最小密度	一定时间内设施有人移动时的行人密度最小值
	平均密度	仿真时段内设施密度平均值
	排队长度	设施内瞬时行人排队人数

续上表

指标类型	指标名称	描　述
设施相关指标	平均排队长度	一定时间内设施平均排队长度
	平均服务时间	一定时间内行人服务时间平均值
	最大排队长度	一定时间内设施行人排队最大人数
	服务水平	仿真时段内设施客流所处服务水平
	高峰流率持续时间	仿真时间段内设施峰值流量持续时间

根据上述仿真计算指标可获得行人个体的步行状态和舒适感知度，评估车站整体客流量和局部区域客流密度，计算和评价关键设施的能力和服务水平。其中，区域相关指标中的空间密度、换乘通道旅程时间，以及设施相关指标中的最大密度、平均密度、最大排队长度、服务水平、高峰流率持续时间等为仿真评估中的重要指标，能够直观反映车站方案不足之处和能力瓶颈。

5.2.3　综合评价指标

5.2.3.1　综合评价指标选取原则

为确保车站仿真综合评价的科学性、合理性和可操作性，综合评价指标设计应遵循如下通用原则。

(1)完备性原则

地铁换乘车站方案设计、运营组织需要考虑多方面因素，单个指标只能从一个侧面反映车站系统的特性。评价体系作为一个有机整体，应该力求能从不同侧面完整地反映车站的服务能力、运营安全、经济效应等方面的特征和性能，并要反映系统的动态变化。同时，评价体系中的所有指标应该是彼此相容的，应尽量避免相互矛盾、对立及重复的指标。

(2)可比性原则

评价必须以价值为依据考察不同方案之间、方案与标准要求之间的相对优劣。因此，必须在平等可比的价值体系下进行，否则无法判断换乘车站的不同设计或运营方案的相对优劣。同时可比性必须有可测性，没有可测性的指标难以比较，所以评价指标要尽量建立在定量分析基础上。

(3)客观性原则

评价指标是评价结果客观准确的根本保证，应该重视保证评价指标体系的客观公正，同时要保证数据来源的可靠性、准确性和评估方法的科学性。

(4)实用性原则

评价指标体系的建立是为进行方案评价服务，在实际运用中才能体现其价值。因此，每一个指标都应该定义明确，简单实用，具有较高的可靠性，受评价体系以外的因素影响小。整个评价指标体系应该简明，易于操作，具有实际应用功能。

(5)科学性原则

指标体系应建立在科学的基础上,即指标的选择与指标权重的确定、数据的选取和计算必须以公认的科学理论(统计理论、系统理论、管理与决策科学理论等)为依据,要能够科学、合理和客观地反映地铁换乘车站的实际特点。

5.2.3.2 综合评价指标

根据5.1节所述,车站客流服务效能评价和客流安全评价的目标主要体现在车站设施通畅性、能力协调性、疏散安全性、服务水平四个方面。综合评价指标的选定应符合上述四个目标。总结现有客流评价指标,排除相关度较高或标准阈值难以确定的指标,并对典型指标进行量化,构建适合于仿真计算与评价的综合评价指标,如图5-2-1所示。

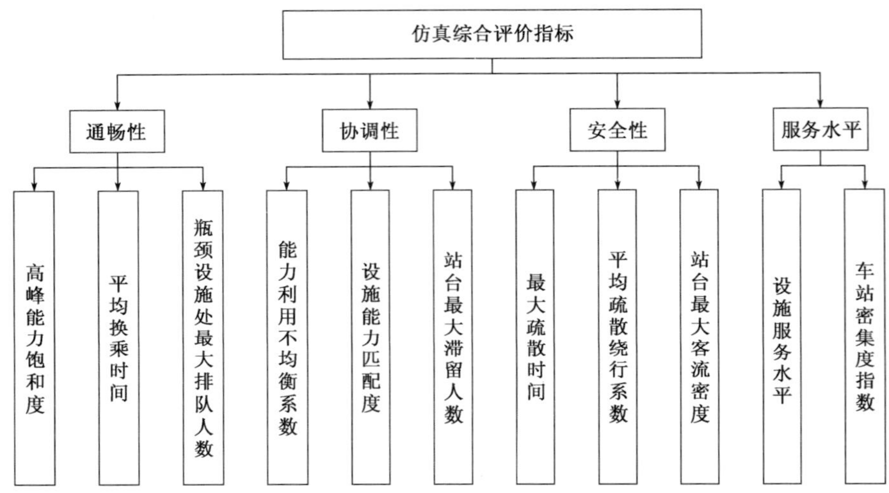

图5-2-1 仿真评价指标体系

1)通畅性指标

(1)高峰能力饱和度

用于反映高峰时段车站设施通过能力与通过客流量的匹配程度,采用高峰小时设施断面通过客流量与各类设施设计通过能力的比值表示。计算公式如下:

$$\delta=\frac{Q_{\mathrm{h}}}{C} \tag{5-2-1}$$

式中:δ——高峰能力饱和度;

Q_{h}——高峰小时设施断面通过客流量;

C——设施设计通过能力值,通常采用规范中建议值。

(2)平均换乘时间

描述换乘过程中乘客为实现换乘目的所需时间的平均值,用于评价换乘站流线设计的合理程度,是反映换乘便捷性的直观指标。平均换乘时间包含换乘走行时间和换乘过程中由于排队、拥挤导致的等待时间。计算公式如下:

$$T_{\text{trans}} = \frac{1}{N}\sum_{i}^{N} T_{\text{trans}}^{i} \tag{5-2-2}$$

式中：T_{trans}——平均换乘时间；

N——统计人数；

T_{trans}^{i}——第 i 个乘客换乘所用时间。

(3)瓶颈设施处最大排队人数

指研究时段内车站瓶颈设施处最大排队人数，反映设施在短时客流冲击下的通畅程度。列车下车客流抵达时，站台上步行设施(楼梯、扶梯)最先受到冲击，且其通过能力有限，更加容易成为能力瓶颈。因此，该指标一般选取站台楼扶梯前的最大排队人数进行计算。计算公式如下：

$$P_{\text{w}} = \max_{t \in T}\{P_{\text{w}}^{t}\} \tag{5-2-3}$$

式中：P_{w}——瓶颈设施处最大排队人数；

t——等待人数数据采集时刻；

T——仿真时段；

P_{w}^{t}——t 时刻瓶颈设施处最大排队人数。

2)协调性指标

(1)能力利用不均衡系数

用于评价高峰时段内同种设施内部的不均衡性，反映站台上下行、楼扶梯上下行、进出站闸机、换乘通道等不同方向客流量饱和度系数。计算公式如下：

$$\varepsilon = \frac{Q_{\text{h}}^{k}}{Q_{\text{h}}} \tag{5-2-4}$$

式中：ε——某一设施内能力利用不均衡系数；

Q_{h}^{k}——高峰时段设施内第 k($k=1$ 或 2)方向的客流量，取设施内客流量大的方向对应的客流量值；

Q_{h}——高峰时段设施内两个方向的总客流量。

(2)设施能力匹配度

指车站同一流线上紧邻设施的能力匹配度，用来衡量高峰时段同一流线上紧邻设施之间的匹配度，例如通道与楼梯、安检设施与闸机之间在高峰时段通过客流的匹配程度。计算公式如下：

$$\varphi = \frac{Q_{\text{h}}^{a}}{Q_{\text{h}}^{b}} \tag{5-2-5}$$

式中：φ——高峰时段车站内不同设施间能力匹配度量值；

Q_{h}^{a}——第 a 个设施的高峰小时客流量；

Q_{h}^{b}——第 b 个设施的高峰小时客流量，满足 $Q_{\text{h}}^{a} \geqslant Q_{\text{h}}^{b}$。

(3)站台最大滞留人数

用来考察仿真时段列车运输能力和车站上车客流之间供需匹配度。到达列车的运输能力小于上车客流量时,会有乘客滞留在站台上。当滞留人数较多时,容易导致站台拥挤,形成风险隐患。站台最大滞留人数主要借助仿真手段计算。计算公式如下:

$$P_{\mathrm{d}} = \max_{t \in T} \{ P_{\mathrm{d}}^{t} \} \tag{5-2-6}$$

式中:P_{d}——仿真时段站台最大滞留人数;

t——滞留人数采集时刻(一般取每列车驶离站台时);

T——仿真时段;

P_{d}^{t}——t 时刻站台上滞留人数。

3)安全性指标

(1)最大疏散时间

指列车内、站台和站厅内的所有乘客疏散至安全区所需的最大时间。理论上,该疏散时间为报警时间、乘客反应时间和乘客疏散运动时间之和。在方案评估过程中,可根据规范建议公式[3]、实际演练、仿真计算等方法确定疏散时间。在仿真评估过程中,可通过仿真模拟,计算从仿真开始到所有乘客疏散完毕所需时间,得到最大疏散时间值。计算公式如下:

$$T_{\mathrm{eva}} = \max_{i} \{ T_{\mathrm{eva}}^{i} \} \tag{5-2-7}$$

式中:T_{eva}——疏散所需最大时间;

T_{eva}^{i}——第 i 个乘客疏散出去所需的时间。

(2)平均疏散绕行系数

指车站内乘客疏散完毕时,乘客疏散走行距离与直线距离比值的平均值,用于反映乘客为完成疏散的绕行程度。考虑到步行设施的布局和限制,乘客疏散时不一定沿着起终点间的直线路径移动,为此采用平均疏散距离绕行系数 γ 度量乘客疏散绕行程度。一般来说,γ 分布在[1,1.5]区间内,乘客安全疏散时间较为充裕,当 γ 大于 1.5 时乘客会因过多的走行距离而容易惊慌,造成疏散的稳定性下降[3]。计算公式如下:

$$\gamma = \frac{1}{N} \sum_{i}^{N} \frac{S_i}{D_i} \tag{5-2-8}$$

式中:γ——平均疏散距离绕行系数;

S_i——第 i 个乘客疏散走行的路程长度;

D_i——第 i 个乘客疏散起点至安全区域的直线距离。

(3)站台最大客流密度

该指标反映站台应对客流到达时的短时冲击性能力。站台为上下车客流、换乘客流的交汇区域,是客流高度密集和交织的区域。客流密度较高时,乘客会产生心理上的不安,同时影响乘客的正常行走,一旦有突发事件发生,易造成安全事故。计算公式如下:

$$\rho_{\mathrm{P}} = \max_{t \in T} \{\rho_{\mathrm{P}}^t\} \tag{5-2-9}$$

式中：ρ_{P}——仿真时段站台客流密度最大值；

t——数据采集时刻；

T——仿真时段；

ρ_{P}^t——t 时刻站台客流密度，满足$\rho_{\mathrm{P}}^t = P^t / S_{\mathrm{p}}$，其中，$P^t$为 t 时刻站台上的人数，S_{P}为站台的有效面积，一般为除开楼扶梯和柱子面积后的站台其他区域面积。

4）服务水平指标

（1）设施服务水平

设施服务水平是针对通行类设施和服务类设施上乘客步行舒适度的综合评价，一般采用人均占用空间面积、可以达到的步行速度、乘客移动的自由程度、安全舒适程度等作为评定行人服务水平的衡量标准。应用较多的、也较为成熟的是采用HCM2000中的行人服务水平标准[4]，其中针对通行类设施可采用行进行人服务水平标准，针对服务类设施可采用排队行人服务水平标准，具体如表5-2-2和表5-2-3所示。

行进行人服务水平标准 表5-2-2

服务水平等级	文字描述	图形描述
A	1.行人占有空间 >5.6 m²/人； 2.流量≤16 人/(min·m)； 3.行人按照期望路径行走，不会因为其他行人而改变走行路径； 4.走行速度可以自由选择，行人间没有冲突	
B	1.行人占有空间 >3.7 ~5.6 m²/人； 2.流量 >16 ~23 人/(min·m)； 3.有足够的空间供行人自由选择步行速度，或绕过其他行人，或避免交叉冲突； 4.在此水平下，行人开始感觉到其他行人的存在，并根据他们的存在选择走行路径	
C	1.行人占有空间 >2.2 ~3.7 m²/人； 2.流量 >23 ~33 人/(min·m)； 3.有足够的空间用于正常的步行速度，或绕过同向人流中的其他行人； 4.反向或交叉人流将引起轻微的冲突，速度和流量将有一定程度的下降	
D	1.行人占有空间 >1.4 ~2.2 m²/人； 2.流量 >33 ~49 人/(min·m)； 3.个人可以自由选择步行速度，绕过其他行人则受到限制； 4.反向或交叉人流冲突可能性较高，必须经常改变步行速度和走行路径； 5.该服务水平下的最大服务流量可用作设计通过能力，而行人之间很可能发生摩擦和相互影响	

续上表

服务水平等级	文字描述	图形描述
E	1. 行人占有空间 >0.75 ~1.4 m^2/人; 2. 流量 >49 ~75 人/(min・m); 3. 所有人正常的步行速度受到限制,且必须频繁调整步伐,在小范围内,只能靠推搡才能向前移动,没有足够的空间用于超过速度较慢的行人; 4. 交叉和反向人流的行进非常困难; 5. 该水平下的最大服务流量接近人行道通过能力,人流停停走走,或出现阻塞	
F	1. 行人占有空间≤0.75 m^2/人; 2. 行人流动处于停滞状态; 3. 所有人的步行速度严重受限,只有靠推搡才能向前进; 4. 行人间的身体接触不可避免,而且相当频繁;交叉和反向人流已经不可能移动; 5. 人流处于间歇的、不稳定状态;步行空间中更多地被排队人群占用,而不是行进的人流	

排队等待行人服务水平标准 表 5-2-3

服务水平等级	文字描述	图形描述
A	1. 行人占有空间 >1.2m^2/人; 2. 可以在不干扰队内其他人的情况下,停留或者自由通过排队区域	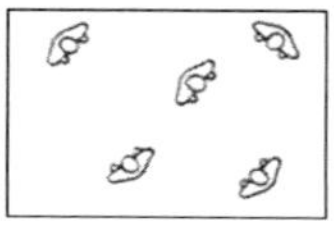
B	1. 行人占有空间 >0.9 ~1.2 m^2/人; 2. 为避免干扰队内其他人,停留或者通过排队区域都受到一定的限制	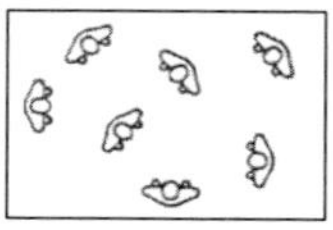
C	1. 行人占有空间 >0.6 ~0.9m^2/人; 2. 停留或者通过排队区域受到限制,并对队内其他行人构成干扰,但行人密度还处在舒适范围以内	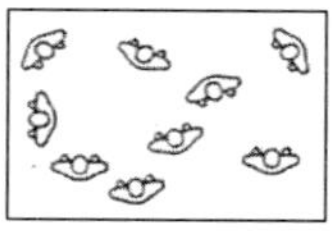
D	1. 行人占有空间 >0.3 ~0.6m^2/人; 2. 能够彼此不接触站立在排队区域,但队内行人的通行受到严重限制,只能结队前行; 3. 长期处于该密度下将令人感觉不舒服	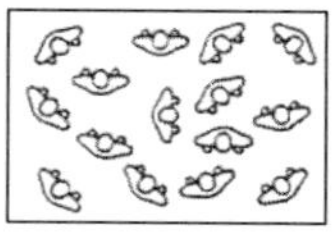
E	1. 行人占有空间 >0.2 ~0.3m^2/人; 2. 停留在排队区域时,身体不可避免的接触,队内不可能通行; 3. 排队时间只能在没有严重不舒适的情况下短时间维持	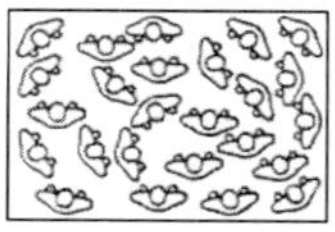
F	1. 行人占有空间≤0.2m^2/人; 2. 队内停留的所有人都有直接的身体接触,队内也不可能通行; 3. 此密度令人极度不舒服,在大规模人群中有潜在的恐慌存在	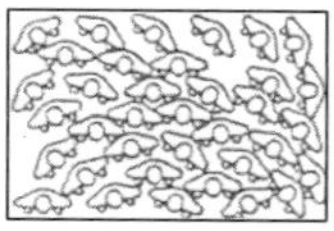

(2)车站密集度指数

车站密集度指数 P 通过对车站客流拥挤强度、拥挤范围、持续时间的综合评估,可以综合反映车站客流分布状况和拥挤程度。该指标选取仿真统计时段车站关键区域(站台、通道、出入口)的客流密度进行加权求和,计算车站的密集度指数,用于衡量车站整体客流拥挤程度。计算过程如下:首先以各关键区域的平均密度加权得到整个车站的加权平均密度,再除以密度阈值归一化得到车站的密集度指数。计算公式如下:

$$P = 10 \times \frac{\sum_{j=1}^{m} t_j \times \alpha_j \rho_j}{\sum_{i=1}^{n} T \times \alpha_i \rho_i} \tag{5-2-10}$$

式中:P——车站密集度指数;

i、j——区域编号;

n——区域总数;

m——区域平均密度大于阈值的区域个数;

ρ_j——区域 j 的平均密度,满足$\rho_j > \rho_0$,ρ_0为密度阈值;

t_j——区域 j 在统计时间段内平均密度大于密度阈值的累计持续时间(min);

T——统计时段(min);

α_i——区域 i 的权重系数,可根据统计时段各关键区域的客流量计算,公式如下:

$$\alpha_i = \frac{Q_i}{\sum_{i=1} Q_i} \tag{5-2-11}$$

式中:Q_i——统计时段区域 i 的客流量;

$\sum_{i=1} Q_i$——统计时段内所有统计区域内的客流总量。

密度阈值ρ_0的取值可参考 Fruin 服务水平划分标准[5],并结合我国特点,选择 B 级服务水平的上限值作为各关键区域的密度阈值,具体如表 5-2-4 所示。

各区域的密度阈值取值建议表(单位:人/m^2) 表 5-2-4

参 数 值	出 入 口	站 台	换乘通道
B级服务水平	0.6~1.19	0.86~1.65	0.48~0.99
密度阈值ρ_0	1.19	1.65	0.99

5.2.3.3 指标评价标准

通过对比不同评价指标值下的实际运营效果,同时参考相关设计规范[2-3],给出评价指标分级标准和相关建议值。为了便于实际使用,评价指标分级标准划分为好、中、差三级,每一级的指标阈值如表 5-2-5 所示。

指标评价标准值 表 5-2-5

指标	评价标准		
	良好	一般	较差
高峰能力饱和度	小于 0.8	0.8～1.0	大于 1.0
平均换乘时间(min)	1.0	1.0～3.0	大于 3.0
瓶颈设施处最大排队人数(人)	小于 50	50～200	大于 200
能力利用不均衡系数	0.5～0.65	0.65～0.85	0.85～1.0
设施能力匹配度	1.0～1.2	1.2～1.5	大于 1.5
站台最大滞留人数①(人)	小于 20	20～400	大于 400
最大疏散时间(min)	小于 4.5	4.5～6.0	大于 6.0
平均疏散绕行系数	1.0～1.5	1.5～3.1	大于 3.1
站台最大客流密度(人/m^2)	小于 1.0	1.0～1.2	大于 1.2
设施服务水平	A 或 B 级	C 或 D 级	E 或 F 级
车站密集度指数	1～3	3～6	6～10

注:①站台滞留人数中的 400 人以 6 节 B 型车为标准而定,其他车型根据额定载客量酌情增减。

5.3 综合评价模型

仿真综合评价指标计算后,还需要采用多指标综合评价模型对所有方案进行综合评价。常用的多指标综合评价模型包括专家打分法、层次分析法、主成分分析法、模糊综合评价法、灰色关联分析法等。下面简要介绍层次分析法[6],并给出基于层次分析法的车站设计方案仿真综合评价案例。

层次分析法(AHP)是 20 世纪 70 年代由美国著名运筹学专家 TL Saaty 首次提出的。其基本原理是根据具有递阶结构的目标、子目标(准则)、约束条件及部门等来评价方案,采用两两比较的方法确定判断矩阵,然后把判断矩阵的最大特征根对应的特征向量分量作为相应的系数,最后综合出各方案的权重。

层次分析法的主要评价步骤如下。

(1)建立递阶层次结构

应用 AHP 解决实际问题,首先明确要分析决策的问题,并把它条理化、层次化,理出递阶层次结构。AHP 要求的递阶层次结构一般由以下三个层次组成。

①目标层(最高层):指问题的预定目标。在地铁车站设计方案仿真评价中,目标层的目标为评价设计方案是否合理。

②准则层(中间层):指影响目标实现的准则。对应地铁车站仿真评价的通畅性、协调性、安全性、服务水平等方面。

③措施层(最低层):指促使目标实现的措施。对应地铁车站仿真评价指标。

(2)评价指标值的无量纲化

指标的无量纲化过程也就是将指标实际值转化为指标评价值的过程。常用的指标无量纲化方法主要有:直线形无量纲化方法(阈值法、标准化方法、比重法)、折线形无量纲化方法(凸折线形、凹折线形、三折线形)和曲线形无量纲化方法等[7]。综合考虑指标样本数据和评价值的阶段变化情况等因素,本书采用阈值法进行指标的无量纲化。

阈值也称临界值,是衡量事物发展变化的一些特殊值,如极大值、极小值、满意值和不允许值等。阈值法是用指标实际值与阈值相比以得到指标评价值的无量纲化方法,计算公式如下:

$$y_i = \frac{x_i - \min\{x_i\}}{\max\{x_i\} - \min\{x_i\}} \tag{5-3-1}$$

式中: y_i——评价指标的无量纲化值;

x_i——各指标实际值;

$\max\{x_i\}$、$\min\{x_i\}$——该评价指标的优临界值和劣临界值。

(3)建立评语集

为全面反映地铁车站设计方案的输运能力和服务能力情况,可以通过专家组确定评语集,首先将评语集分成不同的等级,如A、B、C、D、E五个等级,以分别表示优、良、中、合格、差这五个评语等级,再根据专家调查的结果确定综合评价结果的评价等级,如表5-3-1所示。

评语集和评价标准　表5-3-1

评级等级	A	B	C	D	E
评分取值标准	0.9~1	0.8~0.9	0.6~0.8	0.4~0.6	0~0.4

(4)构造判断矩阵并赋值

根据指标的层次结构体系可以构造每个层的判断矩阵。构造判断矩阵的方法是:每一个具有向下隶属关系的元素(被称作准则)作为判断矩阵的第一个元素(位于左上角),隶属于它的各个元素依次排列在其后的第一行和第一列。

在确定了构造判断矩阵的行列数后,需要填写判断矩阵内元素的数值,比较普遍的做法是:针对判断矩阵的准则向填写人(专家)反复询问。其中两个元素两两比较哪个重要,重要多少,对重要性程度按1~9赋值。重要性标度值见表5-3-2。

重要性标度含义表　表5-3-2

重要性标度	含　义
1	表示两个元素相比,具有同等重要性
3	表示两个元素相比,前者比后者稍重要
5	表示两个元素相比,前者比后者明显重要
7	表示两个元素相比,前者比后者强烈重要
9	表示两个元素相比,前者比后者极端重要
2,4,6,8	表示上述判断的中间值
倒数	若元素 i 与元素 j 的重要性之比为 a_{ij},则元素 j 与元素 i 的重要性之比为 $a_{ji}=1/a_{ij}$

假设填写后的判断矩阵为 $A=(a_{ij})_{n\times n}$，满足$a_{ij}>0$，$a_{ji}=1/a_{ij}$，$a_{ii}=1$。

根据上面性质，判断矩阵具有对称性，因此在填写时，通常先填写$a_{ii}=1$ 部分，然后再仅需判断及填写上三角形或下三角形的 $n(n-1)/2$ 个元素就可以了。

在特殊情况下，判断矩阵可以具有传递性，即满足等式：$a_{ij}\times a_{jk}=a_{ik}$。当该等式对判断矩阵内的所有元素都成立时，则称该判断矩阵为一致性矩阵。

(5)层次单排序(计算权向量)与检验

对于构造的判断矩阵，需要进行层次排序。层次单排序是指每一个判断矩阵各因素针对其准则的相对权重，其本质上是计算权向量。计算权向量可采用特征根法、和法、根法、幂法等，这里简要介绍和法。

和法的原理是：对于一致性判断矩阵，每一列归一化后就是相应的权重。对于非一致性判断矩阵，每一列归一化后近似其相应的权重，在对这 n 个列向量求取算术平均值作为最后的权重。计算公式如下：

$$W_i=\frac{i}{n}\sum_{j}^{n}\frac{a_{ij}}{\sum_{k=1}^{n}a_{ki}} \tag{5-3-2}$$

在特殊情况下，判断矩阵可以具有传递性和一致性。一般情况下，并不要求判断矩阵严格满足这一性质。但从人类认识规律看，一个正确的判断矩阵重要性排序是有一定逻辑规律的。例如，若 A 比 B 重要，B 又比 C 重要，则从逻辑上讲，A 应该比 C 明显重要，若两两比较时出现 C 比 A 重要的结果，则该判断矩阵违反了一致性准则，在逻辑上是不合理的。

因此，在实际中要求判断矩阵满足大体上的一致性，需进行一致性检验。只有通过检验，才能说明判断矩阵在逻辑上是合理的，也才能继续对结果进行分析。一致性检验的步骤如下。

第一步，计算一致性指标 C. I. (Consistency Index)：

$$\text{C. I.}=\frac{\lambda_{\max}-n}{m-1} \tag{5-3-3}$$

第二步，据判断矩阵不同阶数查表，确定相应的平均随机一致性指标 R. I. (Random Index)，如表 5-3-3 所示。例如，对于 5 阶的判断矩阵，查表得到 R. I. =1.12。

平均随机一致性指标 R. I. 表 表 5-3-3

矩阵阶数	1	2	3	4	5	6	7	8
R. I.	0	0	0.52	0.89	1.12	1.26	1.36	1.41
矩阵阶数	9	10	11	12	13	14	15	
R. I.	1.46	1.49	1.52	1.54	1.56	1.58	1.59	

第三步，计算一致性比例 C. R. (Consistency Ratio)并进行判断：

$$\text{C. R.}=\frac{\text{C. I.}}{\text{R. I.}} \tag{5-3-4}$$

当 C. R. <0.1 时，认为判断矩阵的一致性是可以接受的；当 C. R. >0.1 时，认为判断矩阵不符合一致性要求,需要对该判断矩阵进行重新修正。

(6)层次总排序与检验

总排序是指每一个判断矩阵各因素针对目标层(最上层)的相对权重。这一权重的计算采用从上而下的方法,逐层合成。显然,第二层的单排序结果是总排序结果。假定已经算出第 $k-1$ 层 m 个元素相对于总目标的权重 $w^{(k-1)}=(w_1^{(k-1)},w_2^{(k-1)},\cdots,w_m^{(k-1)})^{\mathrm{T}}$,第 k 层 n 个元素对于上一层(第 k 层)第 j 个元素的单排序权重是 $p_j^{(k)}=(p_{1j}^{(k)},p_{2j}^{(k)},\cdots,p_{nj}^{(k)})^{\mathrm{T}}$,其中不受 j 支配的元素的权重为0。令 $p^{(k)}=(p_1^{(k)},p_2^{(k)},\cdots,p_n^{(k)})$,表示第 k 层元素对第 $k-1$层个元素的排序,则第 k 层元素对于总目标的总排序为:

$$w^{(k)}=(w_1^{(k)},w_2^{(k)},\cdots,w_m^{(k)})^{\mathrm{T}}=p^{(k)}w^{(k-1)} \tag{5-3-5}$$

或表达为:

$$w_i^{(k)}=\sum_{m\in I}^{m}p_{ij}^{(k)}w_j^{(k-1)} \qquad (I=1,2,\cdots,n) \tag{5-3-6}$$

同样,也需要对总排序结果进行一致性检验。假定已经算出针对第 $k-1$ 层第 j 个元素为准则的 $\mathrm{C.I.}_j^{(k)}$、$\mathrm{R.I.}_j^{(k)}$ 和 $\mathrm{C.R.}_j^{(k)}$,$j=1,2,\cdots,m$,则第 k 层的综合检验指标采用如下公式:

$$\mathrm{C.R.}^{(k)}=\frac{\mathrm{C.I.}^{(K)}}{\mathrm{R.I.}^{(K)}}=\frac{(\mathrm{C.I.}_1^{(k)},\mathrm{C.I.}_2^{(k)},\cdots,\mathrm{C.I.}_m^{(k)})w^{(k-1)}}{(\mathrm{R.I.}_1^{(k)},\mathrm{R.I.}_2^{(k)},\cdots,\mathrm{R.I.}_m^{(k)})w^{(k-1)}} \tag{5-3-7}$$

当 $\mathrm{C.R.}^{(k)}<0.1$ 时,认为判断矩阵的整体一致性是可以接受的。

(7)综合评价及结果分析

在确定了指标体系评价值及指标权重之后,还要根据指标体系特点确定各级指标的合成方法,即将各级下层指标值复合成上层指标值的计算方法。可用于综合评价的合成方法很多,主要有加法合成、乘法合成、加乘混合法、代换法等[7]。四种合成方法性质对比如表5-3-4所示。

四种合成方法性质对比 表5-3-4

项　目	加法合成	乘法合成	加乘混合法	代换法
指标间关系	独立	相关	部分相关	相关
补偿作用	线性补偿	甚弱	部分补偿	完全补偿
权数作用	较重要	不太重要	一般	无
合成结果	突出了评价值较大且权数较大者的作用	突出较小评价值的作用	介于加法和乘法之间	决定于评价值中最高水平
方法原则	主因素突出型	因素并列型	—	主因素决定型

从表5-3-4可以看出,四种合成方法从代换法到乘法,补偿作用和主因素作用依次降低,权数作用从不重要到较重要再到不重要,指标间关系从相关到独立再到相关。

乘法合成适用于各评价指标间存在相关的场合,各指标的乘积表现为整个被评价对象的综合水平。乘法合成强调被评价对象各指标评价值的一致性,它要求被评价对象的各个指标间彼此差异较小,任何一方也不能偏废。只有当各指标评价值保持接近相等的水平时,其整体功能取得最大值。因此,本书选择乘法合成进行评价结果的计算,其计算公式为:

$$Y = \prod_{i=1}^{n} x_i^{w_i} \qquad (x_i > 0, \sum w_i = 1) \tag{5-3-8}$$

上式中,Y 为评价问题的评价目标值,相应的评价指标(规范化)矩阵为 $X = \{x_1, x_2, \cdots, x_m\}$,相应的权重矩阵为 $W = \{w_1, w_2, \cdots, w_m\}^{\mathrm{T}}$。

得到综合评价值后,根据建立的评语集,即可得到对地铁车站的仿真综合评价结果。

5.4 仿真评价案例

5.4.1 车站概况

(1)车站基本概况

该换乘站位于某省会城市的八一立交桥东侧,为地铁 3 号线(下称 M3)与和地铁 2 号线(下称 M2)的换乘车站,采用 T 形换乘方案。M3 沿经十路东西向敷设,M2 平行立交桥南北向敷设。车站共设 6 个出入口。其中 1、2、6-A、6-B 号出入口为 M3 车站出入口,3-A、3-B、4-A、4-B、5 号出入口为 M2 车站出入口。车站总平面布置如图 5-4-1 所示。

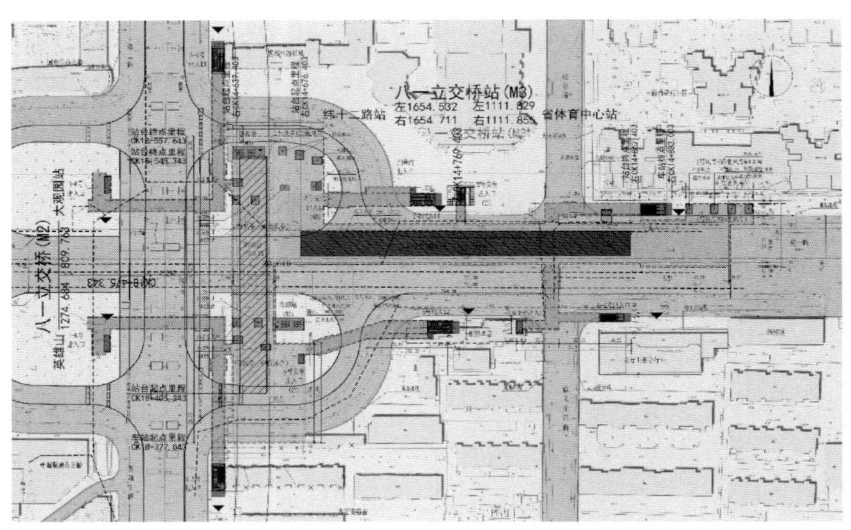

图 5-4-1 车站总平面布置

(2)车站站厅平面布局和客流流线

地下一层为车站站厅层,由 M2 与 M3 公共区及两线两端设备管理用房组成,中部公共区为非付费区与付费区。

M2 付费区设置三组上下行扶梯及楼梯。进站闸机布置在付费区的中部,出站闸机布置在公共区两端,使客流尽量减少交叉,也使车站的功能分区明确。M3 付费区设置四组楼、扶梯通向地下三层站台层。进站闸机布置在付费区的中部,出站闸机布置在公共区两端,使客流尽量减少交叉,也使车站的功能分区明确。进站客流在非付费区内购票后通过闸机进入付费区，通过付费区内的楼、扶梯下到站台，出站客流做相反方向的流动。换乘客流通过站厅实现换乘，车站客流流线如图 5-4-2 所示。

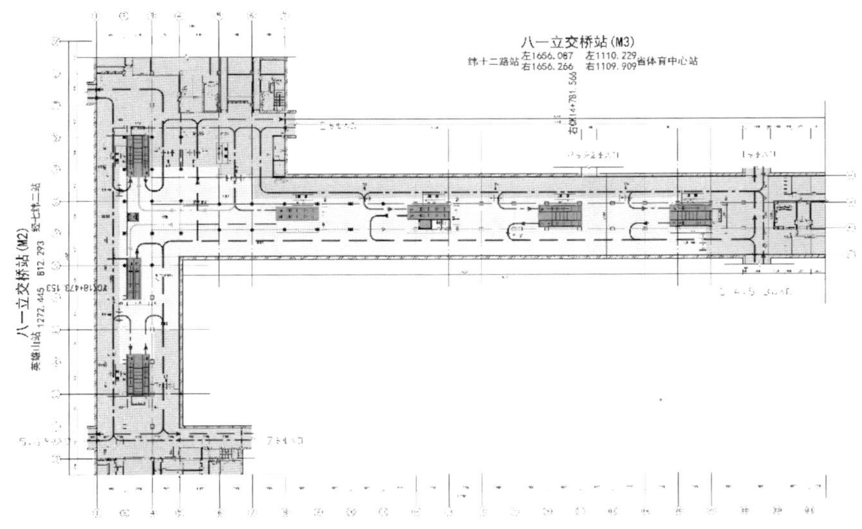

图 5-4-2　车站客流流线组织图

(3)远期早高峰客流 OD 数据和行车编组

根据 M2、M3 远期早高峰客流预测数据，结合各出入口进站比例，得到车站出入口进出站客流 OD 数据，如表 5-4-1 所示。

车站客流 OD 表(单位：人次)　　表 5-4-1

OD	1 号口	2 号口	3 号口	4 号口	5 号口	6 号口	M3 向东	M3 向西	M2 向南	M2 向北
1 号口							167	135	96	116
2 号口							167	135	96	116
3 号口							558	453	322	387
4 号口							171	139	99	119
5 号口							171	139	99	119
6 号口							692	561	399	480
M3 向东	167	167	560	172	172	694			2237	3175
M3 向西	198	198	663	203	203	821			2613	3534
M2 向南	202	202	675	207	207	836	2455	1591		
M2 向北	237	237	793	243	243	982	3892	2810		

远期 M3 采用 8 节编组 A 型车，M2 采用 6 节编组 A 型车，行车对数：M3 为 24 对/h，M2 为 24 对/h。

5.4.2　设计方案仿真及指标计算

5.4.2.1　仿真及关键指标计算

通过对该换乘站仿真，可得到远期早高峰运营模拟结果，以及仿真时段内乘客速度、走行时间、排队人数、排队时间、区域流量和密度等参数。根据仿真输出结果可统计和计算相应的仿真计算指标,其中车站整体平均密度分布情况和平均密度波动如图 5-4-3 和图 5-4-4 所示,车站服务水平分布比例如表 5-4-2 所示。

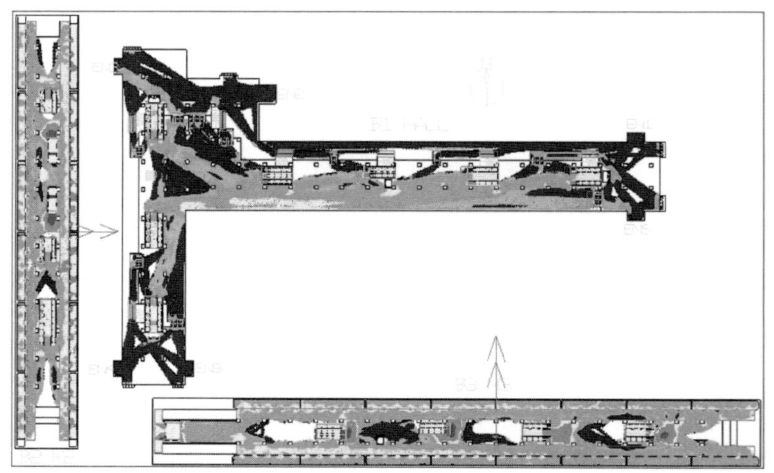

图 5-4-3 车站整体平均密度空间分布图

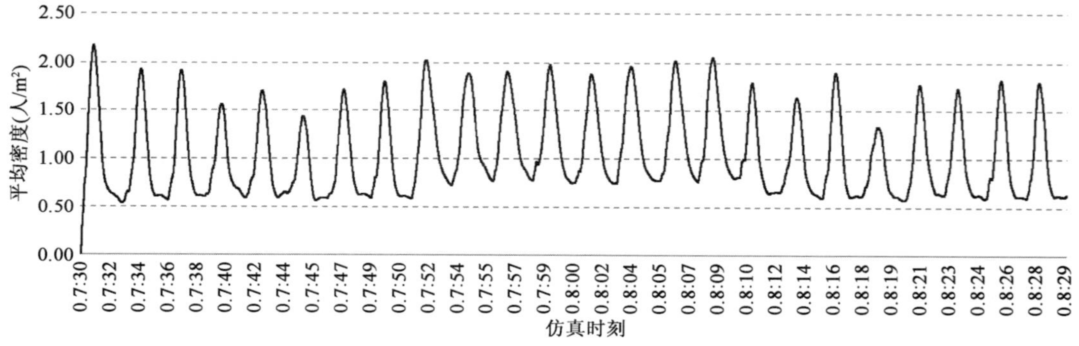

图 5-4-4 车站整体平均密度随时间波动图

车站整体服务水平及分布 表 5-4-2

指　标　名		指　标　值
车站整体服务水平		C 级
服务水平区域占比(%)	A 级	20
	B 级	11
	C 级	16
	D 级	15
	E 级	16

5.4.2.2 仿真结果分析

根据仿真计算指标,结合图 5-4-3 可发现,车站的 M2 换乘 M3 楼梯为主要瓶颈区域。其换乘楼梯具体又可分为 M2 站台的南、北两侧楼梯,以及 M3 站台处的楼梯,三个区域的关键仿真计算指标值如表 5-4-3 所示。

车站三处瓶颈区域的关键仿真计算指标值　　表 5-4-3

位　置	高峰客流量（人次）	饱和度（%）	超高峰客流量（人次）	超高峰饱和系数（%）	平均密度（人/m²）	服务水平
M2 站台北侧楼梯	4240	37.4	1432	50.5	1.06	E
M2 站台南侧楼梯	6451	56.9	2107	74.3	1.73	E
M3 站台楼梯	10691	49.0	3485	63.8	1.34	E

仿真高峰时段上述三处瓶颈区域的平均客流密度波动情况如图 5-4-5 所示。

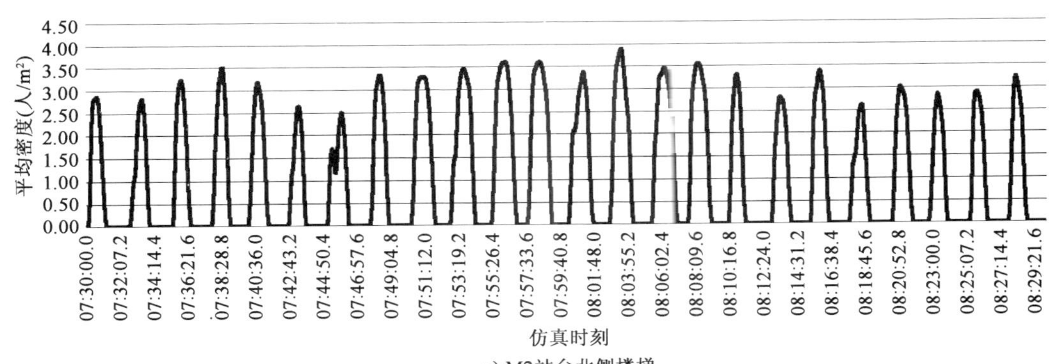

a) M2站台北侧楼梯

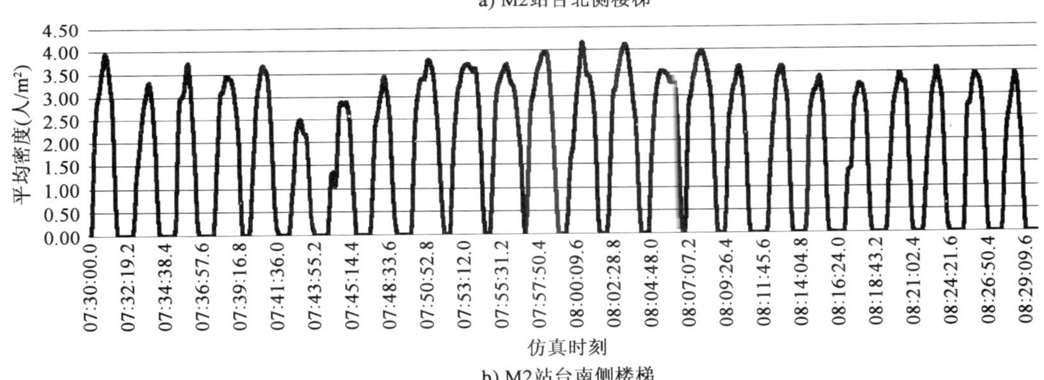

b) M2站台南侧楼梯

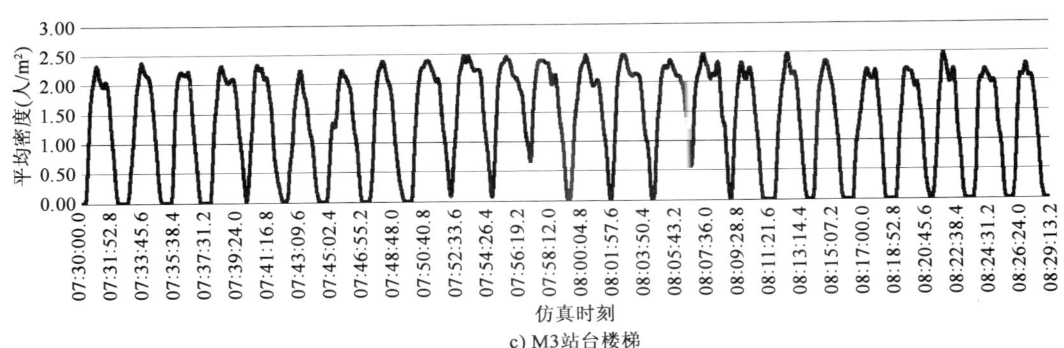

c) M3站台楼梯

图 5-4-5　车站三处瓶颈区域的平均客流密度波动图

根据高峰客流量及饱和度数据可知，仿真高峰时段，M2 站台南、北侧楼梯，M3 站台楼梯的通过能力基本满足预测高峰客流量；根据图 5-4-5 的客流密度波动显示，M2 南、北侧楼梯的通过能力基本能够保证当前换乘客流的快速通行，不会影响到下一波换乘客流的通过。但 M3 站台楼梯在 7:52 分以及 8:06 分时段，会存在两次换乘客流的叠加。

但表 5-4-3 中的超高峰流量和系数显示，在 7:53—8:08 的超高峰时段，楼梯的客流压力较大，超高峰时段客流冲击性较为明显，导致平均客流密度较大，服务水平相对较低（处于 E 级）。

根据上述分析可知，M2 站台南、北侧楼梯的通过能力基本满足要求，但难以满足短时超高峰客流的冲击，会在楼梯内及楼梯前区域形成局部排队，导致楼梯的平均密度较高，服务水平处于相对较低水平。但每一波换乘客流的排队能够在 2min 内消散，对后续换乘客流基本不会产生影响。楼梯前空间也基本满足排队需求，如图 5-4-6 所示。

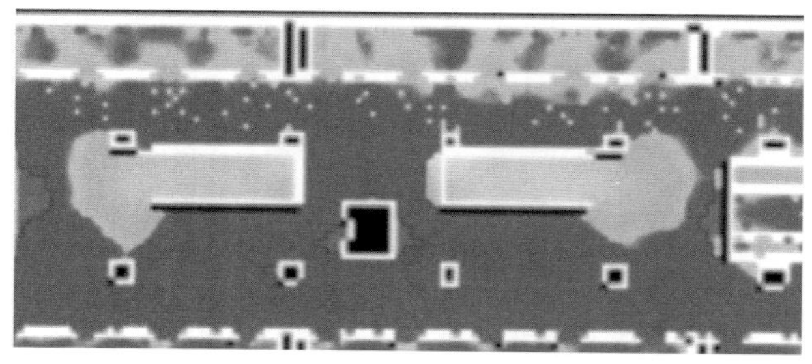

图 5-4-6　M2 南、北侧楼梯前排队区域密度示意图

M3 站台楼梯受到 M2 南、北侧楼梯换乘客流的汇聚，其通过能力基本满足要求，但平均密度高、服务水平低，且通过能力难以满足高峰时段客流冲击，易形成多波换乘客流的叠加。

根据仿真结果显示，M2 站台上下车客流、换乘客流流线设计基本合理，在 M2 站台南、北侧楼梯前排队区域几乎不存在与横穿站台客流的交织情况。

5.4.3　综合评价指标计算

根据仿真输出数据和仿真指标，可进一步计算综合评价指标值，如表 5-4-4 所示。

指标评价标准值　　表 5-4-4

指　　标	计　算　值	指　　标	计　算　值
高峰能力饱和度	0.46	最大疏散时间(min)	4.3
平均换乘时间(min)	2.4	平均疏散绕行系数	2.1
瓶颈设施处最大排队人数(人)	72	站台最大客流密度(单位:人/m²)	0.87
能力利用不均衡系数	0.54	设施服务水平	C
设施能力匹配度	1.41	车站密集度指数	4.8
站台最大滞留人数(人)	68		

采用层次分析法，分别确定通畅性、协调性、安全性、服务水平等方面指标的权重，分别如下所示。

(1)通畅性指标权重确定(表 5-4-5)

通畅性指标权重　表 5-4-5

评价指标	判断矩阵			权重值
高峰能力饱和度	1	1	4	0.67
平均换乘时间	1	1	5	0.72
瓶颈设施处最大排队人数	1/4	1/5	1	0.16

一致性检验如下：$\lambda_{max}=3.01$，$C.I.=(\lambda_{max}-n)/(n-1)=0.005$，$R.I.=0.58$，$C.R.=C.I./R.I.=0.009$。由于 $C.R.<0.10$，判断矩阵具有满意的一致性。

(2)协调性指标权重确定(表 5-4-6)

协调性评价指标权重　表 5-4-6

评价指标	判断矩阵			权重值
能力利用不均衡系数	1	1	6	0.452
设施能力匹配度	1	1	7	0.476
站台最大滞留人数	1/6	1/7	1	0.072

一致性检验如下：$\lambda_{max}=3.003$，$C.I.=(\lambda_{max}-n)/(n-1)=0.002$，$R.I.=0.66$，$C.R.=C.I./R.I.=0.003$。由于 $C.R.<0.10$，判断矩阵具有满意的一致性。

(3)安全性指标权重确定(表 5-4-7)

安全性指标权重　表 5-4-7

评价指标	判断矩阵			权重值
最大疏散时间	1	2	5	0.57
平均疏散绕行系数	1/2	1	2	0.33
站台最大客流密度	1/5	1/2	1	0.10

一致性检验如下：$\lambda_{max}=3.02$，$C.I.=(\lambda_{max}-n)/(n-1)=0.012$，$R.I.=0.58$，$C.R.=C.I./R.I.=0.021$。由于 $C.R.<0.10$，判断矩阵具有满意的一致性。

(4)服务水平指标权重确定(表 5-4-8)

服务水平指标权重　表 5-4-8

评价指标	判断矩阵		权重值
设施服务水平	1	2	0.66
车站密集度指数	1/2	1	0.34

一致性检验如下：$\lambda_{max}=2$，$C.I.=(\lambda_{max}-n)/(n-1)=0$，说明判断矩阵具有完全一致性。

(5)准则层指标权重确定(表5-4-9)

一致性检验如下:$\lambda_{max}=4.164$,C.I. $=(\lambda_{max}-n)/(n-1)=0.021$,R.I. $=0.344$,C.R. $=$C.I./R.I. $=0.061$。由于C.R. <0.10,判断矩阵具有满意的一致性。

准则层指标权重 表5-4-9

评价指标	判断矩阵				权重值
通畅性	1	3	6	5	0.545
协调性	1/3	1	5	6	0.31
安全性	1/6	1/5	1	1	0.072
服务水平	1/5	1/6	1	1	0.073

(6)各指标的组合权重计算

各指标层、准则层的权重、实际计算值、阈值建议值以及无量纲化后的评价结果如表5-4-10所示。

车站设计方案仿真评价指标的无量纲化 表5-4-10

目标层	准则层	指标层	评价指标权重	实际值	阈值建议值	评价值
换乘车站设计方案合理性评价	通畅性	高峰能力饱和度	0.365	0.46	0~1	0.46
		平均换乘时间	0.392	2.4	0~3	0.8
		瓶颈设施处最大排队人数	0.087	72	0~200	0.36
	协调性	能力利用不均衡系数	0.14	0.54	0~1	0.54
		设施能力匹配度	0.148	1.41	1~1.5	0.52
		站台最大滞留人数	0.022	68	0~400	0.17
	安全性	最大疏散时间	0.041	4.3	0~6	0.72
		平均疏散绕行系数	0.024	2.1	1~3.1	0.52
		站台最大客流密度	0.007	0.87	0~1.2	0.73
	服务水平	设施服务水平	0.048	3	1~5	0.5
		车站密集度指数	0.025	4.8	1~10	0.42

用乘法合成方法对车站设计方案进行综合评价,最终评分值为0.82,根据表5-3-1评语集的等级划分标准,处于B级水平,设计方案为良好。

5.5 本章小结

行人交通仿真分析的主要目的之一是用于地铁车站设计、运营等阶段的方案分析评价。本章系统介绍了地铁车站行人交通仿真评价的对象、作用、指标体系和评价方法,介绍了常用的仿真计算分析指标,建立了能够反映地铁车站设计方案和客流组织方案通畅性、协调性、安全性和服务水平的综合评价指标体系,并给出了各个指标的评价标准值,简单介绍了综合评价模型。最后,本章给出了一个地铁换乘站设计方案仿真评价案例。通过案例展示了如何根据仿真计算指标分析设计方案的优缺点,以及借助综合评价指标和综合评价方法对方案进行综合评判。

本章参考文献

[1] 胡明伟.行人交通模型与微观仿真[J].交通工程,2009(3):19-24.

[2] 北京市地方标准.城市轨道交通工程设计规范:DB 11/995—2013[S].北京:北京市规划委员会,北京市质量技术监督局,2013.

[3] 中华人民共和国国家标准.地铁安全疏散规范:GB/T 33668—2017[S].北京:中国标准出版社,2017.

[4] Transportation Research Board. Highway Capacity Manual 2000[M]. Washington, D. C: Transportation Research Board of the National Academies,2000.

[5] Fruin J J. Designing for pedestrians: A level of service concept[J]. Highway Research Record,1971,355(12):1-15.

[6] Hamdy A. Taha.运筹学导论[M].薛毅,刘德刚,朱建明,等,译.北京:人民邮电出版社,2008.

[7] 胡永宏,贺思辉.综合评价方法[M].北京:科学出版社,2000.

第6章　地铁车站仿真工程实例

地铁车站的行人交通仿真评估实施过程包括需求分析、现状调查、数据采集、仿真工程建模、方案评价分析、方案优化及评估、工程报告撰写等环节。为确保仿真评估工程实施质量，需要保证实施过程的每个环节和流程科学合理。为此，有必要建立一套完整的行人交通仿真评估工程化标准流程。本章介绍行人交通仿真评估工程环节中的数据整理、仿真建模、模型标定、仿真分析等内容，并以此为基础，针对地铁车站在设计阶段和运营阶段的多种仿真评估分析需求，分别介绍相应的行人交通仿真工程应用实例。

6.1　行人交通仿真工程实施流程

行人交通仿真评估工程流程以评估需求分析为开始，到完成分析报告为结束，包括以下几个阶段：①需求分析；②调查、数据收集与整理；③仿真工程建模；④仿真计算与分析；⑤方案优化；⑥优化方案仿真评价；⑦仿真评估报告。具体如图6-1-1所示。下面分别对流程中重要阶段的工作要点展开介绍。

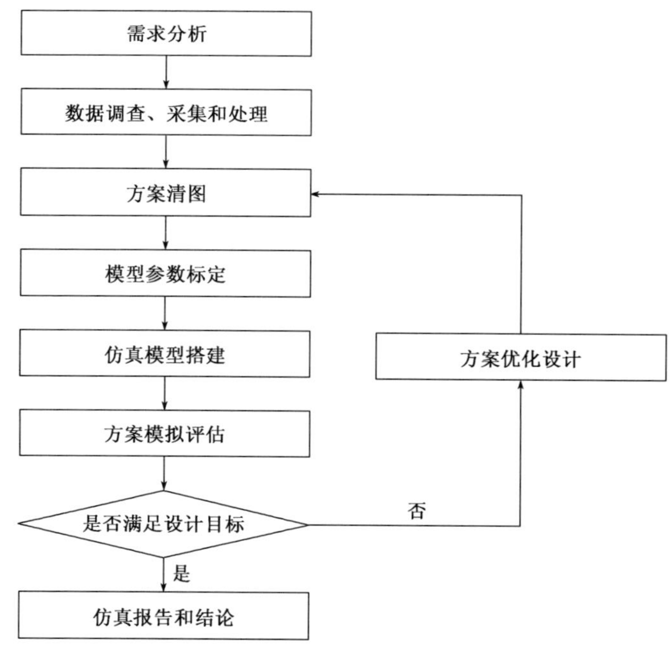

图6-1-1　行人交通仿真工程实施流程

6.1.1 需求分析

需求分析用于明确仿真目的,确定仿真工作要达到的目标。需求分析包括以下步骤:

(1)明确需求:仿真评估工作开展前,应结合车站设计过程或运营工作中遇到的问题,与各相关部门进行沟通交流,由其提出需要分析和解决的问题。

(2)确定目标:针对需要解决的问题,进行反复和深入的研究讨论,确定仿真目标、仿真效果、评价指标和评价方法等。

(3)仿真范围:结合问题需求,明确仿真工程研究的阶段、空间范围、时间范围和研究重点区域。根据研究需要,提出研究对象的适当简化方案,以便仿真建模。

(4)数据需求:根据前述分析,提出仿真评估所需要的相应数据,包括车站总平面设计图、设施设备布局图、设施设备参数尺寸数据、预测客流数据和行车数据等。

6.1.2 数据收集与整理

行人交通仿真建模需要采集和整理的数据有以下三类:

1)车站行人交通行为参数数据

行人交通行为参数数据是仿真建模的基础,也是仿真模型参数标定的核心数据。针对不同的评价需求和研究对象,行人交通行为数据采集对象和采集方法各不相同。因此,首先需要明确仿真需求,确定评估重点,在此基础上制订行人交通行为数据采集方案,选取人工调查、视频提取等技术获取相关设施设备中行人交通行为数据,具体方法可参考第3章。

2)车站客流OD数据和行车数据

车站客流OD数据记录了车站各个进站口(出站口)和每条线路上下行方向之间的客流量,以及各线路之间的换乘量。就运营阶段的评估和设计阶段的评估而言,该数据的获取来源各不相同。

(1)运营阶段评估数据的获取

首先需要得到车站的进出站总量和换乘量。其中,车站进出站总量可根据该车站的进出站刷卡数据得到,换乘客流量可以根据线网客流清分模型计算得到[1-2]。统计和计算得到的车站进出站总量和换乘量数据,填入表6-1-1。

车站进出站、换乘量数据表　　表6-1-1

仿真时段	车站名称	进站量(人次)	出站量(人次)	换乘量(Mi换Mj)(人次)	换乘量(Mj换Mi)(人次)

注:Mi、Mj分别表示该城市的第i条和第j条地铁线路;下同。

在表6-1-1基础上,通过对进出站票卡数据(AFC数据)的分析,可以推算车站各出入口进站和出站的客流比例、两条换乘线之间各换乘方向的客流比例,以及每条线路上下行方向的进出站客流比例,数据表如表6-1-2～表6-1-4所示。表中灰色部分不用填写数据,下同。

各出入口客流比例(单位:%) 表6-1-2

项目	A口	B口	C口	D口
进站				
出站				

换乘客流各换乘方向客流比例(单位:%) 表6-1-3

项目	Mi上行	Mi下行	Mj上行	Mj下行
Mi上行				
Mi下行				
Mj上行				
Mj下行				

各线路进出站客流比例(单位:%) 表6-1-4

项目	Mi上行	Mi下行	Mj上行	Mj下行
进站				
出站				

综合上述表格,可计算得到车站的客流OD表,如表6-1-5所示。其中第一列代表乘客出发点,第一行代表目的地。其中第2～5行表示A、B、C、D四个进站客流分别去往Mi及Mj站台的客流量;第6、7行数据表示Mi上、下行方向下车换乘Mj上、下行方向的换乘量;第8、9行表示从Mj上、下行方向下车换乘Mi上、下行方向的换乘量。

站内客流OD数据表(单位:人次) 表6-1-5

	A出口	B出口	C出口	D出口	Mi上行	Mi下行	Mj上行	Mj下行
A入口								
B入口								
C入口								
D入口								
Mi上行								
Mi下行								
Mj上行								
Mj下行								

(2)设计阶段评估数据的获取

就车站设计方案评估而言,由于车站尚未运营,因此无法获取既有运营客流数据,只能借助地铁线路客流预测报告获取所需的数据,如表6-1-6和表6-1-7所示。其中表6-1-6为规划年预测的线路断面客流量,表6-1-7为规划年预测的车站各线路不同换乘方向的客流量。

规划年线路断面客流预测量(单位:人次) 表 6-1-6

线路	上行			下行		
	上车	断面	下车	上车	断面	下车
M*i*						
M*j*						

规划年车站早高峰换乘量(单位:人次) 表 6-1-7

线路	M*i* 上行	M*i* 下行	M*j* 上行	M*j* 下行
M*i* 上行				
M*i* 下行				
M*j* 上行				
M*j* 下行				

根据表 6-1-6 和表 6-1-7,可计算得到规划年早高峰 M*i* 和 M*j* 出入口的进出站量。以 M*i* 的进出站量计算为例,M*i* 进站量 = M*i* 上车量 − M*i* 换入量,M*i* 出站量 = M*i* 下车量 − M*i* 换出量。由此可得 M*i* 进、出站量,如表 6-1-8 所示。

M*i* 规划年早高峰进出站量(单位:人次) 表 6-1-8

项目	出口	M*i* 上行	M*i* 下行
入口			
M*i* 上行			
M*i* 下行			

由于两条交汇线路的建设阶段不一致,会存在各自线路预测的换乘量相差较大情况。仿真的主要目的是评估换乘大客流对车站的冲击。因此,一般建议选择较大的换乘量预测值作为仿真输入。在此基础上,整理表 6-1-7 和表 6-1-8 数据,可得到如表 6-1-9 所示的各换乘方向客流量。

各分方向进出站及换乘量表(单位:人次) 表 6-1-9

项目	出口	M*i* 上行	M*i* 下行	M*j* 上行	M*j* 下行
入口					
M*i* 上行					
M*i* 下行					
M*j* 上行					
M*j* 下行					

根据表 6-1-9,将入口和出口客流分配到车站设计的各个出入口上,一般可采用平均分配原则。由此可得到整个车站的分向客流 OD 表,如表 6-1-5 所示。

3) 车站编组及运行交路数据

车辆编组和行车方案决定了站台上乘客的产生和消散间隔时间。通过现状资料收集,或者根据线路规划报告,可得到运营车站或设计车站的车辆编组形式和运行交路方案，作为仿真模型中车辆产生的输入参数。

6.1.3 仿真工程建模

仿真工程建模指根据仿真程序或软件的数据需求，搭建能够进行仿真计算和评估的工程模型。仿真工程建模包括工程设计图纸清理、仿真模型和软件选定、模型参数标定、仿真工程模型搭建等步骤。

1）工程设计图纸清理

仿真建模以车站平面布局图纸为基础。车站平面布局图一般选取 Auto CAD 格式的工程设计图纸，清除与仿真建模无关的图层信息，以减轻图纸读取速度，提高仿真计算效率。清理后的图纸应满足如下要求：

（1）删除一切与乘客移动无关的多余线段，例如设备间、工作用房等，只需留下楼扶梯、墙壁、隔离设施、安检设施、闸机、售票闸机等必要设施。

（2）将墙壁、隔离设施和行人交通设施等的外沿边界线段和内部线段分开建立图层。仿真模型在运行时，只需要搜索外沿边界线段所在图层，可减少搜索计算量，提高仿真运行效率。内部线段用于显示该设施的形状，不参与仿真计算，使得仿真结果在视觉上更加真实。

（3）将站厅、站台等不同层的设计平面图布置在图一图纸上，以便于统一导入模型中。

图 6-1-2 为某车站的工程设计图纸清图前后对比样例。

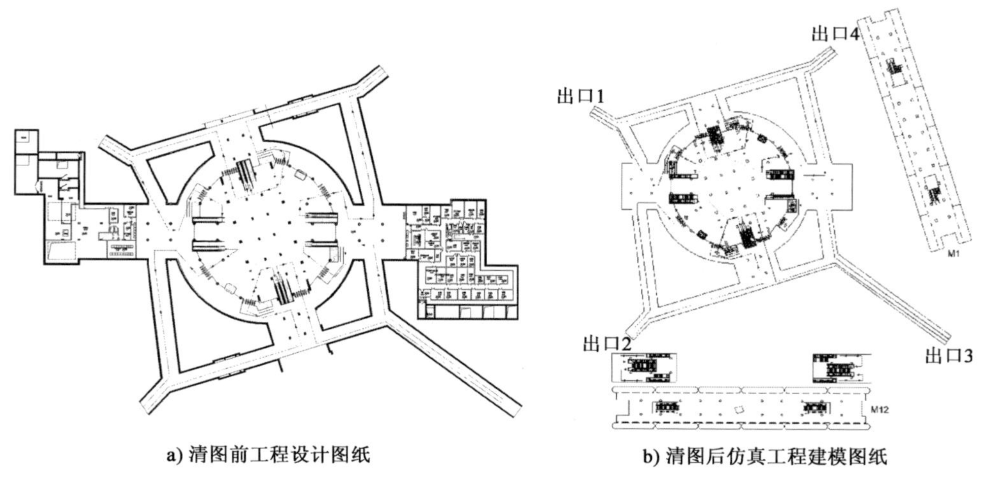

a) 清图前工程设计图纸　　b) 清图后仿真工程建模图纸

图 6-1-2　某车站的工程设计图纸清图前后对比样例

2）仿真模型或软件选定

在设计图纸清理好后，需要选定合适的仿真理论模型或仿真软件，搭建仿真工程模型。目前在实际工程中应用较为广泛的仿真理论模型主要为社会力模型、智能体模型以及元胞自动机模型。以上述模型为核心,可编写面向工程应用的仿真程序,也可以选择现有成熟的商业仿真软件,包括 Legion、Anylogic、Viswalk 和 Massmotion 等。上述软件的特点在 1.2.3 小节中有所简述,这里不再赘述。

3)模型参数标定

在仿真理论模型或仿真软件确定后,需要对仿真理论模型的相关参数进行标定。模型参数会影响仿真精度和评估效果,如果模型参数标定不准确,仿真结果会与实际情况偏离较大,仿真评估结论对决策无正确指导价值。模型需要标定的参数包括设施设备通过能力参数和行人交通仿真模型的相关参数。

设施设备的通过能力参数包括售检票口、安检设施的服务时间和通过能力,楼扶梯的通过能力,可参照《地铁设计规范》(GB 50157—2013)与实际调研最大通过能力取值。本书建议取值如表 6-1-10 和表 6-1-11 所示。

售检票口(机)延误时间分布　　表 6-1-10

售检票口(机)	规范最大通过能力(人次/h)	调研最大通过能力(人次/h)	平均值(s)	时间分布(s)
人工售票口	1200	360	10	5～15
自动售票机	300	180	17	15～20
自动检票机(IC 卡)	1800	1800	2	1～3
安检通道		1600	1.5	1～2.5

通道及楼扶梯通过能力　　表 6-1-11

部位名称		每小时通过最大人数(人次/h)	
		规范值	调研值
1m 宽通道	单向	5000	5400
	双向	4000	3800
1m 宽楼梯	下行	4200	4800
	上行	3700	4000
	双向混行	3200	2800
1m 宽扶梯(0.65m/s)		≤8190	7300

如第 4 章所述,行人交通仿真模型的种类较多,不同模型的参数也各不相同,但仿真模型参数标定的思路基本类似,主要根据采集的行人轨迹数据,采用统计模型估计模型参数。本书以社会力模型为例,讲述模型参数标定的工作思路。

社会力模型中需要确定的参数有两大类共 8 个。第一类为行人基本属性参数,包括行人的质量参数m_i、行人的半径r_{ij}、期望速度$v_i^0(t)$、行人调整速度的松弛时间τ_i等;第二类为模型参数,包括社会力模型的参数 A、B、k、κ。其中,参数 A 和 B 又分为行人之间的作用参数A_i、B_i,以及行人和障碍物之间的作用参数A_w、B_w。目前已有文献中给出了上述相关参数的建议值,例如 Johansson 等基于匈牙利和德国的行人轨迹数据给出了社会力模型参数的取值建议[3]。但该参数源于国外行人的交通行为特征，其步速、体格和交通行为与国内有较大差异，无法直接用于地铁车站行人交通仿真评估工作中。

针对 4 个行人基本属性参数，可以根据 2.3 节中对我国行人微观参数统计结果确定其参数值。模型参数可根据行人轨迹数据进行标定，标定参数所需的行人轨迹数据可从行人视频中获取。根据第 3 章所述视频数据的自动采集方法，视频每帧时间间隔为 0.04s，设定以 5 帧为一个时间步长采集一次行人头部位置的图像坐标数据，可获得以时间间隔为 0.2s 的一系列坐标点$P_k(x,y,t_k)$，由此构成行人轨迹数据。其中，x、y 表示由视频坐标经过换算后得到的实际平面坐标，t 表示采集时刻，k 表示采集序号。

根据行人轨迹数据可以计算行人的瞬时速度、加速度，以及行人之间的距离。在行人稀疏情况下，一个时间步长内的瞬时速度样本可作为行人的期望速度值，计算公式如下：

$$v_i^0=\frac{\|P_{k+1}^i-P_k^i\|}{0.2} \tag{6-1-1}$$

$$\vec{e}_i^{\,0}=\frac{P_{k+1}^i(x)-P_k^i(x),P_{k+1}^i(y)-P_k^i(y)}{\|P_{k+1}^i-P_k^i\|} \tag{6-1-2}$$

式中：$\|\cdot\|$——二范数，表示轨迹点P_{k+1}^i到P_k^i的平面距离；

$\vec{e}_i^{\,0}$——期望速度方向。

选择行人从静止或速度v_i^t小于v_i^0加速至v_i^0的一段轨迹，确定行人速度从v_i^t加速至v_i^0时耗用的时间 Δt，则τ_i为：

$$\tau_i=\frac{\Delta t\, v_i^0}{v_i^0-v_i^t} \tag{6-1-3}$$

上式中 $0\leqslant v_i^t<v_i^0$。由上式可知，当$v_i^t=0$ 时，$\tau_i=\Delta t$。

当两个行人之间没有接触时，根据社会力模型可计算行人的加速度，计算公式如下：

$$a_i(t)=\frac{v_i^0(t)\vec{e}_i^{\,0}(t)-\vec{v}_i(t)}{\tau_i}+\frac{A_i\exp\left(\dfrac{r_{ij}-d_{ij}}{B_i}\right)}{m_i} \tag{6-1-4}$$

将上式移项，并对两边同时取 ln(·)可得：

$$\ln\left(a_i(t)-\frac{v_i^0(t)\vec{e}_i^{\,0}(t)-\vec{v}_i(t)}{\tau_i}\right)+\ln(m_i)=\ln(A_i)+\frac{r_{ij}-d_{ij}}{B_i} \tag{6-1-5}$$

上式中，加速度$a_i(t)$和行人之间的距离d_{ij}可根据行人轨迹数据计算得到，其中$a_i(t)=\mathrm{d}v_i/\mathrm{d}t$。由此可知，上述等式的左侧均可根据行人轨迹数据计算得出，右侧参变量 $\ln(A_i)$和$(r_{ij}-d_{ij})/B_i$则可以当作线形回归模型中的待定参数项，由此可采用最小二乘法计算该待定参数的最优估计值$\hat{A}_i$和$\hat{B}_i$：

$$\hat{A}_i=m_i\exp\left[\frac{1}{n}\sum_{t=1}^{n}\ln\left(a_i(t)-\frac{v_i^0(t)\vec{e}_i^{\,0}(t)-\vec{v}_i(t)}{\tau_i}\right)-\frac{1}{n\,\hat{B}_i}\sum_{t=1}^{n}l(t)\right] \tag{6-1-6}$$

$$\hat{B}_i = \frac{n\sum_{t=1}^{n} l(t)^2 - \left[\sum_{t=1}^{n} l(t)\right]^2}{n\sum_{t=1}^{n} l(t)\ln\left(a_i(t) - \frac{v_i^0(t)\vec{e}_i^{\,0}(t) - \vec{v}_i(t)}{\tau_i}\right) - \sum_{t=1}^{n} l(t)\sum_{t=1}^{n}\ln\left(a_i(t) - \frac{v_i^0(t)\vec{e}_i^{\,0}(t) - \vec{v}_i(t)}{\tau_i}\right)} \tag{6-1-7}$$

其中,n 为行人轨迹点的样本容量;$l(t) = r_{ij} - d_{ij}(t)$。

参数A_w、B_w的估计和标定也可采用类似方法。

这里根据 2016 年 10 月 20 日对北京地铁早高峰期间某车站站厅、通道、站台拍摄的视频提取了 206 组乘客轨迹数据,根据上述参数标定方法,计算结果如表 6-1-12 所示。

社会力模型所有参数的实验取值 表 6-1-12

参　　数	参数描述	均　　值
A_i	行人之间相互作用的强度参数(m^2/s^2)	2.57
B_i	行人之间相互作用的距离参数(m)	0.2
A_w	行人受障碍物影响的强度参数(m^2/s^2)	$-m_i v_i^0/\tau_i$
B_w	行人受障碍物影响的距离参数(m)	0.5
k	弹性系数(kg/s^2)	1.2×10^5
κ	摩擦系数(kg/s^2)	2.4×10^5
τ_i	松弛时间(s)	0.5
r_{ij}	行人半径(m)	0.55
m_i	行人质量(kg)	70
v_i^0	期望速度(m/s)	1.39

4)仿真工程模型建模

仿真工程模型搭建包括数据输入、设施模块建模、分析区域建模和仿真校验等步骤。

(1)数据输入

数据输入环节中需要将前期准备的行人交通行为特征参数、OD 数据等相关数据存储为适合仿真平台读取的数据文件,并导入仿真平台内。需要设置、导入的数据包括:乘客类型、OD 数据、设施设备通过能力参数、模型参数、服务设施的触发时间分布及条件等。

(2)设施模块建模

设施模块建模指在清理好的设计方案图纸基础上,标记出行人的产生/消散源、楼扶梯、安检设施、闸机等设施设备,同时指定行人在各类设施中的延误类型、排队行为和时间。在此基础上,根据车站内的流线组织方案标记出行人在关键区域内的选择、转向等行为和比例。另外,若方案中存在特殊的客流管理措施,也需要通过相应的设施模块建模来实现。

(3)统计模块建模

统计模块建模指在设施建模基础上,为收集和统计仿真数据,借助统计模块标记出需要统计数据和分析的位置和区域,指定要统计的数据。统计模块可分为两类:统计线和统计区域。其中统计线用于统计某个截面的相应参数,统计区域用于统计某个面域的相关参数。常用的统计参数包括流量、流率、速度、空间密度、空间占有率、空间内行人数量、行人走行时间等。其中,流量、流率、速度等可以借助一条统计线统计;行人走行时间需要划定两条统计线,统计行人完成这两条统计线之间位移所需时间;空间密度、空间占有率、空间内行人数量等需要划定一个统计区域进行统计。

统计线和统计区域一般在出入口、安检设施、楼扶梯进入口、站台、换乘通道等位置设置。

(4)仿真校验

仿真校验是对所搭建的工程模型进行校正。在仿真工程模型最终应用前,应多次重复建模并进行仿真测试,对模型进行微调或更改设定,观察仿真工程模型中的行人是否按照预设规则进行移动,并验证各个行为功能模块和统计模块的运转情况,直到达成预期效果。如仿真工程模型校验完毕,则可进行数据统计工作,为方案分析做准备。

6.1.4 分析与评价

通过对车站方案建模和仿真,可得到仿真统计数据,并进一步分析和评估车站方案。车站方案的仿真分析包括局部分析和整体分析。局部分析的重点区域包括站厅区域、站台区域、楼扶梯区域、安检区域、换乘通道和换乘楼扶梯等。在地铁客流集散过程中,由于下车客流到达较为集中,会导致在站台和楼扶梯等节点处出现高密度客流。高密度客流如持续时间较长,容易形成安全隐患。因此,评价过程中一般使用平均密度和高密度持续时间进行分析,这样更能查找和评估方案的能力瓶颈点。

(1)平均人流密度:统计高峰小时车站内各处平均客流密度,反映各处客流密度的平均值。如果某处平均密度持续超过 2 人/m^2,意味着此处客流密度较高,极有可能出现拥堵。

(2)高密度(>2.5 人/m^2)区域持续时间:统计高峰小时车站内最大密度超过 2.5 人/m^2 的区域,以及超过 2.5 人/m^2 的持续时间。如果持续时间越长,表示此处通过能力不足,集中到达的客流难以短时间消散,后续到达客流的叠加容易形成安全隐患。

为便于直观判断和查看车站高密度区域和拥堵瓶颈段,展示仿真分析结果,可采用不同颜色显示不同服务水平等级。本书推荐采用美国 Fruin 给出的六级服务水平[4],主要以平均密度为分级阈值,如表 6-1-13 所示。

在局部密度瓶颈分析的基础上,可采用第 5 章中提出的指标参数对车站的整体情况进行分析评估,分析方法和示例可参考 5.4 节,这里不再赘述。

Fruin 服务水平分级及描述表　　表 6-1-13

服务水平	阈值(人/m^2)			描　述
	步道	台阶	排队	
A	0～0.31	0～0.54	0～0.828	可自由选择步行速度,可超越慢行的人,超越时不与其他行人发生冲突
B	0.31～0.43	0.54～0.72	0.828～1.076	尚有足够空间可供选择正常的步行速度,产生小冲突,轻微影响步行速度和流量
C	0.43～0.72	0.72～1.08	1.076～1.538	步行速度受到限制,反向流量及穿越现象有较高的冲突概率,行人要调整速度和方向避免和他人发生冲突
D	0.72～1.08	1.08～1.54	1.538～3.588	正常的步行速度受到限制,不易超越慢行的人,无法避免冲突,想要改变方向及超越行动很困难
E	1.08～2.15	1.54～2.69	3.588～5.382	行人需要改变步伐而慢行,无法超越慢行的人群,反向行动及超越行动极为困难
F	>2.15	>2.69	>5.382	步行速度受到极大限制,只能紧跟前方的人群移动,无法避免与他人发生冲突,反向行走及超越行为极不可能

6.2　地铁换乘站设计方案仿真分析

对地铁车站设计方案进行评估是行人交通仿真评估工作的一个重要内容。换乘站在设计阶段面临的问题和需求不尽相同,对其进行仿真评估的侧重点也各有差异。总体而言,可以归纳为三种:①换乘站设计方案整体仿真评估和优化。主要对单个设计方案进行仿真评估,查找设计瓶颈,提出改善建议。②换乘站设计方案的多方案比选仿真评估。主要对多个不同设计方案进行仿真评估,对比评判各设计方案优劣,给出取舍建议。③换乘站与其他交通方式接驳设计合理性评估。主要仿真评估接驳方案,查找设计能力瓶颈,提出改善建议。以下分别对上述三类设计仿真评估典型案例展开说明。

6.2.1　地铁换乘站设计方案仿真

1)背景介绍

以某市地铁 1 号线(下称 M1)和 2 号线(下称 M2)的换乘车站解放路站为例,该站设计为 T 形换乘站,设置 6 个出入口,其中南侧及北侧方向各有 2 个出入口,其余 2 个方向各有 1 个出入口。车站有地下三层,其中地下一层为共用站厅层、地下二层为 M2 站台层、地下三层为 M1 站台层,换乘客流采用单向换乘组织方式,客流组织方案如下:

进出站客流:进站客流通过各个出入口进入地铁,依次通过购票、安检、闸机检票、站厅楼梯下至站台层、等候上车等程序。出站客流反之。

M1 换乘 M2 客流:采用 M1 站台中部及东侧的楼梯换乘至东侧站厅,再由东侧站厅南北两侧的下行扶梯和楼梯到达 M2 站台层。

M2 换乘 M1 客流:M2 站台的换乘客流从中部的两组下行楼梯,从 M1 站台东侧到达 M1 站台。

客流流线具体如图 6-2-1 所示。

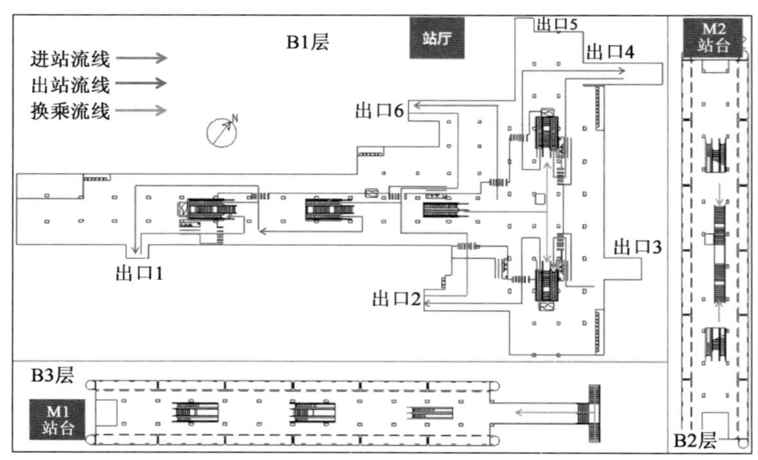

图 6-2-1 解放路站客流流线示意图

2)仿真数据及建模

(1)客流 OD 数据

根据 M1、M2 轨道交通客流预测数据,通过 6.1.2 小节中客流 OD 数据计算过程得到解放路站远期早高峰(7:00—8:00)客流 OD 数据,如表 6-2-1 所示。

解放路站远期早高峰客流 OD 数据表(单位:人次) 表 6-2-1

	1 号口	2 号口	3 号口	4 号口	5 号口	6 号口	M1 向东	M1 向西	M2 向北	M2 向南
1 号口							278	201	180	97
2 号口							278	201	180	97
3 号口							535	387	347	187
4 号口							452	328	294	159
5 号口							257	186	167	90
6 号口							257	186	167	90
M1 向东	260	260	502	424	241	241			1680	1711
M1 向西	191	191	368	311	177	177			2631	1392
M2 向北	381	381	733	621	353	353	1380	2794		
M2 向南	369	369	711	602	343	343	1890	1867		

(2)行车数据

结合 M1 和 M2 的现状车辆编组情况,结合远期规划方案,确定远期早高峰车辆运行交路:M1 为 27 对,M2 为 28 对;选用 B 型车 6 节编组形式,车辆定员 1460 人。

(3)仿真建模

根据车站平面设计方案和客流预测数据,对车站设施设备(出入口、楼扶梯、安检设施、售票机、闸机等)、模型控制区域(站台等候区、安检和售票前排队区域)以及客流流线组织进行建模,搭建远期早高峰车站客流仿真工程模型,如图6-2-2所示。

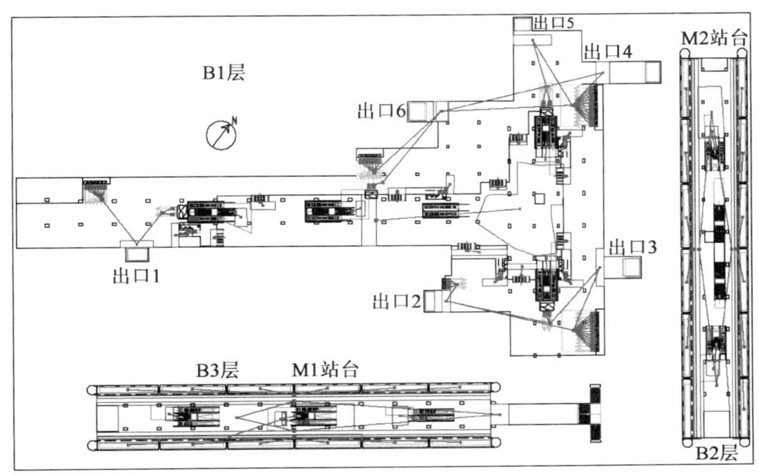

图6-2-2　解放路站仿真工程模型

3)仿真分析

对远期早高峰时段的客流情况进行仿真,结果以图表、视频等直观形式表现,并结合仿真统计数据进行定性和定量分析,为车站工程设计提出指导性的建议。图6-2-3为车站整体平均密度分布图和高密度持续时间分布图。

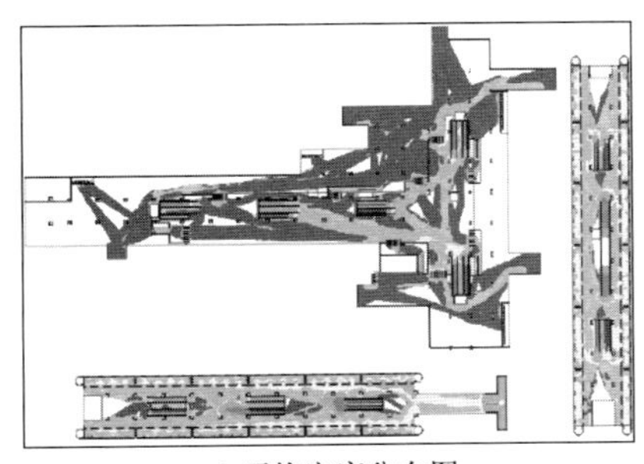

a) 平均密度分布图

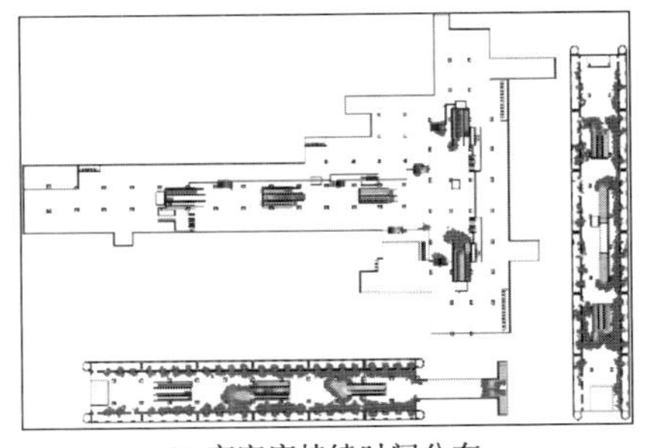

b) 高密度持续时间分布

图6-2-3　车站仿真整体分析图

从车站整体空间密度分布图可以看出,除了M2站台南北侧的上行楼扶梯,M1站台东侧换乘扶梯的客流密度较大外,车站整体服务水平较好,平均密度为1.2人/m^2,其中E级服务水平以上占39%,车站整体能力满足远期早高峰客流进出站和换乘需求。

在此基础上,重点统计M1和M2站台楼扶梯处乘客密度及服务水平的波动情况,得到M1站台的平均密度分布图,以及中间楼扶梯和东侧楼扶梯的各级服务水平的分布比例,分别如图6-2-4和图6-2-5所示。

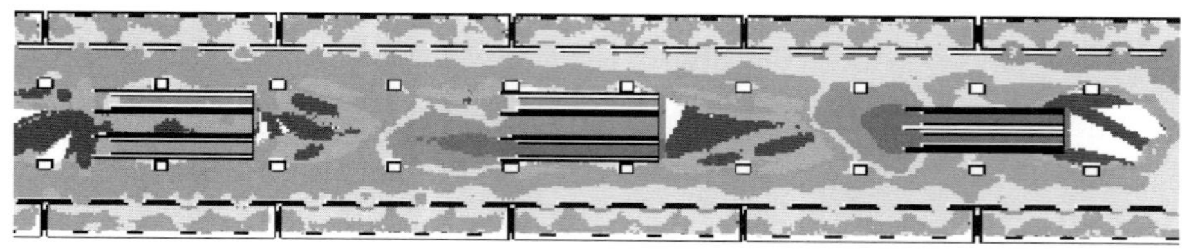

图 6-2-4　M1 站台乘客平均密度分布图

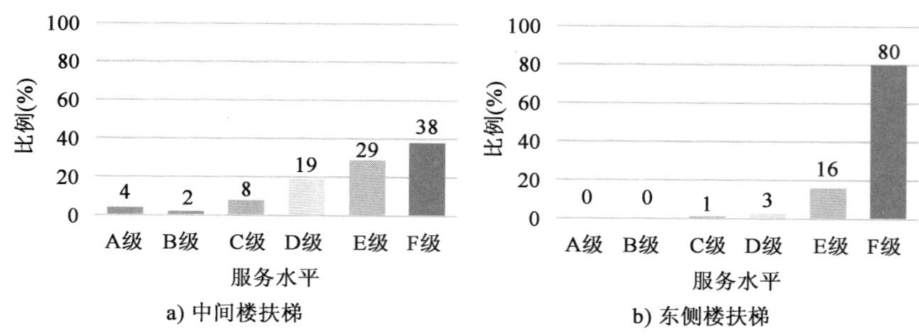

图 6-2-5　M1 站台中间和东侧楼扶梯的服务水平分布比例

由图 6-2-5 可知，M1 东侧和中间的上行扶梯服务水平较差，D 级以下服务水平的占比在 85% 以上，东侧和中间楼扶梯的平均密度分别为 1.47 人/m^2 和 1.41 人/m^2，这表明上行扶梯区域存在客流排队现象。高密度持续时间不超过 15min，且每一波到达客流均能够在一个周期内消散，说明三组楼扶梯能够疏散站台到发的周期性客流，不存在大客流聚集风险。

图 6-2-6 和图 6-2-7 分别为 M2 站台乘客的平均密度分布图和南侧楼扶梯的各级服务水平的分布比例。图 6-2-8 为 M2 站台南侧扶梯密度波动图。

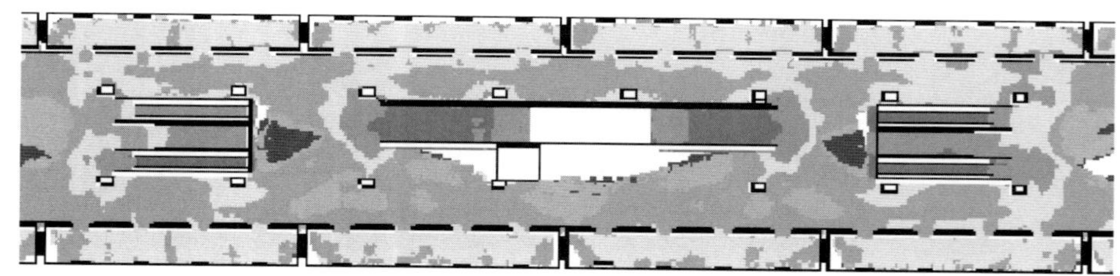

图 6-2-6　M2 站台乘客平均密度分布图

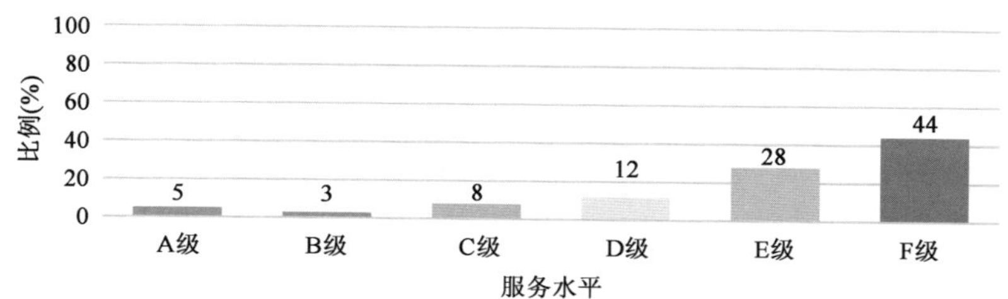

图 6-2-7　M2 站台南侧楼扶梯处服务水平分布比例

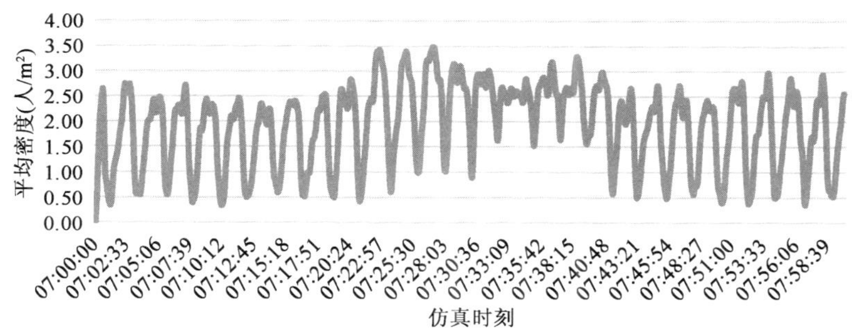

图 6-2-8　M2 站台南侧扶梯密度波动图

由图 6-2-6 和图 6-2-7 可知，M2 站台南侧上行扶梯服务水平较差，D 级以下服务水平的占比为 73%。且由图 6-2-8 可看出，在 7:33 左右时，站台南侧楼梯处于高密度状态，且客流消散较慢，导致楼扶梯前排队客流无法在一个周期内消散，滞留客流与下一辆进站列车的下车客流叠加，使得高密度拥挤持续较长时间，存在安全隐患。

4）优化方案及评估

针对仿真分析结果，对原设计方案给出以下改进建议：

（1）M1 站台右侧 2 组扶梯建议改造为 3 组，提高 M1 换 M2 的换乘能力；

（2）调整北侧安检设施位置，并调整闸机进出方向；

（3）调整站厅南北侧扶梯方向；

（4）M1 站台扶梯口做好导流围栏设施，避免扶梯口过于拥挤。

改进后的进出站和换乘流线调整如图 6-2-9 所示。

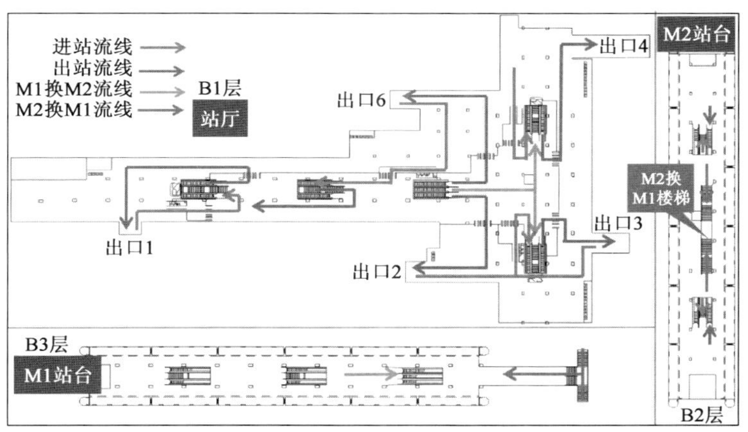

图 6-2-9　改进方案的流线组织图

对改进方案进行仿真，得到车站整体平均服务水平分布如图 6-2-10 所示。

由图 6-2-10 可知，改进方案的车站服务水平变化不大，整体比较舒适，车站整体平均密度为 1.15 人/m^2，相比改善前方案整体降低 7%。特别地，F 级服务水平比例降低了 2%。

对改进方案的 M1 站台平均密度进行统计。在原方案中服务水平较低的中间、东侧楼扶梯处在改进方案下的密度统计如图 6-2-11 所示，其中 E 级以下服务水平分别为

28%、52%、88%，相比原方案，分别降低45%、15%和7%，服务水平提升较大。特别地，西侧、中部扶梯客流排队现象明显改善，东侧扶梯排队现象有所缓解。

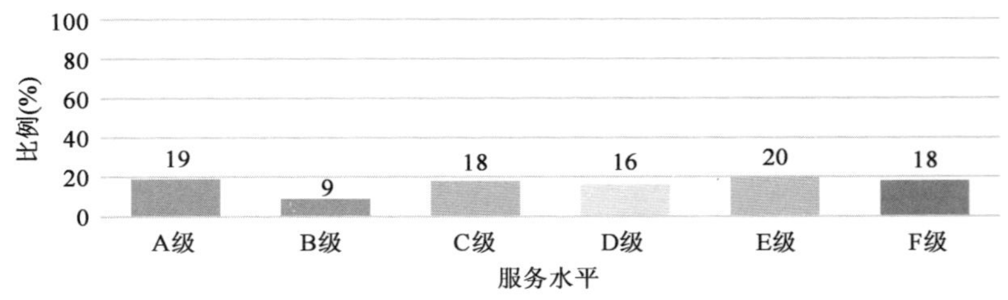

图6-2-10　改进后车站整体服务水平分布比例

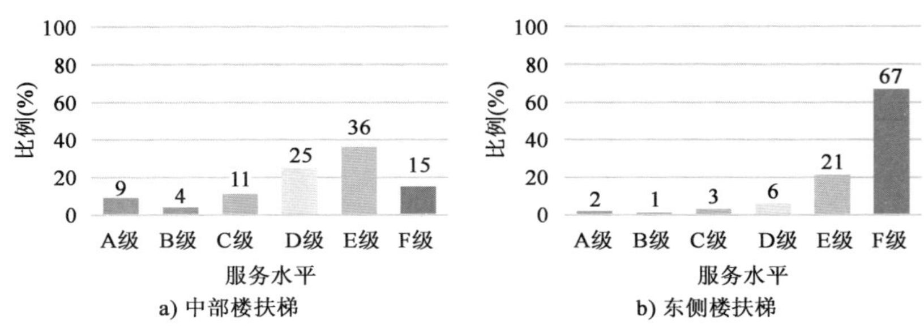

图6-2-11　改进后M1站台楼扶梯服务水平分布比例

同样地，对改进方案中M2站台的平均密度进行统计。原方案中服务水平较低的南、北侧楼扶梯处在改进方案下的密度统计如图6-2-12所示，其中E级以下服务水平分别为59%、57%，与原方案对比，能力更加均衡。

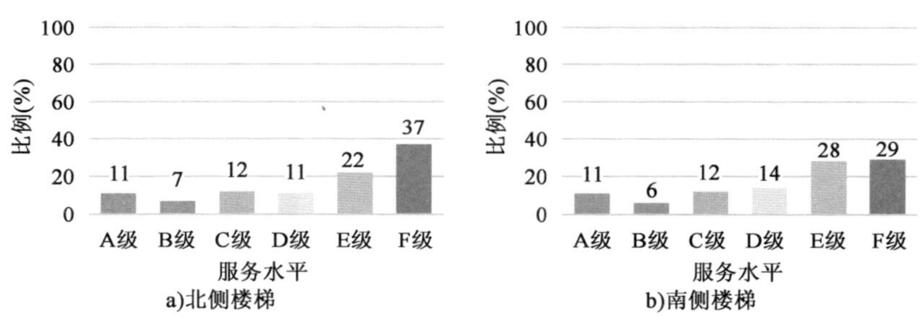

图6-2-12　改进后M2站台楼梯服务水平分布比例

结合整体服务水平以及M1、M2站台上楼扶梯服务水平分析可知，改进方案的车站整体服务水平较好，M1换M2的换乘能力有所增加，换乘设施能力更能满足客流需求；在改进方案中，M2南北侧楼梯的利用率更加均衡，整体方案合理可行，满足目前客流高峰出行需求。

6.2.2　地铁换乘站与高铁站接驳仿真评估

1）背景介绍

某城市的星火站作为地铁M3线和R2线换乘车站，同时无缝接驳星火高铁站，形成星火枢纽站。星火枢纽站站房设计过程中，地铁和高铁的接驳设计了两种比选方案。方案一：地铁站厅和高铁候车厅在同一平层，采用站厅内换乘形式；方案二：地铁站厅位于高铁候车厅下一层，采用楼扶梯换乘形式。接驳方案对比如图6-2-13所示。

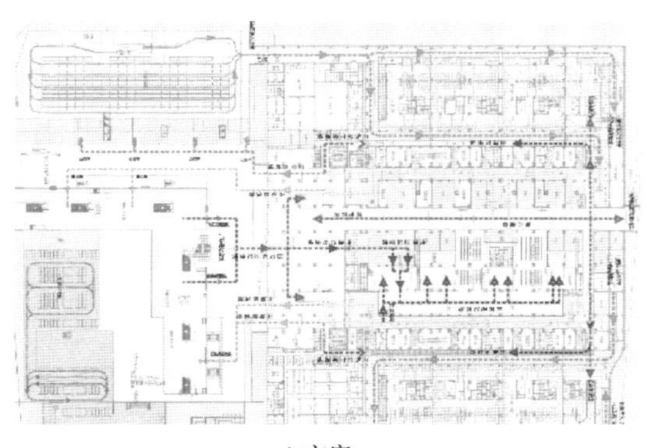

a) 方案一

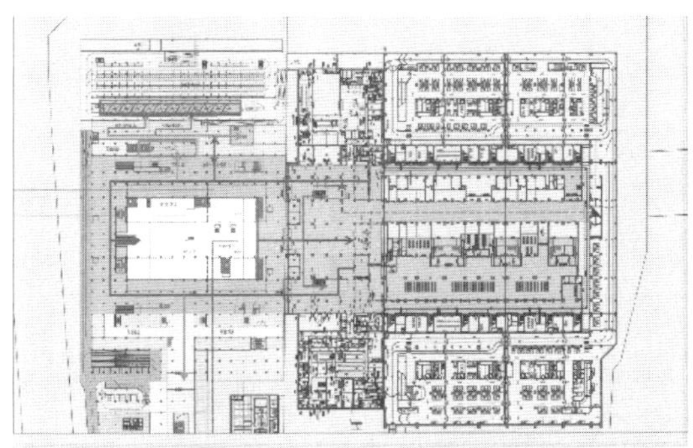

b) 方案二

图6-2-13　星火站高铁与地铁接驳方案对比

针对上述两种方案，通过仿真分析，从客流组织和集散效率角度分析评估两种方案的优劣。

2）仿真建模

本案例主要评估高铁和地铁换乘接驳方案，不同的接驳方案在客流流线上的差异集中体现在地铁客流进出站和高铁客流进出站等环节。因此，仿真建模中只需要选取以高铁候车厅为起终点、地铁站厅付费区到站台之间的楼扶梯为起终点的乘客活动行为进行建模即可，高铁站台和地铁站台部分可不予考虑。接驳方案仿真建模如图6-2-14所示。

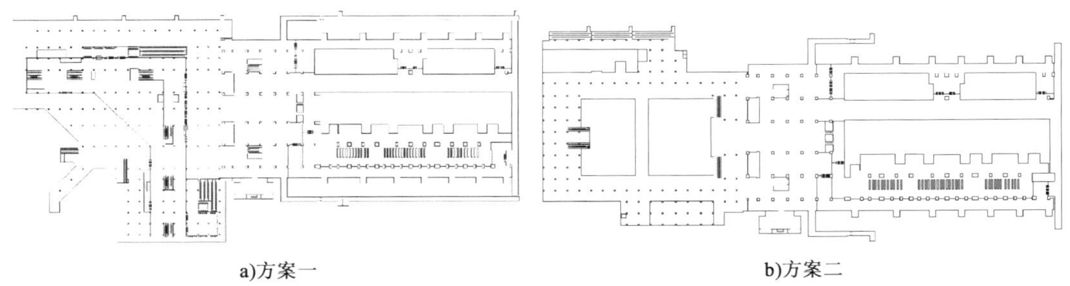

a)方案一　　b)方案二

图6-2-14　针对星火站接驳方案比选的仿真建模

3）换乘客流预测

换乘客流的预测，不仅包括高铁和地铁之间的换乘客流量，还需要考虑其他交通方式与高铁之间的换乘客流，具体包括公交、出租车、小汽车、自行车、步行等交通方式的换乘客流。根据客流预测报告，可得到星火枢纽站内不同交通方式间换乘客流量，如表6-2-2所示。

不同交通方式间预测换乘客流量(单位:人次) 表 6-2-2

	高铁	地铁	公交	出租车	小汽车	自行车	步行
高铁	0	6000	2820	2640	1440	0	0
地铁	4800	0	976	115	58	138	4553
公交	2340	1866	45	54	0	11	1880
出租车	2880	369	0	0	0	0	0
小汽车	1200	173	0	0	0	0	0
自行车	0	622	35	0	0	0	0
步行	0	7588	1419	0	0	0	0

4)仿真分析

为简明起见,从乘客换乘舒适性方面考虑,统计两个方案的换乘时间、换乘距离、安检排队时间等对乘客舒适度影响较大的指标,并进行对比分析。图 6-2-15 和图 6-2-16 为两个方案的乘客换乘距离和换乘时间分布情况。

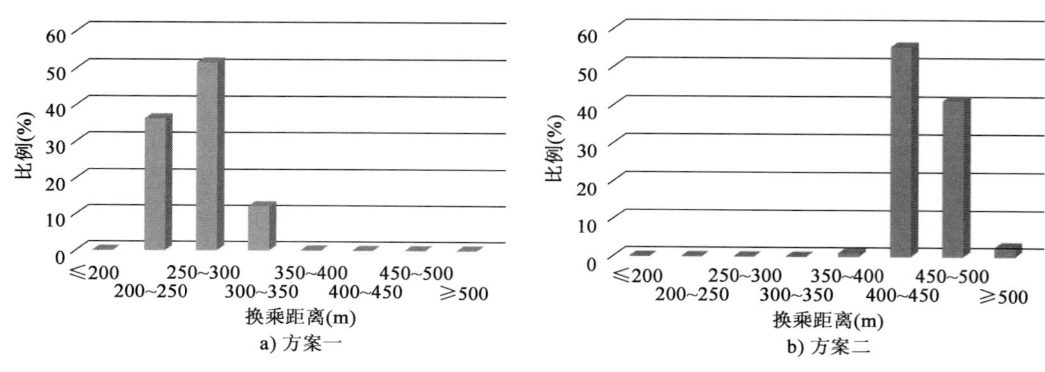

图 6-2-15 两个方案的换乘距离分布图

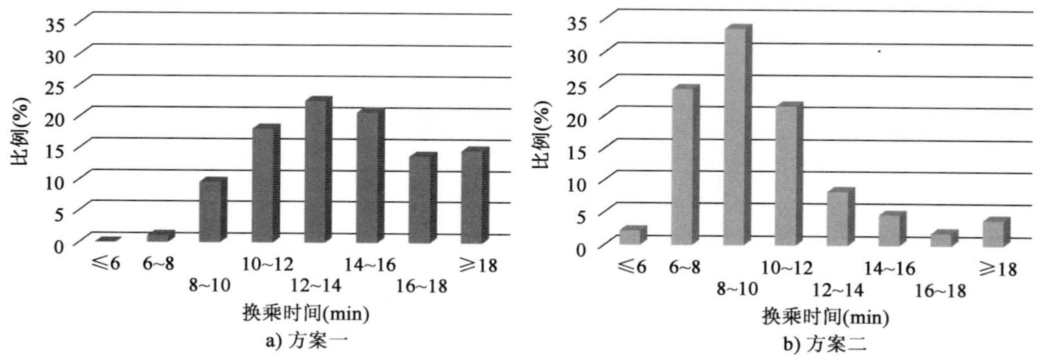

图 6-2-16 两个方案的换乘时间分布图

由图 6-2-15 可知,方案一平均换乘距离为 265m,方案二为 447m,方案一的换乘距离要小于方案二;但就换乘时间而言,方案一的平均换乘时间为 14. 3min,方案二为10. 2min,高峰小时换乘时间减少 4. 1min。

图 6-2-17 和图 6-2-18 分别为两个方案的仿真最大密度分布图和地铁安检口排队统计人数。

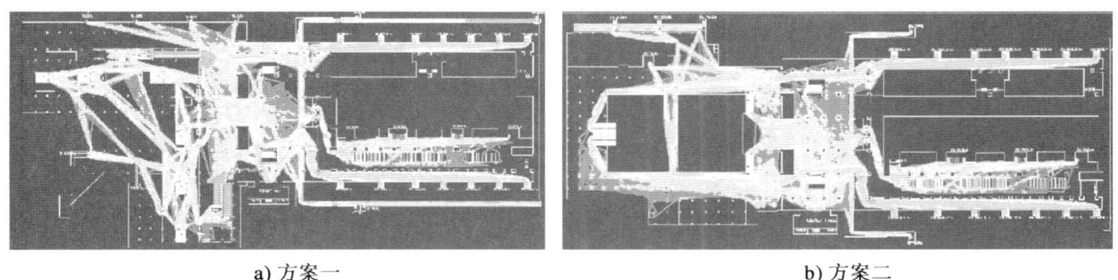

a) 方案一　　b) 方案二

图 6-2-17　两个方案的最大密度分布图

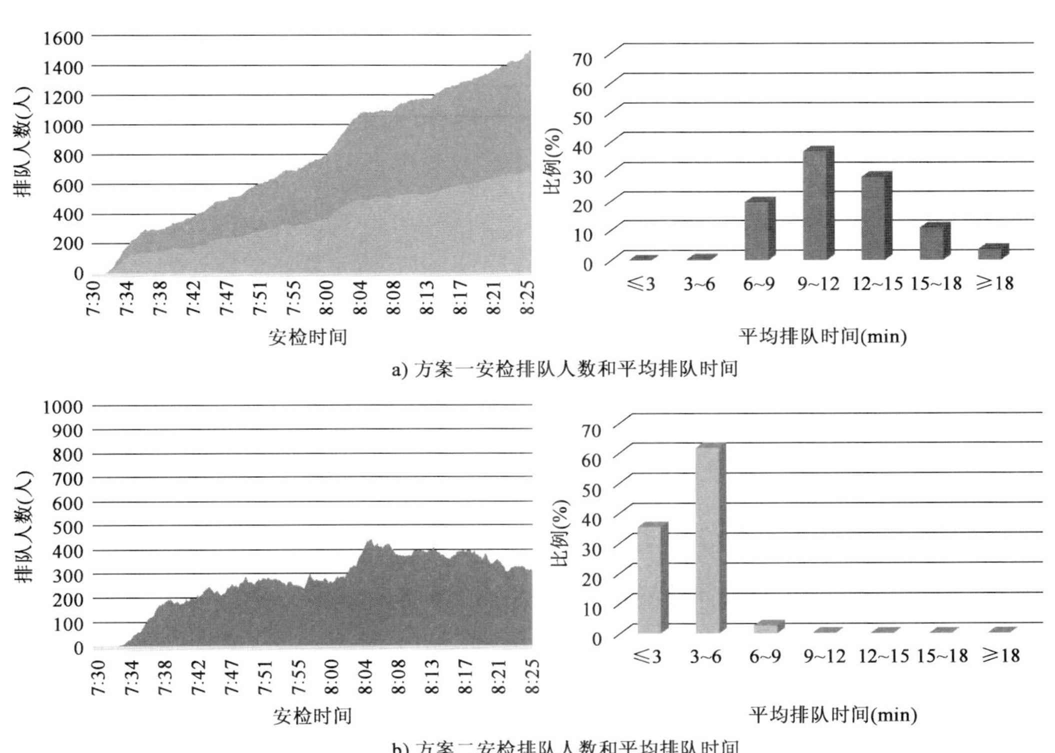

a) 方案一安检排队人数和平均排队时间

b) 方案二安检排队人数和平均排队时间

图 6-2-18　两个方案的安检口排队人数统计值

由图 6-2-18 对比可发现，由于方案一换乘距离较短，无法为高铁出站客流提供有效的缓冲空间，导致大量客流短时间内聚集在地铁安检设施处，形成大量排队，出现了局部高密度区域，这表明方案一中配置的安检设施通过能力难以满足到达客流需求。方案二中安检排队人数呈现波动趋势，而非累加趋势，表明配置的安检设施通过能力能够满足到达客流的通过需求。

6.2.3 地铁换乘站站台选型评估仿真

某城市的环西文化广场站规划为地铁1号线(下称M1)和2号线(下称M2)的换乘车站,车站的设计方案在站台形式选择上存在两种思路。方案一为岛侧式方案,此方案车站地下一层为共用站厅层,地下2层为M1的侧式站台层,地下3层为M2的岛式站台层。方案二为岛岛式方案,此方案车站地下一层为共用站厅层,地下2层为M1的岛式站台层,地下3层为M2的岛式站台层。两个方案的仿真平均密度分布图如图6-2-19所示。根据仿真结果,分别从站厅和站台服务水平、换乘效率和舒适度、客流流线顺畅性等角度对比分析方案一和方案二的优缺点。

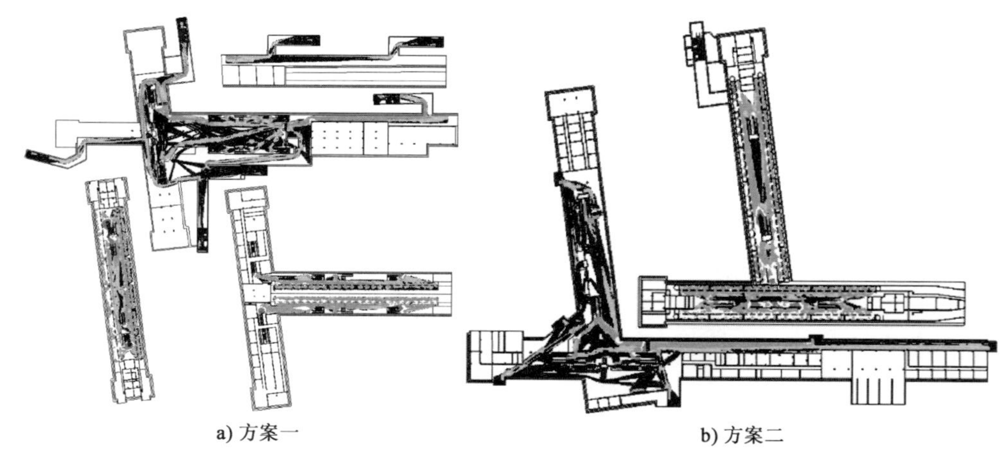

图6-2-19 两个方案的平均密度分布对比

在站厅和站台服务水平方面,仿真数据显示,方案一和方案二的站厅层付费区、非付费区以及站台层的服务水平均较高,且对比无明显差异。其中方案一的付费区平均密度在D级服务水平以下占比4%,非付费区平均密度在D级服务水平以下占比2%;方案二的站厅付费区和非付费区平均密度在D级服务水平以下占比5%。

在换乘效率和舒适度方面,方案一需要经过站厅实现双向换乘,平均换乘距离为132m,平均换乘时间为1min58s;方案二可直接通过站台的楼扶梯实现双向换乘,不需要途经站厅,平均换乘距离为80m,平均换乘时间1min。对比可知,方案二的换乘距离和换乘时间均优于方案一。但是方案二的同台双向换乘容易导致较低的服务水平,高峰小时冲突严重,如客流增长迅速需要通过站厅进行辅助换乘,如图6-2-20所示。

在流线组织方面,方案一的客流流线有5个冲突点,包括站厅层付费区1个,M1站台层2个,M2站台层2个;方案二的客流流线有6个冲突点,包括站厅层付费区2个,M1站台层2个,M2站台层2个。在流线冲突个数方面,方案一优于方案二。

通过对比分析,两个方案的优缺点如表6-2-3所示。

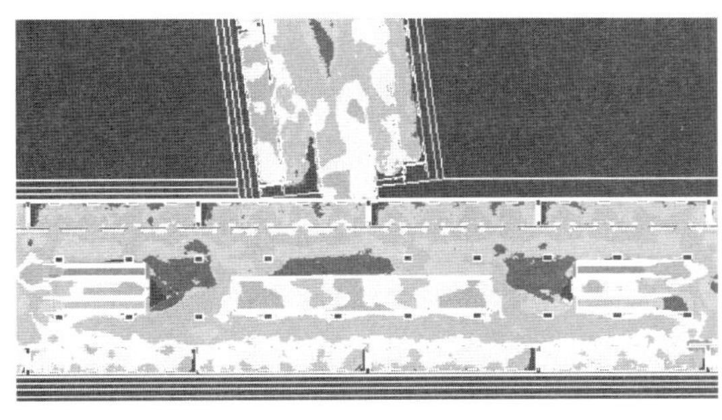

a) 平均密度分布图

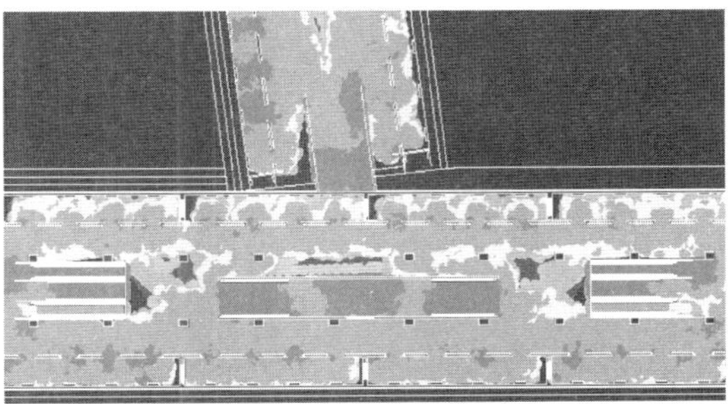

b) 最大密度分布图

图 6-2-20 方案二的换乘楼梯密度分布图

两个方案优缺点比较 表 6-2-3

项目	方案一:岛侧式方案	方案二:岛岛式方案
优点	1. 车站整体服务水平较高; 2. 所有的流线基本能实现扶梯上下,服务水平高; 3. 双向换乘客流流线分开,不容易形成客流冲突点; 4. 换乘方式具有较大适应性,适合更大的换乘客流	1. 车站整体服务水平较高; 2. 通过楼梯实现双向换乘,平均换乘距离约为80m,换乘距离短
缺点	1. 换乘流线复杂,不熟悉的乘客易换错方向; 2. 平均换乘距离 132m,较方案二平均换乘距离长 52m	1. 双向在同一楼梯换乘,流线冲突严重,高峰时拥堵严重; 2. 换乘楼梯设置在 M2 的端部,M1 换乘 M2 的客流分布不均匀

通过上述对比,方案二换乘距离短,换乘功能较好。但双向换乘客流共用一组楼梯,对向客流冲突交织严重,换乘服务水平较低,在高峰时段造成换乘客流拥堵。而方案一双向换乘客流流线分开,换乘流线可灵活组织,服务水平高,能满足远期高峰小时客流需求。

6.3 地铁换乘站运营客流组织仿真优化

地铁车站运营组织方案的制订和优化,均可采用仿真方式对其合理性进行评估。对车站运营方案的仿真评估,可归纳为两类:①对运营组织方案的整体评估,侧重于对运营方案的整体评估,查找能力瓶颈,分析拥堵成因,并为方案改善提供建议;②对运营设施配置能力的评估,侧重于对增加和改进运营设施(通道、楼梯、扶梯、闸机、安检设施等)能力的优化方案进行仿真评估。以下分别选取两类运营方案仿真评估典型案例展开说明。

6.3.1 地铁换乘站运营流线组织仿真分析

1)背景介绍

某城市地铁线网目前由 1、2 号线(下称 M1、M2)组成,在青年大街交汇形成换乘站。该站换乘客流增长迅速,日均换乘客流达 17.2 万人次,客流规模和增速大大超过预测量,如图 6-3-1 所示。车站客流接近饱和状态,导致换乘通道能力不足、候车排队拥挤等问题突出，亟需对该站的客流管理和拥堵瓶颈进行分析，给出优化改造和分阶段实施建议。

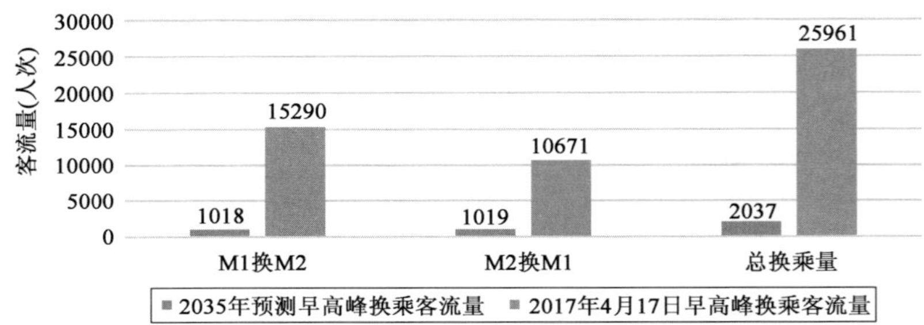

图 6-3-1　青年大街站现状高峰时段客流量和预测客流量对比

青年大街站为岛侧式换乘站，其中 M2 采用侧式站台，M1 为岛式站台。车站地下共分两层，地下一层为共用站厅层及 M2 站台层，地下二层为 M1 站台层。车站在四个方位分别设置了 4 处进出口。现状客流组织方案如下：

进出站客流：进站客流通过各个出入口进入地铁，依次通过购票、安检、闸机检票、站厅楼梯下至站台层。出站客流反之。

M1 换乘 M2 客流：M1 换乘 M2 西侧站台采用 M1 站台西侧的换乘楼梯进行换乘；M1 换乘 M2 东侧站台采用 M1 站台东侧的换乘楼梯进行换乘。

M2 换乘 M1 客流：M2 西侧站台换乘 M1 通过换乘通道进入西侧站厅，并通过下行楼扶梯进入 M1 站台；M2 东侧站台通过东侧换乘通道进入东侧站厅，并通过东侧下行楼扶梯进入 M1 站台。

客流流线具体如图 6-3-2 所示。

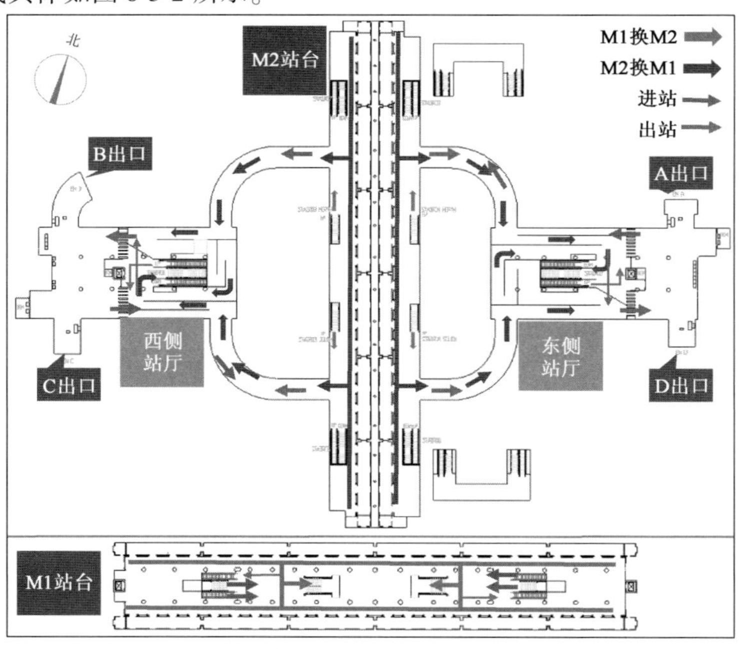

图 6-3-2　青年大街站客流组织流线示意图

2）仿真数据及建模

（1）现状客流 OD 数据

选择 2017 年 4 月 17 日早上 8:00—9:00 的 M1 和 M2 票卡数据进行客流统计分析，得到现状客流 OD，如表 6-3-1 所示。

青年大街站现状早高峰客流 OD 数据表（单位：人次） 表 6-3-1

	A 出口	B 出口	C 出口	D 出口	M1 上行	M1 下行	M2 上行	M2 下行
A 入口					156	262	226	252
B 入口					94	158	136	152
C 入口					94	158	136	152
D 入口					156	262	226	252
M1 上行	574	367	367	574			5991	5408
M1 下行	192	123	123	192			1408	2482
M2 上行	319	204	204	319	1843	3384		
M2 下行	386	247	247	386	1830	3613		

（2）车辆编组及运行交路

目前，M1 和 M2 均采用 B 型车 6 节编组，M1 早高峰行车间隔为 4min15s，M2 早高峰行车间隔为 4min40s。M1 及 M2 早高峰 8:00—9:00 各方向的列车到站时刻表如表 6-3-2 所示，其中 M1 早高峰发车 14 对，M2 早高峰发车 11 对。从表 6-3-2 可看出，目前运营部门对 M1 及 M2 上下行列车采用错峰达到方式，一定程度上缓解了换乘客流的压力。

青年大街站各方向列车到站时刻 表 6-3-2

序号	列车到站时刻			
	M1 上行	M1 下行	M2 上行	M2 下行
1	07:59:48	08:02:57	08:01:53	08:00:52
2	08:04:03	08:07:12	08:06:33	08:06:25
3	08:08:18	08:11:27	08:11:34	08:12:10
4	08:12:33	08:15:42	08:17:07	08:17:55
5	08:16:48	08:19:57	08:22:40	08:23:40
6	08:21:03	08:24:12	08:28:13	08:29:13
7	08:25:18	08:28:27	08:33:46	08:34:46
8	08:29:33	08:32:42	08:39:19	08:40:19
9	08:33:48	08:36:57	08:44:52	08:45:52
10	08:38:03	08:41:12	08:50:25	08:51:25
11	08:42:18	08:45:27	08:55:58	08:56:58
12	08:46:33	08:49:42	09:01:31	09:02:31
13	08:51:02	08:53:57		
14	08:55:31	08:58:12		
15	09:00:00	09:02:27		

(3)仿真建模

根据车站现状客流组织方案,对车站设施设备(出入口、楼扶梯、安检设施、售票机、闸机等)、模型控制区域(站台等候区)以及客流流线组织进行建模,搭建现状早高峰车站行人交通仿真工程分析模型,如图6-3-3所示。

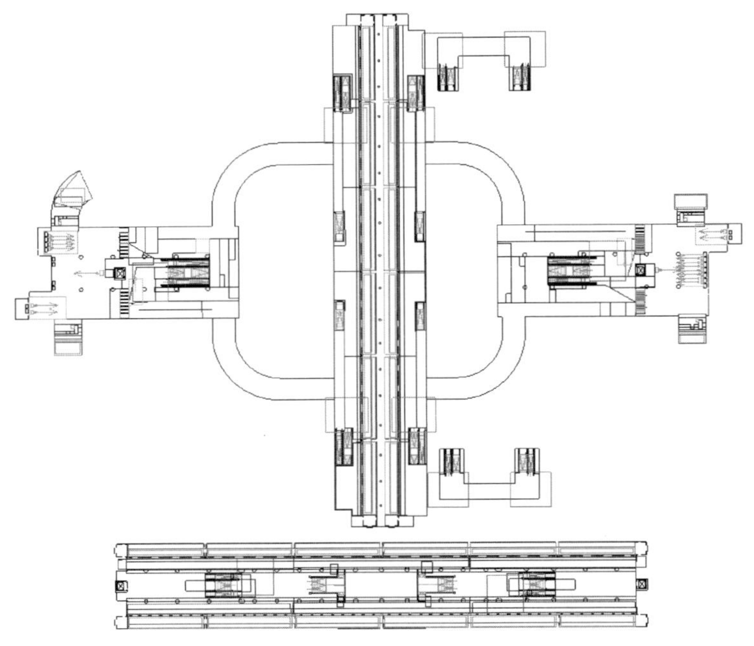

图6-3-3 青年大街站仿真工程模型

3)仿真分析

采用仿真工程模型对现状早高峰时段(8:00—9:00)的客流情况进行模拟,仿真结果以图表、视频等形式表现,并结合仿真统计数据,对车站总体情况和关键区域进行定性和定量分析,为车站改造提出指导性的建议。图6-3-4和图6-3-5分别为车站整体瓶颈平均密度分布图和高密度持续时间分布图。

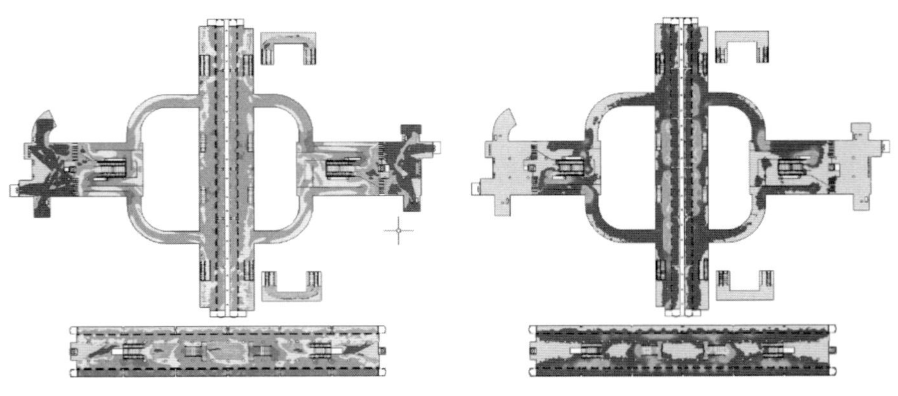

图6-3-4 车站整体平均密度分布图　　图6-3-5 车站高密度持续时间分布图

(1)车站总体情况分析

从站台和站厅的密度分布图可以看出,车站总体呈现非付费区客流密度下,付费区客流密度大,站台等候区尤为拥挤的特点。其中,站厅非付费区及出入口的整体客流密度为0.8 人/m^2,客流密度较小,服务水平较高;站厅付费区客流密度较大,整体客流平均密度为1.44 人/m^2,最大客流密度达2.45 人/m^2,处于E级服务水平;M1站台的四部换乘楼扶梯和M2站台中部乘降区为车站的瓶颈区域,服务水平为F级,并且高密度持续时间均超过10min以上。

(2)站厅关键区域分析

从站厅的平均密度分布图(图6-3-6)可以看出,站厅的非付费区和付费区客流密度区别明显:非付费区整体客流密度小,服务水平较高;而付费区的整体客流密度大,服务水平较低。其原因在于该站高峰时段以换乘客流为主(换乘比例达90%),M2换乘M1客流需经站厅付费区,导致付费区整体客流密度大。站厅付费区与非付费区面积比约1.5∶1,而客流密度比为5.5∶1,二者相差较大,可以考虑通过合理放置围栏适当扩大付费区的面积。

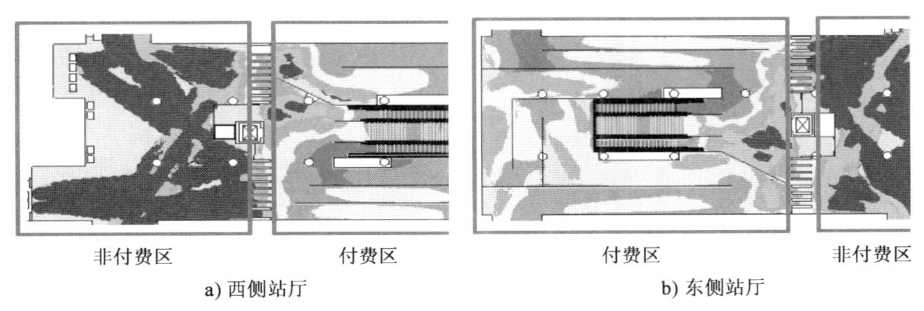

图6-3-6 站厅层平均密度最大的区域示意图

付费区内的楼扶梯以及部分拐角处为站厅的瓶颈区域,该处服务水平为F级,以下行扶梯及其排队区域和其侧前方立柱与围栏之间的狭窄区域尤为突出,由此可推断楼扶梯是站厅换乘客流通过的能力瓶颈点。

(3)站台容纳能力分析

站台区域为乘客乘车排队等候,或下车乘客疏散的区域。对站台的分析应关注两点:①整体站台的密度分布。通过密度分布情况分析站厅是否形成高密度聚居区域,辨识拥堵易发区域。②站台乘客聚集人数。站台客流到达具有周期性,若站台疏散设施能力不够,无法在一个周期内将到达客流疏散时,容易形成周期性到达客流的叠加,将会出现乘客累积滞留,导致站台层出现大量人员聚集,引起安全隐患。

站台的整体密度分布由图6-3-4可知,站台乘客聚集人数可通过仿真统计得到。表6-3-3为统计得出的站台最大聚集人数。通过对比分析M1和M2站台上下行方向的客流最大聚集人数及设计容纳人数,可发现M1站台乘降区处于过饱和状态,但高峰时上下行乘客可以共用站台等候区域,因此整体能力有一定富余;M2 站台为侧式站台,每个站台的客流已经接近饱和状态,没有多余可利用的空间,能力比较紧张。因此,高峰时段,需通过及时疏解 M2 站台下车及换出客流,并控制换入站台客流的速度,达到站台客流风险管控的目的。

站台拥挤区域饱和度 表 6-3-3

区　域	区域面积（m^2）	设计容纳人数（按 2 人/m^2）	最大聚集人数（人）	饱和度（%）
M1 上行方向站台(乘降区)	331.9	664	850	128.0
M1 下行方向站台(乘降区)	354.3	709	1000	141.0
M2 上行方向站台	664	1329	1250	94.1
M2 上行方向站台	664	1329	1450	109.1

注:最大聚集人数为到站乘客刚下车完毕的站台客流最大聚集人数,M2 统计区域范围为整个站台,M1 统计区域为站台的等候区域。

图 6-3-7 为 M1 站台客流平均密度和高密度持续时间分布图。由图 6-3-7a)可知,M1 站台的四组楼扶梯和上行(自西向东)方向乘降区的客流密度明显高出其他区域。图 6-3-7b)则表明,在上述高密度区域中,中间两组换乘楼扶梯的高密度持续时间较长,乘降区的高密度持续时间并不明显。结合表 6-3-1 中 OD 数据可推知,M1 上行方向的下车客流非常大,且主要为换乘客流,导致列车到站后会在 M1 上行方向乘降区内聚集大量乘客。该股下车客流会较快流动至换乘楼扶梯处,由于换乘楼扶梯能力不足,难以较短时间内进行疏解,使得楼扶梯区域聚集了大量乘客,且拥堵会持续较长时间(大于 10min)。相应地,在 M2 站台上的 M1 换 M2 换乘楼扶梯处高密度拥挤也会持续较长时间,且由于处于换乘路线的下游,其拥堵持续时间较 M1 站台换乘楼扶梯处的拥堵持续时间更长,大于 13min,如图 6-3-8 所示。同时,由于就近习惯,上述换乘客流会选取 M2 站台上换乘楼扶梯就近的乘降区排队候车,使得靠近换乘楼扶梯的乘降区高密度持续时间也较长。

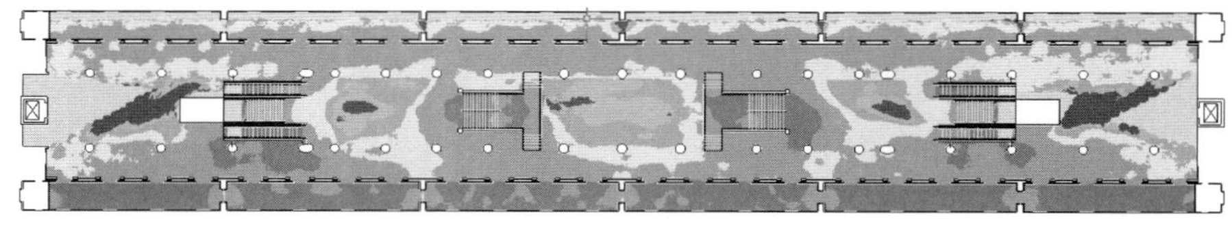

a)平均密度分布图

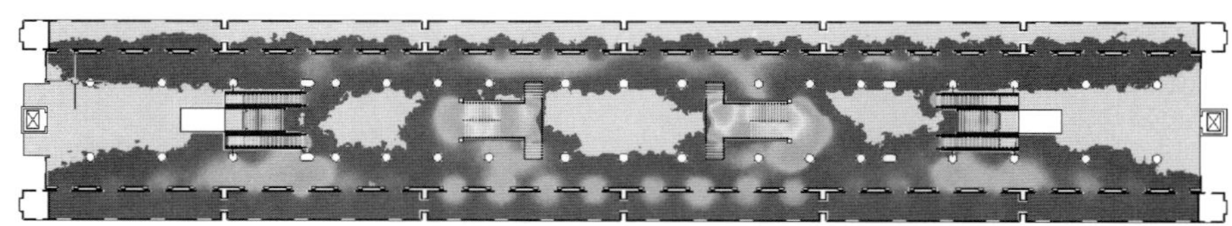

b)高密度持续时间

图 6-3-7　青年大街站 M1 站台平均密度分布图和高密度持续时间

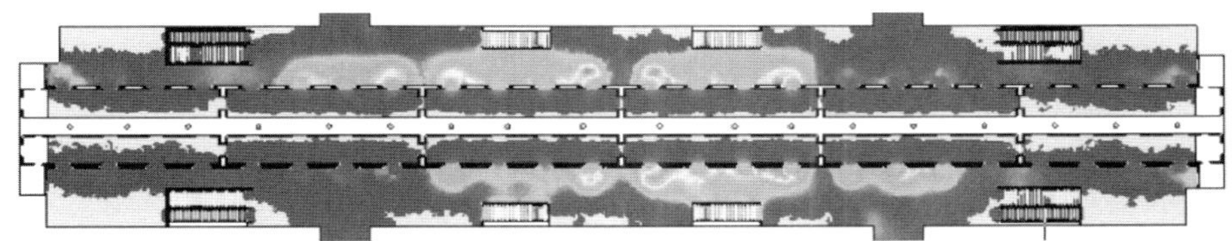

图 6-3-8 青年大街站 M2 站台高密度持续时间分布图

(4)换乘设施能力分析

统计各向换乘通道的实际通过客流量和乘客通过时间,对换乘通道和楼扶梯能力饱和度进行分析,如表 6-3-4 所示。

青年大街站换乘通道及楼扶梯能力分析 表 6-3-4

换乘路径	通道宽度(m)	设计通过能力(人次)	实际通过能力(人次)	饱和度(%)	客流疏解时间
M1 换乘通道	5	20000	3797	19	30s
M2 换乘通道	5	20000	3461	17.3	30s
3 号换乘通道	5	20000	3461	17.3	30s
4 号换乘通道	5	20000	3797	19	30s
站厅西侧楼扶梯	楼梯 2.2	7040	4192	59.5	2min
	下行扶梯 1	6000	1796	29.9	2min
站厅东侧楼扶梯	楼梯 2.2	7040	3218	46.2	2min
	下行扶梯 1	6000	2964	49.4	2min
M1 换乘 M2 西侧换乘楼梯	3.4	12580	6825	54.3	1min50s
M1 换乘 M2 东侧换乘楼梯	3.4	12580	6756	53.7	2min10s

由表 6-3-4 可知,该站的换乘设施总体能力能够满足高峰客流的需求,楼扶梯的平均能力饱和度基本达到 50% 左右。其中换乘通道的能力利用率较低,平均在 20% 以下;四个换乘通道的客流疏解时间较快,平均在 30s 左右;但楼扶梯的疏解时间都在 2min 左右,而且存在一定的排队现象;由此可以推断目前车站换乘能力的瓶颈点主要在换乘楼扶梯,这与仿真分析结果一致。

(5)车站拥堵成因分析

根据上述分析,判断该车站现状拥堵主因在于换乘客流量过大,远超设计阶段预测规模。如表 6-3-5 所示,该站现状早高峰换乘量为 2.6 万人,其中 M1 换 M2 的客流高达1.53 万人,是预测客流规模的 15 倍;M2 换 M1 的客流量也是预测客流规模的 10 倍左右。这使得设计能力远无法满足现状客流需求,导致目前站台及设施设备能力紧张局面。

另外,该车站的设计能力以高峰每小时 30 对列车的发车间隔为依据进行计算的。但目前受信号系统等因素制约,早高峰 M1 实际发车 14 对,M2 发车 11 对,列车发车间隔较大,高峰期运力比较紧张,从而导致站台乘客滞留时间较长的问题。

M1 青年大街站换乘客流量预测表(单位:人次)　　表 6-3-5

时　段	2035 年预测客流量		实际客流量(2017 年 4 月 17 日)	
	M1 换乘 M2	M2 换乘 M1	M1 换乘 M2	M2 换乘 M1
全日	12459	12458	86029	86214
早高峰	1018	1019	15290	10671

(6)改造优化建议

针对上述问题和分析结果,提出以下三种车站改造思路。

方案一:改进列车开行方案:将 M1、M2 的发车间隔缩短至 3min(发车密度增加为 20 对/h)。在此基础上,将上下行列车到站时间错开至 1min30s。

方案二:改进车站设施和结构:包括增加 M2 侧式站台宽度 2m,东西站厅各增加一组扶梯,将换乘楼梯改为换乘扶梯。

方案三:方案一和方案二相结合。

为此,对三种方案进行建模并仿真。以下给出三种方案的车站整体平均密度分布图(图 6-3-9),以及不同方案下车站各区域服务水平改善效果对比表(表 6-3-6)。

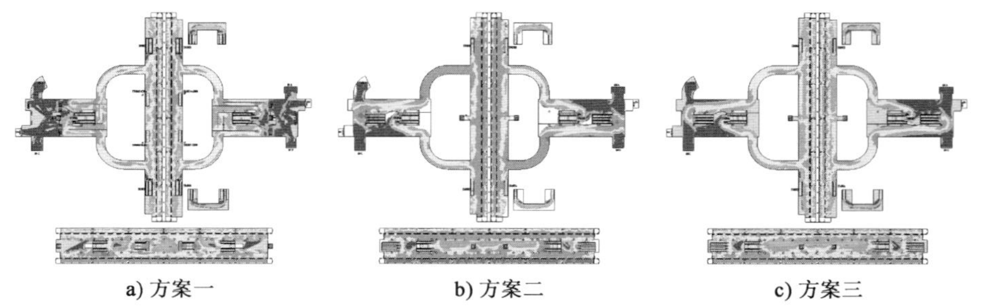

a) 方案一　　b) 方案二　　c) 方案三

图 6-3-9　各改善方案的车站整体平均密度分布图

改善方案对比现状的各区域服务水平提升比例(单位:%)　　表 6-3-6

车站区域	方案一	方案二	方案三
车站整体	19	5	24
M1 站台	11.50	-5	11.50
M2 站台	26.50	18	39
换乘楼扶梯	12	-3.50	10
换乘通道	18	6.30	26.50

由图 6-3-9 可看出,方案一显著提升了站厅的服务水平,但对车站的楼扶梯等瓶颈区域改善效果并不明显。具体地,M1 下行方向站台、M2 站台以及换乘通道的服务水平有较大改善,而 M1 上行站台、站厅楼扶梯以及 M1 换乘 M2 扶梯的服务水平提升变化不大。

方案二的改造,使得客流流线可采用逆时针单向循环的方式,充分利用了换乘通道的通过能力,能够保证通道 2、4 的服务水平有一定程度的降低,同时也可以消除换乘通道内客流对冲的风险。但整体效果并不明显,车站整体服务水平仅改善 5%。特别地,由于未对站厅内采取导流措施，导致新增的扶梯成为站厅的瓶颈点，仍然存在一定的客流风险，因此需要进一步优化站厅内的客流组织措施，以消除新增扶梯的安全隐患，改善楼扶梯瓶颈区域的服务水平。

方案三中，车站改造与增加发车频次措施叠加后车站整体服务水平得到十分显著的提升，提升比例达到了24%，效果优于方案一和方案二。但对于站厅内的楼扶梯而言，改善效果相对较弱。可以在车站土建改造的基础上进行运营组织优化，增加站厅内的导流围栏，合理优化换乘流线，降低瓶颈区域的客流风险。

由上述对比分析可知，对该车站的改造，近期可以不急于进行结构和土建设施的改造，而先采取运营组织优化的思路，提高发车频率，提高车站客流疏解能力。在此基础上，远期视客流增长情况而选择对瓶颈区域设施改造，并优化站厅空间内客流组织方案。

6.3.2 地铁换乘站增建换乘通道仿真分析

1）背景介绍

某城市的地铁2号线（下称M2）和4号线（下称M4）的换乘车站宣武门站启用于1971年，设计为普通车站，后于2009年M4开通运营时改造为“十”字形换乘车站。该车站由于建设年代较久，建设标准偏低，建设规模偏小，因此自M4开通至2013年12月期间，换乘客流由1.17万人次增长为1.74万人次，增长48.7%，导致换乘通道和M4站厅乘客大量积压。针对现状问题，工程改造提出了新增换乘通道的思路。为判断新增换乘通道后能否满足预测客流进出站及换乘需求，通过客流仿真分析方法对预测高峰时段的地铁站内乘客活动进行模拟，从而对改造方案的运行情况进行预判，在此基础上对新增换乘通道工程改造方案提供建议和帮助。

2）新增换乘通道改造方案

车站新增换乘通道改造方案有三种，如图6-3-10所示。

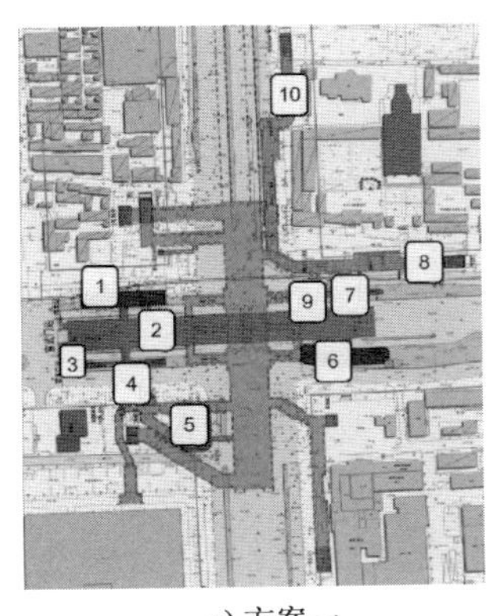

a）方案一

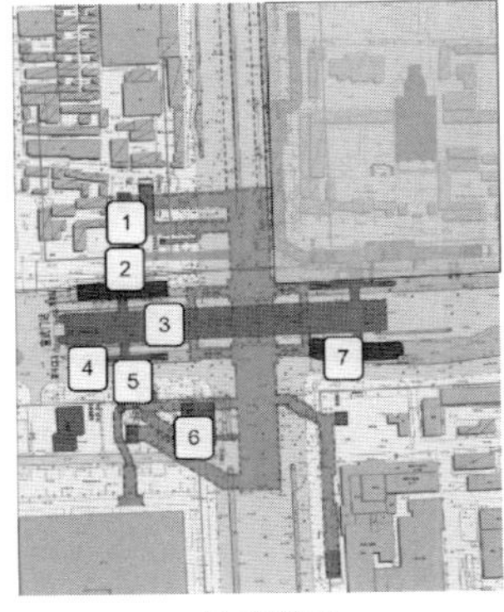

b）方案二

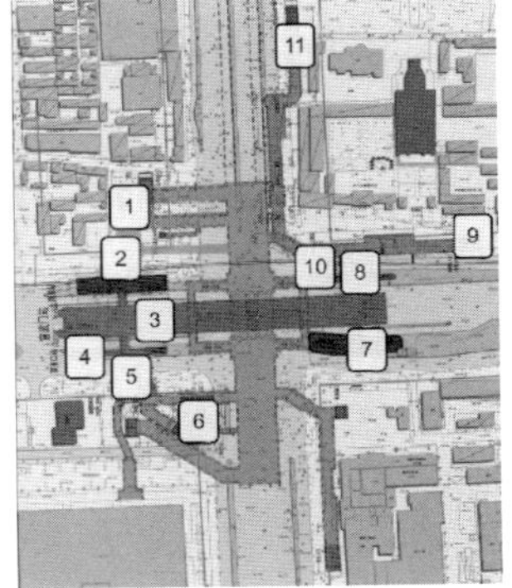

c）方案三

图6-3-10 车站新增换乘通道改造方案

方案一:主要新增东北、西南出入口及换乘通道,见图 6-3-10a)。具体改造方案包括:①新建地面售检票厅;②M2 原站厅取消;③M2 西南口关闭;④新建换乘通道;⑤新建地面售检票厅;⑥新建地面售检票厅;⑦新建换乘通道;⑧新建 M4 东北口东口;⑨M2 东北口关闭;⑩新建 M4 东北口北口。

方案二:主要新增西北、西南出入口及换乘通道,见图 6-3-10b)。具体改造方案包括:①新建地下售票厅;②新建换乘通道;③M2 原站厅取消;④M2 西南口关闭;⑤新建换乘通道;⑥新建地面售检票厅;⑦新建地面售检票厅。

方案三:主要新增东北、西北、西南出入口及换乘通道,见图 6-3-10c)。具体改造方案包括:①新建地面售检票厅;②新建换乘通道;③M2 原站厅取消;④M2 西南口关闭;⑤新建换乘通道;⑥新建地面售检票厅;⑦新建地面售检票厅;⑧新建换乘通道;⑨新建 M4 东北口东口;⑩M2 东北口关闭;⑪新建 M4 东北口北口。

3)预测客流 OD 分布矩阵

按照客流预测模型,考虑周边吸引客流潜力,地铁运力提升空间等因素,对 2030 年客流总量进行预测。预测到 2030 年时,M4 换 M2 高峰小时换乘量增加 18%,M2 换 M4 高峰小时换乘量将增加 15%。为保证地铁实际运行服务水平,仿真模型在预测总量基础上提升 120%,作为模型的客流总量。

针对三种改造方案,参照现状各出入口进出站客流比例,结合地铁站周边用地性质对预测客流量进行分配,给出了各个方案的客流 OD 分布矩阵,见表 6-3-7 ~ 表 6-3-9。

方案一客流 OD 分布矩阵(单位:人次)　　表 6-3-7

	A 口	E 口	东北口北口	东北口东口	C 口	G 口	H 口	M2 内环站台	M2 外环站台	M4 上行	M4 下行
A 口								276	450	14	11
E 口								7	11	45	77
东北口北口								68	112	57	98
东北口东口								76	124	66	113
C 口								604	985	12	16
G 口								24	21	221	376
H 口								342	559	131	222
M2 内环站台	402	13	177	173	871	22	411			1993	3393
M2 外环站台	172	5	76	74	373	7	176			854	1454
M4 上行	19	753	363	404	32	1133	999	4868	7943		
M4 下行	5	213	102	114	11	320	282	1373	2240		

方案二客流 OD 分布矩阵(单位:人次)　　表 6-3-8

	E 口	C 口	G 口	H 口	M2 内环站台	M2 外环站台	M4 上行	M4 下行
E 口					352	574	119	203
C 口					642	1047	13	17
G 口					22	26	258	439
H 口					373	608	145	247
M2 内环站台	462	1011	22	481			1993	3393
M2 外环站台	138	433	8	206			854	1454
M4 上行	987	37	1445	1202	4868	7943		
M4 下行	279	12	408	339	1373	2240		

方案三客流 OD 分布矩阵(单位:人次)　　表 6-3-9

	E 口	东北口北口	东北口东口	C 口	G 口	H 口	M2 内环站台	M2 外环站台	M4 上行	M4 下行
E 口							283	461	59	88
东北口北口							68	112	57	98
东北口东口							76	124	66	113
C 口							604	985	12	16
G 口							24	21	221	376
H 口							342	559	131	222
M2 内环站台	415	177	173	871	22	411			1993	3393
M2 外环站台	177	76	74	373	7	176			854	1454
M4 上行	872	363	404	32	1133	999	4868	7943		
M4 下行	218	102	114	11	320	282	1373	2240		

4)新增换乘通道方案仿真分析

从车站整体、换乘通道、M2 站厅和站台、M4 站厅和站台四个方面对各方案仿真结果进行对比分析。图 6-3-11 和图 6-3-12 分别为现状和三个方案整体密度分布图和各级服务水平分布比例图。

通过对比各方案和现状车站整体服务水平分布比例可知,三个方案均能够提升现状车站的整体服务水平,可有效改善原换乘通道内客流拥挤问题。新建换乘通道也可满足车站高峰换乘客流的承载能力。其中,方案三的车站整体改善效果最好,同时新增换乘通道内服务水平最高。

图 6-3-13、图 6-3-14 分别为方案一和方案二站台密度分布图、服务水平分布图。

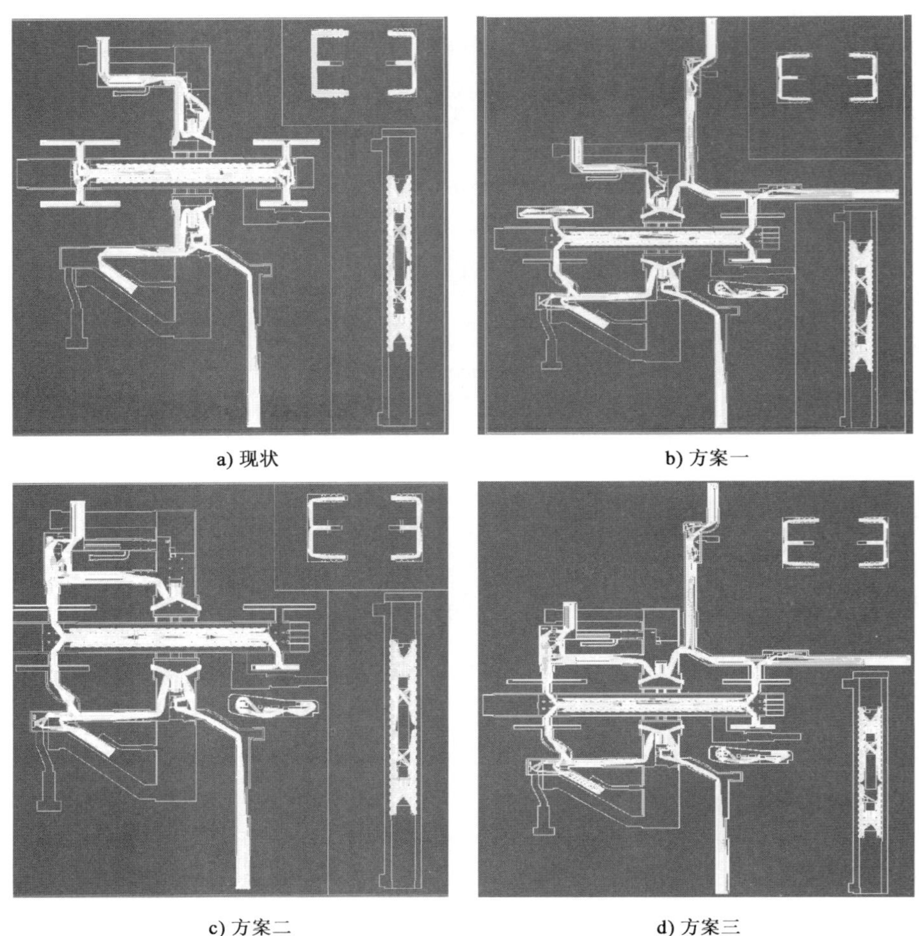

图 6-3-11 现状及三个方案整体密度图

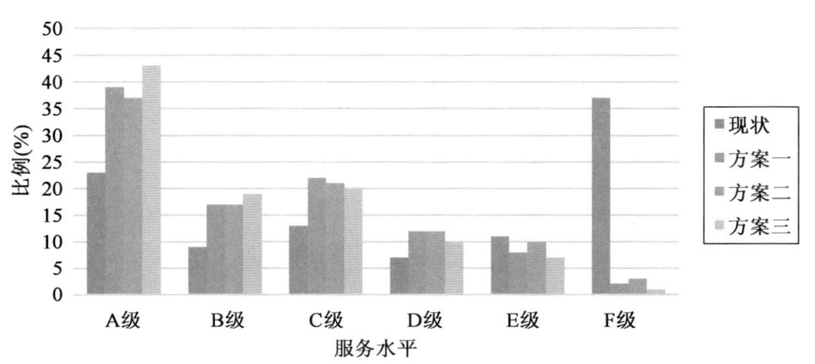

图 6-3-12 现状及三个方案服务水平分布图

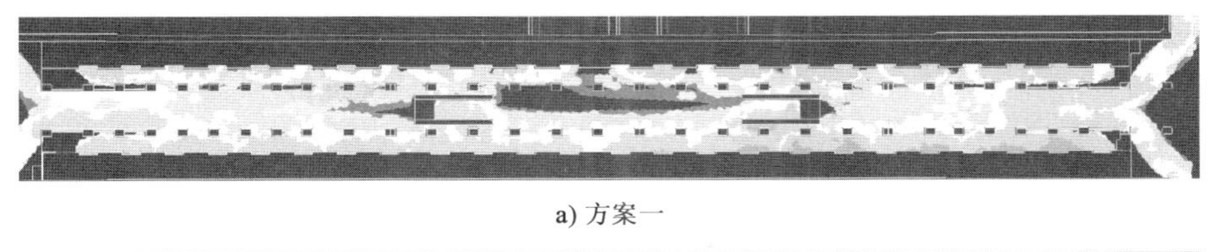

a) 方案一

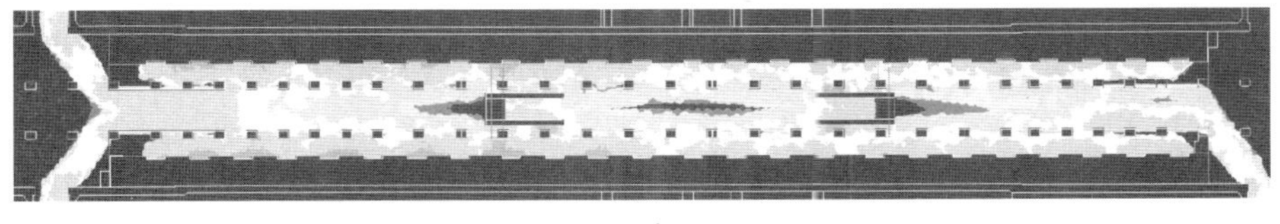

b) 方案二

图 6-3-13 方案一和方案二站台密度分布图

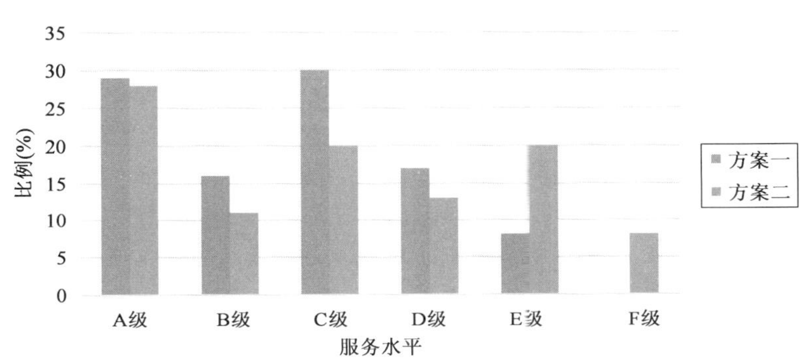

图 6-3-14 方案一和方案二的服务水平分布图

由图 6-3-13 可知,方案一和方案二相比,前者改善效果更为理想,主要表现在方案一可有效消除 M2 站台、站厅层的安全隐患,M2 换 M4 换乘通道能力有明显提升,站台层整体服务水平显著提高;而方案二中 M4 换 M2 的客流全都从西侧进入 2 号站台,西侧楼梯压力大。这也导致 M2 站台客流集中在西侧,站台客流有交织,存在安全隐患。

三个方案改善效果对比分析结果如表 6-3-10 所示。

三个方案改善效果对比分析　　表 6-3-10

项　　目	高密度时间持续比例(%)				高密度改善率(%)		
位置	现状	方案一	方案二	方案三	方案一	方案二	方案三
整体性	48	11	13	8	77.1	72.9	83.3
原换乘通道	86	1	1	1	98.8	98.8	98.8
新增换乘通道	—	26/26[①]	25/25	3/5/21	—	—	—
M2 站台、站厅层	40	8	28	6	80	30	85
M4 站台	28	19	20	18	32.1	28.6	35.7
M2 进出口条件	在机非分隔带存在安全隐患	不存在安全隐患	不存在安全隐患	不存在安全隐患	—	—	—
M4 进出口条件	东北口缺失	增加东北口	东北口缺失	增加东北口	—	—	—

注:①26/26 表示方案一中两个新增换乘通道各自的高密度时间持续比例,方案二和方案三类同。

通过上述对比分析可知,三个方案均能不同程度地改善现状地铁的整体服务水平,同时能较好解决换乘通道不足的问题,有效改善 M2 和 M4 站厅、站台的服务水平,减少拥堵瓶颈区域,能较好地满足运营要求。其中,方案三的改善效果最佳,新建换乘通道服务水平最高,同时增加了 M4 东北口,满足地铁设计人性化要求。

6.4 地铁换乘站大客流承载能力仿真分析

地铁突发大客流的冲击,对车站运营管理带来了较大安全隐患,需要借助仿真手段精准评估地铁车站的承载能力,以便针对突发大客流管理提出合理建议。地铁突发大客流包括常发性大客流和偶发性大客流。常发性大客流指早晚高峰期的客流,其突发时间、规模和影响程度均较易掌握,应对措施也较为成熟稳定。偶发性大客流最为常见的是大型活动客流和节假日大客流,其客流规模和影响程度均较难掌握和预知。因此,对偶发性大客流的仿真评估更显得尤为重要。以下分别对上述两类偶发性大客流下的车站能力仿真评估典型案例展开说明。

6.4.1 地铁换乘站大客流集散能力仿真分析

某城市的环球影城站是地铁 1 号线(下称 M1)和 7 号线(下称 M7)的终点站,位于环球影城入口,承担环球影城客流集散功能。通过对环球影城的客流预测,环球影城开园年(2020 年)设计日客流量为 7.5 万人次,建成年(2030 年)为 20.5 万人次,借鉴现有 4 个环球影城游客抵园和离开的时段和规模,预测开园年和建成年该站早晚高峰客流规模,如表 6-4-1 所示。

环球影城站早晚高峰客流预测(单位:人次)　　表 6-4-1

项目		设计日	高峰日	极高峰日
开园年	早高峰(26%)	19500	26260	29120
	晚高峰(35%)	26250	35350	39200
建成年	早高峰(26%)	53300	72020	79820
	晚高峰(29%)	59450	80330	89030

根据客流预测结果,对环球影城站的初设方案进行仿真评估,如图 6-4-1 所示。

通过仿真可直观发现,初设方案中该站的安检设施难以满足晚高峰大客流进站需求,导致安检前的游客广场形成大量排队和人群聚集,降低游客舒适度。

为此,改进初设方案,增加安检设施的数量,以及站厅至 M1 和 M7 站台的楼扶梯数量,改进设计方案如图 6-4-2 所示。

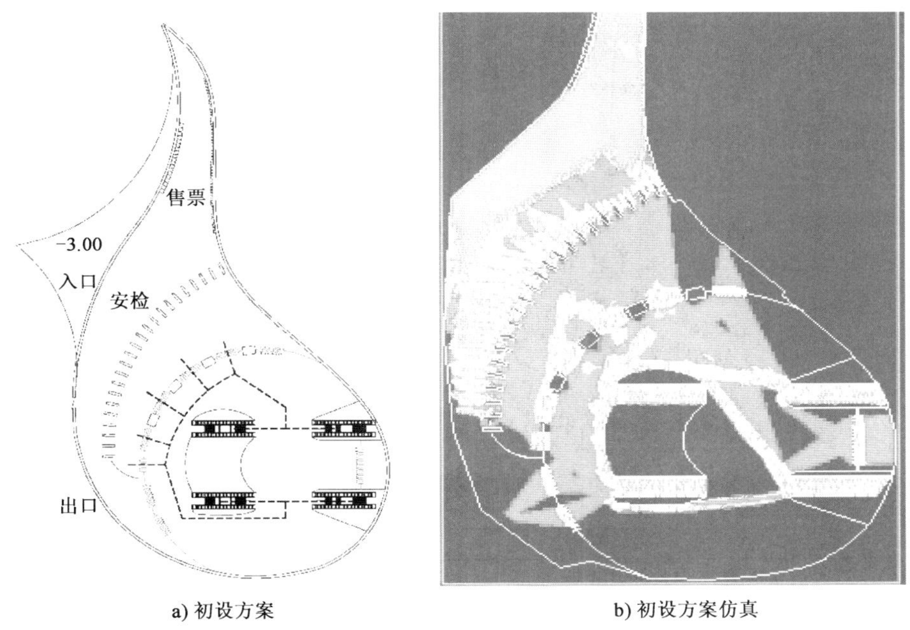

a) 初设方案　　　　　　　　　　b) 初设方案仿真

图 6-4-1　环球影城站初设方案及仿真密度分布图

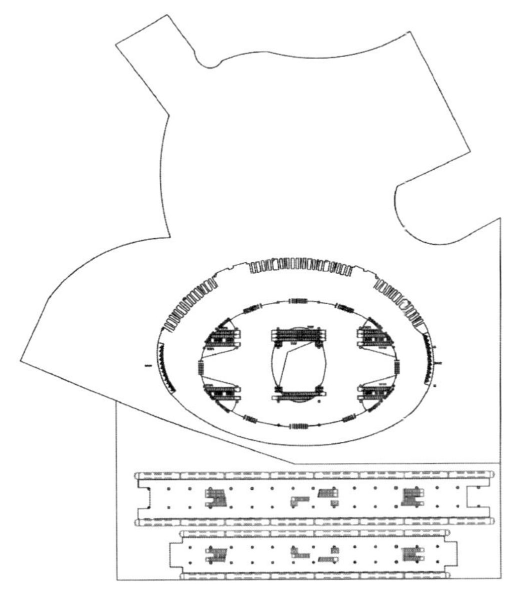

图 6-4-2　环球影城站改进方案示意图

采用早晚高峰客流对该方案进行仿真,其中,早高峰时段均为出站客流,晚高峰时段均为进站客流。仿真结果如图 6-4-3 所示。从站台和站亍的客流平均密度分布图可以看出,早晚高峰车站整体密度较低,服务水平较高,表明安检设施的增加以及相应楼扶梯数量的匹配能有效解决初设方案的问题。早高峰客流仿真结果显示,M7 和 M1 站台楼扶梯处虽然呈现较高的客流密度，但楼扶梯配置数量合理、能力充足，可有效疏解站台上周期性到达的下车客流，不存在区域性高密度持续的情况。

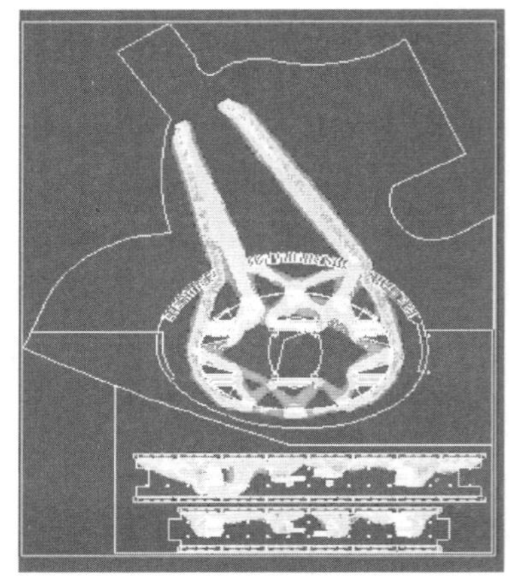

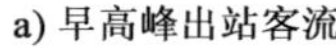
a) 早高峰出站客流

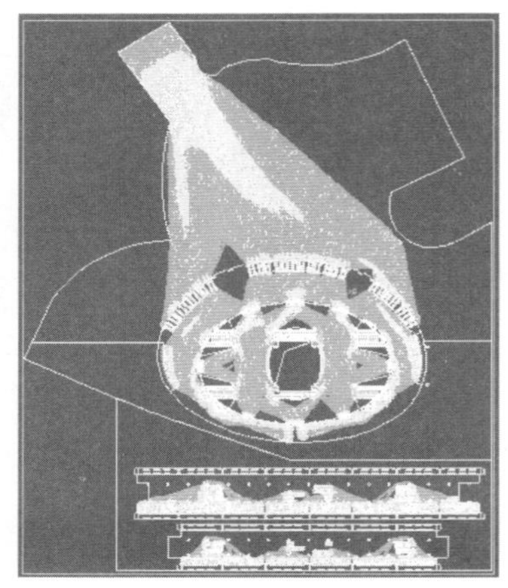
b) 晚高峰进站客流

图 6-4-3　早高峰整体平均密度分布图

6.4.2　地铁换乘站节假日客流承载能力分析

某市为旅游城市，其节假日的地铁客运量较平日增长约 38%。节假日客流增长对车站客流承载能力及客流组织提出了挑战，需要对节假日的客流量进行仿真，评估平日的车站客流组织方案能否适应节假日大客流。本书选择该市地铁广济南路换乘站，在现状车站客流组织方案基础上加载节假日大客流进行仿真，评估广济南路面向节假日大客流的承载能力，并与平日的客流仿真结果进行对比分析。

广济南路站是该市地铁 1 号线（下称 M1）和 2 号线（下称 M2）之间的换乘车站。车站分地下三层，其中地下一层为共用站厅层，地下 2 层为 M1 侧式站台，地下三层为 M2 岛式站台。本书选取 2016 年 5 月 1 日广济南路站的进站刷卡数据，并在此基础上将仿真客流量扩大至 120%，作为节假日仿真客流 OD 数据，如表 6-4-2 所示。由表可知，广济南路的客流以换乘客流为主，换乘客流占车站客流总量的 80% 以上。

广济南路站节假日客流 OD 表（单位：人次）　　表 6-4-2

	1 号口	2 号口	3 号口	4 号口	5 号口	6 号口	M1 上行	M1 下行	M2 上行	M2 下行
1 号口							41	109	49	32
2 号口							45	120	54	35
3 号口							51	137	62	40
4 号口							20	55	25	16
5 号口							31	82	37	24
6 号口							16	44	20	13

续上表

	1号口	2号口	3号口	4号口	5号口	6号口	M1上行	M1下行	M2上行	M2下行
M1上行	55	65	85	65	80	151			3063	1378
M1下行	40	48	62	48	59	110			2002	525
M2上行	33	40	52	40	49	91	168	528		
M2下行	41	49	64	49	60	112	1193	2121		

以平日OD客流和节假日OD客流数据为输入,对广济南路站运营组织方案进行仿真。图6-4-4和图6-4-5分别为平日和节假日车站平均密度分布图以及关键区域服务水平分布图。

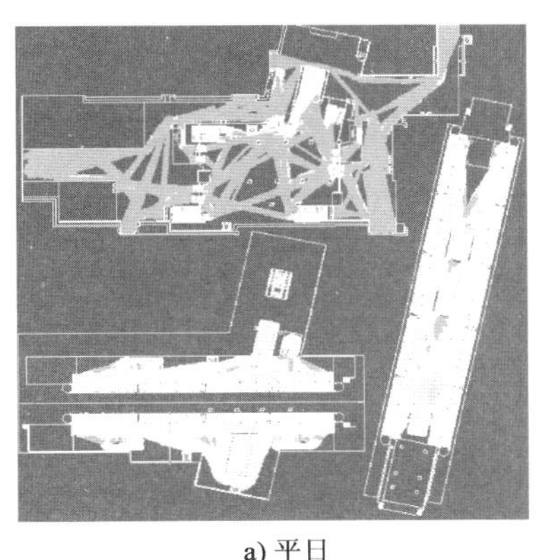

a)平日　　b)节假日

图6-4-4 平日和节假日车站平均密度分布图

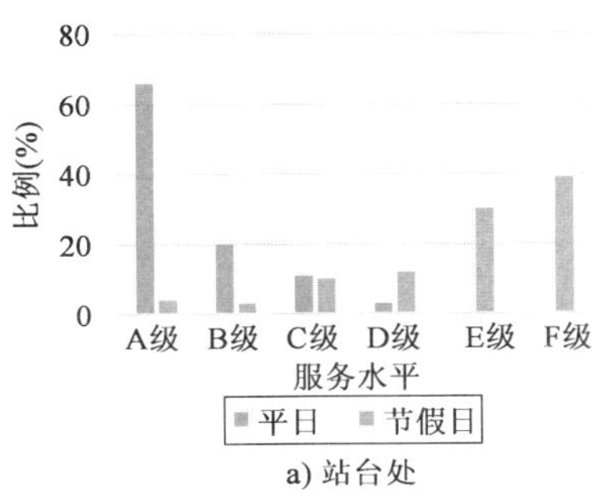

a)站台处

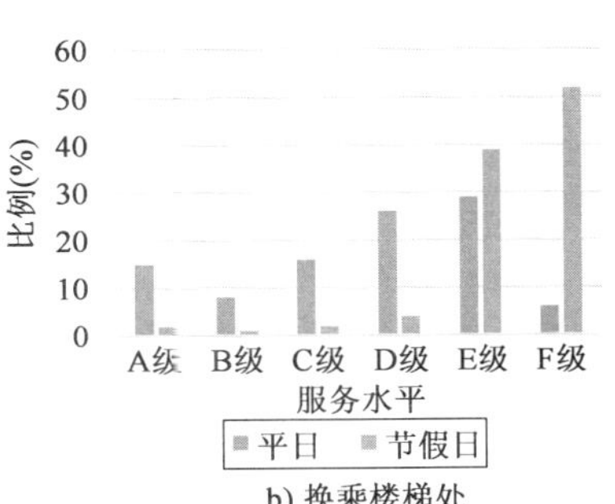

b)换乘楼梯处

图6-4-5 广济南路平日和节假日关键区域服务水平分布图

由图6-4-4和图6-4-5可知,车站平日和节假日的整体客流服务水平均较高,但节假日高峰期间换乘客流量大,服务水平较平日差。平日车站客流密度最大区域为M1木渎方向换M2的换乘楼梯处客流平均密度较大,节假日高密度区域则扩大至M1上下行换乘楼扶梯,以及M2站台处。其中,M1木渎方向站台区域D级以下服务水平占比69%,同时存在上行和下行楼梯口处客流的交叉干扰,需加强疏导或采用隔离设施。在换乘楼梯区域平日客流密度和节假日客流密度也存在较大差异。节假日M1和M2换乘方向的楼扶梯长时间客流密度大，同时存在比较长的客流排队现象，高密度持续时间长，这在平日尚未出现。尤其 M1 木渎方向与 M2 换乘方向客流排队较长，且与上行客流有交叉冲突，需要针对节假日客流规模制定单独的客流组织方案。

6.5 本章小结

本章介绍了针对地铁车站行人交通仿真的工程实施流程，并着重讲述了流程中数据收集与处理、仿真建模、分析评价的工作内容。在此基础上，介绍了面向不同需求和特征的仿真工程案例，详细展示了行人交通仿真工程在车站设计、运营阶段不同需求的仿真建模及分析思路，以供参考。

本章参考文献

[1] 徐瑞华，罗钦，高鹏. 基于多路径的城市轨道交通网络客流分布模型及算法研究[J]. 铁道学报，2009，31(02)：110-114.

[2] 杨甲，罗钦，徐瑞华. 城市轨道交通网络清分方法研究[J]. 城市轨道交通研究，2009，12(05)：22-25.

[3] Johansson A，Helbing D，Shukla P K. Specification of the social force pedestrian model by evolutionary adjustment to video tracking data[J]. Advances in Complex Systems，2007，10(02)：271-288.

[4] Fruin J J. Designing for pedestrians：A level of service concept[J]. Highway Research Record，1971，355(12)：1-15.

《中国共产党北京市组织史资料丛书》编纂机构

《中国共产党北京市组织史资料·普通高等学校卷》（1949—2010）编纂委员会

主　任：赵凤桐

副主任：姜沛民　刘　建

成　员：线联平　王民忠　唐立军

编委会办公室

主　任：刘　勇

副主任：陈江华　张　健

编写组

组　长：罗维忠

副组长：李致和

成　员：曹晓愉　李东明　向良喜　杜　娟

《中国共产党北京市组织史资料丛书》

前　言

为纪念中国共产党成立90周年，全面总结北京市党组织建设的历史成就和实践经验，深入研究探索党的建设规律和执政规律，以改革创新精神推动党的建设新的伟大工程，中共北京市委决定，进行《中国共产党北京市组织史资料丛书》编纂工作。2009年12月，市委办公厅下发了《关于做好〈中国共产党北京市组织史资料丛书〉编纂工作的通知》。

《中国共产党北京市组织史资料丛书》编纂工作坚持以邓小平理论和“三个代表”重要思想为指导，深入贯彻落实科学发展观及党的十七大精神；坚持党的实事求是的思想路线和“广征、核准、精编、严审”的编辑方针，全面、系统、客观记述北京市党组织建设的发展历程和实践经验；立足于促进首都科学发展，服务“人文北京、科技北京、绿色北京”建设，发挥“存史、资政、育人”的功能。

丛书包括《中国共产党北京市组织史资料（1987—2010）》、企业卷、普通高等学校卷和各区县卷，共计21卷。

《中国共产党北京市组织史资料（1987—2010）》是《中国共产党北京市组织史资料（1921—1987）》的续编，收录北京市级党组织、市人大、市政府、市政协、市法院、市检察院、北京卫戍区、武警北京市总队、市级群众团体的资料，并选取收录部分在国内外影响较大，有鲜明首都特色和时代印记的临时机构。入编时间由1987年10月至2010年12

月。企业卷收录北京市属企业单位、市管干部的资料，入编时间由1949年新中国成立至2010年12月。普通高等学校卷收录北京市普通高等学校、校级干部的资料，入编时间由1949年新中国成立至2010年12月。各区县组织史资料独立成卷，入编时间由1987年10月至2010年12月，按照党组织、人大、政府、政协、法院、检察院、地方武装、群众团体等分篇，每篇再按照阶段划分为若干章节。《中国共产党北京市组织史资料（1987—2010）》党组织系统以历次市党代表大会为标志分为五个阶段，其他系统参照上述原则划分阶段；入编机构为各系统副局级以上机构，入编人员为北京市市级领导干部、由北京市任命和管理的副局级以上领导干部；任免职时间以市委、市人大、市政府、市政协任免职文件为准；实行代表大会制选举的，以选举通过时间为准；历次市党代表大会选举产生的市委委员单列。

企业卷、普通高等学校卷和各区县卷的入编范围及编写体例分别由市国资委、市委教育工委、各区县委参照《中国共产党北京市组织史资料丛书》编纂方案有关要求，形成各自的编写方案，经市委组织史资料丛书编纂委员会同意后，分别组织实施。

编纂《中国共产党北京市组织史资料丛书》，自始至终得到市委、市委党建工作领导小组和各级党委的重视，及时提出指导性意见。丛书出版被列入北京市纪念建党90周年党建工作重点项目。各系统、部门、单位党委（党组）将这项工作列入日程，领导全程参与、亲自把关，选配得力人员组成编纂队伍。市、区县财政经费及时到位，保证了工作的顺利进行。

丛书编纂工作从2010年春启动，2011年7月前，公开出版《中国共产党北京市组织史资料（1987—2010）》、普通高等学校卷及各区县卷共20卷。

为使编纂工作扎实有序地推进、优质高效地完成，市委决定成立中共北京市组织史资料编纂委员会，市委常委、组织部部长吕锡文任主任，市委组织部常务副部长史绍洁，市委党史研究室主任谢荫明，市档案局（馆）党组书记、局（馆）长陈乐人，市国资委党委书记、主任周毓秋，市委教育工委常务副书记刘建任副主任。市委办公厅、市人大办公厅、市政府办公厅、市政协办公厅、市委宣传部、市委统战部、市委农工委、北京卫戍区、武警北京市总队、市总工会、团市委、市妇联、市编办、市财政局、市党建研究所党委（党组）负责人和各区县委书记任委员。

丛书编纂是一项包含内容多、跨越时间长、参与单位多的系统工程，更是一项政治因素重、标准要求严、业务属性强、编纂时间紧的任务。在进行这一工作的过程中，各参与单位与人员发扬团结一致、互相协作的团队精神，以求实的工作态度、昂扬的精神状态、扎实的工作作风、细致辛勤的劳动，投身于资料的征集、核实、编纂、审核之中，最终按时出版了这套高质量的《中国共产党北京市组织史资料丛书》。丛书的出版是市委、市人大、市政府、市政协和全市各部门、各单位党委、各区县党委、北京卫戍区、武警北京市总队和市总工会、团市委、市妇联等群众团体、各级组织部门、党史部门、档案部门共同协作的成果，是各级组织积极支持、层层把关的结果。在此，向所有这些部门和同志表示深深的谢意！

谨以此丛书纪念中国共产党90周年诞辰！

编　者

二〇一一年六月

《中国共产党北京市组织史资料丛书》

总　目

中国共产党北京市组织史资料（1987—2010）
中国共产党北京市组织史资料·企业卷（1949—2010）
中国共产党北京市组织史资料·普通高等学校卷（1949—2010）
中国共产党北京市组织史资料·东城卷（1987—2010）
中国共产党北京市组织史资料·西城卷（1987—2010）
中国共产党北京市组织史资料·崇文卷（1987—2010）
中国共产党北京市组织史资料·宣武卷（1987—2010）
中国共产党北京市组织史资料·朝阳卷（1987—2010）
中国共产党北京市组织史资料·海淀卷（1987—2010）
中国共产党北京市组织史资料·丰台卷（1987—2010）
中国共产党北京市组织史资料·石景山卷（1987—2010）
中国共产党北京市组织史资料·门头沟卷（1987—2010）
中国共产党北京市组织史资料·房山卷（1987—2010）
中国共产党北京市组织史资料·通州卷（1987—2010）
中国共产党北京市组织史资料·顺义卷（1987—2010）
中国共产党北京市组织史资料·昌平卷（1987—2010）
中国共产党北京市组织史资料·大兴卷（1987—2010）
中国共产党北京市组织史资料·平谷卷（1987—2010）
中国共产党北京市组织史资料·怀柔卷（1987—2010）
中国共产党北京市组织史资料·密云卷（1987—2010）
中国共产党北京市组织史资料·延庆卷（1987—2010）

《中国共产党北京市组织史资料·普通高等学校卷》（1949—2010）编辑说明

一、《中国共产党北京市组织史资料·普通高等学校卷》（1949—2010）（简称《普通高校卷》），是根据中共北京市委办公厅《关于做好〈中国共产党北京市组织史资料丛书〉编纂工作的通知》精神和《中国共产党北京市组织史资料丛书》编纂委员会制定的《中国共产党北京市组织史资料丛书编纂方案》，以及中共北京市委教育工作委员会关于《普通高等学校卷》的编纂方案，在《中国共产党北京市组织史资料丛书》编纂委员会和中共北京市委教育工作委员会《普通高等学校卷》编纂委员会领导下，按照“广征、核准、精编、严审”的工作方针，结合北京普通高等学校的实际情况编纂的。

二、本卷收编范围，从1949年10月至2010年12月，党的组织关系隶属于中共北京市委、日常工作由市委教育工作部门管理的北京地区普通高等学校（不含成人高等学校、民办高等学校及其他高等教育机构）的副局级以上机构及其副局级以上实职领导干部的领导人名录、普通高等学校的历史沿革及党组织、党员等统计资料。

高等学校建校初期，停办或撤销的高等学校复校时，外迁高等学校回迁北京时，中国共产党第九次全国代表大会后高等学校党组织恢复时，学校的领导小组或筹备小组、党的领导小组或核心小组等负责人，此次列入收编范围。20世纪60—70年代“文化大革命”时期，高等学校革命委员会主任、副主任作为特例编入。

中央部委所属在京高等学校党的组织关系隶属于中共北京市委的时间，以各高等学校上报的资料为准。党的组织关系不在中共北京市委的普通高等学校未列入此次编纂范围。个别党组织关系在中共北京市委的高等学校经申请批准此次未编入。党的日常工作由市委教育工作委员会管理的民办高等学校北京城市学院此次编入。

三、本卷采取“分校编纂、综合整编”的方法。各高等学校按照编纂要求，负责本校资料收集、编纂和审核，经学校党委负责人签名盖章提供；撤并、调整的高等学校的资料，由撤并、调整后的学校负责追溯、收集、审核。《普通高校卷》编纂委员会负责概述、章节序文字稿的编写及按照编纂体例要求总体编纂；本卷编纂以各高等学校上报的资料为准。

四、本卷结合北京普通高等学校的历史和现状，实行“分期划块、纵横结合”，“按时期、分学校”的编纂体例，采用文字叙述、领导人名录和统计资料相结合的方法编纂。

参照《中国共产党北京市组织史资料丛书》编辑部提供的统计表格样式，本卷中有三种统计表格：高等学校历史沿革图表、年度党的基层组织分布情况统计表、年度党员基本情况统计表。三种表格依照不同的历史时期编纂，置于各章末。

五、本卷历史时期的划分，按照中共党史的时期划分和《中国共产党北京市组织史资料》（1921—1987）的分期，分为基本完成社会主义改造和开始全面建设社会主义时期、“文化大革命”时期和社会主义现代化建设新时期。结合北京高等教育改革发展，特别是高等教育管理体制改革的情况，每一时期又划分为两节，分别编入北京高等学校党政领导人名录和任期时间。

六、本卷中北京高等学校的编排排序，以2010年12月中共北京市委教育工作委员会使用的北京高等学校名单排序为准，包括各自历史沿革中的前身的高等学校。高等学校成立、撤并、搬迁、校名变更等情况，予以简要文字注释，并与学校历史沿革图表一致。

七、本卷中高等学校党政领导人名录编排顺序为：党委书记、副书记、纪委（监委）书记；校（院）长（革命委员会主任）、副校（院）长（革命委员会副主任）。同一职务按任职时间先后编排。

八、本卷中高等学校党政领导人的任职起止时间，凡实行代表大会制选举的，均按选举时通过的时间收录，其他均按干部管理权限任、免职批准时间收录。

属自然免职或无免职文件的，免职时间不能确定，首先按《丛书》编辑部确定的8种情况作为免职或去职时间：①调离原单位的时间；②办理离、退休手续的时间；③去世的时间；④单位撤销的时间；⑤选举落选的时间；⑥新的领导干部接替时间；⑦副职升为正职的时间；⑧随单位名称变更而任职职务名称变化的时间。其次，以到新单位任新职务的时间为原职务的免职时间，或者以公开出版的资料、书籍、个人档案为依据，但在相关部位加注释。任离职月份确难查准者，按季节（如春、夏）加以注明，年份空缺者署材料不详。

“文化大革命”前期高等学校党政领导人的任职时间，除有正式文件通知免职者外，原则上均到本单位“革命委员会”或“革命领导小组”（“筹备委员会”）成立时终止。

九、本卷编录的高等学校党政领导人名录中加注释的一般情况为：兼职、代理、女性、少数民族。同名者加注籍贯。其他注释的特殊情况为：“革命委员会”主任、副主任是军、工宣队，教师和学生的加注；领导人违法违纪受到刑事处罚的情况加注；有关必须说明情况的加注。

编　者

二〇一一年六月

目 录

概 述

北京是中华人民共和国的首都，是全国的政治、文化和国际交往中心。北京具有悠久的历史和丰厚的文化底蕴，是著名的文化古都，是我国近代高等教育的发源地。北京高等教育在全国一直处于领先地位。

1949 年 10 月 1 日，中华人民共和国的成立，标志着结束了半殖民地、半封建社会的历史，进入了从新民主主义向社会主义转变的历史新时期。中华人民共和国建立至今，我国经历了基本完成社会主义改造和开始全面建设社会主义时期、“文化大革命”时期和社会主义现代化建设新时期。

一

从新中国诞生之日起，以全心全意为人民服务为宗旨的中国共产党人就将教育作为关系国家发展全局和国家民族命运的根本大计，摆在重要战略地位，最大限度地满足人民大众受教育的需求和现代化建设对人才的客观需要。在以毛泽东、邓小平、江泽民为核心的党的三代中央领导集体和以胡锦涛为总书记的党中央领导下，为大力发展新中国高等教育事业，党中央、国务院，党和国家领导人作出了许多重要指示，制定了把马克思主义与中国实际相结合的教育方针、政策，大力推进高等教育事业的改革和发展，逐步形成了适应我国社会主义现代化建设的高等教育体系和具有中国特色的社会主义高等教育制度。

中国近代高等教育起源于北京，北京的高等教育在全国高等教育中占有非常重要的地位，肩负着为全国和首都社会主义现代化建设培养人才的重任。中共北京市委、市人民政府高度重视北京高等教育事业的发展，积极支持中央部委在京高等学校的建设发展，逐步建立和发展市属高等学校，健全北京高等教育体系，紧紧围绕和服从服务于国家和首都经济建设、社会发展各个时期的中心任务，全面贯彻党的教育方针，坚持教育为社会主义现代化建设服务，为人民服务，与生产劳动和社会实践相结合，培养德智体美全面发展的社会主义建设者和接班人，为新中国和首都的社会主义现代化建设提供了强大的人才和智力支持。

在新中国60多年的光辉历程中，北京高等教育伴随着新中国高等教育事业一起成长，经历了建立新中国高等教育新体系、社会主义高等教育全面建设和曲折发展、“文化大革命”的大破坏和改革开放社会主义现代化建设中快速健康发展的阶段，建成了中国特色社会主义高等教育的基本框架，在坚持不懈地艰辛探索中前进，在艰难曲折中不断调整改革和创新发展。

1949年10月新中国建立，百废待兴，中国的教育处在重大的历史转折时期。在党中央和政务院的领导和中央教育部的指导下，北京市人民政府顺利完成对旧中国北平高等学校的接管改造和调整。中国高等教育从旧中国为帝国主义、封建主义、官僚资本主义服务，转变到为人民服务、为革命和建设服务，从半封建、半殖民地性质的教育转变为新民主主义的教育，进而逐步过渡到社会主义高等教育。这是中国教育史上最深刻的、历史性的伟大变革。

1950年6月，根据《中国人民政治协商会议共同纲领》关于发展民族的科学的大众的文化教育的要求和第一次全国教育工作会议精神，中央教育部召开的第一次全国高等教育会议，制定了《高等学校暂行规程》和《关于高等学校领导关系的决定》等一系列政策法规，对新中国高等教育的性质、宗旨和任务、修业年限、教学内容和方法及领导管理体制等方面作出规定，标志着新中国高等教育制度的初步建立，标志着高等教育向着社会主义方向转变，为建设新中国高等教育创造了基础条件。

随着国家政治经济形势的发展和全面建设社会主义的进程，全面建设社会主义高等教育，北京高等教育开始了积极探索适合中国国情的社会主义高等教育发展道路和高等学校办学的基本规律。

为建设和发展社会主义高等教育，从 1952 年下半年起，根据国家“以培养工业建设人才和师资为重点，发展专门学院和专科学校，整顿和加强综合性大学”的方针，全国范围内分期分批进行了高等学校院系调整和专业设置工作。北京地区经过高等学校院系调整和专业设置工作，初步形成了高等教育的新体系，从而加快了对国家急需的建设人才的培养。随后开始全面学习世界上第一个社会主义国家苏联的教育经验，进行教学改革，吸取苏联教育的先进经验，同时在实际工作中也出现了结合中国实际不够，照搬苏联的教育模式等问题，造成了一些不良后果。1956 年开展的“向现代科学进军”热潮，使科学研究在高等学校的地位显著提高。这期间，由于我们缺乏建设社会主义高等教育的经验，也由于党的指导思想一度出现了“左”的错误，1958 年至 1960 年的教育革命出现了急于求成的失误，造成高等教育大起大落，教育质量受到一定程度的影响。为进一步探索高等教育的办学道路和基本规律，在调查研究和总结新中国高等教育改革和发展的实践经验，特别是在总结 1958 以来教育革命的经验教训的基础上，制定了《教育部直属高等学校暂行工作条例（草案）》（以下简称《高校六十条》），经中共中央讨论通过，1961 年 9 月发布执行。《高校六十条》符合我国国情和高等教育办学规律，并具有一些中国特色，为办好社会主义大学制定出一系列重要方针政策，提出与中国实际相结合的办学原则和工作规范，为建立有中国特色的社会主义高等教育制度奠定了基础。

中共中央、国务院、中共北京市委和市人民政府及时总结正反两方面的经验，通过贯彻“调整、巩固、充实、提高”的方针和执行《高校六十条》，调整高等教育的规模、专业设置，调整知识分子政策，加强教师队伍建设，从抓教材建设入手，努力提高教学质量和学术水平，北京高等教育事业重新走上健康发展的轨道。

经过17年坚持不懈的努力，北京高等教育事业有了较大幅度的发展，高等学校数量稳步增长，教育质量也有了显著提高，初步形成了适应经济社会发展需要的高等教育体系，培养了一代有社会主义觉悟的、有文化的劳动者，为满足国家、北京市经济建设和社会发展对各方面专门人才的需要作出了重要贡献。

在“左”倾错误指导思想下开展的“文化大革命”中，北京高等学校成为首发地和重灾区。“四人帮”炮制的“两个估计”彻底否定了建国后的教育和教育战线的广大知识分子，北京高等学校的干部、教师遭受到“四人帮”一伙在政治上、精神上、生活上的高压和残酷迫害、严重摧残，留下巨大创伤。大批高等学校被撤销、停办、外迁、合并，干部和教师队伍被整垮，大量校舍被侵占，大批教学仪器设备、图书资料被毁坏和丢失。所谓的“斗、批、改”、“教育革命”，对教育事业和改革没有任何积极意义，而是摧残、破坏教育事业的一场灾难和倒退。高等教育事业实际上萎缩，遭受到建国以来前所未有的浩劫和最为严重的摧残破坏。

改革开放和社会主义现代化建设新时期，北京高等教育战线在邓小平同志直接指导下，恢复高考制度，推倒“两个估计”，迅速开展了拨乱反正、恢复整顿工作。党和政府在全党全社会倡导“尊重知识，尊重人才”，强调科学技术是第一生产力，坚持“教育要面向现代化，面向世界，面向未来”。在国家改革开放和发展的大格局中，党和政府坚定不移地把教育摆在优先发展的战略地位，大力实施科教兴国战略和人才强国战略。面对改革开放的新形势，中共北京市委、市人民政府加强对高等教育的领导，不断深入地推进高等教育改革开放，加快发展，提出率先实现首都教育现代化，实施素质教育，努力为实现人的全面发展创造良好的环境和条件。

建国60多年来，在党中央和国务院的正确领导下，经过全党全社会的不懈努力、艰苦奋斗，我国高等教育事业开辟出一条具有中国特色的社会主义高等教育发展道路。在北京，一个适应经济建设和社会发展需要的，具有相当规模、多种层次、多种形式、学科门类基本齐全的社会主义高等教育体系已基本建立起来，为全国和北京市现代化建设培养和输送了大批文化素质较好的专门人才，成为培养中国特色社会主义现代化建设者和接班人的重要阵地。北京高等学校在科研和高新技术产业开发方面的智力优势得到充分发挥，为全国和北京市经济建设、社会进步和社会主义现代化建设提供了强大的智力支持，成为我国科技事业的重要生力军。北京高等教育取得了令人瞩目的巨大成就，在国家和首都的经济建设、社会发展和科技进步中发挥了重要作用，实现了历史性的跨越，正在为我国从人口大国转变成为人力资源大国，向人力资源强国迈进的宏伟目标而奋斗。

经过 60 多年的发展，北京地区的高等学校由 1949 年新中国成立前的 13 所，在校生 15161 人，专任教师 2217 人，校舍建筑面积约 21.8 万平方米，发展到 2010 年底，北京地区普通高等学校 89 所，本专科在校生达 577828 人；共有 52 所普通高等学校和 118 个科研机构培养研究生，在学研究生 225029 人，其中，博士研究生 62279 人、硕士研究生 162750 人；成人高等学历教育在校生 26.6 万人。普通高等学校专任教师 58383 人，校舍建筑面积 2980.5 万平方米。高考录取率为 83.9%，在全市 18 岁至 22 岁人口中，高等教育毛入学率达到 59%，这标志着在全国率先进入了高等教育普及化阶段。北京有 26 所高等学校进入国家面向 21 世纪重点建设一批大学和学科为目标的“211 工程”，占全国高校的 25%；有 8 所高等学校进入了国家推进世界一流大学和高水平大学建设的“985 工程”，占全国高校的 21%。各项指标在全国都居于前列。

二

新中国建立 60 多年来，我国高等教育管理体制与社会主义计划经济体制、社会主义市场经济体制相适应，经历了由集中统一领导管理、分级管理和向中央与省市自治区两级管理体制发展的不断探索的历程。

北平和平解放后，党和政府对旧中国高等学校进行接管改造，来自解放区的高等学校进入北京后，对北京高等学校进行了局部调整，并创办和建立了一批新型的高等学校。

为适应新中国即将大规模开始的社会主义经济建设的需要，1952年下半年起，全国范围内进行了高等学校院系调整，高等学校布局不合理的状况有所改变。北京一批高等学校调整，并有一批新的高等学校组建，初步奠定了北京高等教育新体系和结构布局。1952年11月，经中央批准，高等教育部成立。1953年10月，中央人民政府政务院发布高等教育部《关于修订高等学校领导关系的决定》，要求“高等教育部应逐步加强对全国高等学校的统一领导”，明确了中央各业务部门与地方政府在管理高等学校方面的责任，提出“各大行政区委员会和省、市、自治区人民政府对当地高等学校负有指导、监督的责任，对学校的政治领导、干部学习、基本建设等项工作给予积极的帮助和指导”。同时，根据中央组织部的规定，中央部委所属高等学校党组织的关系转入所在省、市、自治区党委，由省、市、自治区党委管理。因此，北京地区的高等学校分别由高等教育部、中央各业务部门和北京市实行双重管理，简称“双管院校”。

鉴于高等教育集中管理所引发的负面影响，1958年4月，中共中央印发《关于高等学校和中等技术学校下放问题的意见》，决定除少数综合大学、某些专业学院仍由中央教育部或中央有关部门直接领导以外，大部分高等学校下放，归省、市、自治区领导。由于中央部委所属在京高等学校大多都是各部委院校的“排头兵”，属于综合大学和专业学院，因此均未下放给北京。北京只接收了一批下放的中等专业学校。1958年8月，中共中央、国务院作出《关于教育事业管理权力下放问题的规定》，地方的办学自主权扩大，全国各省市出现了大办高等学校的热潮。

1958年至1962年，北京高等教育经历了大发展和大调整的过程。1957年，北京地区共有全日制普通高等学校31所，到1960年初当时正式挂牌的已经有90所。1961年5月，中央批准教育部会同北京市提出的《关于北京地区高等学校及中等专业学校调整工作的报告》。北京市贯彻中央“调整、巩固、充实、提高”方针，分别采取定（定发展规模）、缩（缩小发展规模）、并（与他校合并）、迁（全部或部分迁离北京）、放（下放北京市领导）、停（停办）等不同方式，对北京地区高等学校布局进行调整，北京地区高等学校的数量由90所调整为51所。至1962年8月，这次重要的调整工作结束。

为了加强对高等学校的领导和管理，1963年6月，中共中央、国务院颁发《关于加强高等学校统一领导、分级管理的决定（试行草案）》，决定对高等学校实行中央统一领导，中央和省、市、自治区两级管理的体制。《决定》明确，省、市、自治区党委应该加强对本地区高等学校的领导，加强高等学校的思想政治工作。1964年6月，中共中央批转高等教育部党组《关于加强高等学校政治工作和建立政治工作机构试点问题的报告》，明确“高等教育部直属高等学校的政治工作，原则上实行以高等教育部党委的领导为主，地方党委领导为辅的双重领导制度。学校党的组织，仍隶属于地方党委。”高等教育进入统一领导、分级管理、权力相对集中于中央的管理体制时期。

“文化大革命”期间，高等教育原有的规章制度遭到严重破坏，全国大多数高等学校下放给省、市、自治区领导和管理。

“文化大革命”结束后，针对“文革”中高等教育遭到严重破坏的情况，1979年9月，中共中央批转教育部党组《关于建议重新颁发〈关于加强高等学校统一领导、分级管理的决定（施行草案）〉的报告》。中央认为，上述决定“总结了新中国建立后十几年领导管理高等学校的经验，当时施行的效果是好的，现在又作了必要的修改，还是适用的”。中央要求认真研究执行，并注意总结新的经验。

改革开放新时期，我国的政治和经济形势都发生了巨大变化，不断探索适合我国国情的高等教育管理体制改革，也就成为适应经济社会发展的必然要求。

1985年5月，中共中央《关于教育体制改革的决定》（简称《决定》）的颁布与执行，标志着我国新一轮高等教育管理体制改革的开始。《决定》指出，“改革管理体制，在加强宏观管理的同时，坚决实行简政放权，扩大学校的办学自主权”。中共北京市委、市人民政府制定贯彻落实《决定》的规划和措施，结合北京高等教育的实际，积极推进高等学校内部管理体制改革和扩大办学自主权。1995年7月，国务院批转国家教育委员会《关于深化高等教育体制改革的若干意见》，按照“共建、调整、合作、合并”的方针，推进高等教育管理体制改革，争取到2000年或稍长一点时间，基本形成举办者、管理者和办学者职责分明，以财政拨款为主渠道经费投入，中央和省、自治区、直辖市人民政府两级管理、分工负责，以省、自治区、直辖市人民政府统筹为主，条块有机结合的体制框架。中共北京市委和市人民政府积极推进北京高等学校的合并、合作、共建和各种形式的联合办学，合理调整和优化高等学校的布局结构，在高等教育管理体制改革上有了较大突破。随着1998年国家政府机构的改革，国务院作出《关于调整撤并部门所属学校管理体制的决定》。中共北京市委、市人民政府高度重视，制定了《关于原部委所属院校调整管理体制工作的意见》，积极支持和配合中央有关部委对在京所属院校管理体制调整工作。到2000年底，北京地区有教育部直属高等学校25所，其他中央部委所属在京高等学校14所，北京市属市管的高等学校25所。这次调整的完成，标志着我国高等教育管理体制发生了历史性的深刻变化，行业部门办学体制基本结束。北京高等教育基本形成了中央政府统一领导、中央和北京市两级办学、划转北京市的高等学校以北京市人民政府管理为主的高等教育管理新体制。

中华人民共和国建立后，为加强对高等学校的管理，国家迅速设置了从中央到地方的各级教育行政机构。政务院（1954年改为“国务院”）设立了文化教育委员会（1954年改为“文化教育办公室”）和教育部。高等学校由中央教育部统一领导。1952年11月，中央教育部分设为教育部和高等教育部。

1949年，北京市人民政府设立了教育局。随着北京高等教育的发展和高等学校领导管理体制的变化，为加强对北京高等学校的管理，1959年11月，北京市人民政府决定，在市教育局内设立大学组，1963年改为高教处，专嗣北京高等学校的管理。1964年9月，经国务院批准成立北京市高等教育局，明确规定了其职能。“文化大革命”期间北京市高等教育局被撤销，“文化大革命”后1978年12月恢复。1995年12月，根据中共中央、国务院批准的《北京市党政机构改革方案》，中共北京市委、市人民政府决定，撤销北京市人民政府文教办公室、北京市教育局、北京市高等教育局和北京市成人教育局，组建北京市教育委员会。1996 年 2 月 15 日，国家教育委员会和中共北京市委、北京市市人民政府领导同志为北京市教育委员会成立揭牌。2000 年 6 月，中共北京市委教育工作委员会与北京市教育委员会合署办公。

三

北京高等学校是马克思主义在中国传播和中国共产党的发源地之一。北京高等学校党组织在上级党组织领导下，在历次革命战争时期，坚持艰苦的地下斗争，团结群众，为北平的和平解放和新中国的建立作出了不可磨灭的贡献，具有光荣的革命传统。

新中国建立 60 多年来，是我国高等教育不断探索、调整和改革发展史，也是党领导高等教育和高等学校工作的奋斗史。作为首都政治文化建设的重要方面，中共北京市委历来十分重视北京高等教育和高等学校的工作，列入市委的议事日程，定期在市委常委会上讨论高校工作的重大问题，并在常委的分工上有专人负责学校教育工作。市委在掌握北京高等教育改革发展的正确方向，贯彻党的路线、方针、政策，不断加强和改进高校党的工作，做好教师学生思想政治工作，以及从地方角度创设必要的办学条件等方面，都给予北京高等学校经常的、具体的指导和帮助。特别是领导各高等学校党委，建立起一个素质优良、有坚强战斗力的党组织和一支热爱社会主义教育事业、艰苦奋斗的干部、教师和职工队伍，发生着深刻的长远影响。市委对北京高校坚强有力的领导，对北京高等教育事业的健康发展起着根本保证作用。

随着国家和北京政治体制、经济体制的改革与变化，北京高等学校领导体制改革经历了建立健全、加强制度建设；逐步规范和不断改革、深化；不断总结经验教训和积极探索中前进的发展历程。

在新中国成立前夕，中共北平市委决定，在市委组织部内设立学校支部工作科，管理高等学校和中等学校党的工作。1949 年北平解放后，人民政府接管了高等学校，高等学校党的组织关系归属中共北平市委，党的工作和思想政治工作，由市委领导。在京的中央部门所属高等学校的党组织，自建立第一个党支部开始，一直隶属于地方党委。

为了加强党对高等学校的领导，随着北京政治经济文化建设和高等教育的发展，中共北京市委又相继成立了中共北京市高等学校委员会、市委大学科学工作部、北京市革命委员会科教组（注："文化大革命"期间的革命委员会是党政合一的工作机构）、中共北京市委教育工作部、中共北京高等学校工作委员会、中共北京市委教育工作委员会等工作机构，领导和管理北京高等学校党的工作。

从 1949 年到 1956 年 9 月中国共产党第八次全国代表大会召开之前，北京高等学校的领导体制基本上实行的是校长负责制或校长为首的校务委员会负责制。学校的党总支或党委会领导思想政治工作和群众组织，对行政工作实行监督保证。在此期间，为了加强共产党对高等学校的领导，中共中央和北京市委曾多次选派了一批富有革命工作经验又比较熟悉高等学校工作的高、中级党员领导骨干，到高等学校担任党员校长、党委书记。部分高等学校还成立了由校长、书记组成的学校领导核心小组，以加强党对高等学校工作的全面领导。

1956 年 9 月，中共"八大"通过的党章规定，原则上工厂、高等学校等基层单位的领导体制实行党委领导下的分工负责制。1958 年 9 月，中共中央、国务院《关于教育工作的指示》明确提出，"一切高等学校中，应当实行学校党委领导下的校务委员会负责制"。北京高等学校逐步开始实行。1961 年 9 月，《高校六十条》对高等学校的领导体制进一步作出了明确规定："高等学校的党委员会，是中国共产党在高等学校中的基层组织，是学校工作的领导核心，对学校工作实行统一领导"，"高等学校的领导制度，是党委领导下的以校长为首的校务委员会负责制"。党和国家以党章和行政法规的形式，规定了高等学校的领导体制，进一步确立了党对高等学校的领导，是党中央加强高等教育工作的一项重要举措，是中国特色社会主义高等教育的基本特点。

1985 年，根据中共中央《关于教育体制改革的决定》，北京曾有少数高等学校一度试行校长负责制，到 1997 年已全部恢复为党委领导下的校长负责制。至今，北京高等学校普遍实行的是党委领导下的校长负责制。

60 多年来，秉承光荣的历史传统，中共北京市委认真贯彻各个时期党中央的指示精神，把高等学校作为加强意识形态建设的重要方面，作为培养社会主义事业建设者和接班人的重要阵地，把加强党的建设作为办好社会主义高等教育的头等大事来抓，积极探索，总结经验教训，不断地适应新形势和新任务的要求，建立和健全高等学校党委领导体制、决策机制、工作制度以及基层党组织工作规则，不断加强和改进思想政治工作，建立健全大学生思想政治工作体系。

改革开放新时期，为了适应国家和首都经济社会发展和现代化建设的需要，北京高等学校党的工作紧紧围绕着高等教育的改革、发展和稳定，认真学习贯彻邓小平理论和“三个代表’重要思想，深入学习实践科学发展观，正确把握高等学校改革发展的方向，从思想观念、方式方法、到体制制度和工作机制进行了全方位创新。面对改革开放的新形势、新问题，中共北京市委和各高等学校党委不断加强高等学校党的建设工作的研究，总结经验，加强和改善党的领导，加强党的思想建设、组织建设、作风建设、制度建设、党风廉政建设和思想政治工作，充分发挥党组织的战斗堡垒作用和党员的先锋模范作用。党对高等学校的领导不断巩固和加强，党的工作和党的建设日益制度化、规范化、程序化，党的基层组织和党员队伍不断壮大，高等学校党的建设科学化水平在不断提高。

高等学校党的工作对全面贯彻党的教育方针、政策，保证高等教育的社会主义方向，不断加强党的建设，领导学校的思想政治工作，不断地加强和改进学生的思想政治教育，正确贯彻党的知识分子政策，维护学校安定稳定的局面，为推进高等教育事业的改革发展提供政治思想和组织保证。在加强和推进高等教育改革发展的领导，发展中国特色社会主义高等教育事业中，发挥了领导核心和政治、组织保证的重要作用。

2010 年，党的日常工作归口市委教育工委管理的普通高等学校和事业单位共有 60 个，其中，局级党委 60 个，院系党委和其他党委 392 个，党总支 679 个，党支部 12838 个（其中直属党委管理的党支部 369 个）；全系统共有党员 254866 人，占总人数 28.88%。其中，干部党员 17035 人，占 70.12%；教师党员 28670 人，占 55.19%；其他专业技术人员党员 15006 人，占 37.77%；工人党员 2318 人，占 13.82%；学生党员（含本专科及研究生）145115 人，占学生总人数 21.28%（其中，本科生党员 54148 人，占本科生人数 12.2%）；离退休党员 34519 人；其他人员和附中、附小教职工党员 12203 人。

第一章

基本完成社会主义改造和开始全面建设社会主义时期

（1949. 10—1966. 5）

1949 年 1 月 31 日，北平和平解放，北京高等教育开始了新的建设征程。

1949 年 10 月 1 日，中华人民共和国成立，标志着中国社会开始由新民主主义到社会主义的历史转变。从 1949 年 10 月到 1966 年 5 月的 17 年，是新中国人民民主专政的建立和发展巩固，国民经济的迅速恢复，社会主义改造基本完成以及开始全面建设社会主义的时期。

17 年间，为适应国家政治、经济形势的发展，北京高等教育在党和国家的教育方针、政策的指引下，经历了对旧中国高等学校的接管改造；吸取老解放区教育经验，对高等学校进行局部调整及创办新型的高等学校；高等学校院系调整和建立北京高等教育的新体系；学习苏联教育经验进行教学改革；加强知识分子工作；开展教育革命；高等教育全面调整和提高等阶段。北京师范学院、北京工业大学、北京第二医学院等一批市属高等学校相继建立，市属高等教育初具规模。北京高等教育在曲折的发展历程中，不断总结经验教训，积极探索符合中国国情的社会主义高等学校办学道路和基本规律。随着《高校六十条》的深入贯彻执行和国家经济形势的好转，高等教育贯彻“调整、巩固、充实、提高”方针取得明显成效，北京高等教育事业有了较大幅度的增长，高等学校数量稳步增加，教学质量有了显著提高。从1949年到1966年的17年，北京高等学校共为国家培养23.5万名大学生。北京高等教育在全国处于领先地位。

1949年6月，中共北平市委决定在市委组织部设学校支部工作科，管理高等学校和中等学校党的工作。1953年2月，中共北京市委为加强对北京高等学校的领导，成立中国共产党北京市高等学校委员会（简称“市委高校党委”），作为市委领导下的一级党委，领导和管理北京高等学校党的工作。

1958年，北京高等学校增加到32所，同时，中国科学院所属的部分科研单位的党组织下放给北京市委领导，市委决定将“市委高校党委”改为市委的工作部门。同年10月，成立中共北京市委大学科学工作部，领导和管理北京高等学校和北京市科研单位党的工作，直至1966年5月“文化大革命”开始后，市委大学科学工作部被撤销。

17年间，北京高等学校党的工作经历了学校党委的组建和基层党组织的建立健全及工作制度逐步完善的过程。在中央和北京市委的领导下，高等学校党的组织认真贯彻知识分子“团结、教育、改造”的政策，开展知识分子学习和思想改造自我教育运动；动员和组织师生参加镇压反革命、土地改革和抗美援朝等政治运动，通过接触群众、接触实际，接受实际教育和革命浪潮的洗礼；采取各种形式，组织教师开展马克思主义、毛泽东思想和政治理论学习，团结、教育、依靠老教师，大力培养青年教师，努力建设一支又红又专的教师队伍；坚持又红又专的方向，加强政治理论课教学和社会实践，建立学生思想政治教育新体系，建立和健全高等学校政治工作机构，改进学生思想政治工作，充分发挥共青团组织的作用，培育了一支以“双肩挑”为主的政治辅导员队伍；开展全党整风运动和反右派及“反右倾”斗争；贯彻中共中央《关于教育工作的指示》，开展1958年至1960年的教育革命；领导和推进北京高等教育的全面调整和提高；组织师生参加城乡社会主义教育运动等方面的探索和实践；贯彻执行《高校六十条》，健全高等学校党委领导体制，不断加强和改进高校的思想政治工作，探索和总结党对高等学校工作领导的经验，保证党的教育方针和政策的全面贯彻执行。

高等学校党委和各级党组织紧紧围绕学校的中心工作，加强基层党组织思想、组织、作风、制度建设，党的组织不断发展，党员队伍不断壮大，党的领导体制和组织制度建设逐步建立健全，党组织的政治和组织优势日益增强。

这期间发生的1957年整风反右派斗争，在当时的形势下，是正确的和必要的，但是反右派斗争被严重地扩大化了。北京高等学校一批知识分子、爱国人士和党内干部被错划为右派分子，使他们从思想、情感到生活、工作都受到严重伤害，造成了极为不幸的后果。1959年，又在全党错误开展了“反右倾”斗争，使党内的民主生活遭到严重损害。在北京高校中一些党员干部、教授，被批判为“党内资产阶级专家”或被定为“右倾机会主义分子”和“犯右倾错误”的党员，严重地伤害了他们的积极性和主动性。

第一节 北京高等教育体系基本形成和高等学校领导体制建立（1949.10—1956.9）

北平和平解放时，在原国民党政府教育行政部门备案注册的北京高等学校有13所，其中公立大学6所、私立大学4所、外国教会和基金会办的大学3所。1948年12月以后，北平市军事管制委员会按照党中央的有关指示，先后接管公立大学，接办私立大学，接收外国津贴的大学。党采取先妥善接收，再逐步改革的谨慎政策和维持现状、立即开学的办法，对原有教师实行“包下来”的方针，深受广大教职员和社会各界的拥护与支持，从而使高等学校的接管改造工作得以顺利进行。至

1951年12月接管改造工作结束。

1949年10月，中央人民政府教育部成立后，北京的高等学校由中央教育部领导管理。这期间，来自解放区的高等学校进入北京，国家对北京高等学校进行了局部调整，创办和新建了中国人民大学、中央民族学院、中央戏剧学院等一批新型的高等学校。

1952年底，中共中央制定了过渡时期的总路线，提出要在一个相当长的时期内，逐步实现国家的社会主义工业化，并逐步实现国家对农业、手工业和资本主义工商业的社会主义改造。从1953年起，我国开始实施建设社会主义的第一个五年计划。

为了适应即将开始的大规模社会主义经济建设的需要，特别是为了与实施社会主义建设第一个五年计划相配合，改变全国高等教育原来存在的地区分布、学校类型、系科设置、人才培养层次等方面结构不够合理，以及学校规模小、培养学生数量少的状况，1952年下半年开始，按照教育部制定的《关于1952年全国高等学校院系调整计划》和《关于高等学校1952年的调整设置方案》，北京高等学校进行了较大幅度调整组建工作，相继新设钢铁、地质、航空、林业、石油、矿业、医学、农业机械等专门学院和专业，调整工作到1953年基本结束。这次调整和发展，初步奠定了北京高等教育的新体系和结构布局，规模居全国各省市的首位。

到1956年，北京高等学校数由1949年的13所增至31所，在校生人数由1949年的15161人增至76700人，全市每万人中大学生128人。专任教师人数由1949年的2217人增至11425人。

这期间，北京高等学校基本上实行的是校长负责制，有的高校实行以校长为首的校务委员会负责制的领导体制。北京高等学校党组织在中央和教育部党组、中共北京市委领导下，积极推进对原有高等学校的接管改造、局部调整，创办组建新的高等学校等工作，迅速组建和健全高等学校党委和各级基层组织，整顿和建立高等学校党政工作和教学秩序。

1956年12月，党的日常工作归口中共北京市高等学校工作委员会管理的普通高等学校党委26个，党总支129个（其中有高等学校117

个），党支部及分支部 1547 个；共有党员 25706 人。

高等学校党政领导人名录和任期

北京大学

1952 年 10 月，清华大学的文、理、法三个学院和燕京大学的文、理、法系科以及辅仁大学、浙江大学、中法大学等校的有关系科并入北京大学。燕京大学撤销。北京大学的校址由市内沙滩等处迁至毗邻圆明园的原燕京大学校址办学。

党总支书记	叶向忠	1949. 10—1951. 2
党总支副书记	林乃燊	1950. 3—1950. 9
党委书记	叶向忠	1951. 2—1951. 5
	张群玉（女）	1951. 5—1952. 8
	李　瑚	1952. 8—1953. 1
	史梦兰	1953. 9—1956. 7
党委第一书记	江隆基	1956. 7—1956. 9
党委第二书记	马适安	1956. 7—1956. 9
党委副书记	文　重	1949. 10—1950. 2
	王学珍	1951. 2—1952. 10； 1953. 1—1954. 5
	张群玉（女）	1952. 8—1956. 9
	谢道渊	1952. 10—1956. 9
	史梦兰	1956. 7—1956. 9
校　长	马寅初（回族）	1951. 6—1956. 9
副校长	汤用彤	1951. 6—1956. 9
	江隆基	1952. 10—1956. 9

	马适安	1956.5—1956.9

北京医学院

1952 年 12 月，北京大学医学院独立建院办学，改称北京医学院。

党委书记	秦德远	1954.4—1955.4
	曲　正	1956.7—1956.9
党委第一书记	阎　毅	1955.4—1956.7
党委第二书记	秦德远	1955.4—1956.1
党委副书记	王　鑑	1954.4—1955.4
	彭瑞骢	1954.4—1956.9
	曹　瑞	1954.4—1955.4
	杜　仑（女）	1955.4—1956.7
	阎　毅	1956.7—1956.9
	马　旭	1956.7—1956.9
	吴　静（女）	1956.7—1956.9

院　长	胡传揆	1952.12—1956.9
副院长	曲　正	1953.9—1956.9
	马　旭	1954—1956.9
	薛公绰	1954.10—1956.7
	阎　毅	1954.12—1956.9

清华大学

1949 年 1 月，清华大学成立了统一的党总支。1951 年 2 月，中国共产党清华大学委员会正式成立。1949 年 5 月，北平市军管会文化接管委员会通知，清华大学校务委员会成立。

职务	姓名	任职时间
党总支书记	彭珮云（女）	1949.3—1950.3
	何东昌	1950.3—1951.2
党总支副书记	何东昌	1949.10—1950.3
	杨朝俶	1950.3—1951.2
	廖叔俊	1950.3—1951.2
党委书记	何东昌	1951.2—1953.9
	蒋南翔	1956.5—1956.9
党委第一书记	袁永熙	1953.9—1956.5
党委第二书记	何东昌	1953.9—1956.5
党委第一副书记	刘　冰	1956.5—1956.9
党委副书记	杨朝俶	1951.2—1953.9
	艾知生	1951.2—1956.9
	俞时模	1953.9—1956.5
	陈舜瑶（女）	1956.5—1956.9
	胡　健	1956.5—1956.9
	何东昌	1956.5—1956.9
监委书记	胡　健（兼）	1956.5—1956.9
校务委员会主任委员	叶企孙	1949.10—1952.6
校　长	蒋南翔	1952.12—1956.9
副校长	刘仙洲	1952.9—1956.9

中国人民大学

1949 年 12 月，中华人民共和国政务院作出《关于成立中国人民大学的决定》。中国人民大学以华北大学为基础，合并中国政法大学，并从华北人民革命大学调来部分干部组建而成。1950 年 10 月，举行开学典礼。

党组书记	胡锡奎	1950.11—1956.9
党委书记	阎子元	1950.2—1951.12
	胡锡奎	1951.12—1952.11
	崔耀先	1952.11—1956.9
党委副书记	丁禹畴	1950.2—1951.4
	李　新	1950.9—1951.12
	成仿吾	1951.12—1952.11
	阎子元	1951.12—1952.11
	刘寿彭	1956.2—9
监委书记	丁禹畴（兼）	1950.3—1951.5
	鲍建章	1951.5—1952.11
	崔耀先（兼）	1952.11—1955.10
	李逸三	1955.10—1956.9
校　长	吴玉章	1950.2—1956.9
副校长	胡锡奎	1950.2—1956.9
	成仿吾	1950.2—1952.11
	邹鲁风	1952.11—1956.9
	聂　真	1954.9—1956.9

北京师范大学

1949年9月，中国共产党北京师范大学总支部成立。1952年2月，中国人民大学教育研究室、教育专修班和燕京大学教育系并入北京师范大学。1952年9月，私立辅仁大学主体并入北京师范大学。1954年10月，中国共产党北京师范大学委员会成立。

党总支书记	臧　权	1949.10—1950.10
	丁浩川	1950.10—1953.2

	李开鼎	1953. 2—1954. 10
党总支 第一副书记	李传信	1952. 9—12
党总支 第二副书记	徐廼乾	1952. 9—12
党总支副书记	刘明哲	1949. 10—1950. 6
	李传信	1950. 10—1952. 8
党委书记	李开鼎	1954. 10—1956. 5
	张　斧	1956. 5—9
党委副书记	李传信	1952. 12—1953. 9
	徐廼乾	1952. 12—1953. 9
	陈　璨（女）	1953. 10—1956. 9
	吴瑞章	1953. 10—1954. 10
	姚慧敏（女）	1956. 6—9
监委书记	张　斧（兼）	1956. 6—9

校务委员会 主　席	黎锦熙	1949. 10—1950. 2

校　长	林砺儒	1950. 2—1952. 9
	陈　垣	1952. 9—1956. 9
第一副校长	何锡麟	1952. 9—1956. 9
第二副校长	傅种孙	1952. 9—1956. 9

辅仁大学

1950 年 10 月，私立辅仁大学由中央人民政府接办；1952 年 9 月，私立辅仁大学主体并入北京师范大学。

党总支书记	于志祥	1949. 10—1950. 2

	徐廼乾	1950.2—1952.9
党总支副书记	徐廼乾	1949.10—1950.2
	朱传朴	1951.1—1952.9
校　长	陈　垣	1949.10—1952.9

北京航空学院

1952年10月，北京航空学院成立。由原清华大学、北洋大学、厦门大学、四川大学、云南大学、西北工学院、北京工业学院等校的航空系和西南工业专科学校的航空专修科合并组建。

党总支书记	杨待甫	1952.11—1954.2
	程九柯	1954.2—1954.11
	周天行	1954.11—1956.8
	武　光	1956.8—9
党总支副书记	宗凤鸣	1952.11—1954.2
	潘　梁	1952.11—1956.9
	程九柯	1954.11—1956.9
	马　文	1956.8—9
	王大昌	1956.8—9
院　长	武　光	1954.6—1956.9
副院长	杨待甫	1952.10—1955.5
	沈　元	1952.10—1956.9
	马　文	1954.12—1956.9
	王大昌	1954.12—1956.9

北京工业学院

1949 年 8 月，华北大学工学院迁入北京。1950 年 9 月，原中法大学校本部和数学、物理、化学三个系并入华北大学工学院。1952 年 1 月，华北大学工学院改名为北京工业学院。

党委书记	刘一鹗	1953. 11—1954. 3
	宗凤鸣	1954. 3—1956. 6
党委第一书记	魏思文	1956. 6—9
党委第二书记	刘咸一	1956. 6—9
党委第三书记	尚　英	1956. 6—9
党委副书记	张西峰	1953. 11—1956. 6
	李杭荪	1953. 11—1955. 8
	宗凤鸣	1956. 6—9
	郑　干	1956. 6—9

院　长	魏思文（代理）	1952. 10—1954. 5；
		1954. 5—1956. 9
副院长	曾　毅	1952. 1—1954. 1
	刘咸一	1954. 3—1956. 9
	尚　英	1954. 11—1956. 9

农业大学

1949 年 12 月，原华北大学农学院、北京大学农学院、清华大学农学院合并成立农业大学，组建校务委员会，设主任委员。1950 年 4 月，正式决定校名为北京农业大学。

党总支书记	乐天宇	1949. 12—1950. 4

党总支副书记	徐纬英	1949.12—1950.4
校务委员会主任委员	乐天宇	1949.12—1950.4
校务委员会副主任委员	俞大绂	1949.12—1950.4
	汤佩松	1949.12—1950.4

北京农业大学

党总支书记	乐天宇	1950.4—1951.3
	郝　文	1951.4—11
	李开鼎	1951.11—1953.2
	周大瀲	1953.3—1955.4
	吴汝焯	1955.4—1956.5
党总支副书记	徐纬英	1950.4—1951.3
	吴汝焯	1951.4—1955.4
	郝　文	1953.11—1955.4
	吕桓甲	1955.4—1956.5
党委书记	施　平	1956.5—9
党委副书记	吴汝焯	1956.5—9
监委书记	吕桓甲（兼）	1956.5—9
校务委员会主任委员	乐天宇	1950.4—1951.3
校务委员会副主任委员	俞大绂	1950.4—1951.3
	汤佩松	1950.4—1951.3
校　长	孙晓村	1951.3—1956.9

副校长	施　平	1953. 10—1956. 9
	马适安	1954. 10—1956. 7

北京机械化农业学院

1952 年 10 月，中央农业部机械化农业专科学校、中央农业部华北农业机械专科学校、北京农业大学农业机械系、平原省农学院等合并成立北京机械化农业学院。1953 年 7 月，更名为北京农业机械化学院。

党分总支书记	高峻嶽	1952. 10—1953. 1
	孙景鲁	1953. 1—7
党分总支副书记	徐香圃	1952. 10—1953. 1
	高峻嶽	1953. 1—7
院　长	张省三	1952. 10—12
	徐觉非	1952. 12—1953. 7
副院长	孙文郁	1952. 11—1953. 7
	孙景鲁	1952. 11—12
	高惠民	1953. 3—7

北京农业机械化学院

党分总支书记	孙景鲁	1953. 7—1954. 11
党分总支副书记	高峻嶽	1953. 7—1954. 11
党总支书记	徐香圃	1954. 11—1956. 9
院　长	徐觉非	1953. 7—1956. 9
副院长	孙文郁	1953. 7—1956. 9
	孙景鲁	1953. 7—1956. 9

	高惠民	1953. 7—8

北京钢铁工业学院

1952 年 4 月，北京钢铁工业学院成立，由原北洋大学、唐山铁道学院、山西大学、西北工学院、华北大学五所院校的矿冶学科合并组成。

党支部书记	魏景昌	1952. 12—1953. 10
党总支书记	林　楠（女）	1953. 10—1954. 11
	杜若牧	1954. 11—1955. 7
党总支副书记	林　楠（女）	1954. 11—1956. 9
监委书记	林　楠（兼，女）	1956. 4—9

院　长	高芸生	1956. 6—9
副院长	魏景昌	1952. 9—1956. 9
	杜若牧	1953. 1—1955. 7
	张文奇	1952. 12—1956. 9

北京邮电学院

1955 年 7 月，北京邮电学院成立。是以北京邮电学校、天津大学和重庆大学部分专业为基础建立的。

党委书记	钟夫翔	1955. 11—1956. 9

院　长	钟夫翔	1955. 11—1956. 9
副院长	林　爽	1955. 11—1956. 4

北京铁道学院

1950年9月，北方交通大学下设的北京管理学院更名为北京铁道学院、唐山铁道学院。1952年5月，撤销北方交通大学校部，北京铁道学院、唐山铁道学院分别独立设校。

党支部书记	张绪潭	1952.5—1953.4
党支部副书记	陆迺震	1952.10—1953.4
党总支书记	张绪潭	1953.4—1956.5
党总支副书记	陆迺震	1953.4—1954.3
	孙锦云	1953.10—1956.6
党委书记	王孝慈	1956.6—9
党委副书记	张绪潭	1956.6—9
	李德仁	1956.6—9
院　长	朱劭天（兼）	1952.5—7
	李新波（代理）	1952.8—1953.4
	王孝慈	1953.5—1956.9
副院长	李德仁	1953.3—1956.9
	钟皿浪	1953.10—1956.9

北京地质学院

1952年11月，由北京大学地质学系、清华大学地学系地质组、天津大学（原北洋大学）地质工程系、唐山铁道学院采矿系地质组和西北大学地质系3个本科班合并成立北京地质学院。

临时党支部书　记	陈子谷	1952.9—12
党总支书记	肖　英	1952.12—1955.10

党委书记	陈子谷	1955.11—1956.9
党委副书记	韩代望	1954.11—1956.9
院　长	刘　型	1952.12—1956.9
副院长	尹赞勋	1952.12—1956.6
	路　拓	1953.4—1956.9

北京石油学院

1953年10月，在原清华大学石油工程系基础上创办成立北京石油学院。

党总支书记	贾　皞	1953.9—1955.8
党总支副书记	武亚柏	1953.9—1955.8
党委书记	贾　皞	1955.8—1956.9
党委副书记	严振海	1955.8—1956.9
	孙卓夫	1956.6—9
院　长	闫子元	1954.1—1956.9
副院长	张定一	1953.9—1956.9
	孙卓夫	1956.6—9

北京林学院

1952年10月，原北京农业大学森林系、河北农学院森林系合并组建北京林学院。

党支部书记	陈致生	1952.11—1953.3
	杨纪高	1953.3—1954.3
党支部副书记	李兆民	1953.3—1954.2

党总支书记	杨纪高	1954. 3—1955. 5
	杨锦堂（代理）	1955. 6—1956. 7
	李相符	1956. 7—9
党总支副书记	梁少克	1956. 7—9
	宋辛夷	1956. 7—9

院　长	李相符	1953. 1—1959. 6
副院长	杨纪高	1952. 9—12
	杨锦堂	1953. 1—1956. 9

北京中医学院

1956 年 8 月，北京中医学院成立。

副院长	陈育鸣	1956. 9—10

北京外国语学院

1954 年 8 月，北京外国语学院成立。1955 年 8 月，北京外国语学院党的关系转到北京市委。

党总支书记	刘　柯	1955. 8—1956. 9
党总支第一书记	张锡俦	1955. 8—1956. 9
党总支副书记	郝金禄	1955. 8—1956. 9

院　长	刘仲容	1955. 8—1956. 9
副院长	刘　柯	1955. 8—1956. 9
	李棣华	1955. 8—1956. 9

中央体育学院

1953 年 11 月，中央体育学院成立。1956 年 3 月，更名为北京体育学院。

筹备处主任	徐英超	1952. 7—1953. 10
筹备处副主任	李东敏	1953. 7—10
临时党支部副书记	徐英超	1952. 7—1953. 10
	李东敏	1953. 10—1954. 7
党支部书记	徐英超	1953. 10—1954. 7
党总支书记	李东敏	1954. 7—1955. 1
	赵　斌	1955. 11—1956. 3
党总支副书记	倪瑞江	1954. 7—1956. 3
	田日新	1954. 7—1956. 3
院　长	钟师统	1953. 9—1956. 3
副院长	徐英超	1953. 9—1956. 3
	赵　斌	1954. 5—1956. 3

北京体育学院

党总支书记	赵　斌	1956. 3—9
党总支副书记	倪瑞江	1956. 3—9
	田日新	1956. 3—9
院　长	钟师统	1956. 3—9
副院长	徐英超	1956. 3—9

	赵　斌	1956.3—9

北京对外贸易学院

1954 年 9 月，北京对外贸易专科学校与中国人民大学贸易系对外贸易专业合并，成立北京对外贸易学院。

党组书记	解学恭	1954.9—1956.5
党委书记	李秋野	1956.5—9
党委副书记	王晓楼	1956.6—9
	崔　哲	1956.5—9
	赵树荣	1956.5—9
	卢　铁	1956.5—9
监委书记	崔　哲	1954.9—1956.9
院　长	李秋野	1952.12—1954.9
	解学恭	1954.9—1956.9
副院长	王晓楼	1952.12—1956.9
	李秋野	1954.9—1956.9
	马乃庶	1954.9—1956.9

中国矿业学院

1950 年 9 月，焦作工学院改名为中国矿业学院，迁至天津。1952 年 6 月，中国矿业学院在北京建校。1953 年 9 月，中国矿业学院更名为北京矿业学院。

党总支书记	吴子牧	1952.6—12
	袁　青（女）	1952.12—1953.9
党总支副书记	朱献民	1952.6—12

院　长	陈　郁	1952.6—1953.9
副院长	吴子牧	1952.6—1953.9
	钟子云	1952.11—12； 1953.2—9
	袁　青（女）	1952.11—12； 1953.2—9

北京矿业学院

党总支书记	袁　青（女）	1953.9—1954.12
党委书记	魏　明	1954.12—1956.5
	吴子牧	1956.5—9
院　长	陈　郁	1953.9—1955.6
	吴子牧	1955.6—1961.3
副院长	钟子云	1953.9—1955.3
	袁　青（女）	1953.9—1955.3
	陈一凡	1955.3—1956.9

中央财政学院

1951年9月，中央人民政府决定筹建中央财政学院。1952年6月，中央财政学院与原中央税务学校院合并，使用中央财政学院名称。

筹备委员会主　任	吴　波（兼）	1951.9—1952.6
党总支书记	李　涉	1951.2—1952.8
副院长	罗　青	1952.8—12

中央财经学院

1952 年 10 月，经中央人民政府批准，由北京大学、清华大学、燕京大学、辅仁大学的经济系与中央财政学院合并，成立中央财经学院。1953 年 4 月，更名为中央财政干部学校。1958 年 12 月，更名为中央财政金融干部学校。

党总支书记	秦穆伯	1952. 8—1953. 8
党总支副院长	陈岱孙	1952. 12—1953. 8
	罗　青	1952. 12—1953. 8

北京政法学院

1952 年 11 月，北京政法学院成立。是由北京大学、清华大学和原辅仁大学、燕京大学的法律系、政治系、社会系民政专业合并而成的。

临时党组书记	戴　铮	1952. 8—1953. 1
	武振声	1953. 1—1954. 11
	刘镜西	1954. 11—1956. 9
临时党组副书记	刘　昂	1953. 1—1956. 9
党总支书记	王　润（河北曲阳）	1952. 12—1953. 4
党总支副书记	张子培	1952. 12—1953. 4
	戴　铮	1952. 12—1953. 1
党委书记	王　润（河北曲阳）	1953. 4—1956. 6
党委副书记	张子培	1953. 4—1954. 2
	张亚民	1953. 4—1954. 2
	郭　迪	1954. 2—1956. 9
	张召南	1955. 4—1956. 5

院　长	钱端升（代理）	1952.8—12
		1953.1—1956.9
副院长	戴　铮（代理）	1952.8—1953.1
	武振声	1953.1—1955.1
	刘镜西	1953.1—1956.9

中央美术学院

1950年4月，国立北平艺术专科学校更名为中央美术学院。

党支部书记	罗工柳（代理）	1950.4—11
党总支书记	胡一川	1950.11—1951.10
	江　丰	1951.10—1954.9
	王曼硕	1954.9—1956.9
党总支副书记	罗工柳	1950.11—1952.10；
		1953.10—1954.9
	胡一川	1952.10—1953.2
	洪　波	1954.9—1956.9
院　长	徐悲鸿	1949.2—1953.9
	江　丰（代理）	1955.7—1956.9
副院长	江　丰	1952.9—1953.9
	王曼硕	1955.5—1956.9
	吴作人	1955.6—1956.9

北京师范学院

1954年，在北京教师进修学院基础上筹建北京师范学院。1955年5月，北京师范学院正式成立。

党支部书记	仓孝和	1954.3—1955.9
党支部副书记	刘国盈	1954.3—1955.10
	吴瑞章	1954.12—1955.9
党总支书记	吴瑞章	1955.9—1956.9
院　长	仓孝和	1954.3—1955.8
	凌　莎（女）	1955.8—1956.9

北京教师进修学院

1953年10月，北京教师进修学院成立。

党支部书记	仓孝和	1954.4—1956.9
院　长	翁独健（兼）	1954.4—1956.9
副院长	仓孝和	1953.12—1956.9

第二节　北京高等教育曲折发展和高等学校党委领导体制确立

（1956.9—1966.5）

1956年9月，中国共产党第八次全国代表大会宣布社会主义改造基本完成，全国开始转入全面建设社会主义的探索时期。

从1956年至1966年的10年里，北京高等教育积极探索，在曲折的历程中得到较快发展。为适应北京经济建设和社会发展的需要，解决原有科技力量和各类专门人才的严重不足，北京师范学院、北京工业大学、北京第二医学院等一批市属高等学校相继建立。北京高等教育基本形成了以中央部属院校为骨干，学科众多、门类齐全、力量雄厚的教学和科研基地，为国家和北京市工农业发展和社会进步及国防建设培养了一大批专业技术人才，对国民经济的恢复、全面建设社会主义发挥了重要作用。

到1965年，北京共有高等学校55所，占全国高等学校总数（434所）的12.67%；在校学生数111435人，占全国高等学校在校生总数（53.40万人）的20.86%；在校研究生数达1100人，占全国研究生总数（3400人）的32.35%。全市每万人中大学生144人。专任教师总数23592人，占全国专任教师总数（13.81万人）的17.08%。1966年北京高等学校校园占地面积达1732万平方米，建筑面积达455万平方米。

在这10年中，随着全面建设社会主义建设进程的推进，党中央和中共北京市委积极总结高等教育发展和高等学校党的建设和思想政治工作经验教训，不断加强对高等学校工作的领导。高等学校普遍实行党委领导下的校长负责制，各级党组织的职责得到进一步规范，党的领导地位、党的委员会的作用和思想政治工作得到进一步加强，思想政治工作的职能、途径、方式方法得到进一步改进。

1965年12月，党的日常工作归口市委大学科学工作部管理的北京普通高等学校党委47个，党总支244个，党支部1858个，共有党员26359人。

高等学校党政领导人名录和任期

北京大学

党委第一书记	江隆基	1956.9—1957.10
	陆　平	1957.10—1966.5
党委第二书记	马适安	1956.9—1957.10
	江隆基	1957.10—1958.8
党委第三书记	马适安	1957.10—1958.10
党委副书记	张群玉（女）	1956.9—1963.2
	谢道渊	1956.9—1966.5

	史梦兰	1956. 9—1966. 3
	崔雄崑	1958. 8—1963. 1
	邹鲁风	1959. 5—10
	冯　定	1959. 5—1966. 5
	张学书	1960. 10—1966. 5
	戈　华	1962. 12—1966. 5
	彭珮云（女）	1964. 9—1966. 5
校　长	马寅初（回族）	1956. 9—1960. 3
	陆　平	1960. 3—1966. 5
副校长	江隆基	1956. 9—1958. 9
	汤用彤	1956. 9—1964. 4
	马适安	1956. 9—1958. 10
	周培源	1956. 11—1966. 5
	陆　平（兼）	1957. 10—1960. 3
	邹鲁风（兼）	1959. 3—10
	翦伯赞（维吾尔族）	1961. 12—1966. 5
	傅　鹰	1961. 12—1966. 5
	王竹溪	1961. 12—1966. 5
	魏建功	1961. 12—1966. 5
	黄一然	1962. 5—1966. 5
	戈　华（兼）	1963. 3—1966. 5

北京医学院

党委书记	曲　正	1956. 9—1959. 3
	杨　纯（女）	1960. 1—1966. 5
党委第一书记	曲　正	1959. 3—12

党委第二书记	杨　纯（女）	1957. 10—1960. 1
党委副书记	彭瑞骢	1956. 9—1966. 5
	阎　毅	1956. 9—1957. 12
	马　旭	1956. 9—1964. 11
	吴　静（女）	1956. 9—1966. 5
	张思齐	1959. 3—1966. 5
院　长	胡传揆	1956. 9—1966. 5
副院长	曲　正	1956. 9—1959. 12
	马　旭	1956. 9—1966. 5
	阎　毅	1956. 9—1957. 12
	张思齐	1959. 3—1966. 5
	吴朝仁	1963. 7—1966. 5
	朱章赓	1963. 12—1966. 5

清华大学

党委书记	蒋南翔	1956. 9—1966. 5
党委第一副书记	刘　冰	1956. 9—1966. 5
党委第二副书记	高　沂	1959. 2—1962. 10
党委副书记	艾知生	1956. 9—1966. 5
	高　沂	1962. 10—1966. 5
	陈舜瑶（女）	1956. 9—1962. 10
	胡　健	1956. 9—1966. 5
	何东昌	1956. 9—1966. 5
	李寿慈	1959. 2—1966. 5
监委书记	胡　健（兼）	1956. 9—1966. 5
校　长	蒋南翔	1956. 9—1966. 5

副校长	刘仙洲	1956. 9—1966. 5
	钱伟长	1956. 11—1958. 1
	陈士骅	1956. 11—1966. 5
	张　维	1956. 11—1966. 5
	高　沂	1962. 11—1964. 10
	李寿慈	1962. 11—1966. 5
	张子高	1962. 11—1966. 5
	赵访熊	1962. 11—1966. 5

中央工艺美术学院

1956年4月，成立筹备委员会。5月，国务院批准成立中央工艺美术学院。

党支部书记	邓　洁	1956. 11—1957. 2
	王景瑞	1957. 2—5
	陈叔亮	1957. 10—1958. 3
党支部副书记	王云凤（女）	1956. 11—1957. 10
党总支第一书记	张　仃	1959. 1—4
党总支第二书记	陈叔亮	1958. 4—1961. 4
党总支副书记	李曙明（女）	1958. 4—1961. 4
党委书记	刘鸿达	1961. 4—1966. 5
党委副书记	陈叔亮	1961. 4—1966. 5

院　长	邓　洁	1956. 11—1966. 5
副院长	雷圭元	1956. 11—1966. 5
	庞薰琹	1956. 11—1957. 10
	王景瑞	1957. 2—1958. 1
	陈叔亮	1957. 10—1966. 5
	张　仃	1957. 10—1966. 5

	刘鸿达	1961.4—1966.5

中国人民大学

党组书记	胡锡奎	1956.9—1956.10
党委书记	崔耀先	1956.9—1956.10
	胡锡奎	1956.10—1963.4
	郭影秋	1963.4—1966.5
党委副书记	刘寿彭	1956.9—10； 1958.10—1964.4
	聂　真	1956.10—1964.10
	邹鲁风	1956.10—1959.3
	崔耀先	1956.10—1966.5
	李培之（女）	1959.4—1965.2
	孙　泱	1964.6—1966.5
	赵德芳	1964.10—1966.5
监委书记	李逸三	1956.9—11； 1963.11—1964.3
	李培之（女）	1956.11—1959.4
	刘寿彭（兼）	1959.4—1963.11
	凌　静（女）	1964.3—1966.5

校　长	吴玉章	1956.9—1966.5
副校长	胡锡奎	1956.9—1963.4
	邹鲁风	1956.9—1959.4
	聂　真（兼）	1956.9—1964.10
	李培之（兼，女）	1959.4—1965.2
	崔耀先	1960.4—1966.5

	黄松龄	1960.10—1964.10
	郭影秋	1963.4—1966.5
	孙　泱（兼）	1964.6—1966.5

北京师范大学

党委书记	张　斧	1956.9—1956.12
	何锡麟	1956.12—1957.10
	刘墉如	1957.10—1964.10
	程今吾	1965.8—1966.5
党委第二书记	何锡麟	1957.10—1961.10
	程今吾	1962.12—1965.7
党委第一副书记	王正之	1957.10—1959.4
党委第二副书记	黄彦平	1957.10—1959.4
党委第三副书记	张　斧	1957.10—1959.4
党委副书记	陈　璨（女）	1956.9—12
	姚慧敏（女）	1956.9—12
	张　斧	1956.12—1957.10
	黄彦平	1956.12—1960.8
	方　铭（女）	1956.12—1957.10
	薛　迅（女）	1959.3—1965.7
	王正之	1959.4—1965.7
	马建民	1959.4—1966.5
	浦安修（女）	1959.4—1962.12
	周义中	1961.7—1964.4
	谢芳春	1965.8—1966.5
	石　森	1965.10—1966.5
监委书记	张　斧（兼）	1956.9—1959.4
	王正之（兼）	1959.4—1965.7

	谢芳春	1965.8—1966.5

校　长	陈　垣	1956.9—1966.5
第一副校长	何锡麟	1956.9—1957.10
	刘墉如	1957.10—1963.8
第二副校长	傅种孙	1956.9—1957.6
副校长	何锡麟	1957.10—1961.10
	马建民	1958.11—1966.5
	薛　迅（女）	1959.3—1966.5
	张　斧	1959.5—1961.3
	周义中	1961.3—1964.4
	程今吾	1962.10—1966.5
	刘墉如	1963.8—1964.10

北京航空学院

党委书记	武　光	1956.9—1960.7
	王　恒	1962.12—1966.5
党委第一书记	王　恒	1960.7—1962.12
党委第二书记	臧伯平	1958.4—1960.11
党委副书记	潘　梁	1956.9—1960.1
	程九柯	1956.9—1966.5
	马　文	1956.9—1960.11
	王大昌	1956.9—1966.5
	臧伯平	1960.11—1964.2
	武　光	1960.7—1962.12
	王敬明	1960.11—1962.12
	周天行	1962.8—1966.5

	刁震川	1960. 11—1962. 12
监委书记	程九柯	1960. 11—1966. 5
院　长	武　光	1956. 9—1963. 7
	王大昌（代理）	1963. 9—1965. 11；
		1965. 11—1966. 5
副院长	沈　元	1956. 9—1966. 5
	马　文	1956. 9—1961. 1
	王大昌	1956. 9—1963. 9
	王敬明	1962. 3—1966. 5
	张仲禹	1962. 3—1966. 5
	刁震川	1962. 3—1966. 5

北京工业学院

党委第一书记	魏思文	1956. 9—1962. 12
党委第二书记	刘雪初	1958. 1—1960. 2
党委第三书记	刘咸一	1956. 9—1960. 11
党委第四书记	尚　英	1956. 9—1962. 12
党委书记	魏思文	1962. 12—1966. 5
党委副书记	宗凤鸣	1956. 9—1957. 1
	郑　干	1956. 9—1966. 5
	李　森	1950. 7—1963. 1
	李淑仪	1960. 7—1966. 5
	时　生	1960. 11—1966. 5
	尚　英	1962. 12—1966. 5
院　长	魏思文	1956. 9—1966. 5

副院长	刘咸一	1956. 9—1960. 9
	尚　英	1956. 9—1966. 5
	李麟玉	1957. 3—1966. 5
	周发岐	1957. 3—1966. 5
	高庆春	1958. 2—1960. 9
	李　森	1960. 4—1966. 5
	李振生	1960. 9—1966. 5
	时　生	1961. 10—1966. 5
	齐　尧	1961. 12—1966. 5

北京农业大学

党委书记	施　平	1956. 9—1960. 1
	陈漫远（壮族）	1960. 1—1963. 11
	高鹏先（代理）	1963. 12—1964. 4
	王观澜	1964. 4—1966. 5
党委副书记	吴汝焯	1956. 9—1957. 11
	吕桓甲	1956. 9—1958. 3
	冯慧德	1956. 12—1964. 4
	陈　阵	1957. 4—1962. 12
	郝　文	1958. 3—1966. 5
	高鹏先	1961. 2—1966. 5
	吴汝焯	1964. 4—1965. 9
	史向生	1965. 7—1966. 5
	王明远	1965. 8—1966. 5
监委书记	吕桓甲（兼）	1956. 9—1958. 3
	冯慧德（兼，女）	1958. 3—1964. 3
	王玉轩（兼）	1965. 4—1965. 9
	史向生（兼）	1965. 9—1966. 5

校　长	孙晓村	1956. 9—1959. 11
	陈漫远（壮族）	1959. 12—1963. 11
	王观澜	1964. 6—1966. 5
副校长	施　平	1956. 9—1959. 12
	沈其益	1956. 12—1966. 5
	傅清华	1960. 1—1961. 10
	高鹏先	1961. 2—1966. 5
	史向生	1965. 5—1966. 5
	王明远	1965. 8—1966. 5

北京农业机械化学院

党总支书记	徐香圃	1956. 9—11
党委书记	徐香圃	1956. 11—1957. 3
	孙景鲁	1957. 3—1958. 5
	徐觉非	1958. 5—1959. 9
	李菁玉	1959. 9—1961. 9
	王更生	1961. 9—1966. 5
党委副书记	徐香圃	1957. 3—1960. 4
	白力行	1957. 9—1963. 9
	孙达生	1957. 9—1959. 10
	臧珍五	1960. 4—1966. 5
	杨　钦	1960. 4—1966. 5
	周婉如（女）	1964. 8—1966. 5
监委书记	杨　钦（兼）	1960. 5—1962. 11
	白力行（兼）	1962. 11—1963. 7
	高峻嶽	1964. 6—1966. 5

院　长	徐党非	1956.9—1959.9
	李菁玉	1959.9—1961.9
	王更生（代理）	1961.9—1963.6
	佟　磊	1963.6—1966.5
副院长	孙文郁	1956.9—1966.5
	孙景鲁	1956.9—1958.5
	孙达生	1957.10—1959.10
	高学志	1959.9—11
	臧珍五	1959.11—1966.5

北京钢铁工业学院

1960年2月，北京钢铁工业学院更名为北京钢铁学院。

党委第一书记	高芸生	1956.9—1963.3
党委第二书记	魏景昌	1956.9—1963.3
党委书记	高芸生	1963.3—1966.5
党委副书记	林　楠（女）	1956.9—1966.5
	郭大同	1959.1—3
	李　文	1963.3—1966.5
	刘少华	1963.3—1965.9
	马纪民	1964.9—1966.5
监委书记	林　楠（兼，女）	1956.9—1966.5

院　长	高芸生	1956.9—1966.5
副院长	魏景昌	1956.9—1964.10
	张文奇	1956.9—1966.5
	李　文	1963.2—1966.5

北京邮电学院

党委书记	钟夫翔	1956.9—1956.11
	孟贵民	1956.12—1958.1
	杨思九	1958.1—1966.5
党委副书记	秦华礼	1956.12—1959.2
	张书田	1956.12—1959.10
	方　刚	1956.12—1965.7
	赵　磊（女）	1959.5—1966.5
	张惠仁	1965.7—1966.5
院　长	钟夫翔	1956.9—11
	孟贵民（代理）	1956.11—1957.10；
		1957.10—1966.5
副院长	孟贵民	1956.10—11
	卢宗澄	1956.10—1957.9
	林启琛	1956.11—1959.4
	施光迪	1957.9—1959.10
	杨思九	1957.11—1959.10
	刘砚田	1959.4—1966.5
	周元亮	1959.10—1964.1

北京化工学院

1958年7月，化工部在北京筹建北京化工学院。1958年9月，北京化工学院成立。

党委书记	马芳庭	1959.3—1966.5
党委第一副书记	周　静	1958.12—1959.3

党委副书记	李云之	1958.10—1963.2
	周　静	1959.3—1966.5
监委书记	李云之（兼）	1962.12—1964.10
院　长	李　苏	1958.8—1960.12
	马芳庭	1960.12—1966.5
副院长	赵君陶（女）	1958.8—1966.5
	顾德全	1958.8—1966.5
	马金池	1962.7—1966.5

北京铁道学院

党委书记	王孝慈	1956.9—1959.3
	钱应麟	1959.12—1961.3
	彭伯周	1961.4—1966.5
党委副书记	张绪潭	1956.9—1966.5
	李德仁	1956.9—1962.8
	宋诚德	1958.11—1961.12
	王　路	1958.11—1962.8
	丁　农	1961.4—1962.11
	陈迪威	1962.3—1966.5
院　长	王孝慈	1956.9—1959.3
	钱应麟	1959.12—1961.3
	彭伯周	1961.4—1966.5
副院长	李德仁	1956.9—1966.5
	钟皿浪	1956.9—1965.6
	王　路	1960.9—1966.5
	宋诚德	1961.12—1966.5

	陈迪威	1962. 3—1966. 5
	丁　农	1962. 11—1966. 5

北京广播学院

1959 年 9 月，北京广播专科学校更名，成立北京广播学院。

党委书记	周新武（兼）	1959. 9—1966. 5
	左　荧	1963. 7—1966. 5
党委副书记	左　荧	1959. 9—1963. 7
	顾　湘（女）	1959. 9—1966. 5
	倪正义	1959. 9—1966. 5
院　长	周新武（兼）	1959. 9—1966. 5
副院长	左　荧（兼）	1959. 9—1966. 5
	周云庭	1959. 9—1966. 5
	刘永喋	1959. 9—1966. 5

北京地质学院

1957 年 1 月，北京地质学院曾更名为北京地质勘探学院。1958 年 10 月，恢复北京地质学院校名。

党委书记	陈子谷	1956. 9—1957. 4
	刘　型	1957. 4—1958. 9
党委第一书记	高元贵	1958. 9—1965. 9
党委第二书记	肖　英	1958. 9—1962. 1
	王　焕	1965. 9—1966. 5
党委副书记	韩代望	1956. 9—1957. 4
	肖　英	1957. 4—1958. 8；

		1962.1—1963.3
	尹凤翔	1957.4—1962.1
	周守成	1958.9—1966.5
	聂　克	1958.9—1966.5
	丰　原（女）	1963.3—1966.5
	李庚尧	1963.3—1966.5
院　长	刘　型	1956.9—1958.6
	高元贵	1958.6—1966.5
副院长	路　拓	1956.9—10
	王鸿祯	1956.11—1958.2
	肖　英	1957.2—1963.3
	张席禔	1957.2—1965
	陈子谷	1957.2—1958.2
	袁见齐	1963.9—1966.5
	马杏垣	1963.9—1966.5
	周守成	1963.9—1966.5

北京石油学院

党委书记	贾　皞	1956.9—12
	闫子元	1956.12—1963.12
	刘长亮	1963.12—1966.5
党委副书记	严振海	1956.9—12
	孙卓夫	1956.9—1966.5
	张定一	1956.12—1960.6
	贾　皞	1956.12—1966.5
	李　风（女）	1956.12—1962.12

	石　生（女）	1960. 6—1966. 5
	张　楷	1960. 6—1966. 5
监委书记	刘永昌	1956. 12—1959. 3
	李　风（女）	1959. 3—1960. 6
	石　生（女）	1960. 6—1966. 5
院　长	闫子元	1956. 9—1963. 9
	贾　皞（代理）	1965. 8—1966. 5
副院长	张定一	1956. 9—1960. 2
	孙卓夫	1956. 9—1966. 5
	曹本熹	1957. 5—1962. 12
	贾　皞	1960. 9—1965. 8
	李　风（女）	1960. 9—1962. 12
	朱亚杰	1963. 10—1966. 5
	杨光华	1965. 11—1966. 5

北京电力学院

1958 年 9 月，北京电力学院成立。

筹建办公室主任	董一博	1958. 9—9
筹建办公室副主任	宫志坚	1958. 9—9
党委书记	方　琛	1959. 2—1960. 7
	杨继先	1961. 5—1966. 5
党委副书记	梁　超	1961. 5—1966. 5
院　长	方　琛	1959. 2—1960. 7
	杨继先（代理）	1961. 1—1966. 5

副院长	梁　超（兼）	1959. 2—1966. 5
	李　峰	1959. 2—1965. 5
	姜　珊（女）	1960. 1—1965. 5
	林　燃	1962. 4—1965. 3
	逯昆玉（兼）	1962. 11—1966. 5
	董一博	1962. 12—1966. 5

北京林学院

党总支书记	李相符	1956. 9—1957. 1
党总支副书记	梁少克	1956. 9—12
	宋辛夷	1956. 9—12
党委书记	李相符	1957. 1—1958. 9
	杨锦堂（代理）	1957. 3—10
	张纪光（代理）	1957. 10—1958. 10; 1958. 10—1960. 11
	王友琴	1960. 11—1966. 5
党委副书记	梁少克	1956. 12—1957. 5
	宋辛夷	1956. 12—1957. 7
	杨锦堂	1957. 1—1966. 5
	李韶川	1957. 1—1960. 2
	张　龠	1957. 3—1958. 11
	杨　先	1958. 8—1961. 1
	单　洪	1959. 10—1966. 5
	许　静	1962. 7—1966. 5

院　长	李相符	1956. 9—1962. 12
	胡仁奎	1961. 2—1966. 5
副院长	杨锦堂	1956. 9—1966. 5

	单　洪	1959. 10—1966. 5
	王友琴	1960. 11—1966. 5
	张广图	1964. 7—1966. 5

北京中医学院

党支部书记	陈育鸣	1956. 10—1957. 7
党支部副书记	沈玉峰	1956. 11—12
党总支书记	黄开云	1957. 10—1961. 5
党总支副书记	黄世燮	1958. 1—1959. 6
党委书记	王发武	1961. 5—1963. 7
党委副书记	黄世燮	1959. 6—1965. 1
	李忠诚	1965. 1—1966. 5
院　长	黄开云	1957. 11—1961. 1
	王发武（兼）	1961. 5—1963. 7
	陈育鸣	1957. 1—9
副院长	卢星文	1957. 1—1966. 5
	杨礼慈	1959. 7—1966. 5
	黄升仁	1959. 7—1966. 5
	杨　治	1964. 7—1966. 5

北京俄语学院

1955 年 6 月，由北京俄文专修学校更名为北京俄语学院。

党委书记	张锡俦（兼）	1955. 6—1959. 1
党委副书记	杨　岗	1955. 6—1959. 1
	高秀山	1955. 6—1959. 1

院　长	张锡俦	1955.6—1958.12
副院长	杨化飞	1955.6—1958.12

北京外国语学院

1959年1月，北京俄语学院并入北京外国语学院。1964年9月，学院党的关系由北京市委改隶外交部党委领导。

临时党委书记	刘　柯	1956.9—1957.2
临时党委第一书记	张锡俦	1956.9—1964.8
临时党委第二书记	刘　柯	1959.2—1963.5
临时党委副书记	郝金禄	1956.9—1957.2
	杨　岗	1959.2—1962.8
	高秀山	1959.2—1960.3
	郝金禄	1959.2—1962.2
	崔定远	1962.7—1964.9
临时监委书记	高秀山	1959.2—1959.8； 1959.8—1962.11（兼）
	崔定远（兼）	1962.11—1964.9

院　长	刘仲容	1956.9—1959.2
	张锡俦	1959.2—1964.9
副院长	刘　柯	1956.9—1959.2
	李棣华	1956.9—1959.2
	刘仲容	1959.2—1964.9
	刘　柯	1959.2—1964.9
	李棣华	1959.2—1964.9

杨化飞　　1959. 2—1964. 9

外国留学生高等预备学校

1962 年 6 月，北京外国语学院外国留学生办公室和出国留学生预备部合并，成立外国留学生高等预备学校。1964 年 6 月，更名为北京语言学院。

临时党委书记　王亦山　1962. 6—1963. 4
临时党委副书记　郝金禄　1962. 6—1963. 4
党委书记　王亦山　1963. 4—1964. 6
党委副书记　郝金禄　1963. 4—1964. 6

校　长　王亦山　1962. 6—1964. 6

北京语言学院

党委书记　王亦山　1964. 6—1966. 5
党委副书记　郝金禄　1964. 6—1966. 2
　　冯　凌（女）　1964. 11—1966. 5

院　长　王亦山　1964. 6—1966. 5

北京体育学院

党总支书记　赵　斌　1956. 9—1957. 2
党总支副书记　倪瑞江　1956. 9—1957. 2
　　田日新　1956. 9—1957. 2

党委书记　钟师统　1957. 2—1966. 5

党委副书记	倪瑞江	1957.2—1960.1
	李树平	1957.2—1966.5
	李东敏	1960.2—1966.5
监委书记	赵　斌	1957.2—1959.4
	李树平	1959.4—1966.5
院　长	钟师统	1956.9—1966.5
副院长	徐英超	1956.9—1966.5
	赵　斌	1956.9—1960.6
	邓乙真	1959.2—1966.5
	王任山	1961.6—1966.5
	宋君复	1962.11—1966.5

中央民族学院

1951年6月，中央民族学院成立。1957年4月，党的关系转到北京市委。

党委书记	苏克勤	1957.4—1963.10
	陈　林	1963.10—1966.5
党委副书记	贺致平	1957.4—1963.10
	宗　群	1957.4—1966.5
	李春霖（女）	1961.9—1966.5
	宋　筠	1963.10—1966.5
院　长	刘格平（兼，回族）	1957.4—1961.7
	刘　春（兼）	1961.7—1966.5
副院长	费孝通	1957.4—10
	苏克勤（兼）	1957.4—1963.10
	彭华蓭（回族）	1959.8—1966.5

	贺致平（兼）	1957.4—1963.10
	熊寿祺	1957.4—1966.5
	杨　辛（回族）	1957.4—1958.10
	宗　群（兼）	1957.4—1966.5
	严信民	1957.4—1966.4
	夏康农	1957.4—1966.5
	陈　林（兼）	1963.10—1966.5
	宋　筠（兼）	1963.10—1966.5

北京对外贸易学院

党委书记	李秋野	1956.9—1966.5
党委副书记	王晓楼	1956.9—1966.5
	崔　哲	1956.9—1958.7； 1960.10—1966.5
	赵树荣	1956.9—1958.7
	卢　铁	1956.9—1966.5
	张玉璞	1960.10—1964.7
	刘　征	1965.10—1966.5
监委书记	崔　哲	1956.9—1958.9
	卢　铁	1958.10—1966.5
院　长	解学恭	1956.9—1958.9
	李秋野	1958.9—1966.5
副院长	王晓楼	1956.9—1966.5
	李秋野	1956.9—1958.9
	马乃庶	1956.9—1966.5
	李寿慈	1956.9—1958.9

北京矿业学院

党委书记	吴子牧	1956. 9—1961. 3
	杨长春	1961. 6—1963. 10
	张学文	1963. 10—1966. 5
党委副书记	陈一凡	1956. 12—1966. 5
	魏　明	1956. 12—1963. 2
	王荣祥	1958. 1—1963. 12
	李光远	1961. 6—1966. 5

院　长	吴子牧	1956. 9—1961. 3
	陈一凡	1961. 8—1966. 5
副院长	陈一凡	1956. 9—1961. 8
	何　杰	1956. 10—1966. 5
	周兰田	1957. 5—1958. 5
	王荣祥	1957. 10—1963. 12
	霍　明	1961. 6—1966. 5
	魏　明	1961. 6—1963. 2
	邝寿堃	1961. 6—1966. 5

中央财政金融学院

1960 年 1 月，在中央财政金融干部学校的基础上成立中央财政金融学院。

党委书记	贝仲选	1960. 9—1962. 6
	秦穆伯	1962. 6—1965. 5
	陈如龙	1965. 5—1966. 5

党委副书记	秦穆伯	1960. 9—1962. 6； 1965. 5—1966. 5
	姜明远	1960. 9—1966. 5
	武冠英	1962. 6—1966. 5
	张建皓	1965. 1—1966. 5
院　长	贝仲选（兼）	1960. 7—1961. 4
	陈如龙（兼）	1964. 10—1966. 5
副院长	秦穆伯	1960. 7—1962. 5
	姜明远	1960. 7—1966. 5
	张焕彩	1964. 10—1966. 5

北京政法学院

临时党组书记	刘镜西	1956. 9—1957. 1
临时党组副书记	刘　昂	1956. 9—1957. 1
党委书记	刘镜西	1957. 3—1966. 5
党委副书记	郭　迪	1956. 9—1966. 5
	徐敬之	1957. 3—1966. 5
	鲁　直（女）	1957. 3—1966. 5
	李进宝	1957. 4—1966. 5
	吕子明	1965. 10—1966. 5
监委书记	徐敬之	1957. 1—1966. 5
院　长	钱端升	1956. 9—1957. 6
副院长	刘镜西	1956. 9—1966. 5
	李进宝	1956. 11—1966. 5
	周俊烈	1958. 2—1961. 8
	朱寄云	1963. 10—1966. 5

	郭　纶	1965. 5—1966. 5

中央美术学院

党总支书记	王曼硕	1956. 9—1957. 7
	王子成	1957. 11—1958. 3
党总支副书记	洪　波	1956. 9—1957. 7
	张　仃	1957. 11—1958. 3
	孙洪绪	1957. 11—1958. 3
党委书记	陈　沛	1958. 3—1965. 8
	陈　播（代理）	1965. 9—1966. 5
党委副书记	齐　速	1958. 3—1961. 6
	李　文（女）	1961. 12—1965. 8
	罗光达	1966. 1—5
院　长	江　丰（代理）	1956. 9—1957. 7
	吴作人	1958. 2—1966. 5
副院长	王曼硕	1956. 9—1958. 6
	吴作人	1956. 9—1958. 2
	刘开渠	1960. 4—1966. 5
	张启仁	1963. 10—1966. 5
	罗达光	1965. 12—1966. 5

中央音乐学院

1949 年 9 月，在天津组建成立，同年 12 月命名为中央音乐学院。1958 年 6 月，中央音乐学院由天津迁到北京。

党委书记	赵　沨	1958. 6—1966. 5

党委副书记	刘锋锐（女）	1958. 6—1966. 5
监委书记	刘锋锐（兼，女）	1961. 11—1966. 5
院　长	马思聪	1958. 6—1966. 5
副院长	赵　沨	1958. 6—1966. 5
	江定仙	1961. 4—1966. 5
	喻宜萱（女）	1961. 4—1966. 5

中央戏剧学院

1950 年 4 月，中央戏剧学院建院，是以华北大学三部为基础，与东北鲁迅艺术学院戏剧组、南京国立戏剧专科学校合并组建。1957 年 11 月，学院党组织关系转到中共北京市委。

党委书记	沙可夫	1957. 11—1961. 9
	李伯钊（女）	1961. 11—1966. 5
党委副书记	李伯钊（女）	1957. 11—1964. 10
	罗光达	1957. 11—1965. 5
	陈　阵	1963. 8—1964. 8
	阮若珊（女）	1964. 10—1966. 5
	杨　蔚	1964. 10—1966. 5
	武人文	1965. 11—1966. 5
院　长	欧阳予倩	1957. 11—1962. 9
副院长	曹　禺	1957. 11—1966. 5
	沙可夫	1957. 11—1961. 9
	李伯钊（女）	1957. 11—1966. 5
	罗光达	1958. 3—1965
	白　鹰	1964. 10—1966. 5

北京纺织工学院

1959 年 2 月，由北京纺织干部学校改建，成立北京纺织工学院。1961 年 7 月，北京纺织工学院改名为北京化学纤维工学院。

临时党委书记	严　端	1959. 10—1960. 10
临时党委副书记	侯希如	1959. 10—1961. 7
	郭启明	1960. 1—1961. 7
	严　端	1960. 1—8

北京化学纤维工学院

党委书记	侯希如（代理）	1964. 10—1966. 5
党委副书记	侯希如	1961. 7—1964. 10
	陈佩文	1964. 10—1966. 5
监委书记	陈佩文（兼）	1965. 2—1966. 5
院　长	张方佐（兼）	1962. 2—1964. 8
	陈维稷（兼）	1964. 8—1966. 5
副院长	郭启明	1961. 7—1966. 5
	郭　超（女）	1962. 11—1964. 8
	兰　健（女）	1965. 1—1966. 5

北京轻工业学院

1958 年 6 月，北京轻工业学院成立。1960 年 1 月，北京轻工业学院党组织关系转至中共北京市委。

党委书记	朱　康	1960. 1—1966. 5

党委副书记	黄　纪	1960. 1—1966. 5
	刘亚平	1960. 1—1966. 5
	丁立之	1960. 1—1966. 5
院　长	朱　康	1960. 1—1966. 5
副院长	黄　纪	1960. 1—1966. 5
	刘亚平	1960. 1—1966. 5
	丁立之	1960. 1—1966. 5
	顾　明	1963—1966. 5
	郭　迨	1964—1966. 5

北京商学院

1960 年 3 月，北京商学院成立。1961 年 3 月，北京商学院党组织关系转至中共北京市委。

党委书记	阎顾行	1961. 3—1962. 11
	牛荫冠	1962. 12—1963. 7
	王文波	1964. 10—1966. 5
党委副书记	李健文	1961. 3—材料不详
	杨用之	1961. 3—材料不详
	李佐民	1962. 9—1964. 5
	曲介甫	1965. 5—1966. 5
院　长	阎顾行	1961. 3—1963. 12
	牛荫冠	1963. 12—1964. 10
	王文波	1964. 10—1966. 5
副院长	杨用之	1961. 3—1966. 5
	傅乐亭	1961. 4—1966. 5
	李佐民	1962. 4—1964. 5

	罗乃棠	1962.6—1966.4
	徐庆川	1962.6—1964
	黄肇兴	1963.9—1964
	云　琦	1964.7—1966.5
	史　冲	1964.7—1966.5
	曲介甫	1964.7—1966.5

北京机械学院

1958年7月，北京机械学院成立。

党委书记	郭良才	1958.9—1966.5
党委副书记	石　侠（女）	1958.9—1966.5
院　长	魏士珍	1958.12—1961.2
	郭良才	1961.9—1966.5
副院长	高锡金	1958.12—1966.5
	杨超伦	1958.12—1966.5
	石　侠（女）	1961.2—1966.5

北京第二外国语学院

1964年3月，北京第二外国语学院筹建，同年10月，北京第二外国语学院正式成立。

建校筹备小组组　长	陈忠经	1964.3—1964.9
建校筹备小组副组长	宋常华	1964.3—1964.9
	金畅如	1964.3—1964.9
领导小组组长	张天恩	1964.9—1964.12

领导小组副组长	唐　恺	1964. 9—1964. 12
	翟良超	1964. 9—1964. 12
党委书记	李　昌	1964. 12—1966. 5
党委副书记	张天恩	1964. 12—1966. 5
	张书田	1965. 5—1966. 5
院　长	李　昌	1964. 10—1966. 5
副院长	张天恩	1964. 12—1966. 5
	唐　恺	1964. 12—1966. 5
	翟良超	1964. 12—1966. 5
	彭　平	1964. 12—1966. 5

中国音乐学院

1964 年 9 月，中国音乐学院成立。由原北京艺术学院和中央音乐学院的部分科系，以及中国音乐研究所组成。

党委书记	安　波	1964. 10—1965. 6
	马　可（代理）	1965. 6—1966. 5
党委副书记	叶　茵（女）	1964. 10—1966. 5
院　长	安　波	1964. 10—1965. 6
	马　可（代理）	1965. 6—1966. 5
副院长	马　可	1964. 10—1966. 5
	关鹤童（锡伯族）	1964. 10—1966. 5

北京电影学院

1956年6月，北京电影学院成立。前身是1950年6月创建的文化部电影局表演艺术研究所。1959年1月，学院党的关系转至中共北京市委。

党委书记	章　泯	1959.1—1964.10
	钟敬之	1964.10—1966.5
党委副书记	钟敬之	1961.7—1964.10
	鲁　明	1961.7—1966.5
	申　伸（女）	1964.10—1966.5
监委书记	钟敬之	1961.7—1964.10
	申　伸（女）	1964.10—1966.5
院　长	王阑西	1956.9—1959.12
	章　泯（代理）	1959.12—1961.7；
		1961.7—1966.5
副院长	章　泯	1956.9—1961.6
	钟敬之	1956.9—1966.5
	吴印咸	1956.9—1966.5
	卢　梦	1956.9—1959.6
	赵　明	1963.10—1966.5

北京工业大学

1960年10月，北京工业大学成立。

筹备处党支部书　记	尹凤翔	1960.1—1960.10
党总支书记	尹凤翔	1960.10—1961.1

党委书记	李　晨	1961. 1—1964. 7
	宋　硕	1964. 5—1966. 5
党委副书记	尹凤翔	1961. 1—1966. 5
	郭德远	1964. 11—1966. 5
校　长	李　晨	1961. 1—1964. 7
	朱兆雪	1964. 8—1965. 5
副校长	朱兆雪	1961. 9—1964. 8
	沈尔林	1961. 9—1966. 5
	樊恭烋	1964. 7—1966. 5

北京师范学院

1962 年 7 月，北京工农师范学院、北京体育师范学院并入北京师范学院。1964 年 1 月，北京艺术学院和北京师范专科学校的部分教师和干部并入北京师范学院。

党总支书记	吴瑞章	1956. 9—1957. 4
党委书记	凌　莎（女）	1957. 4—1958. 6
	鲍成吉（满族）	1958. 10—1962. 1
	杨伯箴	1962. 1—1964. 3
	冯佩之	1965. 11—1966. 5
党委副书记	吴瑞章	1957. 10—1958. 9
	田珮之	1957. 4—1958. 8
	鲍成吉（满族）	1958. 1—10； 1962. 1—8
	王朝品	1958. 1—1960. 10
	施宗恕	1958. 10—1962. 11
	高秀山	1962. 1—1966. 5
	马　驰	1962. 11—1966. 5

	刘寿彭	1965.9—1966.5
监委书记	王朝品	1958.10—1960.10
	张毓珣（女）	1960.10—1961.9
	高秀山	1961.12—1966.5
院　长	凌　莎（女）	1956.9—1958.6
	杨伯箴	1961.11—1964.3
	冯佩之	1965.11—1966.5
副院长	田珮之	1957.1—1966.5
	鲍成吉（满族）	1958.1—1962.10
	马　驰	1962.11—1966.5
	刘寿彭	1965.9—1966.5

北京第二医学院

1960年10月，北京第二医学院建校。

党支部书记	王维坚	1960.5—6
	陈　化（女）	1960.6—1961.1
党总支书记	陈　化（女）	1961.1—1963.2
党委书记	冯佩之	1963.2—1965.1
	王新春	1965.1—1966.5
党委副书记	陈　化（女）	1965.7—1966.5
院　长	吴阶平	1966.3—1966.5
副院长	吴阶平	1960.3—1966.3
	吴之汉	1961.12—1966.5

北京劳动学院

1958 年 10 月，北京劳动学院成立。1963 年 7 月，北京劳动学院改名为北京经济学院。

党委书记	庄玉铭	1958. 11—1963. 7
党委副书记	赵通亨	1958. 11—1963. 7
	卫佐民	1958. 11—1963. 7
院　长	庄玉铭	1958. 11—1963. 7
副院长	张光天	1958. 11—1960. 6
	王振儒	1958. 11—1963. 7
	卫佐民	1958. 11—1963. 7

北京经济学院

党委书记	庄玉铭	1963. 7—1965. 9
	卫佐民	1965. 9—1966. 5
党委副书记	赵通亨	1963. 7—1966. 5
	卫佐民	1963. 7—1965. 9
	张　雨	1965. 6—1966. 5
	林　军	1965. 6—1966. 5
	崔晓涛	1965. 7—1966. 5
院　长	庄玉铭	1963. 7—1965. 9
	卫佐民	1965. 9—1966. 5
副院长	王振儒	1963. 7—1965. 8
	卫佐民	1963. 7—1965. 9

	崔晓涛	1965.7—1966.5
	宋子成	1965.8—1966.5
	赵通亨	1963.7—1966.5

北京体育师范学院

1960年3月，北京体育师范学院成立，是在原北京体育学校的基础上创办的。1962年9月，北京体育师范学院并入北京师范学院。

党总支书记	林毅忠	1960.3—1962.9
党总支副书记	黎　超	1960.3—1962.9
院　长	林毅忠（兼）	1960.3—1962.9

北京农业劳动大学

1965年2月，在北京农业学校的基础上建立北京农业劳动大学。

党委书记	杨　舟	1965.1—1965.5
	崔旭东	1965.5—1966.5
党委副书记	杨　舟	1965.5—1966.5
校　长	杨　舟	1965.1—5
	崔旭东	1965.5—1966.5
副校长	周文仲	1965.1—2
	陈赞元	1965.1—2
	王乃生	1965.1—2
	杨　舟	1965.5—1966.5
	赵乃光	1965.5—1966.5

北京电视大学

1960年3月，北京电视大学成立。这是我国第一所电视学校。1964年3月，北京电视大学建立党支部，党的组织关系在北京市教育局，1964年9月，北京电视大学党支部隶属北京市高等教育局机关党总支。

领导小组组长	薛成业	材料不详
领导小组成员	孟启予	材料不详
	崔雄昆	材料不详
	黄彦平	材料不详
校　长	吴　晗（兼）	1964. 11—1966. 5
副校长	魏　明（兼）	1964. 11—1966. 5
	薛成业（兼）	1964. 11—1966. 5

北京教师进修学院

党支部书记	薛成业	1956. 9—1961. 5
党支部副书记	方道霖（女）	1956. 9—12
	张印斗	1956. 12—1961. 5
党总支书记	周　平（女）	1961. 5—1962
	张印斗	1962—1966. 5
院　长	薛成业（兼）	1956. 10—1966. 7
副院长	胡朝芝（女）	1956. 10—1959. 4
	张　夫	1957. 8—1964. 3
	陈哲文	1958. 9—1966. 5
	周　平（女）	1960. 8—1966. 5
	张印斗	1964. 4—1966. 5

基本完成社会主义改造和开始全面建设社会主义时期北京普通高等学校校名沿革表

（1949.10–1966.5）

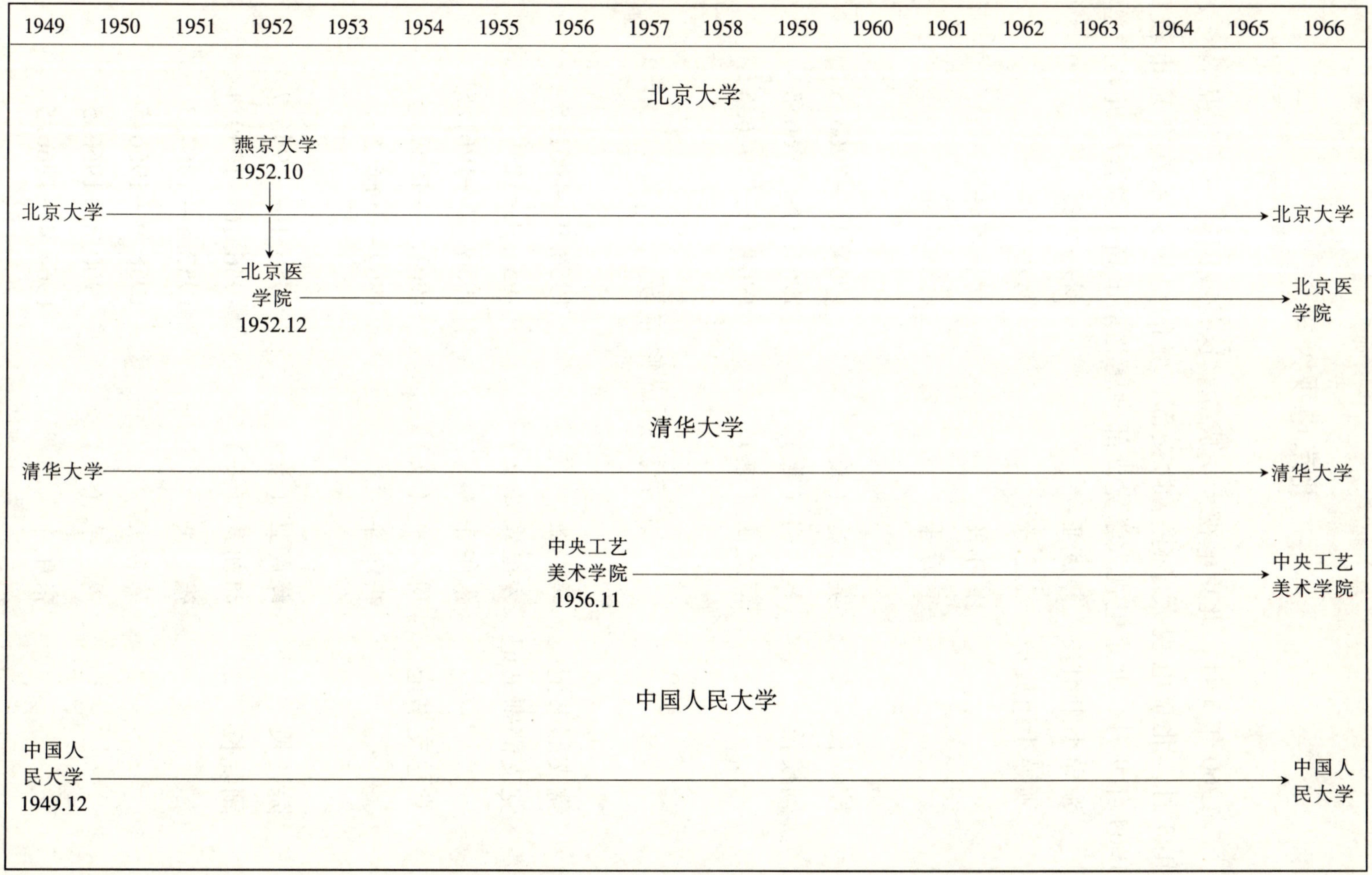

1949 1950 1951 1952 1953 1954 1955 1956 1957 1958 1959 1960 1961 1962 1963 1964 1965 1966

北京大学

燕京大学
1952.10

北京大学 → 北京大学

北京医学院
1952.12
→ 北京医学院

清华大学

清华大学 → 清华大学

中央工艺美术学院
1956.11
→ 中央工艺美术学院

中国人民大学

中国人民大学
1949.12
→ 中国人民大学

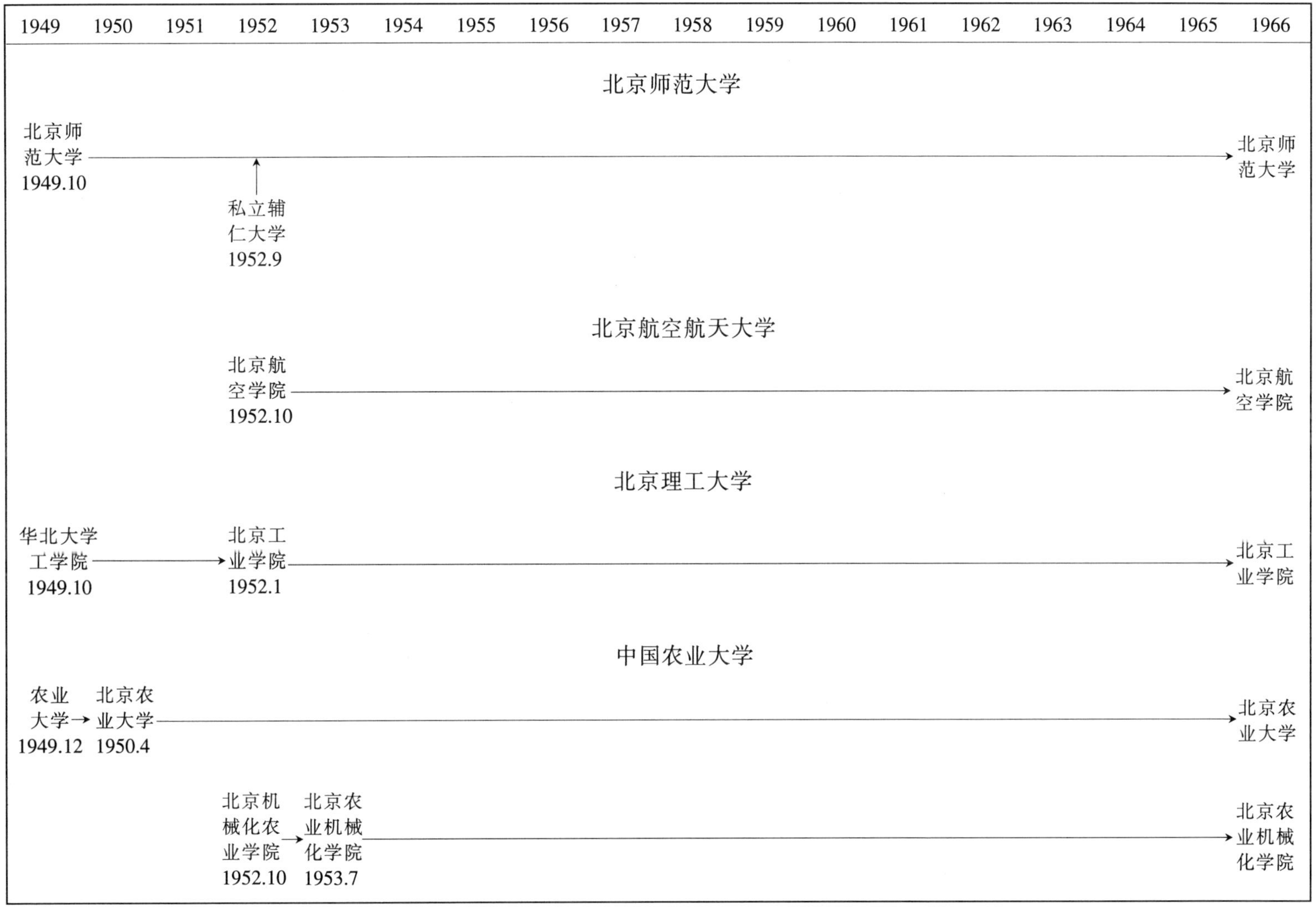

1949 1950 1951 1952 1953 1954 1955 1956 1957 1958 1959 1960 1961 1962 1963 1964 1965 1966

北京师范大学

北京师范大学 1949.10 → 北京师范大学

私立辅仁大学 1952.9 → 北京师范大学

北京航空航天大学

北京航空学院 1952.10 → 北京航空学院

北京理工大学

华北大学工学院 1949.10 → 北京工业学院 1952.1 → 北京工业学院

中国农业大学

农业大学 1949.12 → 北京农业大学 1950.4 → 北京农业大学

北京机械化农业学院 1952.10 → 北京农业机械化学院 1953.7 → 北京农业机械化学院

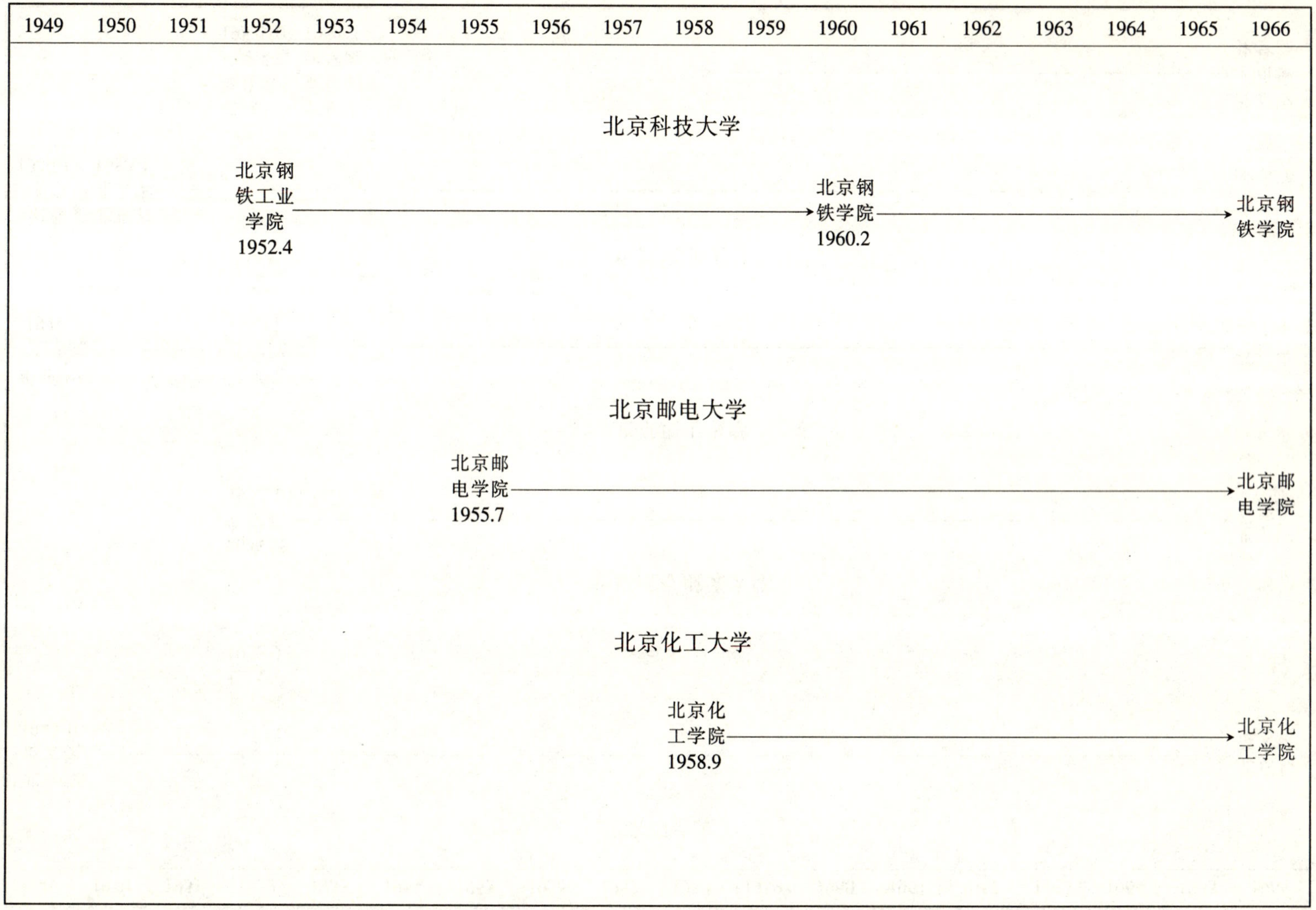

1949 1950 1951 1952 1953 1954 1955 1956 1957 1958 1959 1960 1961 1962 1963 1964 1965 1966

北京科技大学

北京钢铁工业学院 1952.4 → 北京钢铁学院 1960.2 → 北京钢铁学院

北京邮电大学

北京邮电学院 1955.7 → 北京邮电学院

北京化工大学

北京化工学院 1958.9 → 北京化工学院

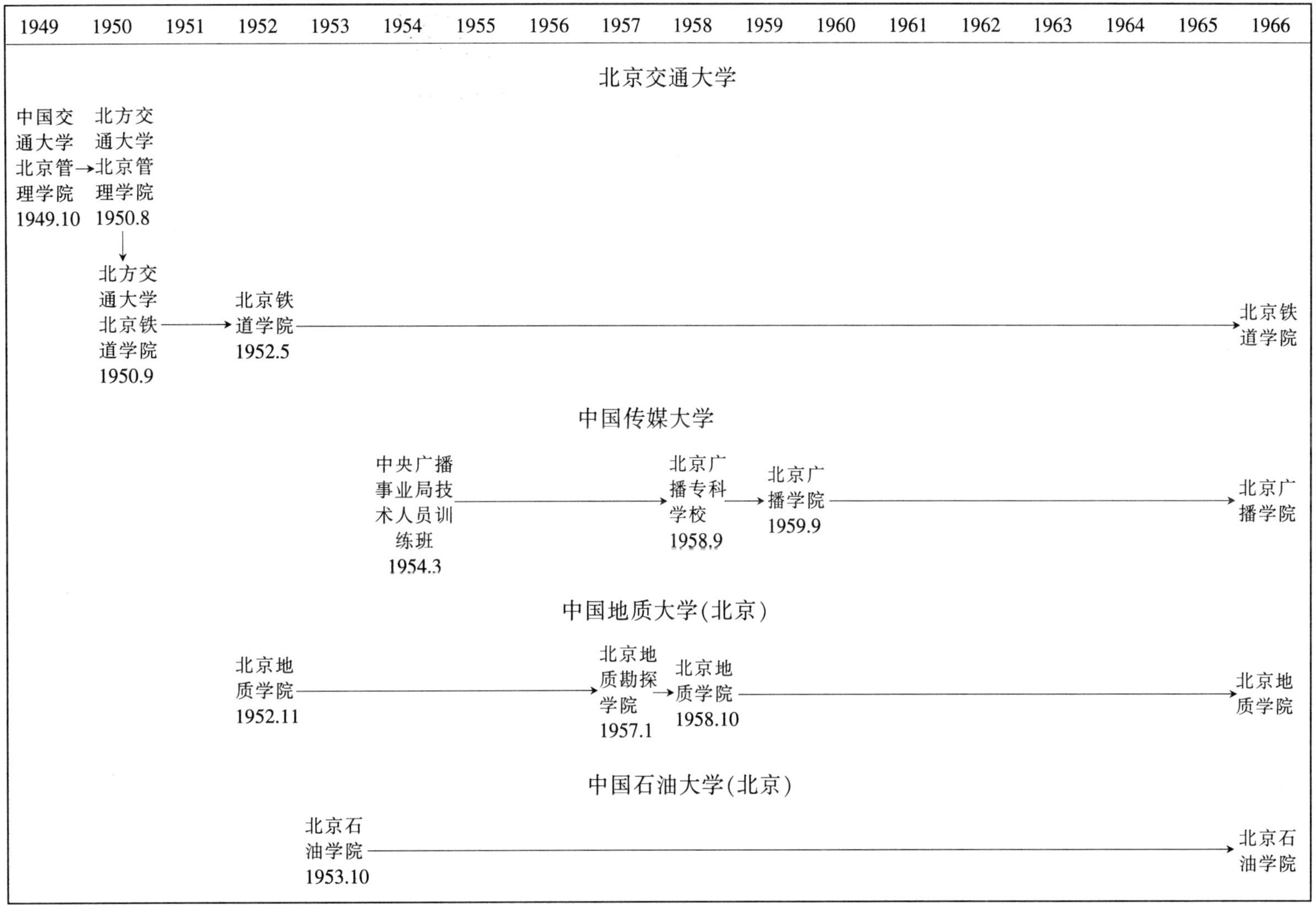

1949 1950 1951 1952 1953 1954 1955 1956 1957 1958 1959 1960 1961 1962 1963 1964 1965 1966

北京交通大学

中国交通大学北京管理学院 1949.10 → 北方交通大学北京管理学院 1950.8 → 北方交通大学北京铁道学院 1950.9 → 北京铁道学院 1952.5 → 北京铁道学院

中国传媒大学

中央广播事业局技术人员训练班 1954.3 → 北京广播专科学校 1958.9 → 北京广播学院 1959.9 → 北京广播学院

中国地质大学(北京)

北京地质学院 1952.11 → 北京地质勘探学院 1957.1 → 北京地质学院 1958.10 → 北京地质学院

中国石油大学(北京)

北京石油学院 1953.10 → 北京石油学院

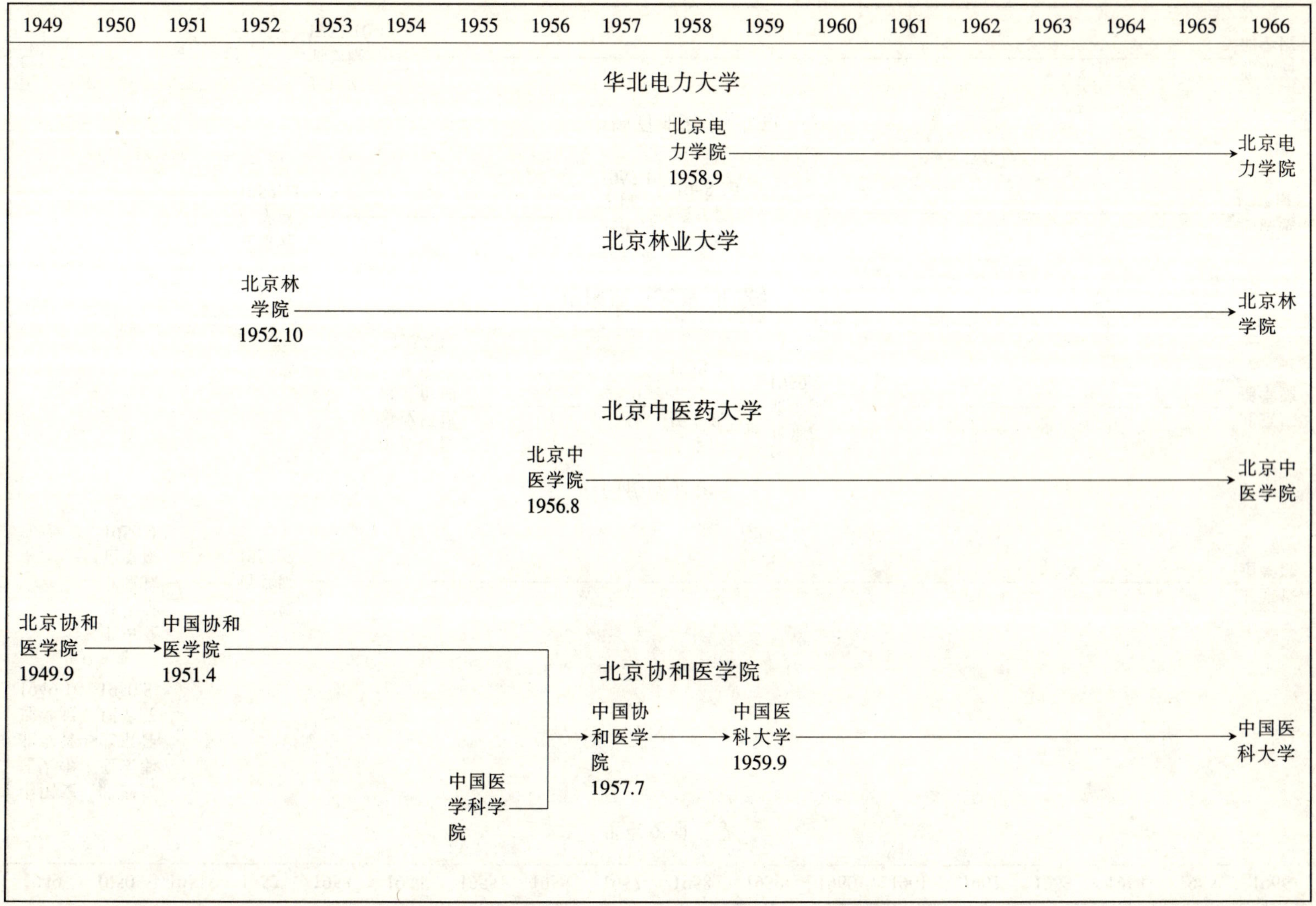

1949 1950 1951 1952 1953 1954 1955 1956 1957 1958 1959 1960 1961 1962 1963 1964 1965 1966

华北电力大学

北京电力学院 1958.9 → 北京电力学院

北京林业大学

北京林学院 1952.10 → 北京林学院

北京中医药大学

北京中医学院 1956.8 → 北京中医学院

北京协和医学院

北京协和医学院 1949.9 → 中国协和医学院 1951.4

中国协和医学院 1951.4 + 中国医学科学院 → 中国协和医学院 1957.7 → 中国医科大学 1959.9 → 中国医科大学

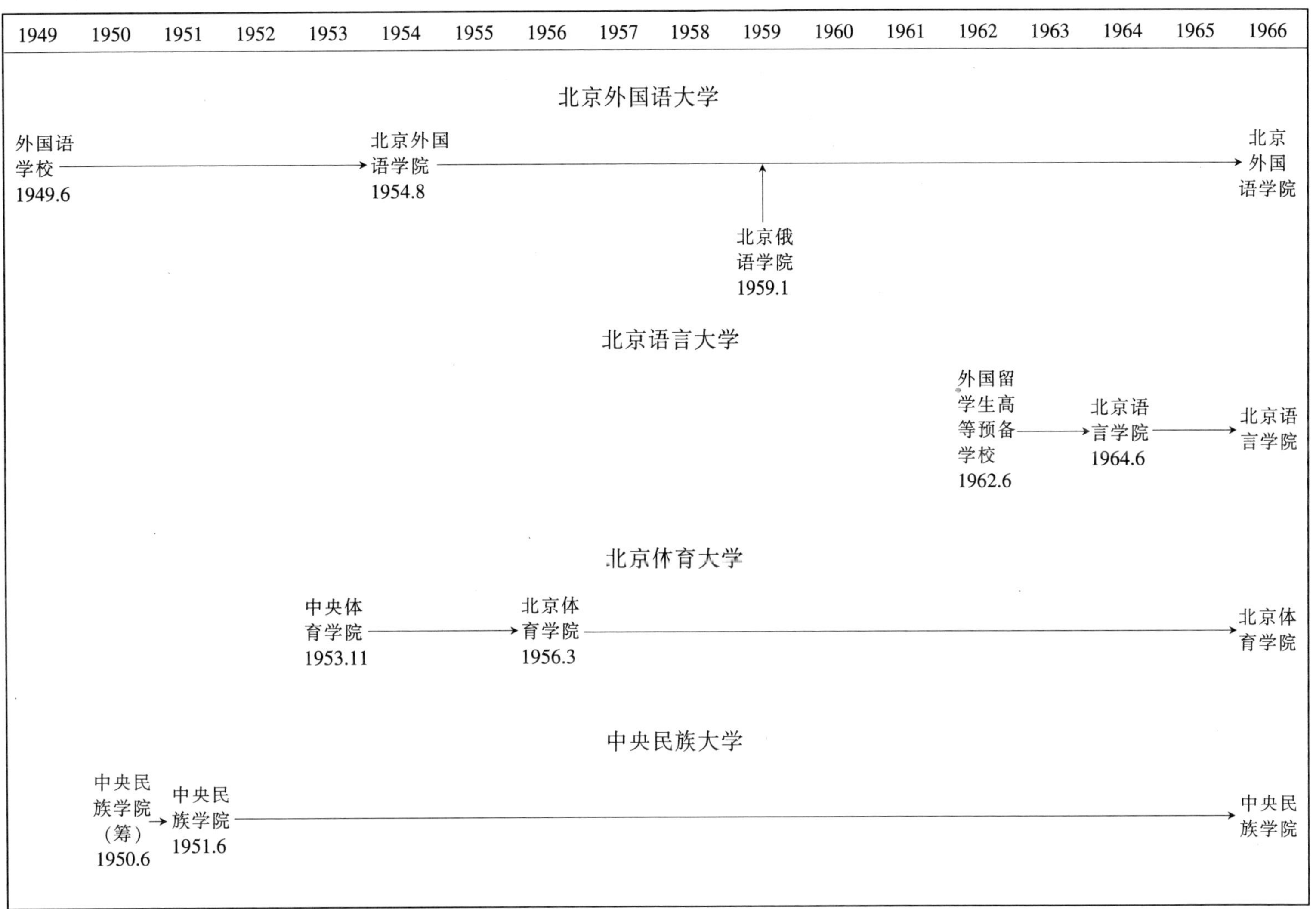
1949
1950
1951
1952
1953
1954
1955
1956
1957
1958
1959
1960
1961
1962
1963
1964
1965
1966
北京外国语大学
外国语学校 1949.6
北京外国语学院 1954.8
北京俄语学院 1959.1
北京外国语学院
北京语言大学
外国留学生高等预备学校 1962.6
北京语言学院 1964.6
北京语言学院
北京体育大学
中央体育学院 1953.11
北京体育学院 1956.3
北京体育学院
中央民族大学
中央民族学院（筹） 1950.6
中央民族学院 1951.6
中央民族学院

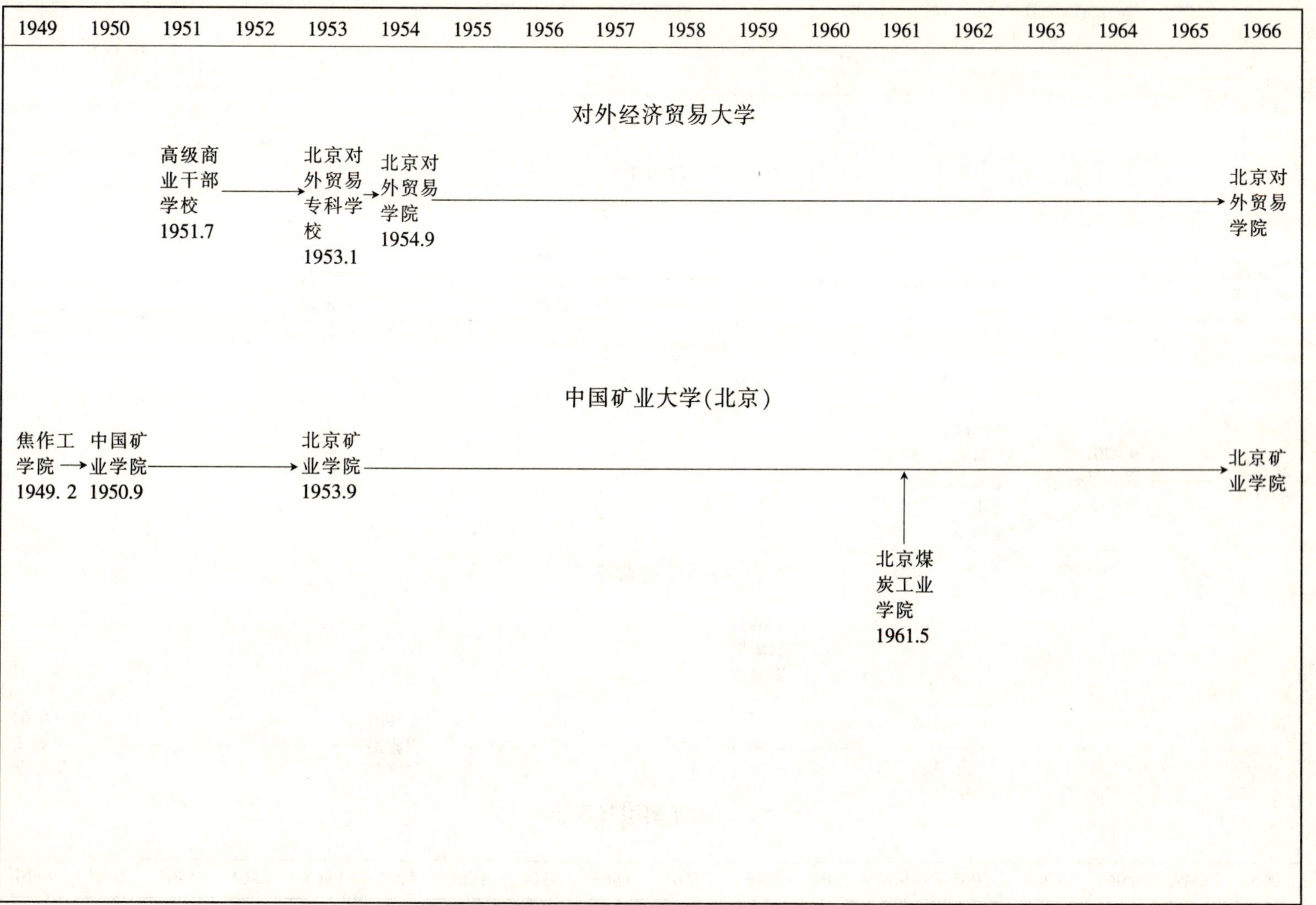
1949
1950
1951
1952
1953
1954
1955
1956
1957
1958
1959
1960
1961
1962
1963
1964
1965
1966
对外经济贸易大学
高级商业干部学校 1951.7
北京对外贸易专科学校 1953.1
北京对外贸易学院 1954.9
北京对外贸易学院
中国矿业大学(北京)
焦作工学院 1949. 2
中国矿业学院 1950.9
北京矿业学院 1953.9
北京煤炭工业学院 1961.5
北京矿业学院

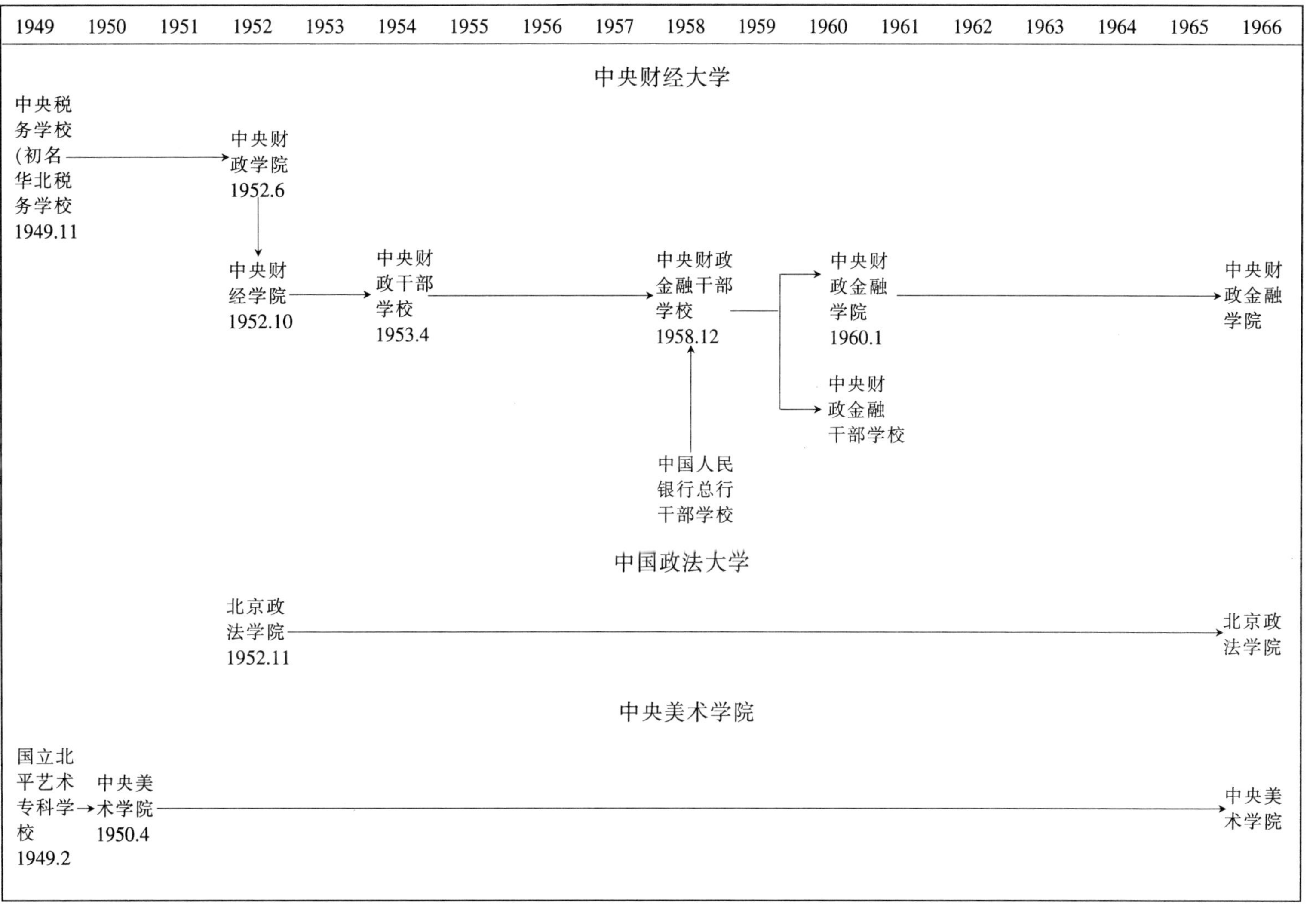
1949 1950 1951 1952 1953 1954 1955 1956 1957 1958 1959 1960 1961 1962 1963 1964 1965 1966
中央财经大学
中央税务学校(初名华北税务学校 1949.11
中央财政学院 1952.6
中央财经学院 1952.10
中央财政干部学校 1953.4
中央财政金融干部学校 1958.12
中国人民银行总行干部学校
中央财政金融学院 1960.1
中央财政金融干部学校
中央财政金融学院
中国政法大学
北京政法学院 1952.11
北京政法学院
中央美术学院
国立北平艺术专科学校 1949.2
中央美术学院 1950.4
中央美术学院

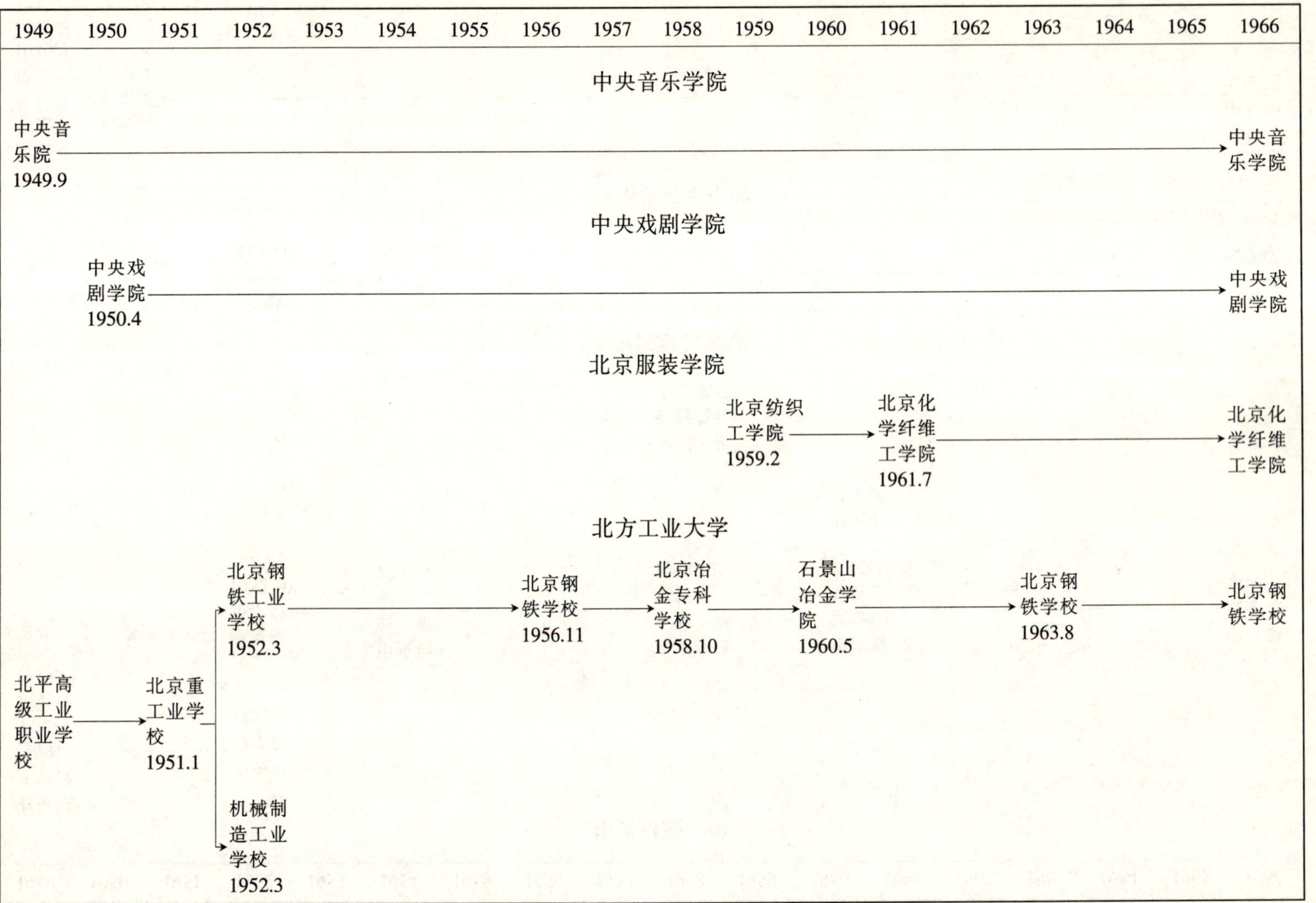
1949 1950 1951 1952 1953 1954 1955 1956 1957 1958 1959 1960 1961 1962 1963 1964 1965 1966
中央音乐学院
中央音乐院 1949.9
中央音乐学院
中央戏剧学院
中央戏剧学院 1950.4
中央戏剧学院
北京服装学院
北京纺织工学院 1959.2
北京化学纤维工学院 1961.7
北京化学纤维工学院
北方工业大学
北平高级工业职业学校
北京重工业学校 1951.1
北京钢铁工业学校 1952.3
机械制造工业学校 1952.3
北京钢铁学校 1956.11
北京冶金专科学校 1958.10
石景山冶金学院 1960.5
北京钢铁学校 1963.8
北京钢铁学校

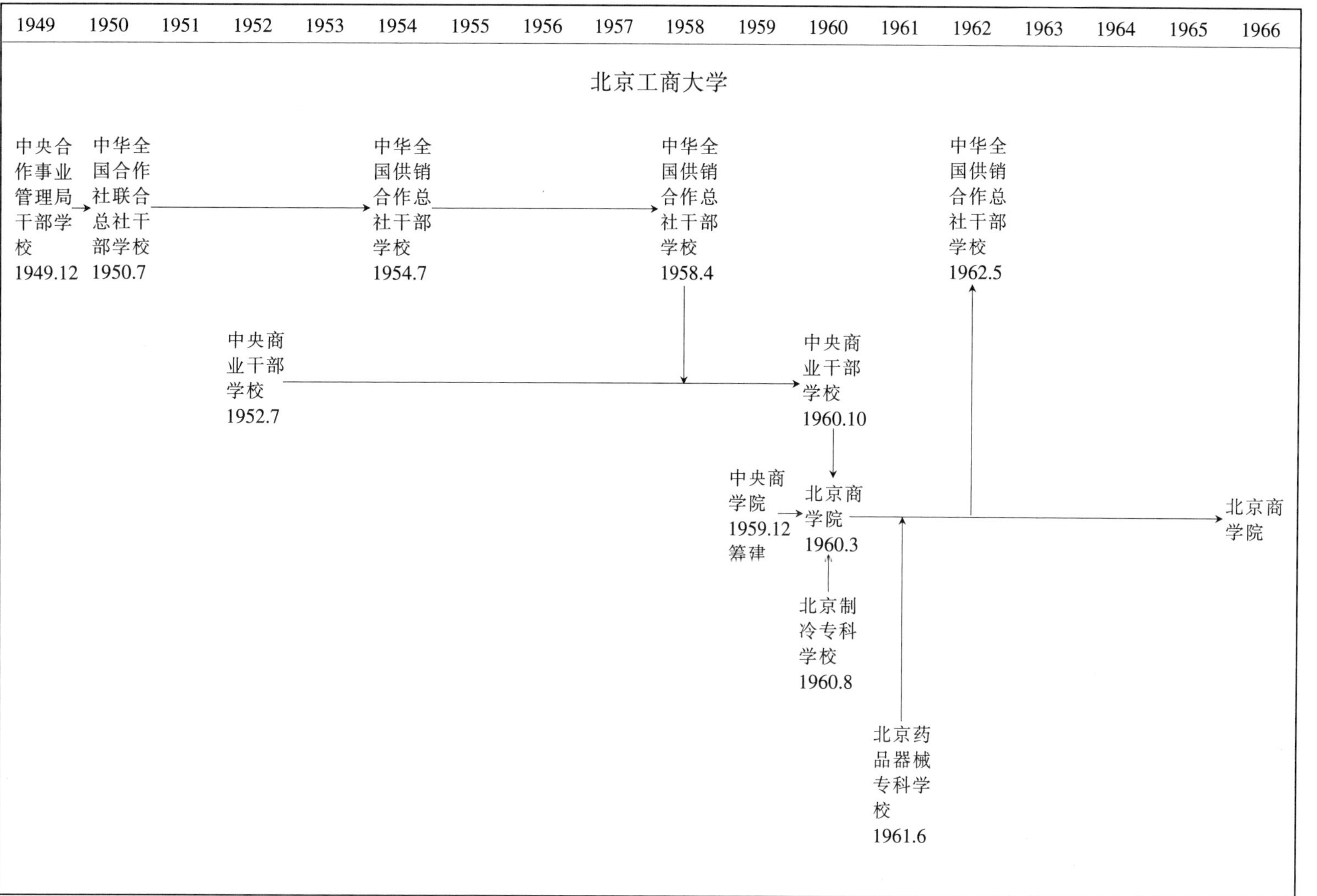
1949
1950
1951
1952
1953
1954
1955
1956
1957
1958
1959
1960
1961
1962
1963
1964
1965
1966
北京工商大学
中央合作事业管理局干部学校 1949.12
中华全国合作社联合总社干部学校 1950.7
中华全国供销合作总社干部学校 1954.7
中华全国供销合作总社干部学校 1958.4
中华全国供销合作总社干部学校 1962.5
中央商业干部学校 1952.7
中央商业干部学校 1960.10
中央商学院 1959.12 筹律
北京商学院 1960.3
北京商学院
北京制冷专科学校 1960.8
北京药品器械专科学校 1961.6

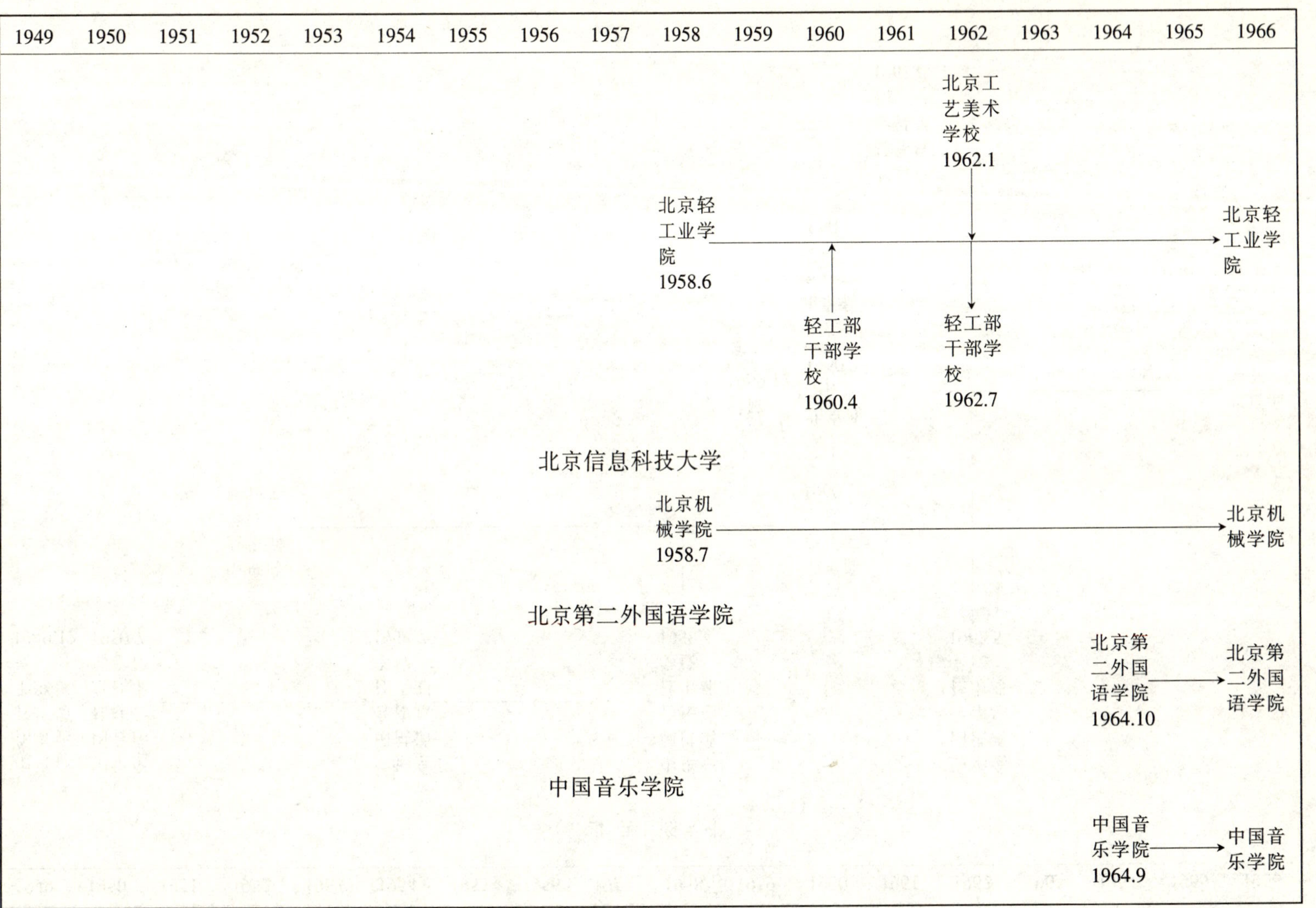

1949 1950 1951 1952 1953 1954 1955 1956 1957 1958 1959 1960 1961 1962 1963 1964 1965 1966
北京工艺美术学校 1962.1
北京轻工业学院 1958.6
北京轻工业学院
轻工部干部学校 1960.4
轻工部干部学校 1962.7
北京信息科技大学
北京机械学院 1958.7
北京机械学院
北京第二外国语学院
北京第二外国语学院 1964.10
北京第二外国语学院
中国音乐学院
中国音乐学院 1964.9
中国音乐学院

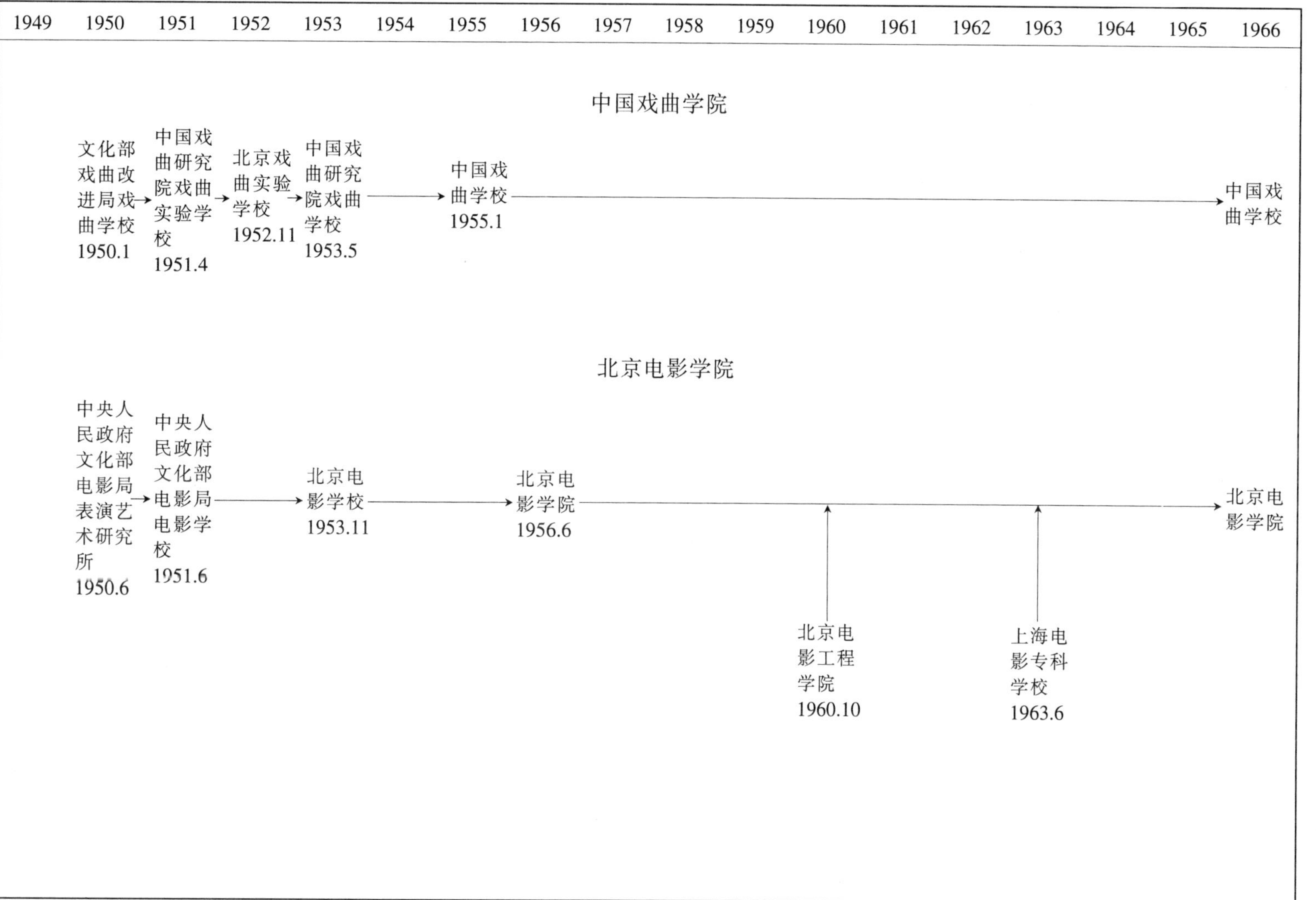

1949
1950
1951
1952
1953
1954
1955
1956
1957
1958
1959
1960
1961
1962
1963
1964
1965
1966
中国戏曲学院
文化部戏曲改进局戏曲学校 1950.1
中国戏曲研究院戏曲实验学校 1951.4
北京戏曲实验学校 1952.11
中国戏曲研究院戏曲学校 1953.5
中国戏曲学校 1955.1
中国戏曲学校
北京电影学院
中央人民政府文化部电影局表演艺术研究所 1950.6
中央人民政府文化部电影局电影学校 1951.6
北京电影学校 1953.11
北京电影学院 1956.6
北京电影工程学院 1960.10
上海电影专科学校 1963.6
北京电影学院

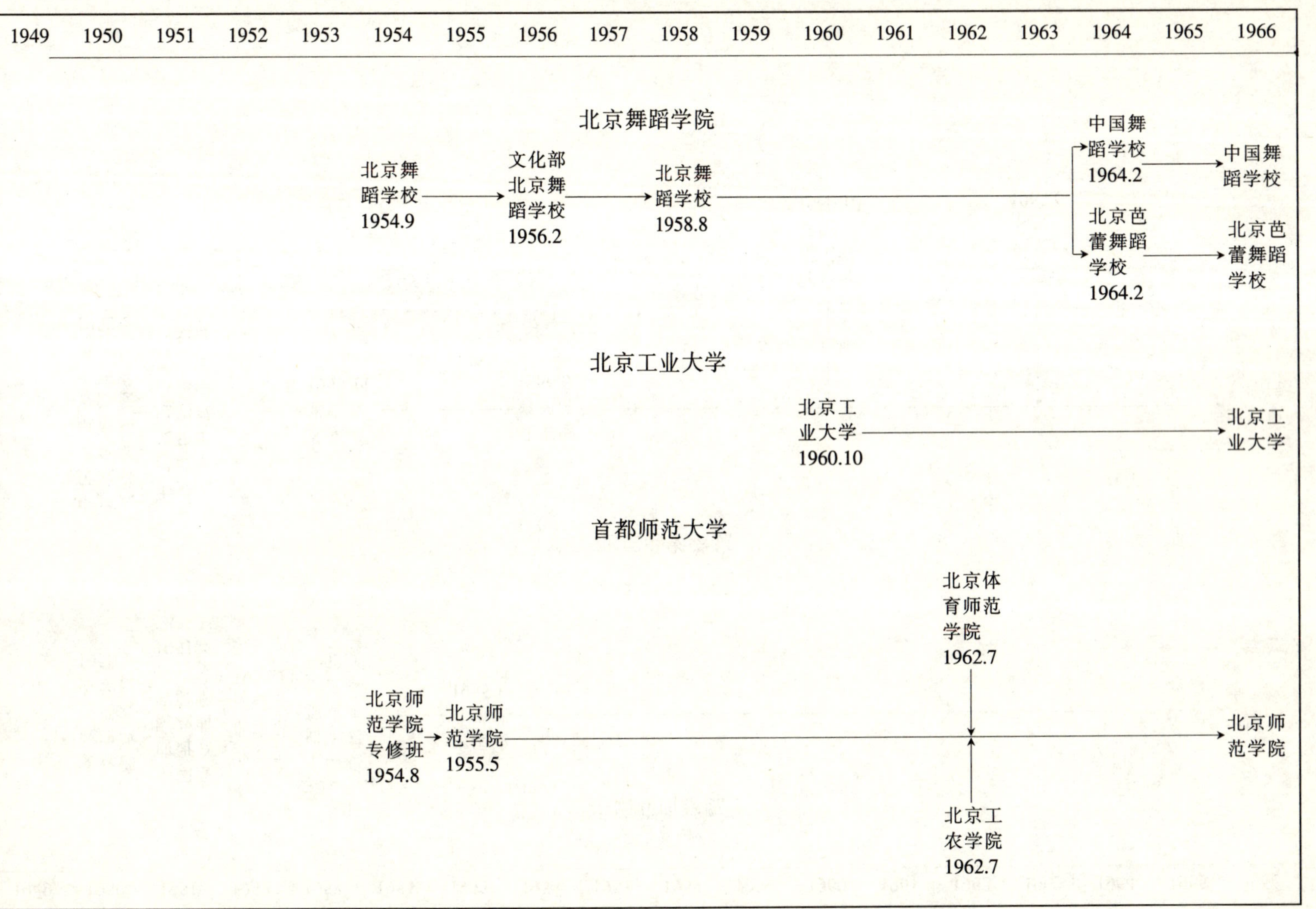
1949
1950
1951
1952
1953
1954
1955
1956
1957
1958
1959
1960
1961
1962
1963
1964
1965
1966
北京舞蹈学院
北京舞蹈学校 1954.9
文化部北京舞蹈学校 1956.2
北京舞蹈学校 1958.8
中国舞蹈学校 1964.2
中国舞蹈学校
北京芭蕾舞蹈学校 1964.2
北京芭蕾舞蹈学校
北京工业大学
北京工业大学 1960.10
北京工业大学
首都师范大学
北京体育师范学院 1962.7
北京师范学院专修班 1954.8
北京师范学院 1955.5
北京师范学院
北京工农学院 1962.7

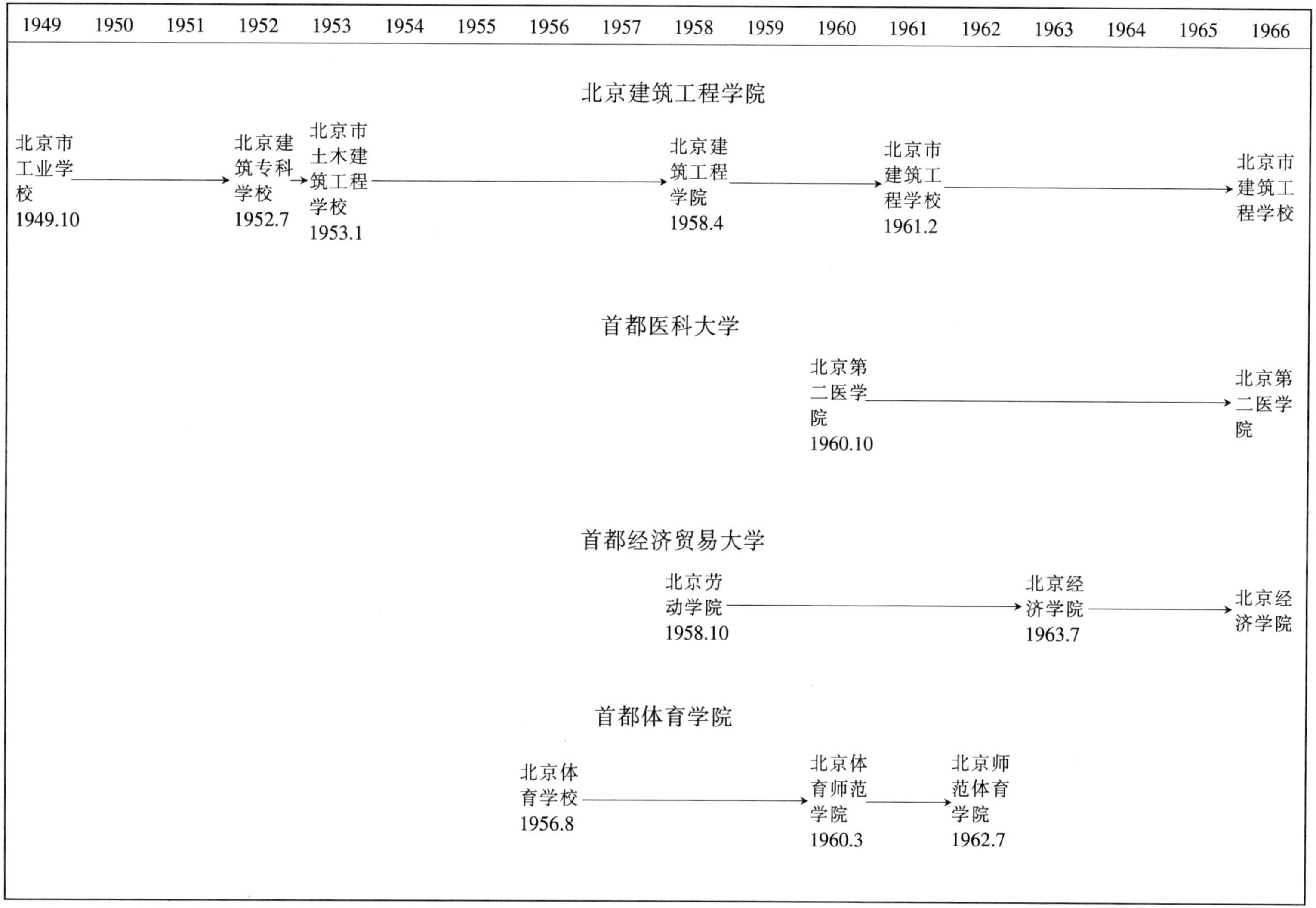

1949 1950 1951 1952 1953 1954 1955 1956 1957 1958 1959 1960 1961 1962 1963 1964 1965 1966

北京建筑工程学院

北京市工业学校 1949.10 → 北京建筑专科学校 1952.7 → 北京市土木建筑工程学校 1953.1 → 北京建筑工程学院 1958.4 → 北京市建筑工程学校 1961.2 → 北京市建筑工程学校

首都医科大学

北京第二医学院 1960.10 → 北京第二医学院

首都经济贸易大学

北京劳动学院 1958.10 → 北京经济学院 1963.7 → 北京经济学院

首都体育学院

北京体育学校 1956.8 → 北京体育师范学院 1960.3 → 北京师范体育学院 1962.7

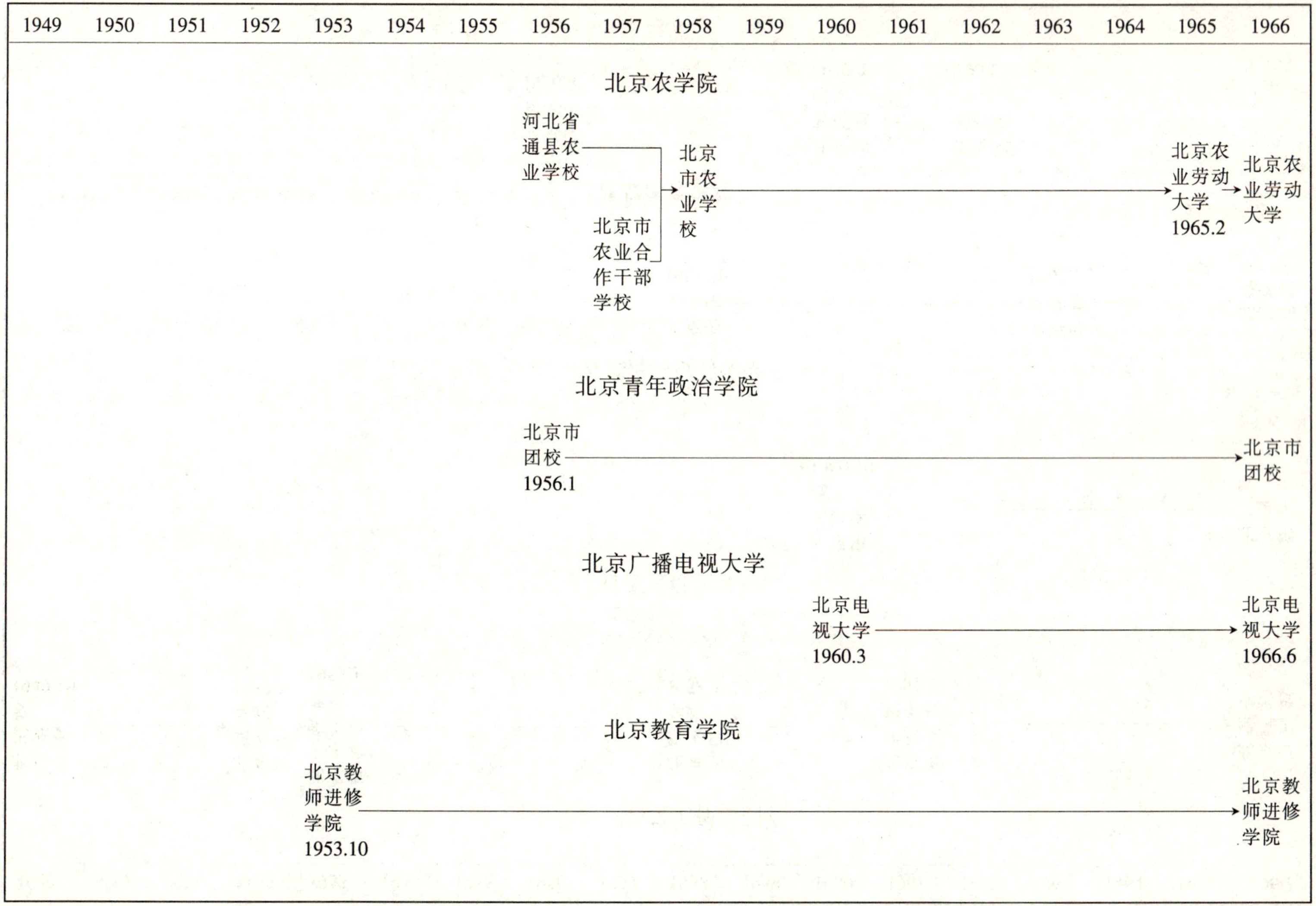

1949 1950 1951 1952 1953 1954 1955 1956 1957 1958 1959 1960 1961 1962 1963 1964 1965 1966

北京农学院

河北省通县农业学校 + 北京市农业合作干部学校 → 北京市农业学校 → 北京农业劳动大学 1965.2 → 北京农业劳动大学

北京青年政治学院

北京市团校 1956.1 → 北京市团校

北京广播电视大学

北京电视大学 1960.3 → 北京电视大学 1966.6

北京教育学院

北京教师进修学院 1953.10 → 北京教师进修学院

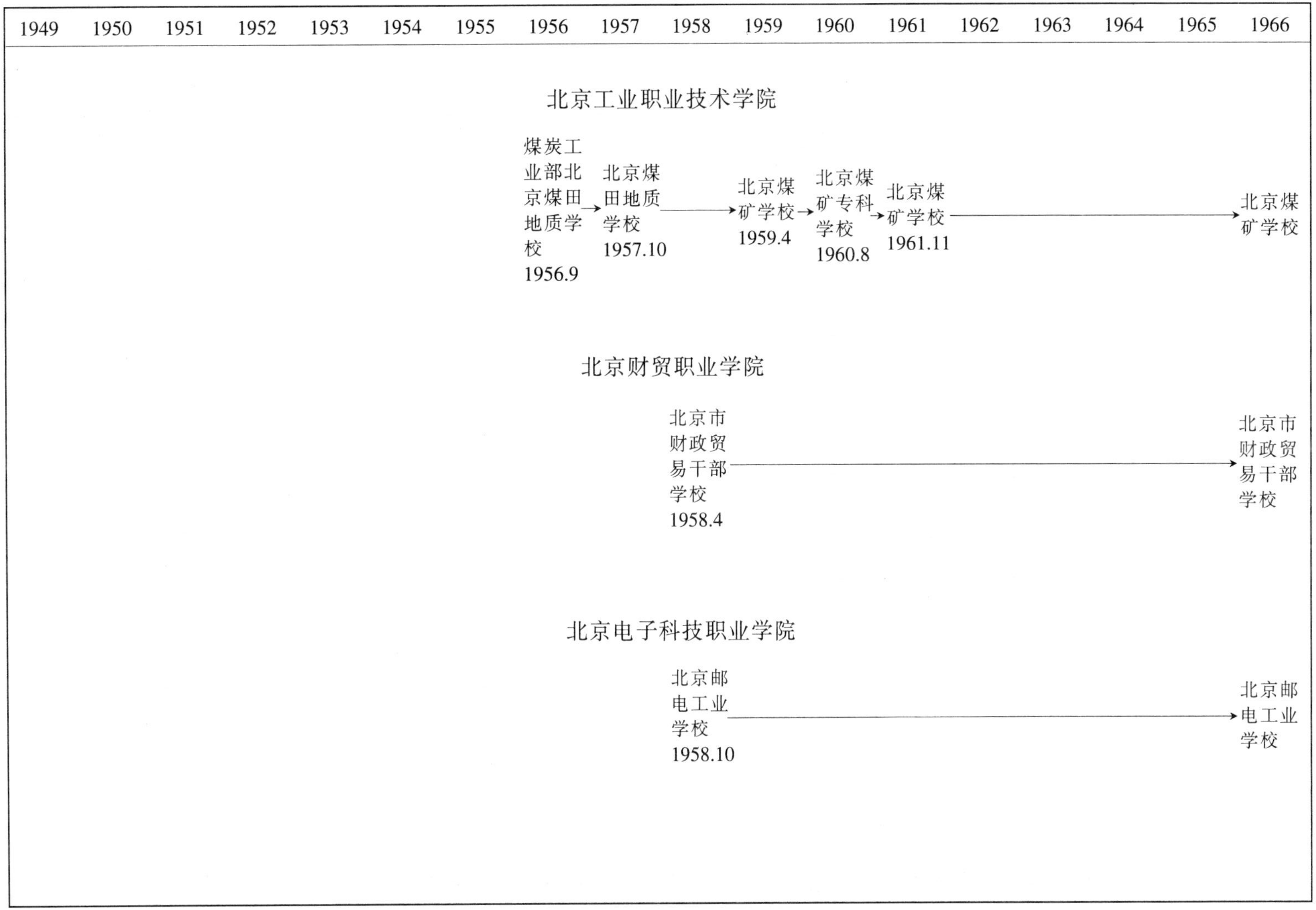

1949	1950	1951	1952	1953	1954	1955	1956	1957	1958	1959	1960	1961	1962	1963	1964	1965	1966

北京工业职业技术学院

煤炭工业部北京煤田地质学校 1956.9 → 北京煤田地质学校 1957.10 → 北京煤矿学校 1959.4 → 北京煤矿专科学校 1960.8 → 北京煤矿学校 1961.11 → 北京煤矿学校

北京财贸职业学院

北京市财政贸易干部学校 1958.4 → 北京市财政贸易干部学校

北京电子科技职业学院

北京邮电工业学校 1958.10 → 北京邮电工业学校

基本完成社会主义改造和开始全面建设社会主义时期北京普通高等学校年度党的基层组织情况统计表

（1949—1965）

年度＼数字＼项目	党委	党总支	党支部
1949			
1950		9	70
1951	2	10	74
1952	2	10	86
1953	6	36	463
1954	11	54	694
1955	16	78	819
1956	26	117	1413
1957	30	145	1414
1958	35	167	1461
1959	36	200	1817
1960	41	256	2218
1961	43	261	2324
1962	43	269	2275
1963	46	266	2022
1964	48	242	1860
1965	47	244	1858

注：1. 1949 年无统计资料。

2. 1950 年至 1952 年数据为中共北京市委组织部统计数据。

3. 1953 年至 1965 年数据为中共北京市委高校党委统计数据。

基本完成社会主义改造和开始全面建设社会主义时期北京普通高等学校年度党员基本情况统计表

（1949—1965）

项目 / 数字 / 年度	党员总数			年龄				入党时间								文化程度							
	总计	其中		25岁以下	26岁至45岁	46岁以上		1921年7月至1927年7月	1927年8月至1937年6月	1937年7月至		1945年9月至1949年9月	1949年10月以后			研究生	大学	高中	初中	高小	初小	半文盲	文盲
		教职员	学生			46岁至60岁	61岁以上			1945年8月	1945年9月		1949年10月至1952年12月	1953年1月至1957年12月	1958年1月以后								
1949	1100																						
1950	1676							1	12	237	616	310	500			82	1004	78	170	225	99	10	8
1951	1418																						
1952	3158	1059	1420																				
1953	9306	2313	4833																				
1954	14334	3537	7992	7633	6548	153		9	78	2049		4795	7403				9245	1608	2617	556	225		83
1955	16142		9874	8033	7943	166		13	144	1832		4380	9803				11137	1861	2171	599	297		77
1956	25706		17281	13348	12083	275		15	115	2226		4910	18440				18243	3210	2630	1009	510		104
1957	23023		15627	10594	11922	494	13	16	106	1959		3954	3918	13070			16955	2353	2254	906	468		87
1958	27332		17513	9946	16977	393	16	16	122	2440		4760	4221	15654	119		19460	2037	3617	1621	561		36
1959	29618	10366	17788																				
1960	36304	14682	19013																				
1961	34564	14836	17869																				
1962	30669	14837	14104																				
1963	26204	14889	9735																				
1964	23107	15375	6253																				
1965	26359	16586	8207																				

注：1. 1949 年至 1952 年数据为中共北京市委组织部数据。
　　2. 1953 年至 1965 年数据为中共北京市委高校党委统计数据。

第二章
“文化大革命”时期

（1966.5—1976.10）

1966年5月至1976年10月，历时十年的“文化大革命”，是一场由领导者错误发动，被反革命集团利用，给党、国家和全国各族人民带来严重灾难的内乱。北京高等学校是这场灾难的首发地和重灾区，遭受到极为严重的摧残和破坏。

1966年5月16日，中共中央政治局扩大会议通过的《中国共产党中央委员会通知》（简称“五一六通知”），标志着“文化大革命”开始。6月1日，新华社播发北京大学聂元梓等人攻击北京大学党委和中共北京市委的“一张大字报”，“文化大革命”全面爆发。江青、陈伯达、康生等人挑拨煽动，赶走中央前一时期派到高等学校协助领导“文化大革命”运动的工作组。这期间，高等学校主要领导干部遭受批判和攻击，学校党政机构遭到巨大冲击，基本不能正常工作，党团组织陷于瘫痪。学校运动领导权由群众造反派组织组成的“文化革命小组”等类似组织控制，形成“踢开党委闹革命”的局面。6月13日，中共中央、国务院发出通知，推迟和暂停高等学校招生，学校停课闹革命，出现了大规模批判“资产阶级反动路线”的大字报高潮。随后经历了红卫兵运动、大串联、破“四旧”、“夺权”和批斗“走资派”、打派仗及武斗等混乱阶段，直至工人、解放军毛泽东思想宣传队进驻高等学校。1968 年 9 月至 1969 年 10 月，北京各高校相继建立“军工宣队、干部和革命群众”“三结合”的革命委员会，集党、政大权于一身，领导大批判，清理阶级队伍，开展整党建党等工作。按照毛泽东的“五七指示”和黑龙江柳河“五七”干校的经验，北京高等学校大批干部、教师被下放到“五七”干校、工厂和农村劳动锻炼，接受工农兵的“再教育”。

1969 年，因战备疏散，一些高等学校被撤销、停办、合并和外迁。自“文化大革命”开始，北京高等学校“停课闹革命”，停止招生达 4 年之久。1970 年，贯彻毛泽东“大学还是要办的，要从有实践经验的工人、农民中间选拔学生”的指示，北京部分高等学校开始招收工农兵学员，在“斗、批、改”中进行了“与十七年对着干”的“教育革命”运动。1971 年 8 月，中央批转由“四人帮”成员张春桥、姚文元修改审定的《全国教育工作会议纪要》中作出的“两个估计”：新中国成立后 17 年，“毛主席的无产阶级教育路线基本上没有得到贯彻执行”，“资产阶级专了无产阶级的政”；大多数教师和新中国成立以后培养出来的高等学校学生的“世界观基本上是资产阶级的”。彻底否定了建国后的教育和教育战线的广大知识分子，成为“四人帮”进一步摧残教育事业的反动纲领和禁锢广大教师乃至广大知识分子的沉重精神枷锁。1972 年周恩来总理对极左思潮的批评、关于重视基础理论研究和教学等指示，1975 年邓小平同志对高等教育整顿的指示，都遭到“四人帮”及其爪牙迟群、谢静宜的百般阻挠，被迫中断。“四人帮”借“批林批孔”在高等教育领域掀起的“反击右倾回潮”、“批邓和反击右倾翻案风”运动，以及“教育革命大辩论”，使已经有了转机的高等教育又陷入新的危机之中，各高等学校开始趋于正常的教学、科研和工作秩序又被重新打乱，高等教育的整顿再度受挫，走向低潮。

“文化大革命”期间，北京高等教育事业急剧萎缩。到 1970 年北京高等学校比“文化大革命”前的 55 所减少了 31 所，留下的 24 所高校再遭撤并，到 1972 年，北京高等学校仅剩 18 所。从 1970 年到 1976 年 7 年间，北京高校共招收工农兵学员 87213 人，约占同期全国高校招收工农兵学员总数 940714 名的 9.27%。1976 年，北京高校才恢复到 26 所，在校生 46016 人，不足 1965 年的一半。如果以 1965 年北京高校招生名额和当时正常年增长率来粗略估计，10 年“文化大革命”中，北京高等学校至少少招生 38 万人，贻误了一代青年的教育和成长，造成一代人才断层。北京高校专任教师 18962 人，比 1966 年减少 5000 多人。高校的大批校舍被占，其中 18 所院校被占校舍近 70 万平方米，占这些院校总建筑面积的一半以上。学校大量教学仪器、设备和图书资料被毁坏和散失。

在“文化大革命”中，北京高等学校的干部、教师在政治上、精神上、生活上受到了林彪、“四人帮”的高压和残酷迫害，留下巨大创伤。在林彪、“四人帮”极左路线的迫害下，大批领导干部、专家教授和师生员工被打成“叛徒”、“特务”、“走资派”、“反动学术权威”、“现行反革命分子”等，不断遭受精神和肉体上的折磨，造成了无数冤假错案，更有一些人被迫害致死，北京高校仅非正常死亡的人数即达 322 人。面对林彪、江青反革命集团的倒行逆施，高等学校的广大党员、干部、教职工极为不满，在老一辈无产阶级革命家的带动和影响下，在极其困难的情况下，以各种方式进行了顽强的抵制和斗争，忍辱负重地坚持教学和科研工作，表现出了忠诚于党的教育事业的高度的事业心和强烈的责任感。

1976 年 1 月 8 日，周恩来总理逝世，举国沉痛哀悼，北京高校师生纷纷举行各种悼念和缅怀活动。“四人帮”压制和阻挠人民群众的悼念活动，激起广大群众的极大愤怒。清明节前后，北京爆发了以天安门广场为中心的悼念周恩来、反对“四人帮”、支持以邓小平为代表的党的正确领导的强大抗议运动。北京高校的师生员工同社会各界群众一道，数百万人次、大规模地自发地涌向天安门广场，在人民英雄纪念碑周围敬献花圈、花篮，张贴诗词、悼文和传单，举行声势浩大的悼念活动。在庄严肃穆的气氛中，以高唱《国际歌》、高声朗颂诗文、发表演说等形式，抒发对周恩来总理的悼念之情，痛斥“四人帮”的倒行逆施，表达对以邓小平为代表的正确领导的坚决拥护。尽管一些人后来受到非法拘留、重点隔离审查等，但集中体现出高校师生不堪忍受“四人帮”摧残迫害，奋起反抗的政治觉悟和战斗精神，预示着“四人帮”的必然灭亡，为粉碎江青反革命集团奠定了群众基础。

1969年4月，中国共产党第九次全国代表大会后，高等学校开展了整党建党运动。整党建党以“左”倾错误理论和方针为指导，突出强调组织上的“吐故纳新”，实际上，吐了大量的“精华”，纳了不少的“糟粕”，党内成分复杂，力量削弱。高校一大批所谓“叛徒”、“特务”、“反动学术权威”、“死不悔改的走资派”的党员被清除或挂起，而把造反派头头、“富于无产阶级革命造反精神”的人吸收入党。这次整党是对党组织的又一次破坏，但它毕竟重新建立了从中央到地方的各级党组织，恢复了大多数党员的组织生活。这对于稳定局势，推进工农业生产和北京高等学校的逐步恢复，还是起了一定作用。

这期间，北京高等学校的党委和学校行政领导人多为上级革委会任命，多数高校党政领导班子和工作机构不健全，领导人更换频繁、变化较大。

第一节　“文化大革命”开始，“踢开党委闹革命”

（1966.5—1969.4）

1966年6月，中共北京市委被改组，北京市的“文化大革命”由新组成的北京市委领导。1967年4月，北京市革命委员会成立，中共北京市委、市人民委员会的党、政、财、文各项大权，归北京市革命委员会。北京市革命委员会工作机构中设立文教组，领导文化教育战线，特别是北京高等学校的“文化大革命”运动。

“文化大革命”开始后，各高等学校的行政系统和党团组织完全瘫痪。由于高等学校在“文化大革命”中所受“内伤”十分严重，“三结合”的革命委员会的建立远比社会上其他单位迟缓。1968年10月，在北京地区59所大专院校中，建立革命委员会的只有32所，占54.2%。直至1969年10月，大部分高校才建立了革命委员会。

到1969年底，由市革委会文教组管理的普通高等学校共有27所，在校学生数13094人，专任教师14366人，全市每万人中大学生数降至17人。

高等学校党政领导人名录和任期

北京大学

1966年9月，北京大学文化革命委员会成立。1968年8月，解放军、工人宣传队进校，文化革命委员会主任、副主任撤销。

党委书记	陆　平	1966.5—6
党委副书记	戈　华	1966.5—6
	彭珮云（女）	1966.5—6
	谢道渊	1966.5—6
	冯　定	1966.5—6
	张学书	1966.5—6
校　长	陆　平	1966.5—6
副校长	周培源	1966.5—6
	翦伯赞（维吾尔族）	1966.5—6
	傅　鹰	1966.5—6
	王竹溪	1966.5—6
	魏建功	1966.5—6
	黄一然	1966.5—6
	戈　华	1966.5—6
文化革命委员会主任	聂元梓（女）	1966.9—1968.8
文化革命委员会副主任	孔　繁	1966.9—1967.2

	聂孟民	1966.9—1967.2
	杨学祺	1966.9—1968.8
	白晨曦	1966.9—1968.8
	姜同光	1967.2—1968.8
	徐运朴	1967.2—1968.8
	裘学耕	1967.2—1968.8
	王海忱	1967.2—1968.8
	孙蓬一	1967.3—1968.8

北京医学院

1968年9月，北京医学院革命委员会成立。

党委书记	杨　纯	1966.5—6
党委副书记	彭瑞骢	1966.5—6
	吴　静	1966.5—6
	张思齐	1966.5—6
院　长	胡传揆	1966.5—1968.8
副院长	马　旭	1966.5—1968.8
	张思齐	1966.5—1968.8
	吴朝仁	1966.5—1968.8
	朱章赓	1966.5—1968.8
革命委员会主　任	阎登山	1968.9—1969.4
革命委员会副主任	王承祝	1968.9—1969.4
	李全胜	1968.9—1969.4
	高贵山	1968.9—1969.4

清华大学

1966 年 6 月，北京市委宣布改组清华党委，由北京市委工作组代行党委职权。1966 年 7 月，北京市委宣布撤销工作组，学校党组织处于瘫痪。1968 年 7 月，首都工人、解放军毛泽东思想宣传队进驻清华大学。1969 年 1 月，成立清华大学革命委员会。

革命委员会主　任	张荣温（兼）	1969. 1—4
革命委员会副主任	阮世民	1969. 1—4
	刘承能	1969. 1—4
	韩银山	1969. 1—4
	白喜善	1969. 1—4

中央工艺美术学院

1966 年 6 月到 1974 年 10 月，学院党组织瘫痪。1968 年 8 月，学院革命委员会成立。

党委书记	刘鸿达	1966. 5—6
党委副书记	陈叔亮	1966. 5—6
院　长	邓　洁	1966. 5—6
副院长	雷圭元	1966. 5—6
	陈叔亮	1966. 5—6
	张　仃	1966. 5—6
	刘鸿达	1966. 5—6
革命委员会主　任	王建邦（教师）	1968. 8—1969. 4

革命委员会副主任	陆振声（教师）	1968.8—1969.4
	荆鹏举（学生）	1968.8—1969.4
	文官旺（学生）	1968.8—1969.4

中国人民大学

党委书记	郭影秋	1966.5—1969.4
党委副书记	孙　泱	1966.5—1967.10
	崔耀先	1966.5—1969.4
	赵德芳	1966.5—1969.4
校　长	吴玉章	1966.5—12
副校长	郭影秋	1966.5—1969.4
	孙　泱	1966.5—1967.10
	崔耀先	1966.5—1969.4

北京师范大学

党委书记	程今吾	1966.5—1969.4
革命委员会主　任	谭厚兰（女，学生）	1967.4—1968.8
革命委员会副主任	董连猛（学生）	1967.4—1968.8
	石　森	1967.4—1968.8
	曾照耀	1967.4—1968.8
	马建民	1967.12—1968.8

北京航空学院

党委书记	王　恒	1966.5—6
党委副书记	程九柯	1966.5—6
	周天行	1966.5—6
	王大昌	1966.5—6
监委书记	程九柯	1966.5—6
院　长	王大昌	1966.5—6
副院长	沈　元	1966.5—6
	王敬明	1966.5—6
	张仲禹	1966.5—6
	刁震川	1966.5—6
革命委员会主　任	韩爱晶（学生）	1967.5—1968.8
革命委员会副主任	王　恒	1968.3—1969.4
	井冈山	材料不详
	田　东	材料不详
	仇北秦	材料不详

北京工业学院

1966年6月，北京工业学院革命委员会成立。

党委书记	魏思文（兼）	1966.5—1967.10
党委副书记	郑　干	1966.5—1969.4
	李淑仪	1966.5—1969.4

	时　生	1966.5—1969.4
	尚　英	1966.5—1969.4
院　长	魏思文	1966.5—1967.10
副院长	尚　英	1966.5—1969.4
	李麟玉	1966.5—1969.4
	周发岐	1966.5—1969.4
	李　森	1966.5—1969.4
	李振生	1966.5—1969.4
	时　生	1966.5—1969.4
	齐　尧	1966.5—1969.4
革命委员会主　任	宋力生	1966.6—7

北京农业大学

党委书记	王观澜	1966.5—1967.6
党委副书记	高鹏先	1966.5—1967.6
	郝　文	1966.5—1967.6
	史向生	1966.5—1967.6
	王明远	1966.5—1967.6
监委书记	史向生（兼）	1966.5—1967.6
革命委员会主　任	冯兴旺	1967.6—1969.4
革命委员会副主任	孟　玮（女）	1967.6—8
	郁明谏	1967.6—1969.4

	解金瑞	1967. 6—1969. 4
	高　亮	1967. 6—1969. 4
	马修仪	1967. 10—1969. 4

北京农业机械化学院

临时党委书记	王　厚	1966. 7—10
临时革委会主任	董荣臣	1966. 7—10
革命委员会主　任	宋连山（军宣队）	1968. 3—1969. 4
革命委员会副主任	潘朝东（学生）	1968. 3—9
	马忠东（学生）	1968. 3—12
	杨　仪	1968. 3—11
	张福伦	1968. 3—1969. 4

北京钢铁学院

1966 年至 1968 年，学院党委、行政处于瘫痪状态。1968 年 9 月，北京钢铁学院革命委员会成立。

革命委员会主　任	陈辛火（军宣队）	1968. 9—1969. 4
革命委员会副主任	何征军（军宣队）	1968. 9—1969. 4
	田殿勋（工宣队）	1968. 9—1969. 4
	郑多培（学生）	1968. 9—1969. 4
	张素琴（女，学生）	1968. 9—1969. 4

北京邮电学院

党委书记	杨思九	1966.5—1969.4
党委副书记	赵　磊（女）	1966.5—1969.4
	张惠仁	1966.5—1969.4
院　长	孟贵民	1966.5—1969.4
副院长	刘砚田	1966.5—1969.4
	王锡祥	1966.12—1969.4

北京化工学院

1968 年 3 月，北京化工学院革命委员会成立。

党委书记	马芳庭	1966.5—1968.3
党委副书记	周　静	1966.5—1968.3
院　长	马芳庭	1966.5—1968.3
副院长	赵君陶（女）	1966.5—1968.3
	顾德全	1966.5—1968.3
	马金池	1966.5—1968.3
革命委员会主　任	郑寿仙（军宣队）	1968.3—1968.12
	曲廷玉（军宣队）	1968.12—1969.4
革命委员会副主任	陈洪光	1968.3—1969.4
	傅　茂	1968.3—1969.4
	俸培宗（学生）	1968.3—1969.4

	李招群（学生）	1968.3—1969.4
	戴元开（工宣队）	1968.3—1969.4

北京铁道学院

1968年9月，北京铁道学院革命委员会成立。

党委书记	彭伯周	1966.5—1968.9
党委副书记	陈迪威	1966.5—1968.9
	张绪谭	1966.5—1966.6
院　长	彭伯周	1966.5—1968.9
副院长	李德仁	1966.5—1968.9
	王　路	1966.5—1968.9
	宋诚德	1966.5—1968.9
	陈迪威	1966.5—1968.9
	丁　农	1966.5—1968.9
革命委员会主　任	皎王健（军宣队）	1968.9—1969.4
革命委员会副主任	于守贞（军宣队）	1968.9—1969.4
	康宝信（工宣队）	1968.9—1969.4
	王志宏（学生）	1968.9—1969.4
	张春发（学生）	1968.9—1969.4

北京广播学院

1968年8月，北京广播学院革命委员会成立。

党委书记	左　荧	1966.5—1968.8
党委副书记	顾　湘（女）	1966.5—1968.8
	倪正义	1966.5—1968.8
院　长	周新武（兼）	1966.5—1968.8
副院长	左　荧（兼）	1966.5—1968.8
	周云庭	1966.5—1968.8
	刘永嵘	1966.5—1968.8
革命委员会主　任	叶大宏（军训团）	1968.8—1969.4
革命委员会副主任	刘书常（工宣队）	1968.8—1969.4
	顾　湘（女）	1968.8—1969.4
	王肇文（学生）	1968.8—1969.4
	秦殿丁（学生）	1968.8—1969.4
	徐大伟（军宣队）	1969.6—1969.4
	倪正义	1969.6—1969.4

北京地质学院

1967 年 4 月，北京地质学院东方红革命委员会成立，1968 年 8 月至 1969 年 4 月，学校由工军宣队指挥部领导。

党委书记	王　焕	1966.5—1967.4
党委副书记	周守成	1966.5—1967.4
	聂　克	1966.5—1967.4
	丰　原（女）	1966.5—1967.4
	李庚尧	1966.5—1967.4

院　长	高元贵	1966.5—1967.4
副院长	袁见齐	1966.5—1967.4
	马杏垣	1966.5—1967.4
	周守成	1966.5—1967.4
东方红革命委员会主任	王大宾（学生）	1967.4—1968.8
东方红革命委员会副主任	李　贵	1967.4—1968.8

北京石油学院

党委书记	刘长亮	1966.5—1968.9
党委副书记	孙卓夫	1966.5—1968.9
	贾　皞	1966.5—1968.9
	石　生（女）	1966.5—1968.9
	张　楷	1966.5—1968.9
监委书记	石　生（女）	1966.5—1968.9
院　长	贾　皞（代理）	1966.5—1968.9
副院长	孙卓夫	1966.5—1968.9
	朱亚杰	1966.5—1968.9
	杨光华	1966.5—1968.9
革命委员会主　任	张星耀（军宣队）	1968.9—1969.4
革命委员会副主任	孟昭瑞（军宣队）	1968.9—1969.4
	张世忠（工宣队）	1968.9—1969.4
	姜　阳（学生）	1968.9—1969.4

	唐天明（女，学生）	1968.9—1969.4

北京电力学院

党委书记	杨继先	1966.5—1969.4
党委副书记	梁　超	1966.5—1969.4
院　长	杨继先（代理）	1966.5—1969.4
副院长	梁　超（兼）	1966.5—1969.4

北京林学院

1967年5月，北京林学院革命委员会成立。

党委书记	王友琴	1966.5—1967.5
党委副书记	杨锦堂	1966.5—1967.5
	许　静	1966.5—1967.5
	单　洪	1966.5—1967.5
院　长	胡仁奎	1966.5—12
副院长	杨锦堂	1966.5—1967.5
	单　洪	1966.5—1967.5
	王友琴	1966.5—1967.5
	张广图	1966.5—1967.5
革命委员会主　任	王德祥（教师）	1967.5—1969.4
革命委员会副主任	单　洪	1967.5—1969.4
	郭长禄（学生）	1967.5—1969.4

	张仲义（学生）	1967.5—1969.4

北京中医学院

党委副书记	李忠诚	1966.5—1969.4
副院长	杨礼慈	1966.5—1969.4
	黄升仁	1966.5—1969.4
	杨　治	1966.5—1969.4
革命委员会主　任	李忠诚	1968.3—1969.4
革命委员会副主任	杨　治	1968.3—1969.4
	齐德民	1968.3—1969.4
	刘淑珍（学生）	1968.3—1969.4

北京语言学院

1968 年 9 月，北京语言学院革命委员会成立。

党委书记	王亦山	1966.5—1968.9
党委副书记	冯　凌（女）	1966.5—1968.9
院　长	王亦山	1966.5—1968.9
革命委员会主　任	刘懋仇（军宣队）	1968.9—1969.4
革命委员会第一副主任	冯　凌（女）	1968.9—1969.4

革命委员会副主任	杜海生（学生）	1968. 9—12
	张卓然（学生）	1968. 9—12

北京体育学院

1967 年 3 月，北京体育学院改名为北京工农兵体育学院。

党委书记	钟师统	1966. 5—1967. 3
党委副书记	李东敏	1966. 5—1967. 3
	李树平	1966. 5—1967. 3
监委书记	李树平	1966. 5—1966. 12
院　长	钟师统	1966. 5—1966. 8
副院长	徐英超	1966. 5—1967. 3
	邓乙真	1966. 5—1967. 3
	王任山	1966. 5—1967. 3
	宋君复	1966. 5—1967. 3

北京工农兵体育学院

革命委员会主　任	刘长信（学生）	1967. 3—1968. 8
革命委员会副主任	沈海琴（教师）	1967. 3—1968. 8
	李树平	1967. 3—1968. 8

中央民族学院

党委书记	陈　林	1966. 5—1968. 9

党委副书记	宗　群	1966.5—1968.9
	李春霖（女）	1966.5—1968.9
	宋　筠	1966.5—1968.9
监委书记	李春霖（兼，女）	1966.5—1968.9
院　长	刘　春（兼）	1966.5—1968.9
副院长	陈　林（兼）	1966.5—1968.9
	宗　群（兼）	1966.5—1968.9
	宋　筠（兼）	1966.5—1968.9
革命委员会主　任	李　力（军宣队）	1968.9—1969.4
革命委员会副主任	战景伦（军宣队）	1968.9—1968.12
	宋殿才（工宣队）	1968.9—1969.4
	乔云川	1968.9—1969.4
	仁庆扎西（学生，藏族）	1968.9—1969.4
	艾合买提（学生，维吾尔族）	1968.9—1969.4

北京对外贸易学院

党委书记	李秋野	1966.5—1968.3
党委副书记	王晓楼	1966.5—1968.2
	崔　哲	1966.5—1968.3
	卢　铁	1966.5—1968.3
	刘　征	1966.5—1968.3
院　长	李秋野	1966.5—1968.3

副院长	王晓楼	1966.5—1968.2
	马乃庶	1966.5—1968.3
革命委员会主　任	刘　征	1968.3—1969.4
革命委员会副主任	宋玉昌	1968.3—1969.4
	李绍贵	1968.3—1969.4
	葛土根	1968.3—1969.4

北京矿业学院

1967 年 5 月，北京矿业学院革命委员会成立。

党委书记	张学文	1966.5—1967.5
党委副书记	陈一凡	1966.5—1967.5
	李光远	1966.5—1967.5
院　长	陈一凡	1966.5—1967.5
副院长	何　杰	1966.5—1967.5
	邝寿堃	1966.5—1967.5
革命委员会主　任	陈兆琪（学生）	1967.5—1969.4
革命委员会副主任	段芝亭	1967.5—1969.4
	谭德健（教师）	1967.5—1969.4
	孙来宏（学生）	1967.5—1969.4
	陈贵干（学生）	1967.5—1969.4

中央财政金融学院

党委书记	陈如龙	1966.5—1969.4
校　长	秦穆伯	1966.5—1969.4
革命委员会主　任	孙海波（军宣队）	1968.9—1969.4

北京政法学院

1966 年 5 月，最高人民法院派工作组进驻学院。同年 6 月，学院党组织瘫痪。1967 年 6 月，北京政法学院革命委员会成立。

革命委员会主　任	陈荣金（学生）	材料不详
革命委员会副主任	刁秀一（学生）	材料不详
	吕子明	材料不详

中央美术学院

党委书记	陈　播（代理）	1966.5—1969.4
党委副书记	罗光达	1966.5—1969.4
院　长	吴作人	1966.5—1969.4
副院长	刘开渠	1966.5—1969.4
	张启仁	1966.5—1969.4
	罗光达	1966.5—1969.4

中央音乐学院

1966年6月，工作组进驻学院，7月底，学院革命委员会筹备委员会成立。1968年8月，工宣队和军宣队进驻学院。

党委书记	赵　沨	1966.5—1966.6
院　长	马思聪	1966.5—1966.6
副院长	赵　沨	1966.5—1966.6
	江定仙	1966.5—1966.6
	喻宜萱（女）	1966.5—1966.6
革命委员会筹备委员会主任	黄文雅	1966.7—1968.8
革命委员会筹备委员会副主任	陈　莲（女，学生）	1966.7—1968.8

中央戏剧学院

1966年6月，工作队进驻学院。1968年8月，工宣队、军宣队进驻学院。

北京化学纤维工学院

1968年3月，北京化学纤维工学院革命委员会成立。

党委书记	侯希如（代理）	1966.5—1968.3
党委副书记	陈佩文	1966.5—1968.3
监委书记	陈佩文（兼）	1966.5—1968.3

院　长	陈维稷（兼）	1966.5—1968.3
副院长	郭启明	1966.5—1968.3
	兰　健（女）	1966.5—1968.3

革命委员会主　任	谭兰祯（军宣队）	1968.3—10
	王成友（军宣队）	1968.10—1969.4
革命委员会副主任	刘玉昆（军宣队）	1968.3—10
	冯进财（军宣队）	1968.10—1969.4
	侯希如	1968.3—1969.4
	兰　健（女）	1968.3—1969.4

北京轻工业学院

党委书记	朱　康	1966.5—1968.10
党委副书记	黄　纪（女）	1966.5—1968.10
	刘亚平（女）	1966.5—1968.10
	丁立之	1966.5—1968.10

院　长	朱　康	1966.5—1968.10
副院长	黄　纪（女）	1966.5—不详
	刘亚平（女）	1966.5—不详
	丁立之	1966.5—不详
	顾　明（女）	1966.5—不详
	郭　超（女）	1966.5—不详

北京商学院

党委书记	王文波	1966.5—1969.4
党委副书记	曲介甫	1966.5—不详
院　长	王文波	1966.5—1969.4
副院长	杨用之	1966.5—1969.4
	傅乐亭	1966.5—1969.4
	史　冲	1966.5—1969.4
	曲介甫	1966.5—不详

北京机械学院

党委书记	郭良才	1966.5—1969.4
党委副书记	石　侠（女）	1966.5—1969.4
院　长	郭良才	1966.5—1968.9
副院长	石　侠（女）	1966.5—1968.9
	高锡金	1966.5—1968.9
	杨超伦	1966.5—1968.9

北京第二外国语学院

1968 月 8 月，北京第二外国语学院革命委员会成立

党委书记	李　昌	1966.5—1968.8
党委副书记	张天恩	1966.5—1968.8
	张书田	1966.5—1968.8

院　长	李　昌	1966.5—1968.8
副院长	张天恩	1966.5—1968.8
	翟良超	1966.5—1968.8
	彭　平	1966.5—1968.8

革命委员会主　任	王　逮	1968.8—1969.4
	王　农	1968.8—1969.4
革命委员会副主任	严贵泉	1968.8—1969.4
	齐永勤	1968.8—1969.4
	蔡万坤	1968.8—1969.4

中国音乐学院

党委书记	马　可（代理）	1966.5—7
党委副书记	叶　茵（女）	1966.5—7

院　长	马　可（代理）	1966.5—7
副院长	关鹤童（锡伯族）	1966.5—7

革命委员会主　任	何振茂	1966.7—1969.4
革命委员会副主任	乔佩娟（女）	1966.7—1969.4
	张全贵（学生）	1966.7—1969.4

北京电影学院

党委书记	钟敬之	1966.5—1969.4

党委副书记	鲁　明	1966.5—1969.4
	申　伸（女）	1966.5—1969.4
监委书记	申　伸（女）	1966.5—1969.4
院　长	章　泯	1966.5—1969.4
副院长	钟敬之	1966.5—1969.4
	吴印咸	1966.5—1969.4
	赵　明	1966.5—1969.4

北京工业大学

1967年7月，北京工业大学革命委员会成立。

党委书记	宋　硕	1966.5—1969.4
党委副书记	尹凤翔	1966.5—1969.4
革命委员会主　任	孙定忠	1968.3—11

北京师范学院

1968年1月，北京师范学院革命委员会成立。

党委书记	冯佩之	1966.5—1968.1
革命委员会主　任	高奎武（军训团）	1968.1—1969.4
革命委员会副主任	马　驰	1968.1—1969.4

北京第二医学院

党委书记	王新春	1966.5—1968.8
党委副书记	陈　化（女）	1966.5—1968.8
院　长	吴阶平	1966.5—1969.4
副院长	吴之汉	1966.5—1967.12
革命委员会主　任	周建华	1967.12—1969.4
革命委员会第一副主任	王新春	1968.5—1969.4
革命委员会副主任	彭东铭	1967.12—1969.4
	沈九余	1967.12—1969.4
	袁立人	1967.12—1969.4
	徐宝荣	1967.12—1969.4
	王新春	1967.12—1968.5
	陈　化（女）	1967.12—1969.4

北京经济学院

“文革”期间，学院教职员工和学生被下放到河南息县“五七”干校。1967 年 8 月，北京经济学院革命委员会成立。

革命委员会主　任	王　克（军宣队）	材料不详
革命委员会主　任	刘兴邦（工宣队）	材料不详
	贺忠山（学生）	材料不详

张胜志（学生）　　材料不详

北京农业劳动大学

党委书记	崔旭东	1966. 5—1969. 4
党委副书记	杨　舟	1966. 5—1969. 4
校　长	崔旭东	1966. 5—1969. 4
副校长	杨　舟	1966. 5—1969. 4
	赵乃光	1966. 5—1969. 4

北京电视大学

1966 年 6 月，北京电视大学停办。

校　长	吴　晗（兼）	1966. 5—6
副校长	魏　明（兼）	1966. 5—6
	薛成业（兼）	1966. 5—6

北京教师进修学院

“文化革命”期间，学院停办。1968 年 11 月，北京教师进修学院撤销。

党总支书记	张印斗	1966. 5—1968. 11
副院长	陈哲文	1966. 5—6
	张印斗	1966. 5—1968. 5
	周　平（女）	1966. 6—1968. 11

第二节 高等学校基层党组织逐渐恢复 高校继续开展同林彪、“四人帮” 反革命集团的斗争

(1969.4—1976.10)

1969年2月，北京市革命委员会文教组拟定的《关于北京大专院校留、撤、并、迁的初步意见》得到中央同意。这个意见的执行，使北京高等教育出现了前所未有的大萎缩。到1970年，北京高等学校比“文化大革命”前的55所减少了31所，占1965年北京高等学校总数的56%。在这减少的31所高校中，迁出北京15所，撤销停办14所，并入其他高校2所。1970年后，留下的24所高校再遭撤并，到1972年，北京高等学校仅剩18所。

1971年1月，全国高等院校调整座谈会在北京举行。4月，有关部门决定将全国原有417所高等院校，保留309所，合并43所，撤销45所，改为中等专业学校的17所，新增设7所。其中，1973年8月，北京地区的中央音乐学院、中国音乐学院、中央美术学院、中央戏剧学院、北京电影学院、中国戏曲学校、北京舞蹈学校等合并为中央五七艺术大学。1973年10月，中共北京市委和北京市革命委员会作出决定，撤销中国人民大学。

1970年，北京部分高等学校开始招收工农兵学员，逐步恢复办学。到1976年，北京高等学校有26所，在校学生数46016人，专任教师18962人，全市每万人中大学生数56人。

1971年3月，中共北京市第四次代表大会召开。中共北京市委、市革命委员会的工作机构合署办公，党政不分，共设有9个组，其中设有文教组。1973年2月文教组撤销，成立科教组，在市委的直接领导下，负责大、中、小学教育、科学研究和体育工作。

党的“九大”之后，高等学校的基层党组织开始逐渐恢复。到1977

年底，有校级党委50个，党总支193个，党支部1897个，党员30816人，其中，教育工作者8815人，干部6070人，学生11733人。发展新党员935人。

高等学校党政领导人名录和任期

北京大学

1969年9月，北京大学革命委员会成立。

党委书记	杨德中（军宣队）	1971.5—1972.2
	王连龙（军宣队）	1972.2—1976.10
党委副书记	王连龙（军宣队）	1971.5—1972.2
	刘　信（军宣队）	1971.5—1972.2
	田双喜	1971.5—1972.2
	张学书	1971.5—1976.10
	黄辛白	1972.2—1976.10
	郭宗林（军宣队）	1972.2—1976.10
	马石江	1975.9—1976.10
	魏银秋	不详—1976.10
革命委员会主　任	杨德中（军宣队）	1969.9—1972.2
	王连龙（军宣队）	1972.2—1976.10
革命委员会副主任	王连龙（军宣队）	1969.9—1972.2
	刘　信（军宣队）	1969.9—1972.2
	魏秀如（女，工宣队）	1969.9—1972.2
	张学书	1969.9—1976.10

	周培源（教师）	1969.9—1976.10
	聂元梓[①]（女）	1969.9—不详
	黄辛白	1972.2—1976.10
	郭宗林（军宣队）	1972.2—1976.10
	马石江	1975.9—1976.10
	魏银秋	不详—1976.10

北京医学院

党委书记	阎登山	1971.6—1975.5
	薛伟民	1975.6—1976.10
党委副书记	李全胜	1971.6—8
	王承祝	1971.6—1976.10
	陈玉琳	1971.6—1974.8
	马　旭	1972.4—1976.10
	杨慧文	1973.5—1976.10
	李震中	1974.9—1976.10
	曹　瑞	1974.9—1976.10
	邢　超	1975.9—1976.10
革命委员会主　任	阎登山	1969.4—1973.12
革命委员会副主任	王承祝	1969.4—1976.10
	李全胜	1969.4—1971.6
	高贵山	1969.4—1971.6

① 1971 年 2 月，北京大学革委会宣布对聂元梓隔离、审查，1972 年 10 月暂停工作。

	赵从兴	1971.6—1974.5
	汉斯·米勒	1971.11—1976.10
	马　旭	1972.4—1976.10
	胡传揆	1973.6—1976.10
	朱章赓	1973.6—1974.2
	刘心安	1974.6—11
	陈　化（女）	1974.9—1976.10
	柳厚田	1974.9—1976.10
	魏　颖	1974.9—1976.10
	薛伟民	1975.6—1976.10
	彭瑞骢	1975.12—1976.10

清华大学

党委书记	杨德中	1970.1—1972.1
	迟　群	1972.1—1976.10
党委副书记	张荣温	1970.1—1972.10
	迟　群	1970.1—1972.1
	刘承能	1970.1—1972.1
	阮世民	1970.1—1972.1
	刘　冰	1970.1—1975.11
	惠宪钧	1970.1—1975.11
	谢静宜（女）	1972.1—1976.10
	何东昌	1972.1—1973.11
	胡　健	1972.1—1976.10
	柳一安	1973.2—1975.11
	张凤瑞	1973.12—1976.10
	荣泳霖	1976.3—10
	夏镇英	1976.3—10

职务	姓名	任职时间
革命委员会主 任	张荣温（兼）	1969.4—1972.1
	迟 群	1972.1—1976.10
革命委员会副主任	阮世民	1969.4—1972.1
	刘承能	1969.4—1972.1
	韩银山	1969.4—1976.10
	白喜善	1969.4—1976.10
	刘 冰（兼）	1972.1—1975.11
	艾知生	1972.1—1973.11
	吕方正	1972.1—1975.11
	吕应中	1972.1—1976.10
	张 维	1972.1—1975.10
	胡报青	1972.1—1974.7
	惠宪钧	1972.1—1975.11
	刘夫山	1976.3—1976.10
	陈栋豪	1976.3—1976.10
	李士存	1976.3—1976.10
	周家悫	1976.3—1976.10
	裴 全	1976.3—1976.10
	张凤瑞	1976.3—1976.10
	胡 健（兼）	1976.3—1976.10

中央工艺美术学院

1973年8月，学院划归轻工业部领导，党的关系同时转到轻工业部。

职务	姓名	任职时间
革命委员会主 任	王建邦（教师）	1969.4—1970.5

革命委员会副主任	陆振声（教师）	1969.4—1970.5
	荆鹏举（学生）	1969.4—1970.5
	文官旺（学生）	1969.4—1970.5

中国人民大学

1969年9月，中国人民大学革命委员会成立。1969年11月，中国人民大学整党领导小组成立（后改称整党建党领导小组）。1972年12月，中国人民大学领导小组成立，代行党委职权，同时撤销整党建党领导小组。1973年10月，中国人民大学被停办。

党委书记	郭影秋	1969.4—9
党委副书记	崔耀先	1969.4—9
	赵德芳	1969.4—9
整党建党领导小组组长	杨培基	1969.11—1972.2
整党建党领导小组副组长	丁歧山	1969.11—12
	朱德全	1969.11—12
	宋英儒	1969.11—1971.1
党的领导小组组长	杨培基	1972.2—1973.10
党的领导小组副组长	郭影秋	1972.2—1973.10
	崔耀先	1972.11—1973.10
副校长	郭影秋	1969.4—9
副校长	崔耀先	1969.4—9

革命委员会主　任	杨培基	1969.9—1973.10
革命委员会副主任	丁歧山	1969.11—12
	宋英儒	1969.9—1971.1
	朱德全	1969.9—12

北京师范大学

1973 年 5 月，经北京市委批准，成立北京师范大学党的领导小组。

党委书记	程今吾	1969.4—1970.5
校　长	陈　垣	1969.4—1971.6
党的领导小组组　长	丁元贞（军宣队）	1973.5—1975.1
党的领导小组副组长	高　沂	1973.5—1975.8
	谢芳春	1973.5—1975.8
	赵德芳	1973.5—1975.8
	王　强（工宣队）	1974.2—1975.8
党委书记	高　沂（代理）	1975.8—1977.10
党委副书记	王　强（工宣队）	1975.8—1976.10
	谢芳春	1975.8—1976.10
	赵德芳	1975.8—1976.10

北京航空学院

党委书记	李世安	1971. 6—1974. 1
	王振乾	1974. 2—1976. 10
党委副书记	周天行	1971. 6—1976. 10
	李根恒	1971. 6—1973. 11
	佟铁夫	1971. 6—1973. 11
	黎　光	1974. 6—1976. 10
	康荫伍	1972. 10—1976. 10
革命委员会主　任	李世安	1971. 6—1974. 01
	王振乾	1974. 2—1976. 10
革命委员会副主任	王　恒	1969. 4—1971. 5
	李根恒	1971. 6—1973. 11
	周天行	1971. 6—1976. 10
	郭　峰	1971. 6—1973. 8
	沈　元	1971. 10—1976. 10
	佟铁夫	1971. 10—1973. 11
	康荫伍	1972. 10—1976. 10
	王敬明	1973. 8—1976. 10
	东长学	1973. 12—1976. 10
	黎　光	1974. 3—1976. 10
	尹鸿儒	1976. 3—10

北京工业学院

1973 年 11 月，北京工业学院临时领导小组成立。

职务	姓名	任职时间
革命委员会主任	彭焕彩（军宣队）	1969. 9—1971. 1
	余道波（军宣队）	1971. 1—1973. 11
临时领导小组组长	贾克	1973. 11—1975. 8
临时领导小组副组长	黄庆祺	1973. 11—1975. 8
党委书记	贾克	1975. 8—1976. 10
党委副书记	郑干	1969. 4—1974. 10
	李淑仪	1969. 4—1976. 10
	时生	1969. 4—1976. 10
	尚英	1969. 4—1973. 1
	黄庆祺	1975. 8—1976. 10
副院长	尚英	1969. 4—1973. 1
	李麟玉	1969. 4—1975. 4
	周发岐	1969. 4—1976. 10
	李森	1969. 4—1976. 10
	李振生	1969. 4—1976. 10
	时生	1969. 4—1976. 10
	齐尧	1969. 4—1976. 10

北京农业大学

1971 年 9 月，北京农业大学和延安大学合并成立延安大学。1973 年 4 月，原北京农业大学由陕西迁回河北省涿县原农大分校扩建办学，改为华北农业大学。

革命委员会主　任	冯兴旺	1969. 4—1970. 1
革命委员会负责人	张维城	1970. 9—1971. 9
革命委员会副主任	郁明谏	1969. 4—1970. 1
	解金瑞	1969. 4—1970. 1
	高　亮	1969. 4—1970. 1
	马修仪	1969. 4—1971. 9

北京农业机械化学院

1971 年 6 月，北京农业机械化学院迁出北京，改名为四川农业机械学院。1972 年 7 月，改名为重庆农业机械化学院。1973 年 10 月，原北京农业机械化学院从重庆迁到河北邢台，改名为华北农业机械化学院。

核心组组长	李伯顺	1970. 10—1971. 6
核心组副组长	杨　仪	1970. 10—1971. 6
	刘正修（军宣队）	1970. 10—1971. 6

革委会主任	宋连山（军宣队）	1969. 4—1970. 9
革委会副主任	张福伦	1969. 3—1971. 6
	杨　仪	1970. 10—1971. 6
	李伯顺（军宣队）	1970. 12—1971. 6

	刘正修（军宣队）	1970.12—1971.6

北京钢铁学院

革命委员会主　任	陈辛火（军宣队）	1969.4—1971.3
	钟平武（军宣队）	1971.3—1972.5
	刘少华	1976.4—10
革命委员会副主任	何征军（军宣队）	1969.4—1972.5
	田殿勋	1969.4—1972.5
	张文奇	1973.8—1976.10
	马纪民	1973.8—1976.10
	郑多培（学生）	1969.4—1970.7
	张素琴（女，学生）	1969.4—1970.7
党委书记	金兆典	1973.8—1975.10
	吴　平（代理）	1975.10—1976.4
	成　克	1976.4—10
党委副书记	吴　平	1973.8—1976.10
	林　楠（女）	1973.8—1976.10
	宋永泉（工宣队）	1973.8—1976.10
	李　文	1973.8—1976.10
	刘少华	1976.4—10

北京邮电学院

1971 年 10 月，北京邮电学院改名为北京电信工程学院。

党委书记	杨思九	1969.4—1971.10
党委副书记	赵　磊（女）	1969.4—1971.10
	张惠仁	1969.4—1971.10
院　长	孟贵民	1969.4—1971.10
副院长	刘砚田	1969.4—1971.10
	王锡祥	1969.4—1971.10

北京电信工程学院

1971 年 10 月，北京邮电学院改名为北京电信工程学院，实行军事化管理，设政治委员。

第一政委	贺伯升	1971.10—1973.3
第二政委	徐　信	1971.10—1973.3
副政委	刘武林	1971.10—1973.3（未到任）
院　长	施光迪	1971.10—1973.3（未到任）
副院长	郭　奇	1971.10—1973.3
	延立华	1971.10—1973.3
	李怀珍	1971.10—1973.3

北京邮电学院

1973 年 3 月，北京电信工程学院恢复北京邮电学院校名。

党委书记	杨思九	1973.3—1976.10
党委副书记	赵　磊（女）	1973.3—1976.10
	张惠仁	1973.3—1976.10
	刘宗训	1975.7—1976.10

	戴玉琢	1975.7—1976.10
院　长	孟贵民	1973.3—1976.10
副院长	王锡祥	1973.3—1976.10
	王蕴玮	1973.3—1976.10

北京化工学院

1971年10月，北京化学纤维工学院与北京化工学院合并，校名为北京化工学院。

党委书记	马芳庭	1969.4—1971.4
	蒋东亚（军宣队）	1971.4—1973.7
	周　静	1973.7—1976.10
党委副书记	周　静	1969.4—1973.7
	彭　越（军宣队）	1971.4—1973.7
	刘桂峰（军宣队）	1971.10—1973.7
	马恩沛	1973.7—1976.10
	俸培宗	1975.4—1976.10
革命委员会主　任	曲廷玉（军宣队）	1969.4—1969.6
	蒋东亚（军宣队）	1969.6—1972.6
	周　静	1972.6—1976.10
革命委员会副主任	陈洪光	1969.4—1970.4
	傅　茂	1969.4—1971.5
	俸培宗（学生）	1969.4—1970.8； 1970.8—1976.10
	李招群（学生）	1969.4—1970.4

	戴元开（工宣队）	1969.4—1970.10
	彭　越（军宣队）	1969.6—1973.7
	童　竞（军宣队）	1969.6—1973.7
	周　静	1970.6—1972.6
	马恩沛	1970.6—1976.10
	刘桂峰（军宣队）	1971.10—1973.7
	兰　健（女）	1971.10—1976.10
	侯希如	1973.8—1976.10
	刘忠忱（工宣队）	1974.2—1976.10
	柴振文（工宣队）	1974.2—1976.5
	史尔公	1974.3—1976.10
	张永云（工宣队）	1976.5—10

北京铁道学院

1970年6月，学校从北京外迁河北省石家庄市，后因故未迁，更名为北方交通大学，党的关系隶属中共河北省委。

革命委员会主任	皎王健（军宣队）	1969.4—1970.2
革命委员会副主任	于守贞（军宣队）	1969.4—1970.2
	康宝信（工宣队）	1969.4—1970.2
	王志宏（学生）	1969.4—1970.2
	张春发（学生）	1969.4—1970.2

北京广播学院

1970年11月，北京广播学院停办。1972年12月，北京广播学院恢复办学。

革命委员会 主　任	叶大宏（军训团）	1969.4—6
	赵继盛（军宣队）	1969.6—12
	方玉峰（军宣队）	1969.12—1970.11
革命委员会 副主任	刘书常（工宣队）	1969.4—1970.11
	顾　湘（女）	1969.4—6
	王肇文（学生）	1969.4—1970.8
	秦殿丁（学生）	1969.4—1970.8
	徐大伟（军宣队）	1969.4—12
	倪正义	1969.4—1970.11
复校筹备领导 小组组长	左　荧	1972.12—1974.10
复校筹备领导 小组副组长	刘永嵘	1972.12—1974.10
	李先候	1972.12—1974.10
党支部书记	左　荧	1973.4—1974.11
党支部副书记	刘永嵘	1973.4—1974.11
	李先候	1973.4—1974.11
党的领导 小组组长	陈竞寰	1974.11—1976.10
党的领导小组 第一副组长	罗　青	1974.11—1976.10
党的领导小组 副组长	何长青（工宣队）	1974.11—1976.10
	于西林（工宣队）	1974.11—1976.10
	刘永嵘	1974.11—1976.10

北京地质学院

1969 年 4 月—1970 年 9 月，学校由工军宣队指挥部领导。1970 年 9 月，学校迁往湖北，更名为湖北地质学院，党的组织关系随转到中共湖北省委。

北京石油学院

1970 年 1 月，北京石油学院迁往山东省东营市，更名为华东石油学院，党的关系隶属中共山东省委。

革命委员会主　任	张星耀（军宣队）	1969. 4—12
革命委员会副主任	孟昭瑞（军宣队）	1969. 4—12
	张世忠（工宣队）	1969. 4—12
	姜　阳（学生）	1969. 4—12
	唐天明（女，学生）	1969. 4—12

北京电力学院

1970 年 10 月，北京电力学院迁往河北省，改名为河北电力学院。

党委书记	杨继先	1969. 4—1970. 10
党委副书记	梁　超	1969. 4—1970. 10
院　长	杨继先（代理）	1969. 4—1970. 10
副院长	梁　超（兼）	1969. 4—1970. 10

北京林学院

1969 年 11 月，北京林学院迁往云南省。1971 年，改名为云南林业学院。

职务	姓名	任职时间
革命委员会主　任	王德祥	1969.4—11
革命委员会副主任	单　洪	1969.4—11
	郭长禄	1969.4—11
	张仲义	1969.4—11

北京中医学院

职务	姓名	任职时间
革命委员会主　任	李忠诚	1969.4—1971.7
革命委员会副主任	杨　治	1969.4—1971.7
	齐德民	1969.4—1971.7
	刘淑珍（学生）	1969.4—1971.7
党委书记	鲁之俊	1973.4—1976.10
党委副书记	李忠诚	1971.7—1973.4
院　长	鲁之俊	1973.4—1976.10
副院长	杨礼慈	1971.7—1976.10
	黄升仁	1971.7—1976.10
	杨　治	1971.7—1976.10
	李永春	1973.4—1976.10

北京语言学院

1971 年 10 月，北京语言学院并入北京第二外国语学院。1972 年 10 月，恢复北京语言学院。

职务	姓名	任职时间
革命委员会主任	刘懋仇（军宣队）	1969.4—不详
	韩长银（军宣队）	材料不详
	王亦山	1973.11—1975.4
	苏林	1975.4—1976.10
革命委员会副主任	冯凌（女）	1969.4—不详
	彭伯勋①	1969.12—1971.5
	韩长银（军宣队）	材料不详
	彭伯勋	1973.11—1976.10
	邱及	1973.11—1976.10
	吴塘	1973.11—1976.10
	王文	1975.4—1976.10
	来汉宣	1975.4—1976.10
	王淑贞(女,教师,辽宁)	1975.4—1976.10
	杨培基（军宣队）	1973.11—1975.夏
	韩春奎（工宣队）	1975.4—1976.10
党的临时领导小组组长	王亦山	1972.10—1974.12
党的临时领导小组副组长	彭伯勋	1972.10—1974.12

① 根据 1973、1974 年本人填写的履历表。

党委书记	苏　林	1974. 12—1976. 10
党委副书记	王　文	1974. 12—1976. 10
	来汉宣	1974. 12—1976. 10
	任以珍	1974. 12—1976. 10
	彭伯勋	1974. 12—1976. 10
	靳风辉（工宣队）	1974. 12—1976. 8
	冯文通（工宣队）	1976. 8—10

北京工农兵体育学院

革命委员会主　任	魏新民（军宣队）	1969. 11—1971. 4
革命委员会副主任	方自勤（工宣队）	1969. 11—1971. 4
	陈志雄（军宣队）	1969. 11—1971. 4

北京体育学院

1971 年 4 月，北京工农兵体育学院恢复北京体育学院校名。

革命委员会主　任	魏新民（军宣队）	1971. 4—1973. 6
革命委员会副主任	方自勤（工宣队）	1971. 4—1973. 6
	陈志雄（军宣队）	1971. 4—1973. 6

党委第一书记	钟师统	1973. 6—1976. 10
党委第二书记	赵　斌	1973. 6—1976. 10

院　长	钟师统	1973. 6—1976. 10

副院长	徐英超	1973. 6—1976. 10
	邓乙真	1973. 6—1976. 10
	王任山	1973. 6—1976. 10

中央民族学院

革命委员会主　任	李　力（军宣队）	1969. 4—1976. 10
革命委员会副主任	宋殿才（工宣队）	1969. 4—1976. 10
	乔云川	1969. 4—1976. 10
	仁庆扎西（学生，藏族）	1969. 4—1976. 10
	艾合买提（学生，维吾尔族）	1969. 4—1970. 9
	魏景昌	1972. 8—1976. 10
	宗　群	1973. 1—1976. 10
党委书记	李　力（军宣队）	1971. 3—1976. 10
党委副书记	乔云川	1971. 3—1976. 10
	魏景昌	1972. 8—1976. 10
	宗　群	1973. 1—1976. 10

北京对外贸易学院

1969 年 10 月，北京对外贸易学院迁往河南省固始县；1970 年 8 月，北京对外贸易学院撤销。1973 年 3 月，北京对外贸易学院恢复建校。

革命委员会主　任	刘　征	1969. 4—1969. 10
	郭玉谦（军宣队）	1969. 10—1970. 8

	赵长春	1974.10—1976.10
革命委员会副主任	宋玉昌	1969.4—1969.10
	李绍贵	1969.4—1970.8
	葛土根	1969.4—1969.10
	刘　征	1969.10—1970.8；1974.10—1976.10
	任长春（工宣队）	1969.10—1970.8
	王增榜（军宣队）	1969.10—1970.8
	虞振华	1974.10—1976.10
	徐世伟	1974.10—1976.10
	李尚连（工宣队）	1974.10—1976.10
	王洁平	1974.10—1976.10
核心小组组长	虞振华	1972.8—1973.9
	赵长春	1973.9—1974.12
核心小组副组长	吴良华	1972.8—1973.9
	刘　征	1972.8—1974.12
	虞振华	1973.9—1974.12
	井绪昌	1973.9—1974.12
党委书记	赵长春	1974.12—1976.10
党委副书记	虞振华	1974.12—1976.10
	徐世伟	1974.12—1976.10
	刘　征	1974.12—1976.10
	井绪昌（工宣队）	1974.12—1976.10
院　长	赵长春	1973.9—1976.10
副院长	虞振华	1973.4—1976.10

	徐世伟	1976.5—10

北京矿业学院

1970年5月起，北京矿业学院迁校至四川省，改名为四川矿业学院。

革命委员会主任	陈兆琪（学生）	1969.4—1970.5
革命委员会副主任	段芝亭	1969.4—1970.5
	谭德健（教师）	1969.4—1970.5
	孙来宏（学生）	1969.4—1970.5
	陈贵干（学生）	1969.4—1970.5

中央财政金融学院

1969年9月，中央财政金融学院停办。

党委书记	陈如龙	1969.4—9
院长	秦穆伯	1969.4—9
革命委员会主任	孙海波（军宣队）	1969.4—9

北京政法学院

1969年4月至1970年，工宣队、军宣队进驻学院。1970年底，北京政法学院被宣布撤销。

中央美术学院

1969年11月，中央美术学院革命委员会成立。1970年5月，中央美术学院下放到河北磁县。

革命委员会主　任	陈　播	1969.11—1970.5

中央五七艺术大学美术学院

1973年12月，中央美术学院更名为中央五七艺术大学美术学院，成立筹建领导小组。1976年5月，文化部批复中央五七艺术大学美术学院成立党委和革命委员会。

筹建领导小组组　长	仲秋元	1973.12—1976.5
党委书记	仲秋元	1976.5—10
党委副书记	孙慈溪	1976.5—10
	张启仁	1976.5—10
	原树香	1976.5—10
	郭宝华（女）	1976.5—10
革命委员会主　任	仲秋元	1976.5—10
革命委员会副主任	孙慈溪	1976.5—10
	张启仁	1976.5—10
	原树香	1976.5—10
	郭宝华（女）	1976.5—10

中央音乐学院

1970年5月，工宣队和军宣队撤离学院，师生员工下放河北保定地区部队锻炼，1973年10月返回。1973年10月，中央五七艺术学校和中央音乐学院、中国音乐学院合并，成立中央五七艺术大学音乐学院。

1970年5月—1973年10月期间的领导人名录不详。

中央五七艺术大学音乐学院

职务	姓名	任职时间
党的临时核心领导小组组长	陈　播	1973.10—不详（未到任）
党的临时核心领导小组副组长	罗　青	1973.10—1975.12
筹备领导小组组　长	陈　播	1973.10—不详（未到任）
筹备领导小组副组长	罗　青	1973.10—1975.12
	王质品	1973.10—1975.12
	陈玉生	1973.10—1975.12
	喻宜萱（女）	1973.10—1975.12
	侯胜虎	1973.10—1975.12
党委书记	赵　沨	1975.12—1976.10
党委副书记	王德义（工宣队）	1975.12—1976.10
	关鹤童	1975.12—1976.10
	聂圣武	1975.12—1976.10

革命委员会 主　任	赵　沨	1975. 12—1976. 10
革命委员会 副主任	王德义（工宣队）	1975. 12—1976. 10
	关鹤童	1975. 12—1976. 10
	聂圣武	1975. 12—1976. 10
	喻宜萱（女）	1975. 12—1976. 10
	江定仙	1975. 12—1976. 10
	王质品	1975. 12—1976. 10

中央戏剧学院

1969 年 4 月，工宣队、军宣队进驻学院。1970 年 5 月，全院师生下放。1973 年 10 月，师生返回北京。1973 年 11 月，中央戏剧学院更名为中央五七艺术大学戏剧学院。

中央五七艺术大学戏剧学院

1973 年 11 月，中央戏剧学院更名为中央五七艺术大学戏剧学院，设党政领导小组。1975 年 9 月，成立革命委员会。

党政领导小组 组　长	戴碧湘	1973. 11—1975. 9
党政领导小组 副组长	阮若珊（女）	1973. 11—1974. 3
革命委员会 主　任	陈　播	1975. 9—1976. 10
革命委员会 副主任	庞振东	1975. 9—1976. 10
	吴　雪	1975. 9—1976. 10

	王永德	1975.9—1976.10
	王玉臣	1975.12—1976.10
党委书记	陈　播	1975.12—1976.10
党委副书记	庞振东	1975.12—1976.10
	吴　雪	1975.12—1976.10
	王永德	1975.12—1976.10
	王玉臣	1975.12—1976.10

北京化学纤维工学院

1969年11月，学院迁往江西省。1970年12月，学院迁回北京。1971年10月，北京化学纤维工学院与北京化工学院合并，校名为北京化工学院。

革命委员会主　任	王成友（军宣队）	1969.4—9
	程福堂（军宣队）	1969.9—1970.6
	刘桂峰（军宣队）	1970.6—1971.10
革命委员会副主任	冯进财（军宣队）	1969.4—9
	法永烈（军宣队）	1969.9—1970.6
	吴　秉（军宣队）	1970.6—1971.10
	侯希如	1969.4—1971.10
	兰　健（女）	1969.4—1971.10

北京轻工业学院

1970年10月，北京轻工业学院迁往陕西咸阳。1969年4月—1970年10月期间领导人名录不详。

北京商学院

1971 年 11 月，北京商学院停办。

党委书记	王文波	1969. 4—1971. 5
院　长	王文波	1969. 4—1971. 5
副院长	杨用之	1969. 4—1971. 11
	史　冲	1969. 4—1971

北京机械学院

1971 年 2 月，学院革委会成立。1972 年 1 月，北京机械学院与陕西工业大学合并，成立陕西机械学院，学院党组织关系转到陕西省委。

党委书记	郭良才	1969. 4—1971. 3
党委副书记	石　侠（女）	1969. 4—1971. 3
革委会主任	郭良才	1971. 2—12
革委会副主任	石　侠（女）	1971. 2—12

北京第二外国语学院

1971 年 10 月，成立革命委员会领导小组。1972 年 3 月，院革命委员会领导小组改为革命委员会党的领导小组。

革命委员会主　任	王　速	1969. 4—8
	张　鸣	1969. 8—1971. 10
	王　农	1969. 4—8

革命委员会副主任	严贵泉	1969. 4—8
	齐永勤	1969. 4—1971. 10
	蔡万坤	1969. 4—8
	张世照	1969. 8—1971. 10
	宋克礼	1969. 8—1971. 10
	刘胜玉	1969. 8—1971. 10
	张天恩	1969. 8—1971. 10
革命委员会领导小组组长	张　鸣	1971. 10—1972. 3
革命委员会领导小组副组长	张天恩	1971. 10—1972. 3
	宋克礼	1971. 10—1972. 3
	王亦山	1971. 10—1972. 3
革命委员会党的领导小组组长	张天恩	1972. 3—1975. 4
革命委员会党的领导小组第一副组长	张万春	1974. 2—1975. 4
革命委员会党的领导小组副组长	王亦山	1972. 3—10
	刘　凤	1972. 3—1973. 6
	翟良超	1972. 11—1974. 5
	孟庆林	1974. 2—5
	张书田	1974. 9—1975. 4
党委书记	张天恩	1975. 4—1976. 10
党委副书记	张万春	1975. 4—1976. 10
	张书田	1975. 4—1976. 6
	张天恩	1969. 4—1975. 4

	翟良超	1974. 5—1976. 10
	彭　平	1969. 4—1976. 10

中国音乐学院

1973 年 8 月，中国音乐学院与中央音乐学院、中央五七艺校音乐系合并成中央五七艺术大学音乐学院。

革命委员会主　任	何振茂	1969. 4—1973. 8
革命委员会副主任	乔佩娟（女）	1969. 4—1973. 8
	张全贵	1969. 4—1973. 8

北京电影学院

1969 年 10 月，北京电影学院革命委员会成立。1970 年 7 月，撤销北京电影学院建制。

党委书记	钟敬之	1969. 4—10
党委副书记	鲁　明	1969. 4—10
	申　伸（女）	1969. 4—10
监委书记	申　伸（女）	1969. 4—10
院　长	章　泯	1969. 4—10
副院长	钟敬之	1969. 4—10
	吴印咸	1969. 4—10
	赵　明	1969. 4—10
革命委员会主　任	张泉清（军宣队）	1969. 10—1970. 5

革命委员会副主任	王振邦（工宣队）	1969.10—1970.5

中央五七艺术大学电影学校

1973年8月，国务院批准将中央直属6所艺术院校合并，组建中央五七艺术大学，下设有电影学校。

领导小组组长	任　杰	1973.9—1976.10
领导小组副组长	刘文清（军代表）	1973.9—1976.10

北京工业大学

党委书记	宋　硕	1969.4—1969.10
	董　华（军宣队）	1971.7—1972.4
	秦　川	1973.12—1976.10
党委副书记	邱　特（军宣队）	1971.7—1972.5
	尹凤翔	1971.7—1976.10
	许　静（军宣队）	1973.12—1976.10
	霍海龙（工宣队）	1974.6—1976.11
	董济民	1976.6—10
革命委员会主　任	袁　戈（军宣队）	1969.9—1971.7
	董　华（军宣队）	1971.7—1972.4
	秦　川	1973.12—1976.10
革命委员会副主任	邢　祥（工宣队）	1969.9—1971.7
	邱　特（军宣队）	1971.7—1972.5
	许　静（军宣队）	1971.7—1976.10

	尹凤翔	1971. 7—1976. 10
	王振和(回族,工宣队)	1971. 7—1973. 8
	樊恭烋	1973. 8—1976. 10
	陆钦仪	1973. 8—1976. 10
	景念久（工宣队）	1974. 6—1975. 1
	潘新元（工宣队）	1975. 1—1976. 10

北京师范学院

党委书记	张贵明（军宣队）	1971. 6—1974
党委副书记	高 琛（军宣队）	1970. 3—1976. 10
	马 驰	1971. 6—1976. 10
	白福祥（工宣队）	1971. 6—1973
	崔耀先	1973. 9—1976. 10
	刘俊英（工宣队）	1974—1976
革命委员会主任	高奎武（军训团）	1969. 4—1970. 9
	张贵明（军宣队）	1971. 6—1973. 9
	崔耀先	1973. 9—1976. 10
革命委员会副主任	马 驰	1969. 4—1976. 10
	刘寿彭	1971. 6—1976. 10
	薛成业	1972. 9—1976. 10

北京第二医学院

1971 年 10 月，北京第二医学院改名为北京医学专科学校。1974 年 1 月，恢复北京第二医学院校名。

革命委员会主任	周建华	1969. 4—1969. 10

	崔俊杰	1969.10—1971.10
	徐宏九	1975.6—1976.10
革命委员会第一副主任	王新春	1969.4—1969.10
革命委员会副主任	王新春	1969.10—1971.10； 1974.1—1976.10
	彭东铭	1969.4—1971.10
	吴阶平	1969.10—1970.9
	田中吉	1969.10—1971.10； 1974.1—6
	陈　化（女）	1969.4—10
	沈九余	1969.4—1970.7
	袁立人	1969.4—1971.10； 1974.1—1976.10
	徐宝荣	1969.4—1971.10； 1974.1—1976.10
	吴之汉	1974.1—1976.10
	杨　舟	1974.1—1976.10
	郭秀阁	1974.6—1976.10

北京经济学院

1973 年 11 月，北京经济学院、原中国人民大学部分系和原北京工商管理专科学校部分专业合并，组建新的北京经济学院。

筹建小组组长	卫佐民（代理）	1973.11—1975.3
筹建小组副组长	胡林昀	1973.11—1975.3
	刘凤岐	1973.11—1975.3

党的领导小组组　长	卫佐民（代理）	1975. 3—1976. 10
党的领导小组副组长	胡林昀	1975. 3—1976. 10
	刘凤岐	1975. 3—1976. 10
	高禄琪	1975. 3—1976. 10

北京农业劳动大学

1969 年上半年，学校停办。1970 年 1 月，学校被撤销。

“文化大革命”时期北京普通高等学校校名沿革表

（1966.5–1976.10）

1966　1967　1968　1969　1970　1971　1972　1973　1974　1975　1976

北京大学

北京大学 → 北京大学

北京医学院 → 北京医学院

清华大学

清华大学 → 清华大学

中央工艺美术学院 → 中央工艺美术学院

中国人民大学

中国人民大学 → 中国人民大学 1973.10

北京师范大学

北京师范大学 → 北京师范大学

北京航空航天大学

北京航空学院 → 北京航空学院

北京理工大学

北京工业学院 → 北京工业学院

1966	1967	1968	1969	1970	1971	1972	1973	1974	1975	1976
中国农业大学										
北京农业大学 →					延安大学 1971.9 →		华北农业大学 1973.4 →			华北农业大学
北京农业机械化学院 →					四川农机学院 1971.6 →	重庆农业机械学院 1972.7 →	华北农业机械化学院 1973.10 →			华北农业机械化学院
北京科技大学										
北京钢铁学院 →										北京钢铁学院
北京邮电大学										
北京邮电学院 →					北京电信工程学院 1971.10 →		北京邮电学院 1973.3 →			北京邮电学院
北京化工大学										
北京化工学院 →					↑ 北京化学纤维工学院 1971.10					北京化工学院
北京交通大学										
北京铁道学院 →				北方交通大学 1970.6 →						北方交通大学
中国传媒大学										
北京广播学院 →				北京广播学院 1970.11		北京广播学院 1972.12 →				北京广播学院

1966	1967	1968	1969	1970	1971	1972	1973	1974	1975	1976
中国地质大学(北京)										
北京地质学院				湖北地质学院 1970.9				武汉地质学院 1974.12		武汉地质学院
中国石油大学(北京)										
北京石油学院				华东石油学院 1970.1						华东石油学院
华北电力大学										
北京电力学院				河北电力学院 1970.10						河北电力学院
北京林业大学										
北京林学院				丽江林学院 1970.4	云南林业学院 1971.6					云南林业学院
							云南农业大学林学系 1973.3			
北京中医药大学										
北京中医学院					北京中医学院					北京中医学院
					中医研究院 1971.7					

1966　1967　1968　1969　1970　1971　1972　1973　1974　1975　1976

北京协和医学院

中国医科大学 → 中国医科大学 1971.8

北京外国语大学

北京外国语学院 → 北京外国语学院

北京语言大学

北京语言学院 → 北京语言学院 1971.10　北京语言学院 1972.10 → 北京语言学院

北京体育大学

北京体育学院 → 北京工农兵体育学院 1967.3 → 北京体育学院 1971.4 → 北京体育学院

中央民族大学

中央民族学院 → 中央民族学院

对外经济贸易大学

北京对外贸易学院 → 北京对外贸易学院 1970.8　对外贸易部中等专业学校 1971.11 → 北京对外经济贸易学院 1973.3 复校 → 北京对外贸易学院

中国矿业大学(北京)

北京矿业学院 → 四川矿业学院 1970.5 → 四川矿业学院

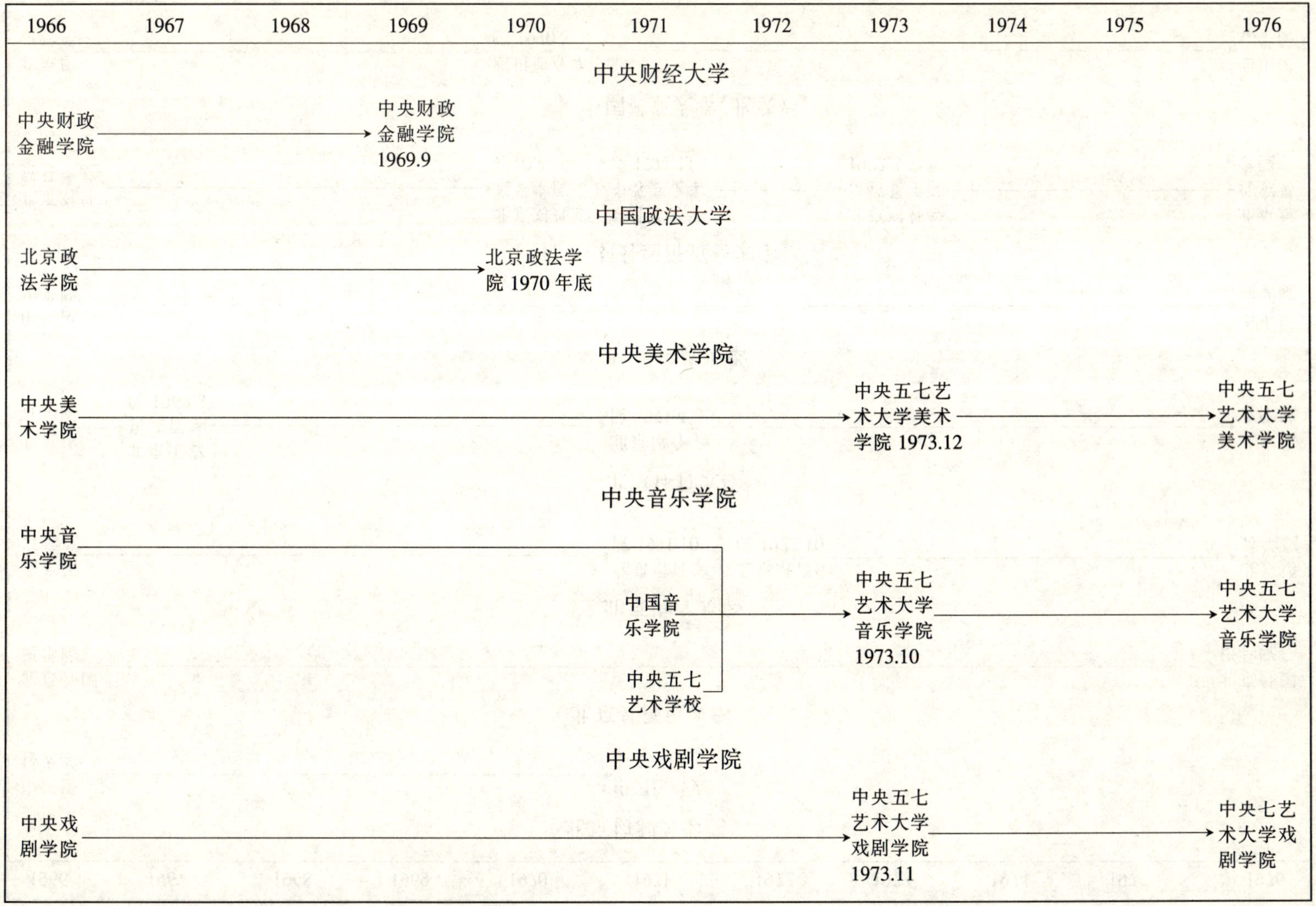

1966	1967	1968	1969	1970	1971	1972	1973	1974	1975	1976

中央财经大学

中央财政金融学院 → 中央财政金融学院 1969.9

中国政法大学

北京政法学院 → 北京政法学院 1970年底

中央美术学院

中央美术学院 → 中央五七艺术大学美术学院 1973.12 → 中央五七艺术大学美术学院

中央音乐学院

中央音乐学院 → 中国音乐学院、中央五七艺术学校 → 中央五七艺术大学音乐学院 1973.10 → 中央五七艺术大学音乐学院

中央戏剧学院

中央戏剧学院 → 中央五七艺术大学戏剧学院 1973.11 → 中央七艺术大学戏剧学院

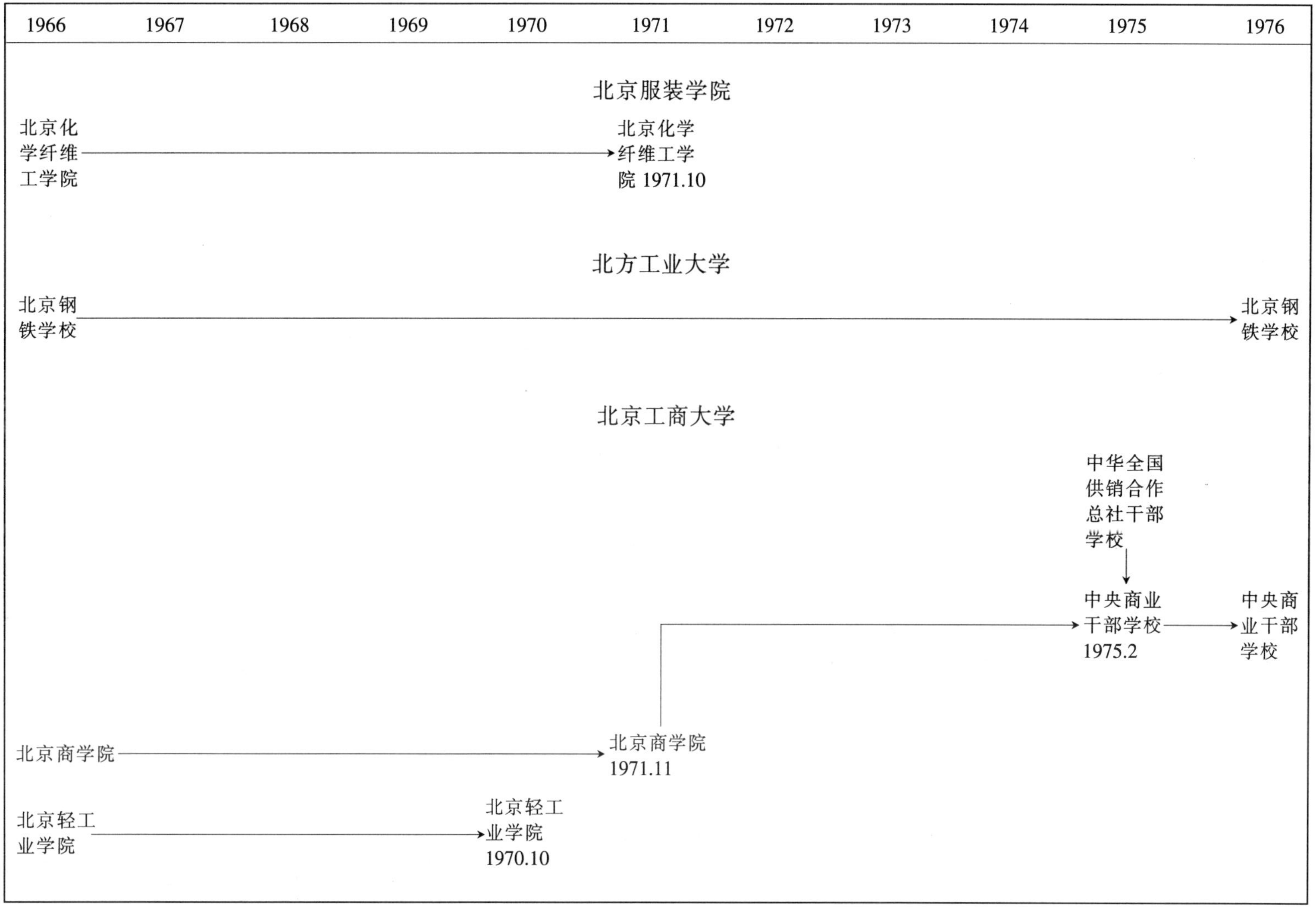

1966 1967 1968 1969 1970 1971 1972 1973 1974 1975 1976

北京服装学院

北京化学纤维工学院 → 北京化学纤维工学院 1971.10

北方工业大学

北京钢铁学校 → 北京钢铁学校

北京工商大学

中华全国供销合作总社干部学校 → 中央商业干部学校 1975.2

北京商学院 → 北京商学院 1971.11 → 中央商业干部学校 1975.2 → 中央商业干部学校

北京轻工业学院 → 北京轻工业学院 1970.10

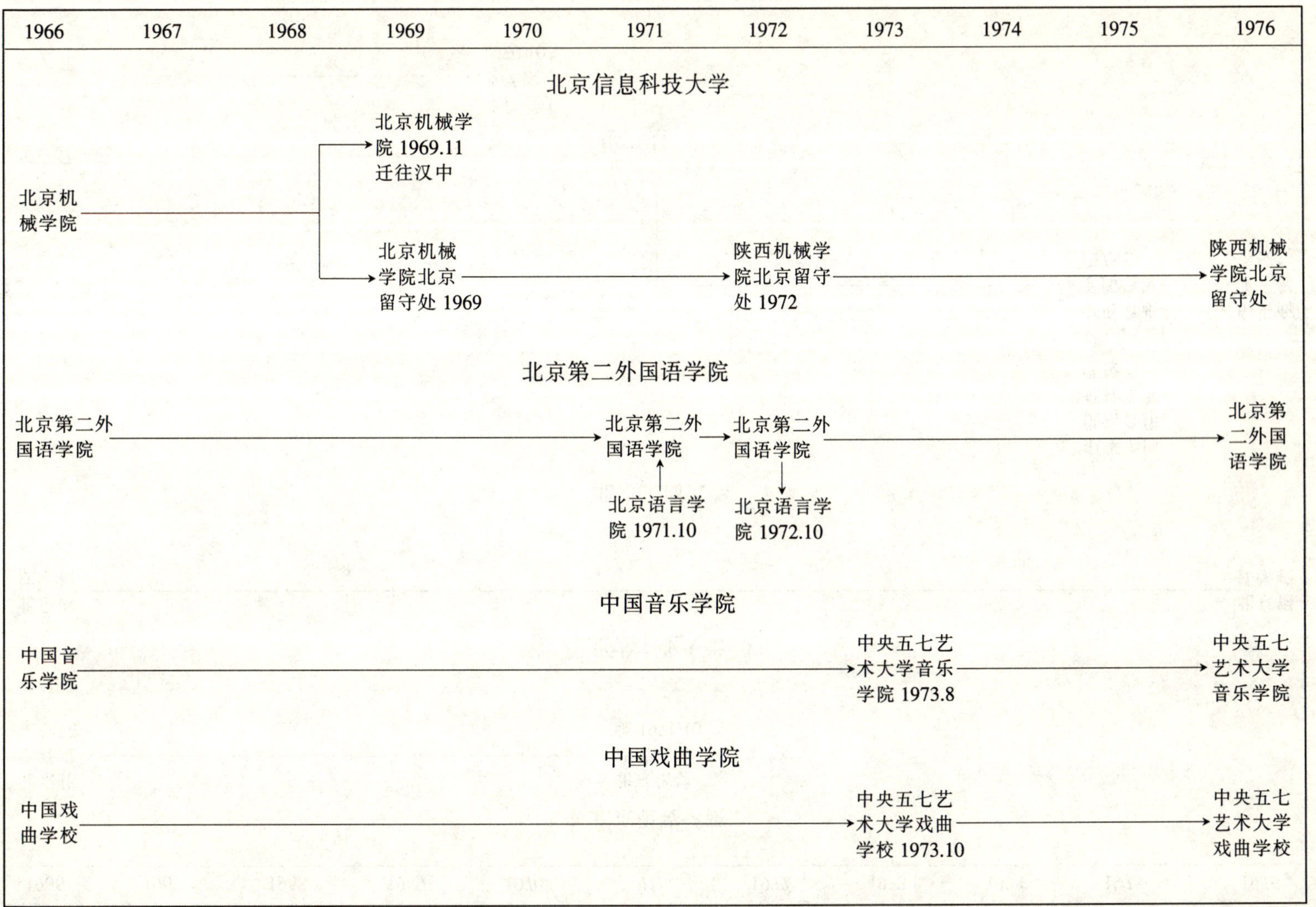
1966
1967
1968
1969
1970
1971
1972
1973
1974
1975
1976
北京信息科技大学
北京机械学院
北京机械学院1969.11迁往汉中
北京机械学院北京留守处1969
陕西机械学院北京留守处1972
陕西机械学院北京留守处
北京第二外国语学院
北京第二外国语学院
北京第二外国语学院
北京语言学院1971.10
北京第二外国语学院
北京语言学院1972.10
北京第二外国语学院
中国音乐学院
中国音乐学院
中央五七艺术大学音乐学院1973.8
中央五七艺术大学音乐学院
中国戏曲学院
中国戏曲学校
中央五七艺术大学戏曲学校1973.10
中央五七艺术大学戏曲学校

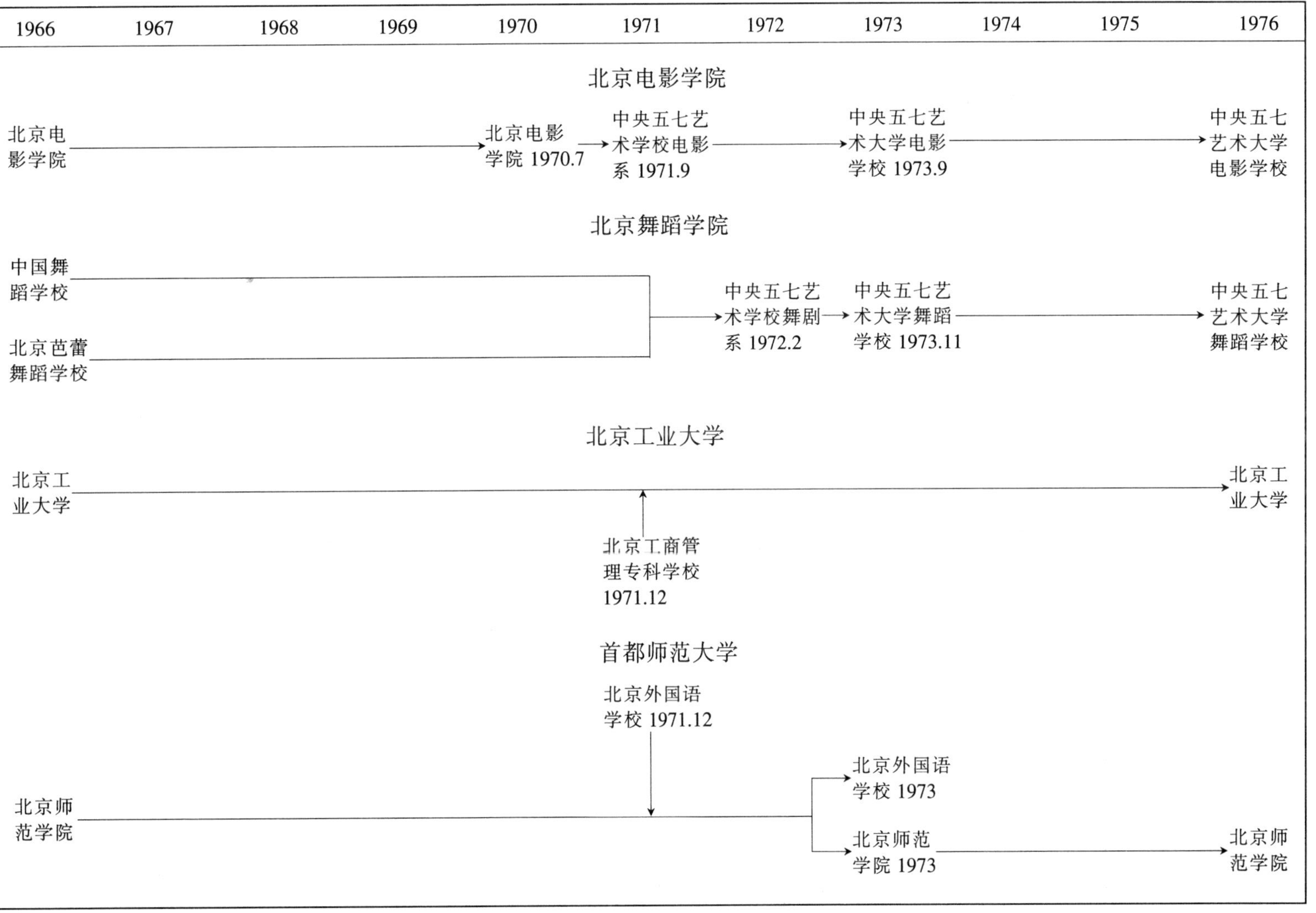
1966
1967
1968
1969
1970
1971
1972
1973
1974
1975
1976
北京电影学院
北京电影学院
北京电影学院1970.7
中央五七艺术学校电影系1971.9
中央五七艺术大学电影学校1973.9
中央五七艺术大学电影学校
北京舞蹈学院
中国舞蹈学校
北京芭蕾舞蹈学校
中央五七艺术学校舞剧系1972.2
中央五七艺术大学舞蹈学校1973.11
中央五七艺术大学舞蹈学校
北京工业大学
北京工业大学
北京工商管理专科学校1971.12
北京工业大学
首都师范大学
北京外国语学校1971.12
北京师范学院
北京外国语学校1973
北京师范学院1973
北京师范学院

1966	1967	1968	1969	1970	1971	1972	1973	1974	1975	1976
					北京建筑工程学院					
北京市建筑工程学校 →										北京市建筑工程学校
					首都医科大学					
北京第二医学院 →					北京医学专科学校 1971.10 →			北京第二医学院 1974.1 →		北京第二医学院
					首都经济贸易大学					
北京经济学院 →										北京经济学院
					北京青年政治学院					
北京市团校 →			北京市团校 1969.5							
					北京教育学院					
北京教师进修学院 →		北京教师进修学院 1968.11								
					北京工业职业技术学院					
北京煤矿学校 →								北京煤矿学校 1974.11 北京煤矿工人大学 1974.11 →		北京煤矿学校

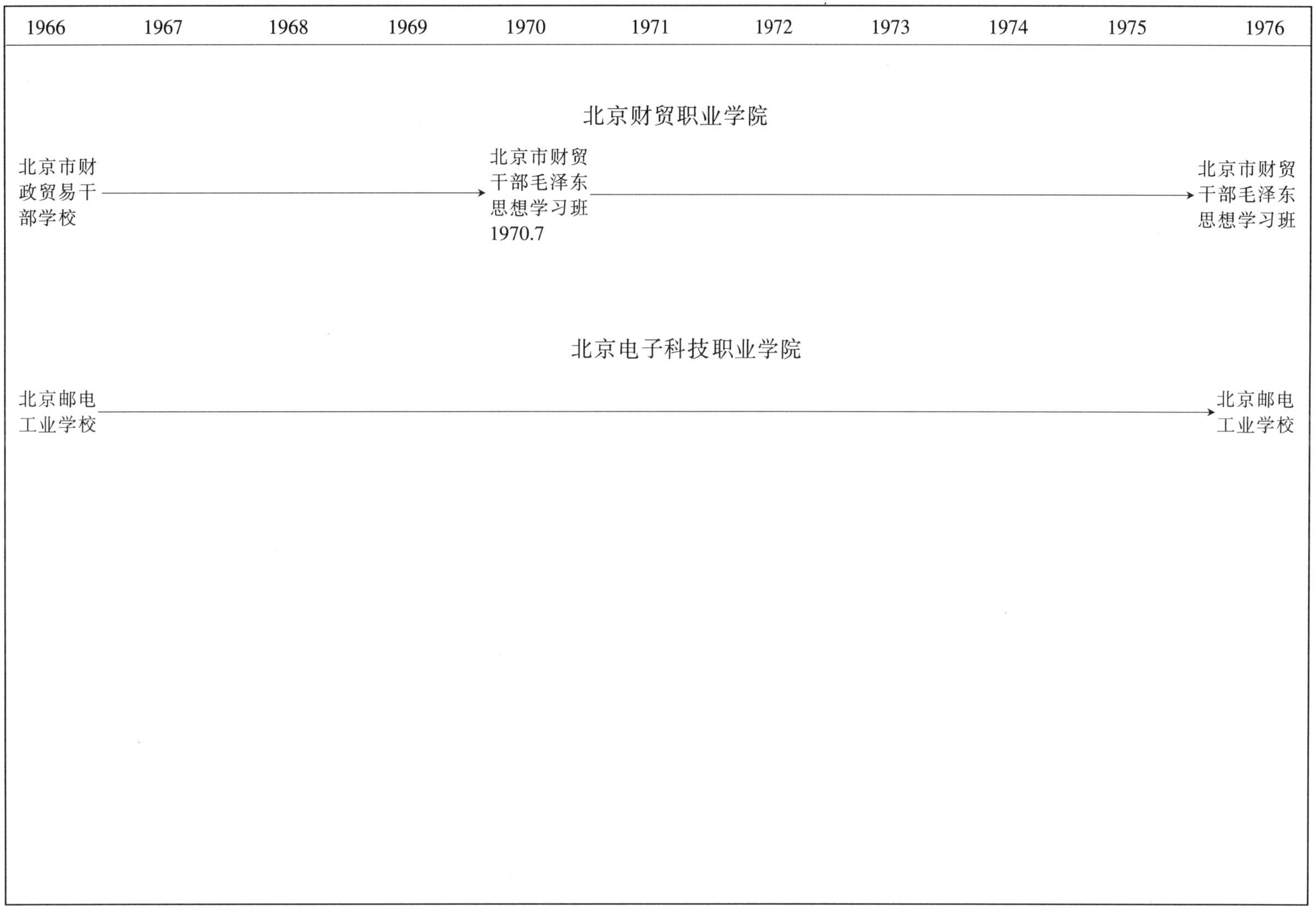

1966	1967	1968	1969	1970	1971	1972	1973	1974	1975	1976

北京财贸职业学院

北京市财政贸易干部学校 → 北京市财贸干部毛泽东思想学习班 1970.7 → 北京市财贸干部毛泽东思想学习班

北京电子科技职业学院

北京邮电工业学校 → 北京邮电工业学校

“文化大革命”时期北京普通高等学校年度党的基层组织情况统计表

（1966—1976）

项目 / 数字 / 年度	党委	系级党委和党总支		党支部
		系级党委	党总支	
1966				
1967				
1968				
1969				
1970				
1971				
1972				
1973				
1974				
1975				
1976				

注：1966 年至 1976 年无统计资料。

“文化大革命”时期北京普通高等学校年度党员基本情况统计表

（1966—1976）

项目 / 数字 / 年度	党员总数			年龄								入党时间						文化程度					
	总计	其中																					
		教职员	学生	25岁以下	26岁至30岁	31岁至35岁	36岁至45岁	46岁至50岁	51岁至55岁	56岁至60岁	61岁以上	1921年7月至1927年7月	1927年8月至1937年6月	1937年7月至1945年8月	1945年9月至1949年9月	1949年10月至1966年4月	1966年5月以后	大专以上	中专	高中	初中	小学	文盲
1966																							
1967																							
1968																							
1969																							
1970																							
1971																							
1972																							
1973																							
1974																							
1975																							
1976																							

注：1966年至1976年无统计资料。

第三章
社会主义现代化建设新时期

（1976.10—2010.12）

1976年10月，中共中央一举粉碎了江青反革命集团，党以自身的力量纠正了错误，结束了“文化大革命”十年动乱，我国进入了新的历史发展时期。党的十一届三中全会，实现了新中国成立以来党和国家历史上具有深远意义的伟大转折，开启了我国改革开放历史新时期。随着党的正确思想、政治和组织路线的恢复和确立，北京高等教育战线同全国一样，经过拨乱反正、恢复整顿、改革开放和快速发展，走上了持续、协调、健康发展的道路。

一

北京高等教育战线是“文化大革命”的重灾区，在进入新时期开始新发展的重要关头，面临着繁重的正本清源、拨乱反正的艰巨任务。但是，当时中央主要负责人推行和迟迟不改正“两个凡是”（即“凡是毛主席作出的决策，我们都坚决维护，凡是毛主席的指示，我们都始终不渝地遵循”）的错误方针，北京市主要负责人“捂盖子”，在指导思想上仍然延续“左”的错误，继续执行“文化大革命”的错误理论和政策，致使全国和北京市的拨乱反正工作步履维艰，出现了两年徘徊中前进的局面。

1977 年 7 月，邓小平同志恢复工作，自告奋勇抓科学与教育工作，对教育战线拨乱反正及教育工作发表了一系列重要指示，领导推翻“两个估计”和“两个凡是”，恢复高考，加速了高等教育战线拨乱反正的步伐，贯彻“调整、改革、整顿、提高”方针，打开了教育战线全面恢复整顿的局面。党中央、国务院确立了教育在社会主义现代化建设中的战略重点地位，在全党全社会倡导“尊重知识，尊重人才”，强调“科学技术是第一生产力”，坚持“教育要面向现代化，面向世界，面向未来”。中共北京市委认真贯彻邓小平对教育拨乱反正一系列指示和全国科学大会精神，开展关于真理标准问题的大讨论，解放思想、实事求是。北京高等教育战线广大干部和教职工获得精神解放，欢欣鼓舞，迸发出空前的积极性和热情。

以 1977 年恢复高考制度为标志，“文化大革命”中被撤并和取消的高等院校得到恢复，一批新的高等院校陆续创办。1978 年，国务院批转教育部《关于恢复和办好全国重点高等院校的报告》，确定改革开放新时期全国第一批重点高等学校，其中在北京的有 18 所。到 1979 年底，北京地区共有普通高等学校 48 所，其中全国重点大学 22 所，占全国 97 所重点高校的 21. 3%。北京市在恢复市属高等学校的同时，创办了 36 所走读大学分校（独立设置的 33 所）。1981 年，建立学位制度，发展研究生教育。随着国家经济、政治等方面的改革开放和发展，北京高等教育得到整顿、恢复，走上了健康发展之路。

1985 年，中共中央作出《关于教育体制改革的决定》，强调“教育体制改革的根本目标是提高民族素质，多出人才，出好人才”。中共北京市委、市人民政府认真贯彻《决定》的精神，结合北京高等教育的实际，从高等学校内部管理体制改革和扩大学校办学自主权起步，积极推进高等教育管理体制改革、调整教育结构、教育教学和招生与毕业分配制度等一系列改革，增强高等学校主动适应首都经济和社会发展需要的积极性和能力。北京高等教育进入一个各项改革全面展开的新阶段。

1992 年，邓小平同志视察南方谈话的发表和党的十四大召开，向全党、全国人民发出号召，把教育摆在优先发展的战略地位，努力提高全民族的思想道德和科学文化水平，这是实现我国现代化的根本大计。国务院批转教育部《关于加快改革和积极发展高等教育的意见》，中共中央、国务院颁发《中国教育改革和发展纲要》，实施科教兴国战略，提出了进一步解放思想，开拓进取，加速高等教育改革发展的一系列政策措施。随着社会主义市场经济体制建立和改革目标的明确，中共北京市委、市人民政府适时作出《关于加快北京高等教育改革和发展的决定》，提出从扩大办学自主权、内部管理体制、招生和毕业生就业制度、教育教学、加强和改进德育工作、科技和校办产业改革和发展、教师队伍建设、高校后勤社会化等方面全面深化高等教育改革的主要任务，明确了高等教育改革指导思想、目标和方针及保障措施，要求全党全社会都要支持高等教育的改革与发展。中共北京市委、市人民政府领导同志多次深入高等学校进行调研，召开现场办公会，推动和支持中央部委高校和市属高校的改革和发展。

1995 年 7 月，国务院批转国家教委《关于深化高等教育体制改革的若干意见》，1998 年 7 月，国务院作出《关于调整撤并部门所属学校管理体制的决定》。中共北京市委、市人民政府高度重视，制定《关于原部委所属院校调整管理体制工作的意见》，按照“共建、调整、合作、合并”的方针，北京市积极支持和配合中央有关部委对所属院校管理体制进行调整，推进高等学校办学管理体制改革；与中央部委共建北京大学、清华大学等高校，积极推进联合办学和校际间的合作办学；继续加大市属高校结构布局调整步伐，努力提高市属高校综合效益。从 1998 年到 2000 年底，中共中央、国务院分三批对各中央部委所属高校管理体制进行调整。在京的原属中央其他部委的 19 所高校划转教育部（连同原有 6 所，共 25 所），少数中央部委继续保留办学权的高等学校有 14 所；有 13 所原属中央部委的高等学校划转北京市共建管理，连同原有市属高校在内，北京市属市管的高校共有 25 所。这次调整的完成，标志着我国高等教育管理体制发生了历史性的深刻变化，行业部门办学体制基本结束。北京高等教育基本形成了中央和北京两级办学、划转北京市的高校以北京管理为主的新的管理体制。

1998 年 8 月，《中华人民共和国高等教育法》颁布和实施，将新中国成立以来特别是十一届三中全会以来高等教育工作中已经被实践证明了的成功经验用法律形式确定下来，为 21 世纪高等教育的改革和发展指明了方向，提供了法律保障。

1999 年党中央、国务院作出了扩大高等教育招生规模的重大决策，北京高等教育进入了加快发展的新时期。根据党中央、国务院《关于深化教育改革，全面推进素质教育的决定》，中共北京市委、市人民政府把教育作为先导性、全局性、基础性的工作，摆到优先发展的战略地位，提出在全国率先基本实现教育现代化，以体制、机制、结构改革为重点，深化教育改革，全面推进素质教育，全面贯彻党的教育方针，以提高国民素质为根本宗旨，以培养学生的创新精神和实践能力为重点，造就“有理想、有道德、有文化、有纪律”的、德智体美全面发展的社会主义事业的建设者和接班人。从 1999 年到到 2003 年，北京高等学校招生每年增长约 20%。2003 年，北京高等教育毛入学率达到 52%，率先在全国实现区域高等教育普及化、大众化。北京高等教育改革不断深化，步入持续、快速、健康发展的道路。

进入新世纪，党的十六大以来，以胡锦涛同志为总书记的党中央抓住重要战略机遇期，完善社会主义市场经济体制，扎实推进经济、政治、文化和社会全方位发展的小康社会建设，强调提高全民族的思想道德素质、科学文化素质，形成比较完善的现代国民教育体系，对高等教育提出了更高的要求。北京高等教育各项改革继续深化。在规模快速发展的同时，突出深化高等学校教育教学改革，把提高质量作为高等教育的核心任务。北京市相继启动了“北京高校本专科教学质量和教学改革工程”、“北京高等学校科学技术与研究生教育创新工程”和“市属高校人才强教计划”。北京高等学校的教育教学、学生德育工作、招生考试制度、学校后勤社会化等各项改革深入推进，为实施素质教育创造了条件。北京高等教育事业出现了一个全面深化改革、加快发展的新形势。到 2009 年，北京高等教育毛入学率已达 57%。北京高等学校已经进入到把提高教育质量作为核心任务，树立科学的教育质量观，注重内涵发展的新阶段。

党的十七大提出了“优先发展教育，建设人力资源强国”的战略部署。为全面提高国民素质，促进教育事业科学发展，加快社会主义现代化进程，中共北京市委、市人民政府认真贯彻《国家中长期教育改革和发展规划纲要（2010—2020 年）》，结合北京市提出建设世界城市的构想，制定了《北京市中长期教育改革和发展规划纲要（2010—2020 年）》，提出建设结构合理、特色鲜明、质量一流、开放融通的首都高等教育体系，大力提升北京高等学校的人才培养能力、知识创新能力、社会贡献能力，为国家建设和北京发展提供高端人才支撑和科技智力服务。中共北京市委、市人民政府积极深化高等教育体制改革和创新，建立和完善高等教育发展统筹协调机制，支持世界一流大学、一流学科和高水平大学建设。同时，围绕构建现代国民教育体系的目标，创新人才培养体制、办学体制，建立健全教育管理体制、教育投入体制，改进培养模式、教育内容、教育方法，着力提高教育质量，扩大教育开放，努力实现通过改革创新使北京高等教育发展更加符合首都经济社会发展的要求，更加符合建设中国特色社会主义对人才的需要，更加符合广大人民群众对高等教育的要求和期望。

二

党的十一届三中全会总结新中国成立以来执政正反两方面的经验，特别是“文化大革命”的惨痛教训，恢复了解放思想、实事求是的思想路线。在邓小平理论、“三个代表”重要思想和科学发展观指引下，党和国家坚持以经济建设为中心，坚持四项基本原则，坚持改革开放，面对错综复杂的国际局势和改革开放的新情况、新形势，带领全党和全国人民与时俱进，积极应对，团结拼搏，开拓创新，社会主义现代化建设取得了举世瞩目的辉煌成就。

党的十六大以来，以胡锦涛为总书记的党中央提出全面建设小康社会、贯彻落实科学发展观、构建社会主义和谐社会、和平发展道路等一系列重大战略思想。在坚持邓小平理论、“三个代表”重要思想以及科学发展观的基础上，全面推动党的思想、政治、组织、制度、反腐倡廉建设，努力推进党的建设新的伟大工程，将党的建设推向改革创新的新阶段。

中共北京市委历来高度重视加强党对高等学校的领导，重视高等学校党的建设和思想政治工作。北京市委先后设立市委科学教育工作部、市委大学工作部、市委高等学校工作委员会、市委教育工作委员会等工作机构，领导和管理北京高等学校党的工作。

改革开放以来，北京高等学校党的建设工作经历了拨乱反正、恢复发展，全面推进、全面建设和积极探索、创新发展的阶段。在不断适应改革、开放和高等教育快速发展的形势与要求下，北京高校党委始终秉承光荣传统，发挥自身优势，坚持不懈地加强党的建设，持续不断地推动党的工作创新，努力提高党的工作科学化水平，党的建设工作走在全国高校前列。

为适应改革开放和社会主义现代化建设的新形势，努力推进高等学校党建工作的思想、组织、作风、制度和反腐倡廉建设。

——巩固和完善领导体制。系统地总结建国以来、特别是改革开放以来党领导高等学校工作的经验，包括少数学校试行校长负责制实践的经验教训，对高等学校党委领导体制形成了高度共识，不断加强高校领导班子的思想、组织和制度建设，不断完善党委领导下校长负责制的领导体制。进入新世纪，强调改善和加强党对高校的领导，特别是对高等教育改革和发展的领导，推进“高校领导干部能力建设工程”，提高执教理校能力，对高等学校改革发展中带有方向性、根本性、全局性的问题进行决策和领导。高等学校党委作为学校工作的领导核心，总揽全局，谋划大事，保证了党的路线方针政策的贯彻执行，把握了学校的改革发展的方向，维护了高等学校的稳定。

——思想理论建设。“文化大革命”结束后，北京高等教育战线深入揭批林彪、“四人帮”反革命集团破坏教育的罪行，肃清其流毒和影响，开展关于“真理标准问题”的大讨论，重新恢复党的实事求是、理论联系实际，一切从实际出发的思想路线，促进了安定团结政治局面的形成和发展。针对改革开放初期存在的放松党的建设和思想政治工作，抵制资产阶级自由化不力的问题，在党中央和北京市委的正确领导下，及时开展坚持四项基本原则和反对资产阶级自由化，以及清除精神污染的专题教育。针对80年代高校多次发生的学潮及1989年春夏之交在北京等地发生的政治风波，进行反对“和平演变”、抵制意识形态领域错误思潮对青年学生侵蚀和爱国主义等教育。坚持主旋律、建设主渠道和主阵地，整体规划学校德育体系，深入持续地推进邓小平理论“进教材、进课堂、进头脑”和政治理论与思想品德的“两课”教学改革，坚持不断进行形势政策教育，加强对学生的思想政治教育和思想政治工作队伍的建设。坚持用马克思主义、毛泽东思想、中国特色社会主义理论体系武装广大党员和师生，对党员进行党的基本理论、基本路线、基本纲领和基本经验的教育，保证党的基本路线的贯彻执行。随后，开展以加强领导班子建设为重点的“讲学习、讲政治、讲正气”的党性党风教育，大力推进社会主义精神文明建设。开展以学习实践“三个代表”重要思想为内容的保持共产党员先进性教育活动，社会主义核心价值体系教育，学习和实践科学发展观等教育活动。这些与社会主义现代化建设紧密结合、与时俱进、持续不断的思想理论武装和不断改进和创新的宣传教育方法、方式和形式，对于坚定师生建设有中国特色社会主义的信念，推进高等教育的改革发展，提供了坚实的思想保证。

——党的基层组织和党员队伍建设。党的十一届三中全会前后，北京高校在组织上开展了大规模地平反冤、假、错案，分清一大批人的历史功过是非，深入细致地落实干部和知识分子政策，调动了广大干部、教职员工的积极性，正确的组织路线得到恢复。经过落实政策和清查工作，基层党组织逐步恢复健全。基层党的组织和党员队伍经历了1983年的整党和1989年政治风波后的党员重新登记；坚持积极慎重的发展方针，加大在优秀中青年教师和青年学生中发展党员的力度；健全党内民主生活，不断加强和改进党员教育和管理；开展《北京普通高等学校党建和思想政治工作基本标准（试行）》的“达标创先”和持续开展“创先争优”活动；在全国高校中率先开展普通高等学校党的建设和思想政治工作先进校的评选，有力地推动了北京高校党组织的建设；推进基层党建工作创新，建立学习型、服务型党组织。北京高校党员队伍不断发展壮大，基层党组织的战斗堡垒作用和党员的先锋模范作用得到发挥，党的基层组织的凝聚力和战斗力不断增强，为北京高等教育事业的健康发展提供了组织保证。

——党的作风建设和反腐倡廉建设。在党中央和北京市委及市纪委的领导下，高校的纪检监察机构逐步恢复和加强纪检监察队伍建设。在基层党组织恢复的同时，党的作风建设同时推进。1980 年开展了学习《党内政治生活的若干准则》和《中国共产党章程》的“双学”活动。2001 年 9 月，学习贯彻党的十五届六中全会《中共中央关于加强和改进党的作风建设的决定》提出的“八个坚持、八个反对”，解决党的思想作风、学风、工作作风、领导作风和干部生活作风方面的突出问题等教育。制定《北京高等学校党风廉政建设责任制的实施办法》和一系列法规、制度，推行校务公开，加强民主监督、民主管理。强调突出教育的基础地位，发挥制度的保障作用，强化监督检查，严肃查处违法违纪案件，建立健全教育、制度、监督并重的惩治和预防腐败体系。针对不同时期工作的不同特点，在党的作风建设和反腐倡廉建设方面开展了卓有成效的工作，为进一步推动北京高等教育全面、良性发展保驾护航。

——党的制度体系建设。改革开放以来，总结历史经验，北京高等学校对制度建设高度重视，在恢复原有制度的基础上，不断增建和完善、创新制度。在加强行政法规建设的同时，不断加强党的制度建设。1989 年 12 月，经市委组织部批准，中共北京市委高校工作委员会制定下发的《北京高等学校党组织工作试行条例》，在全国高校中尚属首创，对于规范高校基层党组织建设发挥了极为重要的作用。7 年后中共中央发布的《中国共产党普通高等学校基层组织工作条例》吸取了北京的一些做法和经验。以此为标志，北京高等学校党的制度建设进入了全面加强建设的阶段，相继制定了加强高等学校领导班子建设、党员发展和教育管理、思想政治教育和德育工作、党风廉政建设等一系列党的规章制度。2003年，中共北京市委教育工委制定《北京普通高等学校党建和思想政治工作基本标准（试行）》，2006年正式实行。这标志着北京高等学校初步完成了党建工作和党建制度的体系集成，形成用制度来鼓励和保障创新，用制度来建立创新的长效机制，为党的建设提供了规范化的标准和制度保障。

北京高等学校党委领导体制的健全和完善，领导班子建设进一步加强，执教理校能力不断提高，党组织的思想、组织、作风、制度和反腐倡廉建设深化，持续不断地推动党的建设工作创新，领导和深入推进北京高等教育的改革和发展。高校党的建设工作进入了普遍提高、开拓创新的阶段。

第一节　北京高等教育整顿、改革发展和高等学校管理体制调整（1976.10—2000.12）

1976年10月粉碎“四人帮”的胜利，结束了“文化大革命”十年动乱，我国进入新的历史发展时期。

随着拨乱反正、整顿恢复工作的深入，中共北京市委、市人民政府不断采取措施加强对高等学校的领导，恢复和健全高校的党政组织。1978年12月，恢复建立北京市高等教育局。在“文化大革命”中被撤销、外迁、合并的一些北京高校陆续回迁和恢复办学。1977年12月，国务院批准撤销中央五七艺术大学的建制，恢复原有的中央音乐学院、中央戏剧学院、中央美术学院、北京电影学院、北京舞蹈学校和中国戏曲学校。1978年，中国人民大学、北京政法学院、北京农业大学等或恢复或迁回北京办学。1979年2月，国务院又批准北京地区恢复、增设、改建9所高校。1978年，北京市创建了36所大学分校（独立设置的33所）。1985年3月，在大学分校基础上组建了市属多学科综合大学——北京联合大学。根据北京市教育事业十年规划，按照全市一盘棋，统筹规划的原则，统一考虑市属院校和中央在京院校，1992年北京市调整了市属高校的布局，以促进学校的改革与发展，提高教育质量和办学效益，更好地适应北京经济建设和社会发展的需要。

贯彻国务院《关于深化高等教育体制改革的若干意见》，按照“共建、调整、合作、合并”的方针，从1995年至2000年底，北京地区普通高等学校有16所高校合并、并入为8所高校；有13所原属中央部委的高等学校划转北京市管理；部分中央部委的成人干部管理学院并入其所属的高校或其他高校。北京市多所市属高校调整合并，以北京工业大学和首都师范大学为主，合并和并入了北京联合大学的几所分校。北京联合大学自身在改革发展中，不断地调整、整合，其下属学院数量逐步减少。各高等学校以各种方式，积极推进与外部的共建、合并、合作等，打破部门和地方及学校的界限，实行资源共享，优势互补。北京市发挥资源优势，不断创新高校共建模式，大力推动在京中央高校与市属高校的合作共建，引导和支持22所高校签订结对共建协议。同时不断深化学校内部管理体制改革，增强适应经济社会发展的能力。高等学校数量虽有所减少，但随着高校扩大招生、高等教育快速发展，学校的规模迅速扩大，教育教学质量不断提高，办学水平和效益都有了较大提升。

2000年底，北京地区有普通高等学校59所，本专科在校生282585人；在学研究生63990人，其中攻读博士学位18343，硕士学位45565人，研究生班82人。普通高等学校专任教师34952人。独立设置成人高等学校61所，成人高等学历教育在校生260624人。当年本专科招生99397人，高考录取比例为73.3%，在全市18至22岁人口中，高等教育毛入学率接近40%，居全国之首。

1977年7月，中共北京市委决定将原负责大中小学教育、科学研究和体育工作的市革命委员会科教组改为科学教育部。1978年7月改为教育工作部。1981年北京市委决定将高校党的工作从教育工作部分出，增设大学工作部。1983 年 3 月，大学工作部与教育工作部合并为教育工作部。1989 年 6 月，市委决定组建市委高等学校工作委员会。1990 年 9 月，将市委高等学校工作委员会改为市委教育工作委员会，领导和管理北京高校党的工作。2000 年 6 月，中共北京市委教育工作委员会、北京市教育委员会完成机关机构调整工作，实现合署办公，统筹谋划北京高等教育的改革发展。

从 1984 年 5 月开始，北京市委根据中共中央《关于教育体制改革的决定》的精神，对高等学校的领导体制进行试验探索。到 1989 年，有 13 所高等学校经批准试行校长负责制。自 1990 年开始，根据中央有关文件的要求，陆续恢复党委领导下的校长负责制。到 1997 年北京高等学校全部实行党委领导下的校长负责制的领导体制。

北京高等学校党委正确处理改革、发展、稳定的关系，加强党对高等教育改革发展的领导，正确把握高等教育改革发展的方向，深入学习贯彻邓小平理论、“三个代表”重要思想和学习实践科学发展观，不断完善领导体制和工作机制，不断探索党领导高等教育和高等学校工作的新模式，党的建设和思想政治工作进一步加强。

伴随着高等学校管理体制的改革，到 2000 年，中共北京市委教育工委归口管理普通高等学校和事业单位共有 58 个，局级党委 58 个，系级党委 146 个，党总支 609 个，党支部 6529 个。共有党员 100587 人，其中干部党员 13507 人，教师党员 17476 人，其他专业技术人员党员 6202 人，工人党员 2796 人，学生党员 31222 人（本科生党员 14807 人，占本科生总数的 6.69%），离退休党员 23247 人。

高等学校党政领导人名录和任期

北京大学

2000 年 4 月，北京医科大学与北京大学合并，组建新的北京大学。

党委书记	王连龙[①]（军宣队）	1976.10—1977.11
	周　林	1977.9—1979.11
	韩天石	1979.11—1982.9
	王学珍	1984.3—1991.1
	汪家镠（女）	1991.1—1994.7
	任彦申	1994.7—2000.3
	王德炳	2000.4—2000.12
常委常务副书记	郝　斌	1991.1—1999.2
	闵维方	2000.7—12
党委副书记	黄辛白	1976.10—1980.11
	魏银秋[②]	1976.10—1977.11
	郭宗林（军宣队）	1976.10—1977.11
	张学书	1976.10—1986.4
	马石江	1976.10—1983.1
	张贵明	1977.5—11
	魏青山	1977.5—11
	于春凯	1977.5—11
	白　鹤	1977.5—11
	胡启立	1977.5—11（未到任）
	高　铁	1977.11—1979.12
	韦　明	1977.11—1979.8
	汪小川	1978.1—1979.12
	戈　华	1978.1—1980.11
	殷玉昆	1978.4—1979.8
	张　萍（兼）	1979.8—1980.11
	周培源（兼）	1979.12—1980.11

① 1977年9月，中央批准任命周林为党委书记。11月，北京市委批复同意撤销王连龙职务。

② 1976年10月开始停止工作。1977年11月，北京市委批复同意撤销魏银秋职务。

	王路宾（兼）	1979. 12—1984. 3
	项子明	1981. 11—1984. 3
	王效挺	1984. 3—1986. 3
	郝　斌	1984. 3—1991. 1
	郭景海	1986. 4—1994. 7
	林炎志	1989. 8—1992. 12
	梁　柱	1989. 9—1991. 3
	任彦申	1991. 1—1994. 7
	朱善璐	1993. 6—1996. 12
	赵存生	1994. 7—2000. 12
	岳素兰（女）	1996. 12—2000. 12
	王登峰	1999. 2—2000. 12
	闵维方	2000. 3—7
纪委书记	张学书（兼）	1980. 12—1984. 6
	巫宇甦	1984. 6—1986. 4
	郝　斌（兼）	1986. 4—1994. 7
	闵开德	1994. 7—1999. 2
	王丽梅（女）	1999. 2—2000. 12
革命委员会主　任	王连龙（军宣队）	1976. 10—1977. 11
革命委员会副主任	魏银秋	1976. 10—1977. 11
	郭宗林（军宣队）	1976. 10—1977. 11
	周培源	1976. 10—1978. 7
	马石江	1976. 10—1978. 7
	张学书	1976. 10—1978. 7

	黄辛白[1]	1976. 10—不详
	于春凯	1977. 5—11
	张贵明	1977. 5—11
	白　鹤	1977. 5—11
	胡启立	1977. 5—11（未到任）
	魏青山（工宣队）	1977. 5—11
	回登昌（军宣队）	1977. 5—11
校　长	周培源	1978. 6—1981. 3
	张龙翔	1981. 5—1984. 3
	丁石孙	1984. 3—1989. 8
	吴树青	1989. 8—1996. 7
	陈佳洱	1996. 7—1999. 11
	许智宏	1999. 11—2000. 12
常务副校长	闵维方	1996. 5—2000. 12
	韩启德	2000. 7—12
副校长	高　铁（兼）	1978. 6—1979. 12
	汪小川（兼）	1978. 6—1980. 5
	冯　定	1978. 6—1981. 3
	殷玉昆（兼）	1978. 6—1979. 8
	王竹溪	1978. 6—1983. 2
	季羡林	1978. 6—1984. 3
	张龙翔	1978. 6—1981. 5
	沈克琦	1978. 6—1984. 3
	张　萍	1979. 8—1984. 3
	王路宾	1979. 12—1984. 3
	王学珍	1981. 3—1984. 3

① 1978 年 7 月之前已经去中央党校，然后调教育部工作。

	张学书	1984. 3—1991. 5
	朱德熙	1984. 3—1986. 11
	沙建孙	1984. 3—1987. 6
	陈佳洱	1984. 8—1996. 7
	谢　青	1984. 8—1991. 5
	罗豪才	1986. 11—1995. 6
	周尔鎏	1986. 12—1991. 5
	郭景海（兼）	1989. 9—1995. 6
	王义遒	1990. 4—1999. 2
	梁　柱	1991. 3—1996. 12
	李安模	1991. 12—1996. 12
	于　洸	1992. 5—1993. 7
	迟惠生	1992. 9—2000. 12
	任彦申（兼）	1994. 3—1996. 12
	郝　斌（兼）	1994. 10—1996. 12
	马树孚	1995. 6—1999. 6
	闵维方	1995. 6—1996. 5
	陈章良	1995. 6—2000. 12
	何芳川	1996. 12—2000. 12
	林钧敬	1996. 12—2000. 12
	林久祥	2000. 4—12
	韩启德	2000. 4—7
	吕兆丰	2000. 4—12

北京医学院

1985 年 5 月，北京医学院更名为北京医科大学。

党委书记	薛伟民	1976. 10—1977. 9
	李资平	1978. 3—1980. 11

	彭瑞骢	1980. 11—1985. 5
党委副书记	马　旭	1976. 10—1980. 11
	杨慧文	1976. 10—1980. 11
	王承祝	1976. 10—1980. 11
	李震中	1976. 10—1977. 9
	曹　瑞	1976. 10—1985. 5
	邢　超	1976. 10—1977. 4
	彭瑞骢	1977. 9—1980. 11
	吴　静（女）	1978. 10—1980. 11
	刘　波（女）	1980. 11—1983
	吴景春（女）	1980. 11—1983. 10
	徐天民	1984. 2—1985. 5
革命委员会主　任	薛伟民	1976. 10—1977. 9
革命委员会副主任	王承祝	1976. 10—1979. 11
	汉斯·米勒	1976. 10—1979. 11
	马　旭	1976. 10—1979. 11
	胡传揆	1976. 10—1979. 11
	陈　化（女）	1976. 10—1979. 11
	柳厚田	1976. 10—1979. 11
	魏　颖	1976. 10—1979. 11
	薛伟民	1976. 10—1977. 09
	彭瑞骢	1976. 10—1979. 11
院　长	马　旭	1979. 11—1983. 1
	曲绵域	1983. 1—1985. 5
副院长	彭瑞骢	1979. 11—1983. 1

	汉斯·米勒	1979. 11—1983. 1
	左　奇（女）	1979. 11—1983. 1
	陈　化（女）	1979. 11—1985. 5
	冯传汉	1979. 11—1983. 1
	魏　颖	1979. 11—1985. 5

北京医科大学

2000 年 4 月，北京医科大学与北京大学合并，组建新的北京大学。

党委书记	彭瑞骢	1985. 5—1993. 9
	王德炳	1993. 9—2000. 4
党委副书记	曹　瑞	1985. 5—1988. 11
	徐天民	1985. 5—1991. 3
	马熙允（女，满族）	1988. 11—1995. 9
	程伯基	1991. 9—1997. 12
	徐天民	1994. 4—1997. 11
	林久祥	1994. 8—2000. 4
	吕兆丰	1995. 9—2000. 4
	马焕章（满族）	1997. 12—2000. 4
纪委书记	马熙允(兼,女,满族)	1986. 12—1994. 8
	马焕章（兼，满族）	1994. 8—2000. 3

校　长	曲绵域	1985. 5—1991. 6
	王德炳	1991. 6—2000. 4
副校长	陈　化（女）	1985. 5—1986. 12
	魏　颖	1985. 5—1989. 1
	嵇静德（女）	1985. 5—1994. 8
	王德炳	1987. 5—1991. 6
	徐天民	1988. 11—1991. 3；

		1994.4—1997.11
副校长	程伯基	1989.3—2000.4
	杜嘉祺	1989.3—1996.9
	林志彬	1993.9—1997.11
	吕忠生	1994.8—2000.4
	韩启德	1995.9—2000.4
	林久祥	1997.11—2000.4
	李东方	1997.11—2000.4
	魏丽惠（女）	1997.11—2000.4
	王　宇	1997.11—2000.4

清华大学

1999 年 11 月，中央工艺美术学院合并入清华大学。

党委书记	刘　达	1977.4—1982.7
	林　克	1982.7—1984.2
	李传信	1984.2—1988.9
	方惠坚	1988.9—1995.9
	贺美英（女）	1995.9—2000.12
党委常务副书记	陈　希	1995.9—2000.12
党委副书记	胡　健	1976.10—1977.4
	夏镇英	1976.10—1977.4
	黄　光	1977.4—1978.5
	林　克	1977.4—1982.7
	陆　达	1977.4—1977.秋
	田　夫	1977.4—1978.2
	来汉宣	1977.4—10
	何东昌	1977.4—1982.7
	汪家镠（女）	1977.4—1982.7

	胡启立	1977. 10—1978. 11
	张　健	1977. 10—1980. 7
	艾知生	1979. 6—1985. 8
	滕　藤	1979. 6—1980. 7
	韩　凯	1979. 6—1980. 7
	罗征启	1979. 6—1985. 8
	张绪潭	1980. 7—1988. 9
	李传信	1982. 1—1984. 2
	张思敬	1982. 1—1985. 8
	黄圣伦	1984. 6—1995. 9
	王凤生	1984. 6—1991. 9
	贺美英（女）	1986. 7—1995. 9
	孙继铭	1990. 2—6
	胡显章	1991. 9—2000. 12
	陈　希	1993. 8—1995. 9
	张再兴	1995. 9—2000. 12
纪检组长	韩　凯	1979. 2—1980. 7
纪委书记	张绪潭（兼）	1980. 7—1985. 8
	黄圣伦（兼）	1985. 8—1988. 9
	张思敬	1988. 9—1991. 9
	朱爱菁	1991. 9—1995. 9
	叶宏开	1995. 9—2000. 12
革命委员会主　任	刘　达	1977. 4—1978. 6
革命委员会副主任	陆　达	1977. 4—1977. 秋
	黄　光	1977. 4—1978. 6
	林　克	1977. 4—1978. 6

	田　夫	1977. 4—1978. 2
	来汉宣	1977. 4—1977. 10
	胡启立	1977. 10—1978. 6
	张　健	1977. 10—1978. 6
校　长	刘　达	1978. 6—1983. 5
	高景德	1983. 5—1988. 10
	张孝文	1988. 10—1994. 1
	王大中	1994. 1—2000. 12
常务副校长	梁尤能	1996. 7—2000. 12
	何建坤	2000. 7—12
副校长	高景德	1978. 6—1983. 5
	胡启立	1978. 6—11
	何东昌	1978. 6—1982. 4
	张　健	1978. 6—1979. 2
	井　田	1978. 6—1981. 6
	张　维	1978. 6—1984. 6
	张光斗	1978. 6—1984. 6
	赵访熊	1978. 12—1984. 6
	艾知生	1980. 6—1983. 9
	滕　藤	1981. 2—1985. 4
	解沛基	1981. 2—1985. 4
	李传信	1982. 8—1984. 7
	张思敬	1984. 6—1988. 10
	张慕葏	1984. 6—1990. 12
	张孝文	1985. 3—1988. 10
	方惠坚	1985. 4—1988. 10
	梁尤能	1987. 9—1996. 7
	倪维斗	1988. 10—1994. 1

	贺美英（女）	1988. 10—1994. 1
	周远清	1990. 2—1992. 7
	杨家庆	1990. 2—2000. 12
	孙继铭	1990. 6—1999. 3
	余寿文	1992. 8—1999. 3
	关志成	1994. 12—1999. 3
	何建坤	1994. 12—2000. 7
	郑燕康	1999. 3—2000. 12
	胡东成	1999. 3—2000. 12
	龚　克	1999. 3—2000. 12

中央工艺美术学院

1986 年 8 月，学院党的关系由轻工部转至中共北京市委。1999 年 11 月，中央工艺美术学院并入清华大学。

党委书记	周显东	1986. 8—1986. 12
	昭　隆	1987. 2—1992. 3
	林少岩（女）	1992. 12—1996. 3
	赵亮宏	1997. 11—1999. 11
党委副书记	任维武	1986. 8—1988. 12
	高沛明	1989. 6—1999. 11
	林少岩（女）	1991. 8—1993. 1
	王庆霖	1997. 12—1999. 11
	朱仙油	1997. 12—1999. 11
纪委书记	昭　隆（兼）	1987. 2—1992. 3
	张铁山	1993. 2—1999. 11

院　长	常沙娜（女，满族）	1986. 8—1997. 12
	王明旨	1997. 12—1999. 11

副院长	李绵璐	1986.8—1990.5
	常沙娜（女，满族）	1987.8—1983.4
	张世礼	1986.8—1992.12
	林义成	1986.8—1990.5
	王明旨	1990.5—1997.12
	王忠信	1990.5—1997.12
	杨永善	1993.1—1999.11
	才大颖	1997.12—1999.11
	刘增璞	1997.12—1999.11

中国人民大学

1978年7月，中国人民大学在北京原址恢复办学。1985年9月，中国人民大学建立党组，1988年5月，党组撤销。

党组书记	袁宝华	1985.9—1988.5
党委书记	成仿吾	1978.7—1983.6
党委第二书记	郭影秋	1978.7—1983.6
党委书记	张腾霄	1983.6—1985.9
	李焕昌（代理）	1985.9—1987.10
	李文海	1988.5—1994.6
	马绍孟	1994.6—2000.12
党委副书记	邵子言	1978.7—1981.6
	胡林昀	1978.7—1983.6
	孙力余	1979.9—1983.1
	霍遇吾	1979.9—1983.6
	李焕昌	1983.6—1985.9
	周兴健	1983.6—1991.11
	黄　达	1985.9—1987.10
	力康泰	1985.9—1991.11

	俞家庆	1985. 9—1988. 11
	李文海	1987. 10—1988. 5
	李昭公	1989. 4—1995. 11
	陈 光	1990. 9—1994. 4
	马绍孟	1991. 11—1994. 6
	牛继升	1993. 4—1997. 9
	沈云锁	1994. 11—2000. 12
	郑英良（兼）	1995. 11—1997. 4
	石亚军	1997. 4—2000. 12
	张建明	1997. 11—2000. 12
纪检筹备小组组长	霍遇吾（兼）	1980. 1—1983. 12
纪检筹备小组副组长	徐景秋（兼，女）	1980. 1—1983. 12
	柳 枚	1981. 11—1983. 12
纪委书记	李焕昌（兼）	1983. 12—1985. 9
	周兴健（兼）	1985. 9—1990. 9
	陈 光（兼）	1990. 9—1994. 4
	李昭公（兼）	1994. 4—11
	沈云锁（兼）	1994. 11—2000. 12
校 长	成仿吾（兼）	1978. 7—1983. 6
	袁宝华	1985. 6—1991. 11
	黄 达	1991. 11—1994. 6
	李文海	1994. 6—2000. 9
	纪宝成	2000. 9—12
副校长	郭影秋（兼）	1978. 7—1983. 6
	邵子言（兼）	1978. 7—1981. 6
	胡林昀（兼）	1978. 7—1983. 6

	孙力余（兼）	1979. 9—1983. 1
	霍遇吾（兼）	1979. 9—1983. 6
	张腾霄（兼）	1979. 9—1985. 9
	李震中	1979. 9—1985. 9
	谢　韬	1983. 6—1985. 9
	黄　达	1983. 6—1991. 11
	罗国杰	1985. 9—1994. 4
	李文海	1985. 9—1991. 12
	杨德福	1985. 9—1991. 12
	吴树青	1987. 9—1989. 9
	郑杭生	1987. 9—1997. 9
	俞家庆	1987. 9—1989. 1
	马绍孟	1990. 9—1991. 11
	力康泰	1991. 11—1995. 11
	李昭公	1991. 11—1997. 4
	杜厚文	1992. 5—2000. 9
	袁振宇	1994. 4—1995. 11
	郑英良	1994. 4—2000. 9
	林　岗	1995. 11—2000. 12
	周建明	1995. 11—2000. 2
	袁　卫	1997. 4—2000. 12
	牛维麟	2000. 10—12

北京师范大学

革命委员会主　任	贾　震	1977. 10—1983. 1
革命委员会副主任	王于畊（女）	1978. 1—1983. 1

党委书记	高　沂（代理）	1976.10—1977.10
	贾　震	1977.10—1980.10
党委第二书记	聂菊荪	1978.3—1980.10
党委书记	聂菊荪	1980.10—1983.10
	陈静波	1983.10—1985.12
	方福康	1985.12—1989.4
	周之良	1990.8—1996.9
	袁贵仁	1996.9—2000.1
	陈文博	2000.1—2000.12
党委副书记	王　强（工宣队）	1976.10—1977.11
	谢芳春	1976.10—1980.10
	赵德芳	1976.10—1978.7
	王于畊（女）	1978.1—1980.10
	王正之	1979.7—1983.2
	浦安修（女）	1978.12—1984.8
	胡敦赞	1980.11—1984.8
	李家齐	1980.10—1986.8
	胡恒立	1984.8—1988.8
	李英民（女）	1984.8—1996.9
	许统乔	1987.3—1993.7
	冯文林	1991.2—1996.9
	郑君礼	1993.7—1995.7
	范国英（女）	1993.1—2000.12
	吴志功	1996.3—2000.12
	刘木春	1996.10—2000.12
纪委书记	浦安修（兼，女）	1980.10—1985.2
	王振稼	1985.2—1986.2
	李家齐	1986.2—1992.2

	李英民（女）	1992.2—1996.9
	刘木春	1996.9—2000.12
校　长	王梓坤	1984.5—1989.2
	方福康	1989.2—1995.4
	陆善镇	1995.4—1999.7
	袁贵仁	1999.7—2000.12
副校长	肖敬若	1978.1—1984.8
	任　炎	1979.1—1981.10
	郭　敬	1979.9—1984.8
	王于畊（女）	1983.1—1984.8
	纵瑞堂	1983.1—1987.3
	方福康	1984.8—1985.12
	顾明远	1984.8—1991.2
	金永龄	1984.11—1987.3
	郝允祥	1986.2—1991.2
	王振稼	1986.2—1989.4
	吴　猛	1987.3—1995.7
	许嘉璐	1987.3—1994.9
	吴碧华（女）	1989.4—1995.7
	冯文林	1991.2—1997.1
	杨国昌	1991.2—1995.7
	袁贵仁	1995.7—1999.7
	王英杰	1995.7—1999.9
	郑君礼	1995.7—2000.12
	杨展如	1996.11—1999.9
	谢维和	1996.11—2000.12
	郑师渠	1996.11—2000.12
	董　奇	1999.9—2000.12

	史培军	1999. 9—2000. 12
	戴家干	1999. 9—2000. 12

北京航空学院

1988 年 4 月，北京航空学院更名为北京航空航天大学。

党委书记	王振乾	1976. 10—1977. 11
	陈达明	1977. 11—1982. 11
	朱开轩	1982. 11—1985. 6
	胡孝宣	1985. 6—1988. 4
党委第二书记	周天行	1979. 8—1980. 7
党委副书记	周天行	1976. 10—1979. 8
	黎　光	1976. 10—1977. 8
	康荫伍	1976. 10—1982. 11
	王大昌	1979. 8—1980. 10
	沈　元	1980. 10—1982. 11
	宗凤鸣	1981. 8—1982. 11
	胡孝宣	1982. 11—1985. 6
	陈　忠	1984. 3—1985. 5
	于泽荣	1985. 5—1988. 4
	方复之	1987. 3—1988. 4
纪委书记	康荫伍	1980. 11—1983. 4
	胡孝宣	1984. 6—1985. 5
	王洪才	1985. 5—1986. 1
	吴葆朴	1987. 3—1988. 4

革命委员会主任	王振乾	1976. 10—1977. 11
	陈达明	1977. 11—1978. 5

职务	姓名	任职时间
革命委员会副主任	沈　元	1976. 10—1978. 5
	尹鸿儒	1976. 10—1978. 5
	周天行	1976. 10—1978. 5
	康荫伍	1976. 10—1978. 5
	东长学	1976. 10—1977. 12
	黎　光	1976. 10—1977. 8
院　长	王大昌	1979. 8—1980. 10
	沈　元	1980. 10—1982. 11
	曹传钧	1982. 11—1988. 4
副院长	王敬明	1976. 10—1978. 5； 1978. 6—1982. 11
	沈　元	1978. 5—1980. 9
	尹鸿儒	1978. 6—1980. 10
	刁震川	1979. 8—1982. 11
	曹传钧	1979. 8—1982. 11
	朱开轩	1980. 6—1982. 11
	宗风鸣	1981. 8—1982. 11
	俞融生	1982. 3—1982. 11
	刁正邦	1982. 11—1988. 4
	叶家康	1982. 11—1985. 2
	朱万金	1982. 11—1988. 4
	陈　忠	1985. 5—1988. 4
	沈士团	1985. 5—1988. 4
	夏人伟	1987. 8—1988. 4

北京航空航天大学

党委书记	陈　忠	1988.5—1989.3
	朱万金	1989.3—1996.9
	楼士礼	1996.9—2000.12
党委副书记	于泽荣	1988.4—1990.5
		1992.1—1994.3
	方复之	1988.4—1994.12
	莫瑞庭	1990.5—1996.9
	李长喜	1990.9—1991.2
	曾妙南	1994.3—2000.12
	申建军	1994.12—1998.12
	赵　平	1994.12—2000.12
	沈士团	1996.9—2000.12
纪委书记	吴葆朴	1988.4—1991.10
	卢松明	1992.1—1995.10
	莫瑞庭	1995.10—1997.10
	王瑾玫（女）	1997.10—2000.12

校　长	曹传钧	1988.4—1988.7
	沈士团	1988.7—2000.12
副校长	刁正邦	1988.4—1991.8
	朱万金	1988.4—1989.3
	沈士团	1988.4—1988.7
	夏人伟	1988.4—1994.3
	方复之	1988.6—1994.12
	黄泽梓	1988.9—1994.12
	于泽荣	1989.3—1993.12

	沈福祯	1992.2—1994.3
	郑祺选	1992.6—1995.10
	邓学鋆	1994.3—2000.12
	赵沁平	1994.3—1995.5
	徐枞巍	1994.12—2000.12
	赵　平	1994.12—2000.12
	卢松明	1995.10—1997.9
	费斌军	1997.5—2000.12
	武　哲	1997.7—2000.12

北京工业学院

1988 年 4 月，北京工业学院更名为北京理工大学。

党委书记	贾　克	1976.10—1978.2
	苏谦益	1978.9—1982.7
	冯佩之	1982.7—1983.4
	田　运	1984.9—1987.1
	谈天民	1987.8—1988.4
党委副书记	李淑仪	1976.10—1982.7
	时　生	1976.10—1982.7
	黄庆祺	1976.10—1981.8
	李子涛	1977.4—1982.7
	陈　信	1979.8—1982.7
	谢　籁	1982.7—1984.9
	李宜今	1982.7—1984.9
	谈天民	1984.9—1987.8
	李志祥	1985.3—1988.4
院　长	苏谦益	1978.9—1982.7

	谢　簃	1982. 7—1984. 9
	朱鹤孙	1984. 9—1988. 4
副院长	周发岐	1976. 10—1982. 7
	李　森	1976. 10—1979. 8
	李振生	1976. 10—1978. 1
	时　生	1976. 10—1982. 7
	齐　尧	1976. 10—1981. 3
	陈　信	1979. 8—1982. 7
	谢　簃	1979. 8—1982. 7
	严沛然	1979. 9—1984. 9
	张耀南	1979. 8—1982. 7
	李子涛	1979. 8—1982. 7
	丁　儆	1981. 3—1984. 9
	李宜今	1981. 3—1982. 7
	柯有安	1984. 9—1988. 4
	马志清	1984. 9—1988. 4
	谈天民	1984. 9—1987. 8
	焦文俊	1984. 9—1988. 4

北京理工大学

党委书记	谈天民	1988. 4—1996. 6
	焦文俊	1996. 6—2000. 12
党委副书记	李志祥	1988. 4—1996. 7
	杜玉波	1993. 8—2000. 12
	杨　宾	1996. 6—2000. 12
	张敬袖	1996. 12—1999. 8
纪委书记	孙祖国	1990. 1—1996. 6
	杨　宾	1996. 6—1999. 8

	张敬袖	1999. 8—2000. 12
校　长	朱鹤孙	1988. 4—1993. 2
	王　越	1993. 2—1999. 7
	匡镜明	1999. 7—2000. 12
常务副校长	焦文俊	1993. 3—1996. 7
	李志祥	1996. 7—2000. 12
副校长	柯有安	1988. 4—1989. 1
	马志清	1988. 4—1989. 1
	焦文俊	1988. 4—1993. 3
	陈仁敏	1989. 1—1991. 7
	赵学仁	1989. 1—1999. 9
	李志祥	1989. 2—1996. 7
	宁汝新（女）	1990. 10—1999. 8
	俞　信	1993. 8—2000. 12
	范伯元	1993. 8—1997. 2
	匡镜明	1993. 8—1999. 7
	张敬袖	1993. 3—1996. 12
	杜玉波	1996. 7—2000. 12
	侯光明	1996. 12—2000. 12
	冯长根	1998. 8—2000. 12
	赵长禄	1998. 8—2000. 12

北京农业大学

1978 年 11 月，华北农业大学迁回北京原校址办学，恢复北京农业大学原校名。1995 年 9 月，北京农业大学与北京农业工程大学合并成立中国农业大学。

核心组组长	高鹏先	1978. 11—1980. 1

核心组副组长	王明远	1978. 11—1980. 1
	黄铁城	1978. 11—1980. 1
临时党委书　记	李广文	1980. 1—1982. 12
	朱　荣（兼）	1982. 12—1985. 5
临时党委副书记	高鹏先	1980. 1—12（未到职）
	王明远	1980. 1—1982. 12
	华　山	1980. 1—1981. 8
	吴汝焯	1980. 1—1985. 5
	李开鼎	1981. 4—1985. 5
	周鹏程	1983. 1—1985. 5
党委书记	周鹏程	1985. 5—1995. 9
党委副书记	王步峥	1985. 7—1988. 12
	李青山	1991. 3—1994. 6
	牛　盾	1991. 3—1992. 8
	唐运新	1992. 8—1995. 9
纪委筹备组组长	王明远（兼）	1979. 12—1980. 11
	周鹏程（兼）	1983. 3—1984. 9
纪委书记	周鹏程（兼）	1984. 9—1985. 9
	王步峥（兼）	1985. 9—1988. 11
校　长	俞大绂	1980. 1—1982. 12
	安　民	1982. 12—1987. 5
	石元春	1987. 5—1995. 8
副校长	王明远	1980. 1—1982. 12
	华　山	1980. 1—1981. 8

	沈其益	1980.1—1982.12
	娄成后	1980.1—1982.12
	蔡　旭	1980.1—1982.12
	朱振声	1980.1—1984.10
	刘　仪	1980.1—1987.7
	吴汝焯	1982.12—1985.7
	毛达如	1984.10—1990.11
	孙正权	1985.7—1991.3
	石元春	1985.7—1987.5
	靳　晋	1987.9—1991.3
	李青山	1988.8—1994.6
	黄铁城	1991.3—1995.9
	程　序	1991.3—1994.12
	张立强	1991.3—1995.9
	白玉良	1994.8—1995.9

北京农业机械化学院

1979年5月，学院迁回北京办学，恢复北京农业机械化学院名称。1985年10月，更名为北京农业工程大学。

临时党委书记	张纪光	1979.5—1980.6
临时党委副书记	杨　仪	1979.5—1980.4
	何跃明	1979.5—1980.6
	王更生	1979.5—1980.6
党委书记	张纪光	1980.6—1982.11
	郑定立	1982.11—1984.8
	艾荫谦	1984.8—1985.10
党委副书记	何跃明	1980.6—1984.8
	王更生	1980.6—1982.11

	艾荫谦	1981. 3—1984. 8
	郑定立	1982. 6—11
	唐文霞（女）	1984. 8—1985. 10
纪委书记	艾荫谦（兼）	1983. 1—1984. 8
院　长	张纪光（兼）	1979. 5—1982. 6
	郑定立	1982. 6—1984. 8
	翁之馨	1984. 8—1985. 10
副院长	杨　仪（兼）	1979. 5—1982. 10
	王更生（兼）	1979. 5—1981. 3
	曾德超	1980. 5—1984. 8
	李翰如	1980. 5—1982. 12
	杜国林	1980. 5—1985. 10
	翁之馨	1981. 3—1984. 8
	汪懋华	1984. 8—1985. 10
	骆大章	1981. 8—1985. 10

北京农业工程大学

1995 年 9 月，北京农业工程大学与北京农业大学合并成立中国农业大学。

党委书记	艾荫谦	1985. 10—1995. 9
党委副书记	唐文霞（女）	1985. 10—1992. 7
	阮家德	1991. 6—1995. 9
	李里特	1994. 10—1995. 9
纪委书记	唐文霞（兼，女）	1991. 6—1992. 7
校　长	翁之馨	1985. 10—1995. 9
副校长	杜国林	1985. 10—1986. 10

	汪懋华	1985.10—1990.12
	骆大章	1985.10—1995.7
	田景文	1986.10—1995.9
	郭佩玉	1991.6—1993.12
	阮家德	1991.6—1995.9
	李世盛	1993.12—1995.9
	傅泽田	1993.12—1995.9
	李里特	1994.10—1995.9

中国农业大学

1995年9月，北京农业大学与北京农业工程大学合并成立中国农业大学。

党委书记	艾荫谦	1995.9—1998.9
	李晶宜（女）	1998.9—2000.12
党委副书记	唐运新	1995.9—1998.9
	李里特	1995.9—2000.12
	韩惠鹏	1998.9—2000.12
	马寅生	1998.9—2000.12
纪委书记	唐运新（兼）	1995.9—1998.9
	马寅生（兼）	1998.9—2000.12

校　长	毛达如	1995.8—1998.9
	江树人	1998.9—2000.12
副校长	李里特	1995.9—2000.12
	白玉良	1995.9—1998.11
	柯炳生（满族）	1995.9—1997.11
	傅泽田	1995.9—2000.12
	江树人	1995.9—1998.9

	李世盛	1995.9—2000.12
	张立强	1995.9—1998.9
	韩惠鹏	1998.9—2000.12
	谭向勇	1998.9—2000.12

北京钢铁学院

1988 年 3 月，北京钢铁学院更名为北京科技大学。1998 年 9 月，原北京冶金管理干部学院合并到北京科技大学。

革命委员会主　任	刘少华	1976.10—1978.5
革命委员会副主任	张文奇	1976.10—1978.5
	马纪民	1976.10—1978.5
党委书记	成　克	1976.10—1979.2
	叶志强（兼）	1979.2—1980.8
	刘少华	1980.8—1983.10
	符　荣	1983.10—1988.3
党委副书记	吴　平	1976.10—1979.2
	刘少华	1976.10—1980.8
	符　荣	1979.2—1983.10
	崔鲁斌	1979.2—1988.3
	樊源兴	1983.10—1988.3
纪委书记	马纪民	1979.2—1980.3
	符　荣（兼）	1980.11—1983.10
	韩文植（女）	1983.10—1988.3
院　长	张文奇	1979.2—1983.10

	王　润（北京市）	1983.10—1988.3
副院长	王　润（北京市）	1979.2—1983.10
	李辉东	1979.2—1983.10
	魏寿昆	1979.2—1983.10
	柯　俊	1979.2—1983.10
	朱　觉	1979.2—1983.10
	林宗彩	1979.2—1983.10
	李静波	1983.10—1988.3
	戚以新	1983.10—1988.3
	杨静云	1981.10—1988.3
	钟廷珍	1987.7—1988.3

北京科技大学

党委书记	符　荣	1988.3—1992.3
	李静波（兼）	1992.3—1993.3； 1993.3—1995.4
	杨天钧（代理）	1995.4—1997.12
	刘建平	1997.12—2000.12
党委副书记	崔鲁斌	1988.3—1999.10
	樊源兴	1988.3—1989.12
	祖天启	1990.9—1993.3
	赵续生	1993.3—1997.12
	李宝林	1993.3—1995.4； 1997.12—2000.12
	刘建平	1995.4—1997.12
	陈世禄	1998.8—2000.12
	王民忠	1998.8—2000.12
纪委书记	韩文植（女）	1988.3—1990.9

	李宝林（兼）	1993.3—1995.4
	陆国市（蒙古族）	1995.4—1999.3
	陈世禄（兼）	1999.5—2000.12
校　长	王　润（北京市）	1988.3—1990.9
	李静波	1990.9—1993.3
	杨天钧	1993.3—2000.12
副校长	李静波	1988.3—1990.9
	戚以新	1988.3—1990.10
	杨静云	1988.3—1990.9
	钟廷珍	1988.3—1993.3
	顾正秋	1989.12—1995.4
	杨天钧	1990.9—1993.3
	陆国市（蒙古族）	1990.9—1995.4
	高颂烈	1990.9—1995.4
	徐金梧	1993.3—2000.12
	陈难先	1994.4—1999.10
	李宝林	1995.4—1997.12
	孙祖庆	1995.4—2000.12
	殷晓静（女）	1995.4—1996.12
	蔡希亮	1996.5—2000.12
	李培宁	1997.12—1999.5
	权良柱	2000.1—2000.12

北京邮电学院

1993 年 12 月，北京邮电学院更名为北京邮电大学。

党委书记	杨思九	1976.10—1979.12
	宋德仁	1979.12—1984.4

	李根达	1984.4—1988.11
	李鹏飞	1988.11—1993.12
党委副书记	赵　磊（女）	1976.10—1981.8
	刘宗训	1976.10—1977.11
	戴玉琢	1976.10—1984.12
	徐　信	1979.12—1981.8
	王锡祥	1980.10—1984.4
	盛名环	1984.4—1985.6
	李鹏飞	1985.6—1988.11
	黄金满	1988.11—1993.12
	昂秀芬（女）	1990.2—1992.6
	王德宠（女）	1993.1—1993.12
纪委书记	王锡祥	1980.10—1984.4
	盛名环（兼）	1984.4—1985.6
	李鹏飞	1985.6—1988.11
	黄金满	1988.11—1993.12

院　长	孟贵民	1976.10—1981.8
	叶培大	1981.8—1985.8
	胡健栋	1985.8—1989.11
	朱祥华	1989.11—1993.12
副院长	王锡祥	1976.10—1980.10
	王蕴玮	1976.10—1980.4
	戴玉琢	1976.10—1983.2
	叶培大	1979.12—1981.8
	蔡长年	1979.12—1984.4
	李根达	1979.12—1984.4
	胡健栋	1984.4—1985.8
	庄士钦	1984.4—1993.12

	刘慕曾	1984. 4—1990. 1
	朱祥华	1985. 8—1989. 11
	倪维桢	1987. 7—1993. 1
	黎荣龙	1990. 2—1993. 12
	张志敏	1990. 2—1992. 5
	赵青山	1992. 5—1993. 12
	钟义信	1992. 5—1993. 12
	昂秀芬（女）	1993. 1—1993. 12

北京邮电大学

党委书记	李鹏飞	1993. 12—1996. 8
	孙鸿志	1996. 8—2000. 2
	王德宠（女）	2000. 2—2000. 12
党委副书记	黄金满	1993. 12—1996. 8
	赵青山	1996. 8—2000. 12
	王德宠（女）	1993. 12—2000. 2
纪委书记	黄金满	1993. 12—1996. 8
	王德宠（女）	1996. 8—2000. 12
校　长	朱祥华	1993. 12—1998. 3
	林金桐	1998. 3—2000. 12
副校长	庄士钦	1993. 12—1996. 11
	黎荣龙	1993. 12—1995. 7
	赵青山	1993. 12—1996. 8
	钟义信	1993. 12—2000. 12
	昂秀芬（女）	1993. 12—1998. 10
	林金桐	1996. 8—1998. 3
	秘健虎	1996. 8—2000. 12

	张英海	1996. 8—2000. 12
	任晓敏	1996. 8—2000. 12

北京化工学院

1978 年 4 月，北京化学纤维工学院从北京化工学院分出，恢复独立办学。1994 年 2 月，北京化工学院更名为北京化工大学。

革命委员会主任	周　静	1976. 10—1979. 7
革命委员会副主任	俸培宗	1976. 10—1979. 7
	马恩沛	1976. 10—1979. 2
	兰　健（女）	1976. 10—1978. 3
	侯希如	1976. 10—1979. 3
	刘忠忱（工宣队）	1976. 10—1977. 4
	史尔公	1976. 10—1979. 7
	张永云（工宣队）	1976. 10—1977. 11
	李　磊（工宣队）	1977. 4—1977. 11
	彭珮云（女）	1977. 11—1978. 4
党委书记	马芳庭	1979. 7—1982. 6
	周　静（代理）	1982. 6—1983. 12
	姜法善	1985. 1—1993. 10
	卢济金	1993. 10—1994. 2
党委副书记	周　静	1979. 7—1982. 6
	张　瑄	1979. 7—1983. 2
	吕福利（代理）	1983. 2—1985. 1
	周万祥	1983. 12—1992. 4
	庞瑶琳（兼，女，代理）	1984. 7—1985. 1
	陈明忠	1987. 9—1994. 2

	赵素贞（女）	1992.4—1994.2
纪委筹备组组长	周　静（兼）	1979.9—1983.12
纪委书记	吕福利（兼）	1984.10—1985.1
	周万祥（兼）	1985.1—1992.4
	陈明忠（兼）	1992.4—1994.2

院　长	陈鉴远	1982.6—1985.1
	庞瑶琳（女）	1985.1—1993.10
	樊丽秋（女）	1993.10—1994.2
副院长	史尔公	1979.7—1983.1
	张　瑄	1979.7—1982.6
	蔡耀宗	1979.7—1984.5
	林树森	1979.7—1985.1
	王丽云（女）	1979.7—1985.1
	徐德民	1979.7—1982.2
	庞瑶琳（女）	1983.2—1985.1
	周万祥	1983.2—1983.12
	何耀文	1984.5—1988.1
	吕福利	1985.1—1987.8
	赵关旗	1985.1—1994.2
	赵凤桐	1987.9—1994.2
	孙宝巨	1987.9—1994.2
	吴重光	1992.4—1993.6

北京化工大学

1996 年 4 月，北京化工管理干部学院与北京化工大学合并，合并后的校名为北京化工大学。

党委书记	卢济金	1994.2—1996.8
	冯文林	1996.8—2000.12
党委副书记	陈明忠	1994.2—1998.3
	赵素贞（女）	1994.2—1998.5
	任景文	1996.12—1997.8
	王　芳（女）	1997.8—2000.12
	盛维勇	1999.5—2000.12
纪委书记	陈明忠（兼）	1994.2—1998.3
	盛维勇（兼）	1999.5—2000.12
校　长	樊丽秋（女）	1994.2—1997.8
	王子镐	1997.8—2000.12
副校长	赵关旗	1994.2—1996.3
	赵凤桐	1994.2—1997.8
	孙宝巨	1994.2—2000.12
	王子镐	1994.11—1997.8
	左　禹	1996.3—2000.12
	任际泰	1996.8—1997.8
	任景文	1996.8—1997.8
	李树凡	1996.8—1999.5
	王　芳（女）	1997.8—2000.12
	赵素贞（女）	1997.8—2000.12
	王　贵	1997.8—2000.12
	丁巨元	1999.5—2000.12

北方交通大学

1977年11月，经国务院批准，学校不再搬迁河北省石家庄，党的关系隶属北京市委。2000年4月，北方交通大学与北京电力高等专科学校合并。

党委书记	李德仁（代理）	1977.11—1978.7
	王见新	1978.7—1983.10
	刘圣化	1983.10—1985.9
	陈箓生	1985.9—1990.10
	徐锡安	1990.10—1995.12
	王金华	1995.12—1997.1
	张永甡	1997.1—2000.12
党委副书记	李德仁	1978.7—1980.4
	黄　夷	1977.11—1980.7
	吴忠民	1978.7—1981.2
	周道远	1978.7—1983.10
	陆迺震	1981.8—1985.9
	张树京	1983.10—1988.8
	洪　治	1985.9—1988.8
	万明坤	1988.8—1993.8
	徐锡安	1988.8—1990.10
	张星平(女,维吾尔族)	1991.12—1998.12
	王金华	1994.1—1995.12
	李士群	1995.7—2000.12
	王金华	1997.1—1998.12
	谈振辉	1998.12—2000.12
	颜吾佴	2000.1—12
纪委书记	陆迺震（兼）	1984.4—1985.9
	洪　治（兼）	1985.9—1988.8
	徐锡安（兼）	1988.8—1991.12
	张星平（兼，女，维吾尔族）	1991.12—1998.12
	李士群（兼）	2000.1—12

校　长	彭伯周	1977. 11—1978. 3
	王见新	1978. 7—1983. 10
	张树京	1983. 10—1988. 8
	万明坤	1988. 8—1993. 8
	王金华	1994. 1—1998. 12
	谈振辉	1998. 12—2000. 12
副校长	李德仁	1977. 11—1980. 4
	王　路	1977. 11—1980. 5
	丁　农	1977. 11—1978. 11
	杜欣清	1978. 12—1985. 12
	杜锡钰	1979. 4—1983. 12
	张树京	1981. 8—1983. 10
	孙锦云	1981. 8—1983. 10
	雷　杜	1981. 8—1983. 12
	马元明	1981. 8—1983. 9
	陈箓生	1983. 10—1985. 9
	翁世耀	1984. 7—1985. 6
	王金华	1984. 7—1994. 1
	周启明	1985. 9—2000. 1
	张全寿	1986. 4—1993. 10
	赵学义	1991. 9—1995. 7
	张永甡	1993. 10—1997. 1
	迟仲达	1995. 1—1998. 6
	谈振辉	1995. 7—1998. 12
	颜吾佴	1997. 12—2000. 1
	宁　滨	1997. 12—2000. 12
	杨肇夏	1998. 12—2000. 12
	杜　林	2000. 2—12

	宋守信	2000.4—12

北京电力专科学校

1992年4月，北京电力专科学校更名为北京电力高等专科学校。

党委书记	黄绍裘	1987.1—1992.4
校　长	李润圣	1987.1—1992.4

北京电力高等专科学校

2000年4月，北京电力高等专科学校并入北方交通大学。

党委书记	黄绍裘	1992.4—1997.5
	宋守信	1997.5—2000.4
校　长	李润圣	1992.4—1993.7
	杨传箭	1993.7—1997.5
	宋守信	1997.5—2000.4

北京广播学院

党的领导小组组长	陈竞寰	1976.10—1978.7
党的领导小组第一副组长	罗　青	1976.10—1977.11
党的领导小组副组长	何长青（工宣队）	1976.10—1977.11
	于西林（工宣队）	1976.10—1977.11
	刘永嵘	1976.10—1978.7

临时党委书记	李哲夫（兼）	1978.7—1980.1
	石敬野	1980.1—1980.7
临时党委副书记	陈竞寰	1978.7—1980.5
	陈泽然	1978.7—1979.6
	孟介夫	1978.7—1980.7
党委书记	石敬野	1980.7—1983.7
	胡大忻	1985.9—1990.7
	刘继南（女）	1990.7—1997.2
	赵建华	1997.2—2000.12
党委副书记	孟介夫	1980.7—1983.7
	刘继南（女）	1983.7—1990.7
	黄　勇	1990.4—1996.3
	韩峻峰	1993.3—1996.4
	李焕生（女）	1996.4—2000.12
纪委书记	孟介夫（兼）	1980.7—1986.4
	刘继南（兼，女）	1986.4—1993.3
	韩峻峰（兼）	1993.3—1999.1
	李焕生（兼，女）	1999.1—2000.12

院　长	李哲夫（兼）	1978.7—1979.12
	石敬野	1979.12—1983.7
	常振铮	1983.7—1993.1
	刘继南（女）	1993.1—2000.12
副院长	陈竞寰	1978.7—1980.5
	陈泽然	1978.7—1979.6
	孟介夫	1978.7—1983.7
	刘永嵘	1978.7—1980.11
	杨一明	1978.7—1983.7
	武子芳	1978.7—1983.7

田　汀	1980. 3—1983. 7
常振铮	1980. 4—1983. 7
李振水	1983. 7—1989. 3
沈泰昌	1987. 8—1989. 3
刘继南（兼，女）	1988. 9—1993. 1
王纪言	1989. 3—1995. 1
赵玉明	1989. 3—1998. 2
周铜山	1989. 3—1998. 2
黄　勇（兼）	1992. 6—1996. 3
苏志武	1995. 1—2000. 12
高福安	1998. 2—2000. 12
任金州	1998. 2—2000. 12

中国地质大学（北京）

1987 年 11 月，武汉地质学院及其北京研究生院、中国地质科学院研究生部、地质矿产部北京地质管理干部学院、武汉地质科技管理干部学院联合组成中国地质大学。大学分设武汉和北京两部：中国地质大学（武汉）、中国地质大学（北京）。1988 年 3 月，中国地质大学（北京）党的组织关系由中共湖北省委转回至中共北京市委。

临时党委书记	王　良（河北交河）	1988. 4—1989. 2
临时党委副书记	朱思贵	1988. 4—1989. 3
党委书记	程业勋（代理）	1990. 2—1993. 7
	毕孔彰	1993. 7—1997. 7
	吴淦国	1997. 7—2000. 12
党委副书记	徐乃和	1989. 3—1993. 7
	安静中	1989. 3—1995. 7
	余际从	1993. 7—2000. 12
	帅开业	1995. 7—2000. 12

	赵城玺	1997.7—2000.12
纪委书记	徐振西	1989.3—1995.12
	帅开业（兼）	1996.1—2000.12
校　长	翟裕生	1988.4—1990.2
	程业勋	1990.2—1994.12
	赵鹏大（满族）	1994.12—1999.12
	吴淦国	2000.1—12
副校长	沈照理	1988.4—1992.8
	徐乃和	1988.4—1993.1
	李述靖	1988.4—1992.8
	郭　兴	1988.4—1992.8
	朱思贵	1988.4—1992.8
	袁宝华	1988.12—1992.8
	刘玉发	1992.8—1995.7
	陈庆寿	1992.8—1995.7
	蔡克勤	1992.8—1995.7
	毕孔彰	1994.12—1997.7
	马鸿文	1995.7—1997.7
	陶信宽	1995.7—1997.7
	文正益	1997.7—2000.12
	莫宣学	1997.7—2000.12
	王　聪	1998.3—2000.12

石油大学（北京）

1981年6月，华东石油学院在北京石油学院原校址内建立北京研究生部。1988年2月，华东石油学院更名为石油大学，在北京、山东两地办学。石油大学（北京）正式成立。1988年8月，石油大学（北京）

党的关系转到中共北京市委。

临时党委书记	张一伟	1989.5—1992.2
	华泽澎	1992.2—1994.11
	李云鹏	1994.11—1995.6
临时党委副书记	刘汝洵（女）	1988.11—1994.11
	张一伟	1992.2—1994.11
	熊继辉	1992.6—1994.11
	张嗣伟	1994.11—1995.6
	刘少斌	1994.11—1995.6
	蒋庆哲	1994.11—1995.6
临时纪委书记	刘汝洵（兼，女）	1989.5—1992.6
	刘少斌	1992.6—1995.6
党委书记	李云鹏	1995.6—1998.3
	李秀生	1998.3—2000.12
党委副书记	张嗣伟	1995.6—1998.3
	刘少斌	1995.6—1997.12
	蒋庆哲	1995.6—2000.12
	李云鹏	1998.3—7
	张来斌	1998.3—1999.5
	罗维东	1999.5—2000.12
	柳贡慧	1999.5—2000.12
纪委书记	刘少斌	1995.6—1997.12
	蒋庆哲（兼）	1998.03—2000.12

校　长	张一伟	1989.5—1994.11
	张嗣伟	1994.11—1998.3
	李云鹏	1998.3—7
	罗维东	1999.5—2000.12
副校长	张嗣伟	1989.8—1994.11

	葛家理	1989.7—1994.11
	范玉琦	1992.2—1996.3
	熊继辉	1994.11—1998.3
	罗维东	1994.11—1999.5
	黄述旺	1998.3—2000.12
	金之钧	1998.3—2000.12
	张来斌	1999.5—2000.12

北京水利电力经济管理学院

1984年1月，北京水利电力经济管理学院成立。1992年10月，更名为北京动力经济学院。

党委书记	石云山	1984.1—1989.1
	孟昭朋	1989.1—1992.10
党委副书记	彭　森	1984.1—1990.8
	杨昌元	1991.10—1993.8
院　长	高之梁	1984.1—1990.8
	王万纲	1990.8—1992.10
副院长	南新旭	1984.1—1993.8
	李　正	1984.1—1990.8
	谭方正	1984.1—1990.8
	崔景才	1988.12—1993.8
	沈有昌	1990.8—1993.8
	翟东群	1990.8—1993.8

北京动力经济学院

1995 年 8 月，与华北电力学院合并成立华北电力大学。

党委书记	孟昭朋	1992.10—1995.8
党委副书记	朱常宝	1993.8—1995.8
院　长	王万纲	1992.10—1993.8
	沈有昌	1993.8—1995.8
副院长	谈德茂	1993.8—1995.8
	杨志远	1993.8—1995.8
	徐大平	1993.11—1995.8
	朱常宝	1994.3—1995.8

华北电力大学（北京）

1995 年 8 月，北京动力经济学院与华北电力学院合并，成立华北电力大学，校部设在河北省保定市，分设北京部分。

党委书记	宁文玉	1995.8—1997.10
	曾亨炎（兼）	1997.10—2000.12
党委常务副书记	宁文玉	1997.10—2000.12
党委副书记	朱常宝	1995.9—2000.12
纪委书记	谈德茂	1995.9—1999.1
	宁文玉（兼）	1999.1—2000.12
校　长	沈有昌	1995.8—1997.10
	徐大平（兼）	1997.10—2000.12
副校长	杨　昆	1995.9—2000.12

	胡庆文	1995.9—2000.12
	杨志远	1998.8—2000.2
	李成榕	1999.1—2000.12
	敫桂兰（女）	1999.1—2000.5
	卢　键	1999.1—2000.5

北京林学院

1978年12月，学校返京复校，恢复北京林学院名称。1985年8月，北京林学院更名为北京林业大学。

临时党委书记	王友琴	1979.10—1980.9
临时党委副书记	杨锦堂	1979.10—1980.9
	王昭同	1979.10—1980.9
	李　森	1979.10—1980.9
党委副书记	李　森	1980.9—1984.2
	阎树文	1984.2—1985.8
	米国元	1984.2—1985.8
纪委书记	李　森	1980.11—1984.2
	米国元	1984.2—1987.12
院　长	陈陆圻（代理）	1982.1—1984.2
	阎树文	1984.2—1985.8
副院长	杨锦堂	1979.3—1983.12
	王友琴	1979.3—1980.9
	吕素明	1979.6—1981.4
	郭绍仪	1979.3—1982.12
	王昭同	1979.3—1982.7
	陈陆圻	1980.3—1982.1
	李　森	1979.4—1984.2

	张　建	1984.2—1985.8
	张观礼	1984.2—11
	沈国舫	1984.11—1985.8

北京林业大学

党委书记	阎树文	1986.2—1987.11
	米国元	1990.9—1993.7
	顾正平	1993.7—1996.12
	胡汉斌	1996.12—2000.12
党委常务副书记	吕焕卿（女）	1998.1—2000.12
党委副书记	吕焕卿（女）	1992.8—1998.1
	阎树文	1985.8—1986.1
	米国元	1985.8—1990.9
	刘家骐	1986.2—1992.10
	张柏涛	1992.8—1993.12
	张振民	1993.12—1995.5
	张清泉	1995.5—2000.12
	周　景	1998.1—2000.12
纪委书记	刘家骐（兼）	1987.12—1992.8
	张柏涛	1992.8—1993.12
	张振民	1993.12—1995.5
	张清泉	1995.5—2000.12
校　长	阎树文	1985.8—1986.2
	沈国舫	1986.2—1993.7
	贺庆棠	1993.7—2000.1
	朱金兆	2000.1—2000.12
常务副校长	尹伟伦	2000.1—2000.12

副校长	张　建	1985. 8—1986. 2
	沈国舫	1985. 8—1986. 2
	贺庆棠	1986. 2—1993. 7
	孙立成	1986. 2—1990. 11
	贺庆棠	1986. 2—1993. 7
	孙立成	1986. 2—1990. 11
	顾正平	1990. 6—1993. 7
	胡汉斌	1990. 9—2000. 12
	吕焕卿	1992. 8—2000. 12
	张清泉	1993. 12—1995. 5
	尹伟伦	1993. 12—2000. 1
	陈　森	1994. 10—2000. 12
	郑卫华	1995. 5—1997. 9
	朱金兆	1996. 5—2000. 1
	陈天全	1997. 12—2000. 12

北京中医学院

1993 年 12 月，北京中医学院更名为北京中医药大学。2000 年 7 月，北京针灸骨伤学院与北京中医药大学合并。

党委书记	鲁之俊	1976. 10—1977. 10
	王恩厚	1977. 10—1979. 5
	杨　信	1979. 5—1981. 2
	王　瑛	1981. 10—1983. 12
	高鹤亭	1984. 1—8（代理）； 1984. 8—10
	张世栋	1985. 1—1993. 12
党委副书记	刘伯文	1977. 11—1983. 11
	欧阳竞	1977. 4—11

	沙 洪	1977. 4—11
	黄升仁	1977. 11—1980. 11
	程超明	1977. 11—1980. 12
	张世栋	1980. 10—1985. 1
	张小瑞（女）	1985. 12—1990. 2
	张文贵	1990. 2—1991. 6
	崔文志	1991. 3—1993. 12
	陈啸宏	1993. 3—12
纪委书记	王汝成	1985. 1—1993. 3
	崔文志（兼）	1993. 3—12
院 长	鲁之俊	1976. 10—1977. 11
	季钟朴	1978. 4—1979. 5
	王永炎	1984. 1—1985. 10
	高鹤亭	1985. 10—1992. 3
	龙致贤	1993. 3—12
第一副院长	王永炎	1985. 11—1993. 12
副院长	杨 治	1976. 10—1977. 11
	李永春	1976. 10—1977. 11
	杨礼慈	1976. 10—1981. 2
	黄升仁	1976. 10—1982. 12
	高鹤亭	1978. 4—1985. 10
	王玉川	1978. 6—1984. 2
	高奎乃	1980. 10—1993. 3
	龙致贤	1985. 10—1993. 3
	张小瑞（女）	1990. 2—1993. 3
	张文贵	1991. 3—1993. 12
	牛建昭（女）	1993. 3—12

北京中医药大学

党委书记	张世栋	1993. 12—1997. 4
	崔文志	1997. 4—2000. 7
	郑英良	2000. 7—2007. 12
党委副书记	崔文志	1993. 12—1997. 4
	陈啸宏	1993. 12—1994. 9
	乔旺忠	1995. 6—2000. 12
纪委书记	崔文志（兼）	1993. 12—1999. 6
	常　江	1999. 6—2000. 12
校　长	龙致贤	1993. 12—1997. 4
	王永炎	1997. 4—1998. 11
	郑守曾	1999. 2—2000. 12
第一副校长	王永炎	1993. 12—1997. 4
副校长	张文贵	1993. 12—1999. 2
	牛建昭（女）	1993. 12—2000. 7
	郑守曾	1997. 4—1999. 2
	魏天卯	1997. 4—2000. 12
	王庆国	1999. 2—2000. 12

中国首都医科大学

中国首都医科大学的前身是北京协和医学院。1959 年 9 月，更名为中国医科大学。文化大革命期间停办。1979 年 7 月复校，改称中国首都医科大学。1981 年党的关系转入中共北京市委。1985 年 5 月，改名为中国协和医科大学。

职务	姓名	任职时间
党委书记	林士笑	1980.1—1982.12
	吴阶平（代理）	1982.12—1983.4
	冯佩之	1983.4—1984.12
	顾方舟（代理）	1984.12—1985.5
党委副书记	黄　乎	1980.1—1982.12
	蒲　澄	1980.1—1982.7
	高　岚	1980.1—1983.4
	齐　涛（女，回族）	1980.1—1982.12
	方志西（女，回族）	1980.3—1982.12
	董炳琨	1980.12—1982.12
	傅永显	1982.12—1986.5
	张家谦	1983.4—1985.5
	张义芳	1984.12—1985.5
临时纪委书记	傅永显（兼）	1983.8—1985.5
校　长	黄家驷	1980.1—1983.5
	吴阶平	1983.5—1984.12
	顾方舟	1984.12—1985.5
副校长	张孝骞	1980.1—1982.12
	邓家栋	1980.12—1983.5
	章央芬（女）	1980.12—1983.5
	董炳琨	1980.12—1984.12
	顾方舟	1983.5—1984.12
	韦　木	1983.5—1984.12
	钱昌年	1985.1—1985.5
	戴玉华（女）	1985.1—1985.5
	修瑞娟（女）	1985.3—1985.5
	陈妙兰（女）	1985.3—1985.5
	陈同鑑（回族）	1985.3—1985.5

中国协和医科大学

党委书记	顾方舟（代理）	1985.5—1986.5
	钱昌年	1986.6—1998.6
	刘晓程	1998.6—2000.11
	祁国明（兼）	2000.11—2000.12
党委副书记	张义芳	1985.5—1986.3
	张家谦	1985.5—1993.7
	李文义	1986.5—1993.7
	林长胜	1993.7—2000.12
临时纪委书记	傅永显（兼）	1985.5—1986.6
纪委书记	傅永显	1986.6—1993.7
	林长胜（兼）	1993.10—2000.12
校　长	顾方舟	1985.5—1992.12
	巴德年	1992.12—2000.12
副校长	钱昌年	1985.5—1986.9
	戴玉华（女）	1985.5—1993.1
	修瑞娟（女）	1985.5—1993.1
	陈妙兰（女）	1985.5—1993.1
	陈同鑑（回族）	1985.5—2000.12
	卢圣栋	1988.3—1998.6
	姜常胜	1993.7—2000.12
	陆召麟（兼）	1993.7—1999.3
	强伯勤	1994.4—1999.11
	刘晓程	1994.9—2000.11
	鲁重美（兼，女）	1999.3—2000.12
	刘德培	1999.11—2000.12

	宋学民	1999.11—2000.12

北京外国语学院

1980年1月，北京外国语学院党的关系由外交部转归中共北京市委。1994年2月，更名为北京外国语大学。

职务	姓名	任职时间
党委书记	杨伯箴	1980.1—1981.2
	孙　萍	1981.2—1984.4
	李宜今	1984.12—1992.1
	曹小先（女）	1992.1—1994.2
党委副书记	王振稼	1981.2—1984.12
	王福祥	1984.4—1996.05
	刘毓纕	1984.4—1991.11
	曹小先（女）	1985.6—1992.1
	陈乃芳（女）	1988.6—1992.12
	裴玉芳（女）	1992.8—1994.2
纪委书记	赵　申	1985.6—1994.6
院　长	刘　柯	1981.2—1984.4
	王福祥	1984.4—1994.2
常务副院长	尹企卓	1981.2—1984.4
副院长	秦思平	1981.2—1982.12
	王佐良	1981.2—1984.4
	王福祥	1982.9—1984.4
	胡文仲	1984.4—1991.9
	刘政权	1984.4—1988.6
	申春生	1986.5—1994.2
	曹小先（女）	1988.6—1991.12
	余章荣	1988.6—1994.2

	庄绎传	1992.6—1994.2
	穆大英	1991.9—1994.2

北京外国语大学

党委书记	曹小先（女）	1994.2—1996.5
	陈乃芳（女）	1996.5—2000.12
党委副书记	裴玉芳（女）	1994.2—2000.12
	陈乃芳（女）	1995.11—1996.5
	杨学义	1996.5—2002.9
纪委书记	金传豪	1994.6—2000.12
校　长	王福祥	1994.2—1997.2
	陈乃芳（女）	1997.2—2000.12
常务副校长	穆大英	1994.2—1997.6
副校长	申春生	1994.2—1998.9
	余章荣	1994.2—1994.6
	庄绎传	1994.2—1996.4
	何其莘	1994.6—2000.12
	钟美荪（女）	1996.4—2000.12
	杨学义	1997.6—2000.12
	周　烈	1998.9—2000.12

北京语言学院

1996 年 6 月，北京语言学院更名为北京语言文化大学。

革命委员会主任	苏　林	1976.10—1978.10
革命委员会副主任	邱　及	1976.10—1978.11

	彭伯勋	1976.10—1978.11
	吴 塘	1976.10—1978.7
	王 文	1976.10—1978.11
	王淑贞(女,教师,辽宁)	1976.10—1978.10
	韩春奎(工宣队)	1976.10—1977.1
	李荣富(工宣队)	1977.1—不详
党委书记	苏 林	1976.10—1979.8
	温建平	1979.8—1983.5
	唐腾义	1983.5—1987.1
	屈 忠	1987.1—1991.2
	吴林祥	1991.2—1995.3
	张晋峰	1995.3—1996.6
党委副书记	王 文	1976.10—1979.6
	彭伯勋	1976.10—1982.12
	任以珍	1976.10—1983.10; 1991.11—1996.6
	冯文通(工宣队)	1976.10—1978.10
	张道一	1978.11—1982.12
	朱成才	1978.11—1980.12
	杨 岗	1981.6—1982.12
	王 静(女)	1983.1—1991.11
	李连科	1985.6—1995.12
	林国立	1995.9—1996.6
	孔繁清(女)	1993.7—1996.6
纪委书记	朱成才	1980.5—1983.8
	王 静(女)	1983.8—1991.11
	任以珍	1991.11—1993.10
	孔繁清(女)	1993.10—1996.6

院　长	苏　林	1978. 8—1979. 8
	温建平	1979. 8—1983. 5
	吕必松	1983. 5—1989. 8
	杨庆华	1989. 8—1996. 6
	屈　忠（代理）	1989. 8—1991. 6
	李更新（代理）	1991. 6—1993. 4
副院长	王　文	1978. 11—1979. 6
	彭伯勋	1978. 11—1982. 11
	张道一	1978. 11—1982. 12
	邱　及	1978. 11—1980. 11
	唐腾义	1978. 11—1982. 12
	刘铁民	1983. 1—1989. 8
	周炳琦	1983. 1—1988. 12
	刘君桓	1985. 1—1986. 12
	胡书经	1987. 1—1990. 10
	屈　忠	1988. 9—1991. 6
	李更新	1988. 12—1991. 6； 1993. 4—1994. 12
	程　棠	1989. 4—1996. 2
	王英林	1989. 8—1996. 6
	任以珍	1991. 2—1996. 6
	崔永华	1995. 9—1996. 6

北京语言文化大学

党委书记	张晋峰	1996. 6—1997. 12
	王路江（女）	1999. 8—2000. 12
党委副书记	任以珍	1996. 6—1997. 4

	林国立	1996. 6—2000. 3
	孔繁清（女）	1996. 6—2000. 12
纪委书记	孔繁清（女）	1996. 6—2000. 12
校　长	杨庆华	1996. 6—1999. 8
	曲德林	1999. 8—2000. 12
副校长	任以珍	1996. 6—2000. 12
	王英林	1996. 6—2000. 3
	崔永华	1996. 6—2000. 3
	林国立	2000. 3—12

北京体育学院

1993 年 12 月，北京体育学院更名为北京体育大学。

党委第一书记	钟师统	1976. 10—1983. 10
党委第二书记	赵　斌	1976. 10—1983. 10
党委书记	梅振耀	1983. 10—1985. 7
	王世安	1985. 9—1990. 8； 1993. 7—1993. 12
	尹维祖	1990. 8—1993. 7
党委副书记	梅振耀	1979. 8—1983. 10
	徐焕之（女）	1979. 8—1987. 5
	李东敏	1979. 8—1983. 10
	赵亚平	1983. 10—1992. 6
	王世安	1992. 6—1993. 12
	张万增	1992. 6—1993. 12
纪委书记	徐焕之（女）	1979. 8—1983. 10； 1985. 10—1993. 12
	赵亚平	1983. 10—1985. 10

院　长	钟师统	1976.10—1982.8
	马启伟	1982.8—1985.9
	杨福鹿	1985.9—1992.6
	王世安	1992.6—1993.12
副院长	徐英超	1976.10—1982.8
	邓乙真	1976.10—1982.8
	王任山	1976.10—1979.10
	赵　斌	1979.3—1982.8
	梅振耀	1979.10—1985.7
	马启伟	1979.10—1982.8
	柯　犁	1982.8—1985.10
	张思温	1982.8—1993.12
	曲宗湖	1985.9—1990.7
	孙克宜	1985.9—1993.12
	田麦久	1990.7—1993.12
	王世安	1990.8—1992.6
	谢亚龙	1992.7—1993.12

北京体育大学

党委书记	王世安	1993.7—1994.1
	金季春	1994.1—2001.6
党委副书记	王世安	1993.12—1996.6
	张万增	1993.12—2001.10
	王钰清	1998.2—1999.12（挂职）
纪委书记	徐焕之（女）	1993.12—1995.7
	孙景立	1995.7—1999.11
	迟荣传	1999.11—2001.10

校 长	王世安	1993. 12—1995. 7
	金季春	1995. 7—2001. 6
副校长	张思温	1993. 12—1994. 8
	田麦久	1993. 12—2001. 3
	孙克宜	1993. 12—1998. 2
	谢亚龙	1993. 12—1995. 7
	邢文华	1995. 7—2001. 3
	李元伟	1995. 7—1998. 2
	张万增	1998. 2—2001. 6

中央民族学院

1993 年 11 月，中央民族学院更名为中央民族大学。1994 年 1 月，领导干部职务重新任命。

党委书记	李 力	1976. 10—1977. 10
	宗 群（代理）	1977. 10—1982. 2
	江 云	1982. 2—1985. 6
	罗炳正（壮族）	1988. 3—1991. 12
	周兴健	1991. 12—1994. 1
党委常务副书记	路文影	1992. 4—1993. 6
党委副书记	宗 群	1977. 10—1984. 6
	魏景昌	1977. 10—1984. 6
	乔云川	1977. 10—1980. 4
	张养吾	1978. 12—1984. 6
	沈遐熙（回族）	1979. 2—1981. 11
	罗炳正（壮族）	1984. 6—1988. 3
	武耀芝	1984. 6—1988. 12
	路文影	1988. 3—1992. 4

	李金池（苗族）	1990.5—1994.1
	沈昌荣	1990.5—1994.1
	哈经雄（回族）	1992.1—1994.1
纪委书记	沈昌荣（兼）	1990.5—1994.1
院　长	江　云（兼）	1982.2—1985.6
	任世琦(蒙古族)	1985.6—9（代理）； 1985.9—1992.3
	哈经雄（回族）	1992.3—1994.1
副院长	魏景昌	1977.10—1984.12
	乔云川	1977.10—1980.4
	张养吾	1978.12—1984.6
	沈遐熙（回族）	1980.3—1981.11
	吴向必（苗族）	1979.2—1982.8
	罗炳正（壮族）	1980.5—1984.6
	宋蜀华	1980.12—1985.9
	任世琦（蒙古族）	1984.6—1985.9
	哈米提（维吾尔族）	1984.6—1990.9
	胡　坦	1984.6—1990.5
	李登福（布依族）	1990.5—1992.8
	刘树松	1990.5—1994.1
	朱玛洪·尼牙孜（维吾尔族）	1989.6—1994.1
	沈昌荣（兼）	1992.3—1994.1
	梁庭望（壮族）	1993.6—1994.1

中央民族大学

党委书记	周兴健	1994.1—1995.9
	哈经雄（回族）	1995.9—1997.8

	王　彦	1997.8—2000.12
副书记	哈经雄（回族）	1994.1—1995.9； 1997.8—1999.12
	李金池（苗族）	1994.1—1994.3
	沈昌荣	1994.1—1994.7
	郑玉顺（女，朝鲜族）	1994.4—2000.12
	丹珠昂奔（藏族）	1996.5—1999.11
纪委书记	沈昌荣（兼）	1994.1—1994.7
	郑玉顺（兼，女，朝鲜族）	1994.4—2000.12

校　长	哈经雄（回族）	1994.1—1999.12
	荣仕星（壮族）	1999.12—2000.12
副校长	刘树松	1994.1—1997.10
	王美逢	1994.7—2000.3
	朱玛洪·尼牙孜（维吾尔族）	1994.1—2001.1
	沈昌荣（兼）	1994.1—1994.7
	梁庭望（壮族）	1994.1—1997.5
	陈　理（土家族）	1996.5—2000.12
	严玉明	1996.5—2000.12
	郑玉顺（兼，女，朝鲜族）	1999.12—2000.12
	张　儒	1999.12—2000.10
	任中夏	2000.10—2000.12

北京对外贸易学院

1978年7月，北京对外贸易学院的党组织关系从中共北京市委转至对外经济贸易部。1983 年 1 月，国际经济管理学院与北京对外贸易学院合并。1984 年 4 月，更名为对外经济贸易大学。

党委书记	赵长春	1976. 10—1978. 7
党委副书记	虞振华	1976. 10—1978. 7
	徐世伟	1976. 10—1978. 7
	刘　征	1976. 10—1976. 11
	王文波	1977. 5—1978. 7
	井绪昌（工宣队）	1976. 10—1977. 11

院　长	赵长春	1976. 10—1977. 5
	王文波	1977. 5—1978. 7
副院长	虞振华	1976. 10—1978. 7
	徐世伟	1976. 10—1978. 7
	王洁平	1977. 5—1978. 7
	马乃庶	1977. 11—1978. 7

对外经济贸易大学

1988 年 4 月，对外经济贸易大学的党组织关系由对外经济贸易部转回中共北京市委。2000 年 6 月，对外经济贸易大学与中国金融学院合并，成立新的对外经济贸易大学。

党委书记	陈泉源	1988. 4—1988. 7
	孙维炎	1988. 7—1999. 3
	陈准民	1999. 3—2000. 6
	许其立	2000. 6—2000. 12
党委副书记	初志农	1988. 4—1993. 4
	方茂田	1993. 10—1999. 3
	贾怀勤	1999. 3—2000. 12
	陈建香（女）	2000. 6—2000. 12

纪委书记　　初志农　　1988.4—1993.11
　　　　　　方茂田　　1993.12—1999.5
　　　　　　贾怀勤　　1999.5—2000.12

校　长　　孙维炎　　1988.4—1999.3
　　　　　　陈准民　　1999.3—2000.12
副校长　　王林生　　1988.4—1994.7
　　　　　　石畏三　　1988.4—1990.2
　　　　　　郭进宝　　1988.4—1989.7
　　　　　　谭建业　　1990.10—1994.7
　　　　　　李康华　　1990.10—1994.7
　　　　　　徐延春　　1990.10—1995.1
　　　　　　黄震华　　1993.4—1998.12
　　　　　　徐秉仁（满族）　　1995.1—1999.3
　　　　　　叶彩文　　1994.7—1999.3
　　　　　　方茂田（兼）　　1993.10—1999.3
　　　　　　陈苏东（女）　　1999.3—2000.12
　　　　　　徐子健　　1999.3—2000.12
　　　　　　马春光　　1999.3—2000.2
　　　　　　贾怀勤（兼）　　1999.3—2000.6
　　　　　　王正富　　2000.2—2000.12
　　　　　　姚德骥　　2000.6—2000.12
　　　　　　刘　亚　　2000.6—2000.12

中国金融学院

1987年5月，中国金融学院成立。2000年6月，中国金融学院与对外经济贸易大学合并。

党委书记　　徐文通　　1987.8—1991.10

	李振库	1991.10—1997.3
	许其立	1997.3—2000.6
党委副书记	张　坚（女）	1987.8—1993.6
	高裕民	1987.11—1998.6
	胡怀邦	1999.12—2000.6
纪委书记	张　坚（兼，女）	1987.8—1993.6
	高裕民（兼）	1993.12—1998.6
	陈建香（女）	1999.3—2000.6

院　长	刘鸿儒	1987.6—1991.10
	傅予行	1991.10—1992.8
	潘硕健	1994.7—1999.3
	胡怀邦	1999.3—2000.6
常务副院长	胡怀邦	1997.3—1999.3
副院长	甘培根	1987.6—1991.10
	王立谦	1987.6—1999.3
	丁家庆	1987.6—1998.6
	徐文通	1987.8—1991.10
	俞天一	1987.12—1991.10
	张振铭	1988.3—1991.10
	潘硕健	1991.10—1994.7
	任　侠	1991.11—1993.9
	姚得骥	1999.3—2000.6
	刘　亚	1999.3—2000.6

中国矿业大学（北京校区）

1978年3月，四川矿业学院迁到江苏省徐州市，更名为中国煤炭工业学院。1978年6月，恢复中国矿业学院校名，10月，成立中国矿业学院北京研究生部，1988 年更名为中国矿业大学北京研究生部。1997 年 7 月，在中国矿业大学北京研究生部驻地设置中国矿业大学（北京校区），10 月，党的关系转入北京市委。

党委书记	罗承选	1998. 1—2000. 12
党委副书记	吴汉章	1998. 1—8
	柯文进	1998. 1—2000. 12
	田维义	1998. 8—2000. 12
校　长	郭育光	1998. 1—8
	谢和平	1998. 8—2000. 12
副校长	柯文进	1998. 1—2000. 12
	王凤余	1998. 1—2000. 12
	乔建永	1998. 1—2000. 12
	安里千	1998. 1—2000. 12
	冯克庄	1998. 9—2000. 12
	王悦汉	1998. 9—2000. 12
	于　利	1998. 9—2000. 12

中央财政金融学院

1978 年 3 月，经国务院批准，恢复中央财政金融学院。1996 年 5 月，更名为中央财经大学。

党委书记	戎子和（兼）	1978. 11—1985. 11
	陈菊铨	1985. 11—1987. 7
	刘志华	1987. 7—1991. 6
	李保仁	1991. 6—1996. 7
党委副书记	赵秀山	1979. 2—1981. 3；1982. 8—1983. 1
	姜明远	1979. 6—1982. 8

	陈菊铨	1981.6—1985.11
	张光三	1984.2—1985.11
	王庚舜	1985.11—1993.6
	李玉书	1987.7—1994.9
	徐山辉	1995.2—1996.5
纪委书记	王庚舜（兼）	1987.7—1993.6
	李玉书（兼）	1993.6—1996.1
	徐山辉（兼）	1996.1—1996.7

院　长	戎子和（兼）	1978.6—1983.8
	陈菊铨	1983.8—1985.11
	王柯敬	1992.9—1996.7
副院长	姜明远	1978.6—1982.8
	张焕彩	1978.6—1981.12
	李光耀	1978.6—1980.10
	赵秀山	1979.2—1981.3； 1982.8—1983.1
	陈菊铨（兼）	1981.6—1983.8
	刘宗时	1983.1—1985.11
	赵春新	1983.1—1992.9
	李国青	1983.1—1985.11
	王庚舜（兼）	1984.4—1985.11
	钱中涛	1985.11—1992.9
	王柯敬	1985.11—1992.9
	景　致	1985.11—1988.2
	姜永贤	1987.7—1990.8
	袁平建	1990.8—1994.9
	宣家驹	1993.5—1996.5
	王广谦	1995.2—1996.7

中央财经大学

1998 年 10 月，中央财政管理干部学院与中央财经大学学院合并为中央财经大学。

党委书记	李保仁	1996. 7—2000. 12
党委副书记	李玉书	1998. 12—2000. 12
	徐山辉	1996. 7—2000. 12
纪委书记	徐山辉（兼）	1996. 7—1998. 12
	岳桂贤（女）	1998. 12—2000. 12
校　长	王柯敬	1996. 7—2000. 12
副校长	王广谦	1996. 7—2000. 12
	姚　遂	1997. 6—2000. 12
	李　爽	1998. 12—1999. 11

北京政法学院

1978 年 8 月，国务院批准恢复北京政法学院。1982 年 2 月，国务院批准，以北京政法学院和原中央政法干校为基础筹建中国政法大学。1983 年 5 月，中国政法大学正式成立。

筹备领导小组组长	刘镜西	1978. 8—1979. 6
临时党委书记	曹海波（兼）	1979. 6—1982. 12
	云　光	1983. 2—1983. 5
临时党委副书记	戴　铮	1981. 7—1982. 12
	郑文卿（兼）	1981. 7—1982. 12
	欧阳本先	1982. 12—1983. 2

院　长	曹海波	1979. 6—1982. 12
副院长	郑文卿	1981. 7—1982. 12
	任　时	1981. 7—1982. 12
	姜达生	1981. 7—1982. 12
	朱奇武	1982. 4—1982. 12
	张　杰	1982. 12—1983. 2
	江　平	1982. 12—1983. 2
	田　辉	1982. 12—1983. 2

中国政法大学

临时党委书记	陈　卓	1983. 2—1988. 6
	杨永林	1988. 6—1993. 3
临时党委副书记	云　光	1983. 2—1985. 6
	侯　良	1983. 10—1984. 5
	李殿勋	1984. 9—1987. 6
	宋振国	1984. 9—1987. 6
	杨　克	1985. 11—1988. 6
	何长顺	1987. 6—1993. 3
	解战原	1987. 6—1993. 3
党委书记	杨永林	1993. 3—2000. 12
党委副书记	何长顺	1993. 3—1995. 8
	解战原	1993. 3—2000. 12
	马抗美（女）	1994. 3—2000. 12
纪委书记	倪才忠	1993. 3—1995. 8
	马抗美（女）	1995. 8—2000. 12

校　长	刘复之（兼）	1983. 2—1984. 12

	邹　瑜（兼）	1984. 12—1988. 5
	江　平	1988. 6—1990. 2
	陈光中	1992. 5—1994. 3
	杨永林	1994. 3—2000. 12
常务副校长	陈光中	1990. 2—1992. 5
副校长	云　光	1983. 2—1985. 6
	余叔通	1983. 2—1983. 8
	侯　良	1983. 7—1984. 5
	江　平	1984. 9—1988. 6
	张廷斌	1984. 9—1991. 4
	甘绩华	1985. 6—1988. 6
	张晋藩	1987. 6—1994. 3
	郝双禄	1987. 6—1988. 6
	陶　髦	1987. 6—1995. 8
	陈光中	1988. 6—1990. 2
	解战原	1988. 6—1994. 3
	郭恒友	1991. 5—1995. 8
	王启富	1992. 5—2000. 12
	马抗美（女）	1994. 3—2000. 12
	赵相林	1994. 3—2000. 12
	怀效锋	1995. 8—1997. 8
	陆　炬	1995. 8—2000. 12
	魏传军	1997. 1—2000. 12
	郑　禄	1997. 1—2000. 12

中央五七艺术大学美术学院

1977 年 12 月，撤销中央五七艺术大学建制，恢复中央美术学院。

党委书记	仲秋元	1976. 10—1977. 12

党委副书记	孙慈溪	1976.10—1977.12
	张启仁	1976.10—1977.12
	原树香	1976.10—1977.9
	郭宝华（女）	1976.10—1977.9

中央美术学院

领导小组组长	朱　丹	1978.2—1979.7
领导小组副组长	白　鹰	1978.2—1979.4
	古　元	1978.2—1979.7
	陈　沛	1978.2—1979.7
党的领导小组组　长	江　丰	1979.5—1980.7
党的领导小组副组长	陈　沛	1979.5—1980.7
党委书记	陈　沛	1980.1—1983.9
	洪　波	1983.9—1984.9（代理）；1984.9—1985.12
	杨　澧	1986.1—1987.2
	盛　扬	1987.2—1991.12
	丁士中	1991.12—2000.12
党委副书记	洪　波	1980.3—1983.9
	杨　澧	1983.9—1984.9（代理）；1984.9—1986.1
	盛　扬	1984.9—1987.2
	杜　键	1987.2—1991.7
	谢　锐	1992.7—1994.4
	黄华英	1996.4—2000.12

	王宏建	1996. 4—2000. 12
纪委书记	杜　键（兼）	1987. 2—1991. 7
	谢　锐（兼）	1992. 7—1994. 4
	王宏建（兼）	1996. 4—2000. 12
院　长	江　丰	1979. 12—1982. 9
	古　元	1983. 7—1987. 2
	靳尚谊	1987. 2—2000. 12
副院长	罗工柳	1979. 8—1983. 9
	艾中信	1979. 8—1983. 9
	张启仁	1979. 8—1983. 9
	朱　丹	1979. 8—1983. 9
	古　元	1979. 8—1983. 7
	刘开渠	1979. 8—1980. 10
	侯一民	1983. 9—1987. 2
	靳尚谊	1983. 9—1987. 2
	刘勃舒	1983. 9—1987. 2
	朱乃正	1987. 2—1991. 7
	陈兆祥	1987. 6—1991. 7
	王钧广	1991. 7—1993. 10
	叶毓中	1991. 7—1996. 4
	杜　键	1991. 7—1996. 4
	丁士中	1994. 4—2000. 12
	孙为民	1996. 4—2000. 12
	王玉祥	1996. 4—2000. 12
	范迪安	1998. 6—2000. 12

中央五七艺术大学音乐学院

1977 年 12 月，撤销中央五七艺术大学建制，恢复中央音乐学院。

党委书记	赵　沨	1976. 10—1977. 11
党委副书记	关鹤童	1976. 10—1977. 11
	聂圣武	1976. 10—1977. 11
革命委员会主　任	赵　沨	1976. 10—1977. 11
革命委员会副主任	关鹤童	1976. 10—1977. 11
	聂圣武	1976. 10—1977. 11
	喻宜萱（女）	1976. 10—1977. 11
	江定仙	1976. 10—1977. 11
	王质品	1976. 10—1977. 11
临时领导小组组　长	赵　沨	1977. 11—1978. 1
临时领导小组副组长	吴祖强	1977. 11—1978. 1

中央音乐学院

领导小组组长	赵　沨	1978. 1—1980. 1
领导小组副组长	吴祖强	1978. 1—1980. 1
	叶　枫	1978. 1—不详（未到任）
党委书记	赵　沨	1979. 10—1984. 1

	方　仟	1984. 1—1984. 1
	吴祖强（代理）	1984. 1—1985. 1
	陈自明	1985. 1—1992. 7
	徐士家	1992. 7—1996. 12
	王次炤	1998. 6—2000. 12
党委副书记	吴小佩（女）	1979. 10—1980. 9
	方　程	1981. 11—1984. 1
	陈自明	1984. 1—1985. 1
	潘一飞	1985. 1—1988. 9
	徐士家	1988. 9—1992. 7
	左　因	1992. 7—1996. 2
	王次炤	1996. 12—1998. 6
	郭淑兰（女）	1996. 12—2000. 12
纪委书记	吴小佩（兼，女）	1979. 10—1980. 9
	方　程（兼）	1981. 11—1984. 1
	陈自明（兼）	1984. 1—1985. 1
	潘一飞（兼）	1985. 1—1988. 11
	徐士家（兼）	1988. 11—1992. 10
	李精玉	1992. 10—1999. 1
	郭淑兰（兼，女）	1999. 1—2000. 12

院　长	赵　沨	1980. 1—1982. 6
	吴祖强	1982. 6—1988. 9
	于润洋	1988. 9—1992. 7
	刘　霖	1992. 7—1996. 12
	王次炤	1998. 6—2000. 12
副院长	吴祖强	1980. 1—1982. 6
	王元方	1980. 1—1980. 10
	喻宜萱（女）	1980. 1—1983. 11

江定仙	1980.1—1983.11
方　仟	1980.1—1983.1
杜　利	1980.1—1980.10
王震亚	1981.6—1983.11
于润洋	1983.11—1988.9
朱同德	1983.11—1988.9
潘一飞	1988.9—1992.7
刘　霖	1988.9—1992.7
徐士家	1988.9—1992.7
左　因（兼，女）	1992.7—1996.2
王次炤	1992.7—1998.6
孔庆先	1992.7—1996.12
刘康华	1996.12—2000.12
李　续	1996.12—2000.12
陈南岗（女）	1998.6—2000.12

中央五七艺术大学戏剧学院

1978 年 12 月，撤销中央五七艺术大学建制，恢复中央戏剧学院。

党委书记	陈　播	1976.10—1978.1
党委副书记	王永德	1976.10—1978.12

革命委员会主　任	陈　播	1976.10—1978.1
革命委员会副主任	王永德	1976.10—1978.12

中央戏剧学院

1978 年初，撤销戏剧学院革命委员会，建立中央戏剧学院筹建领导小组。

筹建领导小组组　长	林默涵（兼）	1978. 2—1979. 1
筹建领导小组副组长	陈　播	1978. 2—1979. 4
	刘亚明	1978. 2—1979. 4
	李一平	1978. 2—1979. 4
党委书记	刘亚明	1980. 1—1983. 12
	牧　虹（代理）	1983. 11—1985. 11
	王永德	1987. 2—1999. 5
	刘国富	1999. 4—2000. 12
党委副书记	王永德	1978. 12—1987. 2
	李兴民	1980. 4—1982. 11
	刘立滨	1993. 6—2000. 12
	刘　波（女）	1987. 2—1993. 7
	郭福安	1990. 11—1992. 7
纪委书记	刘立滨	1993. 6—2000. 12
院　长	金　山	1979. 4—1982. 7
	徐晓钟	1983. 11—1999. 4
	王永德	1999. 4—2000. 12
副院长	牧　虹	1979. 8—1983. 11
	阮若珊（女）	1979. 8—1983. 10
	李默林	1979. 8—1985. 11

	刘运辉	1979.8—1983.10
	丁扬忠	1983.11—1992.7
	王锡平	1983.11—1992.7
	罗锦鳞	1992.7—1999.4
	何炳珠（女）	1992.7—1999.4
	徐秀明	1996.8—2000.12
	刘元声	1998.6—2000.12

北京化学纤维工学院

1978 年，北京化学纤维工学院恢复独立办学。1987 年 10 月，改扩建为北京服装学院。

党的核心小组组　长	崔焕珠（兼）	1978.12—1980.6
党的核心小组副组长	张柏桐	1978.12—1980.6
	侯希如	1978.12—1980.6
	兰　健（女）	1978.12—1980.6
复校筹备领导小组组长	崔焕珠（兼）	1978.11—1980.6
复校筹备领导小组副组长	张柏桐	1978.11—1980.6
	侯希如	1978.11—1980.6
	兰　健（女）	1978.11—1980.6
临时党委书记	韩恩业	1984.5—8
	凌侠峰	1986.12—1987.7
临时党委副书记	黎　珂（女）	1980.6—1983.12
	兰　健（女）	1980.6—1982.12

	韩恩业	1983.12—1984.5
	凌侠峰	1983.12—1986.12
党委书记	凌侠峰	1987.7—1987.10
党委副书记	王　健	1987.7—1987.10
	徐步阶	1987.9—1987.10
纪委书记	王润安	1987.7—1987.10
院　长	王叔文	1984.5—1986.12
	周亚夫	1986.12—1987.10
副院长	王增田	1978.9—1983.9
	王叔文	1980.6—1984.5
	韩恩业	1980.6—1983.12
	李善馥（女）	1980.6—1983.12
	张柏桐	1980.6—1986.12
	周亚夫	1983.12—1986.12
	刘　冲	1985.9—1987.10
	武荣瑞（女）	1986.12—1987.10
	张立昂	1987.3—1987.10

北京服装学院

党委书记	凌侠峰	1987.10—1990.11
	钟国治	1990.11—1996.10
	焦福岩	1996.10—2000.12
党委副书记	王　健	1987.10—1995.5
	徐步阶	1987.10—1989.10
	杨绍文	1994.9—2000.12
纪委书记	王润安	1987.10—1990.6； 1991.2—11

	王　健（兼）	1990.6—1991.2； 1992.7—1994.9
	王跃富（兼）	1991.12—1992.7
	杨绍文（兼）	1994.9—2000.12
院　长	周亚夫	1987.10—1992.12
	贾路桥	1992.9—11（代理）； 1992.12—1995.1
	钟国治	1995.1—1997.10
	王蕴强	1997.10—2000.12
副院长	刘　冲	1987.10—1990.8
	武荣瑞	1987.10—1991.2
	张立昂	1987.10—1991.2
	王润安	1990.6—1991.2
	王蕴强	1991.2—1997.10
	赵　亮	1991.2—1995.10
	王跃富	1994.9—1998.1
	尼跃红	1997.10—2000.12

北京冶金机电学院

1978 年 12 月，在原北京钢铁学校的基础上成立北京冶金机电学院。1979 年 1 月，党组织关系隶属于中共北京市委。1985 年 7 月，更名为北方工业大学。

党委书记	史　坚	1980.3—1983.5
	仇春霖	1983.10—1985.4
	王起祯	1985.4—7
党委副书记	仇春霖	1979.12—1983.10
	张少村	1979.12—1983.5

	黄　云（女）	1980. 3—1983. 5
	王起祯	1981. 5—1985. 4
	马玉森	1985. 4—7
纪委书记	黄　云（兼，女）	1980. 9—1983. 5
	王起祯（兼）	1983. 12—1985. 7
院　长	黄　云（女）	1980. 3—1983. 5
	仇春霖	1983. 10—1985. 7
副院长	仇春霖	1979. 12—1983. 10
	古天佑	1979. 12—1983. 5
	何泽明	1979. 12—1983. 5
	朱北平	1980. 4—1983. 5
	马玉森	1981. 9—1985. 4
	王殿儒	1983. 5—1985. 7
	李长生	1983. 5—1985. 7

北方工业大学

党委书记	王起祯	1985. 7—1992. 4
	仇春霖	1992. 4—1996. 9
	沈　愉	1996. 9—2000. 12
党委副书记	马玉森	1985. 7—1988. 7
	刘挹良	1988. 7—1990. 2； 1991. 4—1996. 9
	张景荪	1990. 2—1997. 6
	吴晚云	1998. 4—2000. 12
纪委书记	王起祯（兼）	1985. 7—1987. 10； 1990. 2—1992. 4
	马玉森（兼）	1987. 10—1988. 7

	刘挹良（兼）	1988.10—1990.2； 1992.4—1996.9
	吴晚云（兼）	1999.4—2000.12
校　长	仇春霖	1985.7—1996.9
	沈　愉	1996.9—2000.12
常务副校长	沈　愉	1995.8—1996.9
副校长	王殿儒	1985.7—1988.7
	李长生	1985.7—1999.11
	曾平荣	1987.10—1989.9
	马润津	1988.7—2000.4
	刘挹良	1990.2—1991.4
	沈　愉	1991.4—11
	王晓纯	1991.11—2000.12
	齐东旭	1996.9—2000.12
	项　进	1998.4—2000.12

北京轻工业学院

1978年11月，北京轻工业学院重建。1983年12月，党组织关系转至北京市委。1999年6月，北京轻工业学院、北京商学院合并组建北京工商大学。

党委书记	陶　冶（女）	1983.12—1984.10
	张善梅	1988.3—1990.8
	王义端	1990.8—1993.1
	陈仁敏	1993.1—1996.1
	林少岩（女）	1996.1—1999.6
党委副书记	李恩元	1982.6—1984.9
	凌晋良	1983.9—1985.7

	郑春滨	1984.9—1985.7
	张善梅	1985.7—1988.3
	穆华亭	1985.7—1988.4
	丁士堃	1988.3—1995.7
	林少岩（女）	1990.8—1991.8
	陈仁敏	1991.11—1992.3
	韩连生	1994.7—1997.3
	王仲德	1997.4—1999.6
	孙宝国	1997.4—1999.6
纪委书记	林少岩（女）	1988.3—1991.8
	丁士堃	1991.8—1995.7
	韩连生	1997.3—1999.6

院　长	李恩元	1983.12—1984.10
	夏德铃	1985.7—1988.9
	王义端	1988.9—1991.6
	陈仁敏	1991.6—1999.6
副院长	穆华亭	1982.5—1985.6
	夏德铃	1983.12—1985.7
	卢　谦	1983.9—1985.7
	张管生	1985.7—1989.3
	韩贵峰	1985.7—1991.8
	胡恩明	1990.8—1997.3
	陈京生	1991.8—1996.6
	王仲德	1994.7—1997.3
	潘邦金	1996.8—1999.6
	丛英芳	1996.8—1999.6
	孙宝国	1997.4—1999.6

北京商学院

1978年5月，北京商学院复校。1980年2月，党组织关系转至北京市委。1999年6月，北京商学院、北京轻工业学院合并组建北京工商大学。

党委书记	孙　正	1980. 11—1983. 12
	陈以恕	1983. 12—1985. 12
	张仲秋	1989. 5—1992. 10
	苏志平	1992. 10—1999. 6
党委副书记	陈　醒	1980. 2—1982. 12
	姚　澄	1984. 12—1991. 5
	张仲秋	1985. 12—1989. 5
	苏志平	1989. 5—1992. 10
	李　忠	1991. 5—1999. 6
	刘秀生	1994. 8—1997. 11
	潘伯洲	1997. 11—1999. 6
纪委书记	云　琦	1980—1982. 12
	苏志平	1991. 12—1992. 10
	刘秀生	1995. 9—1997. 11
	潘伯洲	1997. 11—1999. 6

院　长	陈　醒	1980. 2—1982. 12
	孙　正	1983. 4—12
	贺名仑	1983. 12—1991. 6
	王相钦	1992. 10—1999. 6
副院长	云　琦	1978. 8—1982. 12
	吴玉阶	1979. 2—1982. 6
	庞润林	1979. 8—1983. 12

肖景山	1981. 4—1992. 9
姚　澄	1982. 6—1991. 5
贺名仑	1982. 11—1983. 11
王福成	1982. 11—1991. 6
王相钦	1985. 9—1992. 10
苏志平	1985. 9—1992. 9
李　忠	1991. 5—1999. 6
张泽洲	1992. 3—1999. 6
刘秀生	1994. 4—1999. 6
李殿富	1994. 4—1999. 6
苗　雷	1994. 4—1997. 6
张沛工	1995. 10—1996. 10
倪志恒	1997. 6—1999. 6
谢志华	1997. 11—1999. 6

北京工商大学

1999 年 6 月，北京商学院和北京轻工业学院合并成立北京工商大学。机械工业管理干部学院并入北京工商大学。

党委书记	林少岩（女）	1999. 6—2000. 12
党委副书记	李　忠	1999. 6—2000. 12
	孙宝国	1999. 6—2000. 12
	许连明	1999. 6—2000. 12
纪委书记	许连明	1999. 6—2000. 12
校　长	苏志平	1999. 6—2000. 12
副校长	刘秀生	1999. 6—2000. 12
	潘邦金	1999. 6—2000. 12
	李殿富	1999. 6—2000. 12

	王仲德	1999.6—2000.12
	倪志恒	1999.6—2000.12

北京印刷学院

1978 年 12 月，在中央工艺美术学院印刷工艺系基础上组建北京印刷学院。

筹备领导小组组长	石　夫	1979.6—1981.6
筹备领导小组副组长	张指南	1979.6—1981.10
临时党委书记	王　里	1981.6—1986.12
党委书记	吴英禄	1986.12—1996.4
	张伯海	1996.4—1997.12
	田胜立	1997.12—2000.9
	崔文志	2000.9—2000.12
党委副书记	陆振声	1983.7—1989.12
	王吉岳	1986.5—1996.4
	周兴华	1986.11—1996.4
	陈才安	1989.4—1997.12
	牟国胜	1993.11—1997.12
	田胜立（兼）	1996.4—1997.12
	迟乃坤	1996.4—2000.12
	郑瑞君	1997.12—2000.12
纪委书记	林培山	1987.5—1989.5
	王吉岳	1989.12—1992.1（兼）； 1992.1—1996.4
	牟国胜（兼）	1996.4—1997.12

	迟乃坤（兼）	1997.12—2000.12
院　长	王　里	1981.6—1986.11
	周兴华	1986.11—1996.4
	田胜立	1996.4—2000.10
副院长	郑德琛	1981.10—1985.11
	张指南	1981.10—1985.11
	栾慧斌（女）	1981.10—1985.3
	杨　庥	1981.10—1985.11
	陆振声	1983.6—1989.11
	田怀祥	1985.3—1997.12
	张传渭	1985.3—1989.11
	谢普南	1989.4—1997.12
	李树新	1989.4—1997.12
	曹法耀	1996.4—1998.10
	蒲嘉陵	1997.12—2000.12

北京化工学院第二分院

1978年12月，建立北京化工学院第二分院。1982年12月，北京化工学院第二分院停办。

党委书记	林　源（兼）	1978.12—1980.1
院　长	张万欣（兼）	1978.12—1980.10
领导小组负责人	陈　斐（女）	1980.1—1982.12
	袁尔卓	1980.1—1982.春
	臧福录	1980.10—1982.12

北京石油化工专科学校

1978年9月，北京石油化工专科学校成立。1992年12月，在北京石油化工专科学校基础上组建北京石油化工学院。

领导小组负责人	陈　斐（女）	1980.1—1983.10
	袁尔卓	1980.1—1982.春
	臧福录	1980.10—1983.10
临时党委书记	吴　仪（兼，女）	1983.10—1985.11
	张立文（兼）	1985.11—1990.2
	刘国仁	1990.2—1991.4
	张富元	1991.4—1993.2
纪委书记	刘国仁（兼）	1990.2—1991.4
	张富元（兼）	1991.4—1993.2
校　长	臧福录	1983.10—1985.11
	张富元	1989.9—1991.4
	郁浩然	1991.4—1993.2

北京石油化工学院

党委书记	张富元	1993.2—1998.10
	孙桂大	1998.10—2000.12
党委副书记	崔玉明	1993.2—1998.10
	周　海	1998.10—2000.12
纪委书记	崔玉明（兼）	1993.2—1998.10
	周　海（兼）	1998.10—2000.12

院　长	郁浩然	1993.2—1998.10
	佟泽民	1998.10—2000.12
副院长	严庆国	1993.2—2000.12
	佟泽民	1993.2—1998.10
	徐土旺	1994.10—2000.12
	郭文莉（女）	1998.10—2000.12

北京机械工业管理学院

1981年，陕西机械学院设置北京研究生部。1986年4月，北京机械工业管理专科学校与陕西机械学院北京研究生部合并，建立北京机械工业管理学院；1990年11月，北京机械工业管理学院简化为北京机械工业学院。

党委书记	张鸣歧	1986.4—1987.6
	刘余善	1987.6—1990.11
党委副书记	谭家岫	1986.4—1990.10
纪委书记	谭家岫（兼）	1987.12—1990.10

院　长	陈　虎	1987.6—1990.11
副院长	陈　虎	1985.8—1987.6
	朱之超	1985.6—1990.11
	杜　玲（女）	1985.8—1990.11
	朱月杰	1985.9—1990.3
	王　超	1990.3—1990.11
	崔周平	1990.3—1990.11

北京机械工业学院

党委书记	刘余善	1990. 11—1991. 8
	何小林	1991. 8—1993. 3
	沙彦世	1993. 3—1995. 9
	王守法	1995. 9—2000. 12
党委副书记	钱崇越	1991. 8—1996. 1
	王守法	1993. 3—1995. 9
	高锦宏	1996. 1—2000. 12
	苏　英（女）	1998. 5—2000. 12
纪委书记	钱崇越	1991. 8—1996. 1（兼）； 1996. 1—2000. 12
院　长	陈　虎	1990. 11—1995. 9
	楼秉哲	1995. 9—1998. 4
	刘志东	1998. 4—2000. 12
副院长	朱之超	1990. 11—1991. 8
	杜　玲（女）	1990. 11—1991. 8
	王　超	1990. 11—1995. 9
	崔周平	1990. 11—1995. 9
	程少庚	1991. 3—1999. 8
	郭　莹	1993. 3—1998. 4
	高锦宏	1996. 1—2000. 12
	韩秋实	1998. 4—2000. 12
	孙毓仁	2000. 11—2000. 12

北京信息工程学院

1985 年 1 月，以原北京大学第二分校为基础改建北京信息工程学院。1996 年 12 月，北京信息工程学院、电子工业管理干部学院和北京成人电子工业学院合并，组建新的北京信息工程学院。

党委书记	马志英	1985. 8—1986. 8
	赵　威	1986. 8—1991. 8
	王适安	1991. 12—1997. 7
	赵国森	1997. 7—2000. 12
党委副书记	吴诚之	1986. 8—1991. 8
	王兰俊（女）	1991. 8—1997. 7
	裴建军	1997. 7—2000. 8
纪委书记	马志英	1986. 8—1991. 8
	吴诚之	1991. 8—1993. 1
	王兰俊（兼，女）	1993. 1—1997. 7
	赵国森（兼）	1997. 7—2000. 12
院　长	杨天行	1985. 3—1986. 8
	周锡令	1986. 8—1991. 9
	甘圣予	1991. 9—2000. 12
副院长	贾耀良	1985. 3—1989. 1
	苏东庄	1985. 3—1997. 7
	吴诚之	1985. 3—1986. 8
	王适安	1986. 6—1991. 12
	冯适常	1991. 6—1997. 7
	柴鸿斌	1992. 10—1997. 7
	尤振荣	1997. 7—1999. 2
	裴建军	1997. 7—2000. 8

	鲍礼智	1997.7—1998.12
	刘克勤	1997.7—2000.12
	翟光培（女）	1997.7—2000.12
	陈维兴	1998.12—2000.12

北京第二外国语学院

党委书记	张天恩	1976.10—1978.1
	罗　林	1978.1—1978.10
	孙　萍	1979.3—1981.2
	唐　恺	1981.2—1983.11
	雷　文（代理）	1983.9—1984.8
	李先辉	1984.8—1989.3
	洪福尔	1989.5—1991.8
	刘凤魁	1991.8—1996.8
	常殿元（兼）	1996.8—1999.12
	段建国	1999.12—2000.12
党委副书记	张天恩	1978.1—1979.2
	张万春	1976.10—1977.11
	孙　萍	1978.1—1979.3
	张书田	1976.10—1982.12
	翟良超	1976.10—1981.7
	唐　恺（兼）	1979.3—1981.2
	洪　影	1981.1—1983.1
	雷　文	1982.12—1983.9
	李先辉	1983.7—1984.8
	张道一（兼）	1983.9—1987.4
	刘全生	1984.8—1987.4
	段建国	1987.4—1999.12

	王金魁	1993. 3—2000. 12
纪委书记	翟良超（兼）	1979. 12—1981. 7
	刘全生（兼）	1986. 1—1987. 9
	洪福尔（兼）	1987. 9—1991. 8
	刘凤魁（兼）	1991. 8—1993. 3
	王金魁（兼）	1993. 3—2000. 12
院　长	唐　恺	1979. 3—1983. 9
	张道一	1983. 11—1987. 4
	韩克华（兼）	1987. 4—1989. 1
	李先辉	1989. 1—1991. 8
	常殿元	1991. 8—1999. 12
	杜　江	1999. 12—2000. 12
副院长	翟良超（兼）	1979. 1—1981. 7
	彭　平	1976. 10—1978. 8
	雷　文	1979. 1—1984. 8
	李越然	1979. 12—1987. 4
	杨炳权	1979. 12—1983. 7
	张道一	1982. 12—1983. 11
	苏　琦	1983. 7—1985. 1
	王超尘	1984. 8—1989. 5
	李先辉	1987. 4—1989. 1
	刘全生	1987. 4—1989. 5
	黄建东	1987. 4—1992. 11
	舒仲渊	1989. 5—1992. 12
	钱　炜	1992. 9—1998. 10
	段建国	1993. 7—1999. 12
	肖仁君	1993. 3—2000. 12
	杜　江	1998. 12—1999. 12,

1999.2月到任

北京物资学院

1980年3月，北京物资学院成立。

临时党委书记	卫佐民	1981.10—1983.5
临时党委副书记	张　雨	1981.12—1983.5
	申兆庆	1981.12—1983.5
党委书记	范福初（代理）	1989.9—1990.9
	阙光淮	1990.9—2000.12
党委副书记	薛　英	1983.5—1985.3
	吴兴中	1983.5—1985.3
	黄自强	1985.3—1986.4
	阙光淮	1985.3—1989.9
	张立中	1986.4—1990.9
	范锡义	1992.10—1993.10
	刘仲仁（兼，回族）	1995.6—2000.12
纪委书记	阙光淮	1985.10—1992.10
	赵占发	1992.10—1995.6
	刘仲仁（兼，回族）	1995.6—2000.12

院　长	范福初	1985.9—1992.10
	范锡义	1992.10—1993.10
	张声书	1993.10—1999.7
	陈　宏	1999.7—2000.12
副院长	薛　英	1983.5—1985.3
	黄自强	1983.5—1985.9
	郭廷举	1985.10—1989.3

	张立中	1986.4—1992.10
	张声书	1986.4—1993.10
	张国忠（满族）	1986.4—1992.10
	李凤锡	1990.9—1996.12
	陈　宏	1992.10—1999.7
	刘仲仁（回族）	1992.10—2000.12
	王之泰	1993.10—1997.11
	秦世才	1995.9—1997.11
	龚树生	1997.11—2000.12
	潘少江	1997.11—2000.12

中国音乐学院

1977年12月，撤销中央五七艺术大学建制。1980年5月，恢复中国音乐学院。

党委书记	王元方	1981.5—1983.12
	厉　声	1983.12—1991.7
	郭福安	1992.7—2000.12
党委副书记	陈玉生	1981.5—1983.12
	张玉金	1986.1—1996.4
	向福先	1990.12—1992.7
	宁先华（女）	1996.4—2000.12
纪委书记	张玉金（兼）	1987.10—1996.4
	宁先华（兼，女）	1996.4—2000.12
院　长	李　凌	1982.6—1983.11
	杜　利（代理）	1983.11—1985.9
	厉　声	1985.9—1987.2
	李西安	1987.2—1991.7

	樊祖荫	1992.7—1996.4
	金铁霖（满族）	1996.4—2000.12
副院长	王元方	1981.5—1983.11
	严　正	1981.5—1983.11
	杜　利	1981.5—1983.11
	张　权（女）	1982.6—1983.11
	蒋风之	1981.5—1983.11
	张肖虎	1981.5—1983.11
	黎英海	1983.11—1987.2
	李华瑛（女）	1983.11—1989.1
	樊祖荫	1991.7—1992.7
	刘德海	1987.2—1989.1
	谢大京	1989.1—1996.4
	王秉锐（回族）	1991.7—1996.4
	杨通八	1996.4—2000.12
	朱卓建	1996.4—2000.12

中国戏曲学院

1978年10月，经国务院批准，中国戏曲学校改制为中国戏曲学院。其前身是创建于1950年文化部戏曲实验学校，1955年定名为中国戏曲学校。

党的领导小组组　长	史若虚	1978.2—1980.4
党的领导小组副组长	任桂林	1978.2—1980.4
	李　文（女）	1978.8—1980.4
党委书记	刘亚明	1983.10—1986.8
	俞　琳（代理）	1986.8—1987.2

	孙松林	1988. 4—1996. 4
	刘胜利	1996. 4—1996. 7
	杜长胜	1998. 12—2000. 12
党委副书记	李　文（女）	1979. 8—1983. 10
	王弼萱（女）	1980. 4—1987. 2
	葛士良	1986. 5—1991. 7
	孙松林	1987. 2—1988. 4
	刘胜利	1991. 7—1996. 4
	杜长胜	1996. 7—1998. 12
	贺　岩（女）	1996. 4—2000. 12
	刘　迈（女）	1996. 7—2000. 12
纪委书记	李　文（兼，女）	1980. 7—1984. 4
	刘亚明（兼）	1984. 4—1987. 7
	孙松利（兼）	1987. 7—1996. 4
	刘胜利（兼）	1996. 4—7
	刘　迈（兼，女）	1996. 7—2000. 1
	贺　岩（兼，女）	2000. 1—12
院　长	史若虚	1980. 1—1983. 7
	王荣增（代理）	1983. 10—1983. 11； 1983. 11—1986. 8
	俞　琳	1986. 8—1989. 3
	朱文相	1991. 4—1996. 4
	周育德	1996. 4—2000. 12
常务副院长	苏　移	1992. 1—1993. 10
副院长	苏　移	1991. 7—1992. 1
	任桂林	1979. 8—1980. 9
	张君秋	1979. 8—1983. 10
	李紫贵	1979. 8—1983. 10

	荀令香	1979.8—1983.10
	张　琨	1979.8—1983.10
	马名群（回族）	1983.10—1987.2
	孔祥昌	1984.4—1988.6
	朱文相	1987.2—1991.4
	曹宝荣（女）	1989.5—1996.4
	钮　骠	1991.7—1994.4
	贯　涌	1991.7—1996.4
	刘胜利（兼）	1994.4—1996.4
	赵景勃	1996.4—2000.12
	王振文	1996.4—2000.12
	刘　迈（兼，女）	1999.12—2000.1

北京电影学院

1977年11，撤销中央五七艺术大学建制，恢复北京电影学院。

领导小组组长	任　杰	1976.10—1978.3
	王阑西	1978.3—1980.1
领导小组副组长	刘文清（军代表）	1976.10—1978.3
	卢　梦	1978.3—1980.7
	钟敬之	1978.3—1979.3
	申　伸（女）	1978.3—1980.7
党委书记	卢　梦	1980.1—1983.10
	孙月枝（女）	1983.10—1991.8
	王凤生	1991.8—2000.12
党委副书记	申　伸（女）	1979.12—1982.11
	石毓钧	1980.8—1988.7
	郝维平	1991.8—1995.8

	刘国典	1993. 3—1997. 1
	陈宇锴	1997. 1—2000. 12
	张五洲	1995. 8—2000. 12
纪委书记	石毓钧	1983. 12—1988. 7
	孙月枝（女）	1988. 7—1992. 6
	郝维平	1992. 6—1997. 7
	张五洲（兼）	1997. 7—2000. 12
院　长	成　荫	1980. 1—1983. 7
	沈嵩生	1983. 7—1992. 11
	刘国典	1992. 12—1997. 1
	王凤生	1997. 1—2000. 12
副院长	罗光达	1979. 8—1983. 12
	赵　明	1979. 7—1983. 10
	李　牧	1979. 8—1982. 11
	张　客	1979. 12—1983. 3
	孙月枝（女）	1981. 11—1983. 10
	谢　飞	1981. 11—1988. 5
	孟海峰	1983. 7—1988. 5
	王伟国	1988. 5—1997. 1
	李　宁	1988. 5—1992. 6
	何宝通	1988. 5—1991. 8
	宋洪荣	1991. 8—1993. 5
	倪少康	1994. 7—1999. 7
	张会军	1996. 9—2000. 12
	侯克明	1996. 9—2000. 12
	陈宇锴	1997. 1—2000. 12
	刘　波	2000. 11—2000. 12

北京舞蹈学院

1978 年 10 月，北京舞蹈学院正式成立。1980 年，党的组织关系转到中共北京市委。

党委书记	王　光	1980. 5—1985. 11
	吕艺生	1985. 11—1987. 2
	魏德俊	1988. 4—1996. 4
	王国宾	1996. 4—2000. 12
党委副书记	杨凤竹	1980. 5—1983. 12
	魏德俊	1987. 3—1988. 4
	陆泽群（女）	1984. 4—1993. 4
	谷长江	1992. 6—1994. 10
	王钧广	1993. 7—1996. 12
	邓一江	1997. 4—2000. 12
纪委书记	杨凤竹	1980. 5—1983. 12
	陆泽群（女）	1984. 4—1993. 4
	谷长江	1993. 6—1994. 10
	魏德俊	1994. 10—1996. 4
	邓一江	1997. 4—2000. 12

院　长	陈锦清（女）	1978. 11—1983. 12
	李正一	1983. 12—1987. 2
	吕艺生	1987. 2—1996. 4
副院长	贾作光	1978. 11—1983. 12
	李正一（女）	1978. 11—1983. 12
	郑维荣	1978. 11—1983. 12
	杨凤竹	1983. 12—1987. 9
	吕艺生	1985. 2—1987. 2

	许定中	1987.2—1992.4
	黄振炎	1987.2—1992.8
	熊家泰	1992.4—2000.12
	王国宾	1992.4—1996.4
	王钧广（兼）	1993.5—1996.12
	于　平	1996.4—2000.12
	余逊明	1996.12—2000.12

北京工业大学

党委书记	秦　川	1976.10—1978.1
	张青季	1978.1—1980.8
	徐　伟	1980.8—1985.1
	郭德远	1985.1—1988.12
	周宣诚	1988.12—1996.10
	蔡少甫	1996.10—1998.7
	孙崇正	1998.7—2000.12
党委副书记	尹凤翔	1976.10—1982.6
	许　静	1976.10—1977.10
	董济民	1976.10—1982.12
	陈国祥	1976.10—1977.10
	徐　伟	1978.1—1980.8
	郭德远	1979.11—1985.1
	樊恭烋	1980.8—1985.4
	李月光	1983.6—1987.2
	朱天麟	1984.11—1994.11
	韩铁城	1987.4—1991.3
	吴方俊	1990.9—1992.10
	殷品福	1991.4—1992.10

	李荣发	1992.8—1998.7
	周大森	1992.8—1997.8
	王春福	1993.2—1995.3
	荣　华（女）	1994.1—1997.8
	冯　培	1994.10—2000.12
	孙崇正	1997.3—1998.7
	李昭玲（女）	1998.7—2000.12
纪委书记	董济民	1981.1—1985.4
	李月光	1985.7—1987.2
	殷品福	1987.11—1992.10
	朱天麟	1992.8—1994.11
	刘保顺	1995.3—2000.12

校　长	秦　川	1976.10—1978.1
	张青季	1978.1—1980.8
	徐　伟	1980.8—1983.6
	樊恭烋	1983.6—1986.10
	王　浒	1986.10—1992.5
	蔡少甫	1992.5—1996.9
	左铁镛	1996.9—2000.12
副校长	许　静	1976.10—1977.10
	尹凤翔	1976.10—1982.6
	樊恭烋	1976.10—1983.6
	陆钦仪	1976.10—1979.5
	潘新元	1976.10—1977.10
	徐　伟	1978.1—1980.8
	马映泉（回族）	1978.7—1982.9
	陈明绍	1979.11—1998.6
	刘广钰	1979.11—1981.12

	周宣诚	1980.11—1989.4
	王　浒	1980.11—1986.10
	回登昌（回族）	1983.6—1990.11
	蔡少甫	1986.8—1992.5
	朱天麟	1989.2—1994.12
	王以铭（回族）	1989.4—1992.10
	夏鸿文	1990.11—1994.2
	沈亦鸣	1991.6—1997.10
	李世伟	1991.6—1997.10
	肖春林	1993.3—1995.4
	沈兰荪	1993.10—1998.9
	巩中华	1994.2—2000.4
	周大森	1997.10—2000.12
	荣　华（女）	1997.10—1998.5
	程　静	1997.10—2000.12
	刘小明	2000.4—2000.12
	颜念祖	2000.9—2000.12

北京工业大学第二分校

1978 年 12 月，北京工业大学第二分校成立。1985 年 3 月，更名为北京计算机学院。

临时党委书记	冯　诚	1982.8—1983.6
党委书记	冯　诚	1983.6—1985.3
	曹晓文	1991.1—1985.3
	孙文凯	1983.6—1985.3

校　长	胡世华（兼）	1979.5—1985.3
副校长	张天泰	1982.8—1985.3

	吴文达（兼）	1982.8—1985.1
	常世民	1983.6—1985.3
	林进祥	1984.6—1985.3

北京计算机学院

1993年4月，北京计算机学院并入北京工业大学。

党委书记	冯　诚	1985.3—1988.2
	曹晓文	1985.3—1993.4
党委副书记	孙文凯	1985.3—1986.9
	王春福	1986.10—1993.4
	陈炳和	1988.2—1993.4
	孔祥铭	1988.9—1993.4
	张　铃	1992.5—1993.4
纪委书记	王春福	1986.12—1993.4
院　长	胡世华（兼）	1985.3—1985.11
	洪加威	1985.11—1991.8
副院长	张天泰	1985.3—1985.4
	常世民	1985.3—1988.10
	林进祥	1985.3—1988.9
	林定基	1985.7—1987.11
	孔祥铭	1987.11—1993.4
	肖春林	1988.9—1993.4
	陈炳和	1988.9—1993.4

北京师范学院

职务	姓名	任职时间
革命委员会主　任	崔耀先	1976. 10—1978. 7
革命委员会副主任	马　驰	1976. 10—1978. 7
	刘寿彭	1976. 10—1978. 7
	刘　孜	1978. 1—7
	薛成业	1976. 10—1978. 7
党委书记	崔耀先	1977. 7—1983. 6
	何　钊（女）	1983. 6—1988. 1
	林培黎	1988. 1—1992. 6
党委副书记	崔耀先	1976. 10—1977. 7
	马　驰	1976. 10—1980. 12
	高　琛（军宣队）	1976. 10—1978. 7
	刘寿彭	1977. 7—1981. 6
	刘　孜	1978. 1—1983. 12
	施宗恕	1978. 7—1983. 12
	何　钊（女）	1982. 10—1983. 6
	高志忠	1983. 6—1984. 9
	仓孝和	1983. 7—1984. 7
	林培黎	1984. 7—1988. 1
	熊家华	1984. 7—1991. 7
	朱全俊	1988. 3—1992. 6
	王　伟（天津市）	1992. 2—1992. 6
纪委书记	崔耀先	1979. 10—1981. 1
	施宗恕	1981. 1—1983. 9

	熊家华	1984.9—1986.2； 1988.12—1991.7
	宋文茂	1986.2—1988.12
院　长	崔耀先	1978.7—1983.6
	仓孝和	1983.6—1984.5
	杨传纬	1984.7—1989.9
	齐世荣	1989.9—1992.6
副院长	薛成业	1978.7—9
	刘寿彭	1978.7—1981.6
	马　驰	1978.7—1982.10
	刘　孜	1978.7—1983.12
	刘国盈	1979.11—1987.2
	梅向明	1981.6—1990.3
	王　克（女）	1983.7—1984.9
	高志忠	1984.9—1990.12
	漆緒邦	1987.2—1990.3
	张泽膏	1989.9—1992.6
	于善瑞（女）	1990.11—1992.5
	赵振东	1990.12—1992.6
	杨学礼	1990.12—1992.6

北京师范学院分院

1978年2月，北京师范学院分院成立。1992年6月，整建制划入北京师范学院。

党委书记	张印斗	1978.4—1988.10
党委副书记	孙德全（女）	1978.4—1986.11
	陈　非	1986.1—1990.2

	赖登铎	1988.10—1992.2
	李　因	1991.7—1992.6
	李文松（女）	1992.2—6
院　长	张印斗	1978.4—1986.2
	李世新	1986.2—1992.6
副院长	于泽禾	1978.4—1986.2
	赵明榛（女）	1978.4—1979
	高　粛（回族）	1980.12—1986.2
	吴纯性	1981.12—1982（未到任）
	温绍堃	1986.2—1992.6
	郭双库	1986.2—1992.6

首都师范大学

1992 年 6 月，北京师范学院分院整建制划入北京师范学院，北京师范学院更名为首都师范大学。1993 年 4 月，北京联合大学外语师范学院正式并入首都师范大学。

党委书记	林培黎	1992.6—1993.4
	于　洸	1993.4—1997.8
	牛继升	1997.8—2000.12
党委副书记	朱全俊	1992.6—1993.8
	王　伟（天津市）	1992.6—1993.4
	李文松（女）	1992.6—1994.7
	夏　强	1993.3—12
	李　因	1993.3—1994.12
	赵会民	1994.12—2000.12
	张　雪（女）	1994.7—2000.12
	张建东	1995.12—2000.10

纪委书记	李文松（女）	1994.6—1997.3
	赵会民	1997.4—1999.1
	詹新泽	1999.1—2000.12
校　长	齐世荣	1992.6—1993.5
	林培黎	1993.5—1997.10
	杨学礼	1997.10—2000.12
副校长	张泽膏	1992.6—1998.9
	李世新	1992.6—1999.3
	杨学礼	1992.6—1997.10
	赵振东	1992.6—10
	孟庆夔	1993.3—1998.5
	王　伟（天津市）	1993.4—1994.8
	李　因	1995.1—2000.12
	刘利民	1998.9—2000.12
	刘新成	1998.9—2000.12

北京建筑工程学院

1977 年 7 月，北京建筑工程学校改建成立北京建筑工程学院。

临时党委书记	张启功	1980.6—1982.6
	尹凤翔	1982.6—1984.2
临时党委副书记	许京骐	1980.6—1984.2.
	周立人	1980.6—1983.12
	郭　迪	1980.6—1983.12
	王麟春	1981.10—1984.2
党委书记	尹凤祥	1984.2—1986.2
	许　秀	1986.2—1991.11

	邵震豪	1991. 11—1992. 6
	叶书明	1993. 4—1995. 12
	王保东	1995. 12—2000. 12
党委副书记	王麟春	1984. 2—1986. 9
	彭正林	1985. 5—1991. 3
	孔庆平	1991. 3—1995. 12
	吴淑荣（女）	1991. 3—2000. 12
	叶书明	1992. 6—1993. 4
	王保东	1994. 10—1995. 12
	张　凡（女）	1994. 10—2000. 12
纪委书记	金　舜（兼）	1980. 6—1986. 8
	彭正林（兼）	1986. 8—1989. 11
	刘克温	1989. 11—1991. 11
	孔庆平（兼）	1991. 11—1995. 12
	张　凡（兼，女）	1995. 12—2000. 12
院　长	许京骐	1980. 6—1984. 2
	王浚国	1984. 2—1988. 12
	邵震豪	1988. 12—1994. 12
	叶书明	1994. 12—2000. 4
副院长	许京骐	1979. 2—1980. 6
	查海波	1979. 2—1983. 12
	张若平	1979. 2—1982. 12
	金　舜	1979. 2—1987. 12
	樊振武	1979. 6—1982. 12
	王浚国	1981. 6—1984. 2
	刘传瑛	1982. 4—1986. 11
	王镇西	1981. 6—1991. 4
	彭正林	1986. 9—1998. 6

	邵震豪	1985.1—1988.12
	胡　昱	1991.4—2000.12
	吴淑荣（女）	1995.8—2000.12
	王贵祥	1997.6—2000.8
	裴立德	1998.5—2000.12

北京第二医学院

1985年8月，北京第二医学院更名为首都医学院。

革命委员会主　任	徐宏九	1976.10—1978.7
革命委员会副主任	王新春	1976.10—1978.7
	徐宝荣	1976.10—1978.7
	袁立人	1976.10—1978.7
	吴之汉	1976.10—1978.7
	杨　舟	1976.10—1978.7
	郭秀阁	1976.10—1978.7

党委书记	王新春	1976.10—1985.8
党委副书记	侯寓初（女）	1976.10—1980.11
	马振年	1976.10—1980.11
	徐宏九	1976.10—1983.12
	王曾涛	1978.7—1983.12
	周沛然	1978.7—1982.12
	陈应谦	1980.8—1984.2
	谢世昌	1984.4—1985.8
	杜金香（女）	1985.3—8
纪委书记	王曾涛	1980.11—1983.12

院　长	戴士铭（代理）	1978. 7—1980. 8
	陈应谦	1980. 8—1984. 2
	李光弼	1984. 4—1985. 8
副院长	姜　云	1978. 7—1981. 5
	吴之汉	1978. 7—1981. 6
	杨　舟	1978. 7—1981. 12
	李光弼	1979. 6—1984. 4
	王　良	1981. 2—1984. 4
	应　一	1984. 4—1985. 8
	翟培林	1984. 4—1985. 8
	李丽俐（女）	1984. 4—1992. 6

首都医学院

1994 年 2 月，首都医学院更名为首都医科大学。

党委书记	王新春	1985. 8—10
	杜金香（女）	1985. 10—1994. 2
党委副书记	杜金香（女）	1985. 8—10
	谢世昌	1985. 8—1991. 4
	赵秉昊	1986. 11—1994. 2
	齐翔安（女）	1991. 4—1993. 12
	刘聪敏（女）	1993. 12—1994. 2
纪委书记	谢世昌	1985. 10—1991. 4
	陈　嬿（女）	1991. 4—1992. 5
	李丽俐（女）	1992. 5—1993. 5
	夏启芬	1993. 5—1994. 2
院　长	李光弼	1985. 8—10

	徐群渊	1985.10—1994.2
	杜金香（代理，女）	1986.7—1988.6
副院长	林瑞海	1990.10—1994.2
	崔友庆	1991.8—1994.2
	陈　嬿（女）	1992.6—1994.2
	应　一	1985.8—1986.7
	翟培林	1985.8—1990.10

首都医科大学

党委书记	杜金香（女）	1994.2—2000.12
党委副书记	赵秉昊	1994.2—1995.10
	刘聪敏（女）	1994.2—2000.12
	闫拓时	1994.10—1999.3
纪委书记	夏启芬	1994.2—2000.12

校　长	徐群渊	1994.2—2000.12
副校长	林瑞海	1994.2—2000.12
	崔友庆	1994.2—1995.11
	陈　嬿（女）	1994.2—2000.12
	王玉慧（女）	1994.5—2000.12

北京医学高等专科学校

1993年6月，升格成副局级单位。

党委书记	王占鳌	1994.6—1998.11
	王道瑞	1998.11—2000.12

校　长	宋　新	1994.6—2000.12

北京经济学院

职务	姓名	任职时间
党的领导小组组　长	卫佐民（代理）	1976.10—1978.1
	赵化风	1978.1—1981.9
党的领导小组副组长	卫佐民	1978.1—1981.9
	刘凤岐	1978.1—1981.9
	胡林昀	1978.1—4
	孙仲鸣	1978.1—1981.9
临时党委书记	赵化风	1981.9—1984.8
临时党委副书记	孙仲鸣	1981.9—1984.8
	袁永熙	1981.12—1983.6
	周　健	1981.9—1982.12
	吕桓甲	1983.5—1984.8
	赵通亨	1981.9—1982.12
党委书记	吕桓甲	1984.8—1992.10
	张理泉	1992.10—1994.4
党委副书记	金德珍（女）	1984.8—1985.2
	谢子民	1984.8—1987.10
	宋丽兰（女）	1985.5—1994.4
	张理泉	1990.11—1992.10
纪委书记	宋丽兰（女）	1985.5—1993.5
	邵士林	1993.5—1994.4

院　长	袁永熙	1983. 6—1984. 8
	谢锡迎	1984. 8—1986. 6
	于　涤	1986. 10—1994. 4
副院长	刘凤岐	1981. 9—1982. 12
	于宝民	1981. 9—1984. 8
	崔晓涛	1981. 9—1982. 12
	孙仲鸣	1981. 9—1984. 8
	袁永熙	1981. 12—1983. 6
	于　涤	1984. 8—1986. 10
	臧吉昌	1984. 8—1994. 4
	姜汝珍	1986. 8—1993. 12
	徐长新	1988. 7—1994. 4
	姜忠波	1993. 7—1994. 4
	宋丽兰（女）	1989. 1—1994. 4

北京财贸学院

1978 年 10 月，北京财贸学院成立。

党委书记	杨用之	1979. 6—1980. 9
	李洪涛	1980. 9—1984. 4
	陈日新	1985. 1—1994. 4
党委副书记	李洪涛	1979. 6—1980. 9
	赵德芳	1979. 6—1984. 4
	陈日新	1984. 4—1985. 1
	李绍琴（女）	1984. 4—1991. 3
	曲德森	1991. 3—1994. 4
	马博宣	1992. 6—1994. 4
	赵德芳	1981. 3—1984. 4
	李绍琴（女）	1985. 5—1991. 3

纪委书记	赵德芳	1981. 3—1984. 4
	李绍琴（女）	1985. 5—1994. 4
院　长	李洪涛	1979. 6—1984. 4
	蒋哲夫	1984. 4—1992. 8
副院长	赵德芳	1979. 6—1984. 4
	贾桂峰	1980. 11—1982. 12
	董德江	1979. 6—1984. 4
	蒋哲夫	1979. 6—1984. 4
	董久昌	1980. 11—1988. 3
	高润生	1984. 4—1987. 10
	张六琥	1984. 12—1994. 4
	杜保盈	1987. 10—1994. 3
	曲德森	1991. 6—1994. 4

北京经贸大学（筹）

1994 年 3 月，北京经济学院与北京财贸学院合并，成立北京经贸大学（筹）。

党委书记	马博宣	1994. 4—1995. 6
党委副书记	宋丽兰（女）	1994. 4—1995. 6
	曲德森	1994. 4—1995. 6
	马　常	1994. 4—1995. 6
纪委书记	李绍琴（女）	1994. 4—1995. 6
校　长	张理泉	1994. 5—1995. 6
副校长	张六琥	1994. 5—1995. 6
	臧吉昌	1994. 5—1995. 6
	姜忠波	1994. 5—1995. 6

	曲德森	1994. 5—1995. 6
	冯　虹	1994. 8—1995. 6

首都经济贸易大学

1995 年 3 月，以原北京经济学院与原北京财贸学院合并的北京经贸大学（筹），组建并正式定名为首都经济贸易大学。

党委书记	马博宣	1995. 6—2000. 12
党委副书记	宋丽兰（女）	1995. 6—1996. 12
	曲德森	1995. 6—2000. 12
	马　常	1995. 6—2000. 12
	文　魁（回族）	1998. 8—2000. 12
纪委书记	李绍琴（女）	1995. 6—1999. 2
	文　魁（回族）	1999. 2—12
	李致和	1999. 12—2000. 12

校　长	张理泉	1995. 6—2000. 12
副校长	张六琥	1995. 6—1998. 9
	臧吉昌	1995. 6—1996. 8
	姜忠波	1995. 6—2000. 12
	曲德森	1995. 6—2000. 12
	冯　虹	1995. 6—2000. 12
	郑海航	1998. 9—2000. 12

北京体育师范学院

1979 年 6 月，北京体育师范学院恢复办学。2000 年 5 月，更名为首都体育学院。

临时党委书记	林毅忠	1980.6—1984.10
临时党委副书记	华　忻（满族）	1984.8—1985.3
党委书记	华　忻（满族）	1985.3—1991.7
	赵振东	1995.4—1999.4
	张来芬（女）	1999.4—2000.5
党委副书记	刘世力	1987.7—1994.3
	詹仲富	1992.9—2000.5
	赵振东	1994.3—1995.4
	李鸿江	1994.3—1999.4
	闫拓时	1999.4—2000.5
纪委书记	侯保国（女）	1988.5—1992.6
	詹仲富（兼）	1992.9—2000.5
院　长	林毅忠（兼）	1980.6—1984.10
	孙民治	1984.10—1999.4
	孙康林	1999.4—2000.5
副院长	古奇踪	1980.6—1985.10
	杨　惠	1980.6—1983.12
	孙民治	1982.7—1984.10
	王　克（女）	1984.9—1992.9
	于　钢	1985.11—1991.6
	詹仲富	1991.2—1992.9
	杜　俐（女）	1991.6—1999.4
	赵振东	1992.10—1994.3
	李颖川	1994.11—2000.5
	李鸿江	1999.4—2000.5
	王秀卿	1999.6—2000.5

首都体育学院

党委书记	张来芬（女）	2000.5—12
党委副书记	詹仲富	2000.5—12
	闫拓时	2000.5—12
纪委书记	詹仲富（兼）	2000.5—12
院　长	孙康林	2000.5—12
副院长	李颖川	2000.5—12
	李鸿江	2000.5—12
	王秀卿	2000.5—12

北京农学院

1978年9月，北京农学院在被撤销的北京农业劳动大学基础上筹建。1979年2月，北京农学院正式成立。

筹备小组负责人	袁勉之	1978.7—1979.11
党委书记	潘桂山	1979.11—1984.7
	张　挺	1985.3—1993.4
	曹晓文	1993.4—1995.2
	孙尧东	2000.11—12
党委副书记	杨　舟	1981.10—1984.8； 1985.3—1986.4
	葛守勤	1981.10—1984.8
	贺　林	1981.12—1984.8
	张　挺	1984.8—1985.3

	肖景贤	1985. 3—1991. 6
	王淑贞（女，北京）	1991. 6—2000. 9
	刘冀平（女）	1991. 11—2000. 12
	孙毓仁	1997. 3—2000. 9
	罗维忠	2000. 9—12
纪委书记	张　挺（兼）	1985. 1—1987. 9
	肖景贤（兼）	1987. 9—1991. 6
	王淑贞（兼,女,北京）	1991. 6—2000. 9
	罗维忠（兼）	2000. 9—2000. 12
院　长	杨　舟	1982. 1—1986. 4
	乔柏年	1987. 7—1993. 3
	门常平	1993. 3—2000. 11
	孙尧东	2000. 11—12
副院长	曲泽洲	1981. 10—1984. 9
	鄂新民	1981. 10—1984. 9
	贺　林	1981. 12—1984. 9
	袁勉之	1979. 11—1982. 4
	乔柏年	1984. 3—1987. 7
	门常平	1984. 8—1993. 3
	何启谦	1988. 2—1991. 3
	刘基厚	1988. 2—1991. 5
	王有年	1992. 5—2000. 12
	段胜民	1992. 5—1997. 5
	王　伟（山东胶南）	1994. 11—2000. 12
	王淑贞（女，北京）	2000. 11—12

北京青年政治学院

1986 年 9 月，北京青年政治学院成立。

临时党委书记	蒋效愚	1987. 2—1991. 9
党委书记	徐天民（兼）	1991. 9—1994. 11
	朱天麟	1994. 11—2000. 12
党委副书记	马宪平	1988. 3—1997. 1
	常林瑞	1993. 6—1998. 8
	时　龙	1997. 1—2000. 12
	李红捷	1999. 6—2000. 12
纪委书记	常林瑞（兼）	1993. 6—1998. 8
	时　龙（兼）	1998. 8—2000. 12

院　长	周之良（兼）	1988. 4—1991. 11
	徐天民（兼）	1991. 11—1994. 12
常务副院长	蒋效愚（兼）	1987. 8—1991. 9
副院长	王殿卿	1991. 6—1997. 1
	马宪平（兼）	1992. 8—1997. 4
	刘　伟（兼）	1992. 8—1996. 6
	朱生利	1994. 10—2000. 12
	王　宁（兼）	1996. 6—2000. 3
	魏续臻	1996. 6—2000. 12
	时　龙（兼）	1997. 4—2000. 12

清华大学第一分校

1978 年 12 月，清华大学第一分校成立。1982 年 12 月，与清华大学二分校合并，更名为清华大学分校。

领导小组负责人	孙　涛	1978. 11—1980. 11
党委副书记	孙　涛	1980. 11—1982. 8
副校长	何作涛	1980. 11—1982. 8

清华大学第二分校

1978 年 12 月，清华大学第二分校成立。1982 年 12 月，与清华大学一分校合并，更名为清华大学分校。

临时领导小组负责人	马乐情	1978. 11—1980. 3
	郭　霖	1980. 3—11
党委副书记	郭　霖	1980. 11—1982. 8

清华大学分校

1982 年 12 月，清华大学一分校与清华大学二分校合并为清华大学分校。1985 年 3 月，北京联合大学成立，清华大学分校更名为北京联合大学自动化工程学院。

党委书记	郭　霖	1982. 8—1985. 3
党委副书记	何作涛（兼）	1982. 8—1985. 1
	关兆兰（女）	1983. 5—1985. 3
校　长	何作涛	1982. 8—1985. 1
	罗　林（女）	1985. 1—3

副校长	罗　林（女）	1984. 9—1985. 1
	顾理昌	1982. 12—1985. 3
	谭浩强	1985. 1—3
	裴　珉	1985. 1—3

北京邮电学院分院

1978 年 12 月，北京邮电学院分院成立。1985 年 3 月，北京联合大学成立，北京邮电学院分院更名为北京联合大学电子工程学院。

负责人	丁龙潜	1978. 11—1980. 11
临时党委书记	丁龙潜	1980. 11—1985. 3
临时党委副书记	胡勋申	1980. 11—1983. 1
	李煌果	1982. 2—1983. 4
	王立江	1984. 11—1985. 3
副院长	王立江	1980. 11—1984. 11
	朱平洋	1981. 9—1985. 3
	孙文平	1984. 9—1985. 3

北京工业学院二分院

1982 年 12 月，并入邮电学院分院。

材料不详。

北京航空学院一分院

1978 年 12 月，北京航空学院一分院成立。1982 年 12 月，与北京航空学院二分院合并为北京航空学院分院。

领导小组负责人	夏 阳	1978.12—1982.12

北京航空学院二分院

1978 年 12 月，北京航空学院二分院成立。1982 年 12 月，与北京航空学院一分院合并为北京航空学院分院。

领导小组负责人	张奇生	1978.12—1982.12

北京第二医学院第一分院

1978 年 12 月，北京第二医学院第一分院成立。1983 年 12 月，并入北京航空学院分院。

党委书记	张昌黎	1978.12—1983.12

北京师范学院第二分院

1978 年 12 月，北京师范学院第二分院成立。1983 年 12 月，并入北京航空学院分院。

党委书记	高 平	1978.12—1983.12

北京航空学院分院

1985 年 3 月，北京联合大学成立，北京航空学院分院更名为北京联合大学轻工工程学院。

党委书记	夏 阳	1982.12—1983.12
	焦定禄（代理）	1983.12—1985.3

副书记	焦定禄	1982.12—1983.12
	白炳琦	1985.2—3
院　长	张锡圣	1982.12—1985.3
副院长	张继堂	1982.12—1983.12
	韩银铸	1982.12—1983.12

北京工业大学一分校

1978年12月，北京工业大学一分校成立。1985年3月，北京联合大学成立，北京工业大学一分校更名为北京联合大学机械工程学院。

临时领导小组组　长	袁永厚	1978.12—1980.3
	郅文林	1980.3—1984.10
临时领导小组副组长	陈仁高	1978.12—1984.10
党委书记	刘　茵	1984.10—1986.8
党委副书记	方志来	1984.10—1985.3
校　长	陈仁高	1984.10—1985.3
副校长	刘殿义	1984.10—1985.3
	张林葳	1984.10—1985.3

北京大学第一分校

1978年12月，北京大学第一分校成立。1982年12月，更名为北京大学分校。

领导小组组长	胡聚长	1978.10—1980.12

临时党委书记	胡聚长	1980. 12—1982. 12
校　长	尹企卓	1980. 12—1981. 1

北京大学分校

1985 年 3 月，北京联合大学成立，北京大学分校更名北京联合大学文理学院。

临时党委书　记	胡聚长	1982. 12—1983. 7
党委书记	胡聚长	1983. 7—1985. 3
党委副书记	曹芝圃	1983. 7—1985. 3
校　长	李　椿	1983. 7—1985. 3
副校长	贾世起	1983. 7—1985. 3
	吴代封	1983. 7—1985. 3
	彭幼华	1983. 5—1984. 12

中国人民大学第一分校

1978 年 12 月，中国人民大学第一分校成立。1985 年 3 月，北京联合大学成立，中国人民大学第一分校更名为北京联合大学经济管理学院。

临时党委书记	孙乃东	1980. 11—1984. 10
临时党委副书记	李德良	1980. 11—1984. 10
	余　进	1984. 1—10
党委书记	余　进	1984. 10—1985. 3
党委副书记	李德良	1984. 10—1984. 11

	祝文霞	1984.10—1985.3
纪委书记	白永君	1984.10—1985.3
	胡春山	1987.3—1985.3
校　长	李德良	1984.11—1985.3
副校长	张　林	1984.1—1985.3
	常学增	1984.1—1985.3

中国人民大学第二分校

1978年12月，中国人民大学第二分校成立。1985年3月，北京联合大学成立，中国人民大学第二分校更名为北京联合大学文法学院。

领导小组组长	顾　炎	1978.12—1980.11
临时党委书记	顾　炎	1980.11—1984.8
临时党委副书记	刘正业	1980.11—1984.8
党委书记	于云岭	1984.8—1985.3
党委副书记	孟　波	1981.5—1984.8
校　长	许崇德	1984.8—1985.3
副校长	刘正业	1980.11—1984.8
	毕可洲	1984.8—1985.3
	张汝楫	1984.3—1985.3
	邹家炜	1984.8—1985.3

北京工业学院第一分院

1978年12月，北京工业学院第一分院成立。1982年12月，更名为北京工业学院分院。

领导小组组长	李　昭（兼）	1978.12—1983.1
副院长	杨光世	1981.4—1982.12

北京工业学院分院

1985 年 3 月，北京联合大学成立，北京工业学院分院更名为北京联合大学纺织工程学院。

党委书记	程槐卿	1983.1—1984.9
	邱嗣法	1984.9—1985.3
院　长	杨光世	1983.1—1985.3
副院长	杨光世	1982.12—1983.1

北京师范大学第一分校

1978 年 12 月，北京师范大学第一分校成立。1982 年 12 月，北京师范大学第一分校与北京师范大学第二分校合并，更名为北京师范大学分校。

领导小组组长	陈之光	1978.11—1980.4
	赵　先	1979.11—1982.12

北京师范大学第二分校

1978 年 12 月，北京师范大学第二分校成立。1982 年 12 月，北京师范大学第二分校与北京师范大学第一分校合并，更名为北京师范大学分校。

领导小组组长	冀　民	1978. 11—1983. 8

北京师范大学分校

1985 年 3 月，北京联合大学成立，北京师范大学分校更名为北京联合大学职业技术师范学院。

领导小组组长	赵　先	1982. 12—1985. 12
领导小组副组长	冀　民	1982. 12—1983. 12
党委书记	李式蕙	1984. 12—1985. 3
党委副书记	李式蕙	1984. 8—12
	尹金翔	1984. 12—1985. 3
校　长	孙　煜	1984. 12—1985. 3
副校长	孙　煜	1984. 1—12
	全国华	1984. 12—1985. 3
	李继续	1984. 12—1985. 3

北京第二外国语学院分校

1978 年 12 月，北京第二外国语学院分校成立。1985 年 3 月，北京联合大学成立，北京第二外国语学院分校更名为北京联合大学旅游学院。

党委书记	陈苏光	1978. 12—1982. 12
党委副书记	黄天平	1982. 2—1985. 3
	张奇生	1983. 1—1985. 3
校　长	张忠实	1982. 12—1985. 3

副校长	王　立	1982.12—1984.12
	王慕曾（回族）	1984.4—1985.3
	王景荣	1984.12—1985.3
	黄天平	1982.2—1985.3

北京化工学院第一分院

1978 年 12 月，北京化工学院第一分院成立。1983 年 4 月，更名为北京化工学院分院。

领导小组负责人	赵庆合	1978.12—1983.3
院　长	高致民	1983.3—4
副院长	李一枫	1983.3—4

北京化工学院分院

1985 年 3 月，北京联合大学成立，北京化工学院分院更名为北京联合大学化学工程学院。

临时负责人	孙长俊	1983.12—1984.6
党委副书记	史崑岩	1984.6—1985.5
	孙长俊	1984.6—1985.5
院　长	高致民	1983.4—12
副院长	李一枫	1983.4—12
	史崑岩	1984.6—1985.5

北京语言学院分院

1978 年 12 月，北京语言学院分院成立。1980 年 3 月，北京语言学院分院并入北京外国语学院分院。

领导小组组长	王常文	材料不详
领导小组副组长	邓福卿	材料不详

北京外国语学院分院

1978 年 12 月，北京外国语学院分院成立。1985 年 3 月，北京联合大学成立，北京外国语学院分院更名为北京联合大学外国语师范学院。

领导小组组长	刘寿彭	材料不详
党委书记	刘寿彭	1981.6—1984.7
党委副书记	程　壁（女）	1981.6—1984.7
	邓福卿	1981.6—1983.6
	文　棋	1984.7—1985.3
	杜仲声	1984.7—1985.3
纪委书记	杜仲声	1984.7—1985.3
院　长	刘寿彭（兼）	1981.6—1984.7
	周起骥	1984.7—1985.3
副院长	程　壁（女）	1981.6—1984.7
	周起骥	1981.6—1984.7
	张树勋	1981.6—1985.3
	叶　英	1984.8—1985.3

北京中医学院分院

1978 年 11 月，北京中医学院分院成立。1985 年 3 月，北京联合大学成立，北京中医学院分院更名为北京联合大学中医药学院。

领导小组组长	高　敏	1978. 11—1980. 7
	张　铣	1980. 7—11
临时党委副书记	张　铣	1980. 11—1981. 5
	俞　平	1980. 11—1985. 3
副院长	张　铣	1980. 11—1981. 5
	张　琦（女）	1980. 11—1983. 12
	吕文甫	1980. 11—1985. 3
	方　生（女）	1984. 3—1985. 3

北京联合大学

1985 年 1 月，经教育部批准，北京市建立北京联合大学，下设文理学院、经济管理学院、文法学院、职业技术师范学院、外国语师范学院、旅游学院、自动化工程学院、电子工程学院、机械工程学院、轻工工程学院、纺织工程学院、中医药学院等学院。北京联合大学的各个学院仍为相对独立的实体，其级别和待遇不变。

党委书记	张玉如（女）	1992. 11—1994. 1
	熊家华	1994. 1—2000. 12
党委副书记	张玉如（女）	1985. 2—1992. 11
	胡静萍（女）	1985. 2—1994. 2
	熊家华（兼）	1993. 6—1994. 1

	张　铃	1993.8—1994.2
	孙　权	1993.12—2000.12
	韩宪洲	1994.10—2000.12
	鲁永瑞（兼）	1994.2—1999.2
纪委书记	鲁永瑞（兼）	1994.2—1999.2
	孙　权（兼）	1999.2—2000.12
校　长	谭元堃	1985.2—1987.10
	李恩元	1987.10—1990.12
	李煌果（兼）	1990.12—1994.3
	李月光	1994.3—1999.3
	熊家华（兼）	1999.3—2000.12
副校长	李恩元	1985.2—1987.10
	陈锡章	1985.2—1991.11
	姜成坛	1991.5—1999.9
	袁　林	1991.11—1994.4
	吉多智（兼）	1992.9—1994.5
	张　铃	1994.4—2000.12
	杨文超	1994.5—1998.3
	高　林	1996.8—2000.12
	张仲林	1996.8—1998.5
	徐永利	1999.3—2000.12

北京联合大学文理学院

1994 年 3 月，北京联合大学文理学院与北京联合大学文法学院的中文、法律、政治等系合并，成立北京联合大学应用文理学院。

党委书记	胡聚长	1985.3—1986.8
	刘文兰	1986.8—1990.2
	楼开炤	1990.7—1993.12

	汪馥郁	1993.12—1994.3
党委副书记	刘文兰（女）	1985.5—1986.8
	曹芝圃	1985.3—1987.7
	楼开炤	1987.7—1990.7
	桂裕铮	1991.8—1993.12
院　长	李　椿	1985.3—1990.8
	葛明德	1990.9—1993.12
副院长	贾世起	1985.3—1991.10
	吴代封	1985.3—1987.8
	葛明德	1987.12—1990.9
	刘季稔	1991.11—1993.12
	骆武刚	1991.11—1993.12

北京联合大学应用文理学院

党委书记	汪馥郁	1993.12—1999.3
党委副书记	胡春山	1993.12—1998.3
	桂裕铮	1993.12—1997.8
	张胜利	1994.6—1995.3
	郭淑敏（女）	1999.2—2000.12
	张妙弟	1999.3—2000.12
院　长	葛明德	1994.3—1996.6
	汪馥郁（兼）	1996.6—1999.3
副院长	刘季稔	1994.3—1999.3
	骆武刚	1994.3—1999.3
	孔繁敏	1997.6—2000.12

北京联合大学经济管理学院

1990 年 9 月，北京联合大学经济管理学院并入北京工业大学。

党委书记	余　进	1985. 3—1990. 9
党委副书记	祝文霞	1985. 3—1990. 9
	胡春山	1986. 6—1990. 9
纪委书记	白永君	1985. 3—1986. 11
	胡春山	1985. 3—1990. 9

院　长	李德良	1985. 3—1990. 9
副院长	张　林	1985. 3—1987. 5
	常学增	1985. 3—1986. 11
	吴方俊	1987. 5—1990. 9
	翟胜健	1987. 5—1990. 9

北京联合大学文法学院

1994 年 3 月，北京联合大学文法学院更名为北京联合大学继续教育学院。

党委书记	于云岭	1985. 3—1991. 5
	张玉如（兼，女）	1991. 5—1993. 12
党委副书记	汪馥郁	1993. 6—1994. 4
	胡春山	1990. 9—1993. 12

院　长	许崇德	1985. 3—1987. 7
	邹家炜	1987. 7—1993. 12
副院长	邹家炜	1985. 3—1987. 7
	张汝楫	1985. 3—1990. 8
	周忠厚	1986. 11—1987. 11
	毕可洲	1985. 3—1990. 9

	汪馥郁	1991.9—1993.12
	袁　林	1991.11—1992.12
	许贵才	1992.12—1993.12

北京联合大学继续教育学院

院　长	熊家华（兼）	1994.7—2000.12
副院长	姜成坛（兼）	1994.7—1997.10
	许贵才	1994.7—1997.4
	孟月乔（女）	1997.10—2000.3

北京联合大学职业技术师范学院

党委书记	李式蕙	1985.3—1991.7
	熊家华	1991.7—1994.1； 1994.1—1997.3（兼）
	陈扬志	1997.3—2000.12
党委副书记	尹金翔	1985.3—1991.7
	唐淑纯（女）	1990.7—1994.12
	陈扬志	1994.10—1997.3
	郭淑敏（女）	1994.12—1999.2
纪委书记	尹金翔（兼）	1985.3—1991.7
	唐淑纯（兼）	1991.7—1994.12

院　长	孙　煜	1985.3—1994.2
	吉多智	1994.2—1999.3
副院长	全国华	1985.3—1992.5
	李继续	1985.3—1988.6
	王钧广	1988.6—1991.8
	吉多智	1992.10—1994.4
	肖金麟	1991.11—1998.7

	梁绿琦（女）	1994. 11—2000. 12
	骆武刚	1999. 3—2000. 12

北京联合大学外国语师范学院

1993 年 4 月，北京联合大学外国语师范学院并入首都师范大学。

党委书记	郭子玉	1987. 6—1993. 2
党委副书记	文　棋	1985. 3—1985. 12
	杜仲声	1985. 3—1992. 3
	詹新泽	1992. 2—1993. 2
纪委书记	杜仲声	1985. 3—1992. 3
院　长	周起骥	1985. 3—1993. 2
副院长	张树勋	1985. 3—1988. 4
	叶　英	1985. 3—1988. 4
	孟庆夔	1986. 3—1993. 3

北京联合大学旅游学院

党委书记	桂智贞（女）	1985. 5—1989. 8
	张连波	1991. 6—2000. 12
党委副书记	黄天平	1985. 3—1988. 4
	张奇生	1985. 3—1988. 12
	张连波	1989. 8—1991. 6
	赵　鹏	1994. 4—1995. 11
	吴统慧	1995. 10—2000. 12
	李玉玲（女）	1997. 4—2000. 12
院　长	张忠实	1985. 3—5
	白祖诚	1985. 5—1995. 10
	吴统慧	1995. 10—2000. 12

副院长	黄天平	1985.3—1987.5
	王慕曾（回族）	1985.3—1988.4
	王景荣	1985.3—1993.8
	朱宝琛	1986.8—1989.12
	赵克非	1990.1—1995.5
	唐立春	1991.5—1995.1
	吴统慧	1994.7—1995.10
	赵 鹏	1995.11—2000.12
	孙维佳	1997.6—2000.12
	徐天立	1999.8—2000.12

北京联合大学自动化工程学院

1994 年 3 月，北京联合大学自动化工程学院与北京联合大学电子工程学院合并，改名为北京联合大学电子自动化工程学院。

党委书记	郭 霖	1985.3—1986.12
	李月光	1987.2—1994.7
党委副书记	关兆兰（女）	1985.3—1990.12
	刘开敏	1985.3—1994.7

院 长	罗 林（女）	1985.3—1989.9
	李月光（代理）	1989.9—1994.7
副院长	顾理昌	1985.3—1986.12
	谭浩强	1985.3—1989.9
	裴 珉	1985.3—1992.8
	李大为	1987.2—1994.7
	高 林	1993.9—1994.7

北京联合大学电子工程学院

1994 年 3 月，北京联合大学电子工程学院与北京联合大学自动化工程学院合并，改名为北京联合大学电子自动化工程学院。

临时党委书记	丁龙潜	1985.3—1986.1
党委书记	王希周	1986.1—1994.3
党委副书记	王立江	1985.3—1990.12
	王庆元	1991.7—1994.7
院　长	王　文	1986.1—1990.7
	王希周（兼）	1990.7—1994.3
副院长	朱平洋	1985.3—1986.3
	孙文平	1985.3—1992.8
	赵宗英	1986.2—1994.7
	信玉堂	1992.10—1994.7

北京联合大学电子自动化工程学院

1998年1月，北京联合大学电子自动化工程学院更名为北京联合大学应用技术学院。

党委书记	王庆元	1994.7—1996.6
	熊家华（兼）	1996.6—1998.4
党委副书记	魏续臻	1994.7—1996.4
	韩宪洲（兼）	1996.6—1998.4
	孙　权（兼）	1996.12—1998.4
院　长	李月光（兼）	1994.8—1998.4
副院长	赵宗英	1994.8—1997.1
	信玉堂	1994.8—1996.8
	高　林	1994.8—1998.4
	张仲林	1994.8—1998.4
	张　铃（兼）	1996.8—1998.4
	杨文超（兼）	1996.8—1998.4

	姜成坛（兼）	1996.8—1998.4

北京联合大学应用技术学院

领导小组组长	孙　权（兼）	1998.1—5
领导小组副组长	李培均	1998.1—5
党委副书记	白志平	1998.5—2000.12
副院长	李培均	1998.5—2000.12

北京联合大学机械工程学院

党委书记	刘　茵	1985.3—1986.8
	王兴飞	1992.5—1996.3
党委副书记	方志来	1985.3—1989.3
	王兴飞	1989.3—1992.5
	白志平	1992.5—1998.4
	李章华	1992.9—1999.2
	连　廉（蒙古族）	1992.5—9
	高　东（女）	1993.11—2000.12
	张仲林	1998.4—2000.12
院　长	陈仁高	1985.3—1989.5
	连　廉（蒙古族）	1989.5—1992.9
	李章华	1992.9—1999.2
副院长	刘殿义	1985.3—1995.2
	张林葳	1985.3—1989.5
	方志来	1989.5—1991.4
	庄应禹	1991.4—1998.7

	姚伟玉	1991.4—1997.6
	白志平	1991.4—1992.5
	关仲和	1997.6—2000.12

北京联合大学轻工工程学院

1986年9月，北京联合大学轻工工程学院更名为北京联合大学建材轻工学院。

党委书记	焦定禄	1985.3—1986.9
党委副书记	白炳琦	1985.3—1986.9
院　长	张继堂	1984.12—1986.9
副院长	壮　忠	1985.3—1986.9

北京联合大学建材轻工学院

1998年1月，北京联合大学建材轻工学院更名为北京联合大学信息学院。

党委书记	焦定禄	1986.9—1990.10
	白炳琦	1993.3—1996.3
党委副书记	白炳琦	1986.9—1993.3
	张秀国	1991.10—1998.1
	许贵才	1997.10—1998.1
院　长	张继堂	1986.9—1989.9
	壮　忠	1993.4—1996.3
副院长	壮　忠	1986.9—1993.4
	袁　林	1987.8—1991.11
	刘世忠	1991.11—1997.3
	李培均	1996.6—1998.1

北京联合大学信息学院

党委副书记	张秀国	1998. 1—2000. 12
	许贵才	1998. 1—2000. 12
副院长	高　林（兼）	1998. 5—2000. 3

北京联合大学纺织工程学院

1997 年 12 月，北京联合大学纺织工程学院更名为北京联合大学商务学院。

党委书记	邱嗣法	1985. 3—1988. 2
	鲁永瑞	1988. 2—1997. 12
党委副书记	鲁永瑞	1987. 8—1988. 2
	孙　明	1991. 11—1997. 12
院　长	杨光世	1985. 3—1986. 11
	邱嗣法	1986. 11—1992. 6
	鲁永瑞（代理）	1992. 6—1997. 12
副院长	薛士鑫	1985. 3—1992. 6
	肖春林	1986. 1—1988. 8
	张汝楫	1990. 8—1994. 10
	刘树明	1992. 6—1997. 3
	杨文超	1992. 10—1994. 9

北京联合大学商务学院

党委书记	鲁永瑞	1997. 12—1999. 3
党委副书记	孙　明	1997. 12—2000. 12
院　长	鲁永瑞（代理）	1997. 12—1999. 3

副院长	孙　明	1999. 3—2000. 12

北京联合大学中医药学院

临时党委副书记	俞　平	1985. 3—1987. 5
	马国栋（回族）	1987. 5—1988. 1
党委书记	王恩荣	1988. 9—1994. 12
	马跃平（回族）	1994. 12—2000. 12
党委副书记	马国栋（回族）	1988. 1—1989. 8
	李春芳（女）	1992. 3—1997. 4
	马谊平（女）	1994. 12—2000. 12
纪委书记	马国栋（回族）	1988. 1—1989. 8
院　长	方　生（女）	1987. 5—1990. 7
	佘　靖（女）	1990. 7—1996. 2
	马跃平（回族）	1996. 7—2000. 12
副院长	吕文甫	1985. 3—12
	方　生（女）	1985. 3—1987. 5
	姜　超	1987. 5—1990. 7
	钱　英	1987. 5—1998. 11
	马国栋（回族）	1989. 8—1995. 1
	齐　昉	1995. 1—2000. 12
	赵　新	1998. 11—2000. 12

北京联合大学化学工程学院

党委书记	孙长俊	1990. 2—1992. 6
	曹印修	1992. 6—1998. 11
党委副书记	史崑岩	1985. 5—1990. 2
	孙长俊	1985. 5—1990. 2；

		1992.6—1996.4
	邵锡全	1996.3—1998.9
	王丽英（女）	1996.12—2000.12

院　长	史崑岩	1990.2—1992.9
	孙震岩	1992.9—1996.3
	邵锡全	1996.3—1998.12
副院长	史崑岩	1985.5—1990.2； 1992.9—1994.1
	王惠连（女）	1985.12—2000.12
	唐小恒	1994.1—2000.12
	江瑞平	1996.6—2000.12
	郭　堃	1998.12—2000.12

北京广播电视大学

1979 年 1 月，北京电视大学恢复办校，更名为北京广播电视大学。

党支部书记	接维城	1980.6—1986.3
临时党委书记	靳春立	1986.3—1987.6
党委书记	靳春立	1987.6—1991.7
	孙玉华	1991.7—1997.8
	卢松明	1997.8—2000.12
党委副书记	张孔叔（彝族）	1987.6—1992.6
	靳春立	1992.6—1998.4
	张岱霞（女）	1992.6—1993.3
	孟月乔（女）	1993.3—1997.8
	梁小瑞（女）	1995.12—2000.12
纪委书记	张岱霞（兼，女）	1992.6—1993.3
	孟月乔（兼，女）	1993.3—1997.8

	梁小瑞（兼，女）	1997.8—2000.12
校　长	关世雄（兼）	1980.6—1994.12
	胡昭广（兼）	1994.12—2000.5
	林文漪（兼，女）	2000.5—12
常务副校长	靳春立	1991.7—1998.7
	张岱霞（女）	2000.5—12
副校长	陆钦仪（兼）	1980.6—1985.2
	汪小为（兼）	1980.6—1985.2
	接维城	1980.6—1988.3
	宋　仁	1982.11—1986.4
	靳春立	1984.8—1991.7
	尤　文	1985.2—8
	陈尊耀	1986.4—1992.12
	刘　政	1987.10—1993.9
	张孔叔（彝族）	1988.4—1995.1
	张岱霞（女）	1992.12—2000.5
	高玉维	1995.1—2000.12
	王季音	1995.1—2000.12

北京教育学院

1978年5月，北京教师进修学院恢复，更名为北京教育学院。1993年12月，北京教育学院、北京教育行政学院合并，定名为北京教育学院。

党委书记	韩作黎	1978.2—1979.5
	薛成业	1979.5—1982.7
	韩家鳌	1982.8—1986.4
	康　泠（女）	1987.5—1988.9

	祖二春	1990.7—1993.4
	林　慈	1993.10—1995.7
	倪传荣	1995.7—1999.6
	倪益琛	1999.6—2000.12
党委副书记	康　泠（女）	1985.7—1987.5
	祖二春	1988.10—1990.7
	倪传荣	1990.7—1995.7
	吴秉忠	1993.12—1998.4
	蓝继世	1993.10—2000.12
	唐亦勤（女）	1994.12—2000.12
	宋丽兰（女）	2000.8—12
纪委书记	邵绪朱	1983.6—1986.4
	刘全利	1987.5—1990.7
	祖二春	1990.7—1992.5
	吴秉忠	1992.5—1993.10； 1995.7—1998.4
	李万发	1993.10—1995.7
	唐亦勤（女）	1998.4—2000.12
院　长	韩作黎（兼）	1978.2—1979.5
	薛成业	1979.5—1982.7
	温寒江	1982.7—1986.4
	张鸿顺	1986.4—1990.7
	祖二春（兼，代理）	1990.7—1993.4
	倪传荣	1993.12—1999.7
	倪益琛	1999.7—2000.12
副院长	安汝云	1978.6—1979.8
	邵绪朱	1978.6—1986.4
	韩家鳌	1978.6—1979.11

	萧　沅	1978.6—1979.6
	周　正	1978.6—1979.6
	白　耀	1978.6—1987.5
	邵绪朱	1982.7—1986.4
	李志平	1982.7—1986.4
	方道霖（女）	1982.7—1989.10
	张维善	1986.4—1993.10
	李万发	1987.5—1993.10
	倪传荣	1989.10—1993.12
	张觉民	1990.12—1993.10
	贺乐凡	1993.12—1997.4
	邵宝祥	1993.12—1998.5
	蓝继世	1994.1—2000.12
	李　方	1994.5—2000.12
	段胜民	1997.4—2000.12

北京教育行政学院

1979年6月，北京教育行政学院成立。1993年12月，与北京教育学院合并。

党委书记	萧　沅	1979.6—1986.8
	林　慈	1986.8—1993.12
党委副书记	周于凡	1982.3—1986.8
	马叔平	1988.10—1992.7
	蓝继世	1992.6—1993.10
纪委书记	林　慈	1987.7—1992.6
	蓝继世	1992.6—1993.12
院　长	卞慎吾	1980.4—1982.12

	萧　沅	1982. 12—1986. 8
	林　慈	1986. 8—1993. 12
副院长	萧　沅	1980. 4—1981. 1
	贺乐凡	1982. 12—1993. 12
	张景莹	1982. 12—1983. 11
	李荣福	1986. 9—1989. 4
	马叔平	1989. 10—1992. 7
	邵宝祥	1992. 07—1993. 12

北京工业职业技术学院

1999 年 7 月，原北京煤炭工业学校改制成立北京工业职业技术学院。

党委书记	刘爱菊（女）	1999. 9—2000. 12
院　长	李振华	1999. 9—2000. 12

第二节　北京高等教育深化改革和党委领导体制不断完善（2000. 12—2010. 12）

进入 21 世纪，北京高等学校以“三个代表”重要思想为指导，深入学习实践科学发展观，按照中央办好人民满意的教育的要求，继续深化管理体制、办学体制、内部管理体制、教育教学、招生考试和后勤社会化等改革。中共北京市委、市人民政府作出了《关于实施首都教育发展战略，率先基本实现教育现代化的决定》，明确了首都教育必须坚持内涵发展，人才强教，资源统筹，开放创新的发展方针。北京高等教育以适应首都经济和社会发展需要，按照“规模、结构、质量、效益”的要求，稳步扩大首都高等教育规模，进一步优化高等学校布局结构和学科专业结构，根据“巩固、深化、提高、发展”的方针，实施高等学校教学质量与教学改革工程和精品课程、精品教材的建设工作，深化以专业、课程、教材建设为核心的教育教学改革，加强教学评估，完善高等学校教学质量监控体系，创新人才培养模式，狠抓人才培养质量，以培养学生的创新精神和实践能力为重点，全面推进素质教育。北京高等教育进入到把提高教育质量作为改革发展的核心任务，树立科学的教育质量观，坚持内涵式发展，扶持优势和特色学科，提高教育质量，推进高等教育持续、协调、健康发展的新阶段。

到2010年底，北京地区普通高等学校89所，本专科在校生577828人；共有52所普通高等学校和118个科研机构培养研究生，在学研究生225029人，其中，博士研究生62279人、硕士研究生162750人；成人高等学历教育在校生26.6万人。普通高等学校专任教师58383人，校舍建筑面积2980.5万平方米。高考录取率为83.9%，在全市18岁至22岁人口中，高等教育毛入学率达到59%，各项指标在全国都居于前列。这标志着北京在全国率先进入高等教育普及化阶段。

在改革开放不断深化的背景下，北京高等教育走上快速发展道路，高校规模扩大，管理体制、学生构成、校园建设发生变化。与此同时，经济全球化、信息化发展，尤其是网络发展的趋势，为高校党的建设工作提出新任务与新要求。

在新的历史时期，北京高校以改革创新的精神，积极推进高校党的建设，进一步完善和加强高校的党委领导体制，巩固党在高校的领导地位和执政基础，保持和发挥高校党员队伍的先进性，不断增强党组织的生机活力和对党员干部、广大师生的凝聚力、吸引力。坚持抓好党的建设工作，不断推进高校党组织思想政治建设、领导班子和干部队伍建设、基层党组织建设、党风廉政建设，维护高校持续稳定，北京高等学校党的建设和思想政治教育工作进入了积极探索、创新发展阶段。

2010年，党的日常工作归口市委教育工委管理的普通高等学校和事业单位共有60个，其中，局级党委60个，院系党委和其他党委392个，党总支679个，党支部12838个（其中直属党委管理的党支部369个）；全系统共有党员254866人，占总人数28.88%。其中，干部党员17035人，占70.12%；教师党员28670人，占55.19%；其他专业技术人员党员15006人，占37.77%；工人党员2318人，占13.82%；学生党员（含本专科及研究生）145115人，占学生总人数21.28%（其中，本科生党员54148人，占本科生人数12.2%）；离退休党员34519人；其他人员和附中、附小教职工党员12203人。

高等学校党政领导人名录和任期

北京大学

党委书记	王德炳	2000.12—2002.4
	闵维方	2002.4—
党委常务副书记	闵维方	2000.12—2002.4
	吴志攀	2004.12—2010.1
党委副书记	赵存生	2000.12—2003.12
	岳素兰（女）	2000.12—2005.11
	王登峰	2000.12—2003.12
	吴志攀	2003.12—2004.12
	张　彦	2003.12—
	王丽梅（女）	2005.11—2010.1
	杨　河	2005.11—
	于鸿君	2010.1—
	敖英芳（达斡尔族）	2010.5—
纪委书记	王丽梅（女）	2000.12—2005.11； 2005.11—2010.1（兼）

	于鸿君（兼）	2010. 1—
校　长	许智宏	2000. 12—2008. 11
	周其凤	2008. 11—
常务副校长	闵维方	2000. 12—2004. 12
	林建华	2004. 12—
	柯　杨（女）	2004. 12—
	陈文申	2004. 12—2008. 3
	吴志攀	2010. 1—
副校长	迟惠生	2000. 12—2004. 6
	陈章良	2000. 12—2002. 7
	何芳川	2000. 12—2002. 1
	林钧敬	2000. 12—2005. 11
	林久祥	2000. 12—2005. 11
	韩启德	2000. 12—2004. 12
	吕兆丰	2000. 12—2003. 6
	郝　平	2001. 6—2005. 8
	吴志攀	2002. 1—2005. 11
	林建华	2002. 9—2004. 12
	鞠传进	2003. 4—
	柯　杨（女）	2004. 6—12
	岳素兰（女）	2005. 11—2010. 5
	张国有	2005. 11—2010. 5
	海　闻	2005. 11—
	刘　伟	2010. 5—
	李岩松	2010. 5—
	张　彦（兼）	2010. 7—

清华大学

党委书记	贺美英（女）	2000. 12—2002. 1
	陈　希	2002. 1—2008. 12
	胡和平	2008. 12—
党委常务副书记	陈　希	2000. 12—2002. 1
	庄丽君（女）	2004. 10—2006. 9
	陈　旭（女）	2009. 6—
党委副书记	胡显章	2000. 12—2002. 1
	张再兴	2000. 12—2006. 9
	庄丽君（女）	2002. 1—2004. 10
	杨振斌	2002. 1—2006. 1
	胡和平	2006. 9—2008. 12
	陈　旭（女）	2006. 2—2007. 12
	韩景阳（女）	2006. 9—
	程建平（安徽休宁）	2006. 9—2009. 9
	史宗恺	2007. 12—
	邓　卫	2009. 12—
纪委书记	叶宏开	2000. 12—2002. 1
	孙道祥	2002. 1—2006. 9
	程建平（兼，安徽休宁）	2006. 9—2009. 9
	韩景阳（兼，女）	2009. 9—
校　长	王大中	2000. 12—2003. 4
	顾秉林	2003. 4—
常务副校长	梁尤能	2000. 12—2001. 3
	何建坤	2000. 12—2007. 12

	陈吉宁	2007.12—
副校长	杨家庆	2000.12—2001.8
	胡东成	2000.12—2004.2
	郑燕康	2000.12—2004.2
	龚　克	2000.12—2007.1
	岑章志	2001.4—2007.12
	汪劲松	2004.2—2009.9
	康克军	2004.2—
	张凤昌	2004.2—
	谢维和	2004.6—
	胡和平	2006.2—2007.12
	陈吉宁	2006.2—2007.12
	陈　旭（女）	2007.12—2009.12
	袁　驷	2007.12—
	程建平（安徽休宁）	2009.9—
	邱　勇	2009.12—

中国人民大学

党委书记	马绍孟	2000.12—2001.2
	程天权	2001.2—
党委常务副书记	牛维麟	2004.12—
党委副书记	沈云锁	2000.12—2002.1
	石亚军	2000.12—2001.9
	张建明	2000.12—2003.11
	王新清	2002.1—2008.3
	陈一兵（兼）	2002.1—2002.9
	马俊杰	2002.9—

	王利明	2008. 12—	
纪委书记	沈云锁（兼）	2000. 12—2001. 2	
	周建明	2001. 2—2002. 9	
	王新清（兼）	2002. 9—2008. 3	
	牛维麟（兼）	2008. 12—	
校　长	纪宝成	2000. 12—	
常务副校长	袁　卫	2004. 12—	
副校长	林　岗	2000. 12—	
	周建明	2000. 12—2001. 2	
	袁　卫	2000. 12—2004. 12	
	牛维麟（兼）	2000. 12—2008. 12	
	冯惠玲（女）	2001. 2—	
	冯　俊	2001. 2—2008. 12	
	马俊杰（兼）	2001. 2—2002. 9	
	陈一兵	2002. 9—	
	陈雨露	2005. 5—	
	王利明（兼）	2008. 12—	
	杨慧林	2008. 12—	
	薛涴白（女）	2009. 1—	（挂职）

北京师范大学

党委书记	陈文博	2000. 1—2005. 5
	刘川生（女）	2005. 5—
党委副书记	范国英（女）	2001. 1—2001. 6
	吴志功	2001. 6—2006. 2
	刘木春	2001. 6—2003. 2
	郑师渠	2001. 6—2006. 2

	呼中陶	2003.7—2006.9
	唐　伟	2006.9—
	王炳林	2006.9—
	郑　萼（女）	2006.9—2008.7
	田　辉	2008.7—
纪委书记	刘木春	2001.1—2006.8
	唐　伟	2006.9—

校　长	袁贵仁	2001.1—2001.4	
	钟秉林	2001.4—	
常务副校长	董　奇	2008.2—	
	史培军	2008.2—	
副校长	郑君礼	2001.1—2006.2	
	郑师渠	2001.1—2006.2	
	谢维和	2001.1—2003.2	
	董　奇	2001.1—2008.2	
	史培军	2001.1—2008.2	
	戴家干	2001.1—2005.5	
	苗中正	2003.7—2006.2	
	陈光巨	2006.2—	
	葛剑平	2006.2—	
	韩　震	2006.2—	
	樊秀萍（女）	2006.2—2010.4	
	孙　玲（女）	2008.11—	（挂职）
	郝芳华（女）	2010.4—	

北京航空航天大学

党委书记	楼士礼	2000.12—2002.1

职务	姓名	任职时间
	杜玉波	2002.1—
党委常务副书记	赵　平	2003.4—2006.2,
	谭振亚	2006.2—
党委副书记	沈士团	2000.12—2002.1
	怀进鹏	2000.12—2003.4； 2009.4—
	郭大成	2000.12—2002.1
	赵　平	2000.12—2003.4
	李　未	2002.1—2009.5
	魏志敏	2003.1—2007.5
	张维维	2009.12—
纪委书记	魏志敏	2000.12—2007.5
	张维维	2007.5—2009.12
	纪素菊（女）	2009.12—
校　长	沈士团	2000.12—2002.1
	李　未	2002.1—2009.5
	怀进鹏	2009.5—
常务副校长	怀进鹏	2003.4—2006.2
	徐惠彬	2010.9—
副校长	怀进鹏	2000.12—2003.4 2006.2—2009.5
	唐晓青（女）	2000.12—
	徐枞巍	2000.12—2003.12
	赵　平	2000.12—2003.4
	费斌军	2000.12—2007.6
	武　哲	2000.12—2004.3
	孟祥泰	2000.12—2008.9

	徐惠彬	2004.6—2010.9
	郑志明	2004.6—
	魏志敏	2007.5—
	纪素菊（女）	2007.5—2009.12
	张广军	2008.12—
	张　军	2009.9—
	王建中	2009.9—

北京理工大学

党委书记	焦文俊	2000.12—2008.2
	郭大成	2008.2—
党委常务副书记	杜玉波	2001.11—2002.1
	郭大成	2002.1—2004.7
党委副书记	杜玉波	2000.12—2001.11
	杨　宾	2000.12—2009.11
	张敬袖	2002.8—2003.6
	匡镜明	2004.8—2007.8
	张维维	2003.8—2007.5
	侯光明	2005.6—
	赵　平	2006.2—2009.11
	胡海岩	2007.8—
	李和章	2009.11—
纪委书记	张敬袖	2000.12—2003.6
	张维维	2003.6—2007.5
	杨蜀康	2007.5—
校　长	匡镜明	2000.12—2007.8

	胡海岩	2007. 8—
常务副校长	李志祥	2000. 12—2006. 12
副校长	俞　信	2000. 12—2002. 12
	杜玉波	2000. 12—2001. 11
	侯光明	2000. 12—2005. 6
	冯长根	2000. 12—2001. 6
	赵长禄	2000. 12—
	杨　宾	2001. 11—
	孙逢春	2002. 8—
	杨树兴	2002. 8—
	赵显利	2005. 6—
	李和章	2006. 3—
	赵　平	2009. 11—

中国农业大学

党委书记	李晶宜（女）	2000. 12—2002. 4
	瞿振元	2002. 4—
党委常务副书记	李晶宜（女）	2002. 4—2008. 3
党委副书记	李里特	2000. 12—2003. 5
	韩惠鹏	2000. 12—2003. 5
	马寅生	2000. 12—2003. 5
	翟志席	2003. 5—
	秦世成	2003. 5—
	张东军（蒙古族）	2008. 4—
纪委书记	马寅生（兼）	2000. 12—2003. 5
	翟志席（兼）	2003. 5—

校　长	江树人	2000.12—2002.4	
	陈章良	2002.4—2007.12	
	柯炳生（满族）	2008.4—	
常务副校长	江树人	2002.4—2008.3	
副校长	李里特	2000.12—2002.12	
	傅泽田	2000.12—	
	李世盛	2000.12—	
	韩惠鹏	2000.12—	
	谭向勇	2000.12—2005.10	
	马寅生	2002.12—	
	孙其信	2002.12—	
	张东军（蒙古族）	2002.12—2008.4	
	郭　大	2005.10—	
	张建华	2008.4—	
	王　涛	2008.4—	
	张林逸（女）	2009.3—	（挂职）

北京科技大学

党委书记	刘建平	2000.12—2002.12
	罗维东	2002.12—
党委副书记	李宝林	2000.12—2008.7
	陈世禄	2000.12—2004.6
	王民忠	2000.12—2006.3
	陈　曦（女）	2004.6—
	谢　辉（满族）	2008.7—
	张文明	2008.7—
纪委书记	陈世禄（兼）	2000.12—2004.6
	李宝林（兼）	2004.6—2008.7

	张文明（兼）	2008.7—
校　长	杨天钧	2000.12—2004.6
	徐金梧	2004.6—
副校长	徐金梧	2000.12—2004.6
	孙祖庆	2000.12—2004.6
	蔡希亮	2000.12—2003.2
	权良柱	2000.12—
	谢　辉（满族）	2004.6—2008.7
	谢建新	2004.6—
	张欣欣	2004.6—
	张　跃	2004.6—
	武德昆	2004.6—
	孙冬柏	2008.7—
	吉克跃林(彝族)	2008.3—2009.1（挂职）

北京邮电大学

党委书记	王德宠（女）	2000.12—2006.11
	王亚杰	2006.11—
党委副书记	赵青山	2000.12—2006.11
	赵纪宁	2001.4—
	牟文杰	2006.11—
纪委书记	王德宠（女）	2000.12—2001.4
	赵青山	2001.4—2006.11
	牟文杰	2006.11—
校　长	林金桐	2000.12—2007.12
	方滨兴	2007.12—

副校长	钟义信	2000.12—2001.4
	秘健虎	2000.12—2001.4
	张英海	2000.12—
	任晓敏	2000.12—
	张筱华	2001.4—2006.11
	薛忠文	2001.4—
	牟文杰	2003.1—2006.11
	杨放春	2006.11—
	温向明	2006.11—

北京化工大学

党委书记	冯文林	2000.12—2002.12
	王　芳（女）	2002.12—
党委副书记	王　芳（女）	2000.12—2002.12
	盛维勇	2000.12—2008.1
	任新钢	2002.12—
	王同奇	2003.12—
	关昌峰（满族）	2008.1—
纪委书记	盛维勇（兼）	2000.12—2008.1
	关昌峰（兼，满族）	2008.1—

校　长	王子镐	2000.12—
副校长	孙宝巨	2000.12—2002.12
	左　禹	2000.12—2007.1
	王　芳（女）	2000.12—2002.12
	赵素贞（女）	2000.12—2005.2
	王　贵	2000.12—
	丁巨元	2000.12—2007.1

	郭广生	2002.12—2007.11
	任新钢	2002.12—
	陈标华	2007.1—
	付志峰	2007.1—2010.8
	李显扬	2007.11—
	谭天伟	2007.11—
	陈冬生	2009.2—

北方交通大学

2003年9月，北方交通大学更名为北京交通大学。

党委书记	张永甡	2000.12—2003.9
党委副书记	谈振辉	2000.12—2003.9
	李士群	2000.12—2003.9
	颜吾佴	2000.12—2003.9
纪委书记	李士群（兼）	2000.12—2001.3
	韩满怀	2001.3—2003.9

校　长	谈振辉	2000.12—2003.9
副校长	宋守信	2000.12—2003.9
	宁　滨	2000.12—2003.9
	杨肇夏	2000.12—2003.9
	杜　林	2000.12—2003.9
	高福廷	2001.3—2003.9

北京交通大学

党委书记	张永甡	2003.9—2004.5

	王建国	2004.5—2010.7
	曹国永	2010.7—
党委副书记	谈振辉	2003.9—2005.3
	李士群	2003.9—2005.3
	颜吾佴	2003.9—
	高福廷	2004.10—
	韩满怀	2005.3—2008.3
	高　艳（女）	2005.3—
纪委书记	韩满怀	2003.9—2005.3； 2005.3—2008.3（兼）
	颜吾佴（兼）	2008.3—
校　长	谈振辉	2003.9—2008.3
	宁　滨	2008.3—
常务副校长	宁　滨	2004.10—2008.3
副校长	宋守信	2003.9—2004.10
	宁　滨	2003.9—2004.10
	杨肇夏	2003.9—2004.10
	杜　林	2003.9—2004.10
	高福廷	2003.9—2004.10
	王稼琼	2004.10—2008.3
	陈　峰	2004.10—
	李学伟	2004.10—
	王永生	2004.10—
	张星臣	2008.3—
	孙守光	2008.3—
	王扎西	2009.4—2010.3（挂职）
	关忠良（锡伯族）	2010.12—

北京广播学院

2002 年 2 月，中国矿业大学北京校区东校园整体并入北京广播学院。2004 年 8 月，北京广播学院更名为中国传媒大学。

党委书记	赵建华	2000. 12—2001. 4
	郑和平	2001. 4—2004. 5
	苏志武	2004. 5—2004. 8
党委副书记	李焕生（女）	2000. 12—2004. 8
	田维义	2002. 2—2004. 8
	苏志武（兼）	2002. 3—2004. 5
纪委书记	李焕生（兼，女）	2000. 12—2004. 8
院　长	刘继南（女）	2000. 12—2004. 8
副院长	苏志武	2000. 12—2004. 5
	高福安	2000. 12—2004. 8
	任金州	2000. 12—2004. 8
	冯克庄	2002. 2—2004. 8
	于　利	2002. 2—2004. 8

中国传媒大学

党委书记	苏志武	2004. 8—2006. 4
	陈维嘉（女）	2006. 4—2008. 12
	李培元（满族）	2008. 12—
党委副书记	田维义	2004. 8—
	李焕生（女）	2004. 8—2010. 11
	刘利群（女）	2010. 11—

纪委书记	李焕生（兼，女）	2004.8—2010.11
	田维义（兼）	2010.11—
校　长	刘继南（女）	2004.8—2006.4
	苏志武	2006.4—
副校长	高福安	2004.8—
	任金州	2004.8—2006.11
	冯克庄	2004.8—2006.11
	于　利	2004.8—2006.11
	丁俊杰	2005.1—2010.9
	袁　军	2006.11—
	胡正荣	2006.11—
	吕　锐	2006.11—2010.9
	吕志胜	2010.11—
	廖祥忠	2010.11—

中国地质大学（北京）

党委书记	吴淦国	2000.12—2005.6
	王鸿冰	2005.6—
党委副书记	帅开业	2001.1—2007.9
	王　聪	2006.7—
	刘志方	2003.2—
纪委书记	帅开业（兼）	2000.12—2006.10
	王　聪（兼）	2006.10—
校　长	吴淦国	2000.12—2010.9
	邓　军	2010.9—
副校长	张汉凯	2000.12—2007.9

	王　聪	2000. 12—2006. 7
	王　欣（女）	2000. 12—2005. 6
	邓　军	2000. 12—2010. 9
	雷涯邻	2005. 6—
	谢学文	2005. 6—
	王训练	2007. 9—
	万　力	2007. 9—
	王果胜	2010. 9—

石油大学（北京）

2005 年 1 月，石油大学（北京）更名为中国石油大学（北京）。

党委书记	李秀生	2000. 12—2005. 1
党委副书记	蒋庆哲	2000. 12—2005. 1
	罗维东	2000. 12—2002. 12
	柳贡慧	2000. 12—2003. 3
	吴小林（女）	2003. 3—2005. 1
纪委书记	蒋庆哲（兼）	2000. 12—2005. 1
校　长	罗维东	2000. 12—2002. 12
	李秀生（兼）	2002. 12—2005. 1
副校长	黄述旺	2000. 12—2005. 1
	金之钧	2000. 12—2003. 3
	张来斌	2000. 12—2005. 1
	柳贡慧	2003. 3—2005. 1
	陈大恩	2003. 3—2005. 1

中国石油大学（北京）

党委书记	李秀生	2005.1—2005.6
	蒋庆哲	2005.6—
党委副书记	蒋庆哲	2005.1—2005.6
	吴小林（女）	2005.1—
	刚文哲	2005.6—
	雷玉江	2008.9—
纪委书记	蒋庆哲（兼）	2005.1—2005.6
	刚文哲（兼）	2005.6—
校　长	李秀生（兼）	2005.1—2005.6
	张来斌	2005.6—2010.12
副校长	黄述旺	2005.1—2005.6
	张来斌	2005.1—2005.6
	柳贡慧	2005.1—2007.6
	陈大恩	2005.1—
	徐春明	2005.6—
	庞雄奇	2005.6—
	张士诚	2008.9—

华北电力大学（北京）

2006年1月，华北电力大学校部由设在河北保定变更为设在北京，分设华北电力大学（保定）校区。

党委书记	曾亨炎（兼）	2000.12—2001.1
	徐大平	2001.1—2006.3

党委常务副书记	宁文玉	2000. 12—2005. 9
党委副书记	朱常宝	2000. 12—2005. 9
纪委书记	宁文玉（兼）	2000. 12—2005. 9
校　长	徐大平（兼）	2000. 12—2001. 1
	刘吉臻	2001. 01—2006. 3
副校长	杨　昆	2000. 12—2003. 4
	胡庆文	2000. 12—2005. 9
	李成榕	2000. 12—2006. 3

华北电力大学

党委书记	吴志功	2006. 3—
党委副书记	张金辉	2006. 3—
	李双辰	2006. 3—
	郝英杰	2006. 3—
纪委书记	李双辰（兼）	2006. 3—
校　长	刘吉臻	2006. 3—
副校长	安连锁	2006. 3—
	李和明	2006. 3—
	雷应奇	2006. 3—
	李成榕	2006. 3—
	杨勇平	2006. 3—
	孙平生	2006. 3—

北京林业大学

职务	姓名	任职时间
党委书记	胡汉斌	2000.12—2004.1
	吴　斌	2004.1—
党委副书记	吕焕卿(女)	2000.12—2002.6
	张清泉	2000.12—2005.2
	周　景	2000.12—2010.8
	钱　军	2002.6—2009.6
	方国良	2005.2—
	全　海	2010.8—
纪委书记	张清泉	2000.12—2005.2
	方国良	2005.2—
校　长	朱金兆	2000.12—2004.7
	尹伟伦	2004.7—2010.8
	宋维明	2010.8—
常务副校长	尹伟伦	2000.12—2004.7
副校长	吕焕卿（女）	2000.12—2004.7
	陈　森	2000.12—2004.7
	陈天全	2000.12—
	陈晓阳	2001.5—2007.1
	钱　军	2007.1—2009.6
	宋维明	2004.7—2010.8
	姜恩来	2004.7—
	张启翔	2007.1—
	逄广洲	2009.3—
	骆有庆	2010.8—
	王自力	2010.8—

北京中医药大学

党委书记	郑英良	2000.12—2007.12
	吴建伟	2007.12—
党委副书记	乔旺忠	2000.12—2009.5
	谷晓红（女）	2002.3—
	靳　琦	2009.5—2010.8
	常　江	2010.1—
纪委书记	常　江	2000.12—2010.1；
		2010.1—（兼）
校　长	郑守曾	2000.12—2007.12
	高思华	2007.12—
副校长	魏天卯	2000.7—2009.5
	王庆国	2000.12—
	乔旺忠	2002.3—2010.8
	徐　孝	2002.3—
	乔延江	2009.5—
	靳　琦	2010.8—

中国协和医科大学

2006年12月，中国协和医科大学更名为北京协和医学院。

党委书记	祁国明（兼）	2000.12—2001.7
	刘　谦	2001.7—2006.12
党委副书记	林长胜	2000.12—2006.12
	徐德成	2002.6—2006.12

	李国勤	2005.5—2006.12
纪委书记	林长胜（兼）	2000.12—2002.6
	徐德成（兼）	2002.6—2006.12
校　长	巴德年	2000.12—2001.9
	刘德培	2001.9—2006.12
副校长	陈同鑑（回族）	2000.12—2002.5
	姜常胜	2000.12—2002.5
	刘德培	2000.12—2001.9
	宋学民	2000.12—2006.12
	鲁重美（兼，女）	2000.12—2004.8
	刘　谦（兼）	2001.9—2006.12
	戚可名（兼）	2002.5—2004.11
	何　维	2002.10—2006.12
	李立明（兼）	2004.12—2006.12
	詹启敏	2005.5—2006.12

北京协和医学院

党委书记	刘　谦	2006.12—2007.12
	李立明	2007.12—
党委副书记	林长胜	2006.12—
	徐德成	2006.12—2009.10
	李国勤	2006.12—
纪委书记	徐德成（兼）	2006.12—2009.10
	林长胜（兼）	2009.10—
校　长	刘德培	2006.12—
副校长	宋学民	2006.12—2009.10

	刘　谦（兼）	2006.12—2007.12
	何　维	2006.12—2008.6
	詹启敏	2006.12—
	李立明（兼）	2006.12—
	赵玉沛（兼）	2007.12—
	徐德成	2009.10—

北京外国语大学

党委书记	陈乃芳（女）	2000.12—2002.7
	杨学义	2002.7—
党委副书记	裘玉芳（女）	2000.12—2002.7
	周　烈	2002.12—2008.4
	曹文泽	2002.7—
	姜绪范	2008.9—
	文　君（女）	2008.9—
纪委书记	金传豪	2000.12—2002.07
	曹文泽（兼）	2002.7—2008.9
	姜绪范（兼）	2008.9—
校　长	陈乃芳（女）	2000.12—2005.6
	郝　平	2005.6—2010.3
	陈雨露	2010.03—
副校长	何其莘	2000.12—2005.6
	钟美荪（女）	2000.12—
	杨学义	2000.12—2002.7
	周　烈	2000.12—2002.12
	白　刚	2002.9—2007.8
	李朋义	2005.6—2007.8

	金　莉（女，俄罗斯族）	2005.6—
	彭　龙	2007.8—
	曹文泽	2008.9—

北京语言文化大学

2002年7月，北京语言文化大学更名为北京语言大学。

党委书记	王路江（女）	2000.12—2002.7
党委副书记	孔繁清（女）	2000.12—2002.7
纪委书记	孔繁清（女）	2000.12—2002.7

校　长	曲德林	2000.12—2002.7
副校长	任以珍	2000.12—2002.5
	林国立	2000.12—2002.7
	霍明杰（满族）	2001.2—2002.7

北京语言大学

党委书记	王路江（女）	2002.7—
党委副书记	孔繁清（女）	2002.7—2006.3
	崔希亮	2006.3—
	赵　旻	2006.3—
纪委书记	孔繁清（女）	2002.7—2006.3
	赵　旻	2006.3—

校　长	曲德林	2002.7—2005.6
	崔希亮	2005.6—
副校长	林国立	2002.7—

	霍明杰（满族）	2002.7—
	马箭飞	2003.4—2005.6
	崔希亮	2003.4—2005.6
	韩经太	2005.6—

北京体育大学

党委书记	张万增	2001.6—2004.3
	杨　桦	2004.3—
党委副书记	史康成（兼）	2001.6—2002.9
	杨　桦	2002.9—2004.3
	李寿山	2001.3—2009.9
	何珍文	2006.5—
纪委书记	李寿山（兼）	2001.3—2003.10
	彭晓吉	2003.10—
校　长	史康成	2001.6—2002.9
	杨　桦	2002.9—
副校长	田　野	2001.3—2003.6
	钟秉枢	2001.3—
	何珍文	2001.3—2006.5
	池　健	2003.10—
	程建平（重庆市）	2006.5—
	周典明	2007.7—10
	王　芬（女）	2009.9—

中央民族大学

党委书记　王　彦　2000.12—2005.1
　鄂义太（蒙古族）　2005.1—
党委副书记　郑玉顺（女，朝鲜族）2000.12—2003.5
　李东光（朝鲜族）　2003.9—
　刀　波（傣族）　2008.6—
　陈　理（兼，土家族）2008.6—
纪委书记　郑玉顺（兼，女，朝鲜族）
　2000.12—2003.5
　李东光（兼，朝鲜族）2003.9—

校　长　荣仕星（壮族）　2000.12—2005.1
　鄂义太（兼，蒙古族）2005.1—2008.7
　陈　理（土家族）　2008.6—
常务副校长　陈　理（土家族）　2005.11—2008.6
副校长　陈　理（土家族）　2000.12—2005.11
　任中夏　2000.12—
　严玉明　2000.12—
　郑玉顺（女，朝鲜族）2000.12—2008.7
　黄凤显（壮族）　2002.3—2005.1
　金雅声（蒙古族）　2002.3—2008.7
　郭卫平（藏族）　2002.3—
　吐尔逊·阿尤甫（维吾尔族）
　2002.3—2003.4
　艾比布拉（维吾尔族）2003.5—
　马文喜　2005.1—
　王林旭　2003.8—

	宋　敏（女）	2008.6—

对外经济贸易大学

党委书记	许其立	2000.12—2004.5
	王　玲（女）	2004.5—
党委副书记	陈建香（女）	2000.12—
	贾怀勤	2000.12—2005.7
	杨逢华	2005.7—
纪委书记	贾怀勤	2000.12—2005.7
	杨逢华	2005.7—
校　长	陈准民	2000.12—2009.5
	施建军	2009.5—
副校长	姚德骥	2000.12—2002.9
	陈苏东（女）	2000.12—2005.1
	徐子健	2000.12—
	刘　亚	2000.12—
	王正富	2000.12—2009.5
	胡福印	2002.9—
	林桂军	2005.1—
	张新民	2009.5—

中国矿业大学（北京校区）

2003年1月，更名为中国矿业大学（北京）。

党委书记	罗承选	2000.12—2002.5
	张保军	2002.5—2003.1

党委副书记	柯文进	2000.12—2003.1
	田维义	2000.12—2002.2
纪委书记	柯文进（兼）	2000.12—2003.1
校　长	谢和平	1998.8—2003.1
副校长	柯文进	2000.12—2003.1
	王凤余	2000.12—2002.8
	乔建永	2000.12—2003.1
	安里千	2000.12—2003.1
	冯克庄	2000.12—2002.5
	王悦汉	2000.12—2002.5
	于　利	2000.12—2002.2
	杨仁树	2002.5—2003.1
	孙继平	2002.5—2003.1

中国矿业大学（北京）

党委书记	张保军	2003.1—2008.3
	杨仁树	2008.3—
党委副书记	柯文进	2003.1—2003.5
	范　迅	2003.5—2008.3
	朱书全（回族）	2008.3—
纪委书记	柯文进（兼）	2003.1—2003.5
	范　迅（兼）	2003.5—2008.3
	朱书全（兼，回族）	2008.3—
校　长	谢和平	2003.1—2003.6
	乔建永	2003.7—
副校长	柯文进	2003.1—2003.5

	乔建永	2003. 1—2003. 7
	安里千	2003. 1—2007. 7
	杨仁树	2003. 1—2008. 3
	孙继平	2003. 1—
	范　迅	2008. 3—
	姜耀东	2008. 3—
	王忠强	2008. 3—

中央财经大学

党委书记	李保仁	2000. 12—2005. 2
	邱　东	2005. 2—2009. 2
	胡树祥	2009. 2—
党委副书记	李玉书	2000. 12—2005. 2
	徐山辉	2000. 12—2003. 6
	倪海东	2003. 6—
	侯慧君（女）	2005. 2—
	袁　东	2005. 12—
纪委书记	岳桂贤（女）	2000. 12—2005. 12
	袁　东（兼）	2005. 12—2008. 12
	侯慧君（兼，女）	2008. 12—
校　长	王柯敬	2000. 12—2003. 6
	王广谦	2003. 6—
副校长	姚　遂	2000. 12—2003. 6
	李俊生	2003. 6—
	陈　明	2003. 6—
	袁　东	2003. 6—
	王国华	2003. 6—2008. 10

	侯慧君（女）	2007.6—2008.12
	王瑶琪（女）	2007.6—
	梁　勇	2008.12—
	史建平	2008.12—

中国政法大学

党委书记	杨永林	2000.12—2001.9
	石亚军	2001.9—
党委副书记	解战原	2000.12—2001.9
	马抗美（女）	2000.12—2009.8
	冯世勇	2001.9—
	李书灵（女）	2005.5—2009.8
	高浣月（女）	2009.8—
	胡　明	2009.8—
纪委书记	马抗美（女）	2000.12—2001.9
	李书灵（女）	2001.9—2009.8
	胡　明	2009.8—
校　长	杨永林	2000.12—2001.9
	徐显明	2001.9—2009.2
	黄　进	2009.2—
副校长	赵相林	2000.12—2001.9
	陆　炬	2000.12—2001.9
	魏传军	2000.12—2001.9
	郑　禄	2000.12—2001.9
	王启富	2000.12—2001.9
	马抗美（女）	2000.12—
	解战原	2001.9—2006.2

	朱　勇	2001.9—
	张桂琳（女）	2001.9—
	张柳华	2001.9—
	张保生	2006.2—
	马怀德	2006.2—
	高浣月（女）	2006.2—2009.8
	冯世勇	2009.8—

中央美术学院

党委书记	丁士中	2000.12—2001.5
	杨　力	2001.5—
党委副书记	黄华英	2000.12—2003.4
	王宏建	2000.12—2004.1
	吴长江	2003.4—2008.7
	孙红培	2008.7—
纪委书记	王宏建（兼）	2000.12—2004.1
	吴长江（兼）	2004.1—2008.7
	孙红培（兼）	2008.7—

院　长	靳尚谊	2000.12—2001.5
	潘公凯	2001.5—
副院长	丁士中	2000.12—2002.9
	孙为民	2000.12—2003.4
	王玉祥	2000.12—2003.4
	范迪安	2000.12—2005.12
	董长侠	2002.9—
	谭　平	2003.4—
	徐　冰	2007.12—

中央音乐学院

党委书记	王次炤	2000.12—2001.5
	郭淑兰（女）	2001.5—
党委副书记	郭淑兰（女）	2000.12—2001.5
	李　续	2004.4—2009.2
	逄焕磊	2004.4—
纪委书记	郭淑兰（兼，女）	2000.12—2004.4
	逄焕磊（兼）	2004.4—

院　长	王次炤	2000.12—
副院长	陈南岗（女）	2000.12—2001.2
	刘康华	2000.12—2004.4
	李　续	2000.12—2004.4； 2004.4—2009.2（兼）
	徐昌俊	2004.4—2010.7
	周海宏	2004.4—
	江小艾（女）	2009.2—
	叶小钢	2009.2—

中央戏剧学院

党委书记	刘国富	2000.12—2010.5
	刘立滨	2010.5—
党委副书记	刘立滨	2000.12—2010.5
	杨文海	2003.8—
	宋　英（女）	2010.11—12

纪委书记	刘立滨（兼）	2000.12—2005.1
	杨文海（兼）	2005.1—
院　长	王永德	2000.12—2003.5
	徐　翔	2003.5—
副院长	刘立滨	2003.5—
	徐秀明	2000.12—
	刘元声	2000.12—2002.1
	徐　翔	2001.5—2003.5
	廖向红（女）	2002.10—
	徐永胜	2010.11—

北京服装学院

党委书记	焦福岩	2000.12—2005.10
	惠桂芝（女，满族）	2005.10—
党委副书记	杨绍文	2000.12—2007.1
	惠桂芝（女，满族）	2002.4—2005.10
	王丽华（女）	2007.1—
	朱光好	2007.1—
纪委书记	杨绍文（兼）	2000.12—2007.1
	王丽华（兼，女）	2007.1—
院　长	王蕴强	2000.12—2001.3
	焦福岩	2002.12—2007.7
	刘元风	2007.7—
副院长	尼跃红	2000.12—2005.7
	李立平	2001.3—2007.1
	惠桂芝（女，满族）	2002.4—

	刘元风	2002.6—2007.7
	袁　敏	2005.6—
	廖　青（女）	2007.7—
	贾荣林	2007.11—
	仲丛生	2010.7—

北方工业大学

党委书记	沈　愉	2000.12—2001.8
	吴晚云	2001.8—
党委副书记	吴晚云	2000.12—2001.8
	郑文堂	2001.9—2003.8
	项　进	2003.8—
	李世英	2003.8—2006.11
	沈志莉（女）	2006.11—
纪委书记	吴晚云（兼）	2000.12—2001.9
	郑文堂（兼）	2001.9—2003.4
	苏　英（女）	2003.4—

校　长	沈　愉	2000.12—2001.9
	王晓纯	2001.9—
副校长	王晓纯	2000.12—2001.9
	齐东旭	2000.12—2001.3
	项　进	2000.12—2003.9
	杨　军	2001.9—
	郑文堂	2003.9—2005.12
	李正熙（朝鲜族）	2003.9—
	罗学科	2006.5—2010.1
	胡应平	2006.12—

北京工商大学

党委书记	林少岩（女）	2000. 12—2001. 8
	王守法	2001. 8—2007. 8
	孙尧东	2007. 8—
党委副书记	李　忠	2000. 12—2003. 6
	孙宝国	2000. 12—2001. 9
	许连明	2000. 12—2003. 6
	唐立军	2003. 6—2007. 2
	卢思锋	2003. 6—
	张德玉	2007. 8—
纪委书记	许连明	2000. 12—2003. 6
	陈殿华	2003. 6—2007. 8
	张德玉	2007. 8—
校　长	苏志平	2000. 12—2001. 9
	沈　愉	2001. 9—2008. 2
	谭向勇	2008. 2—
副校长	刘秀生	2000. 12—2003. 7
	潘邦金	2000. 12—2001. 9
	李殿富	2000. 12—2001. 9
	王仲德	2000. 12—2003. 7
	倪志恒	2000. 12—2004. 3
	孙宝国	2001. 9—
	谢志华	2003. 7—
	李朝鲜	2003. 7—
	王尚忠	2004. 12—2009. 12
	张　耘（女）	2004. 12—

	李丽萍（女）	2006.12—2008.7
	呼文亮	2009.12—

北京印刷学院

党委书记	崔文志	2000.12—2010.4
	郑吉春	2010.4—
党委副书记	迟乃坤	2000.12—2007.9
	郑瑞君	2000.12—2002.11
	刘超美（女）	2002.12—
	郑文红	2007.7—
纪委书记	迟乃坤（兼）	2000.12—2005.2
	宋海宁	2005.2—
院　长	曲德森	2003.11—
副院长	蒲嘉陵	2000.12—
	党繁义	2002.12—
	乔东亮	2004.6—

北京石油化工学院

党委书记	孙桂大	2000.12—2001.8
	牛继升	2001.8—2008.5
	高锦宏	2008.5—
党委副书记	周　海	2000.12—2006.2
	刘仲仁（回族）	2002.11—
	曹长兴	2006.2—2009.11
纪委书记	周　海（兼）	2000.12—2004.6

	张肃建（女）	2004.6—
院　长	佟泽民	2000.12—2005.7
	郭文莉（女）	2005.7—
副院长	严庆国	2000.12—2002.1
	徐土旺	2000.12—2005.7
	郭文莉（女）	2000.12—2005.7
	赵盛伟	2002.12—
	周　海	2006.2—
	焦向东	2006.2—
	韩占生	2007.11—
	王林川	2008.6—

北京机械工业学院

党委书记	王守法	2000.12—2001.8
	林少岩（女）	2001.8—2003.4
党委副书记	高锦宏	2000.12—2003.5
	苏　英（女）	2000.12—2003.5
纪委书记	钱崇越	2000.12—2002.2
	苏　英（女）	2002.2—2003.4
院　长	刘志东	2000.12—2003.4
副院长	高锦宏	2000.12—2003.5
	韩秋实	2000.12—2003.5
	孙毓仁	2000.12—2003.4

北京信息工程学院

党委书记	赵国森	2000.12—2003.4
纪委书记	赵国森（兼）	2000.12—2003.4
院　长	甘圣予	2000.12—2003.4
副院长	刘克勤	2000.12—2003.4
	翟光培（女）	2000.12—2002.3
	陈维兴	2000.12—2003.5
	关仲和	2002.3—3

北京信息科技大学

2003年8月，北京市决定北京机械工业学院和北京信息工程学院合并，组建北京信息科技大学。2004年5月，教育部同意北京市筹建北京信息科技大学。2008年3月，教育部发文批复成立北京信息科技大学。

党委书记	刘志东	2003.4—2006.2
	郑君礼	2006.2—
党委副书记	冯喜春	2003.4—2008.10
	冯　刚	2003.6—2004.7
	闫　成	2004.12—2009.3
	刘筱毅	2008.10—
纪委书记	孙毓仁	2003.4—2005.2
	冯喜春（兼）	2005.2—2008.10
	刘　勇	2008.10—
校　长	杜　林	2003.4—

副校长	高锦宏	2003. 5—2008. 6
	关仲和	2003. 5—2008. 10
	韩秋实	2003. 5—
	陈维兴	2003. 5—2006. 2
	孙百生	2003. 5—
	冯喜春	2008. 10—
	许晓革	2008. 11—
	彭斌柏	2008. 11—
	许宝杰	2010. 7—

北京第二外国语学院

党委书记	段建国	2000. 12—2010. 4
	冯　培	2010. 4—
党委副书记	王金魁	2000. 12—2004. 3
	张五洲	2001. 6—2005. 6
	肖韵竹（女）	2004. 3—2009. 11
	徐连春（女）	2004. 3—
	郑瑞君	2010. 3—
纪委书记	王金魁（兼）	2000. 12—2004. 3
	徐连春（兼，女）	2004. 3—

院　长	杜　江	2000. 12—2006. 4
	周　烈	2008. 3—
副院长	李翠霞（女）	2000. 11—2004. 12
	倪志恒	2004. 3—
	邱　鸣	2004. 3—
	计金标	2006. 12—
	李小牧	2009. 1—

北京物资学院

党委书记	阙光淮	2000.12—2002.11
	刘木春	2002.11—
党委副书记	刘仲仁（兼，回族）	2000.12—2002.11
	魏续臻	2002.11—2005.7
	王旭东	2005.7—2006.12
	沈小静（女）	2006.12—
纪委书记	刘仲仁（兼，回族）	2000.12—2002.11
	张希平	2003.3—2009.11
	赵凤琴（女）	2009.11—
院　长	陈　宏	2000.12—2005.7
	谭向勇	2005.7—2008.3
	王稼琼	2008.3—2010.2
	王旭东	2010.5—
副院长	刘仲仁（回族）	2000.12—2002.11
	龚树生	2000.12—
	潘少江	2000.12—2006.5
	沈志莉（女）	2004.2—2007.1
	翁心刚	2006.12—
	王旭东	2006.12—2010.5
	王志鸣	2008.6—
	王文生	2010.7—

中国音乐学院

党委书记	戴嘉枋	2000.12—2003.9
	张　雪（女）	2003.9—2006.11
	闫拓时	2006.11—
党委副书记	宁先华（女）	2000.12—2003.11
	韩立萍（女）	2003.11—
纪委书记	宁先华（兼，女）	2000.12—2003.11
	韩立萍（兼，女）	2003.11—
院　长	金铁霖（满族）	2000.12—2009.9
	赵塔里木	2009.9—
副院长	杨通八	2000.12—2003.11
	朱卓建	2000.12—2007.12
	戴嘉枋	2000.12—2003.11
	杨静茂	2003.11—2007.11
	赵塔里木	2006.10—2009.9
	景抒展	2007.10—
	宋　飞（女）	2009.1—

中国戏曲学院

党委书记	杜长胜	2000.12—2006.2
	王民忠	2006.2—2006.12
	张　凡（女）	2006.12—
党委副书记	贺　岩（女）	2000.12—2006.11
	刘　迈（女）	2000.12—2001.1

	李世英	2006.11—
经委书记	贺　岩（兼，女）	2000.12—2006.11
	李世英（兼）	2006.11—2010.12
	张京山	2010.12—
院　长	周育德	2000.12—2001.7
	杜长胜	2001.7—
副院长	刘　迈（女）	2001.1—2002.3
	赵景勃	2000.12—2007.1
	王振文	2000.12—2008.7
	白光耀	2001.8—2008.7
	巴　图（蒙古族）	2006.12—
	周　龙	2008.7—
	赵伟明	2008.7—

北京电影学院

党委书记	王凤生	2000.12—2001.6
	籍之伟	2001.6—
党委副书记	陈宇锴	2000.12—2001.6
	张五洲	2000.12—2001.6
	刘冀平（女）	2001.6—2007.6
	王黎光	2003.6—
	孙立军	2007.4—
纪委书记	张五洲	2000.12—
	刘冀平（兼，女）	2002.12—2007.4
	孙立军（兼）	2007.4—
院　长	王凤生	2000.12—2002.9

	张会军	2002. 9—
副院长	张会军	2000. 12—2002. 9
	侯克明	2000. 12—2006. 11
	陈宇锴	2000. 12—2001. 6
	刘　波	2000. 12—
	谢晓晶	2004. 6—
	贺　岩（女）	2006. 11—
	王鸿海	2007. 11—

北京舞蹈学院

党委书记	王国宾	2000. 12—2006. 3
	王传亮	2006. 3—
党委副书记	邓一江	2000. 12—2001. 6
	陈志刚	2001. 6—2010. 12
纪委书记	邓一江	2000. 12—2001. 6
	陈志刚	2001. 6—2010. 12
院　长	王国宾	2001. 6—2009. 1
	李　续	2009. 1—
副院长	熊家泰	2000. 12—2001. 6
	于　平	2000. 12—2001. 6
	余逊明	2000. 12—2005. 4
	邓一江	2001. 6—2007. 7
	明文军	2004. 11—
	张光一（女）	2004. 11—2008. 11
	郭　磊	2007. 9—
	邓佑玲（女，土家族）	2009. 1—
	王　伟（女）	2010. 5—

北京工业大学

2005 年 11 月，北京艺术设计学院并入北京工业大学。

党委书记	孙崇正	2000. 12—2007. 9
	王守法	2007. 9—
党委副书记	冯　培	2000. 12—2006. 11
	李昭玲（女）	2000. 12—2002. 11
	张毅刚	2003. 4—
	张　革	2007. 9—
纪委书记	刘保顺	2000. 12—2001. 10
	李昭玲（女）	2001. 10—2002. 11
	张毅刚	2003. 4—2009. 1
	龚　裕	2009. 1—
校　长	左铁镛	2000. 12—2004. 6
	范伯元	2004. 6—2010. 5
	郭广生	2010. 5—
副校长	周大森	2000. 12—2003. 5
	程　静	2000. 12—2004. 4
	刘小明	2000. 12—2003. 3
	颜念祖	2000. 12—2003. 5
	马志成（回族）	2001. 11—
	侯义斌	2002. 12—
	张　泽	2003. 2—2009. 6
	张爱林	2004. 9—
	蒋毅坚	2004. 9—
	卢振洋	2004. 9—

首都师范大学

党委书记	牛继升	2000. 12—2001. 8
	谢维和	2002. 4—2004. 3
	刘利民	2004. 12—2006. 2
	张　雪（女）	2006. 6—
党委副书记	赵会民	2000. 12—2001. 1
	张　雪（女）	2000. 12—2003. 9
	许祥源	2001. 8—2004. 12
	赵　文	2002. 2—2009. 11
	陈　宁（女）	2004. 12—
	林蓉蓉（女）	2008. 10—
纪委书记	詹新泽	2000. 12—2004. 12
	林蓉蓉（女）	2004. 12—2009. 11
	潘　亮	2009. 11—
校　长	杨学礼	2000. 12—2001. 8
	许祥源	2001. 8—2007. 7
	刘新成	2007. 7—
常务副校长	宫辉力	2008. 7—
副校长	李　因	2000. 12—2004. 11
	刘利民	2000. 12—2004. 12
	刘新成	2000. 12—2007. 7
	王万良	2001. 4—2008. 10
	宫辉力	2004. 12—2008. 7
	周建设	2004. 12—
	马　常	2005. 7—
	王晓霞（女）	2008. 10—

	何奕騉	2008.11—

北京建筑工程学院

党委书记	王保东	2000.12—2002.12
	柯文进	2002.12—2008.6
	钱　军	2008.7—
党委副书记	吴淑荣（女）	2000.12—2005.7
	张　凡（女）	2000.12—2005.7
	王　伟（山东胶南）	2005.7—
	张雅君（女）	2006.9—
纪委书记	张　凡（兼，女）	2000.12—2005.7
	柯文进（兼）	2005.7—2006.9
	张雅君（兼，女）	2006.9—2008.2
	何志洪	2008.2—
院　长	裴立德	2003.5—2005.12
	郑文堂	2005.12—
副院长	裴立德	2000.12—2003.5
	胡　昱	2000.12—2009.3
	吴淑荣（女）	2000.12—2005.7
	朱　光	2003.6—
	宋国华	2006.10—
	汪　苏	2009.1—
	李维平	2009.4—

首都医科大学

职务	姓名	任职时间
党委书记	杜金香（女）	2000.12—2002.3
	史炳忠	2002.3—2003.6
	吕兆丰	2003.6—2004.10
	李　明（女）	2004.10—
党委副书记	刘聪敏（女）	2000.12—2002.4
	杜金香（女）	2002.3—2004.10
	马谊平（女）	2002.4—
	管仲军	2002.4—2010.2
	李义庭	2006.12—2010.4
	刘　芳（女，回族）	2010.4—
纪委书记	夏启芬	2000.12—2002.4
	林瑞海	2002.4—2005.6
	及振华	2005.6—2010.4
	李义庭	2010.4—
校　长	徐群渊	2000.12—2002.3
	杜金香（女）	2002.3—2004.10
	吕兆丰	2004.10—
副校长	林瑞海	1994.2—2002.4
	陈　嬿（女）	1994.2—2002.4
	王玉慧（女）	1994.5—2010.10
	梁万年	2001.11—2003.6
	齐　昉	2002.4—
	王道瑞	2002.4—2003.11
	王晓民	2003.11—
	王松灵	2005.2—

	线福华（女，满族）	2006.12—
	管仲军	2010.2—

北京医学高等专科学校

2002年2月，北京医学高等专科学校并入首都医科大学。

党委书记	王道瑞	2000.12—2002.2
校　长	宋　新	2000.12—2002.2

首都经济贸易大学

党委书记	马博宣	2000.12—2001.8
	苏志平	2001.8—2003.12
	申建军（回族）	2003.12—2008.6
	柯文进	2008.6—
党委副书记	曲德森	2000.12—2003.12
	马　常	2000.12—2002.10
	文　魁（回族）	2000.12—2003.12
	马　平（女）	2002.10—2003.9
	张　凡（女）	2005.7—2006.11
	杨世忠	2003.12—2005.7
	杨　军	2003.12—
	冯　培	2006.11—2010.4
	朱玉华	2010.10—12
纪委书记	李致和	2000.12—2005.4
	赵凤启	2005.4—

校　长	张理泉	2000.12—2003.12
	文　魁（回族）	2003.12—2010.2
	王稼琼	2010.2—
副校长	姜忠波①	2000.12—2001.9
	曲德森	2000.12—2003.12
	冯　虹	2000.12—2001.6
	郑海航	2000.12—2006.10
	马　常	2002.11—2005.7
	郝如玉	2004.1—
	杨世忠	2005.7—
	王文举	2004.1—
	丁立宏	2006.11—
	王传生	2010.7—

首都体育学院

党委书记	张来芬（女）	2000.12—2006.6
	李鸿江	2006.6—
党委副书记	詹仲富	2000.12—2005.8
	闫拓时	2000.12—2004.3
	郑瑞君	2002.11—2010.2
	吴淑荣（女）	2005.7—2010.4
	王尚忠	2009.11—
	吴国民	2009.12—
纪委书记	詹仲富（兼）	2000.12—2005.7
	吴淑荣（兼，女）	2006.7—2010.4

① 2001年9月，因涉嫌受贿被逮捕。2004年12月，北京市委批准给予开除党籍处分，市政府批准给予其开除公职处分。

	王尚忠（兼）	2010.4—
院　长	孙康林	2000.12—2002.12
	李鸿江	2002.12—2006.6
	李颖川	2006.7—2010.4
副院长	李鸿江	2000.12—2002.12
	李颖川	2000.12—2006.7
	王秀卿	2000.12—2007.1
	王　蒲	2004.7—
	齐力新	2007.4—
	王凯珍（女）	2007.4—
	谢　军（女）	2010.11—

北京农学院

党委书记	孙尧东	2000.12—2007.9
	王慧敏（女）	2007.9—
党委副书记	刘冀平（女）	2000.12—2001.6
	罗维忠	2000.12—2009.2
	王晓霞（女）	2002.12—2008.11
	高　东（女）	2008.11—
	高喜军	2008.11—
纪委书记	罗维忠（兼）	2000.12—2005.7
	朱生利	2005.7—
院　长	孙尧东	2000.12—2004.6
	王有年	2004.6—
副院长	王淑贞（女，北京）	2000.12—2002.12
	王有年	2000.12—2004.6

	王　伟（山东胶南）	2000.12—2005.7
	杜晓林	2002.12—
	郑一淳	2004.11—
	姚允聪	2007.4—

北京青年政治学院

党委书记	朱天麟	2000.12—2002.12
	关成华（兼，满族）	2002.12—2006.4
	汪明浩（满族）	2006.9—
党委副书记	时　龙	2000.12—2001.1
	李红捷	2000.12—2003.1
	吴国民	2002.11—2009.3
	梁绿琦（兼，女）	2002.12—2010.6
	张　强	2003.6—2009.9
	祝文燕（女）	2009.9—
	蒋为民	2010.6—
纪委书记	时　龙（兼）	2000.12—2001.1
	李红捷（兼）	2001.1—2003.1
	吴国民（兼）	2003.6—2005.2
	蒋为民	2005.2—2010.6； 2010.6—（兼）

院　长	梁绿琦（女）	2002.12—
副院长	朱生利	2000.12—2005.7
	魏续臻	2000.12—2002.12
	时　龙（兼）	2000.12—2001.2
	张晓华（女）	2002.11—
	尼跃红	2005.7—

	张　强	2009. 10—

北京联合大学

党委书记	熊家华	2000. 12—2002. 8
	席文启	2002. 9—2008. 6
	徐永利	2008. 6—
党委副书记	孙　权	2000. 12—2009. 2
	韩宪洲	2000. 12—2003. 11
	高　东（女）	2003. 11—2008. 10
	付晨光	2008. 11—
	周志成	2008. 11—
纪委书记	孙　权（兼）	2000. 12—2002. 11
	黄海洋（女）	2002. 11—2010. 10
	张　楠（女）	2010. 10—
校　长	熊家华（兼）	2000. 12—2001. 3
	张妙弟	2001. 3—2007. 4
	柳贡慧	2007. 4—
副校长	张　铃	2000. 12—2007. 4
	高　林	2000. 12—2008. 4
	徐永利	2000. 12—2001. 3
	冯　虹	2001. 6—
	韩宪洲	2003. 11—2010. 5
	张连城	2007. 4—
	黄先开	2009. 1—
	鲍　泓	2010. 10—
	古红梅（女，回族）	2010. 11—

北京联合大学应用技术学院

2002 年 1 月，取消法人资格。

党委副书记	白志平	2000. 12 — 2002. 2
副院长	李培均	2000. 12 — 2002. 2

北京联合大学信息学院

2002 年 1 月，取消法人资格。

党委副书记	张秀国	2000. 12—2002. 2
	许贵才	2000. 12—2002. 2

北京联合大学机械工程学院

2002 年 1 月，取消法人资格。

党委副书记	张仲林	2000. 12—2002. 2
	高　东（女）	2000. 12—2002. 2
副院长	关仲和	2000. 12—2002. 2

北京联合大学应用文理学院

党委书记	郭淑敏（女）	2002. 3—2007. 12
	孔繁敏	2007. 12—2010. 11
	张连城（兼）	2010. 11—
党委副书记	张妙弟	2000. 12—2002. 1
	郭淑敏（女）	2000. 12—2002. 2
院　长	孔繁敏	2002. 3—2007. 12
	张宝秀（女）	2007. 12—
副院长	孔繁敏	2000. 12—2002. 2
	唐小恒	2004. 4—

北京联合大学职业技术师范学院

2003年2月，北京联合大学职业技术师范学院更名为北京联合大学师范学院。

党委书记	陈扬志	2000.12—2002.2
	张仲林	2002.2—2003.3
党委副书记	郭 堃	2002.3—2003.3
院 长	梁绿琦（女）	2002.3—2003.2
副院长	梁绿琦（女）	2000.12—2002.3
	骆武刚	2000.12—2002.2

北京联合大学师范学院

党委书记	张仲林	2003.3—2009.11
	韩宪洲（兼）	2009.11—2010.4
	陈志刚	2010.10—
党委副书记	郭 堃	2003.3—
	薛立军（回族）	2003.3—2007.12
院 长	薛立军（回族）	2003.3—

北京联合大学旅游学院

党委书记	张连波	2000.12—2003.3
	郑一淳	2003.3—2004.10
	李 因	2004.10—2009.11
	曹长兴	2009.11—
党委副书记	李玉玲（女）	2000.12—2009.4
	赵 鹏	2003.4—2009.12

院　长	吴统慧	2000. 12—2003. 3
	赵　鹏	2003. 4—2009. 12
	黄先开（兼）	2009. 12—
副院长	赵　鹏	2000. 12—2003. 3
	孙维佳	2000. 12—2002. 9
	徐天立	2000. 12—2002. 3

北京联合大学商务学院

党委书记	张秀国	2002. 3—2007. 4
	张建林	2007. 4—
党委副书记	孙　明	2000. 12—2002. 3
	冯　虹（兼）	2006. 2—2008. 1
	顾志良	2009. 5—
院　长	孙　明	2002. 3—2006. 4
	冯　虹（兼）	2006. 4—2008. 1
	顾志良	2008. 1—
副院长	孙　明	2000. 12—2002. 3

北京联合大学化学工程学院

2002 年 7 月，北京联合大学化学工程学院更名为北京联合大学生物化学工程学院。

党委副书记	王丽英（女）	2000. 12—2002. 2
副院长	王惠连（女）	2000. 12—2002. 7
	唐小恒	2000. 12—2004. 4
	郭　堃	2000. 12—2002. 2
	江瑞平	2000. 12—2002. 7

北京联合大学生物化学工程学院

党委书记	王丽英（女）	2002.7—2007.3
	周明珠	2007.3—
院　长	骆武刚	2002.2—2006.5
	张恩祥	2008.1—

北京联合大学继续教育学院

党委书记	周明珠	2005.10—2007.3
	李洪飞	2009.12—
院　长	熊家华（兼）	2000.12—2002.2
	徐天立	2002.3—2005.11
	单金成	2005.11—

北京联合大学中医药学院

2002年2月并入首都医科大学。

党委书记	马跃平（回族）	2000.12—2002.2
副书记	马谊平（女）	2000.12—2002.2
院　长	马跃平（回族）	2000.12—2002.2
	齐　昉	2000.12—2002.2
	赵　新	2000.12—2001.7

北京广播电视大学

党委书记	卢松明	2000.12—2003.4
	赵国森	2003.4—

党委副书记	梁小瑞（女）	2000.12—2004.3
	高玉维	2004.3—2008.7
	沈玉宝	2009.11—
纪委书记	梁小瑞（兼，女）	2000.12—2004.3
	高玉维（兼）	2004.3—2006.6
	符悦群（女）	2006.6—
校　长	林文漪（兼，女）	2000.12—2004.3
	闫拓时	2004.3—2006.11
	徐永利	2006.11—2008.6
	胡晓松（苗族）	2008.10—
常务副校长	张岱霞（女）	2000.12—2004.3
副校长	王季音	2000.12—2006.11
	梁小瑞（女）	2004.3—
	张有声	2004.3—
	周　宏	2006.11—
	蒋　饶（女，蒙古族）	2009.1—

北京教育学院

党委书记	倪益琛	2000.12—2003.5
	徐永利	2003.5—2006.11
	马宪平	2007.1—
党委副书记	蓝继世	2000.12—2003.7
	宋丽兰（女）	2000.12—2004.3
	唐亦勤（女）	2000.12—2005.7
	刘枫耘（女）	2005.7—
	李　方	2005.10—
纪委书记	唐亦勤（女）	2000.12—2005.7

	刘枫耘（女）	2005.7—2007.7
	卢　晖（女）	2007.7—
院　长	倪益琛	2000.12—2001.9
	李　方	2001.9—
副院长	蓝继世	2000.12—2003.8
	李　方	2000.12—2001.9
	段胜民	2000.12—2004.3
	郭世安	2003.8—
	方中雄	2003.8—
	田宏忠	2005.2—2009.12
	许志矛	2009.12—

北京工业职业技术学院

党委书记	刘爱菊（女）	2000.12—2007.4
	马　平（女）	2007.4—
院　长	李振华	2000.12—2003.11
	陈建民	2003.11—

北京财贸职业学院

2003 年 1 月，由北京市财贸管理干部学院、石油物探局职工大学、北京财政学校和北京立信会计职工大学组建，成立北京财贸职业学院。

党委书记	张连登（回族）	2003.10—2010.4
	韩宪洲	2010.4—
党委副书记	白淑仙（女）	2003.1—2009.5

	王茹芹（女）	2003.1—
	杨　禾（女）	2007.12—
纪委书记	吕长鸣	2003.9—

院　长	王茹芹（女）	2003.1—
副院长	顾志坚	2003.1—2004.11
	雷呈达	2003.1—2007.7
	周　宏	2003.1—2006.11
	曲永宁	2003.10—
	杨　禾（女）	2004.11—2008.7
	王季音	2006.11—
	王成荣	2007.7—
	姜韵宜（女）	2008.7—
	吕一中	2008.7—

北京电子科技职业学院

2007年3月，北京市仪器仪表工业学校、北京二轻工业学校、北京市机械工业学校（北京市机械局职工大学）、北京市汽车工业学校（北京市汽车工业总公司职工大学）与北京电子科技职业学院合并，成立新的北京电子科技职业学院。

党委书记	赵　文	2007.3—
党委副书记	丁绍芳（女）	2009.11—
	何　明（满族）	2009.11—
纪委书记	丁绍芳（女）	2009.11—

院　长	李振华	2007.3—2009.11
	王海平	2009.12—
副院长	赵　鹏	2009.12—

	田宏忠	2009.12—
	安江英	2009.12—

北京城市学院

学校前身为1984年3月成立的海淀走读大学。2003年4月，更名为北京城市学院。2008年9月，党的关系转至中共北京市委教育工委管理。

党委书记	刘　林	2008.9—
党委副书记	田培源（女）	2010.1—
纪委书记	曹世平（女）	2009.5—
校　长	傅正泰	2008.9—2009.1
	刘　林	2009.1—
常务副校长	刘　林	2008.9—2009.1
副校长	陈宝瑜	2008.9—2010.8
	冉　楠（女）	2010.1—

社会主义现代化建设新时期北京普通高等学校校名沿革表

（1976.10—2010.12）

北京大学

1976	1977	1978	1979	1980	1981	1982	1983	1984	1985	1986	1987	1988	1989	1990	1991	1992
北京大学																北京大学
北京医学院									北京医科大学 1985.5							北京医科大学

1993	1994	1995	1996	1997	1998	1999	2000	2001	2002	2003	2004	2005	2006	2007	2008	2009	2010
北京大学 北京医科大学							北京大学 2000.4										北京大学

清华大学

1976	1977	1978	1979	1980	1981	1982	1983	1984	1985	1986	1987	1988	1989	1990	1991	1992
清华大学																清华大学
中央工艺美术学院																中央工艺美术学院

1993	1994	1995	1996	1997	1998	1999	2000	2001	2002	2003	2004	2005	2006	2007	2008	2009	2010
清华大学 中央工艺美术学院						清华大学 1999.11											清华大学

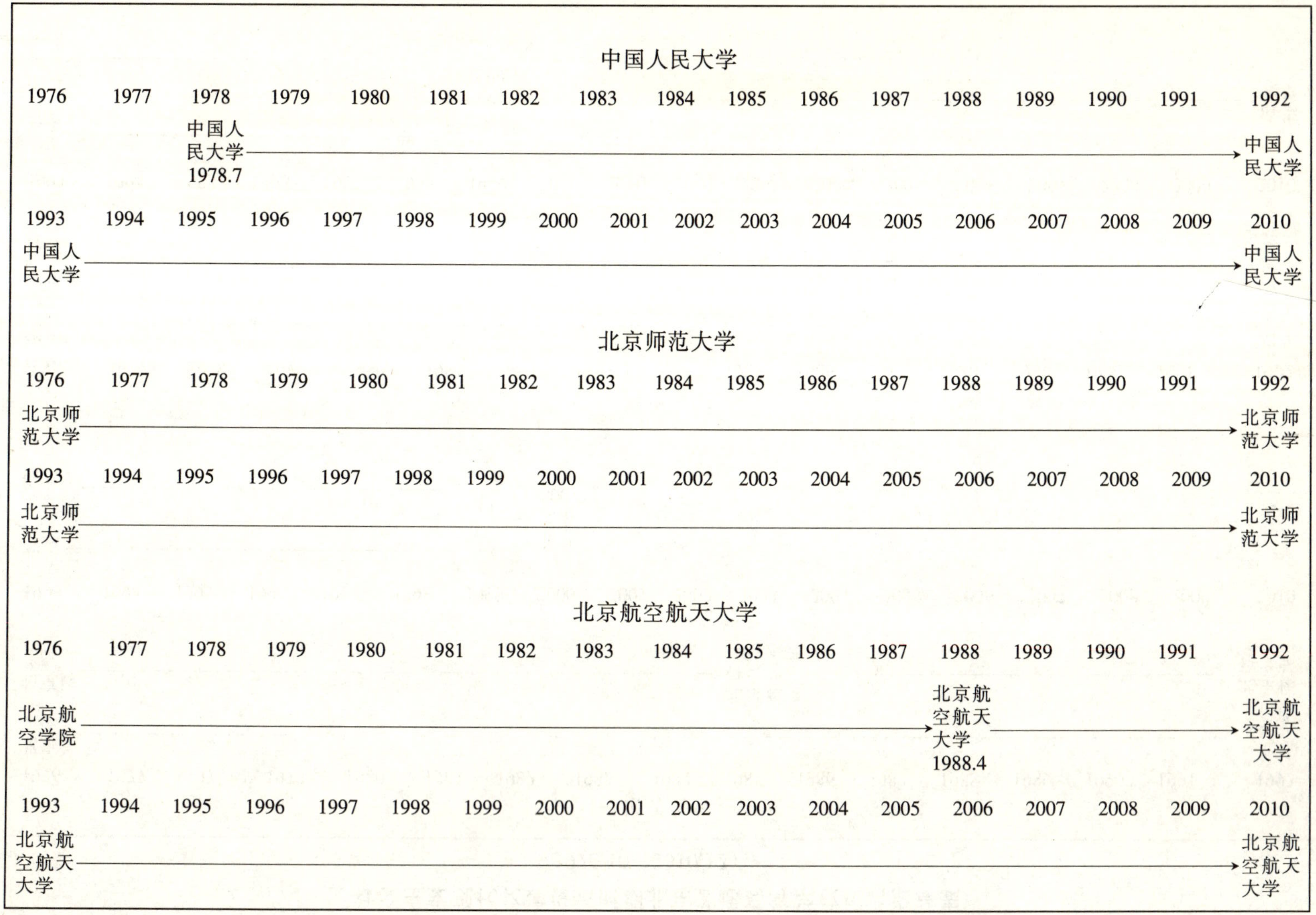

中国人民大学

1976 1977 1978 1979 1980 1981 1982 1983 1984 1985 1986 1987 1988 1989 1990 1991 1992

中国人民大学 1978.7 → 中国人民大学

1993 1994 1995 1996 1997 1998 1999 2000 2001 2002 2003 2004 2005 2006 2007 2008 2009 2010

中国人民大学 → 中国人民大学

北京师范大学

1976 1977 1978 1979 1980 1981 1982 1983 1984 1985 1986 1987 1988 1989 1990 1991 1992

北京师范大学 → 北京师范大学

1993 1994 1995 1996 1997 1998 1999 2000 2001 2002 2003 2004 2005 2006 2007 2008 2009 2010

北京师范大学 → 北京师范大学

北京航空航天大学

1976 1977 1978 1979 1980 1981 1982 1983 1984 1985 1986 1987 1988 1989 1990 1991 1992

北京航空学院 → 北京航空航天大学 1988.4 → 北京航空航天大学

1993 1994 1995 1996 1997 1998 1999 2000 2001 2002 2003 2004 2005 2006 2007 2008 2009 2010

北京航空航天大学 → 北京航空航天大学

北京理工大学

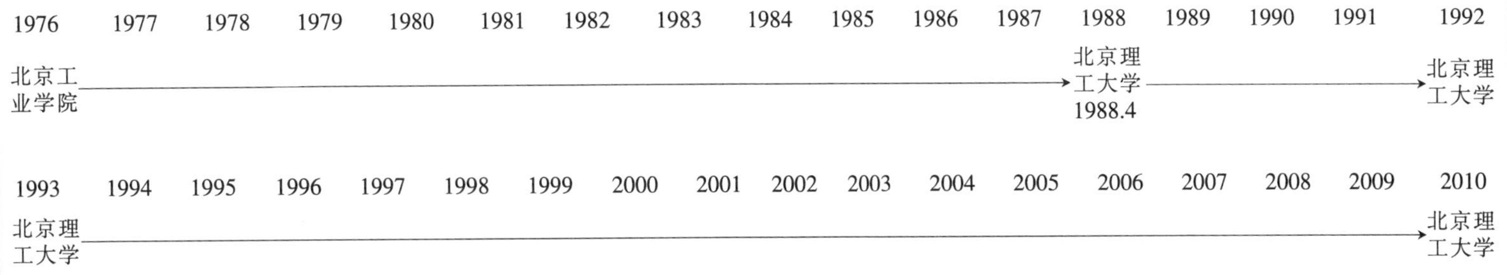

1976 1977 1978 1979 1980 1981 1982 1983 1984 1985 1986 1987 1988 1989 1990 1991 1992

北京工业学院 → 北京理工大学 1988.4 → 北京理工大学

1993 1994 1995 1996 1997 1998 1999 2000 2001 2002 2003 2004 2005 2006 2007 2008 2009 2010

北京理工大学 → 北京理工大学

中国农业大学

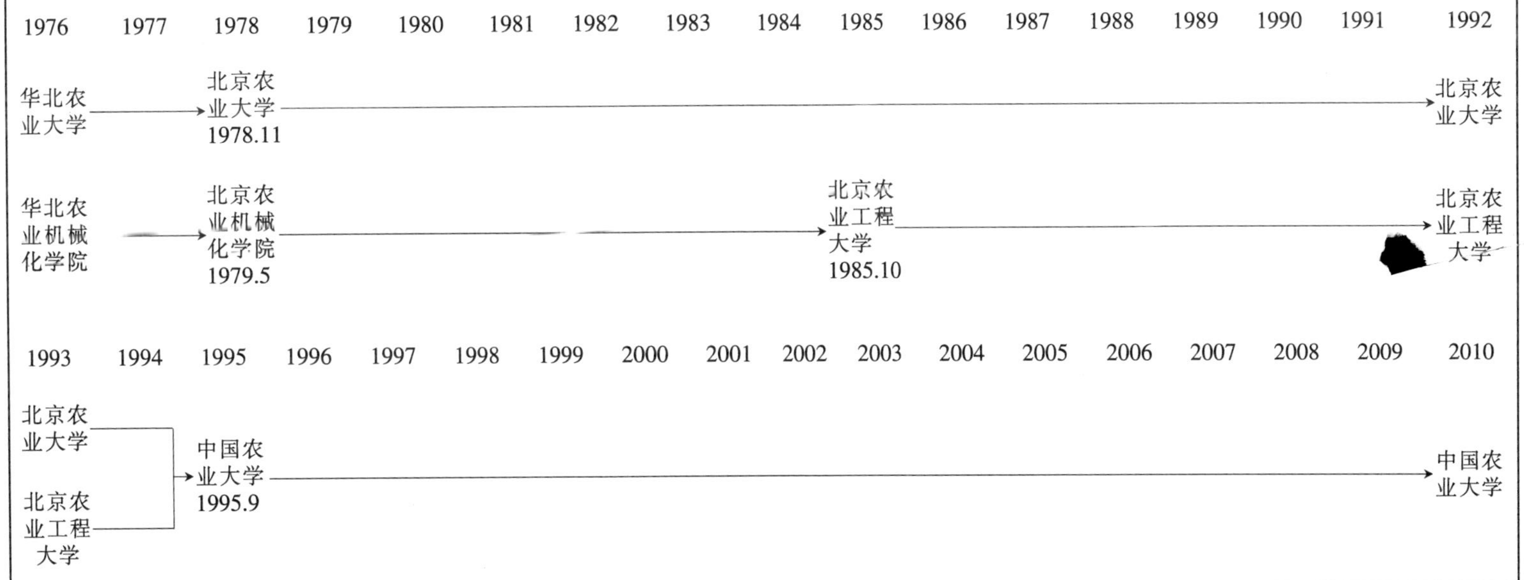

1976 1977 1978 1979 1980 1981 1982 1983 1984 1985 1986 1987 1988 1989 1990 1991 1992

华北农业大学 → 北京农业大学 1978.11 → 北京农业大学

华北农业机械化学院 → 北京农业机械化学院 1979.5 → 北京农业工程大学 1985.10 → 北京农业工程大学

1993 1994 1995 1996 1997 1998 1999 2000 2001 2002 2003 2004 2005 2006 2007 2008 2009 2010

北京农业大学、北京农业工程大学 → 中国农业大学 1995.9 → 中国农业大学

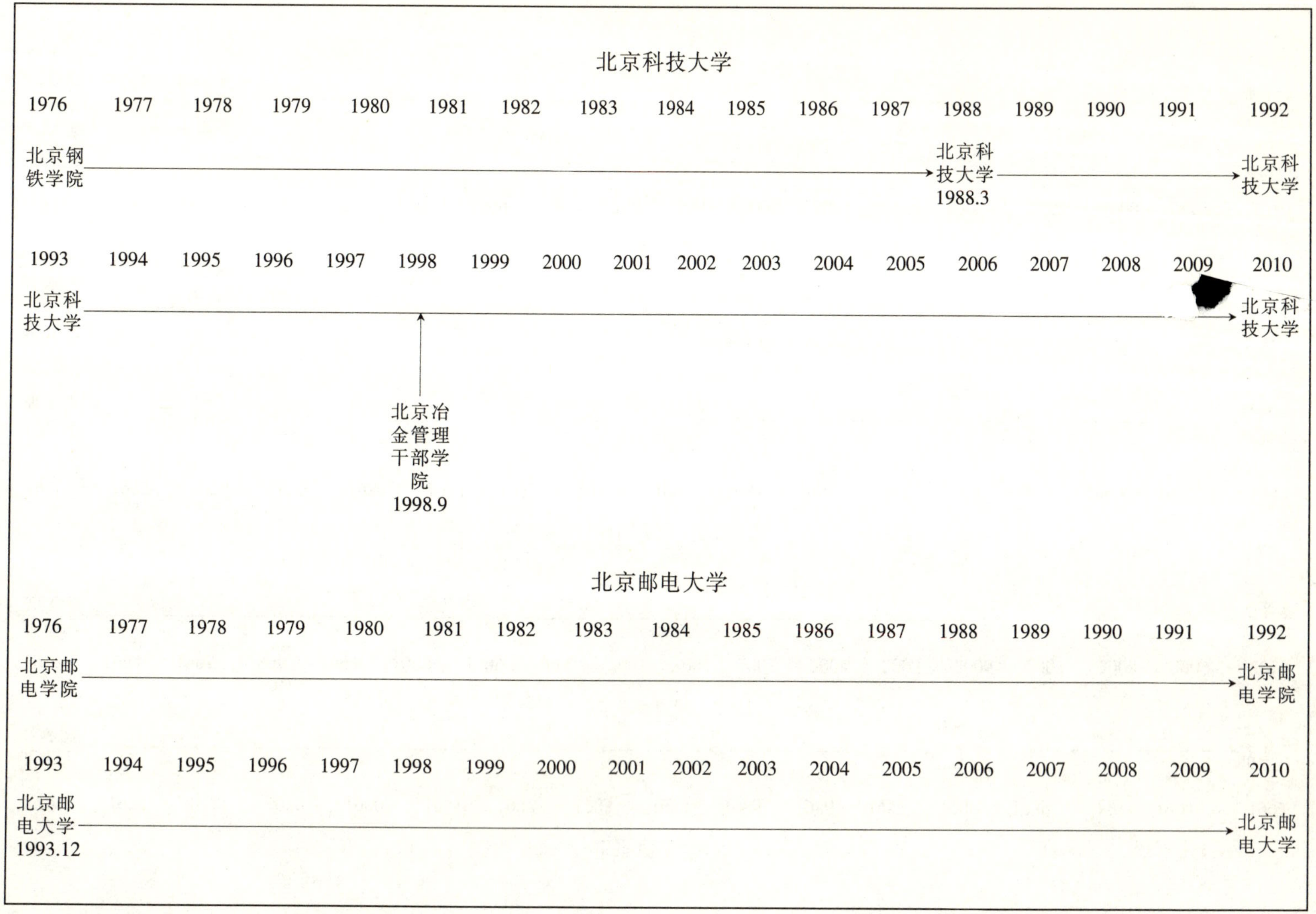

北京科技大学

1976 1977 1978 1979 1980 1981 1982 1983 1984 1985 1986 1987 1988 1989 1990 1991 1992

北京钢铁学院 → 北京科技大学 1988.3 → 北京科技大学

1993 1994 1995 1996 1997 1998 1999 2000 2001 2002 2003 2004 2005 2006 2007 2008 2009 2010

北京科技大学 → 北京科技大学

北京冶金管理干部学院 1998.9（并入，1998）

北京邮电大学

1976 1977 1978 1979 1980 1981 1982 1983 1984 1985 1986 1987 1988 1989 1990 1991 1992

北京邮电学院 → 北京邮电学院

1993 1994 1995 1996 1997 1998 1999 2000 2001 2002 2003 2004 2005 2006 2007 2008 2009 2010

北京邮电大学 1993.12 → 北京邮电大学

北京化工大学

1976 1977 1978 1979 1980 1981 1982 1983 1984 1985 1986 1987 1988 1989 1990 1991 1992

北京化工学院 → 北京化工学院

北京化学纤维工学院 1978.4

1993 1994 1995 1996 1997 1998 1999 2000 2001 2002 2003 2004 2005 2006 2007 2008 2009 2010

北京化工学院 → 北京化工大学 1994.2 → 北京化工大学

北京化工管理干部学院 1996.4

北京交通大学

1976 1977 1978 1979 1980 1981 1982 1983 1984 1985 1986 1987 1988 1989 1990 1991 1992

北方交通大学 → 北方交通大学

北京电力专科学校 1986.4 → 北京电力高等专科学校 1992.4

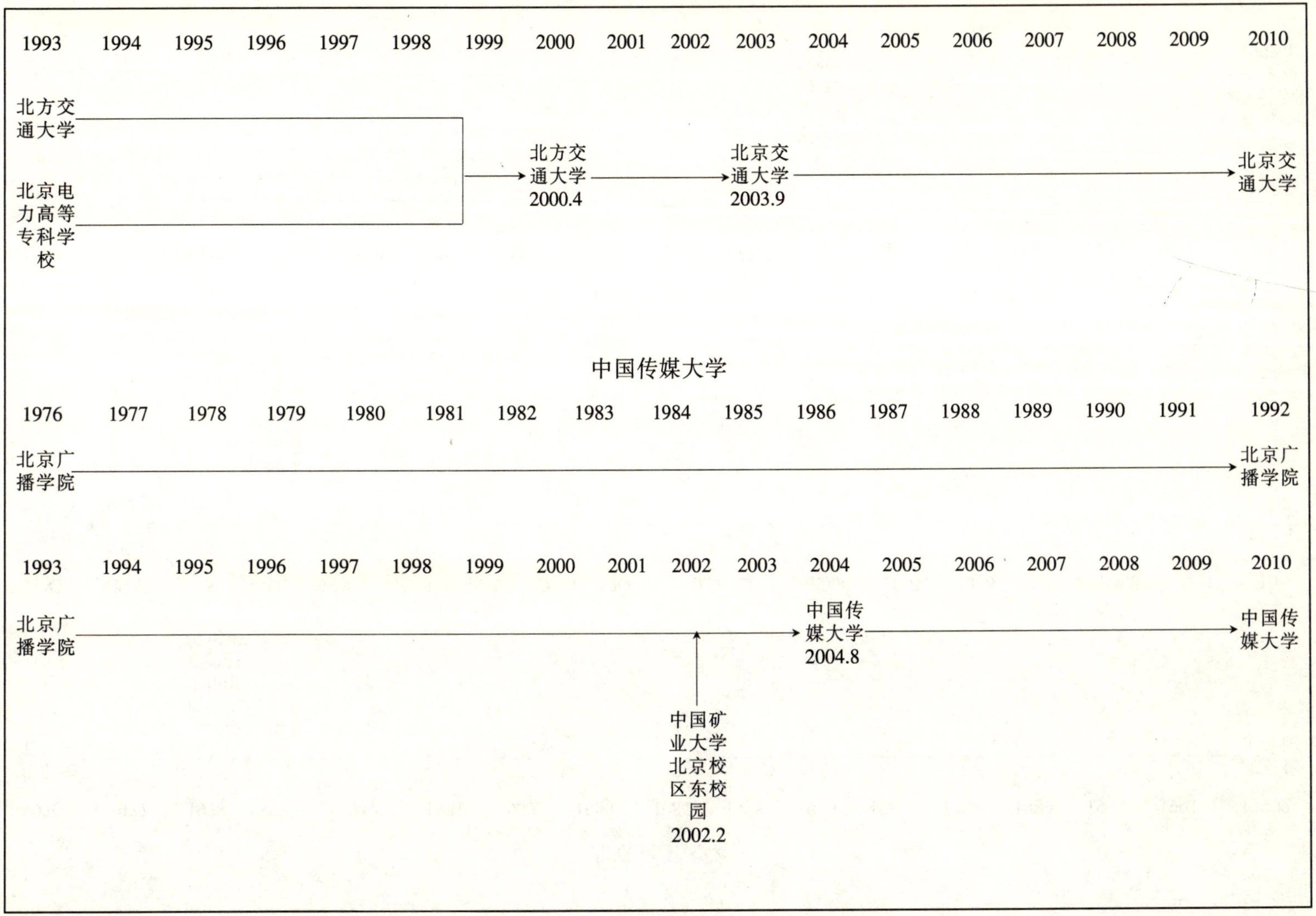

1993 1994 1995 1996 1997 1998 1999 2000 2001 2002 2003 2004 2005 2006 2007 2008 2009 2010

北方交通大学

北京电力高等专科学校

北方交通大学 2000.4

北京交通大学 2003.9

北京交通大学

中国传媒大学

1976 1977 1978 1979 1980 1981 1982 1983 1984 1985 1986 1987 1988 1989 1990 1991 1992

北京广播学院

北京广播学院

1993 1994 1995 1996 1997 1998 1999 2000 2001 2002 2003 2004 2005 2006 2007 2008 2009 2010

北京广播学院

中国矿业大学北京校区东校园 2002.2

中国传媒大学 2004.8

中国传媒大学

中国地质大学(北京)

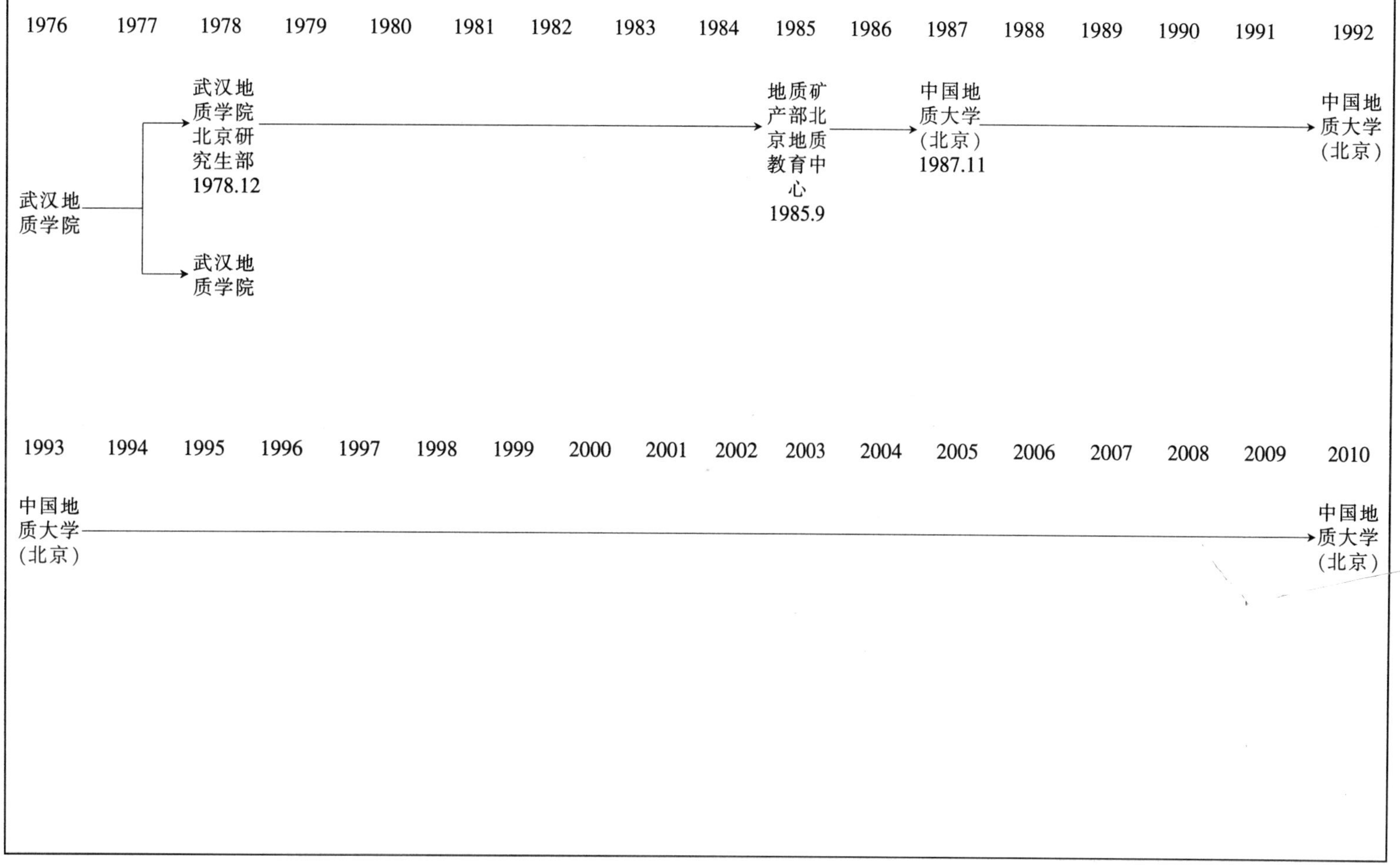

1976	1977	1978	1979	1980	1981	1982	1983	1984	1985	1986	1987	1988	1989	1990	1991	1992
武汉地质学院 →		武汉地质学院北京研究生部 1978.12 →							地质矿产部北京地质教育中心 1985.9 →		中国地质大学（北京）1987.11 →					中国地质大学（北京）
		武汉地质学院														

1993	1994	1995	1996	1997	1998	1999	2000	2001	2002	2003	2004	2005	2006	2007	2008	2009	2010
中国地质大学（北京）→																	中国地质大学（北京）

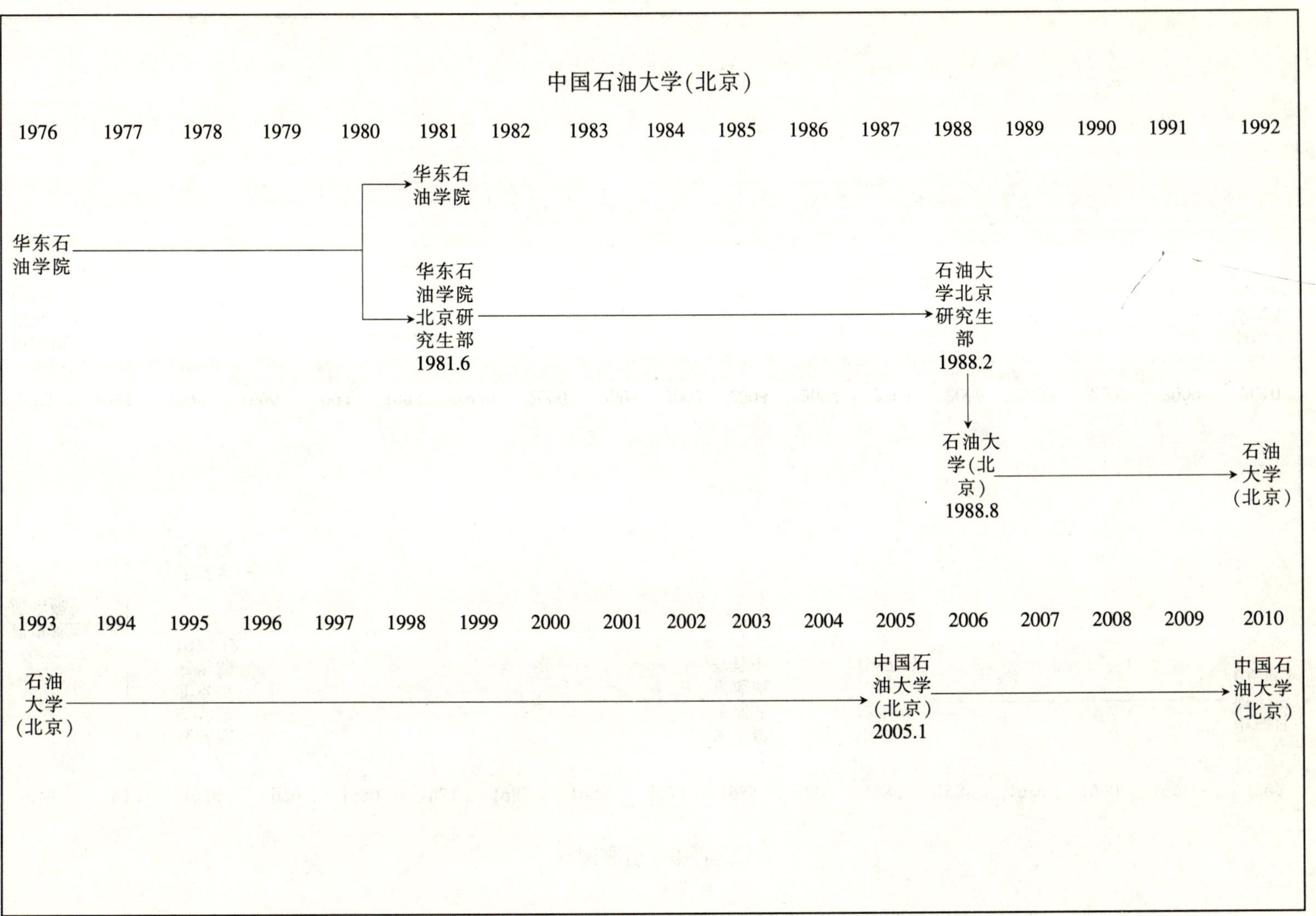
中国石油大学(北京)
1976 1977 1978 1979 1980 1981 1982 1983 1984 1985 1986 1987 1988 1989 1990 1991 1992
华东石油学院
华东石油学院
华东石油学院北京研究生部1981.6
石油大学北京研究生部1988.2
石油大学(北京)1988.8
石油大学(北京)
1993 1994 1995 1996 1997 1998 1999 2000 2001 2002 2003 2004 2005 2006 2007 2008 2009 2010
石油大学(北京)
中国石油大学(北京)2005.1
中国石油大学(北京)

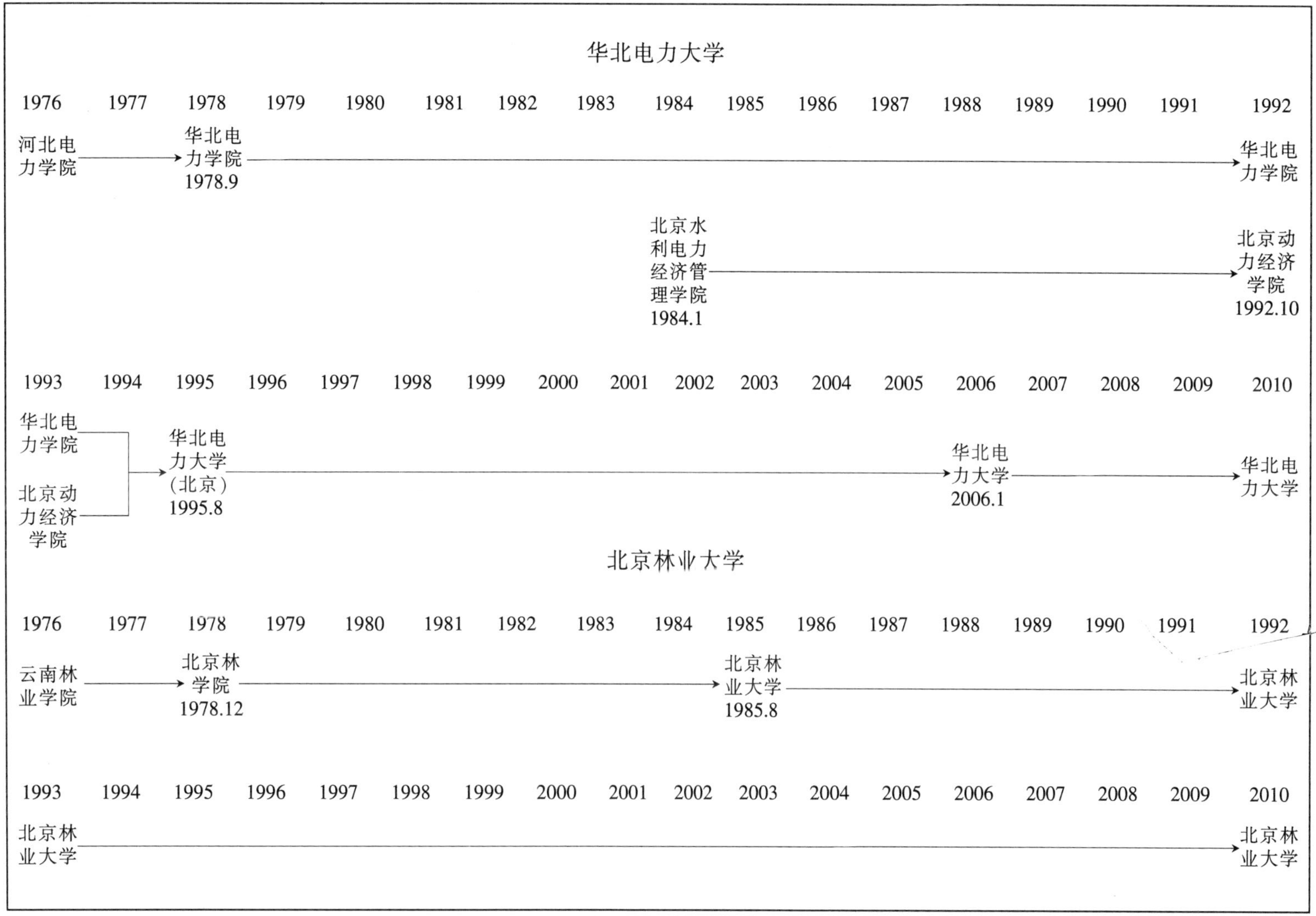

华北电力大学

1976	1977	1978	1979	1980	1981	1982	1983	1984	1985	1986	1987	1988	1989	1990	1991	1992
河北电力学院		华北电力学院 1978.9														华北电力学院
								北京水利电力经济管理学院 1984.1								北京动力经济学院 1992.10

1993	1994	1995	1996	1997	1998	1999	2000	2001	2002	2003	2004	2005	2006	2007	2008	2009	2010
华北电力学院 北京动力经济学院		华北电力大学（北京）1995.8											华北电力大学 2006.1				华北电力大学

北京林业大学

1976	1977	1978	1979	1980	1981	1982	1983	1984	1985	1986	1987	1988	1989	1990	1991	1992
云南林业学院		北京林学院 1978.12							北京林业大学 1985.8							北京林业大学

1993	1994	1995	1996	1997	1998	1999	2000	2001	2002	2003	2004	2005	2006	2007	2008	2009	2010
北京林业大学																	北京林业大学

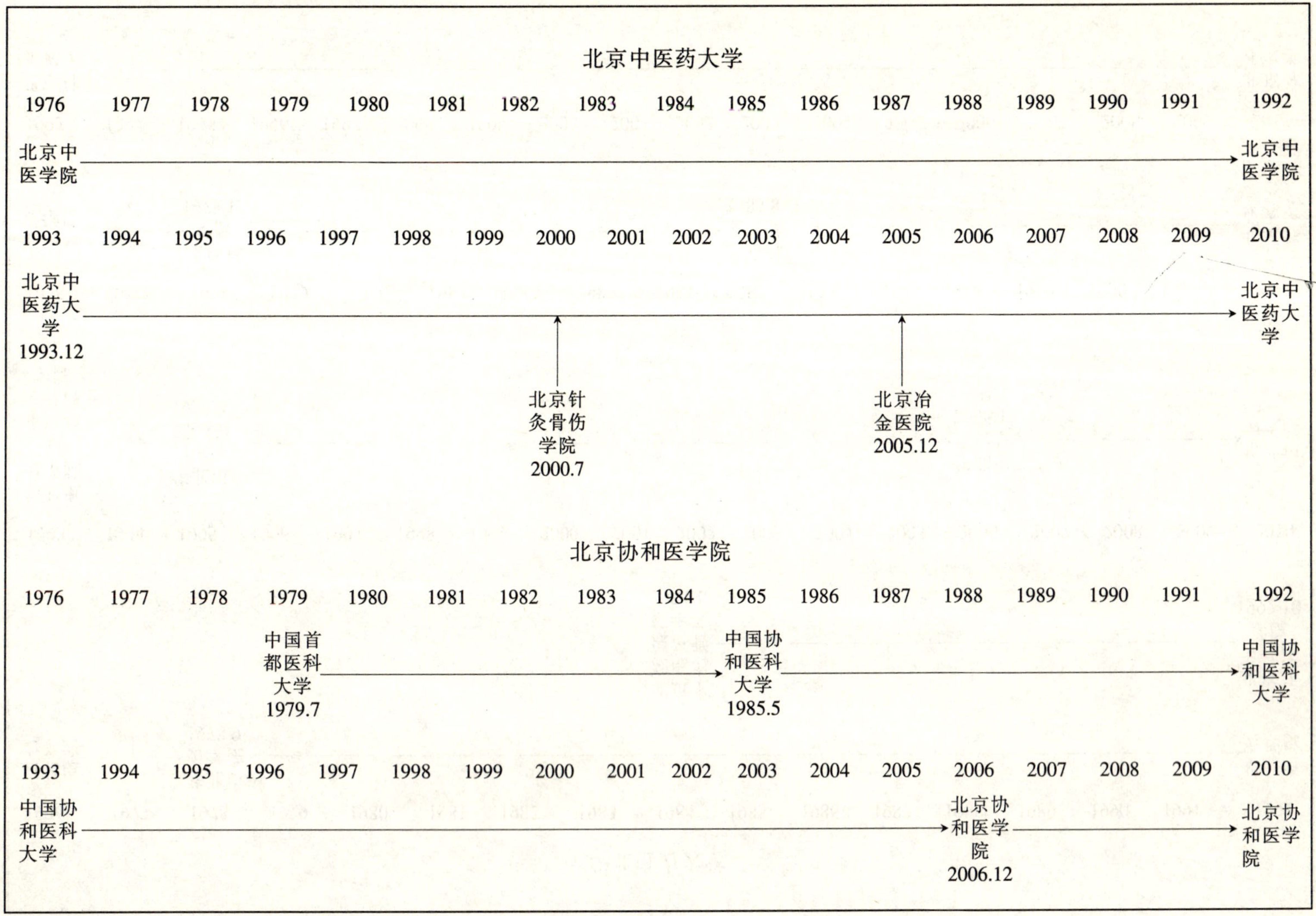

北京中医药大学

1976 1977 1978 1979 1980 1981 1982 1983 1984 1985 1986 1987 1988 1989 1990 1991 1992

北京中医学院 → 北京中医学院

1993 1994 1995 1996 1997 1998 1999 2000 2001 2002 2003 2004 2005 2006 2007 2008 2009 2010

北京中医药大学 1993.12 → 北京中医药大学

北京针灸骨伤学院 2000.7

北京冶金医院 2005.12

北京协和医学院

1976 1977 1978 1979 1980 1981 1982 1983 1984 1985 1986 1987 1988 1989 1990 1991 1992

中国首都医科大学 1979.7 → 中国协和医科大学 1985.5 → 中国协和医科大学

1993 1994 1995 1996 1997 1998 1999 2000 2001 2002 2003 2004 2005 2006 2007 2008 2009 2010

中国协和医科大学 → 北京协和医学院 2006.12 → 北京协和医学院

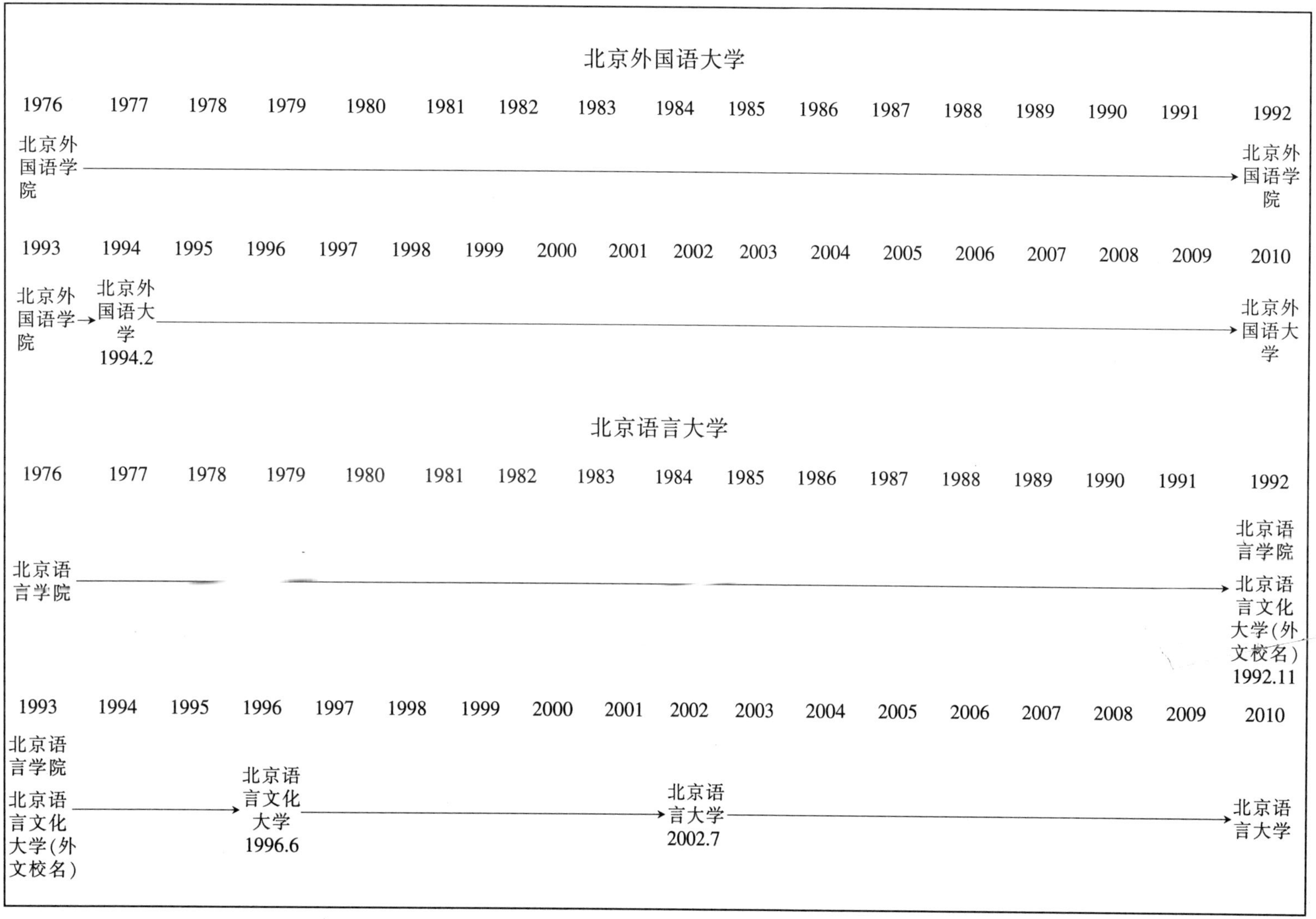

北京外国语大学

1976 1977 1978 1979 1980 1981 1982 1983 1984 1985 1986 1987 1988 1989 1990 1991 1992

北京外国语学院 → 北京外国语学院

1993 1994 1995 1996 1997 1998 1999 2000 2001 2002 2003 2004 2005 2006 2007 2008 2009 2010

北京外国语学院 → 北京外国语大学 1994.2 → 北京外国语大学

北京语言大学

1976 1977 1978 1979 1980 1981 1982 1983 1984 1985 1986 1987 1988 1989 1990 1991 1992

北京语言学院 → 北京语言学院 北京语言文化大学(外文校名) 1992.11

1993 1994 1995 1996 1997 1998 1999 2000 2001 2002 2003 2004 2005 2006 2007 2008 2009 2010

北京语言学院 北京语言文化大学(外文校名) → 北京语言文化大学 1996.6 → 北京语言大学 2002.7 → 北京语言大学

北京体育大学

1976 1977 1978 1979 1980 1981 1982 1983 1984 1985 1986 1987 1988 1989 1990 1991 1992

北京体育学院 → 北京体育学院

1993 1994 1995 1996 1997 1998 1999 2000 2001 2002 2003 2004 2005 2006 2007 2008 2009 2010

北京体育大学 1993.12 → 北京体育大学

中央民族大学

1976 1977 1978 1979 1980 1981 1982 1983 1984 1985 1986 1987 1988 1989 1990 1991 1992

中央民族学院 → 中央民族学院

1993 1994 1995 1996 1997 1998 1999 2000 2001 2002 2003 2004 2005 2006 2007 2008 2009 2010

中央民族大学 1993.11 → 中央民族大学

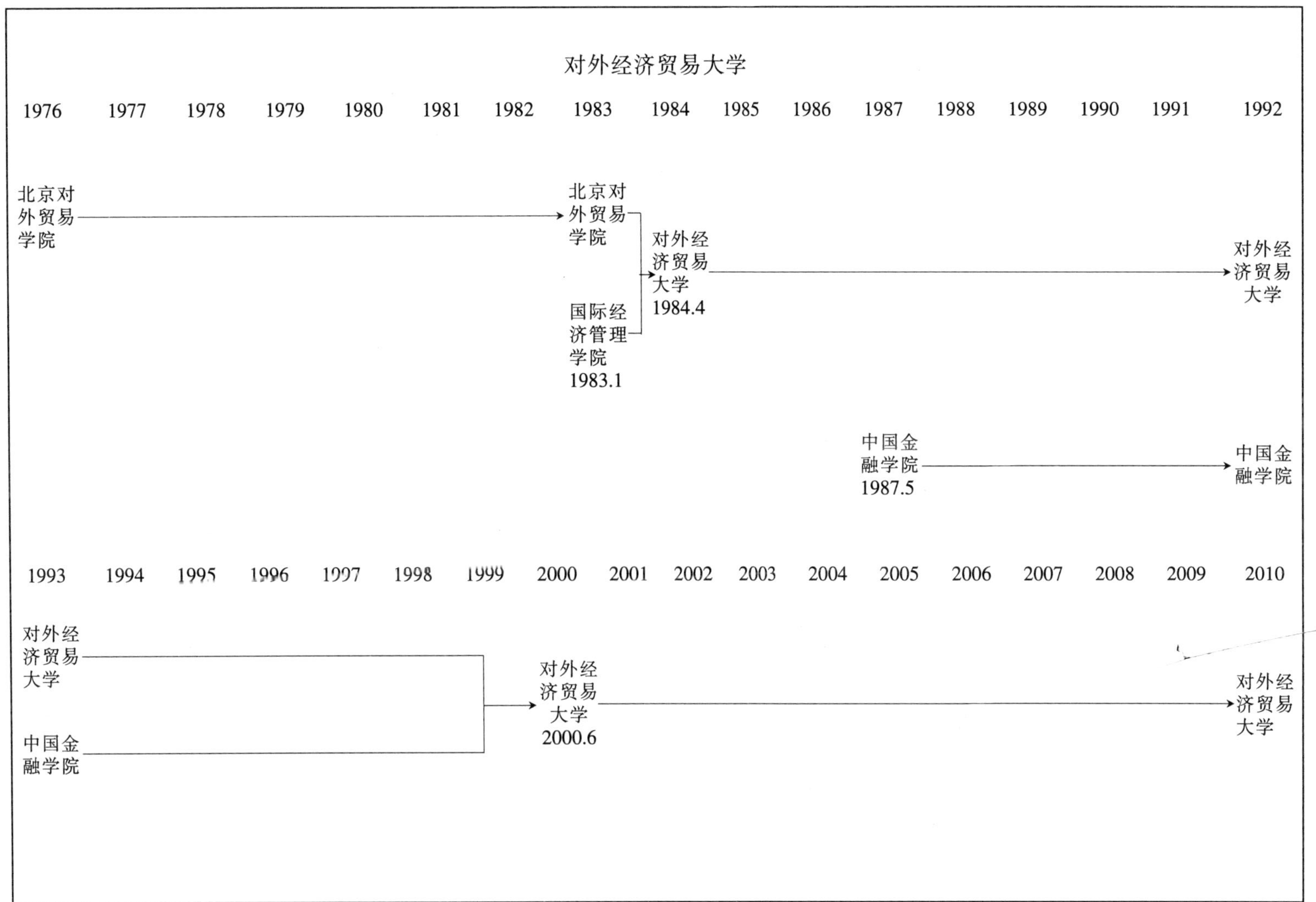

对外经济贸易大学
1976 1977 1978 1979 1980 1981 1982 1983 1984 1985 1986 1987 1988 1989 1990 1991 1992
北京对外贸易学院
北京对外贸易学院
国际经济管理学院 1983.1
对外经济贸易大学 1984.4
对外经济贸易大学
中国金融学院 1987.5
中国金融学院
1993 1994 1995 1996 1997 1998 1999 2000 2001 2002 2003 2004 2005 2006 2007 2008 2009 2010
对外经济贸易大学
中国金融学院
对外经济贸易大学 2000.6
对外经济贸易大学

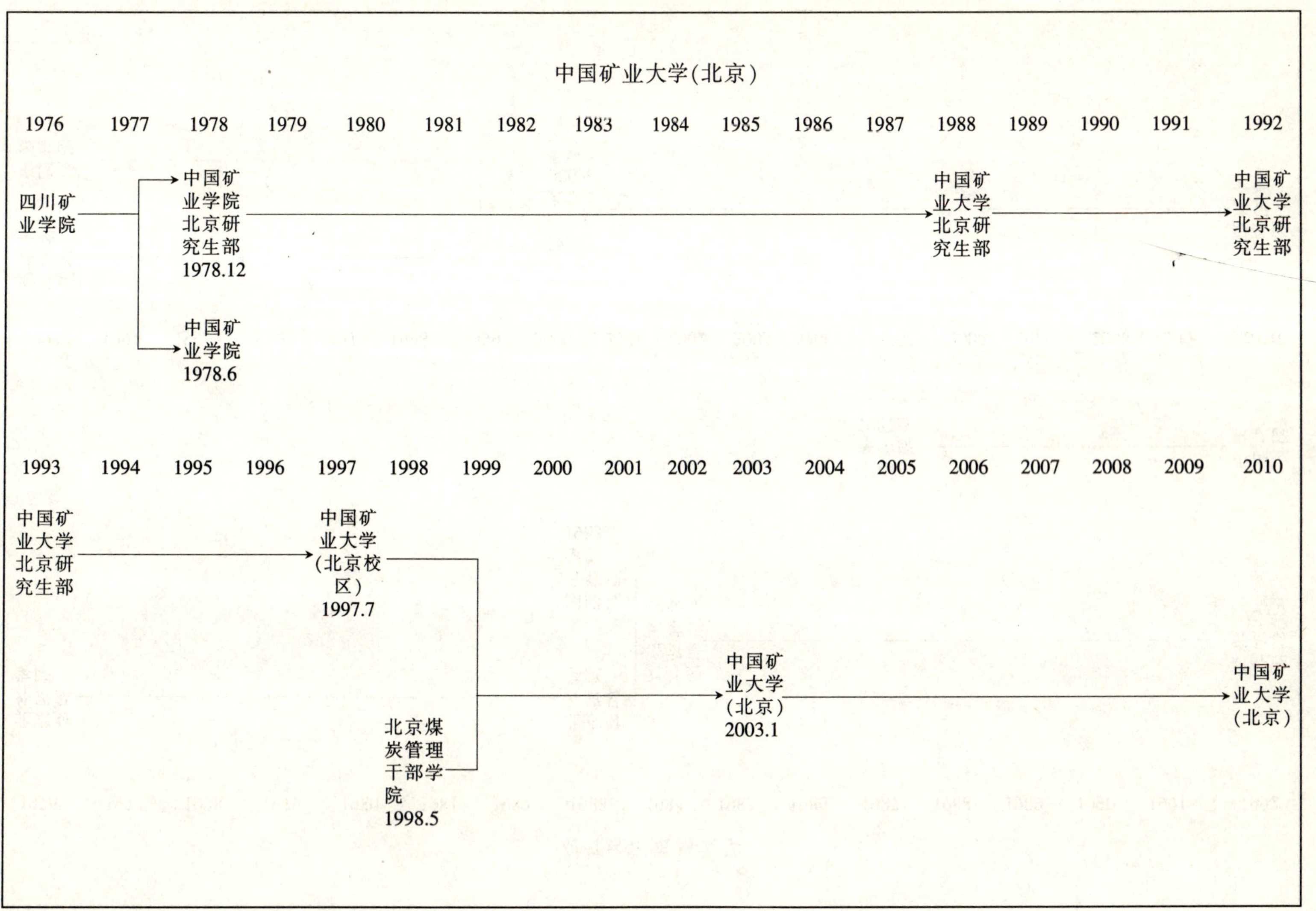

中国矿业大学(北京)
1976
1977
1978
1979
1980
1981
1982
1983
1984
1985
1986
1987
1988
1989
1990
1991
1992
四川矿业学院
中国矿业学院北京研究生部 1978.12
中国矿业学院 1978.6
中国矿业大学北京研究生部
中国矿业大学北京研究生部
1993
1994
1995
1996
1997
1998
1999
2000
2001
2002
2003
2004
2005
2006
2007
2008
2009
2010
中国矿业大学北京研究生部
中国矿业大学(北京校区) 1997.7
北京煤炭管理干部学院 1998.5
中国矿业大学(北京) 2003.1
中国矿业大学(北京)

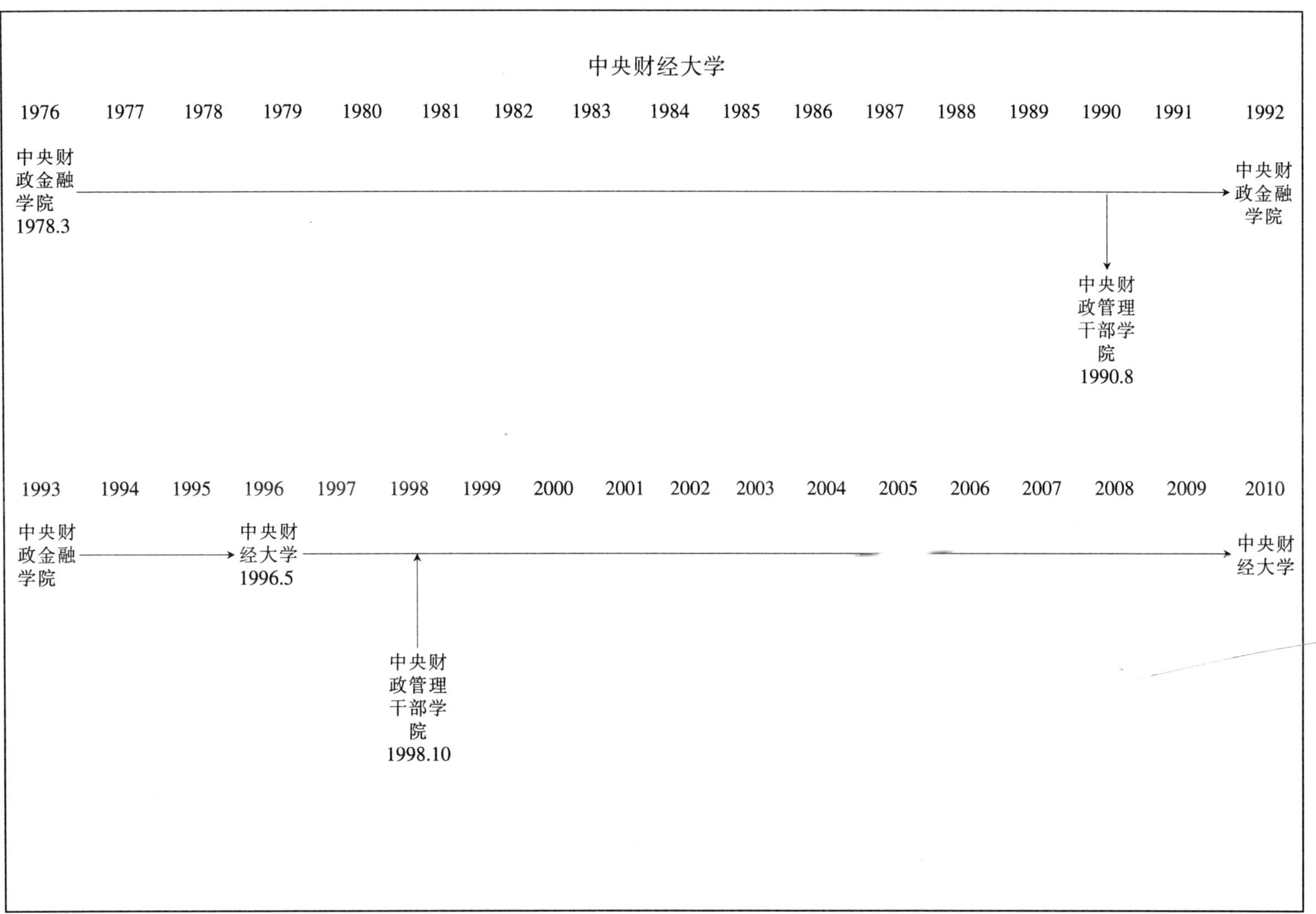
中央财经大学
1976
1977
1978
1979
1980
1981
1982
1983
1984
1985
1986
1987
1988
1989
1990
1991
1992
中央财政金融学院 1978.3
中央财政金融学院
中央财政管理干部学院 1990.8
1993
1994
1995
1996
1997
1998
1999
2000
2001
2002
2003
2004
2005
2006
2007
2008
2009
2010
中央财政金融学院
中央财经大学 1996.5
中央财经大学
中央财政管理干部学院 1998.10

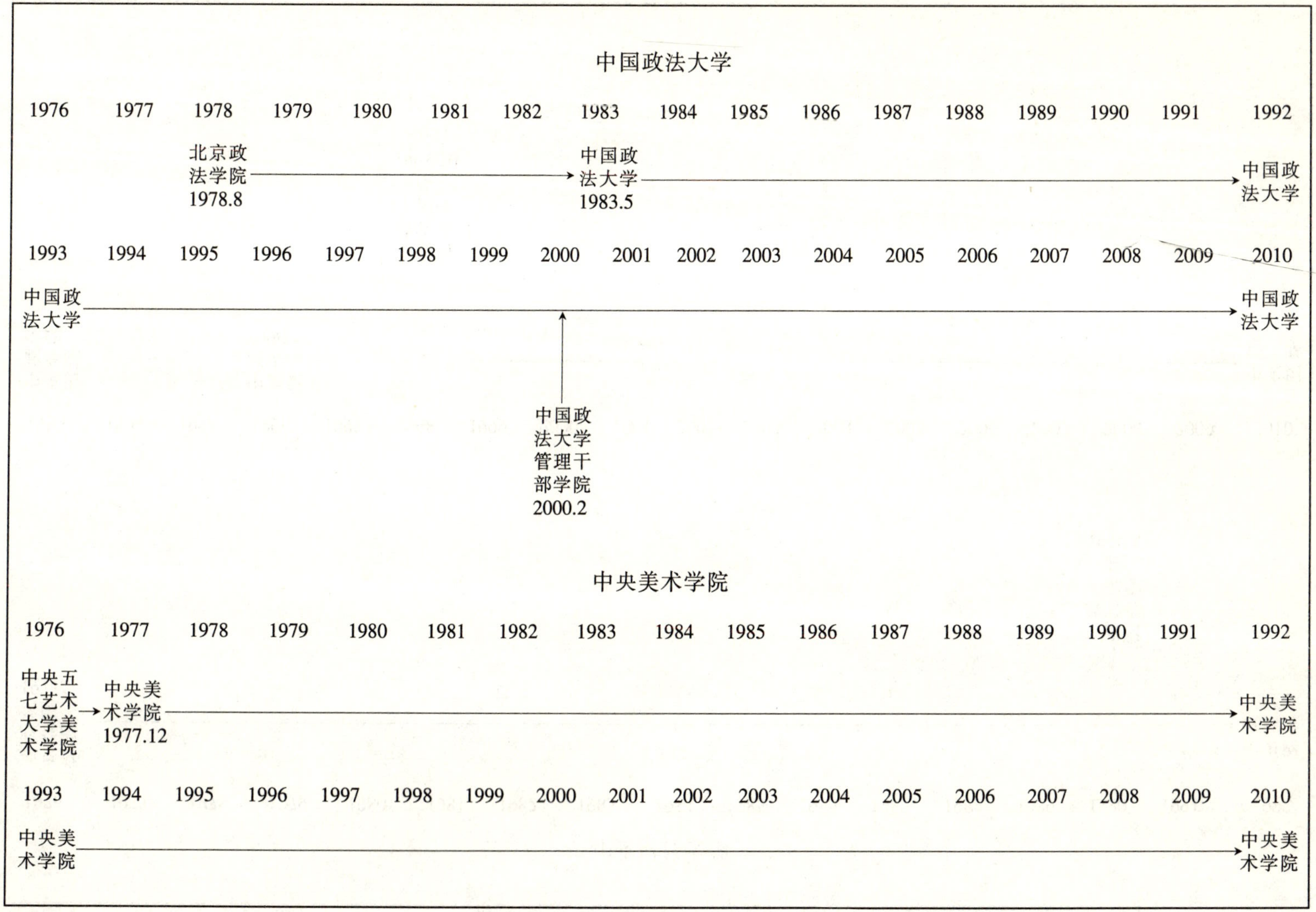

中国政法大学

1976 1977 1978 1979 1980 1981 1982 1983 1984 1985 1986 1987 1988 1989 1990 1991 1992

北京政法学院 1978.8 → 中国政法大学 1983.5 → 中国政法大学

1993 1994 1995 1996 1997 1998 1999 2000 2001 2002 2003 2004 2005 2006 2007 2008 2009 2010

中国政法大学 → 中国政法大学

中国政法大学管理干部学院 2000.2

中央美术学院

1976 1977 1978 1979 1980 1981 1982 1983 1984 1985 1986 1987 1988 1989 1990 1991 1992

中央五七艺术大学美术学院 → 中央美术学院 1977.12 → 中央美术学院

1993 1994 1995 1996 1997 1998 1999 2000 2001 2002 2003 2004 2005 2006 2007 2008 2009 2010

中央美术学院 → 中央美术学院

中央音乐学院

1976 1977 1978 1979 1980 1981 1982 1983 1984 1985 1986 1987 1988 1989 1990 1991 1992

中央五七艺术大学音乐学院 → 中央音乐学院 1977.12 → 中央音乐学院

1993 1994 1995 1996 1997 1998 1999 2000 2001 2002 2003 2004 2005 2006 2007 2008 2009 2010

中央音乐学院 → 中央音乐学院

中央戏剧学院

1976 1977 1978 1979 1980 1981 1982 1983 1984 1985 1986 1987 1988 1989 1990 1991 1992

中央五七艺术大学戏剧学院 → 中央戏剧学院 1978.12 → 中央戏剧学院

1993 1994 1995 1996 1997 1998 1999 2000 2001 2002 2003 2004 2005 2006 2007 2008 2009 2010

中央戏剧学院 → 中央戏剧学院

北京服装学院

1976 1977 1978 1979 1980 1981 1982 1983 1984 1985 1986 1987 1988 1989 1990 1991 1992

北京化纤工学院 1978.4 → 北京服装学院 1987.10 → 北京服装学院

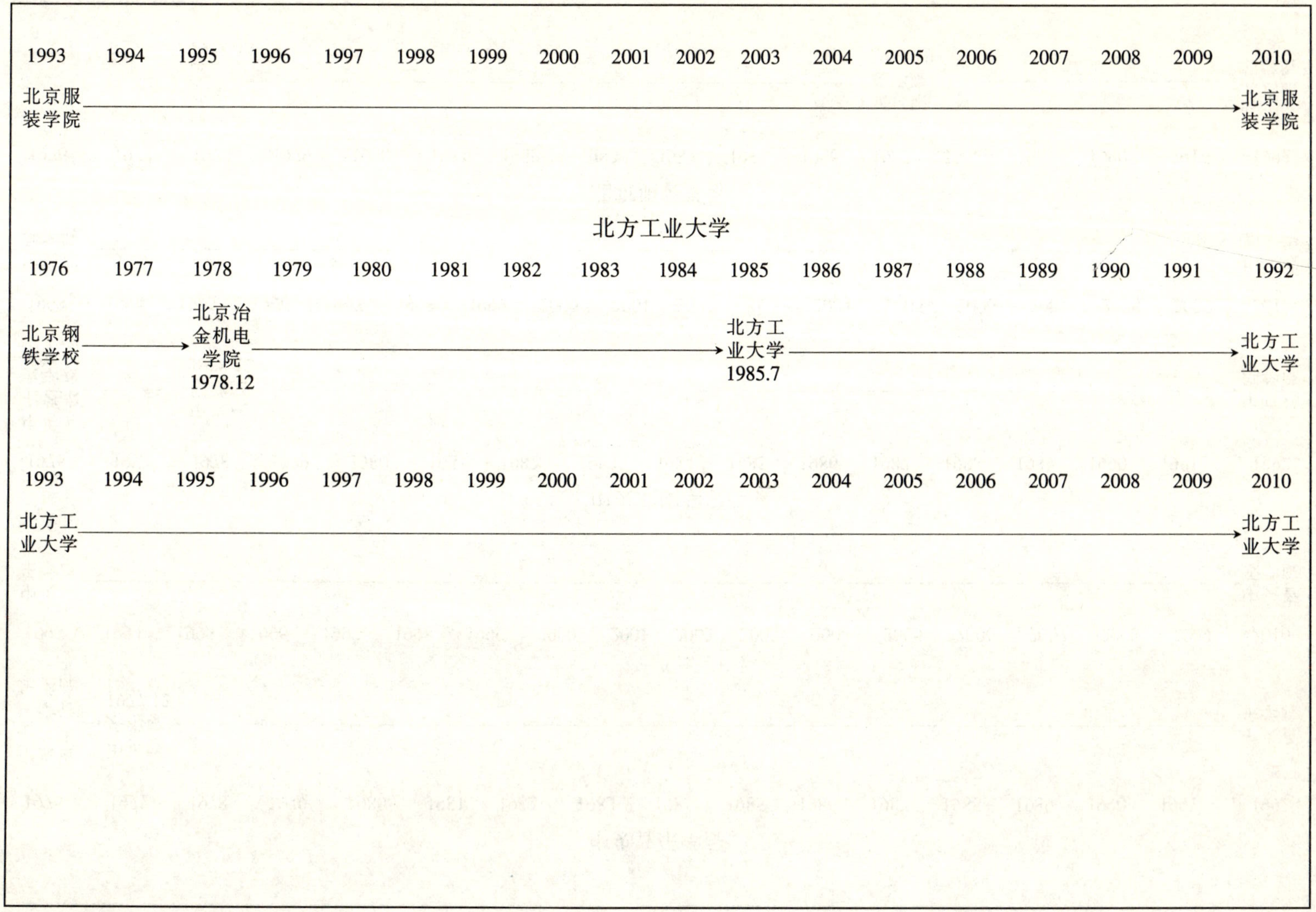

1993 1994 1995 1996 1997 1998 1999 2000 2001 2002 2003 2004 2005 2006 2007 2008 2009 2010

北京服装学院 → 北京服装学院

北方工业大学

1976 1977 1978 1979 1980 1981 1982 1983 1984 1985 1986 1987 1988 1989 1990 1991 1992

北京钢铁学校 → 北京冶金机电学院 1978.12 → 北方工业大学 1985.7 → 北方工业大学

1993 1994 1995 1996 1997 1998 1999 2000 2001 2002 2003 2004 2005 2006 2007 2008 2009 2010

北方工业大学 → 北方工业大学

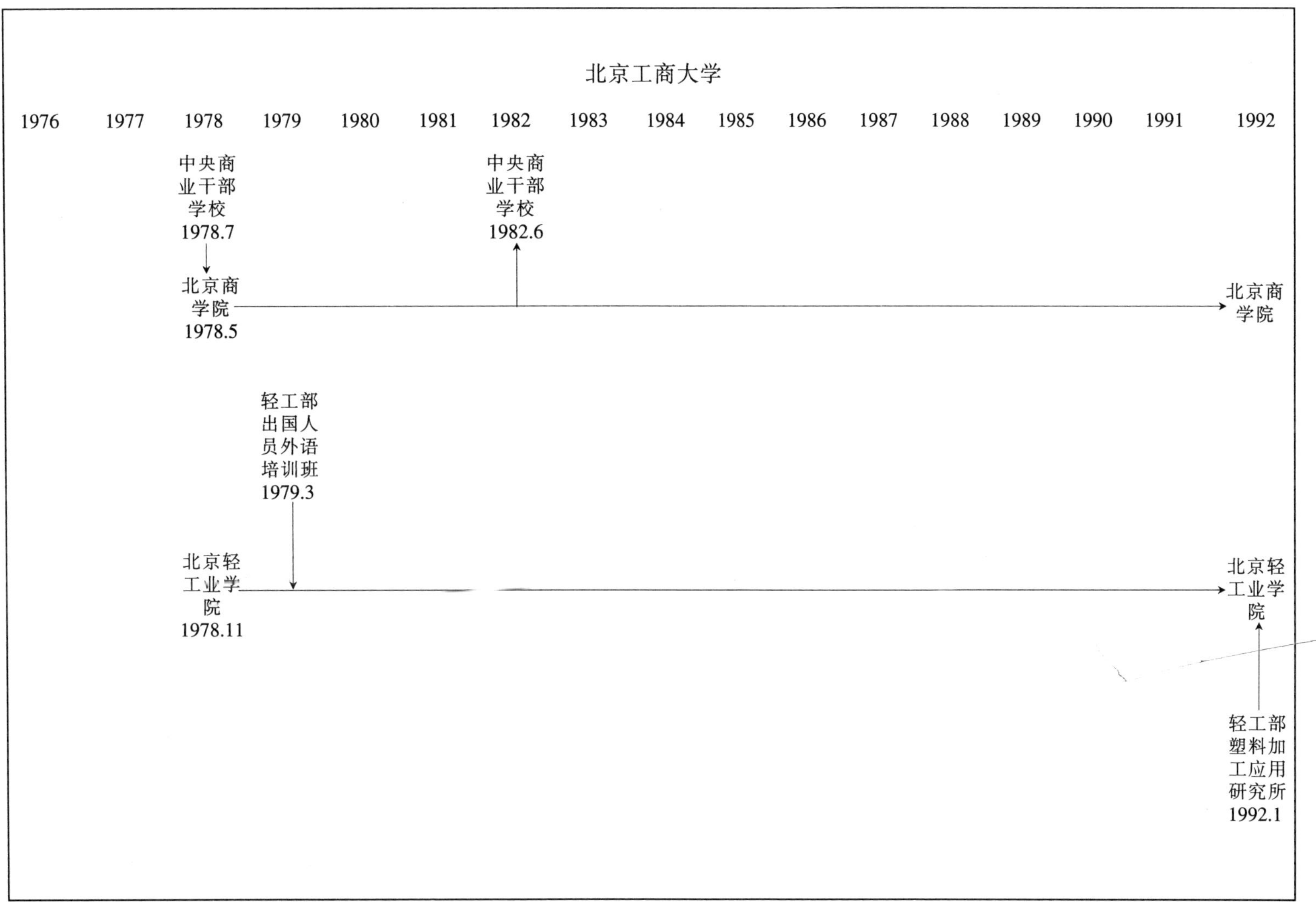
北京工商大学
1976
1977
1978
1979
1980
1981
1982
1983
1984
1985
1986
1987
1988
1989
1990
1991
1992
中央商业干部学校 1978.7
中央商业干部学校 1982.6
北京商学院 1978.5
北京商学院
轻工部出国人员外语培训班 1979.3
北京轻工业学院 1978.11
北京轻工业学院
轻工部塑料加工应用研究所 1992.1

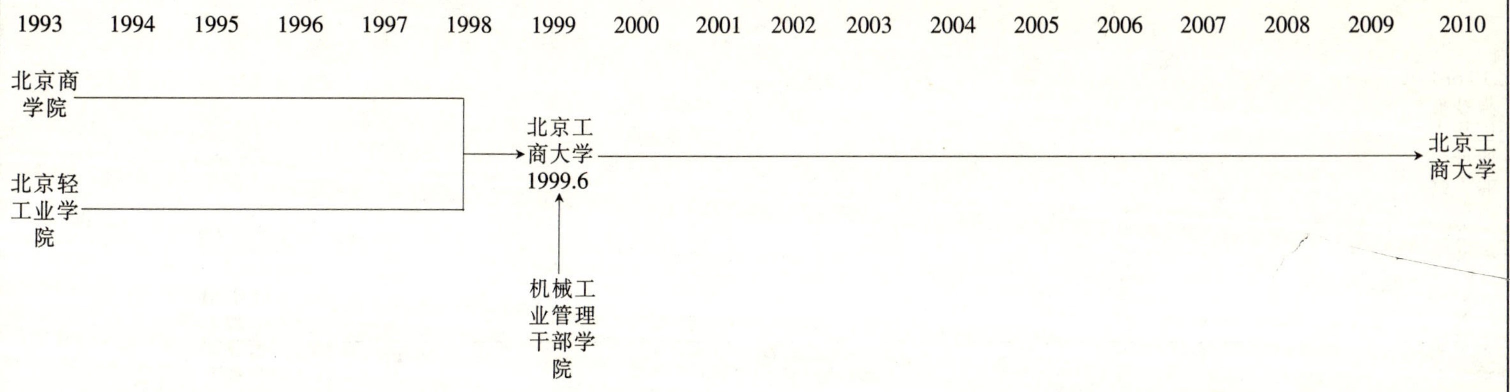

1993 1994 1995 1996 1997 1998 1999 2000 2001 2002 2003 2004 2005 2006 2007 2008 2009 2010

北京商学院
北京轻工业学院
北京工商大学 1999.6
机械工业管理干部学院
北京工商大学

北京印刷学院

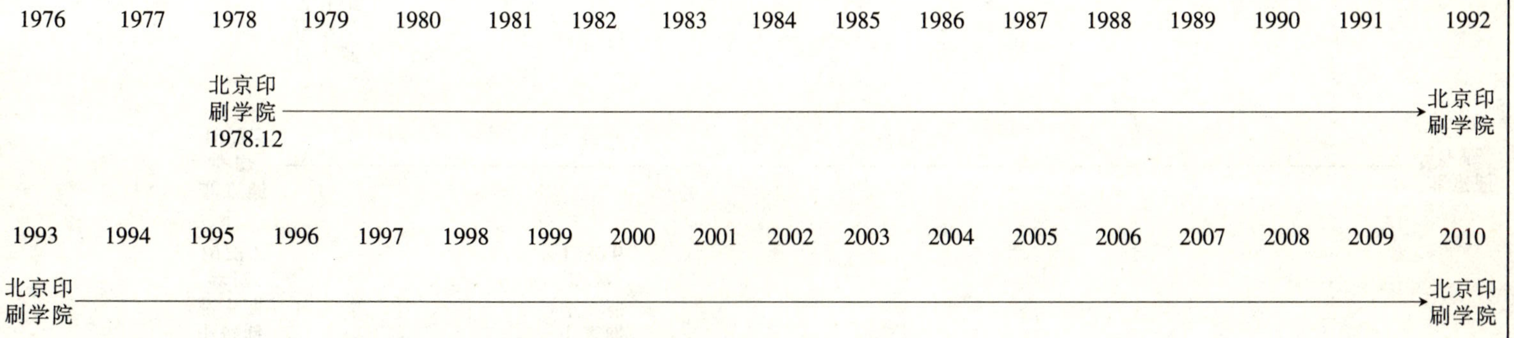

1976 1977 1978 1979 1980 1981 1982 1983 1984 1985 1986 1987 1988 1989 1990 1991 1992

北京印刷学院 1978.12
北京印刷学院

1993 1994 1995 1996 1997 1998 1999 2000 2001 2002 2003 2004 2005 2006 2007 2008 2009 2010

北京印刷学院
北京印刷学院

北京石油化工学院

1976 1977 1978 1979 1980 1981 1982 1983 1984 1985 1986 1987 1988 1989 1990 1991 1992

北京石油化工专科学校 1978.9 → 北京石油化工专科学校 1978.12

北京化工学院第二分院 1978.12 → 北京石油化工专科学校 1980.9；北京化工学院第二分院 1980.9 → 北京石油化工专科学校 1982.12 → 北京石油化工学院 1992.12

七二一大学 1978.11

1993 1994 1995 1996 1997 1998 1999 2000 2001 2002 2003 2004 2005 2006 2007 2008 2009 2010

北京石油化工学院 → 北京石油化工学院

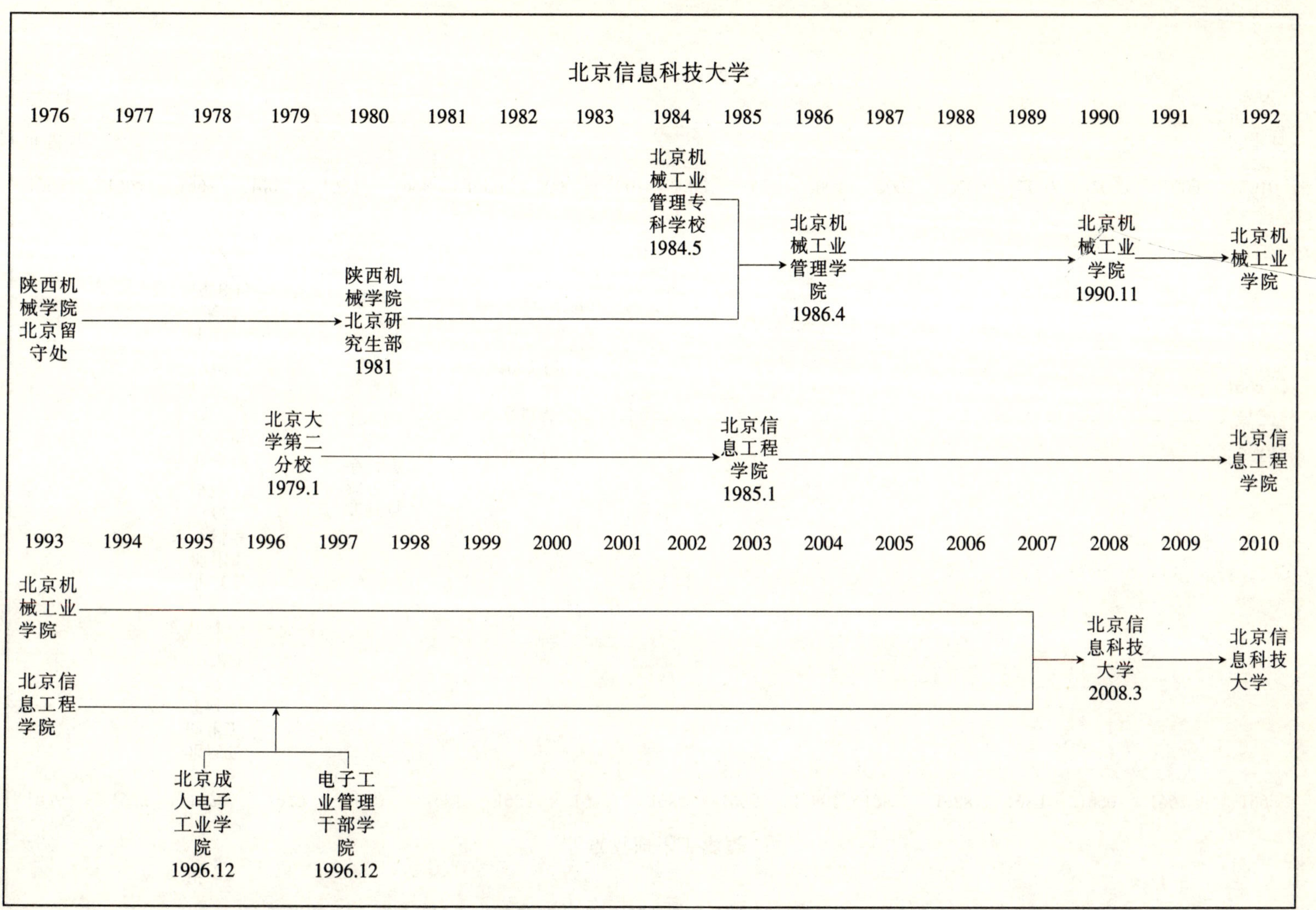
北京信息科技大学
1976
1977
1978
1979
1980
1981
1982
1983
1984
1985
1986
1987
1988
1989
1990
1991
1992
陕西机械学院北京留守处
陕西机械学院北京研究生部 1981
北京机械工业管理专科学校 1984.5
北京机械工业管理学院 1986.4
北京机械工业学院 1990.11
北京机械工业学院
北京大学第二分校 1979.1
北京信息工程学院 1985.1
北京信息工程学院
1993
1994
1995
1996
1997
1998
1999
2000
2001
2002
2003
2004
2005
2006
2007
2008
2009
2010
北京机械工业学院
北京信息工程学院
北京成人电子工业学院 1996.12
电子工业管理干部学院 1996.12
北京信息科技大学 2008.3
北京信息科技大学

北京第二外国语学院

1976 1977 1978 1979 1980 1981 1982 1983 1984 1985 1986 1987 1988 1989 1990 1991 1992

北京第二外国语学院 → 北京第二外国语学院 1986.10；中国旅游学院 1986.10 → 北京第二外国语学院；中国旅游学院

1993 1994 1995 1996 1997 1998 1999 2000 2001 2002 2003 2004 2005 2006 2007 2008 2009 2010

北京第二外国语学院；中国旅游学院 → 北京第二外国语学院 2000.2 → 北京第二外国语学院

北京物资学院

1976 1977 1978 1979 1980 1981 1982 1983 1984 1985 1986 1987 1988 1989 1990 1991 1992

北京物资学院 1980.3 → 北京物资学院

1993 1994 1995 1996 1997 1998 1999 2000 2001 2002 2003 2004 2005 2006 2007 2008 2009 2010

北京物资学院 → 北京物资学院

中国音乐学院

1976 1977 1978 1979 1980 1981 1982 1983 1984 1985 1986 1987 1988 1989 1990 1991 1992

中央五七艺术大学音乐学院 → 中央音乐学院 1977.12 → 中央音乐学院

中央音乐学院 1977.12 → 中国音乐学院 1980.5 → 中国音乐学院

1993 1994 1995 1996 1997 1998 1999 2000 2001 2002 2003 2004 2005 2006 2007 2008 2009 2010

中国音乐学院 → 中国音乐学院

中国戏曲学院

1976 1977 1978 1979 1980 1981 1982 1983 1984 1985 1986 1987 1988 1989 1990 1991 1992

中央五七艺术大学戏曲学校 → 中国戏曲学校 1977.12 → 中国戏曲学院 1978.10 → 中国戏曲学院

1993 1994 1995 1996 1997 1998 1999 2000 2001 2002 2003 2004 2005 2006 2007 2008 2009 2010

中国戏曲学院 → 中国戏曲学院

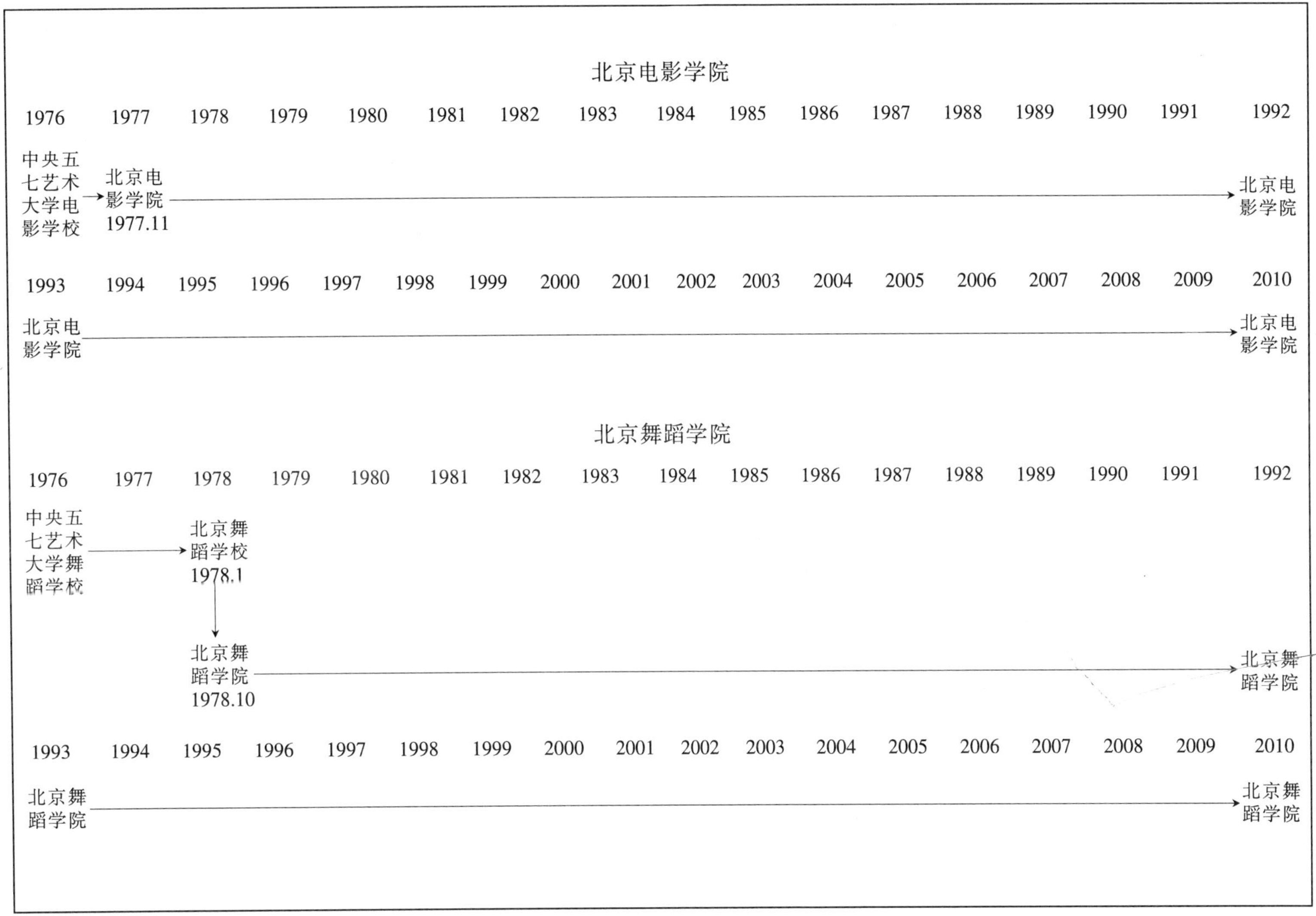

北京电影学院

1976 1977 1978 1979 1980 1981 1982 1983 1984 1985 1986 1987 1988 1989 1990 1991 1992

中央五七艺术大学电影学校 → 北京电影学院 1977.11 → 北京电影学院

1993 1994 1995 1996 1997 1998 1999 2000 2001 2002 2003 2004 2005 2006 2007 2008 2009 2010

北京电影学院 → 北京电影学院

北京舞蹈学院

1976 1977 1978 1979 1980 1981 1982 1983 1984 1985 1986 1987 1988 1989 1990 1991 1992

中央五七艺术大学舞蹈学校 → 北京舞蹈学校 1978.1 → 北京舞蹈学院 1978.10 → 北京舞蹈学院

1993 1994 1995 1996 1997 1998 1999 2000 2001 2002 2003 2004 2005 2006 2007 2008 2009 2010

北京舞蹈学院 → 北京舞蹈学院

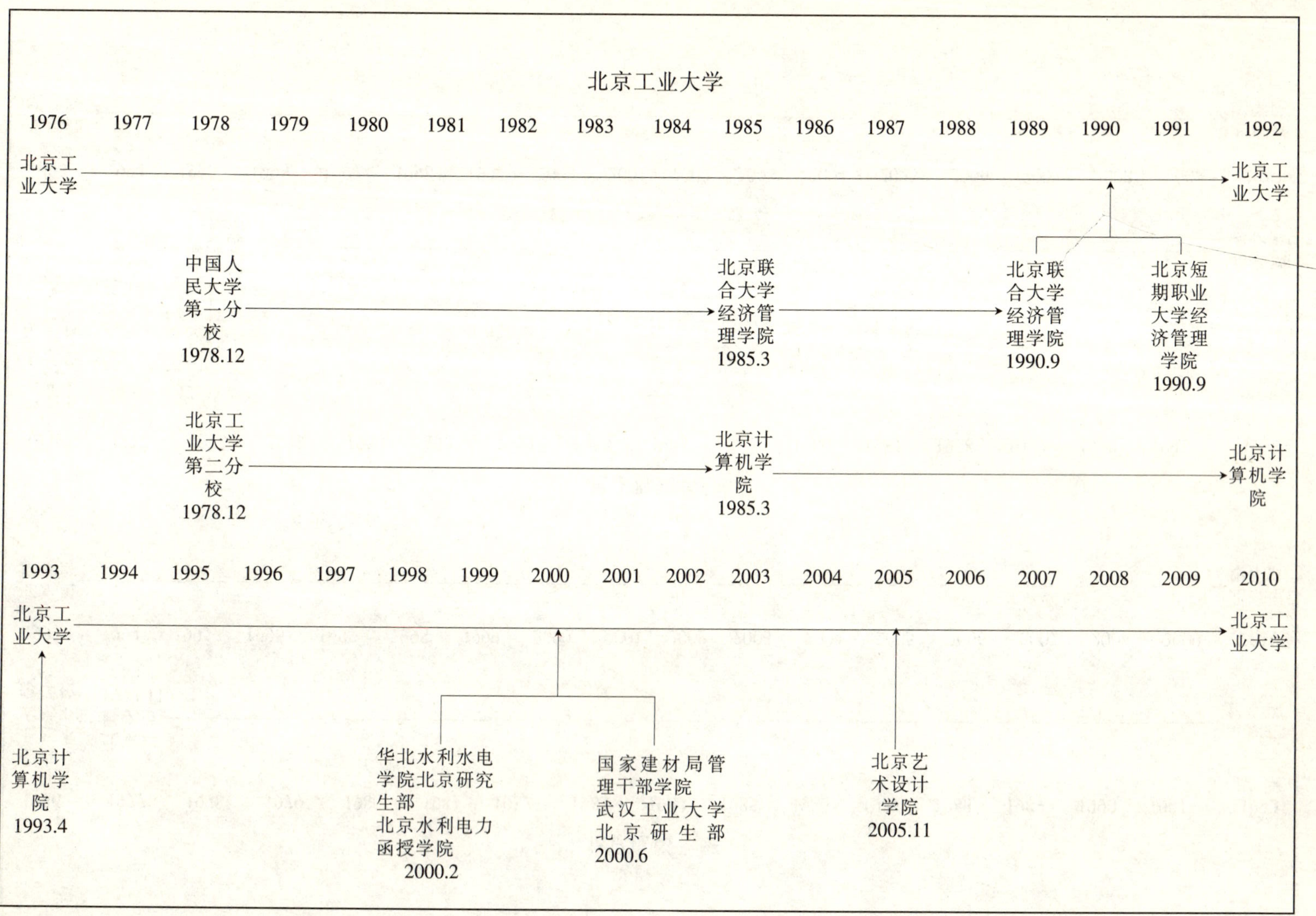
北京工业大学
1976
1977
1978
1979
1980
1981
1982
1983
1984
1985
1986
1987
1988
1989
1990
1991
1992
北京工业大学
北京工业大学
中国人民大学第一分校 1978.12
北京联合大学经济管理学院 1985.3
北京联合大学经济管理学院 1990.9
北京短期职业大学经济管理学院 1990.9
北京工业大学第二分校 1978.12
北京计算机学院 1985.3
北京计算机学院
1993
1994
1995
1996
1997
1998
1999
2000
2001
2002
2003
2004
2005
2006
2007
2008
2009
2010
北京工业大学
北京工业大学
北京计算机学院 1993.4
华北水利水电学院北京研究生部
北京水利电力函授学院
2000.2
国家建材局管理干部学院
武汉工业大学北京研生部
2000.6
北京艺术设计学院 2005.11

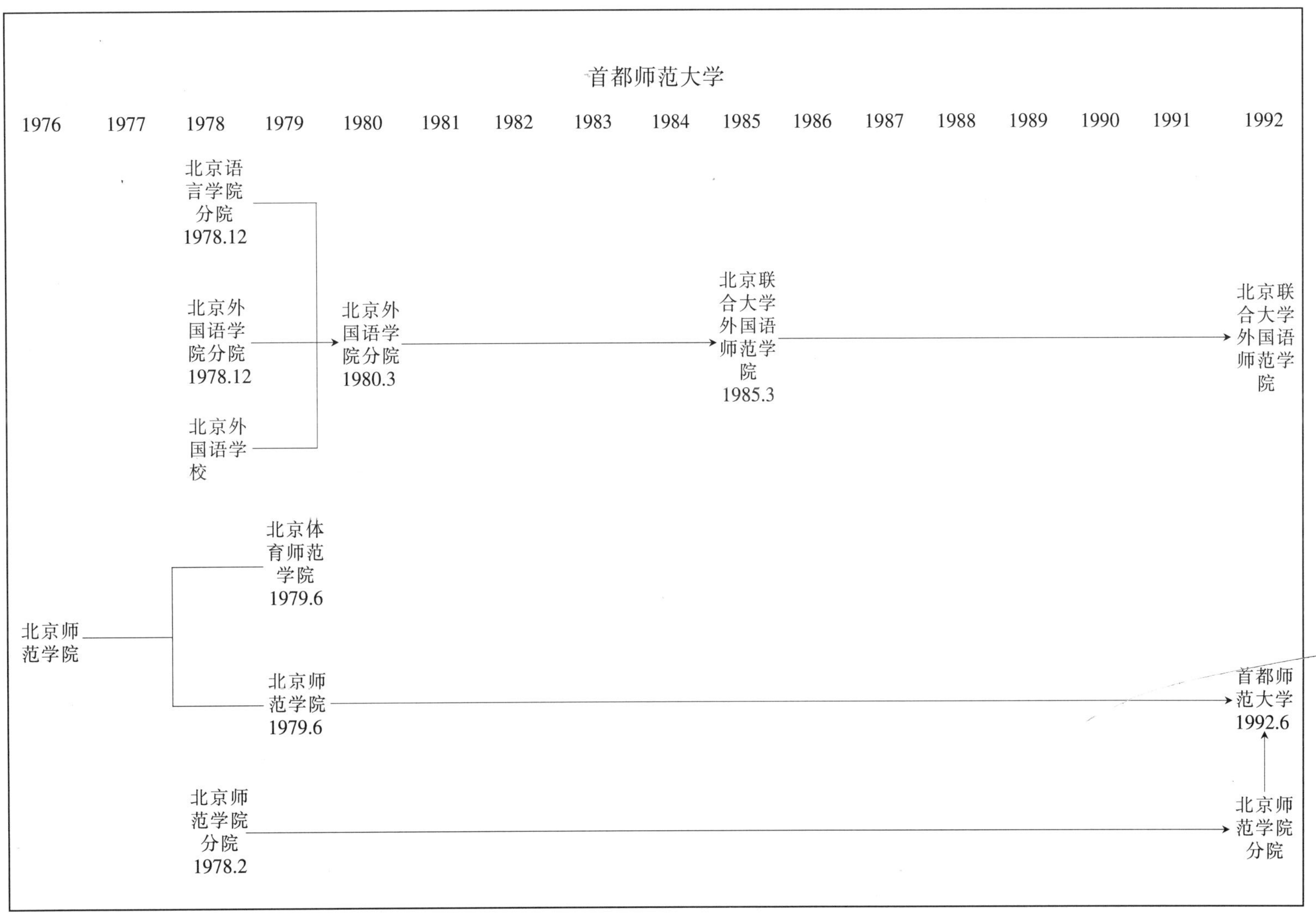
首都师范大学
1976
1977
1978
1979
1980
1981
1982
1983
1984
1985
1986
1987
1988
1989
1990
1991
1992
北京语言学院分院 1978.12
北京外国语学院分院 1978.12
北京外国语学校
北京外国语学院分院 1980.3
北京联合大学外国语师范学院 1985.3
北京联合大学外国语师范学院
北京师范学院
北京体育师范学院 1979.6
北京师范学院 1979.6
首都师范大学 1992.6
北京师范学院分院 1978.2
北京师范学院分院

1993 1994 1995 1996 1997 1998 1999 2000 2001 2002 2003 2004 2005 2006 2007 2008 2009 2010

北京联合大学外国语师范学院 1993.4 → 首都师范大学

北京通州师范学校 1999.9 → 首都师范大学

北京市第三师范学校 1999.9 → 首都师范大学

首都师范大学 → 首都师范大学 (2010)

北京建筑工程学院

1976 1977 1978 1979 1980 1981. 1982 1983 1984 1985 1986 1987 1988 1989 1990 1991 1992

北京市建筑工程学校 → 北京建筑工程学院 1977.7 → 北京建筑工程学院 (1992)

1993 1994 1995 1996 1997 1998 1999 2000 2001 2002 2003 2004 2005 2006 2007 2008 2009 2010

北京建筑工程学院 → 北京建筑工程学院 (2010)

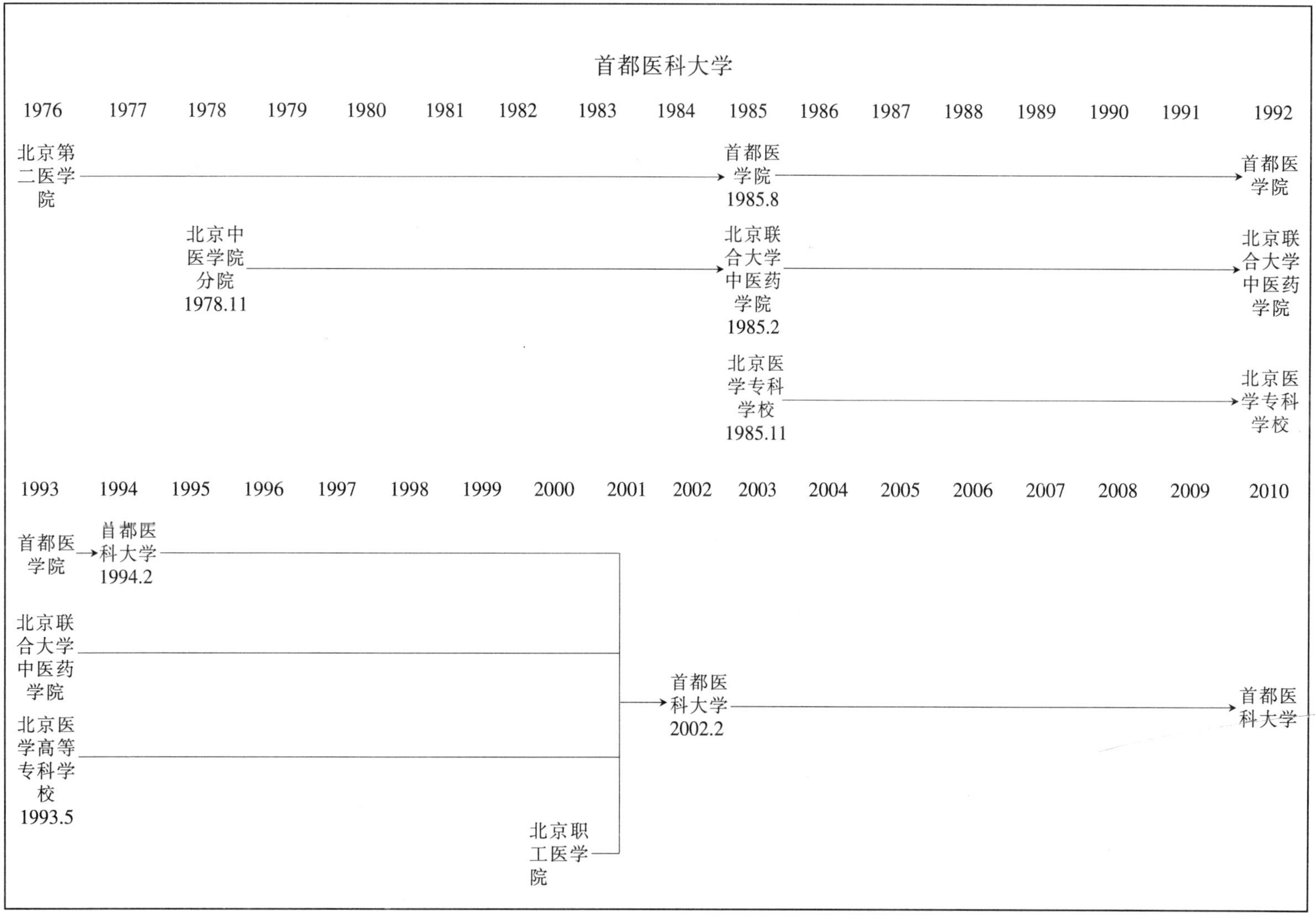

首都医科大学

1976 1977 1978 1979 1980 1981 1982 1983 1984 1985 1986 1987 1988 1989 1990 1991 1992

北京第二医学院 → 首都医学院 1985.8 → 首都医学院

北京中医学院分院 1978.11 → 北京联合大学中医药学院 1985.2 → 北京联合大学中医药学院

北京医学专科学校 1985.11 → 北京医学专科学校

1993 1994 1995 1996 1997 1998 1999 2000 2001 2002 2003 2004 2005 2006 2007 2008 2009 2010

首都医学院 → 首都医科大学 1994.2

北京联合大学中医药学院

北京医学高等专科学校 1993.5

北京职工医学院

→ 首都医科大学 2002.2 → 首都医科大学

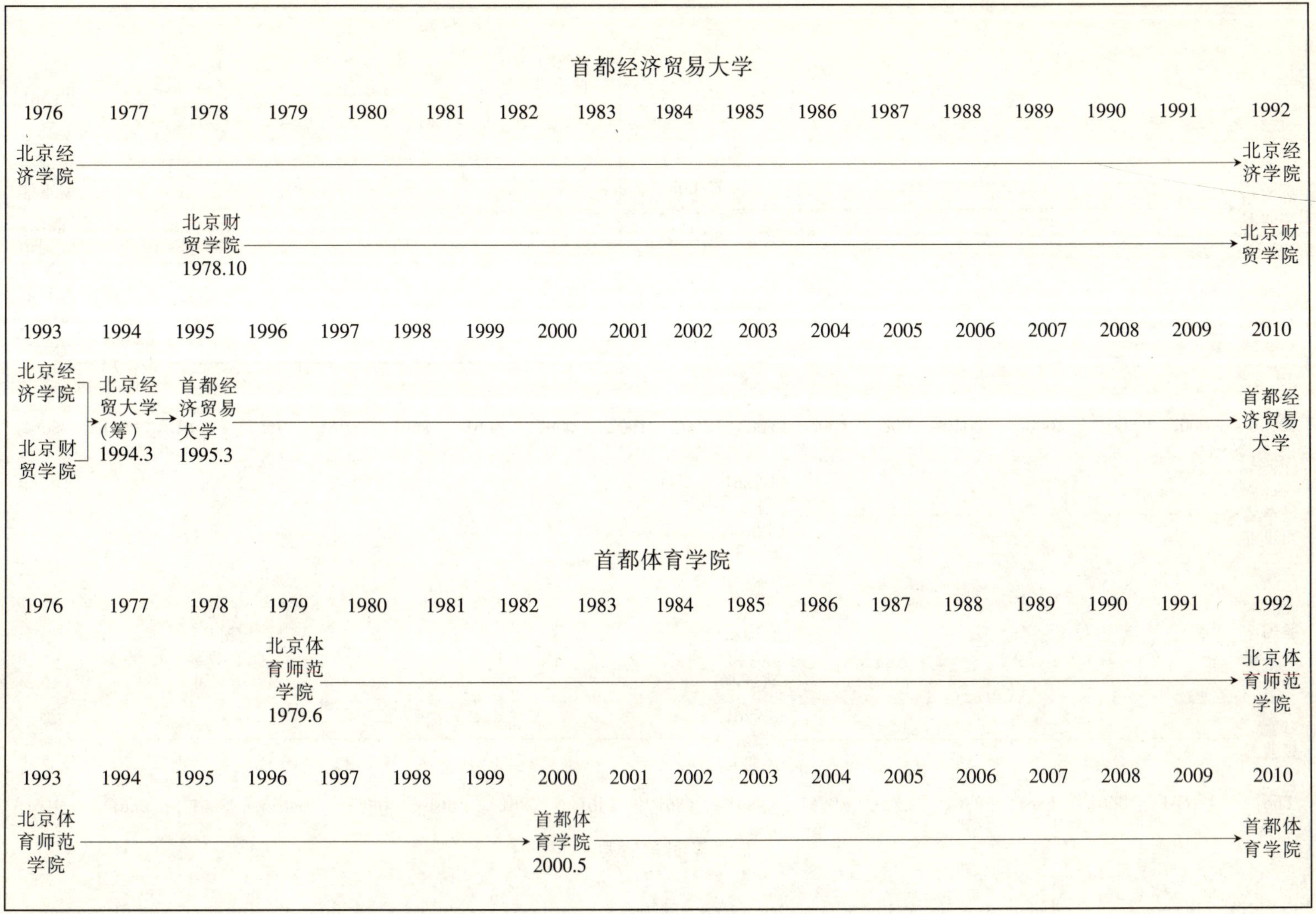

首都经济贸易大学

1976 1977 1978 1979 1980 1981 1982 1983 1984 1985 1986 1987 1988 1989 1990 1991 1992

北京经济学院 → 北京经济学院

北京财贸学院 1978.10 → 北京财贸学院

1993 1994 1995 1996 1997 1998 1999 2000 2001 2002 2003 2004 2005 2006 2007 2008 2009 2010

北京经济学院、北京财贸学院 → 北京经贸大学（筹）1994.3 → 首都经济贸易大学 1995.3 → 首都经济贸易大学

首都体育学院

1976 1977 1978 1979 1980 1981 1982 1983 1984 1985 1986 1987 1988 1989 1990 1991 1992

北京体育师范学院 1979.6 → 北京体育师范学院

1993 1994 1995 1996 1997 1998 1999 2000 2001 2002 2003 2004 2005 2006 2007 2008 2009 2010

北京体育师范学院 → 首都体育学院 2000.5 → 首都体育学院

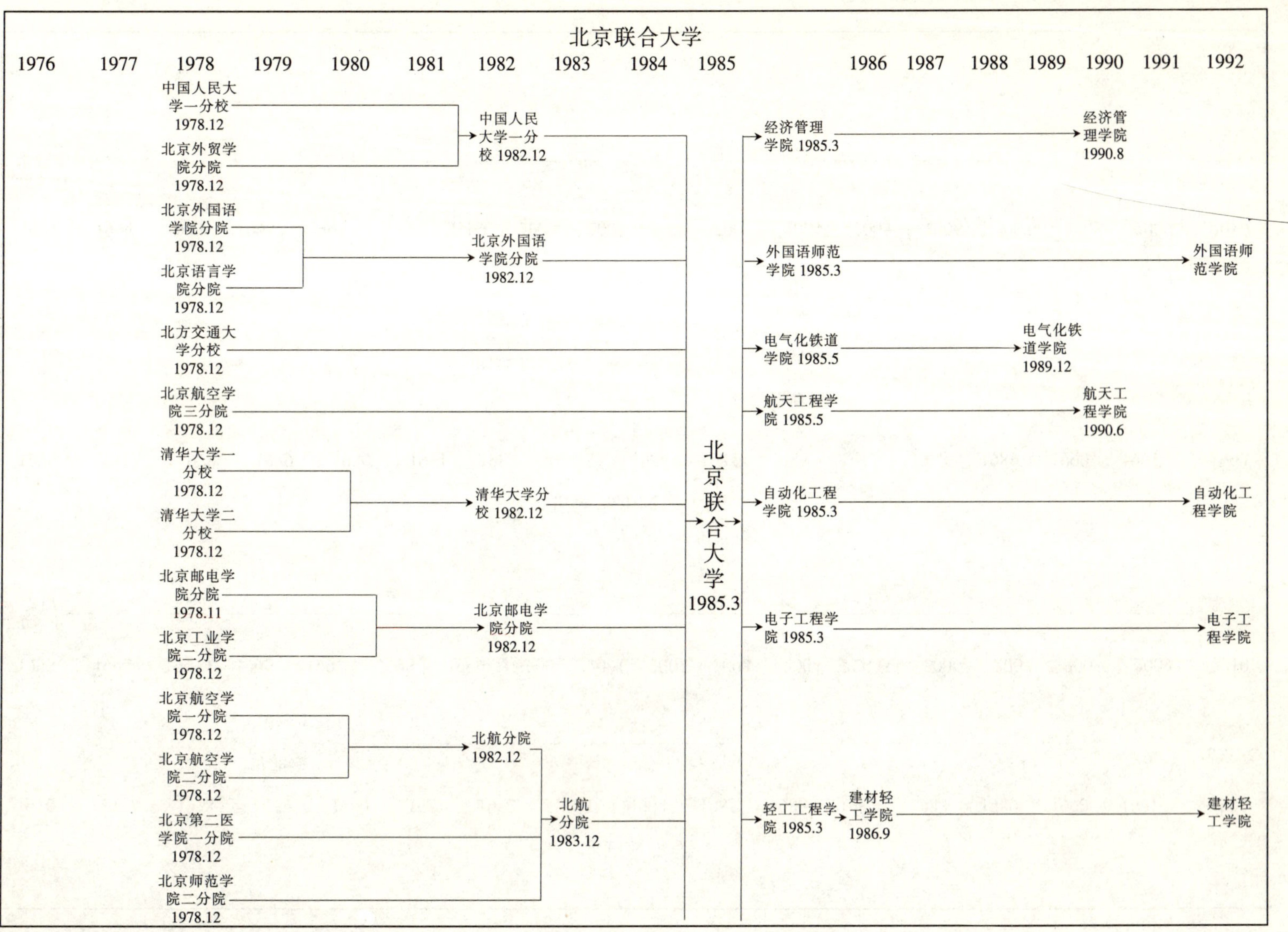
北京联合大学
1976
1977
1978
1979
1980
1981
1982
1983
1984
1985
1986
1987
1988
1989
1990
1991
1992
中国人民大学一分校 1978.12
北京外贸学院分院 1978.12
中国人民大学一分校 1982.12
北京外国语学院分院 1978.12
北京语言学院分院 1978.12
北京外国语学院分院 1982.12
北方交通大学分校 1978.12
北京航空学院三分院 1978.12
清华大学一分校 1978.12
清华大学二分校 1978.12
清华大学分校 1982.12
北京邮电学院分院 1978.11
北京工业学院二分院 1978.12
北京邮电学院分院 1982.12
北京航空学院一分院 1978.12
北京航空学院二分院 1978.12
北航分院 1982.12
北京第二医学院一分院 1978.12
北京师范学院二分院 1978.12
北航分院 1983.12
北京联合大学 1985.3
经济管理学院 1985.3
经济管理学院 1990.8
外国语师范学院 1985.3
外国语师范学院
电气化铁道学院 1985.5
电气化铁道学院 1989.12
航天工程学院 1985.5
航天工程学院 1990.6
自动化工程学院 1985.3
自动化工程学院
电子工程学院 1985.3
电子工程学院
轻工工程学院 1985.3
建材轻工学院 1986.9
建材轻工学院

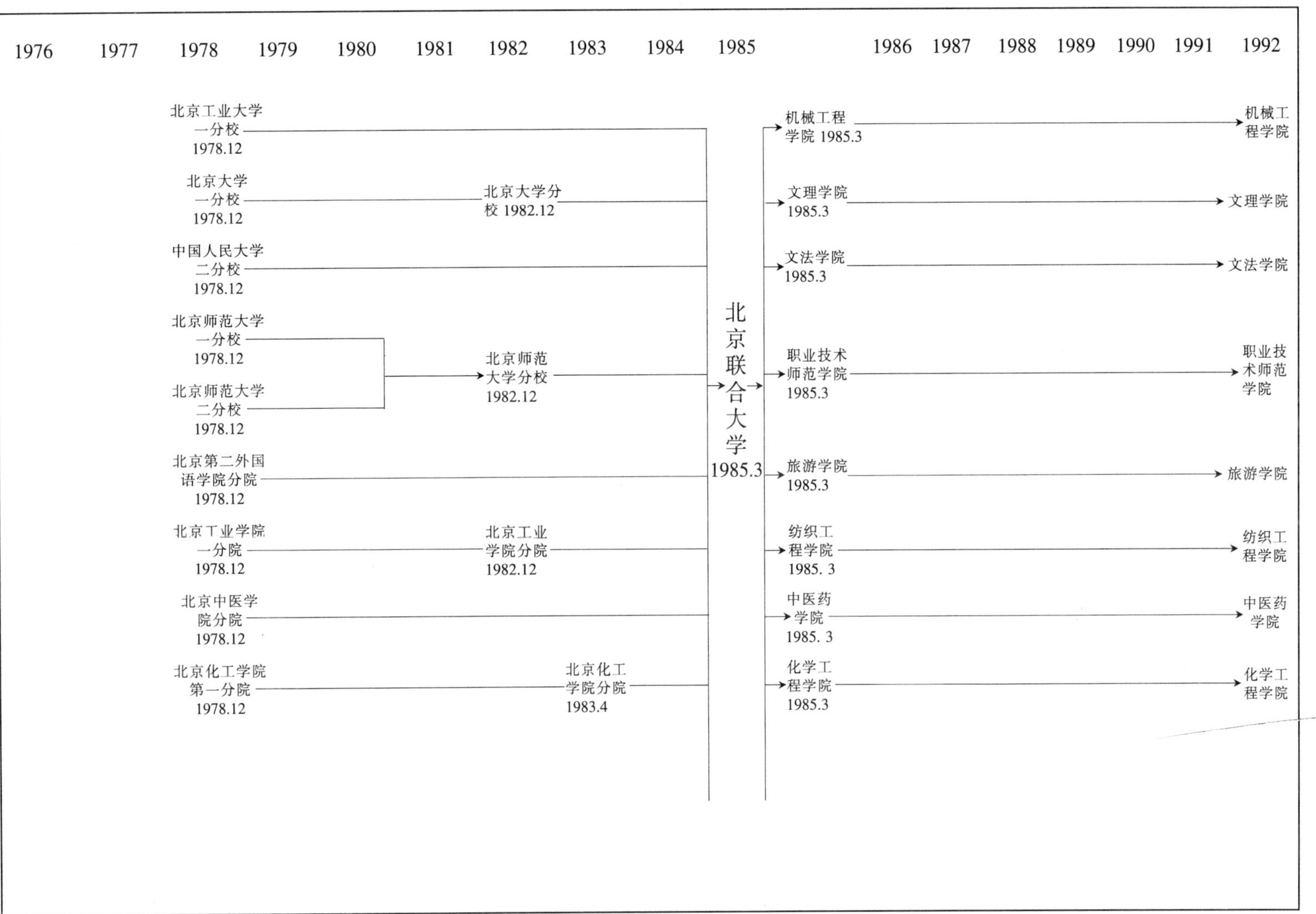
1976
1977
1978
1979
1980
1981
1982
1983
1984
1985
1986
1987
1988
1989
1990
1991
1992
北京工业大学一分校 1978.12
北京大学一分校 1978.12
北京大学分校 1982.12
中国人民大学二分校 1978.12
北京师范大学一分校 1978.12
北京师范大学二分校 1978.12
北京师范大学分校 1982.12
北京第二外国语学院分院 1978.12
北京工业学院一分院 1978.12
北京工业学院分院 1982.12
北京中医学院分院 1978.12
北京化工学院第一分院 1978.12
北京化工学院分院 1983.4
北京联合大学 1985.3
机械工程学院 1985.3
文理学院 1985.3
文法学院 1985.3
职业技术师范学院 1985.3
旅游学院 1985.3
纺织工程学院 1985. 3
中医药学院 1985. 3
化学工程学院 1985.3
机械工程学院
文理学院
文法学院
职业技术师范学院
旅游学院
纺织工程学院
中医药学院
化学工程学院

1993	1994	1995	1996	1997	1998	1999	2000	2001	2002	2003	2004	2005	2006	2007	2008	2009	2010
外国语师范学院 1993.3																	
自动化工程学院；电子工程学院 →	电子自动化工程学院 1994.3 →				应用技术学院 1998.1 →				应用技术学院 2002.1								
建材轻工学院 →					信息学院 1998.1 →				信息学院 2002.1								
机械工程学院 →									机械工程学院 2002.1								
文理学院 →	应用文理学院 1994.3 →																应用文理学院
文法学院 →	继续教育学院 1994.3 →																继续教育学院
职业技术师范学院 →										师范学院 2003.2 →							师范学院
旅游学院 →																	旅游学院
纺织工程学院 →				商务学院 1997.12 →													商务学院
中医药学院 →								中医药学院 2001.2									
化学工程学院 →									生物化学工程学院 2002.7 →								生物化学工程学院

（文法学院另有箭头指向应用文理学院 1994.3）

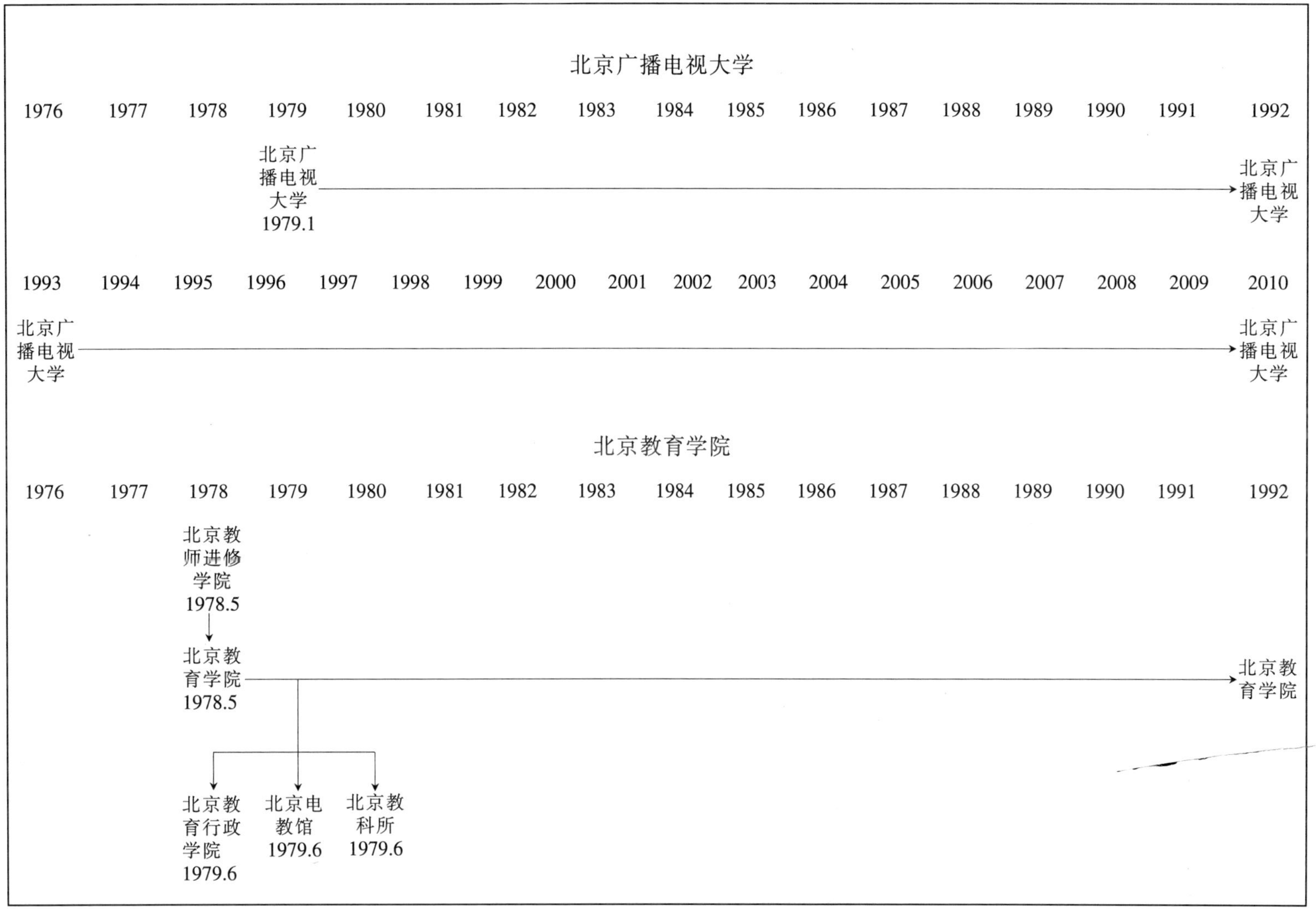

北京广播电视大学

1976 1977 1978 1979 1980 1981 1982 1983 1984 1985 1986 1987 1988 1989 1990 1991 1992

北京广播电视大学 1979.1 → 北京广播电视大学

1993 1994 1995 1996 1997 1998 1999 2000 2001 2002 2003 2004 2005 2006 2007 2008 2009 2010

北京广播电视大学 → 北京广播电视大学

北京教育学院

1976 1977 1978 1979 1980 1981 1982 1983 1984 1985 1986 1987 1988 1989 1990 1991 1992

北京教师进修学院 1978.5

↓

北京教育学院 1978.5 → 北京教育学院

北京教育行政学院 1979.6

北京电教馆 1979.6

北京教科所 1979.6

1993 1994 1995 1996 1997 1998 1999 2000 2001 2002 2003 2004 2005 2006 2007 2008 2009 2010

北京教育学院 → 北京教育学院

北京教育行政学院 1993.12

北京教育党校 1993.12

北京市中学英语教师培训中心 1993.12

北京成人教育学院 2000.3

北京实验大学 2000.5

北京市成人教育服务中心 2000.6

北京市出国人员培训中心 2000.6

北京工业职业技术学院

1976 1977 1978 1979 1980 1981 1982 1983 1984 1985 1986 1987 1988 1989 1990 1991 1992

北京煤矿学校 → 北京煤矿学校 1977.3 → 北京煤炭工业学校 1984.2 → 北京煤炭工业学校

1993 1994 1995 1996 1997 1998 1999 2000 2001 2002 2003 2004 2005 2006 2007 2008 2009 2010

北京煤炭工业学校 → 北京工业职业技术学院 1999.7 → 北京工业职业技术学院

北京财贸职业学院

1976 北京市财贸干部毛泽东思想学习班 → 1978 北京市财政贸易干部学校 1978.6 → 1983 北京市财贸职工学院 1983.1 → 1984 北京市财贸管理干部学院 1984.4 → 1992 北京市财贸管理干部学院

1993 北京市财贸管理干部学院；2001 石油物探局职工大学 2001.5；2002 北京财政学校 2002.9；2002 北京立信会计职工大学 2002.9 → 2003 北京财贸职业学院 2003.1 → 2010 北京财贸职业学院

北京电子科技职业学院

1976 北京邮电工业学校 → 1992 北京邮电工业学校

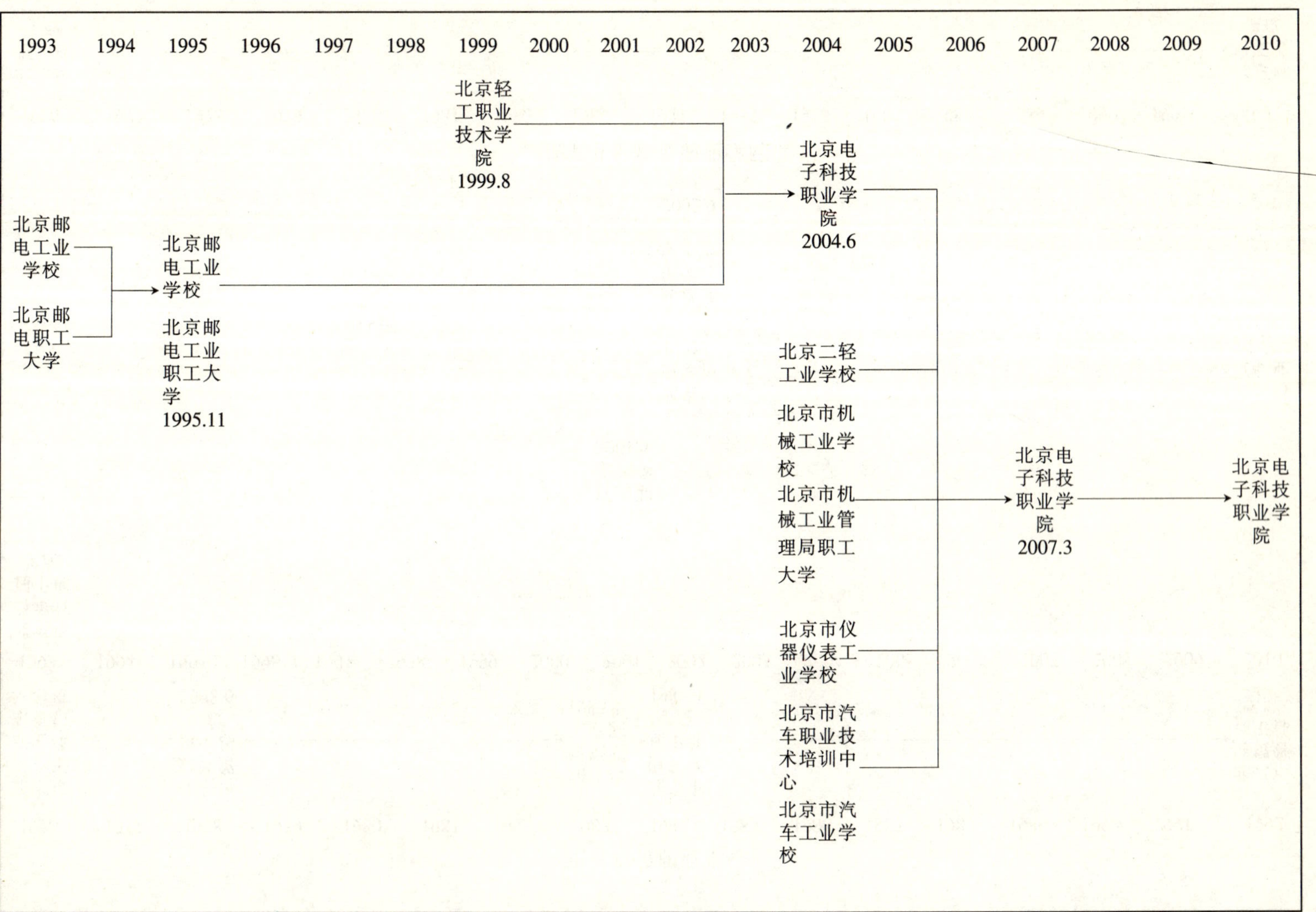
1993
1994
1995
1996
1997
1998
1999
2000
2001
2002
2003
2004
2005
2006
2007
2008
2009
2010
北京轻工职业技术学院 1999.8
北京邮电工业学校
北京邮电职工大学
北京邮电工业学校
北京邮电工业职工大学 1995.11
北京电子科技职业学院 2004.6
北京二轻工业学校
北京市机械工业学校
北京市机械工业管理局职工大学
北京市仪器仪表工业学校
北京市汽车职业技术培训中心
北京市汽车工业学校
北京电子科技职业学院 2007.3
北京电子科技职业学院

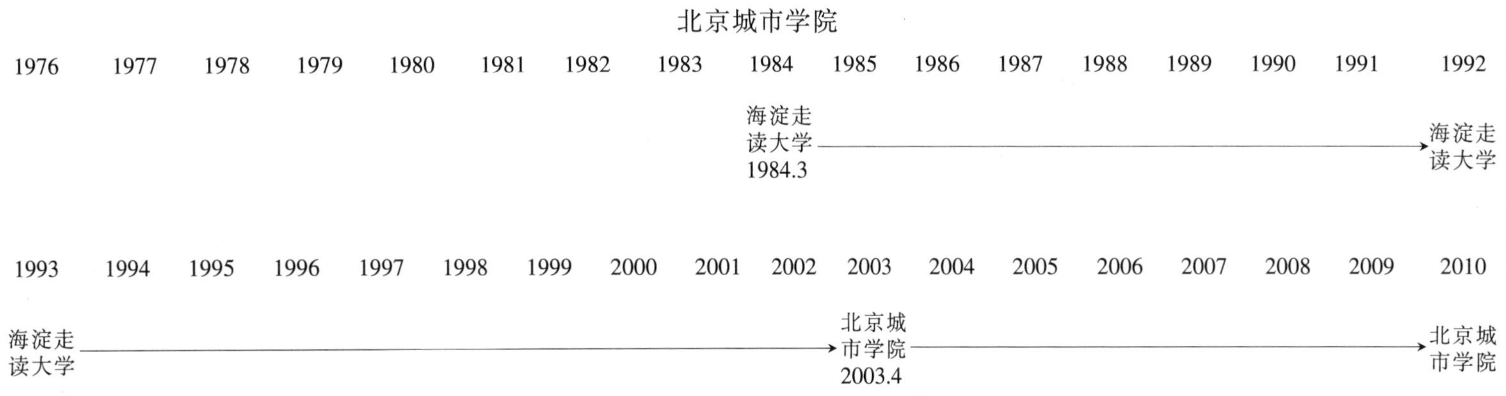

北京城市学院

1976 1977 1978 1979 1980 1981 1982 1983 1984 1985 1986 1987 1988 1989 1990 1991 1992

海淀走读大学 1984.3 → 海淀走读大学

1993 1994 1995 1996 1997 1998 1999 2000 2001 2002 2003 2004 2005 2006 2007 2008 2009 2010

海淀走读大学 → 北京城市学院 2003.4 → 北京城市学院

社会主义现代化建设新时期北京普通高等学校年度党的基层组织情况统计表

（1977—1989）

<table>
<tr><th rowspan="2">项目
数字
年度</th><th rowspan="2">党委</th><th colspan="2">系级党委和党总支</th><th rowspan="2">党支部</th></tr>
<tr><th>系级党委</th><th>党总支</th></tr>
<tr><td>1977</td><td>50</td><td></td><td>193</td><td>1897</td></tr>
<tr><td>1978</td><td>58</td><td></td><td>220</td><td>2189</td></tr>
<tr><td>1979</td><td>65</td><td></td><td>233</td><td>2652</td></tr>
<tr><td>1980</td><td>46</td><td></td><td>321</td><td>2694</td></tr>
<tr><td>1981</td><td>56</td><td></td><td>353</td><td>2868</td></tr>
<tr><td>1982</td><td>59</td><td colspan="2">359</td><td>2908</td></tr>
<tr><td>1983</td><td>62</td><td colspan="2">388</td><td>3031</td></tr>
<tr><td>1984</td><td>63</td><td colspan="2">420</td><td>3329</td></tr>
<tr><td>1985</td><td>65</td><td>47</td><td>437</td><td>3954</td></tr>
<tr><td>1986</td><td>55</td><td></td><td></td><td></td></tr>
<tr><td>1987</td><td>69</td><td>45</td><td>515</td><td>4662</td></tr>
<tr><td>1988</td><td>72</td><td colspan="2">598</td><td>5054</td></tr>
<tr><td>1989</td><td>71</td><td colspan="2">624</td><td>5069</td></tr>
</table>

注：1986 年为中共北京市委组织部统计数据。

其他均为中共北京市委教育工作部统计数据。

社会主义现代化建设新时期北京普通高等学校年度党的基层组织情况统计表

（1990—2010）

项目 数字 年度	党委	党总支	党支部
1990	150	549	4926
1991	160	548	5014
1992	161	559	5183
1993	159	575	5301
1994	164	585	5516
1995	167	616	5723
1996	182	610	5897
1997	203	607	6127
1998	209	602	6215
1999	205	596	6299
2000	210	609	6529
2001	225	602	6861
2002	267	562	7414
2003	285	567	7912
2004	294	606	9178

项目 数字 年度	党委	党总支	党支部
2005	314	613	10342
2006	340	651	11171
2007	399	646	11657
2008	410	677	11953
2009	432	673	12410
2010	452	679	12838

注：1. 党委中含系级党委和其他党委。

2. 1990 年至 2010 年数据为中共北京市委教育工作委员会统计数据。

社会主义现代化建设新时期北京普通高等学校年度党员基本情况统计表

（1977—1989）

项目/数字/年度	党员总数			年龄								入党时间							文化程度					
	总计	其中：女	其中：少数民族	25岁以下	26岁至30岁	31岁至35岁	36岁至45岁	46岁至50岁	51岁至55岁	56岁至60岁	61岁以上	1921年7月至1927年7月	1927年8月至1937年7月6日	1937年7月7日至1945年9月2日	1945年9月3日至1949年9月	1949年10月至1966年4月	1966年5月至1976年10月	1976年11月以后	大专以上	中专	高中	初中	小学	文盲
1977	30816																							
1978	30031																							
1979	32650																							
1980	32364																							
1981	34363																							
1982	33171																							
1983	35996	11378	1481	1683	9692		20411			4210		6	74	1042	2119	14318	10350	8087	24735	1742	2699	4813	1940	67
1984	40416	13030	2212	3495	5179	5652	7389	13642		3173	1886	6	64	998	2056	14114	10793	12385	28854	1994	2880	4730	1887	71
1985	50945	16593	2197	8041	5756	6875	8271	7771	7559	4131	2541	5	77	1131	2220	14522	11238	21752	38325	2581	2969	5015	1987	68
1986	51486																							
1987	59039	20001	2680	12485	5209	7490	8733	6495	8930	5749	3948	4	111	1138	2157	14437	10400	30792	44717	3629	3460	5278	1902	53
1988	63259																							
1989	58231																							

注：1977年至1989年数据均为中共北京市委教育工作部统计数据。

社会主义现代化建设新时期北京普通高等学校年度党员基本情况统计表

（1990—2010）

年度 \ 数字 \ 分布	党员总数			年龄									入党时间										文化程度								
	总计	其中		35岁及以下		36岁至45岁	46岁至		56岁至60岁		61岁及以上		1937年7月6日及以前		1937年7月7日至1945年9月2日	1945年9月3日至1949年9月	1949年10月至1966年4月	1966年5月至1976年10月	1976年11月以后				大专以上			中专	高中、中技		初中及以下		
		女	少数民族	25岁以下	26岁至35岁		55岁	54岁		55岁至59岁		60岁及以上	1921年7月至1927年7月	1927年8月至1937年6月					1976年11月至1992年9月	1992年10月以后	1976年11月至2002年10月	2002年11月及以后	研究生	大学本、专科：大学本科	大学本、专科：大学专科		高中		初中	小学	文盲
1990	57744	20523	2470	5388	12976	11094	12946		8287		7053		2	69	1107	2154	14396	9751	30265				43871			3736	3370		4927	1788	52
1991	59145	21387	2533	5140	12810	11859	12426		8725		8185		2	69	1068	2177	14310	9765	31754				45419			3817	3171		4863	1825	50
1992	62091	22439	2742	6420	12833	12543	11329		9177		9789		2	64	1060	2115	14302	9508	35040				48402			3846	3250		4793	1745	55
1993	64701	23652	3454	8685	12396	12953	10472		9663		10532		2	63	984	1934	14005	9661	31709	6343			51615			3700	3134		4500	1698	54
1994	68160	25171	3394	10255	12435	12832	9922		9866		12850		1	54	954	1938	14193	9604	30745	10671			54903			3842	3059		4624	1689	43
1995	71802	26643	3431	12411	12945	12778	9782		9479		14407		1	54	978	1854	13697	9588	30153	15477			58309			3916	3295		4596	1645	41
1996	77124	29091	3537	14993	13878	12903	10147		8692		16511		0	49	951	1940	14108	9692	29151	21233			63486			4054	3323		4634	1588	39
1997	83727	32485	3857	18207	14935	13381	10828		8235		18141		0	48	952	1900	14151	9965	29308	27403			69684			4262	3359		4834	1550	38
1998	89192	35315	4327	20156	16379	13754	11488		6783		20632			45	925	1917	14331	9992	29194	32788			22415	52349		4427	3596		4814	1555	36
1999	93563	37090	4365	22045	16300	14714	12236		6196		22072			41	870	1886	14218	10030	29045	37473			25826	53463		4389	3609		4777	1463	36
2000	100587	40886	4809	26862	17121	14633	13059		5302		23160			38	820	1863	14233	9895	28318	45420			30393	55636		4705	3893		4551	1380	29
2001	109307	44802	5237	32019	18563	14940		13310		5336		25139		36	816	1824	14342	10025	28461	53803			35270	49747	9222	4714	4435		4558	1331	30
2002	124595	52559	6182	40460	22464	15391		14134		6144		26002		32	805	1803	13932	10117	28615	69291			42567	56694	9595	4585	5195		4566	1365	28
2003	142892	62190	7179	79660		15960		14869		5732		26671	29		771	1774	13693	10307	28634	87684			30539	60195	10191	4818	31126		6023		
2004	168937	75477	8597	102972		17182		15274		6229		27280	28		745	1720	13481	10282	29147	113534			35300	71512	10459	5095	40502		6069		
2005	189169	86723	9696	120808		18485		15176		6501		28199	22		693	1675	13319	10233	29292	133935			38887	83024	10851	5228	45383		5796		

分布 数字 年度	党员总数			年龄									入党时间										文化程度								
		其中		35岁及以下			46岁至		56岁至60岁		61岁及以上		1937年7月6日及以前						1976年11月以后				大专以上				高中、中技		初中及以下		
																								大学本、专科							
	总计	女	少数民族	25岁以下	26岁至35岁	36岁至45岁	55岁	54岁		55岁至59岁		60岁及以上	1921年7月至1927年7月	1927年8月至1937年6月	1937年7月7日至1945年9月2日	1945年9月3日至1949年9月	1949年10月至1966年4月	1966年5月至1976年10月	1976年11月至1992年9月	1992年10月以后	1976年11月至2002年10月	2002年11月及以后	研究生	大学本科	大学专科	中专	高中		初中	小学	文盲
2006	205831	96140	10861	135332		19685		15025		6634		29155	18		641	1642	13214	10361	29612	150343			43034	91444	11758	5406	48375		5814		
2007	219654	104703	11465	146341		21018		15120		7331		29844	16		599	1647	13017	10297			68795	125283	47443	97542	11851	5244	51766		5808		
2008	226269	107860	12242	151511		21254		15402		7776		30326	15		573	1532	12994	9925			68287	132943	52922	99862	10821	4776	52450		5438		
2009	240588	117723	13851	163334		21824		15961		8538		30931	12		555	1490	12628	9925			65212	150766	56013	106422	11452	4750	56549		5402		
2010	254866	126139	15425	175447		21957		16250		9123		32089	9		500	1445	12527	9650			65028	165707	59196	115079	11499	4767	58948		5377		

注：1990年至2010年数据为中共北京市委教育工作委员会统计数据。

参考书目

1.《中国共产党历史》第二卷（1949—1978），中共中央党史研究室，中共党史出版社2011年1月第2版

2.《中国共产党北京市组织史资料》（1921—1987），中共北京市委组织部等编，人民出版社1992年12月第1版（内部发行）

3.中华人民共和国教育专题史丛书《高等教育史》，何东昌总主编，郝维谦、龙正中主编，海南出版社2000年7月第1版

4.《北京高等教育的沿革和重大历史事件》，廖叔俊、庞文弟主编，中国广播电视出版社2006年6月第1版

5.《中国共产党北京高校组织奋斗史》（1921—1949），陈大白主编，中国广播电视出版社200年12月第1版

6.《北京高等教育文献资料选编》（1949—1999），陈大白主编，首都师范大学出版社2008年1月第1版

7.《北京教育年鉴》（1997—2010），北京市教育委员会

8.《北京教育60年（1949—2009大事记）》，林业主编，北京工艺美术出版社2009年10月第1版

9.《国家中长期教育改革和发展规划纲要》（2010—2020）

10.《北京市中长期教育改革和发展规划纲要》（2010—2020）

11.《关于实施首都教育发展战略，率先基本实现教育现代化的决定》，中共北京市委、北京市人民政府，2005年8月

12.《改革开放三十年北京高校党的建设实践与探索》，中共北京市委教育工作委员会

后　　记

根据中共北京市委办公厅《关于做好〈中国共产党北京市组织史资料丛书〉编纂工作的通知》精神，征集、整理和编纂《中国共产党北京市组织史资料·普通高等学校卷》（1949—2010）（简称“普通高校卷”），是一项浩繁的系统工程和开创性的工作。它对于总结新中国建立以来北京普通高等学校党组织的发展规律、党的建设工作经验、资政育人，指导和加强北京高等学校党的建设工作具有历史意义和现实意义。

普通高校卷的编纂工作，是在中共北京市委的统一领导下，在《中国共产党北京市组织史资料丛书》编委会和中共北京市委教育工作委员会普通高校卷编委会及《中国共产党北京市组织史资料丛书》编辑部的具体领导和指导下，从2010年3月开始到2011年6月，北京各高等学校大力支持、密切配合、共同努力完成的。中共北京市委教育工作委员会对普通高校卷编纂工作高度重视，组成了普通高校卷编纂委员会，两次召开北京高等学校党委负责人会议，提出要求，布置工作，并多次听取普通高校卷编写组工作汇报，具体领导和指导编纂工作。编写组和高等学校党委组织部参与编纂工作的同志，按照“广征、核准、精编、严审”的工作方针，走访老同志，召开座谈会和调研，查阅历史档案和资料，为编纂普通高校卷提供了大量丰富可靠的史料，并反复审阅核准，力求资料翔实、准确，反映新中国建立60多年来北京高等学校的历史面目，编纂出新中国建立以来第一册北京普通高等学校组织史资料。

在本卷编纂过程中，得到了曾在中共北京市委教育工作委员会、北京市教育委员会、高等学校工作过的老同志的热心关注和支持；原北京市政协副主席、市委教育工委书记陈大白对文字稿作了认真审阅，提出了审阅意见。市委教育工委、市教委、市档案馆、市委档案室等部门和单位，为普通高校卷的编纂工作提供资料等，创造了方便条件。各高等学校党委积极组织编纂，严格审核把关。在此，一并表示衷心感谢。

由于北京普通高校组织史资料编纂涉及时间跨度长，北京高等学校众多，高校管理体制变化较大，加之某些档案资料不全，我们编辑水平有限，错误之处，敬请批评指正。

编　者

二〇一一年六月

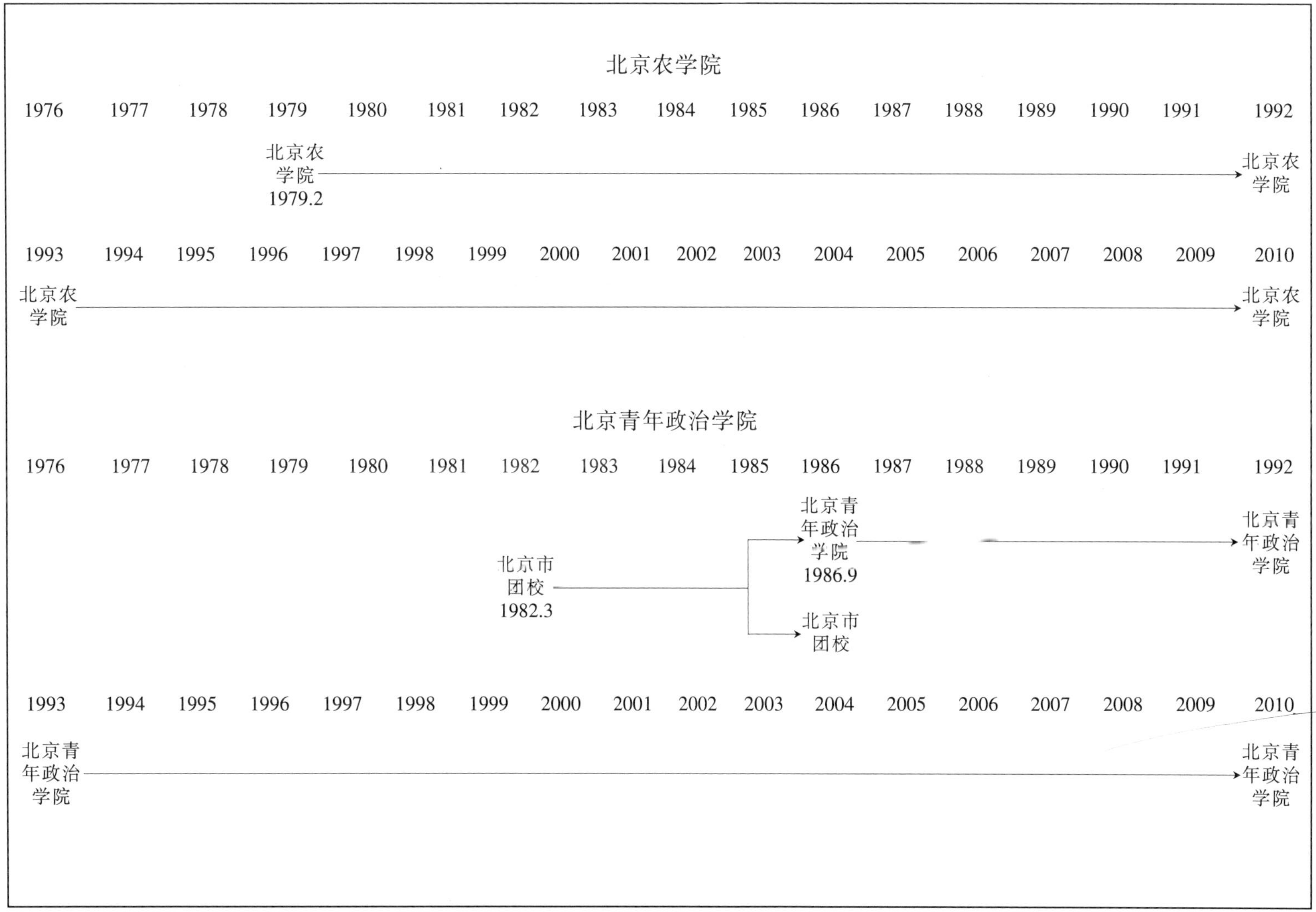

北京农学院

1976 1977 1978 1979 1980 1981 1982 1983 1984 1985 1986 1987 1988 1989 1990 1991 1992

北京农学院 1979.2 → 北京农学院

1993 1994 1995 1996 1997 1998 1999 2000 2001 2002 2003 2004 2005 2006 2007 2008 2009 2010

北京农学院 → 北京农学院

北京青年政治学院

1976 1977 1978 1979 1980 1981 1982 1983 1984 1985 1986 1987 1988 1989 1990 1991 1992

北京市团校 1982.3 → 北京青年政治学院 1986.9 → 北京青年政治学院

北京市团校 1982.3 → 北京市团校

1993 1994 1995 1996 1997 1998 1999 2000 2001 2002 2003 2004 2005 2006 2007 2008 2009 2010

北京青年政治学院 → 北京青年政治学院